本书系国家社科基金"一带一路"建设研究专项

"共建'一带一路'高质量发展的实现路径研究"（项目批准号：19VDL005）成果

本书出版得到云南大学国际关系研究院"双一流"建设项目资助

BRI

High-Quality

共建"一带一路"
高质量发展的
实现路径研究

On Promoting
the High-Quality Development of
the BRI through Joint Efforts

张　春　著

社会科学文献出版社
SOCIAL SCIENCES ACADEMIC PRESS (CHINA)

目　录

第三编 共建"一带一路"高质量发展的政策性实现路径

图表目录

图目录

表目录

导论 共建"一带一路"高质量
发展的基础、挑战与路径

2021年11月19日，习近平主席在第三次"一带一路"建设座谈会上讲话强调，完整、准确、全面贯彻新发展理念，以高标准、可持续、惠民生为目标，巩固互联互通合作基础，拓展国际合作新空间，扎牢风险防控网络，努力实现更高合作水平、更高投入效益、更高供给质量、更高发展韧性，推动共建"一带一路"高质量发展不断取得新成效。[①] 需要强调的是，共建"一带一路"高质量发展源于"一带一路"倡议本身进入新发展阶段的历史性要求。自"一带一路"倡议提出以来，共建"一带一路"已经取得了重要进展，但下一阶段的使命仍相当艰巨。例如，2020年突如其来的新冠疫情对世界经济发展造成严重冲击：全球经济平均增长率降至 - 3.3%，全球贸易额下降8.5个百分点；尽管自2021年起世界经济开始反弹，但地区分化相当明显。[②] 在这一背景下，共建"一带一路"合作的逆势上扬甚至势头"一枝独秀"就高度引人注目：根据中国海关总署的数据，2020年中国对"一带一路"沿线国家进出口总额达9.37万亿美元，增长1%；[③] 投资总额达177.9亿美元，增长18.3%，占同期总额的比重上升到16.2%。[④] 需

---

① 《习近平在第三次"一带一路"建设座谈会上强调 以高标准可持续惠民生为目标 继续推动共建"一带一路"高质量发展 韩正主持》，求是网，2021年11月19日，http://www. qs-theory. cn/yaowen/2021 - 11/19/c_1128081519. htm，最后访问日期：2021年11月20日。
② IMF, *World Economic Outlook*：*Managing Divergent Recoveries*，Washington, D. C.：IMF, April 2021, p. 8.
③ 《2020年"一带一路"进出口逆势增1% 与中国经济关联度现区域差异》，中国一带一路网，2021年1月28日，https://www. yidaiyilu. gov. cn/xwzx/gnxw/161903. htm，最后访问日期：2021年7月5日。
④ 《去年我国对"一带一路"沿线国家投资增长18.3%》，中国一带一路网，2021年1月30日，https://www. yidaiyilu. gov. cn/xwzx/gnxw/163244. htm，最后访问日期：2021年7月5日。

要强调的是,共建"一带一路"合作在疫情持续期间表现更好:2021 年和 2022 年,中国对"一带一路"沿线国家进出口分别增长 23.6% 和 19.4% ,① 非金融类直接投资同比增长分别达到 6.7% 和 7.7% 。②

共建"一带一路"在全球经济表现明显不佳的背景下,仍能取得如此重要的进展,既为"一带一路"高质量发展奠定了坚实基础,也为"一带一路"高质量发展提出了更高目标,设置了更高期待。尽管不少人可能引用中国防疫情况更好、生产恢复早于世界大多数国家等因素作为主要解释变量,但真正的答案或许在于,"一带一路"倡议在过去 10 年的落实过程中始终坚持发展性、公共性、稳定性和团结性。这是共建"一带一路"的真正有效经验和实现高质量发展的关键。

自习近平主席先后于 2013 年 9 月 7 日和 10 月 3 日分别提出共同建设"丝绸之路经济带"倡议和"21 世纪海上丝绸之路"倡议后,共建"一带一路"主要经历了两个阶段:自其提出直至 2018 年 8 月,可称作"大写意"阶段;2018 年 8 月 27 日,习近平总书记在推进"一带一路"建设工作 5 周年座谈会上首次强调,推动共建"一带一路"向高质量发展是下一阶段工作的基本要求,③ 这标志着共建"一带一路"进入第二个阶段,即高质量发展阶段,又称"工笔画"阶段。高质量发展阶段的目标使倡议得以克服西方的各种质疑甚至安全化操作,赢得了国际社会的总体欢迎,并为推动全球发展治理的深化和联合国 2030 年可持续发展议程(以下简称"2030 年议程")的落实作出了重要贡献,为共建"一带一路"高质量发展奠定了坚实基础。

---

① 《海关总署 2021 年全年进出口情况新闻发布会》,海关总署网站,2022 年 1 月 14 日,http://www. customs. gov. cn/customs/xwfb34/302330/4124672/index. html,最后访问日期:2022 年 1 月 20 日;《国新办举行 2022 年全年进出口情况新闻发布会》,国务院新闻办公室网站,2023 年 1 月 13 日,http://www. scio. gov. cn/xwfbh/xwbfbh/wqfbh/49421/49446/wz49449/Document/17 35262/1735262. htm,最后访问日期:2022 年 1 月 20 日。

② 《2021 年我对"一带一路"沿线国家投资合作情况》,商务部网站,2022 年 1 月 24 日,http://www. mofcom. gov. cn/article/tongjiziliao/dgzz/202201/20220103239000. shtml,最后访问日期:2023 年 4 月 30 日;《2022 年我对"一带一路"沿线国家投资合作情况》,商务部网站,2023 年 2 月 13 日,http://www. mofcom. gov. cn/article/tongjiziliao/dgzz/202302/202302033844 53. shtml,最后访问日期:2023 年 4 月 30 日。

③ 《习近平出席推进"一带一路"建设工作 5 周年座谈会并发表重要讲话》,中国政府网,2018 年 8 月 27 日,http://www. gov. cn/xinwen/2018 - 08/27/content_5316913. htm,最后访问日期:2021 年 7 月 5 日。

也应看到,共建"一带一路"高质量发展仍面临严峻挑战,如理论阐释不够充分、目标分解不够细致、外部战略环境变化等。因此,应综合战略、政策、项目及数据等多层次、全方位地思考共建"一带一路"的高质量发展。换句话说,共建"一带一路"是一个长期性、战略性发展议程,其高质量发展应把握四个角度,即从政治经济学角度思考其战略性实现路径,从应用经济学角度思考其领域性实现路径,从人类命运共同体角度思考其政策性实现路径,从公开透明角度思考其数据支撑,既实实在在地推进具体项目层面的高质量、高标准建设,又准确把握国际体系转型过渡期的基本特征和合作国家的基本需求,还为共建"一带一路"高质量发展提供有力的落实保障,更要有系统、科学的数据库建设和绩效、影响评估体系,最终塑造"战略 + 领域 + 政策 + 评估"的"四位一体"综合实现路径,进而为人类命运共同体构建和新型国际关系建设等贡献力量。

第一节 共建"一带一路"落实的基本经验

必须承认的是,"一带一路"倡议提出以来的国际环境并不是始终有利的;恰好相反,从国际大宗商品价格下跌,到英国脱欧、美国民粹主义及逆全球化,以及新冠疫情,共建"一带一路"饱受考验。但"一带一路"倡议在落实过程中始终坚持其发展性、公共性、稳定性和团结性,不仅成功应对各类挑战并取得了重要进展,更赢得了国际社会的普遍欢迎。即使是在新冠疫情持续的背景下,"一带一路"倡议仍展现出强大韧性和适应能力,如中欧班列、健康丝绸之路及数字丝绸之路的逆势发展都是典型。这充分说明,共建"一带一路"已经积累了重要的建设经验,需要在总结提炼的基础上加以概念化、理论化,从而为共建"一带一路"高质量发展奠定更为扎实的基础。

一 坚守倡议发展性,完善可持续发展理论

"一带一路"倡议本身首先是个发展议程,由陆上和海上两个部分组成,陆上经济带旨在为扩大与亚欧国家的经济关系创造通道,而海上经济带则由一系列海港、航线组成,旨在将中国与亚欧非国家联系起来。"一带一路"倡议包括政策沟通、设施联通、贸易畅通、资金融通和民心相通五大内容,其中最基础的是设施联通。因此,大多数共建"一带一路"项目集中在基础设施互联互通领域。例如,有学者对 374 个共建"一带一路"项目

进行分析后发现，项目中有 215 个在运输领域，159 个在能源领域。[①] 约翰霍普金斯大学中非研究倡议（China-Africa Research Initiative）项目的数据显示，中国对非洲的贷款中，约 2/3 在运输、电力或采矿领域。[②] 可以认为，"一带一路"倡议提出 10 年来最重要也是最基础的实践经验是坚持倡议本身的发展属性，从而为正在深化的可持续发展理论贡献新的方法论和理论内涵，即"共生发展"，具体包括"共向发展"和"共同发展"两大要素。

共向发展，是指不同国家间的发展方向和轨迹基本相似，保持朝着相同方向行进的状态。"一带一路"倡议实施 10 年来的基本实践经验是，确保中国与合作国家之间的共向发展。需要强调的是，非共向的发展往往是国际经济关系的常态；更为经常的是，一国出于对权势斗争的关切，推动、阻碍甚至破坏共向发展的政策。例如，1929—1933 年全球经济大萧条之后，各大国的基本国策都是加速集团化和竞争化，而不是如 2008 年全球金融危机后那样强调"共克时艰"。又如，唐纳德·特朗普（Donald Trump）在就任美国总统后推出的"美国优先"（America First）战略及其经济民族主义和保护主义政策，也是阻碍甚至破坏共向发展的典型。为促进中国与合作国家的共向发展，共建"一带一路"在过去 10 年时间里重点强调"一带一路"项目要与合作国家的发展战略和政策对接。

"一带一路"倡议始终将共商共建共享作为原则。作为一项中国发起、全球共享的发展努力，"一带一路"倡议并不具备自上而下地塑造沿线国家的行动共识、建立统一的落实机制等功能，更没有如此意图。在"一带一路"倡议的落实过程中，以共商为基础才能真正实现共建，共商共建才能真正达到共享，三者是有机统一的。共商共建共享原则的核心在于"共"：共商强调各国相互尊重彼此的利益，求同存异、相互信任；共建强调在"一带一路"的广阔范围内优化资源配置，调动多方主体积极参与、精诚合作、各取所长；共享强调互利共赢，让"一带一路"惠及各国人民，给各国人民带来更多更公平的福祉。只有坚持共商共建共享原则，才能建成真正平等、包容的伙伴关系，形成命运共同体。

---

① Johanna Coenen, Simon Bager, Patrick Meyfroidt, Jens Newig, and Edward Challies, "Environmental Governance of China's Belt and Road Initiative," *Environmental Policy and Governance*, Vol. 31, No. 1, 2021, pp. 3 - 17.

② Deborah Brautigam and Jyhjong Hwang, *China-Africa Loan Database Research Guidebook*, Washington, D. C. : China-Africa Research Initiative, Johns Hopkins University, 2016.

在共商共建共享原则下，"一带一路"倡议将战略和政策对接——"五通"中的政策沟通——当作首要重点。政策沟通是共建"一带一路"的重要保障，位列"五通"之首，是设施联通、贸易畅通、资金融通、民心相通的基础和保障。在中国政府看来，政策沟通包括四个层次，即发展战略对接、发展规划对接、机制与平台对接及具体项目对接。① 自 2013 年以来，"一带一路"倡议对通过政策沟通促进共向发展的认识日益深化。2013—2017 年，中国更强调双边性政策沟通、战略对接和共向发展。例如，由国家发展改革委、外交部和商务部于 2015 年 3 月联合发布的《推动共建丝绸之路经济带和 21 世纪海上丝绸之路的愿景与行动》（以下简称《愿景与行动》）强调，"一带一路"建设是一项系统工程，要坚持共商共建共享原则，积极推进沿线国家发展战略的相互对接；它需各国携手努力，朝着互利互惠、共同安全的目标相向而行。② 进入 2018 年后，中国日益强调全方位、宽领域的战略对接和政策沟通，从而确保共向发展。例如，在 2018 年 9 月的中非合作论坛北京峰会上，习近平主席就强调，要用好共建"一带一路"带来的重大机遇，把"一带一路"建设同落实非洲联盟《2063 年议程》、联合国 2030 年可持续发展议程以及非洲各国发展战略相互对接，开拓新的合作空间，发掘新的合作潜力。③ 此后，"四个对接"——"一带一路"倡议对接、各国发展战略对接、区域发展议程对接及联合国 2030 年议程的对接——便成为中国对共建"一带一路"高质量发展对接标准的界定。例如，在 2019 年 4 月的第二届"一带一路"国际合作高峰论坛上，习近平主席多次强调"继续把共建'一带一路'同各国发展战略、区域和国际发展议程有效对接、协同增效"。④

---

① 《加强政策沟通 做好四个对接 共同开创"一带一路"建设新局面》，国家发展改革委网站，2017 年 5 月 14 日，https://www.ndrc.gov.cn/fzggw/wld/hlf/lddt/201705/t20170515_1166845.html，最后访问日期：2021 年 7 月 5 日。
② 国家发展改革委、外交部、商务部：《推动共建丝绸之路经济带和 21 世纪海上丝绸之路的愿景与行动》，中国一带一路网，2015 年 3 月 28 日，https://www.yidaiyilu.gov.cn/wcm.files/upload/CMSydylgw/201702/201702070519013.pdf，最后访问日期：2021 年 7 月 5 日。
③ 《中非合作论坛北京峰会隆重开幕 习近平出席开幕式并发表主旨讲话》，2018 年中非合作论坛北京峰会网站，2018 年 9 月 4 日，https://focacsummit.mfa.gov.cn/chn/hyqk/t1591475.htm，最后访问日期：2021 年 7 月 5 日。
④ 《第二届"一带一路"国际合作高峰论坛举行圆桌峰会 习近平主持会议并致辞》，中国政府网，2019 年 4 月 27 日，http://www.gov.cn/xinwen/2019-04/27/content_5386911.htm，最后访问日期：2021 年 7 月 5 日。

共同发展则强调"一带一路"倡议在落实过程中，不仅要确保中国与合作国家的共向发展，还要为整个国际社会的可持续发展作出新的贡献，确保共建"一带一路"合作不对第三方产生消极影响。的确，随着联合国2030年可持续发展议程通过并开始落实，"一带一路"倡议就高度强调与可持续发展议程的全面对接。需要强调的是，"一带一路"倡议与可持续发展议程的基本理念高度相通，这为全面对接奠定了坚实基础：其一，二者都追求可持续发展目标；其二，二者都倡导包容开放与合作共赢理念；其三，二者都推动联动式发展。但必须强调的是，联合国2030年可持续发展议程目标极为宏大，因此其具体落实需要大量载体。迄今为止，"一带一路"倡议可谓内化可持续发展理念、落实可持续发展目标的最佳载体。正如联合国秘书长安东尼奥·古特雷斯（António Guterres）2017年5月14日在"一带一路"国际合作高峰论坛开幕式致辞时所指出的，中国有句俗话说，要致富先修路，"一带一路"倡议根植于国际发展的共同愿景，具有深远和巨大的潜力。古特雷斯特别指出，中国的"一带一路"倡议联通亚洲、欧洲和非洲，具有深远和巨大的潜力。这一倡议将促进区域融合和全球合作，带来新的市场和机会。这一倡议与2030年可持续发展议程有共同的宏观目标，都旨在创造机会，带来有益全球的公共产品，并在多方面促进全球联结，包括基础设施建设、贸易、金融、政策以及文化交流。[①]

共建"一带一路"对共同发展的推动尤其明显地体现在对第三方的影响中。尽管难以直接下判断，但可比较中国、合作国家及利益攸关方在相同领域合作关系的发展。以东盟为例，数据显示，东盟与中国围绕共建"一带一路"的合作不仅推动了其与中国双边贸易的持续增长，同时也使东盟与整个国际社会尤其是与其他大国的贸易关系得到进一步发展。东盟数据库的数据显示，东盟与世界各国的贸易总量从2012年的2.48万亿美元增至2019年的2.81万亿美元，增长13.3%；同一时期，东盟与中国的双边贸易额从3194亿美元增至5080亿美元，增长近60%；其他主要大国，除日本外，与东盟的双边贸易额均有明显增长。需要特别指出的是，尽管美国对"一带一路"倡议颇为担忧，但其与东盟的贸易关系并未受中国与东盟合作

---

① 《"一带一路"高峰论坛：古特雷斯称赞中国为多边主义的一大中心支柱》，联合国经社理事会，2017年5月14日，https://www.un.org/development/desa/zh/news/sustainable/belt-and-road-forum.html，最后访问日期：2021年7月5日。

的影响，相反仍进展明显，美国与东盟的双边贸易额从 2000 亿美元增至
2948 亿美元，增长率达到 47.4%，仅次于中国。新冠疫情后，中国与东盟、
美国与东盟的双边贸易额仍在持续增长，而且美国的增长势头更为强劲：
2019 年，中国与东盟双边贸易额增长 6.15%，而美国则增长 12.46%；2020
年这一数据分别为 2% 和 4.8%。①

二 提升倡议公共性，纠正国际公共产品理论

"一带一路"倡议是中国为国际社会提供的最大公共产品，尤其是在其
提出后国际经济发展环境持续恶化的背景下。共建"一带一路"始终坚持
共商共建共享，坚持开放包容，欢迎其他国家和国际组织积极参与。在这
一意义上，共建"一带一路"落实的另一基本经验是坚持开放包容，使其
始终秉承国际公共产品的公共性。相比之下，历史上大国在提供国际公共
产品时惯常采取封闭性手段，并倾向于将公共产品当作俱乐部产品处理。
因此，中国持续提升共建"一带一路"的公共性，使其真正符合国际公共
产品的本义，为纠正现有国际公共产品的错误理论假设作出了重要贡献。

共建"一带一路"的公共性首先体现在其对参与合作国家的开放性和
包容性上。或许有人会强调，2015 年出台的《愿景与行动》文件仅确立了
64 个沿线国家（不含中国）清单。但这很大程度上只是"一带一路"倡议
推进过程中的优先合作国家清单。现实中，不同国家对"一带一路"倡议的
认知存在差异，因此实际合作国家与沿线国家存在较大差异，而这恰恰是共
建"一带一路"开放性、包容性和公共性的最佳体现。一方面，中国完全尊
重合作国家的意愿，并不强迫任何国家加入共建"一带一路"合作。例如，
尽管 64 个沿线国家是优先合作对象，但到 2021 年 6 月 30 日，其中仍有 7 国
并未与中国签署"一带一路"合作文件；② 中国并未施加任何压力要求其加
入。另一方面，截至 2021 年 6 月 30 日，中国已经同 140 个国家和 32 个国
际组织签署了 206 份共建"一带一路"合作文件。③ 这意味着有多达 83 个
合作国家并不属于《愿景与行动》文件所列的沿线国家。依据该国是否为

---

① 笔者根据东盟数据库（https://data.aseanstats.org）数据计算得出，最后访问日期：2022 年
3 月 5 日。
② 这 7 个国家是巴勒斯坦、不丹、土库曼斯坦、叙利亚、以色列、印度和约旦。
③ 《已同中国签订共建"一带一路"合作文件的国家一览》，中国一带一路网，https://
www.yidaiyilu.gov.cn/xwzx/roll/77298.htm，最后访问日期：2021 年 7 月 5 日。

沿线国家、是否签署共建"一带一路"合作文件进而成为合作国家这两项标准，可以将世界各国划分为四类国家：沿线合作国家，非沿线合作国家，沿线未合作国家，其他未合作国家（见表0—1）。① 仅非沿线合作国家达到83个这一事实，就足以证明共建"一带一路"的开放性、包容性和公共性。

表0—1　共建"一带一路"视角下的各国情况

		沿线国家	
		是	否
签署合作文件的合作国家	是	沿线合作国家（57个）	非沿线合作国家（83个）
	否	沿线未合作国家（7个）	其他未合作国家

资料来源：笔者根据《已同中国签订共建"一带一路"合作文件的国家一览》（中国一带一路网，https://www.yidaiyilu.gov.cn/xwzx/roll/77298.htm）数据制作，最后访问日期：2021年7月5日。

进一步考察合作国家的具体情况，共建"一带一路"的开放性、包容性和公共性将进一步展现。

从地区分布看，签署共建"一带一路"合作文件的国家分布相对均衡，尽管存在年份差异。在这140个签署共建"一带一路"合作文件的国家中，亚洲国家有37个，欧洲27个，非洲46个，大洋洲11个，美洲也有19个（见图0—1）。

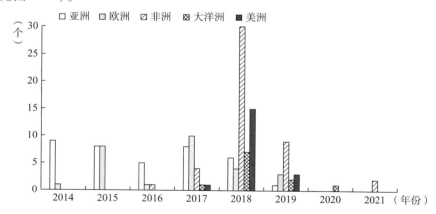

图0—1　共建"一带一路"合作国家：地区—年度分布（2014—2021年）

资料来源：笔者根据《已同中国签订共建"一带一路"合作文件的国家一览》（中国一带一路网，https://www.yidaiyilu.gov.cn/xwzx/roll/77298.htm）数据制作，最后访问日期：2021年7月5日。

① 这一区分方法将应用于全书研究，特此说明。

从经济发展水平看,签署共建"一带一路"合作文件的国家的发展水平也有着较为均衡的代表性。在 140 个国家中,低收入国家有 22 个,中低收入国家有 44 个,中高收入国家有 41 个,高收入国家有 33 个(见图 0—2)。① 可以认为,"一带一路"倡议得到整个国际社会较为普遍的欢迎。

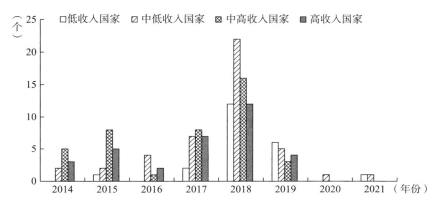

图 0—2 共建"一带一路"合作国家:发展水平—年度分布(2014—2021 年)

资料来源:笔者根据《已同中国签订共建"一带一路"合作文件的国家一览》(中国一带一路网,https://www.yidaiyilu.gov.cn/xwzx/roll/77298.htm)数据制作,最后访问日期:2021 年 7 月 5 日。

观察合作国家签署共建"一带一路"合作文件的年度分布,则可以发现,"一带一路"倡议被整个国际社会普遍接受经历了一个发展过程:在倡议提出的头三年,签署共建"一带一路"合作文件的国家仅 33 个,2017 年达到 24 个,2018 年更是达到 62 个。在国际社会中大多数国家已与中国签署共建"一带一路"合作文件之后,受新冠疫情影响,2019 年后新签署合作文件的国家数量明显下降(见图 0—2)。尽管不同地区、不同国家对"一带一路"倡议的认知及其建设仍存在差异,但整体而言,国际社会对倡议的认知呈现从猜疑向欢迎的转变,对"一带一路"倡议的认知也逐渐从强调其政治、战略意义转向重视其经济与发展意涵,即使美国挑起中美战略竞争也未产生根本性影响。

共建"一带一路"的公共性在危机冲击面前表现得尤其明显。在新冠

---

① 笔者根据《已同中国签订共建"一带一路"合作文件的国家一览》(中国一带一路网,https://www.yidaiyilu.gov.cn/xwzx/roll/77298.htm)数据计算得出,最后访问日期:2021 年 7 月 5 日。

疫情的冲击下，全球范围内的贸易、投资等均大幅下挫，但共建"一带一路"取得了重要进展：一批重大项目进展平稳，尤其是"健康丝绸之路""数字丝绸之路"建设成效明显；2020 年全年，中国与"一带一路"沿线国家货物贸易额为 1.35 万亿美元，同比增长 0.7%（人民币计为 1.0%），占贸易总额的比重达到 29.1%；中欧班列的贸易大通道作用更加凸显，全年开行超过 1.2 万列，同比上升 50%，通达境外 21 个国家的 92 个城市，比 2019 年底增加了 37 个。[①] 根据国家统计局的数据，中国与"一带一路"沿线国家的货物贸易增长迅速：2014 年，中国自"一带一路"沿线国家进口额为 4712 亿美元，到 2019 年增长为 5811 亿美元，进口年均增长率为 4.66%；2014 年出口额为 27437 亿美元，到 2019 年增长为 30151 亿美元，出口年均增长率为 1.97%[②]。可以认为，尽管外部环境并不是非常有利，但共建"一带一路"仍取得了长足进展，并为国际社会提供了难得的公共产品。

三　维护倡议稳定性，发展全球治理理论

回顾"一带一路"倡议实施以来的实践可以发现另一个重要特征，即尽管世界经济形势和国际政治竞争均呈恶化态势，但中国与"一带一路"合作国家的合作保持稳定发展势头。不仅前述的贸易领域如此，更重要的是在投资和工程承包等领域也是如此。对于自 2008 年全球金融危机以来始终不太稳定的世界经济而言，共建"一带一路"所带来的贸易、投资、工程承包等的稳定性，可谓意义重大。

商务部对外投资和经济合作司自 2015 年起开始发布中国与"一带一路"沿线国家经贸合作情况，涵盖投资和工程承包两个领域。需要强调的是，投资和工程承包均涉及周期问题，一项投资或工程承包在签署合同后可能有几年的执行期；换句话说，任何投资和工程承包项目在启动后可能有一段时间不再追加投入。这意味着在一定幅度内振动的投资与工程承包额的年度变化，本身极可能并不意味着基本政策的变化或稳定性的变化。考察 2015—2020 年中国对"一带一路"沿线国家的投资、工程承包合同额、工程承包完成营业额，可以认为，共建"一带一路"有着高度的稳定

---

① 《我国已签署共建"一带一路"合作文件 205 份》，中国一带一路网，2021 年 1 月 30 日，https://www.yidaiyilu.gov.cn/xwzx/gnxw/163241.htm，最后访问日期：2021 年 7 月 5 日。

② 笔者根据国家统计局（https://data.stats.gov.cn/easyquery.htm? cn = C01）数据计算得出，最后访问日期：2021 年 7 月 5 日。

性，对全球发展治理有重要意义。

如图 0—3 所示，中国对"一带一路"沿线国家的投资额从 2015 年的 148.2 亿美元增至 2020 年的 177.9 亿美元，增长超过 20%；同期，中国与 "一带一路"沿线国家新签订的工程承包合同数由 3987 份增至 5611 份，增长超过 40%；工程承包合同额从 926.4 亿美元增至 1414.6 亿美元，增长超过 50%；工程承包完成营业额也有大幅增长，从 692.6 亿美元增至 911.2 亿美元，增长超过 30%（见图 0—3）。

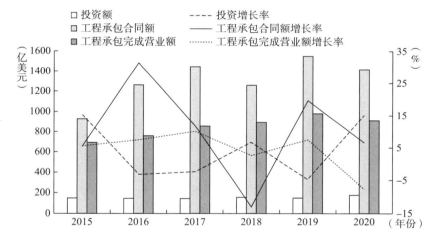

图 0—3 中国与"一带一路"沿线国家投资合作情况（2015—2020 年）

资料来源：笔者根据商务部对外投资和经济合作司（http://hzs.mofcom.gov.cn）历年数据制作，最后访问日期：2021 年 7 月 5 日。

尽管就增长率而言，中国对"一带一路"沿线国家的投资额、工程承包合同额、工程承包完成营业额等均时有起伏，但如果从其占同期中国对外投资总额、工程承包合同总额及工程承包完成营业总额的比重的角度观察，可以发现，共建"一带一路"的稳定性更加明显。2016—2020 年，中国对"一带一路"沿线国家的投资额占同期总额的比重从 8.5% 增至 16.2%，增加了 7.7 个百分点；2015—2020 年，中国与"一带一路"沿线国家的工程承包合同额占同期总额的比重也从 44.1% 增至 55.4%，增加 11.3 个百分点；2015—2020 年，中国与"一带一路"沿线国家的工程承包完成营业额占同期总额的比重从 45% 增至 58.4%，增加 13.4 个百分点（见表 0—2）。

表 0—2　中国与"一带一路"沿线国家经贸合作的重要性变化（2015—2020 年）

单位：%

年份	投资额占同期总额比重	工程承包合同额占同期总额比重	工程承包完成营业额占同期总额比重
2015 年		44.1	45.0
2016 年	8.5	51.6	47.7
2017 年	12.0	54.5	50.7
2018 年	13.0	52.0	52.8
2019 年	13.6	59.5	56.7
2020 年	16.2	55.4	58.4

资料来源：笔者根据商务部对外投资和经济合作司（http://hzs. mofcom. gov. cn）历年数据制作，最后访问日期：2021 年 7 月 5 日。

必须强调的是，2020 年新冠疫情对世界经济造成重大冲击。根据联合国贸发会议（UNCTAD）的数据，2020 年全球对外直接投资（FDI）近乎崩溃，在 2019 年的基础上下降 42%，投资额从 1.5 万亿美元降至 8590 亿美元。这使 2020 年的全球对外直接投资水平创下自 1990 年以来的最低纪录，甚至比 2008 年全球金融危机后的水平还低 30%。[1] 相比之下，中国对"一带一路"沿线国家的投资在 2020 年却有大幅增长，共建"一带一路"的投资和工程承包稳定性可见一斑。

四　强化团结性，践行人类命运共同体理论

自"一带一路"倡议提出以来，国际形势发生重大变化：先是 2014 年前后国际大宗商品价格的波动使众多新兴国家乃至非洲等进入 21 世纪后一度快速发展的发展中国家陷入增长停滞；紧接着是 2016 年特朗普当选美国总统和 2020 年英国公投决定脱欧所带来的重大民粹主义冲击；再后是特朗普政府推出"美国优先"战略及 2020 年新冠疫情的暴发。换作任何一个其他的大国，在面临如此严峻的体系性挑战时，都可能采取退缩战略。但观察共建"一带一路"的具体举措，中国非但没有退缩，反而始终坚持团结一切可以团结的力量，推动人类命运共同体的建构。

---

① "Global Foreign Direct Investment Fell by 42% in 2020, Outlook Remains Weak," UNCTAD, January 24, 2021, https://unctad. org/news/global-foreign-direct-investment-fell – 42 – 2020 – outlook-remains-weak, accessed on July 5, 2021.

2017 年 1 月 18 日，习近平主席在联合国日内瓦总部发表演讲，指出人类正处在大发展大变革大调整时期，也正处在一个挑战层出不穷、风险日益增多的时代。为让和平的薪火代代相传，让发展的动力源源不断，让文明的光芒熠熠生辉，习近平主席给出了"构建人类命运共同体，实现共赢共享"的中国方案。在强调国际社会应当从伙伴关系、安全格局、经济发展、文明交流和生态建设等方面努力的同时，习近平重点阐释了中国的具体努力，特别是提出"一带一路"倡议。① 需要指出的是，人类命运共同体理念的提出，根本上是基于习近平总书记对当今世界历史潮流的根本判断，即全人类共同利益高于任何国家或个人的利益。

一方面，在基于技术高速发展的个体权利上升的背景下，对集体意识的维护和强调已经到了关键时刻。回顾世界历史潮流的发展，可以识别出个体观念与集体观念互动的三个发展阶段。在主权国家制度确立之前，个体主义主导着人类生活——其根本原因在于人口数量少、技术落后使人口流动困难，因此保存个体对任何集体来说都非常重要。但这也就意味着，霍布斯所强调的"利维坦"也变得非常重要，因为缺乏权力让渡意味着个体生存的维持相当困难。正是在这一背景下，以保护个体为名的帝国主义追求变得普遍，但在个体主义的强烈抵制下都遭遇了失败。在主权国家出现后直至 20 世纪末，在个体主义与集体主义之间实现有效平衡的主权国家制度获得了主导地位，从而使观念的天平向有利于集体的方向倾斜。回顾这一时期的人类发展史，维护国家主权的战争成为整个人类互动的主要方式，最终引发两次世界大战。尽管这一时期更倾向于集体主义，但个体主义追求成为彼时最响亮的口号。进入 21 世纪后，一方面技术革命使个体主义得以被赋能，另一方面后现代化发展使个体主义得以觉醒，从而导致所谓"权力死亡"现象：对任何集体性治理机制而言，获得权力都正变得日益困难，而权力获得后的维持成本大幅增长，维持时间却大幅缩短。② 更令人困惑的是，在现代技术革命支持下，大量群体正日益娴熟地利用所谓"权利即权力"逻辑开展压力政治：一旦其自认的权利难以实现，便抗议政

---

① 习近平：《共同构建人类命运共同体——在联合国日内瓦总部的演讲（2017 年 1 月 18 日，日内瓦）》，《人民日报》2017 年 1 月 20 日，第 2 版。
② 〔美〕莫伊塞斯·纳伊姆：《权力的终结》，王吉美、牛晓萌译，中信出版社，2013，第 16 页。

府未能赋予其充分的权力以实现其权利,少有对个体本身的反思。① 可以认为,个体主义的泛滥,正在呼吁集体主义的回归,而人类命运共同体理念恰好是对这一历史潮流的正确且及时的回应。

另一方面,人类命运共同体的意识培育更多是出于对人类发展中的消极因素的被动与自发反应,尽管其中也蕴含着向主动和自觉方向发展的趋势。人类命运共同体意识源起于技术发展背景下全人类毁灭的可能性明显上升,其标志是 20 世纪的两次世界大战。尽管这两次战争都更多以欧洲为主战场,但其所造成的毁灭是全球性的。如此大规模的战乱催生了保护人类整体生存的意识,诸如因恐惧"第三次世界大战"而努力避免大国战争,因恐惧核武器的大规模杀伤效应而产生所谓"核禁忌",等等。因此,二战结束后,尽管大国战略竞争仍难以消除,但有关"冷战""新冷战"等的讨论仍显示出重大的人类命运共同体关切。在最基础的全人类生存之上,是经济危机和生态危机等威胁人类整体生存质量的事态,前者如 1929—1933 年的经济大萧条和 2008 年的全球金融危机等,尽管前一危机很大程度上诱发了第二次世界大战,但后一危机的确强化了人类命运共同体意识;后者最为明显地体现为气候变化②、全球性公共卫生危机等。最后,对个体生命与生活质量的关切同样是强化人类命运共同体的重要理由。

很大程度上,共建"一带一路"是中国践行人类命运共同体理念的标志性工程;其中所蕴含的命运—利益—责任的"三位一体"共同体思想③,非常明确地表达了中国追求和平发展的愿望,体现了中国与各国合作共赢的理念,提交了思考人类未来的"中国方略"。④ 第一,共建"一带一路"大力夯实中国与相关国家命运—利益—责任"三位一体"共同体建设。共建"一带一路"以基础设施建设为抓手,通过联动发展促进相关国家发展,从而实现沿线国家的利益交融和利益共同体形成。在此过程中,必须充分认识到不同国家的利益差异,坚持正确义利观,坚持共商共建共享原则,实现相关各国的共生共存并共谋发展。同时,相关国家应当作为一个整体,

---

① 有关"权利即权力"的观念,最早是由雨果·格老秀斯(Hugo Grotius)提出的。参见 *The Politics Book*,London:Dorling Kindersley Limited,2013,pp. 94 – 95。

② 潘亚玲:《论全球环境治理的合法性——一项结合政治学、法学和社会学的尝试》,《教学与研究》2008 年第 10 期,第 45 – 53 页。

③ 张春:《中国在非洲的负责任行为研究》,《西亚非洲》2014 年第 5 期,第 46 – 61 页。

④ 国纪平:《为世界许诺一个更好的未来——论迈向人类命运共同体》,《人民日报》2015 年 5 月 18 日,第 1、3 版。

为"一带一路"倡议的正确落实和国际社会的正确理解发挥建设性作用，为"一带一路"倡议的落实营造有利的内外部环境。第二，共建"一带一路"强调涵盖双边、多边、地区乃至全球性的伙伴关系建设。截至 2021 年 6 月底所签署的 206 份共建"一带一路"合作文件，部分国家和国际组织所签署的合作文件已不止一份；换句话说，这种合作关系已经不再停留在共识塑造上，而是深入到相当具体的政策乃至项目层次。第三，共建"一带一路"对共商共建共享原则的坚持，有助于汇集相关国家的比较优势，建立合理、高效的劳动分工合作体系，从而促进人类命运共同体的构建。中国一贯强调共建"一带一路"的开放性和包容性，坚持强化多边合作机制作用及继续发挥沿线各国区域、次区域相关机制的建设性作用。第四，为切实推动人类命运共同体构建，中国还大力推动共建"一带一路"的配套融资机构建设，其代表是亚洲基础设施投资银行（以下简称"亚投行"）、金砖国家新开发银行（以下简称"新开发银行"）和丝路基金等。中国在提出"一带一路"倡议时便明确表示，将"统筹国内各种资源，强化政策支持。推动亚投行筹建，发起设立丝路基金，强化中国—欧亚经济合作基金投资功能"。[①] 这充分证明，中国正以实实在在的行动践行人类命运共同体理念。

第二节 共建"一带一路"的内在挑战
与高质量发展路径

共建"一带一路"高质量发展面临巨大的现实和理论压力。就现实而言，自 2008 年全球金融危机以来，特别是随着联合国千年发展计划于 2015 年到期、其接替方案 2030 年议程得到通过，国际社会的发展战略规划意识大大提升，无论是全球、地区还是国别层次的发展议程纷纷出台，其中既有专注于地区一体化或国家发展的内向性发展议程，也不乏与"一带一路"倡议相互竞争的外向性发展议程；此外，与国际权势转移密切相关的体系性经济、政治和安全挑战，也使推动共建"一带一路"高质量发展成为必要。就理论而言，"一带一路"倡议迄今仍面临重大的国际认知压力，说明

---

① 国家发展改革委、外交部、商务部：《推动共建丝绸之路经济带和 21 世纪海上丝绸之路的愿景与行动》，中国一带一路网，2015 年 3 月 28 日，https://www.yidaiyilu.gov.cn/wcm.files/upload/CMSydylgw/201702/201702070519013.pdf，最后访问日期：2021 年 7 月 5 日。

其理论建构尚不够充分、不够完善。因此,推动共建"一带一路"的高质量发展,就需要将应对现实和理论挑战相结合,提出涵盖战略、领域、政策以及数据等的系统性理论和方法。

一 共建"一带一路"高质量发展的理论需求

迄今为止,共建"一带一路"很大程度上仍是"实践先于理论"的体现,或者说仍是"摸着石头过河"的实践产物。具体而言,"一带一路"倡议的理论阐释仍需从如下方面加以深化。

第一,"一带一路"倡议的理论体系建设,需要实现理论借鉴与理论创新的有机结合,实现一般理论模式与中国特殊实践的有机结合,实现全球普遍性与中、西特殊性的有机结合。

"一带一路"倡议是中国在国际社会面临重大发展挑战背景下提出的,旨在推动全球实现强劲、可持续和平衡增长的宏大目标。总体而言,"一带一路"倡议的目标是促进经济要素在区域内的自由有序流动、资源高效配置和市场深度融合,推动沿线各国实现经济政策协调,在此基础上开展更大范围、更高水平、更深层次的区域合作,共同打造开放、包容、均衡、普惠的区域经济合作架构。尽管目标相当宏大,但"一带一路"倡议的相关理论阐述仍有待完善。

一方面,"一带一路"倡议很大程度上难以全面借鉴现有理论。为"一带一路"倡议提供理论支撑的努力首先是试图借鉴现有的各种国际关系、经济学及其他学科的理论。但由于当前几乎所有重要的理论都源于西方国家的实践经验和理论总结,中国在这一话语体系下很大程度上不仅是"新来者",更是"外来者",因此大多数理论借鉴都面临解释乏力的挑战,尤为明显地体现在借鉴最多的地区一体化理论和国际公共产品理论上。

地区一体化理论是迄今为止最常用的解释"一带一路"倡议的理论框架。[①] 一方面,早在 20 世纪 90 年代,随着全球化和地区一体化进程的加快,地区一体化、地区间主义等理论逐渐兴起,并成为诸多国际合作机制

---

① 王玉主:《区域一体化视野中的互联互通经济学》,《人民论坛·学术前沿》2015 年第 3 期;李罗莎:《中国参与全球区域经济一体化战略和对策研究》,《全球化》2015 年第 3 期。地区一体化之所以受到重视,主要受到现有区域一体化模式的影响,比如欧盟、东盟甚至欧亚联盟在一体化方面的努力。不同区域一体化层次的差异亦可以很好地呼应从贸易到要素自由流动各阶段的现象。

的理论解释支撑，[①] 为一般性的地区合作倡议提供了较为合理的理论解释框架。另一方面，作为中国新一轮对外开放的重大举措，"一带一路"倡议能够有效体现中国国内和国际地区经济一体化的发展方向。就中国国内而言，"十三五"规划将"一带一路"倡议、京津冀协同发展、长江经济带列为三大区域发展战略，通过区域内要素流动促进东西部地区之间均衡和可持续发展。就国际而言，"一带一路"倡议提出的"五通"战略正是基于地区一体化理论，通过地区内政策、设施、贸易、资金和民心等领域的沟通协调，实现地区内投资和贸易的互动发展。

尽管如此，地区一体化理论在解释"一带一路"倡议时仍面临重大的适用困境。一方面，国际发展经验表明，地区经济一体化通常发生在发展水平相近的国家和地区之间，但参与"一带一路"建设的国家和地区往往发展差距较大。另一方面，"一带一路"倡议所覆盖的地理范围广阔，其所涉及的地区也不够明确，导致地区一体化理论的对象难以明确。如有观点认为，中国拟建立"一带一路"沿线自贸区，以实现欧亚大陆区域经济一体化。[②] 姑且不论这一猜想是否符合实际或是否能够实现，至少其所涉及的欧亚大陆本身便不是地区一体化理论所能涵盖的。当然，作为一个宏大的合作倡议，"一带一路"倡议可以分解为多个小的地区一体化倡议，如围绕"六大走廊"建设推动相应的地区一体化努力。例如，有学者认为，共建"一带一路"可推动中西部省区市之间实现区域一体化，与沿线国家和地区则可通过自贸区或自贸协定等实现地区增长一体化。[③] 因此，即便地区一体化理论能够为这些分解后的合作提供合理的理论解释，它也难以从整体上把握"一带一路"倡议的实质、理念和操作路径等，进而难以为"一带一路"倡议提供充分的理论支撑。

国际公共产品理论也经常被学术界引用以解释"一带一路"倡议，认为这是中国在日益崛起的背景下开始承担更大的国际角色和义务。在中国经济发展达到一定能级后，提供全球公共产品的能力和职责都应予以相应调整。换言之，中国应承担更多的国际责任和义务似乎已成为大多数国家

---

①　黄河：《公共产品视角下的"一带一路"》，《世界经济与政治》2015 年第 6 期。

②　王金波：《一带一路经济走廊与区域经济一体化：形成机理与功能演进》，社会科学文献出版社，2015。

③　李新、张鑫：《"一带一路"视域下区域一体化发展探析》，《新疆师范大学学报》（哲学社会科学版）2016 年第 7 期。

的共识。① 鉴于中国的快速崛起，中国提出的"一带一路"倡议不可避免地被视作一种公共产品。"一带一路"倡议的核心是基础设施建设，在当前全球基础设施类公共产品供给难题凸显、传统欧美国家陷入经济增长困境的背景下，其国际公共产品意义进一步凸显。具体而言，"一带一路"倡议所提供的国际公共产品包括三个方面的要素：一是根据公共产品理论，所有公共产品都具有非竞争性、非排他性特征，而这正是"一带一路"倡议下亚洲基础设施投资银行、丝路基金、国际互联互通基础设施项目等的基本特征；② 二是融资性公共产品，中国借助二十国集团（G20）等全球治理平台倡导填补基础设施建设国际融资缺口，实际上是在推动本国资本和企业"走出去"，通过中国相对充裕的资本输出为沿线区域国家缓解基建融资压力；三是促进共建"一带一路"合作国家的工业化，中国推动的产能和国际装备制造合作本质上是为合作国家提供工业化促进的"公共产品"支撑。

国际公共产品理论在为"一带一路"倡议提供部分理论支撑的同时，其解释力不足的局限也日益凸显。首先，以国际公共产品供应为核心框架，解释"一带一路"倡议，存在刻意放大中国责任的嫌疑。考虑到中国目前仍是发展中国家的客观现实，"一带一路"倡议既有提供国际公共产品的一面，也有实现共赢和共同发展的一面；同时，"一带一路"倡议本质上是一项发展议程，因此其公共产品的范畴也是有限的，即主要是经济性的，相对单一。其次，国际公共产品理论主要基于国际政治学，认为霸主或领导者通过提供国际公共产品来主导国际政治经济秩序，如美国主导的战后世界经济的三大支柱（关贸总协定/世界贸易组织、国际货币基金组织和世界银行），其在世界各地的军事存在亦被认为是维护世界安全的公共产品。在这一意义上，不能简单地将"一带一路"倡议的公共产品性质等同于既有的特别是美国提供的公共产品，进而形成中国与美国竞争国际公共产品供应权的错误印象。事实上，中国无意挑战这一体系，而是追求更为全面地实现体系内崛起。③ 最后，尽管可从生产要素流动与区域发展均衡的角度将中国对世界的资本、技术甚至制度输出视为一种国际公共产品供给，但这

① 黄河：《公共产品视角下的"一带一路"》，《世界经济与政治》2015年第6期。
② 陈明宝、陈平：《国际公共产品供给视角下"一带一路"的合作机制构建》，《广东社会科学》2015年第5期。
③ 张春：《中国实现体系内全面崛起的四步走战略》，《世界经济与政治》2014年第5期，第49－63页。

仍只能在一定程度上解释"一带一路"倡议推进过程中形成的政策溢出效应。因此，类似于地区一体化理论，运用国际公共产品理论来解释"一带一路"倡议，很大程度上仍是部分地解释了这一倡议，而不能为其提供完整和系统性的理论支撑。

另一方面，"一带一路"倡议的理论创新仍有很长的路要走。如果说理论借鉴很大程度上是由于理论的西方经验、话语和思维根源而难以全面适用的话，理论创新就更加困难。原因既在于中国自身更注重实践探索，也在于西方话语和思维仍主导着整个理论构建，还在于理论创新须实现中西贯通。目前，围绕"一带一路"倡议及更大的中国外交战略的理论创新最主要体现为共生理论的提出并与系统理论相整合，它的确为"一带一路"倡议提供了某种理论支撑，尽管仍不够充分。

2013 年 4 月，习近平主席在博鳌亚洲论坛发表《共同创造亚洲和世界的美好未来》主旨演讲时，提出命运共同体理念，强调亚洲国家之间需要树立合作共赢意识。这一理念逐渐被推广到处理与周边国家甚至大国的关系上，概念范畴也逐渐从命运共同体拓展为命运共同体、利益共同体和责任共同体的三位一体。① 自"一带一路"倡议正式提出以来，利益共同体、命运共同体和责任共同体逐渐成为解释这一战略倡议的核心关键词。这与国内近年来迅速兴起的"共生理论"相互呼应，② 推动了有关"一带一路"倡议的共生系统理论建设倡议，认为应将经济、金融、安全等诸多子系统纳入整体共生系统中。例如有学者认为，在区域的组成形态方面，可以整合现有区域和多边经贸合作机制，如在亚洲区域可以将《区域全面经济伙伴关系协定》（RCEP）、上合组织自贸区、东亚共同体和亚太自贸区加以系统整合。③ 共

---

① 张春：《中国在非洲的负责任行为研究》，《西亚非洲》2014 年第 5 期，第 46 - 61 页。
② 有关共生理论的研究，可参见金应忠《国际社会的共生论——和平发展时代的国际关系理论》，《社会科学》2011 年第 10 期；金应忠《共生性国际社会与中国的和平发展》，《国际观察》2012 年第 4 期；金应忠《试论人类命运共同体意识——兼论国际社会共生性》，《国际观察》2014 年第 1 期；金应忠《为什么要倡导共生型国际体系——与熊李力先生对共生性学说理论批判的商榷》，《社会科学》2014 年第 9 期；苏长和《共生型国际体系的可能——在一个多极世界中如何构建新型大国关系》，《世界经济与政治》2013 年第 9 期；任晓《论东亚"共生体系"原理——对外关系思想和制度研究之一》，《世界经济与政治》2013 年第 7 期；张春《建构中国特色的国际道德价值观体系》，《社会科学》2014 年第 9 期；蔡亮《共生国际体系的优化：从和平共处到命运共同体》，《社会科学》2014 年第 9 期；等等。
③ 夏立平：《论共生系统理论视阈下的"一带一路"建设》，《同济大学学报》（社会科学版）2015 年第 4 期。

生系统理论的研究也推进了共建"一带一路"沿线地区的生产组织体系研究，认为通过倡导互联互通，共建"一带一路"有利于资源、资金、技术、人员等生产要素更便捷地流动，使中国与沿线国家形成更好的基于比较优势的专业分工。① 例如，中国输出的资本和技术与沿线国家的相关生产要素组合形成新的竞争优势，进而形成区域内的生产网络和价值链分工优化。

需要指出的是，共生系统理论尽管为"一带一路"倡议提供了一定的理论支撑，但仍有完善提高的空间。一方面，这一理论尽管相当宏大，却未真正触及"一带一路"倡议与当前国际体系转型、全球化深入发展等的相互关系；另一方面，正是由于其相当宏大，因此也未具体落实到"一带一路"倡议本身的核心理论、政策路径等方面。

第二，"一带一路"倡议需要有清晰、合理的目标结构。

"一带一路"倡议的核心政策文件，即国家发展改革委、外交部和商务部等部委联合发布的《愿景与行动》对倡议建设目标的总体阐述。但倡议空间范畴广、时间跨度长，《愿景与行动》相对简单的目标描述未能提供具体、清晰的内涵描述，还未完全构建起系统的理论框架。例如，尽管国内多个省份立足自身发展实际，根据《愿景与行动》制订了详细的落实"一带一路"倡议的规划，但很大程度上仍局限于项目清单，对与国际社会的发展互动、"一带一路"倡议对沿线地区的影响、如何具体推进"互联互通"和产能合作等，均缺乏具体的内涵描述。

其一，"一带一路"倡议的总体目标与阶段性目标仍不够明晰。"一带一路"倡议是基于古代"丝绸之路"，充分利用中国与相关国家现存的、行之有效的区域合作平台，借助双边、多边机制实现共同发展。尽管有各种解读，② 但无论是官方文件还是具体政策，在有关共建"一带一路"分解行动的详细论述上还不够系统全面。目前，"一带一路"倡议的政策规划主要集中在国内层面，国际层面的政策规划协调尚处于起步阶段。自倡议提出后，国内省区市均努力从中寻找政策机会，绝大多数都出台了具有明

---

① 楼春豪：《"一带一路"的理论逻辑及其对中国—南亚合作的启示》，《印度洋经济体研究》2015 年第 4 期。

② 可参见杨小梅《中国与"一带一路"亚洲国家的经贸问题和策略研究》，河南大学硕士学位论文，2015；蒋希蘅、程国强《国内外专家关于"一带一路"建设的看法和建议综述》，《中国经济时报》2014 年 8 月 21 日，第 5 版；等等。

显地方特色的政策规划,但对全局考虑不够充分。2015 年 3 月《愿景与行动》文件从国家大局出发,对各省区市的政策参与作出整体布局,推动各省区市更加理性地参与倡议。而在国际层面,在"六廊六路多国多港"具体项目推进过程中,只有部分国家在政策层面开始了前期协调。

其二,"一带一路"倡议的国别性目标不够具体。"一带一路"倡议是中国提出的战略性合作倡议,因此必须充分虑及合作对象的发展现状、资源条件及发展需求等,进而在细化"一带一路"倡议落实的阶段性目标的同时,也根据不同合作对象国的具体条件和实际需求制定出可行的国别性目标。目前,"一带一路"倡议很大程度上仍是一个非常宏观的目标框架,缺乏针对性的国别性目标。2015 年发布的《愿景与行动》重点是为国内主要省区市新一轮对外开放政策设计提供指导,缺乏国别性目标设定。需要指出的是,在过去 10 年间,共建"一带一路"的逐步推进仍带有明显的"摸着石头过河"色彩。尽管"一带一路"倡议已开始围绕国别发展差异性提出一些理论性指导,特别是共商共建共享原则,但更多是个案。例如,在"中蒙俄经济走廊"建设过程中,需充分评估蒙古国单一矿业经济的发展现状,结合蒙古国可持续发展的现实需求,在中蒙国际产能合作过程中,制订一套完整的发展方案。同时有必要借助现有国际合作机制和平台,增强政策实施的协同推进和有效落实,如借助中亚区域经济合作(CAREC)平台推动蒙古国基础设施建设;结合蒙古国自身在绿色经济领域的发展规划,增强相关技术和投资合作。为落实 2030 年可持续发展议程,蒙古国在向 2015 年联合国气候变化峰会递交的国家自主贡献预案中,提出了一系列政策举措,"一带一路"倡议可以此为切入点,在《建设中蒙俄经济走廊规划纲要》基础上,进一步就再生能源发展、输变电技术、节能建筑、火电及其他生产工艺改良方面增强技术合作。[1] 又如,有学者在产业甄别的基础上,建议中国应突出孟加拉国、越南、印度尼西亚、斯里兰卡等经济体在中国产业转移中的地位,同时建议把食品与饮料、纺织业、服装等劳动密集型行业,及钢铁、水泥等基础设施所用材料有针对性地向上述地区转移。[2]

---

① 王玉柱:《蒙古国参与"一带一路"的动因、实施路径及存在问题》,《国际关系研究》2016 年第 4 期,第 61 – 74 页。
② 钟飞腾:《"一带一路"建设中的产业转移:对象国和产业的甄别》,社会科学文献出版社,2016。

其三，在制定国别性目标的同时，也应保持对阶段性目标的敏感，进而实现国别性目标的短中长期要素的合理平衡。换句话说，"一带一路"倡议在具体落实过程中，需要一套理论体系，指导其国别性目标设计从对象国经济可持续发展角度，立足其资源禀赋和比较优势，推动实施因势利导的产业政策。[①] 在这一过程中，中国可学习世界银行的经验。世界银行在制定经济发展政策的过程中，提出了系统性国别诊断（Systematic Country Diagnostic，SCD），对相关国家发展中存在的问题进行摸底和评估，在此基础上推动产业政策的规划协调。世界银行在国别诊断过程中，提出了一套系统性的实施细则：评估影响减贫和可持续发展的最大阻碍因素和发展机遇等，世界银行可能进行的政策回应或借助其他国际组织可能提供的资源协助等；与此同时，世界银行还提出了完善的政策实施自我评估和方案改进机制。[②] 目前，世界银行已对 30 多个国家开展了系统性国别诊断，在此基础上提出了一系列有针对性的发展政策建议。"一带一路"倡议要真正全面、有效地落实，也必须建立自身的相关理论体系。

第三，共建"一带一路"更注重落实，对科学性评估重视不够。

尽管"一带一路"倡议对落实的强调及其有效性无可置疑，但由于缺乏系统的理论体系，因此明显缺乏科学评估。随着其逐渐推进，国际社会对"一带一路"倡议可持续性的怀疑声音逐渐上升，迫切要求改善相关评估体系，如共建"一带一路"对合作国家的可持续发展有何潜在贡献、中国提供可持续性融资的能力及共建"一带一路"项目的投资风险等。

中国在基础设施建设领域具有较强的国际竞争力，可以为"一带一路"倡议的相关国家提供广泛支持。当前世界经济中的基础设施"热"很大程度上源于学术界和政策界的如下认识，即基础设施缺口已成为制约 2008 年全球金融危机后全球经济复苏的重要问题。考虑到互联互通类基础设施建设可以提升经济活动的便利性、降低生产交易成本，[③] 因此出于贸易和投资便利化考虑，降低运输和交易环节成本以增强世界经济体之间的互动，已成为当前全球港口、油气管线、国际铁路和公路建设等的基本出发点。

但需要指出的是，基础设施建设对可持续发展的实际贡献，在理论层

---

① 林毅夫：《新结构经济学》，北京大学出版社，2016。

② "Country Strategies: Systematic Country Diagnostic," World Bank, http://www.worldbank.org/en/projects-operations/country-strategies, accessed on July 5, 2021.

③ 王玉主：《区域一体化视野中的互联互通经济学》，《人民论坛·学术前沿》2015 年第 3 期。

面仍然缺乏科学和充分的评估。

首先，对仍未完全摆脱全球金融危机影响的"一带一路"合作国家而言，共建"一带一路"以基础设施建设为主，需要充分评估其对合作对象国有限的财政资源的合理分配的影响。必须承认的是，在道路等交通基础设施外，经济增长的其他领域亦需要大量财政资金的投入，而资金约束恰好是共建"一带一路"合作国家所面临的重大现实困难。

其次，考虑到共建"一带一路"合作国家数量众多、发展差异明显，需要充分评估不同国家、不同地区对基础设施建设的需求差异。例如，公路、铁路、航空与水运的运作模式和盈利前提明显不同，对资源禀赋、发展水平、人口条件等均存在差异的共建国家而言，开展基础设施合作就需要做充分的调研和合理的权衡。

再次，需要从贸易和投资发展变动趋势角度，评估基础设施未来的使用效率问题。由于存在投资对贸易的替代效应，长期以来国际贸易的高速增长可能难以为继，因此过量的基础设施投资可能造成投资回报不足甚至资源浪费。目前，诸多贸易导向型国家已出现港口和相关基础设施的资源闲置问题。

最后，还需要评估当前国际分工格局和共建国家产业竞争力差异对全球经济的整体影响。共建国家交通基础设施的逐渐完善，既可能改善既有的贸易失衡，也可能使其进一步加剧，还可能导致新的贸易失衡。在"一带一路"倡议提出之初，就有西方学者认为，中国企图利用新的贸易通道向世界倾销过剩产能，因此可能造成更大的世界经济不平衡。[①] 因此，共建"一带一路"的推进必须对沿线产业体系、基础工业生产能力建设等地区发展均衡和可持续发展等方面的问题加以充分评估。

第四，"一带一路"倡议对国际发展融资问题的研究仍不够深入，可能对中国的国际融资能力形成误知、误解。

随着"一带一路"倡议的逐步推进，中国也倡导建立了多个融资机制，特别是亚投行和新开发银行。这似乎给了国际社会一个错误的印象，即中国可以为"一带一路"倡议的后续落实提供源源不断的融资支持，甚至有

---

① Dan Steinbock, "Steel Overcapacity Crisis-From Europe to China," Euobserver, September 28, 2016, https://euobserver.com/opinion/135055; "Dumping the Current 'Market Economy' Paradigm," Global Times, July 21, 2016, http://www.globaltimes.cn/content/995646.shtml, accessed on July 5, 2021.

人将中国的巨额外汇储备和较高的居民储蓄率看作国际融资缺口的有力补充。[①] 需要指出的是,中国远不能为"一带一路"倡议提供完全的融资支持,中国所倡导的共商共建共享原则本身也说明了中国自身资源的有限性和中国对投资回报的期待。事实上,在推动"一带一路"倡议落实的过程中,中国也面临着巨大融资困难。

一方面,中长期融资缺口与现有资金供给的期限和风险结构错配所造成的困境严重影响中国资本的融资方案解决相关问题的能力。一般而言,目前金融市场上能扮演中长期融资角色的机构投资者主要有三类,分别是保险基金、养老基金和主权财富基金。基于对相关机构投资者参与中长期融资的系统研究,只有机构投资者的投资偏好才能满足基础设施融资的期限和风险结构需求。[②] 实际上,当前资金缺口拉大,很大程度上是期限错配的结构性因素导致的。一般的金融机构限于流动性约束,难以将基金投入到融资中。例如,金融危机前,大型项目资金供应中一般有70%—90%来自商业银行的中长期贷款;但在金融危机爆发后,受到欧美银行业危机及资本充足率标准的约束,来自商业银行的中长期贷款迅速减少。银行业资金结构调整使得中长期融资缺口进一步增大。模仿巴塞尔Ⅲ关于银行资本充足率的规定,欧盟针对保险基金偿付风险制定了"偿付能力Ⅱ"(Solvency Ⅱ)标准,对中长期投资比例予以限定,如要求投资年限为25年期债券的年收益率应该达到18%,这对基础设施融资而言显然过高。[③] 因此,当前的融资缺口现状与中国资本过剩之间,并不存在必然联系;期限和风险结构问题将成为中国资本有效参与国际基建融资方案的重要障碍之一。

另一方面,当前中国参与国际基建融资方案存在融资成本困境。在全球金融危机爆发后,发达国家推出各种"量化宽松"政策,国际市场融资

---

① 目前将国内高储蓄率或资本过剩与国际融资缺口相对应的论据近乎成为大多数学者论证中国参与国际融资的基本前提。这种论点忽视了储蓄来源和期限构成的结构性错配问题,同时也忽视了资本流动渠道问题。此外,作为另一种主流观点,还有人认为中国巨额外汇储备可成为国际融资缺口的资金来源,忽视了我国外汇管理体制等基本问题。

② Joseph B. Oyedele, "Infrastructure Investment and the Emerging Role of Institutional Investors——The Case of Pension Funds and Sovereign Wealth Funds," *Academic Journal of Interdisciplinary Studies*, Vol. 3, No. 1, 2014.

③ BAFFI, "The Great Reallocation-Sovereign Wealth Fund Annual Report 2013," BOCCONI, 2013, http://www.unibocconi.it/wps/wcm/connect/95881e34 - 230a - 498d - 9e92 - 201190a7db9a/int_report_SIL_2014_completo.pdf? MOD = AJPERES, accessed on July 5, 2021.

利率几乎达到历史最低水平。丹麦、欧元区、瑞士、瑞典和日本等进入负利率时代,其国内生产总值(GDP)已占全球 GDP 的四分之一之多。随着全球经济持续低迷,未来负利率或超低融资成本将成为世界经济的常态化特征。与之对应的是,国际融资成本也会相应降低。相比之下,中国资本的融资成本始终较高,不仅高于美国,甚至数倍于日本和欧元区。即便是国内发行的具有最高信用等级的国债,其五年期国债利率也基本维持在4.17% 左右;考虑到风险贴现,其他中长期商业融资成本也相应提高。因此,在"一带一路"倡议沿线区域,若考虑到区域投资风险,中国的资金使用成本无疑会更高。即使是进出口银行提供的"两优贷款",相比日本等的融资利率也高出不少。过高的资金使用成本无疑会增大项目的运营成本,对相关基础设施的财务可持续性构成严峻挑战。相比国际多边机构提供的0.5%—2%的低利率"软贷款",汉班托塔港的融资构成中有85%的贷款为中国进出口银行提供的优惠信贷——其利率为6.3%。[①] 此外,人民币国际化是中国参与国际融资缺口解决的重要方案之一。中国通过货币互换或人民币贷款等向沿线国家提供大量的人民币资金供应。例如,中国进出口银行在"一带一路"项目的贷款中,人民币贷款余额占比达37%。[②] 国家开发银行对共建"一带一路"项目贷款的人民币比重也在迅速上升。然而,由于逐利因素的存在,在岸市场和离岸市场人民币价格存在联动性,相对较高的境内融资成本必然传导至离岸市场。因此,即便存在人民币输出的各种渠道,融资成本问题仍然难以有效解决。

二 共建"一带一路"高质量发展的实现路径

在 2019 年 4 月 27 日第二届"一带一路"国际合作高峰论坛圆桌峰会上,习近平主席在开幕辞中表示,希望同各方一道共同绘制精谨细腻的"工笔画",让共建"一带一路"走深走实,更好造福各国人民。习近平主席特别提出三点期待:期待同各方一道,完善合作理念,着力高质量共建"一带一路";期待同各方一道,明确合作重点,着力加强全方位互联互通;期待同各

---

① Bandula Sirimanna, "Chinese Project Loans at High Interest Rates," Sunday Times, June 19, 2011, http://www. sundaytimes. lk/110619/BusinessTimes/bt01. html, accessed on July 5, 2021.

② 《进出口银行支持一带一路建设贷款余额超 5200 亿元》,环球网,2016 年 1 月 14 日,ht-tp://finance. huanqiu. com/roll/2016 - 01/8382861. html,最后访问日期:2021 年 7 月 5 日。

方一道,强化合作机制,着力构建互联互通伙伴关系。① 这很大程度上提出了共建"一带一路"高质量发展的实现路径的基本框架,即完善理念、明确重点、强化机制。这意味着,共建"一带一路"高质量发展的实现既需要关注共建"一带一路"自身,也需要超越之,需要同时覆盖战略、政策等领域,并建立完善的数据支撑,从而为共建"一带一路"的高质量发展保驾护航。

第一,战略性实现路径。习近平主席强调,当今世界正处于大发展大变革大调整时期,要具备战略眼光,树立全球视野,既要有风险忧患意识,又要有历史机遇意识,努力在这场百年未有之大变局中把握航向。② 共建"一带一路"不仅是经济合作,而且是完善全球发展模式和全球治理、推进经济全球化健康发展的重要途径。因此,共建"一带一路"的高质量发展,首先需要考察下一阶段倡议将要面临的国际体系环境,从而确立宏观、长远的战略指导思想,形成共建"一带一路"高质量发展的战略性实现路径,确保共建"一带一路"能够最大限度地利用好国际体系转型过渡期的机遇,规避其中的风险。具体而言,应从国际体系演变的角度,考察下一阶段国际政治安全、全球发展合作、全球技术创新等体系性环境对共建"一带一路"的机遇和挑战,使共建"一带一路"既能开时代之先、引领国际发展合作潮流、促进全球治理创新,又能促进合作国家可持续发展、推动中国与合作国家关系深化。

第二,领域性实现路径。习近平主席在提出共建"一带一路"高质量发展的合作理念和合作重点时,强调"追求高标准、惠民生、可持续目标",要引入各方普遍支持的规则标准,"在项目建设、运营、采购、招投标等环节按照普遍接受的国际规则标准进行",打造全方位的互联互通,形成基建引领、产业集聚、经济发展、民生改善的综合效应,让共建"一带一路"成果更好惠及全体人民,为当地经济社会发展作出实实在在的贡献,同时确保商业和财政上的可持续性。③ 因此,推动"一带一路"倡议朝向高

---

① 习近平:《齐心开创共建"一带一路"美好未来——在第二届"一带一路"国际合作高峰论坛开幕式上的主旨演讲(2019 年 4 月 26 日,北京)》,《人民日报》2019 年 4 月 27 日,第 3 版。
② 习近平:《齐心开创共建"一带一路"美好未来——在第二届"一带一路"国际合作高峰论坛开幕式上的主旨演讲(2019 年 4 月 26 日,北京)》,《人民日报》2019 年 4 月 27 日,第 3 版。
③ 习近平:《齐心开创共建"一带一路"美好未来——在第二届"一带一路"国际合作高峰论坛开幕式上的主旨演讲(2019 年 4 月 26 日,北京)》,《人民日报》2019 年 4 月 27 日,第 3 版。

质量发展迈进,必须坚持结果导向、行动导向和项目导向,让共建"一带一路"重心进一步下沉,重点进一步明确,规划更加科学,着力更加精准;要从共建"一带一路"的贸易畅通、设施联通和资金融通出发,从项目科学性、规划合理性、财务可持续性等角度建构共建"一带一路"高质量发展的目标体系,使共建"一带一路"真正沉到合作国家地方层面,惠及当地人民,同时推动其财务和商业可持续性的提升,通过聚焦重点、精雕细琢进而绘制好精谨细腻的"工笔画"。

第三,政策性实现路径。习近平主席在第二届"一带一路"国际合作高峰论坛圆桌峰会上的开幕辞中表示,期待与各方一道加强合作机制,着力构建互联互通伙伴关系。更为具体地,习近平主席重点提及与各国发展战略、区域和国际发展议程有效对接、协同增效,通过双边合作、三方合作、多边合作等各种形式,鼓励更多国家和企业深入参与,做大共同利益的蛋糕。要本着多边主义精神,扎实推进共建"一带一路"机制建设,为各领域务实合作提供坚实保障。共建"一带一路"高质量发展既离不开全局意识的树立和战略思维的强化,也离不开规划设计和重点项目的推进,更离不开系统的政策保障和风险防范等的支撑。要实现共建"一带一路"高质量发展,就必须推进行动导向的务实合作,打造更多经得起历史考验和人民评说的精品工程。① 因此,需要从共建"一带一路"的政策沟通和民心相通角度,围绕伙伴关系建构、国际公共产品供应、风险防范与危机管理、国内国际两个市场与两种资源协调等问题,设计共建"一带一路"高质量发展的政策落实与保障机制,为共建"一带一路"提供有力机制支撑。

第四,数据基础设施建设。对共建"一带一路"高质量发展本身,习近平主席都高度重视评估体系的建构。一方面,于 2017 年 12 月召开的中央经济工作会议指出,必须加快形成推动高质量发展的指标体系、政策体系、标准体系、统计体系、绩效评价、政绩考核体系等;② 另一方面,习近平主席在多个场合强调,实现共建"一带一路"高质量发展,就要把支持联合国 2030 年可持续发展议程融入共建"一带一路",对接国际上普

---

① 习近平:《齐心开创共建"一带一路"美好未来——在第二届"一带一路"国际合作高峰论坛开幕式上的主旨演讲(2019 年 4 月 26 日,北京)》,《人民日报》2019 年 4 月 27 日,第 3 版。

② 《中央经济工作会议在北京举行》,中国政府网,2017 年 12 月 20 日,http://www.gov.cn/xinwen/2017 - 12/20/content_5248899. htm,最后访问日期:2021 年 7 月 5 日。

遍认可的规则、标准和最佳实践。[①] 这意味着,共建"一带一路"高质量发展也必须建构自身的数据基础,并发展完整、科学的评估体系。因此,从共建"一带一路"的后续落实与评估出发,思考其所需要的数据库,并虑及中国作为崛起中大国的特殊背景,开发中国人自己的及时、准确、开放和友好的数据库,并建构全面的影响评估模型,以为共建"一带一路"高质量发展的后续落实、监督评估乃至风险识别、危机预防等贡献力量。

---

① 《第二届"一带一路"国际合作高峰论坛举行圆桌峰会 习近平主持会议并致辞》,中国政府网,2019 年 4 月 27 日,http://www.gov.cn/xinwen/2019 - 04/27/content_5386911.htm,最后访问日期:2021 年 7 月 5 日。

第一编

共建"一带一路"高质量发展的
战略性实现路径

"一带一路"倡议是在国际发展环境高度不确定的背景下，中国为国际社会提供的最大国际公共产品。要确保这一公共产品切实发挥效用，就必须深入理解其运作的体系性环境，并有效利用其中所蕴含的机遇，切实规避其中潜藏的风险。因此，必须研究共建"一带一路"高质量发展的战略性实现路径，具体包括政治安全、经济发展和技术创新三个方面。

　　第一，共建"一带一路"高质量发展的政治安全实现路径。一方面，当今世界正处于大调整时期，其核心是国际政治安全环境的快速演变或体系性转型。尽管当今国际力量对比变化涵盖"从西方到东方"的国家间力量对比变化和"从国家到社会"的全球性力量对比变化，但往往被简化为中美间的力量对比变化，进而为共建"一带一路"高质量发展带来重大的国际政治挑战。另一方面，当今世界正处于大变革时期，国际安全形势错综复杂，"挑战层出不穷、风险日益增多"，表现为大国地缘政治对抗风险上升，安全泛化并导致安全治理赤字增生。因此，共建"一带一路"高质量发展不仅要通过三方发展合作和第三方市场合作缓解国际权势转移的战略性压力，还要通过为国际社会提供国际安全类公共产品，展示发展作为解决所有问题"总钥匙"的魅力。

　　第二，共建"一带一路"高质量发展的经济发展实现路径。"一带一路"倡议的提出背景之一，是2008年国际金融危机后国际社会长期未能寻找到有效应对办法。因此，共建"一带一路"要实现高质量发展，可为国际社会应对当今全球发展合作的三大困境作出贡献：一是贡献于处理相互重叠甚至相互竞争且均面临重大困难的各种发展议程的相互关系；二是贡献于全球发展治理指导理念更新，及由此而来的联合国发展体系改革；三是贡献于全球发展治理的资源赤字及由此而来的一系列融资挑战。2020年新冠疫情的发生，进一步凸显了"一带一路"倡议对全球发展的重要性；尤其是，为推动整个国际社会实现"重建以更好"（Building Back Better）目标，在疫情期间仍逆流而上的"一带一路"倡议可借力全球发展治理推动自身高质量发展。

　　第三，共建"一带一路"高质量发展的技术创新实现路径。当今世界正处于大变革时期，全球科技创新进入空前密集活跃时期，新一轮科技革命和产业变革正在重构全球创新版图、重塑全球经济结构。尽管如此，全球技术革命仍充满不确定性，加强技术治理、推广和应用可持续性标准就显得更为必要。共建"一带一路"高质量发展应充分利用这一机会窗口，以南南合作带动绝大多数合作国家实现跨越式发展，以包容性联动式发展缓解国内国际不平等与安全挑战，以基础设施建设合作为托底工程推动适用性技术创新，从而不仅可真正贡献于合作国家的可持续发展，还有利于共建"一带一路"以适用性和可持续性创新为基础实现高质量发展。

第一章　国际政治安全转型管理

共建"一带一路"实现高质量发展的首要战略挑战是，以美国为代表的西方社会对中国崛起的整体态势日益担忧，并正采取系统性举措加以遏制。但必须强调的是，美国所担忧的中美力量对比变化，不能被等同于体系性的力量对比变化。在整个人类交往体系中，力量对比变化事实上包括两个层次：一是"从西方到东方"的国家间力量对比变化，二是"从国家到社会"的全球性力量对比变化，两者共同构成所谓的全球性"复杂聚合体系"（the complex conglomerate system）。[①] 尽管如此，国际力量对比变化往往被简化为中美力量对比变化，再与更加令人焦虑的国家权势周期（power cycle）的非同步性或分化相结合，加速了传统大国战略竞争的回归，对共建"一带一路"高质量发展形成重要的权势性限制。随着以美国为首的西方社会越来越担忧中国的持续快速崛起，基于地缘政治竞争逻辑的大国对抗风险持续上升，有关中美"新冷战"的讨论迅速兴起；[②] 究其根源，是美国对中国持续崛起所采取的预防性管理方法。[③] 但由于当代国际体系的区别性特征，尤其是大规模杀伤性武器特别是核武器的存在以及国际关系道德水平的大幅提升，大国间发生"热战"或军事冲突的可能性大为降低，因

---

① Richard Mansbach et al., "Toward a New Conceptualization of Global Politics," in Phil Williams et al., eds., *Classic Readings on International Relations*, Belmont, California: Wadsworth Publishing, 1994, pp. 158 – 163; Raymond F. Hopkins and Richard Mansbach, *Structure and Process in International Politics*, New York: Harper and Row, 1973, p. 128.

② 相关讨论可参见宋鹭、孙巧铃、李欣洁《美国智库涉华研究的"新冷战化"趋势》，《现代国际关系》2021 年第 4 期，第 53 – 59 页；杨勇萍、潘迎春《美国对华"新冷战"的演进逻辑》，《国际观察》2021 年第 2 期，第 49 – 84 页；王帆《中美关系的未来：走向"新冷战"抑或战略合作重启?》，《国际问题研究》2021 年第 1 期，第 55 – 68 页；等等。

③ 张春：《管理中美权势转移：历史经验与创新思路》，《世界经济与政治》2013 年第 7 期，第 74 – 90 页。

此大国对抗风险更多体现在"全社会性对抗"或"混合战争"（hybrid warfare）[1] 等新型对抗模式的发展上。这意味着，尽管大国对抗风险持续上升，但国际社会对发展与和平的追求和向往，始终压倒对冲突与对抗的欲望；或者说，"美国治下的和平"更多的是国际社会的战争厌恶及由此而来的和平追求。对共建"一带一路"高质量发展而言，这意味着只要坚持共商共建共享原则，切实追求共生发展，以美国为首的西方社会所炒作的大国地缘政治对抗本身，不会产生根本性的阻碍。因此，尽管大国地缘政治对抗风险上升，共建"一带一路"高质量发展更应重视的是非国家性或非传统性的安全风险。面对国际政治安全的系统性转型，共建"一带一路"要实现高质量发展就必须：一方面，紧紧围绕发展中国家的基础设施互联互通建设，开展有力的三方发展合作与第三方市场合作，实现对国际性和全球性双重力量对比变化的同步有效管理；另一方面，通过促进当地可持续发展，为陷入困境的全球、地区乃至国别性安全治理提供中国理念、中国方法，并通过安全援助提供国际安全公共产品，推动各个层次的安全共同体建设。

第一节　深刻调整的国际力量对比

党的二十大报告指出，当今国际力量对比深刻调整；世界之变、时代之变、历史之变正以前所未有的方式展开。这意味着，共建"一带一路"高质量发展的基本体系背景，是国家间力量对比的重大变化；共建"一带一路"高质量发展，必须充分利用其中蕴含的重大机遇，有效规避其中潜藏的不利风险。

一　加速的国家间力量对比变化

国家间实力增长的不均衡性及由此引发的战略焦虑，对共建"一带一路"的落实有着重要影响。当前的国家间力量对比变化，主要包括两个方面。

一方面，中美两国实力差距快速缩小，美国及其盟友和伙伴的战略焦

---

[1]　Frank Hoffman, "Hybrid Warfare and Challenges," *Joint Force Quarterly*, Vol. 52, No. 1, 2009, pp. 34 – 39.

虑感持续上升。

首先,从经济增长速度及由此而来的经济实力对比看。自改革开放以来,中国经济一直保持较快增长。从中美经济增长率的差距看,差距最小的年份是 1989 年,仅为 0.5 个百分点;除此之外的 40 年里,最小的差距都超过 2 个百分点,差距超过 10 个百分点的年份有 5 个,差距在 5 个百分点以上的年份多达 28 个;差距最大的年份是 2007 年,达到 12 个百分点。1980—2020 年,中国和美国国内生产总值(GDP)增长率差距平均达到 6.75 个百分点。1980—2010 年,中国 GDP 年均增长率超过 10%,而美国只有 2.74%。尽管自 2012 年起中国的经济增长速度明显放缓,但在 2011—2020 年的 10 年中,中国的 GDP 年均增长率即使 2020 年受疫情冲击再度明显下降也达到 6.8%,而美国只有 1.7%。这样,1980—2020 年,中国的 GDP 年均增长率达到 9.25%,而美国只有 2.49%。[①]

伴随经济增长不均衡而来的,是中美两国经济实力差距的迅速缩小。根据国际货币基金组织(IMF)的数据,就现价美元计算的 GDP 来说,中国 GDP 于 1996 年达到美国 GDP 的 10.6%;换句话说,直到冷战结束之后,美国的经济实力长期在中国的 10 倍以上。但这一情况很快得到了改变,10 年之后即 2006 年中国 GDP 达到美国 GDP 的 19.9%,在仅 2 年后即 2008 年便达到 31%,又过了 2 年即 2010 年达到 40%,再过了 2 年即 2012 年达到 60%。尽管此后有所放缓,但到 2020 年,中国 GDP 占美国 GDP 的比重超过 70%。尤其需要强调的是,中国相对美国的国力曾连续 3 个两年增长 10%,这一速度的确引人注目。而以购买力平价计算的 GDP 来说,中美经济实力对比的变化就更加引人注目。1980 年,中国仅为美国的 10%,到 1991 年增至 20%,1996 年进一步增至 30%,2005 年超过 50%,2016 年基本追上美国(99.76%),到 2020 年已经达到美国的 115%(见图 1—1)。

其次,紧随经济增长而来,同时与经济增长相互促进的是,中国的科技发展步伐不断加快。以国际专利申请的比较为例。在改革开放之初,中国更强调通过开放学习外国先进管理经验、先进技术及引进外国资本等;在这一过程中,中国不断吸收和学习,培育自身创新能力。根据世界银行的数据,在有统计数据的第一年即 1985 年,中国仅申报国际专利 4065 件,

---

① International Monetary Fund, *World Economic Outlook Database*, April 2021, https://www.imf.org/en/Publications/WEO/weo-database/2021/April, accessed on July 5, 2021.

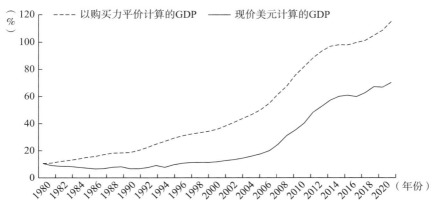

图 1—1　中美经济实力比较（1980—2020 年）

资料来源：笔者根据 IMF《世界经济展望》数据库（https://www.imf.org/en/Publica-tions/WEO/weo-database/2021/April）数据制作，最后访问日期：2021 年 7 月 5 日。

而美国高达 6.3 万余件，是中国的 15 倍多。直到 1990 年，中国仍更多在学习和效仿，自主创新并未出现明显增长：1990 年，中国申报国际专利数相比 1985 年在数量上仅增长 43%，占美国申报件数比例相比 1985 年几乎没有增长。这种情况自冷战结束后逐渐改变，但在进入 21 世纪前并没有明显改善。2000 年，中国申报国际专利数超过 2.5 万件，相比 1999 年增长 62%，占美国的 15%；此后，中国申报国际专利数量增长迅猛，到 2009 年在数量上首次超过美国，2012 年增至美国的 2 倍，2018 年时接近美国的 5 倍，占全球专利申请总量的 60%（见图 1—2）。这意味着，尽管美欧等发达国家仍主导着国际性科技创新和研发，但中国的上升势头的确很猛。[①]

最后，迅速缩小的中美军事实力差距，中国庞大的人口基数——可为中国经济和军事能力提供最为重要的权势基础及洲际空间地理基础——不仅意味着巨大的自然资源保障，还意味着成长为陆海复合型洲际大国的重大潜力，以及高度有效的治理体系——不仅意味着国家治理的持久稳定性，

---

① UNESCO, *UNESCO Science Report：Towards 2030*, Paris：UNESCO, 2015；Yutao Sun and Cong Cao, "Demystifying Central Government R&D Spending in China：Should Funding Focus on Scientific Research?" *Science*, Vol. 345, No. 6200, 2014, p. 1006, Richard Van Noorden, "China Tops Europe in R&D Intensity," Nature, January 8, 2014, http://www.nature.com/news/china-tops-europe-in-rd-intensity – 1.14476；"China Headed to Overtake EU, US in Science & Technology Spending, OECD Says," OECD, November 12, 2014, http://www.oecd.org/newsroom/china-headed-to-overtake-eu-us-in-science-technology-spending.htm；accessed on July 5, 2021.

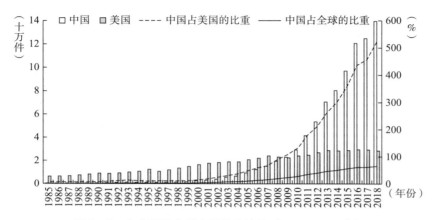

图 1—2　中美国际专利申报情况比较（1985—2018 年）

资料来源：笔者根据世界银行数据库（https://data.worldbank.org）数据制作，最后访问日期：2021 年 7 月 5 日。

还意味着举国之力办大事的资源利用效率及效益，这都是美国担心中国持续崛起的重要理由。当然，在所有这些方面，均存在着相应的挑战：中国经济增长速度正逐渐放缓，创新能力的增长未必伴随科技质量的提升，[1] 庞大的人口基数也意味着巨大的社会保障成本，广阔的地理空间也意味着治理的复杂性，进而较为单一的治理体系或存在简单化的风险，等等。

另一方面，尽管新兴大国群体性崛起的确是进入 21 世纪以来国际关系领域的重大发展之一，[2] 其他新兴大国和传统大国与中国的实力差距似有持续扩大的趋势。

尽管讨论新兴大国群体时往往以金砖国家整体作为参照，但在新兴大国群体内，能与中国相提并论的国家主要是印度和俄罗斯。如果仅考察经济增长率，随着中国自 2012 年以来经济增长持续放缓，印度和俄罗斯的经济增长很大程度上与中国并驾齐驱。但由于三国的经济基础并不相同，因此这并不意味着中国与印度和俄罗斯的经济总量差距在缩小——类似的逻辑在中美对比中也有体现。事实上，中国与印度和俄罗斯的经济总量的差距自

---

[1]　Michael Beckley, "China's Century? Why America's Edge Will Endure," *International Security*, Vol. 36, No. 3, 2011/12, pp. 41, 78; Thomas J. Christensen, *The China Challenge: Shaping the Choices of a Rising Power*, New York: W. W. Norton & Company, 2015, p. 73.

[2]　例如可参见韦宗友《新兴大国群体性崛起与全球治理改革》，《世界经济与政治》2011 年第 2 期，第 8－14 页；杨洁勉《新兴大国群体在国际体系转型中的战略选择》，《世界经济与政治》2008 年第 6 期，第 6－12 页；等等。

2008 年金融危机后仍在持续扩大。如图 1—3 所示，在 2000 年时，印度 GDP 相当于中国 GDP 的 39.5%，而俄罗斯 GDP 相当于中国 GDP 的 23%；到 2008 年，印度 GDP 占中国 GDP 的比重跌至 30% 以下，到 2012 年进一步降至中国 GDP 的 20% 以下，尽管不时反弹至 20% 以上；2020 年，受新冠疫情影响，印度 GDP 占中国 GDP 的比重降至 18.4%，创下了 21 世纪以来的最低纪录。相比之下，俄罗斯在 2008 年全球金融危机前国力在持续上升，从 2000 年时占中国的 23% 增至 2007 年占中国的 39.1%，相当于印度的 1.12 倍；2008 年，俄罗斯的 GDP 占中国 GDP 的 38.8%，相当于印度的 1.45 倍；但此后，俄罗斯的经济发展表现不佳，尽管直到 2014 年时仍保有相对印度的微弱优势，但自 2013 年后降至中国 GDP 的 20% 以下，自 2016 年起始终低于 13%，2020 年更是降至 10%。类似地，如果以各国购买力平价计算的 GDP 占世界总量的比重看，2000 年时中国占世界的 7.28%，印度占 4.02%，俄罗斯占 3.06%；到 2008 年时三国占比分别为 11.87%、5.04% 和 3.69%，到 2020 年时这一数字分别为 18.34%、6.76% 和 3.11%。[①] 换句话说，尽管三国的经济地位均在上升，但三国上升的幅度、速度呈现明显的差异，中国与印度、俄罗斯的差距在扩大。

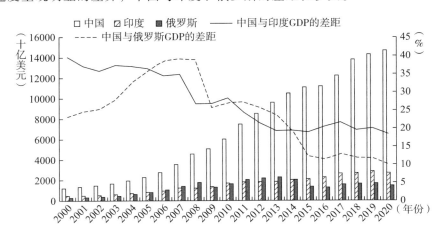

图 1—3　中印俄经济实力比较（2000—2020 年）

资料来源：笔者根据 IMF《世界经济展望》数据库（https://www.imf.org/en/Publications/WEO/weo-database/2021/April）数据制作，最后访问日期：2021 年 7 月 5 日。

---

① International Monetary Fund, *World Economic Outlook Database*, April 2021, https://www.imf.org/en/Publications/WEO/weo-database/2021/April, accessed on July 5, 2021.

这一趋势在中国与传统大国如英国、德国、法国以及日本等的比较中也同样明显。例如，1992 年，就 GDP 而言，日本是中国的 8.85 倍，德国是中国的 4.54 倍，法国是中国的 3.08 倍，英国是中国的 3.02 倍；到 2000 年时，这一数字分别降为 4.12 倍、1.62 倍、1.13 倍和 1.37 倍；此后，中国于 2005 年超越法国，2006 年超越德国和英国，2010 年超越日本，成为世界第二大经济体。到 2020 年，日本的 GDP 相当于中国的 34.29%，德国为 25.83%，英国为 18.41%，法国为 17.65%。[①]

其他指标同样显示出类似的趋势。例如，根据 SIPRI 的数据，冷战结束之初的 1992 年，印度的军费开支相当于中国的 67%，而俄罗斯是中国的 1.7 倍，日本、法国、德国、英国分别是中国的 1.6 倍、1.8 倍、1.96 倍、2.1 倍。2001 年，中国军费开支超过除英国外的所有上述大国，印度军费开支占中国军费开支的 64.23%，俄罗斯为 52.21%，日本为 96.35%，法国为 91.92%，德国为 85.44%，英国为 103.72%；2002 年，英国军费也降至中国的 95.68%。到 2020 年，上述各大国军费开支均低于中国的 25%。[②]

综上可以看出，尽管始终坚持多极化进程，但中国的确正快速缩小与美国的差距，并持续拉大与其他新兴大国和传统大国的国力差距。

二 分化的国家权势周期

对国家间力量对比变化的考察，既要关注其长期性趋势，也要关注其短期性动态。以查尔斯·多兰（Charles F. Doran）为代表的学者所提出的权势周期理论，可敏感地识别大国间的相对权势变化，进而赋予短期性的动态以战略重要性。这对共建"一带一路"高质量发展有重要意义，因为它有助于"一带一路"倡议在落实过程中对第三方的感受保持敏感，而非简单地或一视同仁地倡导与第三方开展合作。

尽管同样承认各国实力增长的非线性和不均衡性，权势周期理论更加强调各国的权势分配的动态变化，及其对大国间战争的政策意涵。该理论重点强调两个方面：一是，在其绝对增长率高于国际体系核心国家的绝对增长率时，一国在国际体系中的相对权势会相对增长，这意味着，评估一

① International Monetary Fund, *World Economic Outlook Database*, April 2021, https://www.imf.org/en/Publications/WEO/weo-database/2021/April, accessed on July 5, 2021.

② *SIPRI Military Expenditure Database*, https://sipri.org/databases/milex, accessed on July 5, 2021.

国的权势既不是以整个体系来衡量，也不是简单地参照某一大国来衡量，而是需要考虑整个大国所组成的中心体系；二是，任何一国的权势增长都将在加速一段时间后放慢速度，这一由快至慢的转变——拐点——对识别国家间相对权势变化及由此而来的大国战略竞争的意愿等意义重大。①

为识别大国相对权势的变化，权势周期理论识别出一国实力变化的 4 个拐点：第一，底部拐点（lower turning point），出现在该国经济从衰退或停顿转向起飞或崛起时；第二，顶部拐点（upper turning point），出现在该国经济从崛起转向衰退时；第三，连接底部拐点和顶部拐点的，是权势周期的两个阶段，即崛起阶段和衰落阶段，在从底部拐点向顶部拐点发展的崛起阶段，由于国家实力增长并非线性的，因此存在一个崛起拐点（first inflection point），即崛起速度由快变慢的拐点；第四，在从顶部拐点向底部拐点发展的衰退阶段，同样由于国家实力增长的非线性，也存在一个衰退拐点（second inflection point），即从快速衰退转向中速或慢速衰退，直至新的底部拐点确立并启动下一个权势周期。需要指出的是，权势周期理论关注的不是长期，而是短期——五年左右——的国家实力相对增长态势。②

需要强调的是，拐点只是一国权势增长的客观表现，但拐点本身可能赋予一国对自身权势的不同期待，尤其是当与其他国家进行比较时。但并非所有的拐点都有同等的期待价值：底部拐点被称作"大国的阵痛点"，因为一国可能"发现自身活力，进而可采取进取性的外交政策……以巩固其领土"；而崛起拐点所带来的是"崛起受限的创伤"（trauma of constrained ascendancy），因其相对增长率突然明显下降；顶部拐点意味着其相对权势达到短期内的顶峰，其相对增长停止、国家进入相对衰落期，这被称作"预期消失的创伤"（trauma of expectations foregone）；而衰退拐点则意味着"第二轮的希望与幻灭"，一国相对衰落速度开始放缓，但这又可能赋予一国错误的信念，认为自身可以"再次作为体系内圈的正式成员参与"，这可

①　Charles F. Doran, *Systems in Crisis: New Imperatives of High Politics at Century's End*, Cambridge: Cambridge University Press, 1991, p. 4.

②　Charles F. Doran, "Economics, Philosophy of History, and the Single Dynamic of Power Cycle Theory: Expectations, Competition, and Statecraft," *International Political Science Review*, Vol. 24, No. 1, 2003, pp. 13 – 49; Charles F. Doran, "Power Cycle Theory and the Ascendance of China: Peaceful or Stormy?" *SAIS Review*, Vol. 32, No. 1, 2012, pp. 73 – 87; Charles F. Doran, "Power Cycle Theory, the Shifting Tides of History, and Statecraft: Interpreting China's Rise," *The Bologna Center Journal of International Affairs*, Vol. 15, No. 1, 2012, pp. 10 – 21.

能引发其衰落持续。至此，一国相对权势的周期完成，又将重复上述四个拐点组成的增长周期。[①] 正是由于拐点到来及随后的相对权势变化，一国对其在国际体系中的未来角色认知发生了变化。[②] 由于实力增长的变化先于认知变化，因此在拐点及其后的一段时间内，一国对自身的角色认知与其相对权势之间可能出现错配；如果多个国家同时出现这种错配——或更简单的衡量方式是如果多国的拐点同时出现，那么国际体系的不确定性和不稳定性都可能大幅上升，大国战争的可能性就将明显增大。多国拐点叠加之时，正是国际体系失衡的系统性转型期，大规模大国战争的可能性远高于其他任何时间。[③] 多兰等人的研究也表明，第一次世界大战和第二次世界大战都更多是由多国拐点重叠而非长期性的体系性的权势转移所推动的。"权势转移的观念如果不是虚假的，至少也是误导性的。在国际政治现实中，权势转移对大战往往只有部分影响，而小的拐点对大战爆发影响可能更大。"[④]

的确，如果观察进入 21 世纪以来的国际力量对比变化，特别是大国中心体系的相对权势变化，事实上并不存在明显的权势转移态势。权势周期理论强调，不同时期的国际体系的中心体系是由不同大国组成的。就 21 世纪以来的国际体系而言，笔者选取美国、中国、印度、俄罗斯、法国、德国、日本、英国八个国家作为中心国家加以考察。考察由这八个国家组成的中心体系内的相对权势变化可以发现，中国崛起的确是不争的事实，但美国并没有衰落，印度与俄罗斯也在崛起之中，尽管远不能与中国相比。因此，真正有所衰落的是日本、英国、法国和德国等四个自二战结束以来就始终处于二流大国地位的大国。如图 1—4 所示，中国在八国组成的中心体系中，GDP 所占比重从 1992 年的 3.04%，增至 2020 年的 27.26%，而 IMF 以 2020 年为基础进行的预测显示，到 2025 年中国 GDP 将达到中心体系的 30% 以上。相比之下，美国在中心体系中所占比重的确有所下降，从 1992 年的 40.21% 降至 2020 年的 38.76%。因此，说美国"已经衰落"或

---

① Charles F. Doran, *Systems in Crisis*: *New Imperatives of High Politics at Century's End*, Cambridge: Cambridge University Press, 1991, pp. 104 – 106.

② Charles F. Doran, *Systems in Crisis*: *New Imperatives of High Politics at Century's End*, Cambridge: Cambridge University Press, 1991, p. 21.

③ Charles F. Doran, *Systems in Crisis*: *New Imperatives of High Politics at Century's End*, Cambridge: Cambridge University Press, 1991, p. 40.

④ Charles F. Doran, *Systems in Crisis*: *New Imperatives of High Politics at Century's End*, Cambridge: Cambridge University Press, 1991, p. 124.

许并不准确。① 相比之下，印度在中心体系中的 GDP 占比从 1992 年的 1.81% 增至 2020 年的 5.02%，而俄罗斯同期从 0.57% 增至 2.73%，崛起态势均较为明显。日本、德国、法国和英国四国的衰落态势相对明显，分别从 1992 年的 24.60%、13.17%、8.66% 和 7.95% 降至 2020 年的 9.35%、7.04%、4.81% 和 5.02%；到 2026 年，这四个大国的相对权势将进一步下降。

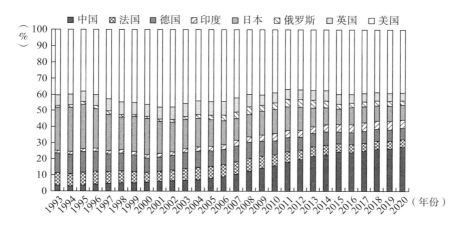

图 1—4　中心体系大国相对权势结构（1993—2020 年）

资料来源：笔者根据 IMF《世界经济展望》数据库（https://www.imf.org/en/Publications/WEO/weo-database/2021/April）数据制作，最后访问日期：2021 年 7 月 5 日。

但如果从各中心体系大国的相对权势变化速度角度看，则大国间的权势周期分化相当明显。例如，1993—2020 年，② 中国在中心体系内的相对权势增长可分为四个阶段：1993—1997 年的年均相对权势增长率为 10.31%，1998—2004 年为 5.75%，而 2005—2013 年又上升至 13.19%，2014—2020 年为 3.60%。相比之下，美国的相对权势增长则可分为四个阶段：1993—

---

① 有关"美国衰落"的讨论近年来充斥政策界和学术界，例如可参见郑永年《美国衰落的五个因素》，《领导文萃》2015 年第 14 期，第 32－36 页；宋国友《美国霸权衰落的经济逻辑》，《美国研究》2015 年第 1 期，第 54－65 页；王鹏《对"美国衰落论"的再思考》，《牡丹江大学学报》2016 年第 1 期，第 137－139 页；葛汉文《"拒绝衰落"与美国"要塞化"：特朗普的大战略》，《国际安全研究》2018 年第 3 期，第 82－100 页；杨卫东《美国霸权地位的衰落——基于政治领导力的视角》，《国际论坛》2021 年第 1 期，第 50－64 页；等等。

② 由于缺失俄罗斯 1991 年的数据，无法计算 1992 年的增长速度，这里讨论的中心体系大国的相对权势增长速度是从 1993 年开始的。

1995 年的年均相对权势增长率为 – 1.92%，1996—2001 年跃升至 4%，此后长达 10 年时间即 2002—2011 年跌至 – 2.62%，而 2012—2016 年回升至 1.65%，但 2017—2020 年又降至 0.6%。[①] 这样，比较中美在由八个大国组成的中心体系中的相对权势增长，至少可以得出两个初步结论：一是中美相对权势增长的速度存在重大差异，中国事实上始终处于上升或崛起通道中，迄今尚无法识别出其顶部拐点，因此即使是 1998 年和 2014 年中国的相对权势增长速度明显放缓，但仍可被视作崛起拐点，因为在这之后便是另一波高速增长。反观美国，2002 年很可能是美国历史上的顶部拐点，因为之后的 2012 年和 2017 年拐点似乎都显示出一种持续走下坡路的态势；换句话说，1996 年拐点极可能是美国的崛起拐点，而 2012 年则是衰退拐点。由此而来的第二个初步结论是，中美的相对权势周期存在巨大差异甚至冲突，这对下文所要讨论的中美战略竞争加剧有重要意义。

同样，中国与印度、俄罗斯、日本、英国、法国、德国等的相对权势增长也存在重大差异。例如，印度的相对权势增长速度起伏较大，但仍可大致识别出 6 个阶段：1993—1997 年的年均增长速度为 6.06%，此后的 1998—2002 年降至 1.76%，而 2003—2010 年又上升至 8.84%，但 2011—2013 年又降至 – 2.33%，2014—2017 年又回升至 6.59%，2018—2020 年又跌至 – 1.83%。而俄罗斯的相对权势增长速度波动幅度是所有大国中最大的，1993 年其相对权势增长超过 100%，而其跌幅超过 10% 的年份也多达 4个，另有 3 个年份跌幅接近 10%。再如，日本自 1985 年广场协议后便陷入了停滞，这使其在中心大国体系中的相对权势增长表现明显不佳。事实上，在这接近 30 年的时间里，日本的相对权势增长速度为正的年份只有 8 个，而在相对权势增长速度为负的 20 个年份中，跌幅超过 10 个百分点的年份达到 4 个，跌幅在 5—10 个百分点的年份达到 9 个。法国与德国的相对权势增长态势高度相似，尽管幅度不一：1993—2000 年，两国年均相对权势增长速度分别为 – 3.99% 和 – 4.72%；2001—2008 年则分别为 3.24% 和 1.83%；2009—2015 年又下跌，分别为 – 5.43% 和 – 4.4%；2016—2020 年有所改善，分别为 – 1.91% 和 – 0.69%。[②]

---

① 笔者根据 IMF《世界经济展望》数据库（https://www.imf.org/en/Publications/WEO/weo-database/2021/April）数据计算得出，最后访问日期：2021 年 7 月 5 日。

② 笔者根据 IMF《世界经济展望》数据库（https://www.imf.org/en/Publications/WEO/weo-database/2021/April）数据计算得出，最后访问日期：2021 年 7 月 5 日。

　　很大程度上，正是冷战结束后的约 30 年里，中心体系中大国的相对权势周期的分化，加剧了当前的大国战略竞争态势。尤其是，如果以 5 年为一个阶段，考察冷战结束后的大国相对权势增长速度，则会发现另一幅图景（见图 1—5）：除 2016—2020 年外，中国在中心体系内的相对权势增长速度一直在 7% 以上，其中 2006—2010 年这 5 年甚至达到 14.95%；美国则除 1996—2000 年以外，其他阶段均明显不佳，但仍明显好于其他发达国家；印度是仅次于中国的增长速度较快的大国。同时需要指出一个罕见的现象，即 2001—2005 年，除日本外的中心体系大国间的相对权势增长态势呈大体一致的增长趋势。或许全球一致的反恐共识能提供某种解释，但这一共向发展态势的确与这一阶段总体上缺乏大国战略竞争——尽管在 2001 年 "9·11"事件前中美一度出现战略竞争势头——是共存的，当然更大的可能是互为因果。除这一阶段外的其他所有阶段，各国相对权势增长速度差异明显，或者说各大国的相对权势周期分化明显，导致的结果是大国间的得势、守势、失势甚至弱势 "四势群体" 的分化格局，① 进而使得大国战略竞争很大

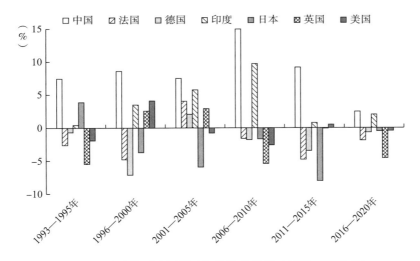

图 1—5　中心体系大国相对权势增长速度（1993—2020 年）

注：俄罗斯因个别年份数据过高影响制图效果，故排除在外。

资料来源：笔者根据 IMF《世界经济展望》数据库（https://www.imf.org/en/Publications/WEO/weo-database/2021/April）数据制作，最后访问日期：2021 年 7 月 5 日。

---

① 杨洁勉：《论 "四势群体" 和国际力量重组的时代特点》，《世界经济与政治》2010 年第 3 期，第 4-13 页。

程度上难以避免。

三 加剧的大国战略竞争

共建"一带一路"所面临的最大国际战略环境,事实上是国际权势转移加速、国家权势周期分化所导致的大国战略竞争日益加剧。如果从更为长期的角度看,对美国而言,最大挑战便是冷战结束后的"单极时代"被证明不过是个"单极时刻",美国不仅面临霸权相对衰落的现实性挑战,更面临着前所未有的国运由盛转衰的历史性挑战。尽管如此,直到特朗普上台前,美国始终未能找到很好的机遇启动所谓"衰落管理"战略。事实上,自奥巴马政府开始起,越来越多的学术讨论聚焦当前国际体系是否正迈向新的两极。2008年全球金融危机让美国学者开始认真思考两极化或多极化的可能,[①] 尽管认为单极尚未终结的观点仍不乏拥趸。[②] 正是在此背景下,特朗普上台后不仅对其前任们大加批评,认为他们未能抓住机遇遏制中国,更是以"美国优先"为指导、以反击"不公平贸易行为"为核心展开对华战略竞争;从拜登就任总统后的政策举措看,他全面继承了特朗普的对华战略竞争路线,并对特朗普时期的各种战略政策加以系统化,形成了"没有特朗普的特朗普对华战略"。

尽管拜登政府最初高度重视优先应对新冠疫情,但其对外战略特别是推动中美战略竞争的政策思路早在其上台前就已经确立。2020年初,拜登在《外交事务》(*Foreign Affairs*)上发表《为什么美国必须再次领导:在特朗普之后拯救美国外交政策》一文,强调将致力于恢复美国作为一个积极

---

① See Randall L. Schweller, *Maxwell's Demon and the Golden Apple*: *Global Disorder in the New Millennium*, Baltimore: Johns Hopkins University Press, 2014; Donette Murray and David Brown, eds. , *Multipolarity in the 21st Century*: *A New World Order*, London: Routledge, 2012; Christopher Layne, "This Time It's Real: The End of Unipolarity and the Pax Americana," *International Studies Quarterly*, Vol. 56, No. 1, 2012, pp. 203 –213; Christopher Layne, "US Hegemony in a Unipolar World: Here to Stay or Sic Transit Gloria?" *International Studies Review*, Vol. 11, No. 4, 2009, pp. 784 –787; Subramanian, Arvind, "The Inevitable Superpower: Why China's Dominance Is a Sure Thing," *Foreign Affairs*, 2011; etc.

② See Stephen G. Brooks and William C. Wohlforth, *America Abroad*: *Why the Sole Superpower should not Pull Back from the World*, Oxford: Oxford University Press, 2018; Nuno P. Monteiro, *Theory of Unipolar Politics*, Cambridge: Cambridge University Press, 2014; William C. Wohlforth, "How Not to Evaluate Theories," *International Studies Quarterly*, Vol. 56, No. 1, 2012, pp. 219 – 222; Michael Beckley, "China's Century? Why America's Edge Will Endure," *International Security*, Vol. 36, No. 3, 2011, pp. 41 –78; etc.

参与的全球领导者的信誉和能力。拜登在文章中 13 次提及中国，坚持将中国视作经济竞争对手，承诺在贸易问题上对北京"强硬"，在人权问题上与中国"对抗"，同时也强调在气候变化、核不扩散、全球公共卫生等领域与中国合作。拜登还提及，美国需要通过对包括日本、澳大利亚、韩国等在内的盟友的再投资以加强同北美、欧洲之外的盟友、伙伴的集体能力建设，并深化与美国在印度—太平洋地区的伙伴关系。① 拜登与中国开展战略竞争的决心在其入主白宫后迅速显露出来。②

尽管很大程度上是以特朗普政府时期的对华战略竞争思维为基础，但拜登政府仍于 2021 年上半年达成共识，即中国的经济、军事和技术能力"不受约束"的增长已威胁到美国的国家利益及其在国际体系中的领导地位；就国际权势分配和全球治理领导力等来说，中国已经成为美国的战略竞争对手。③ 与其前任一样，拜登政府认为中国是美国的首要地缘政治竞争对手，有可能结合其经济、外交、军事和技术力量持续挑战美国主导的国际体系。④

美国目前强化与中国的战略竞争，主要是因为美国认为中国自改革开放以来的快速发展很大程度上归功于美国主导的自由国际体系特别是自由贸易体系；但与美国的期待相反，中国并没有因日益融入世界经济体系而变得更加"民主化"。在特朗普政府看来，自中美关系正常化以来的对华接触战略总体失败了，因为对华接触战略使美国忽视了中国的"人权侵犯""经济扩张""空头承诺"等问题。⑤ 因此，是时候结束对华接触战略，采

---

① Joseph R. Biden, Jr., "Why America Must Lead Again: Rescuing U. S. Foreign Policy after Trump," *Foreign Affairs*, Vol. 99, No. 2, 2020, pp. 64 – 76.

② Joseph R. Biden, Jr., "Remarks by President Biden on America's Place in the World," The White House, February 4, 2021, https://www. whitehouse. gov/briefing-room/speeches-remarks/2021/02/04/remarks-by-president-biden-on-americas-place-in-the-world/, accessed on July 5, 2021.

③ Joseph R. Biden, Jr., *Interim National Security Strategic Guidance*, Washington, D. C.: The White House, 2021, pp. 7 – 8.

④ Joseph R. Biden, Jr., *Interim National Security Strategic Guidance*, Washington, D. C.: The White House, 2021, p. 8.

⑤ Sanja Arezina, "U. S. – China Relations under the Trump Administration," *China Quarterly of International Strategic Studies*, Vol. 5, No. 3, pp. 289 – 315; U. S. House of Representatives, "China Task Force Report," September 2020, https://republicans-waysandmeansforms. house. gov/uploadedfiles/china_task_force_report. pdf, accessed on July 5, 2021.

取针锋相对的战略竞争路线了。① 但与特朗普政府更多是单打独斗不同,拜登政府一开始就试图通过团结其盟友进而形成对中国的集体性压力。换句话说,基于自身相对下降的国际权势,拜登政府一方面延续了特朗普政府时期的双边打压方式,另一方面也采取了外部制衡的方式应对中国的持续发展,从而维持自身的主导地位。②

第一,拜登政府延续了特朗普政府时期的经济打击努力,特别是近乎完全继承了特朗普政府的贸易制裁措施。美国政府认为,中国政府的《中国制造2025》战略将助长对美国利益攸关方的不公平竞争局面,扭曲全球贸易和投资格局,提升中国在海外的影响力,并加强中国的技术和军事能力,因此自2018年起对《中国制造2025》所涉及的产品和其他进口商品征收额外关税。③ 根据美国《1974年贸易法》第301条至第310条的授权,在特朗普总统的指示下,美国商务部自2018年7月起以国家安全名义对中国商品实施了三次关税加征制裁。特朗普政府对从中国进口的价值为2500亿美元的三批产品提高了25%的关税,并威胁提高对几乎所有剩余的中国产品(价值3000亿美元)的关税;作为回应,中国对从美国进口的价值1100亿美元的产品提高了关税。④ 经过一系列艰难的谈判,美国政府和中国于2020年1月15日达成了《中华人民共和国政府和美利坚合众国政府经济贸易协议》(即"中美第一阶段经贸协议")。但随着拜登政府加大对中国的战略竞争力度,中美政治和地缘关系持续紧张,中美第一阶段经贸协议的落实和第二阶段经贸协议即有关中国产业政策的谈判很大程度上处于停滞。与此同时,拜登政府上台后并没有采取任何措施停止特朗普政府时期的对华贸易制裁。

第二,拜登政府加大了特朗普政府所启动的对华高科技竞争压力。基

① Fareed Zakaria, "The New China Scare: Why America Shouldn't Panic about Its Latest Challenger," *Foreign Affairs*, Vol. 99, No. 1, 2020, pp. 52 – 69; Jeffrey Bader, "U. S. – China Relations: Is It Time to End the Engagement?" Foreign Policy at Brookings, September 2018, https://www. brookings. edu/wp-content/uploads/2018/09/FP_20180925_us_china_relations. pdf, accessed on July 5, 2021.

② G. John. Ikenberry, "The Next Liberal Order," *Foreign Affairs*, Vol. 99, No. 4, 2020, pp. 133 – 142.

③ Karen M. Sutter, " 'Made in China 2025' Industrial Policies: Issues for Congress," CRS, August 11, 2020, https://crsreports. congress. gov/product/pdf/IF/IF10964, accessed on July 5, 2021.

④ Wayne M. Morrison, "Enforcing U. S. Trade Laws: Section 301 and China," CRS, June 4, 2019, https://fas. org/sgp/crs/row/IF10708. pdf, accessed on July 5, 2021.

于和特朗普政府相同的假设，即中国经济增长和技术进步仍明显依赖于美国的技术、知识产权和专业知识，拜登政府通过出口管制、外资审查和学术交流签证审查等措施，大幅压缩美国对华技术转让空间，尽可能有效遏制中国的持续发展。特朗普的首份《美国国家安全战略》报告认为，中国不仅使用非法手段，还通过合法的转让等方式进入各技术领域、赢得美国专家信任等，从而弥补其能力不足，侵蚀美国的长期竞争力。[1] 但在特朗普政府时期，对华技术打压更多体现为个案式或点对点的策略，其典型是针对中国高科技公司华为的精准打击。拜登政府上台后，明显提升了对华高科技竞争的系统性和严厉性。一方面，拜登政府对特朗普政府的技术封锁措施进行了补充，鼓励美国企业在半导体芯片、电动汽车大容量电池、稀土矿产和制药等方面提升国内产能；另一方面，试图通过信息交流、教育合作、技术封锁等手段，阻碍中国技术创新的发展，阻滞中国的能力发展。最为明显的体现是，美国国会参议院自 2021 年 4 月起开始讨论所谓《2021年战略竞争法案》（Strategic Competition Act of 2021）。该法案的正式名称为《解决涉中华人民共和国议题的法案》（A Bill to Address Issues Involving the People's Republic of China），所涉内容繁多：要求美国新闻机构发起针对中国的宣传攻势；要求国务院与美国的盟友、伙伴国建立规范统一的技术伙伴关系；要求国务院执行强化美国在印太地区存在的规划；为东南亚和印太地区提供各种资助；要求美国与其他国家协调对华战略；建立制衡中国在非洲"网络攻击"的跨机构工作组；等等。[2]

第三，相比特朗普政府，拜登政府更加倾向于组织以价值观为导向的外部制衡联盟，以强化对中国的战略竞争力度。[3] 对内振兴与对外制衡构成拜登政府制衡中国的整体战略。对内，拜登政府声称要重建更好的经济基础，恢复美国在国际机构中的地位，在国内和全球提升美国珍视的价值观，实现美国军队的现代化等；对外，拜登政府计划重振美国的联盟和伙伴关

---

① Donald Trump, *National Security Strategy of the United States of America*, Washington, D. C.：White House, 2017, p. 21.

② "S. 1169 – Strategic Competition Act of 2021," 117th Congress (2021 – 2022), Congress. gov, https://www. congress. gov/bill/117th-congress/senate-bill/1169, accessed on July 5, 2021.

③ "Renewed Great Power Competition：Implications for Defense—Issues for Congress," CRS, July 8, 2021；Elbridge A. Colby and A. Wess Mitchell, "The Age of Great-Power Competition：How the Trump Administration Refashioned American Strategy," *Foreign Affairs*, Vol. 99, No. 1, 2020, pp. 118 – 130.

系网络。[①] 与特朗普政府不同的是,拜登政府高度重视外部联盟和国际机构在与中国开展战略竞争中的重要性。对美国来说,其所主导的同盟体系既是其重要的力量源泉,也是其独特优势。但在强化与传统盟友和伙伴的战略协调之外,拜登政府很大程度上具体化了特朗普倡导的 "印太战略"。上任后不久,拜登总统便致力于升级由日本于 2007 年发起的四方安全对话(Quadrilateral Security Dialogue,QSD,也称 Quad),在 2021 年 3 月举行了线上峰会,并计划在 2021 年内举行线下峰会。[②] 尽管印度的态度仍不够明确,但美日澳印四方合作使中国面临更大压力。

第二节　持续增长的全球安全风险

尽管安全本身是个充满争议的概念,但迄今为止的讨论更多是以国家安全为核心展开的。[③] 对主权国家而言,安全的要义在于国家的生存及与此相关的权势、利益等的维持与获取。因此,大国崛起或大国间力量对比变化本身便成为国际安全的高度优先关注。自冷战结束以来,美国一度被证明是短暂的所谓 "单极时代"[④] 所鼓舞,但进入 21 世纪后迅速显现的地理安全危机、经济安全危机和制度安全危机,[⑤] 使美国认识到自身霸权的衰落难以避免。尽管如此,传统的军事对抗或热战早已变得不受欢迎,而大国

---

① Joseph R. Biden, Jr. , *Interim National Security Strategic Guidance*, Washington, D. C. : The White House, 2021.

② "Quadrilateral Security Dialogue Summit to Be Hosted by US Prez Joe Biden with PM Modi & Other Leaders," ABP News, July 7, 2021, https://news. abplive. com/news/india/us-president-joe-biden-to-host-summit-with-pm-modi-other-quad-leaders-quadrilateral-security-dialogue-summit – 1467897, accessed on July 8, 2021.

③ Albert Carnesaleand Michael Nacht, "Forward," *International Security*, Vol. 1, No. 1, 1976, p. 2; BarryBuzan, *People, States and Fear: An Agenda for International Security Studies in the Post Cold War Era*, London: Harvester Wheatsheaf, 1991, p. 212; Matt McDonald, *Security, the Environment and Emancipation: Contestation over Environmental Change*, London: Routledge, 2012, pp. 5, 18.

④ Charles Krauthammer, "The Unipolar Moment," *Foreign Affairs*, Vol. 70, No. 1, 1990/1991, pp. 23 – 33; Hal Brands, *Making the Unipolar Moment: U. S. Foreign Policy and the Rise of the Post-Cold War Order*, Ithaca, NY: Cornell University Press, 2016.

⑤ 有关这三重危机的讨论可参见潘亚玲《寻找新的 "敌人":美国对华战略加速调整的国内根源》,《文化纵横》2020 年第 5 期,第 30 – 39 页;潘亚玲《美国政治文化的当代转型》,《美国研究》2017 年第 3 期,第 44 – 59 页;潘亚玲《美国政治文化转型与特朗普变量》,《当代美国评论》2017 年第 2 期,第 78 – 94 页;等等。

间的"总体战"更是几无可能，因此基于"全社会—全政府"方法的"混合战争"迅速发展，成为以美国为代表的西方社会阻挠共建"一带一路"的重要手段。但大国热战可能性极低这一事实，使共建"一带一路"高质量发展所面临的更为重要的安全风险主要来自底层或"草根"群体。由于具体项目往往只影响有限空间范围内的特定群体，全球层次或宏观层次的大国对抗等对项目层次的发展影响有限，更多是产生体系性影响。但在"草根"层次，技术发展带来的通信便利，加速了大众政治觉醒，加上"安全"概念的泛化，[1] 各种问题都可能被安全化，[2] 进而对共建"一带一路"具体项目的安全环境产生真实的影响。因此，共建"一带一路"要实现高质量发展，不仅要关注"高政治"层次的国家安全、大国对抗等，更应关注相对"低政治"层次的安全泛化，特别是非结构性暴力的发展，以及各种危机事态的安全影响。只有有效应对此类涉及民生的非传统安全问题，共建"一带一路"高质量发展的安全环境才能得到真实有效的保障；而这一自下而上的方法，也是应对来自美国、欧洲等国对中国崛起、对共建"一带一路"的疑虑，并由此对其施加系统性压力的最有效办法，同时这也是对长期以来国际社会中"发展政策安全化"的有效纠正。

一　总体战的变异与混合战争

面对中国持续快速崛起的态势，美国认识到必须对其加以遏制；由于外部制衡联盟根本上仍是借助其他国家的力量，但盟友往往会权衡中国崛起所提供的巨大机会和制衡中国所带来的巨大成本，这导致机会主义的"经济上依赖中国、安全上依赖美国"二元结构不只在亚太地区浮现，甚至在整个全球范围内都已成为流行。在此背景下，美国对中国的预防性权力制衡就必须更多依赖其自身发展，即采取内部制衡战略。的确，尽管特朗普政府更多试图通过极限施压迫使中国屈服，拜登政府上台后则更多从内部制衡角度入手，出台了一系列政策，特别是所谓万亿美元基础设施计

---

[1]　David Dewitt, "Common, Comprehensive, and Cooperative Security," *The Pacific Review*, Vol. 7, No. 1, 1994, pp. 1 – 15.

[2]　有关安全化的理论探讨，可参见〔英〕巴瑞·布赞、〔丹麦〕奥利·维夫、迪·怀尔德《新安全论》，朱宁译，浙江人民出版社，2003；潘亚玲《安全化、国际合作与国际规范的动态发展》，《外交评论》2008 年第 3 期，第 51 – 59 页；潘亚玲《国际规范的生命周期与安全化理论——以艾滋病被安全化为国际威胁为例》，《欧洲研究》2007 年第 4 期，第 68 – 82 页；等等。

划。拜登政府认为，价值 1.2 万亿美元的两党基础设施框架（Bipartisan Infrastructure Framework）是落实拜登总统的"重建以更好"（Build Back Better）愿景的关键步骤；但万亿美元基础设施计划的战略意义不止于此，更在于它是"民主与专制斗争的转折点"，是确保美国能够在 21 世纪的竞争中获胜的关键。① 这意味着，拜登政府全盘继承了特朗普政府的"全社会—全政府"方法②，发动了一场针对中国的变异的总体战（total war）：因为核武器的存在及相互依赖的加深，传统意义上的总体战越来越不可能；但放任中国崛起而不加以遏制，显然也不符合美国的利益。因此，与传统的总体战相比，这场变异的总体战更多是一种混合战争，即动员总体战所需要的几乎所有资源，但未真正发动传统意义上的军事战争。

很显然，在传统总体战可能性越来越小的情况下，全面遏制对手的目标无法仅通过战场得以实现；换句话说，传统总体战可能性的降低，使得战场和战线都被无限拉长，其他非军事领域现在同样至关重要。因此，未来的总体战必然是变异的，必须在所有对抗中实现常规和非常规手段的有机结合，即采取混合战争手段。"混合战争"这一术语最初是美西方用于描述俄罗斯行为的，声称俄罗斯采用诸如信息战、网络战、政治战等多种方式实现其安全相关目标，有时也被称作颠覆性战术；它混合了力量竞争、网络、情报、经济及其他战术，其目标事实上是实现一种高于战争胜利的总体地缘政治战略。③ 但很快，混合战争概念被美国所采用，尽管其逻辑相当诡异——美国必须为应对混合战争而更新其军事防御战略，即进攻性地实施混合战争。因为，现代战争呈现明显的趋同性，包括物理和心理、动态和静态、战斗人员与非战斗人员等多个层面的趋同；传统上所认为的恐怖主义与常规战争或刑事犯罪与非常规战争等之间的区分，在当今的战略环境下已然失去意义；由于预期敌对双方都会使用各种形式的战略战术，

① "Fact Sheet: President Biden Announces Support for the Bipartisan Infrastructure Framework," White House Briefing Room, June 24, 2021, https://www.whitehouse.gov/briefing-room/state-ments-releases/2021/06/24/fact-sheet-president-biden-announces-support-for-the-bipartisan-infra-structure-framework/, accessed on August 10, 2021.

② David Shambaugh, "The New American Bipartisan Consensus on China Policy," China US Focus, September 21, 2018, https://www.chinausfocus.com/foreign-policy/the-new-american-bipartisan-consensus-on-china-policy, accessed on August 10, 2021.

③ Frank Hoffman, "Hybrid Warfare and Challenges," *Joint Force Quarterly*, Vol. 52, No. 1, 2009, p. 35.

因此进攻性地实施混合战争也就成为一种必需。[1] 对美国而言，混合战争首先意味着美军乃至整个美国，都必须变得更具适应性和灵活性，否则无法击败其采取各种复合性手段的对手。美国必须具备应对来自国家和非国家对手的常规和非常规战争手段，包括但不限于计算机网络和卫星攻击，便携式的对空导弹和简易爆炸装置，信息和媒体操纵，化学、生物、放射性、核和高当量爆炸装置，等等。[2] 混合战争意味着多领域——陆地、空中、海上、太空乃至网络等，意味着战争与和平的界限日益模糊，意味着敌人极可能更难识别，意味着敌人可能"结合常规与非常规手段攻击美国的脆弱之处"；因此，美国必须前瞻性地准备混合战争及其应对。[3]

很显然，接受混合战争理论对美国持续挑起大国对抗有着重要意义。其一，混合战争概念事实上回到了古老的国家间力量竞争逻辑，国家间始终处于战争状态；其二，混合战争覆盖面广泛且充满不确定性，整个国家的各个方面都可能是混合战争的目标；其三，混合战争概念宽泛，任何政策措施背后都可能隐藏着混合战争的战略构想，进而也意味着对美国及整个西方社会的混合威胁，任何潜在的弱点都可能是致命的；其四，由于始终面临混合战争的风险，必须时刻动员整个社会参与战争；其五，混合战争极可能是长期的战争状态，因此国家必须始终处于动员状态之中。这样，美国就陷入了一场永无休止的混合战争。[4] 更重要的是，混合战争远超出传统总体战的范围：社会的各个领域都可能成为战场，每个公民都应该成为士兵；美国赋予自身及对手的所有行为一种安全化的逻辑，进而使自身陷入一种被围困的幻象之中。

这种困局幻象，使美国持续挑起大国对抗而不自知，反而将其视为一种相当合理的战略选择。的确，在执政半年之后，所谓"拜登主义"（Biden Doctrine）开始初步显现，其核心是日益升级的中美对抗；只有这一主旨能

---

[1] Frank Hoffman, "Hybrid Warfare and Challenges," *Joint Force Quarterly*, Vol. 52, No. 1, 2009, p. 34.

[2] "Hybrid Warfare," GAO, September 10, 2010, https://www.gao.gov/products/gao-10-1036r, accessed on August 10, 2021.

[3] Patrick Tucker, "How the US Army Is Preparing to Fight Hybrid War in 2030," Defense One, October 9, 2017, https://www.defenseone.com/technology/2017/10/how-us-army-preparing-fight-hybrid-war-2030/141634/, accessed on August 10, 2021.

[4] Jyri Raitasalo, "America's Constant State of Hybrid War," National Interest, March 21, 2019, https://nationalinterest.org/feature/americas-constant-state-hybrid-war-48482, accessed on August 10, 2021.

够将拜登政府的各种外交政策联系在一起，如强调为美国中产阶级服务，强调民主国家间合作，强调捍卫人权，强调通过基础设施和研发投资提升美国竞争力，强调贸易保护主义和产业政策，等等。① 尽管中美力量对比变化的确比冷战结束之初更加明显，但拜登聚焦与中国对抗本身，只可能推动中美战略对抗风险上升。拜登在 2021 年 3 月声称，在其任期内，中国永远不可能"成为世界上最重要、最富有和最强大的国家"。这一强硬目标体现在其所谓"全社会—全政府"的对华战略中。例如，2021 年 2 月初，拜登宣布美国国防部成立了一个特别工作组，重点研究美国对华战略。在他上任后对五角大楼的首次访问中，拜登强调要应对日益增长的中国挑战，以维持世界和平、捍卫美国在印太地区和全球的利益。拜登特别强调，这需要全政府方法，需要两党合作以及强大的盟友与伙伴。② 又如，作为落实对华战略的全政府方法，拜登总统国家安全委员会的每个分支——从技术到全球公共卫生再到国际经济——都将中国事务纳入其中。③

需要指出的是，针对中国崛起实施总体战或混合战争本身，可能意味着重大的战略错误。

其一，混合战争可能使美国对华战略陷入全面对抗的逻辑。尽管拜登声称将在可合作的领域内寻求与中国合作，如气候变化、军备控制、全球公共卫生危机等，但拜登政府明显的刺激和挑衅立场，极可能降低中国与美国合作的意愿，进而从事实上阻碍中美合作。而美国在诸如中国台湾地区、南海等涉及中国国家主权的领域持续增加的海空活动，也已明显加剧了中美紧张局势。

其二，混合战争也可能使美国丧失诸多可用手段。例如，美国金融系统对国际金融的主导地位，赋予美国实施制裁的巨大权力，但如果美国滥用这种权力，将中国赶出这一体系，那么美国就可能不再拥有制裁中国的能力。除非赋予中国在谈判桌上的一席之地，并真诚地将中国问题整合到

①　Jonathan Tepperman, "Biden's Dangerous Doctrine," Foreign Policy, July 21, 2021, https://foreignpolicy. com/2021/07/21/bidens-china-doctrine-decoupling-cold-war/, accessed on August 10, 2021.

②　Kate Sullivan and Kevin Liptak, "Biden Announces Pentagon Task Force to Review China Strategy," CNN, February 10, 2021, https://www. cnn. com/2021/02/10/politics/biden-pentagon-visit/index. html, accessed on August 10, 2021.

③　Bethany Allen-Ebrahimian, "Biden's Whole-of-National Security Council Strategy," Axios, February 2, 2021, https://www. axios. com/bidens-whole-of-national-security-council-strategy – 431454 bb – 43dc – 45ef – 9ccc – 8a3f229ba598. html, accessed on August 10, 2021.

全球性问题的决策体系中，否则中国就可能自由且单方面地创建新的结构和体系；这对美国而言未必是有利的。①

其三，美国将战场拓展至几乎所有全球性议题和地区，导致中间国家的反感甚至搭便车获利。例如，在非洲之角，美国将中国视作最重要的战略竞争对手，并将其在该地区的战略目标界定为遏制中国在吉布提军事基地及非洲之角的军事和战略影响方面；这最为明显地体现为，拜登整体上采纳了美国和平研究所（United States Institute of Peace，USIP）在 2020 年 10 月底所提出的非洲之角战略，② 并于 2021 年 4 月 23 日创设非洲之角事务特使职位。但需要指出的是，非洲之角的地缘政治竞争重点并非中美竞争，而是其余大国特别是红海地区大国的地缘政治战略。自 2015 年起，海湾国家间的相互敌对引发了非洲之角地缘政治的重大且深刻转型，最为明显的体现是，地区地缘政治正从冷战时期的超级大国主导模式和后冷战时期的地区内各国互动模式，转向目前的海湾国家驱动模式。③ 其中尤其重要的是，自 2015 年起，非洲之角地缘政治出现明显的军事化发展趋势。2015 年前，仅美国（3 个）、英国（1 个）、法国（1 个）和意大利（1 个）等西方大国及日本（1 个）在非洲之角拥有军事基地。但 2015 年也门内战爆发促使海湾国家迅速以商业合作手段打开在非洲之角建设军事基地的通道。此后短短几年时间里，阿联酋、土耳其、沙特阿拉伯等海湾国家纷纷在非洲之角建设新的军事基地。到 2019 年，非洲之角已建成、正在建设和计划建设的军事基地多达 19 个，这使军事化成为非洲之角最引人注目的发展。因此，美国政府过于简单化的战略，极可能赋予中东地区大国重大的政策空间，推动非洲之角安全态势的持续恶化。

二　安全议题泛化与非结构性暴力增生

冷战结束后，国际安全理念发生了重大转变，因为安全威胁本身发生

---

① Fareed Zakaria, "The New China Scare: Why America Shouldn't Panic about Its Latest Challenger," *Foreign Affairs*, Vol. 99, No. 1, 2020, pp. 52 – 69.

② "Final Report and Recommendations of the Senior Study Group on Peace and Security in the Red Sea Arena," United States Institute of Peace, October 29, 2020, pp. 14 – 21, https://www. usip. org/sites/default/files/2020 – 10/senior_study_group_on_peace_and_security_in_the_red_sea_arena-report. pdf, accessed on November 2, 2020.

③ 有关这一发展的讨论可参见张春《非洲之角政治转型及中国的政策选择》，《现代国际关系》2020 年第 3 期，第 49 – 56 页。

了根本转型。此前，安全议题更多指的是国家事务或"高政治"事务，国家间战争、常规武器、核生化等大规模杀伤性武器扩散等等都居于安全事务的核心。但随着冷战结束，世界市场第一次实现了真正统一，这使既有的全球化进程进一步加速；由此而来的，国家间的相处之道也正发生长期性的缓慢变化。现在，对各国而言重要的已经不再是拥有或占据多少领土——试图通过武力或其他方法拓展领土的努力现在很大程度上已不为国际社会所接受，重要的是一国在其既有领土上做了什么；或者说，对国运而言关键的已不再是扩张领土，而是深耕领土，是一国使用领土的效率。① 由此而来的一种自然后果是越来越多的问题被视作安全问题，安全泛化已经成为一种普遍趋势，诸如能源安全、水安全、公共卫生安全、粮食安全、个人安全等各种安全议题纷纷涌现。

在安全议题日益泛化且安全私有化加速的同时，事实上各种安全挑战持续增多，包括类型和数量的同步增长。更为准确地说，是非结构性暴力的持续增长态势日益明显。所谓非结构性暴力，是相对于结构性暴力而言的。但约翰·加尔通（Johan Galtung）在讨论结构性暴力（structural violence）时，将个人性暴力（personal violence）视作结构性暴力的对立面。这一界定本身存在重大问题，因为在其所界定的个人性暴力中，其动机也涵盖了结构性压迫。② 因此，有必要统一区分暴力类型的标准。仅以暴力发起者识别，可将结构性暴力视作主要由或至少可归因于国家发起的暴力。由此，结构性暴力就是指国家所组织或发起的针对其他国家和/或本国国民的暴力行为，如对外侵略、对外干涉、对内镇压等，这是一种自上而下的或有组织的暴力使用。而非结构性暴力则是指由包括团体和个人在内的非国家行为体所组织和/或发起的主要针对本国或他国政府——未必是颠覆政府——的暴力行为，如社会骚乱、宗教与部族矛盾、选举前后的动荡、有组织犯罪、海盗、恐怖主义等，是一种自下而上的暴力使用。③ 相比结构性暴力，非结构性暴力有着更广泛的民生影响，因此对共建"一带一路"高质量发展而言更为直接相关，也更值得密切跟踪。为更为细致地考察非结

---

① 潘亚玲、张春：《战争的演变：从寻求生存必需到维护生存质量》，《国际论坛》2002年第4期，第16页。

② Johan Galtung, "Violence, Peace, and Peace Research," *Journal of Peace Research*, Vol. 6, No. 3, 1969, pp. 167 – 191.

③ 张春：《非结构性暴力增生与非洲动荡的常态化》，《当代世界》2014年第10期，第44页。

构性暴力的持续增长，这里主要聚焦非洲，并将新冠疫情纳入考虑。

从整体数据上看，由非国家行为体所组织或发起的更多针对政府的自下而上的非结构性暴力，在"阿拉伯之春"后事实上已经成为非洲面临的最主要的安全挑战；相比之下，主要由国家所组织或发起的针对其他国家或外国/本国国民的结构性暴力，其比重正稳步下降。[①] 根据武装冲突地点与事件数据项目（Armed Conflict Location & Event Data Project，ACLED）的数据，包括暴乱、抗议及其他社会暴力在内的非结构性暴力在 1997 年仅占非洲冲突事件的14%，而针对平民的暴力和武装团体斗争等结构性暴力事件的占比则高达86%；2011 年，非结构性暴力事件的占比首次超过结构性暴力，成为非洲最主要的安全挑战，其占比超过 40%，尽管在 2015 年以后有所下降，但2019 年又有所回升。如果从冲突事件绝对数量的增长看，2020 年，非洲的非结构性暴力事件总量在 2019 年基础上增长了 2%，超过 2.1 万件，远远高于武装团体斗争事件（1.7 万件）和针对平民的暴力事件（1.45 万件）。[②]

在快速增长的非结构性暴力事件中，最引人注目的是恐怖主义活动在非洲乃至全球的持续甚至反弹。尽管数据存在差异，但大多数机构认为，非洲的恐怖主义活动自 2016 年以来就呈反弹态势，而新冠疫情更是进一步推动了恐怖主义活动的强烈反弹。[③] 例如，根据非洲安全研究所（Institute for Security Studies，ISS）的统计，2020 年 1—8 月非洲的恐怖主义事件数量同比增长 18%；[④] 而美国非洲战略研究中心（Africa Center for Strategic Studies）的数据则显示，2020 年整个非洲的恐怖主义事件数量在 2019 年基础上增长了 43%，达到近 5000 起；因恐怖主义而死亡的人数增长幅度超过30%，总数超过 1.3 万人。[⑤] 的确，在多年反恐的背后，是恐怖主义在非洲

① 有关非结构性暴力正成为非洲主要安全挑战的讨论，可参见张春《非结构性暴力增生与非洲动荡的常态化》，《当代世界》2014 年第 10 期，第 44－46 页。

② ACLED，https://acleddata.com/data-export-tool/，accessed on August 10, 2021.

③ Justin Crump, "Terrorism and Security Threat Trends in 2021," Security Magazine, December 22, 2020, https://www.securitymagazine.com/articles/94219 – terrorism-and-security-threat-trends-in-2021, accessed on August 10, 2021.

④ Shewit Woldemichael, "Counter-Terrorism in Africa Must Adapt to New Realities," ISS, November 4, 2021, https://issafrica.org/iss-today/counter-terrorism-in-africa-must-adapt-to-new-realities, accessed on December 10, 2021.

⑤ "Spike in Militant Islamist Violence in Africa Underscores Shifting Security Landscape," Africa Center for Strategic Studies, January 29, 2021, https://africacenter.org/spotlight/spike-militant-islamist-violence-africa-shifting-security-landscape/, accessed on August 10, 2021.

并未得到有效遏制的现实，反而在大湖地区、南部非洲及莫桑比克等地区和国家进一步扩散。整体而言，非洲的恐怖主义组织主要活跃在索马里、撒赫勒、乍得湖盆地、莫桑比克和埃及等国家和地区。需要强调的是，除埃及外，其他国家和地区的恐怖主义活动在 2020 年都增幅明显。

三 新冠疫情与安全挑战的复合化发展

新冠疫情发生以来，人们对疫情的安全认知就远远超越了公共卫生范畴，被上升到国家、民族乃至全人类的层次。尽管对疫情本身存在诸多争议[①]，但也应承认的是，疫情的确带来了复合型安全挑战：它不仅加大了既有公共卫生挑战，更刺激了其他潜伏的安全风险加速爆发，还诱发了其他冲突或对抗，进而实现国家或非国家的其他战略目的。例如，根据一项对新冠疫情暴发后一年内各国政治稳定的定量分析研究，到 2023 年，全球有超过 80 个国家可能面临政治不稳定风险上升，而其最根本的原因来自疫情放大的政治治理水平倒退。[②] 为更具体地考察新冠疫情所带来的安全挑战的复合发展态势，本节仍以非洲作为案例加以讨论。

第一，在国际恐怖主义活动长期持续的背景下，新冠疫情既加剧了恐怖主义组织的生存困难，也为其提供了新的生存机会，特别是通过将恐怖主义活动与盗匪活动相结合的方式。由于经济困难，盗匪、恐怖主义组织及族群冲突等问题似有合流态势，相关国家的安全治理变得更加复杂。其典型是尼日利亚，尽管在西部非洲、南部非洲乃至东部非洲也有类似情况。

一是为获得赎金的各类绑架案，尤其是学生绑架案和高速公路货车司机绑架案数量大幅增加。自 2020 年底以来，尼日利亚西北部地区发生多起大规模绑架学生事件。大规模绑架学生、教师及其家人的事件已经引发广泛恐慌，并导致西北部地区 600 余所学校关闭，这主要集中在索科托、赞法拉、卡诺、卡齐纳、尼日尔和约贝州。[③] 相比之下，在高速公路上设障绑架

---

① Jeremy Youde, "Who's Afraid of a Chicken? Securitization and Avian Flu," *Democracy and Society*, Vol. 4, No. 2, 2008, p. 160.

② James Lockhart-Smith and David Will, "2020's Sting in the Tail: Political Instability Will Rise in 88 Countries," Maplecroft, March 11, 2021, https://www.maplecroft.com/insights/analysis/political-instability-88-countries-to-feel-2020s-sting-in-the-tail/#report_form_container, accessed on August 10, 2021.

③ Ruth Olurounbi, "Nigeria: Buhari's Legacy Is One of 'Missed Opportunities and Inaction' Says Analyst," The Africa Report, March 23, 2021, https://www.theafricareport.com/73266/nigeria-buhari-is-legacy-is-one-of-missed-opportunities-and-inaction-says-analyst/, accessed on August 10, 2021.

货车司机更多是小规模的盗匪行为，多属于刑事犯罪，这类案件所要求的赎金往往不多，甚至创下了 73 美元的最低赎金纪录。①

二是学生绑架案更多是大规模盗匪群体所为，进而与恐怖主义合流的可能性更高。相比 2014 年 4 月 14 日"博科圣地"绑架奇博克（Chibok）地区 276 名女生一案，进入 2020 年后的学生绑架案与其有着根本差异：它们并非恐怖主义性质，更多是"匪帮"行为；其核心目的不是恐怖主义自身的延续——迄今奇博克被绑女生中仍有 100 多人下落不明，被广泛认为已经与恐怖主义分子"结婚生子"，而如今尼日利亚西北部的绑架行为更多是为了获得赎金。②新冠疫情对恐怖主义组织来说有利有弊，经济困难和人口流动限制均有利于其招募新的人员，但组织的经费短缺问题同样严峻。因此，"博科圣地"及相关组织也开始向尼日利亚西北部地区渗透，并采用土匪、强盗的手段，高速公路绑架案增多与恐怖主义组织寻求生存的需求高度相关。例如，在 2020 年，博尔诺州主要道路上发生的与"博科圣地"及其分支"伊斯兰国西非省"（Islamic State's West Africa Province, ISWAP）有关的暴力事件数量增加了近 6 倍（达到 67 起），与公路袭击有关的报告死亡人数增加了 4 倍多（达到 259 人）。③

三是族群冲突与强盗、土匪的伴生，使得问题高度复杂化，为恐怖主义提供了更大的生存空间。尼日利亚的族群冲突主要是游牧民族富拉尼族与农耕民族豪萨族的冲突。由于气候变化、土地分配以及轻小型武器扩散等，两个族群的矛盾进一步激化，冲突从赞法拉州向卡杜纳、卡齐纳、索科托和尼日尔等州蔓延。而由于这些冲突地带处于交界地区而且森林较多，族群对抗与强盗、土匪等现象的伴生，使得问题更加复杂。西北地区的日益动荡，为恐怖主义组织的渗入创造了条件，"博科圣地"尤其是其分支"伊斯兰国西非省"和"黑非洲穆斯林游击队组织"（Jama'atu Ansarul Mus-

---

① Teniola Tayo and Pelumi Obisesan, "Nigeria's Kidnapping Crisis Unites the North and South," ISS, April 6, 2021, https://issafrica. org/iss-today/nigerias-kidnapping-crisis-unites-the-north-and-south, accessed on August 10, 2021.

② Nnamdi Obasi, "How to Halt Nigeria's School Kidnapping Crisis," Crisis Group, April 2, 2021, https://www. crisisgroup. org/africa/west-africa/nigeria/how-halt-nigerias-school-kidnapping-crisis, accessed on August 10, 2021.

③ "Boko Haram and the Islamic State in West Africa Target Nigeria's Highways," Africa Center for Strategic Studies, December 15, 2020, https://africacenter. org/spotlight/boko-haram-iswa-target-nigeria-highways, accessed on August 10, 2021.

limina Fi Biladis Sudan，Ansaru）都有进入该地区活动的迹象。[①]

第二，新冠疫情也推动了其他跨国犯罪组织、海盗等的转型，特别是疫情导致的经费困难使得这些组织更多转向寻求"快钱"，最明显的表现是非洲几内亚湾海盗从"石油海盗"向"赎金海盗"转型。

自21世纪第一个十年后期到第二个十年后期，非洲海盗问题的重点从索马里海域逐渐向几内亚湾转移。在2012年前，索马里海域的海盗活动明显比几内亚湾更为频繁，尤其是在2008—2011年；但几内亚湾的海盗事件数量在2013年超过索马里海域后，几内亚湾便成为非洲海盗活动最集中的地区。尽管从数量上看，2007—2020年，几内亚湾海盗事件的数量增长并不明显——从2007年的51起增至2020年的82起，并未出现索马里海域海盗事件数量那样的大起大落，自2018年起，几内亚湾海盗事件数量仍有较明显增长。这充分说明，几内亚湾海盗的活动能力、适应能力远超过索马里海域海盗。尤其重要的是，在全球其他海域的海盗活动频率明显降低的背景下，几内亚湾的海盗活动频率反而维持着增长。例如，2020年，全球海盗事件数量在2019年的基础上增长了20.4%，从162起增至195起；但重要的是这一增长事实上来自非洲西部几内亚湾——2020年该地区共发生82起海盗事件，占全球海盗事件数量的42.1%，占全球海盗事件数量增长的60.6%（33起中的20起）。[②]

尽管几内亚湾海盗事件数量在中长期里变化并不显著，但其大致与新冠疫情相同步的转型发展引人注目。自2019年底起，几内亚湾海盗从"石油海盗"向"赎金海盗"的转型日益明显，疫情在其中的助推作用相当重要。其一，几内亚湾海盗对绑架人质的兴趣突然高涨。根据国际海事局的数据，2020年，全球海盗劫持人质共计135人，其中几内亚湾的22起海盗事件共计劫持人质130人，占全球总量的96%。事实上，自2019年下半年起，人质劫持就成为几内亚湾海盗的新战术，2019年最后一个季度，几内亚湾的2起海盗事件共计劫持人质达39人。[③] 其二，几内亚湾海盗对油船

---

① "Violence in Nigeria's North-West: Rolling Back Mayhem," Crisis Group, May 18, 2020, https://www. crisisgroup. org/africa/west-africa/nigeria/288 – violence-nigerias-north-west-rolling-back-mayhem, accessed on August 10, 2021.

② ICC International Maritime Bureau, *Piracy and Armed Robbery against Ships*, *Report for the Period 1 January – 31 December 2020*, London：ICC International Maritime Bureau, January 2021, p. 25.

③ ICC International Maritime Bureau, *Piracy and Armed Robbery against Ships*, *Report for the Period 1 January – 31 December 2020*, London：ICC International Maritime Bureau, January 2021, p. 25.

的兴趣明显下降，渔船正成为其主要目标。传统上，几内亚湾海盗更喜欢抢劫油船，其他较大的如货船、近海支援船等往往也是其劫持对象。[①] 但自2020年起，几内亚湾海盗更倾向于针对船员数量规模适中但安保力量弱的渔船。在2020年1—9月，至少有5起渔船劫持事件。[②] 其三，几内亚湾海盗劫持的对象主要针对域外国家，即"不绑架非洲人"。其四，其活动范围也正从近海转向远海。从距离海岸线的远近方面看，几内亚湾海盗的活动范围迅速从2018年的48海里，增长到2019年的62海里，2020年平均达到150海里，远的达到200海里。[③] 所有这些充分说明，疫情对石油经济的冲击及各国政府或公司为其从事非法、不报告、不受管制（IUU）的远洋捕捞工作的船员支付赎金的意愿较强，推动了几内亚湾海盗的重大转型。的确，在2018—2020年的3年时间里，几内亚湾海盗的赎金数额平均增加了400%。[④]

第三，随着新冠疫情的持续，部分国家试图利用这一特殊时机推进自身的战略规划，达到浑水摸鱼的效果，典型的是埃塞俄比亚与埃及、苏丹之间围绕水资源的历史性争端在2020年以来的升级态势。

很大程度上与殖民历史相关，非洲各国间往往围绕国家边界、跨境资源、跨境民族等存在复杂的历史纠纷。这些历史纠纷在特定条件的刺激下可能复活，并对相关国家间关系产生重要影响。围绕埃塞俄比亚复兴大坝（Grand Ethiopian Renaissance Dam，GERD）建设和蓄水而来的争端——尤其是在埃塞俄比亚、埃及和苏丹三国之间，正是此类安全危机的典型代表。尽管早在20世纪50年代就已启动勘探，但直到2011年，复兴大坝的建设才得以正式启动。[⑤] 即使有明显积极的经济社会影响，但埃及、苏丹和埃塞

---

① "Differences between Piracy in East and West Africa," Dryad Global, https://dg. dryadglobal. com/ differences-between-piracy-in-east-and-west-africa, accessed on August 10, 2021.

② "Gulf of Guinea Piracy: The Old, the New and the Dark Shades," Center for Maritime Law and Security, August 2020, http://www. cemlawsafrica. com/gulf-of-guinea-piracy/, accessed on December 21, 2020.

③ "IntelAfrique: The Rising Threat of Piracy in Gulf of Guinea's West African Coasts," IntelAfrique, October 14, 2020, https://www. myjoyonline. com/intelafrique-the-rising-threat-of-piracy-in-gulf-of-guineas-west-african-coasts/, accessed on August 10, 2021.

④ Francois Morizue, "Sea Piracy in 2025: Piracy 2.0?" Maritime Executive, April 22, 2020, https://www. maritime-executive. com/blog/sea-piracy-in－2025－piracy－2－0, accessed on August 10, 2021.

⑤ 有关复兴大坝的信息，可参见其官方网站（http://etgerd. org/about/），最后访问日期：2021年8月10日。

俄比亚围绕复兴大坝的争议自大坝开建以来便从未停歇。需要强调的是，围绕复兴大坝的争议表面上是水资源竞争，但更深层次的动因是地区权势重组。除美国在该地区的地缘政治操纵之外，埃及与埃塞俄比亚在过去10余年里的权势地位变化也有着相当重要的影响。复兴大坝选择在2011年动工，既有埃塞俄比亚自身的经济社会发展需求原因，也有"阿拉伯之春"爆发后埃及虚弱的原因。换句话说，埃塞俄比亚复兴大坝的建设是利用了埃及的虚弱及由此而来的美国的战略倚重；但由于种种因素，复兴大坝建设未能如期完成，因此埃塞俄比亚事实上已经丧失机会窗口，相关谈判变得日益困难，围绕大坝的相关争端已经出现长期化、常态化趋势。

第二章　全球发展合作困境化解

"一带一路"倡议的提出，与2008年全球金融危机后国际社会在较长时间内并未寻找到有效应对方法密切相关。2012年，G20墨西哥洛斯卡沃斯峰会宣言指出，G20的首要任务仍是寻求强劲、可持续、平衡的经济增长。但要实现上述目标并非易事。2013年9月的G20俄罗斯圣彼得堡峰会宣言重点关注全球经济下行风险，呼吁各国加强政策协调，建设更加紧密的经济伙伴关系，强调刺激增长和创造就业是G20的优先任务，峰会决定建设开放型世界经济，把不采取贸易保护主义措施的承诺延长至2016年。在2016年的G20杭州峰会上，各方将"一带一路"倡议最为核心的"包容和联动式发展"理念纳入峰会成果，各方"决心推动包容和联动式发展，让二十国集团合作成果惠及全球"。[1] 可以认为，"一带一路"倡议旨在为全球金融危机后缓慢复苏的世界经济提供一剂强心针，使中国真正成为全球发展的贡献者。但就在"一带一路"倡议核心理念得到国际社会认可后不久，随着英国公投决定脱欧、美国民粹主义强势抬头以及2020年的新冠疫情，全球发展在2015年通过联合国2030年可持续发展议程和全球气候变化《巴黎协定》后便迅速陷入困境，这对共建"一带一路"高质量发展而言也意味着高度困难的全球发展合作环境。

更为具体地，共建"一带一路"要实现高质量发展，必须积极协助化解当今全球发展合作所面临的三大困境：一是如何处理相互重叠甚至相互竞争且均面临重大困难的各种发展议程的相互关系问题；二是全球发展治理的指导理念及由此而来的联合国发展体系的改革问题；三是全球发展治理的资源赤字及由此而来的一系列融资挑战。

---

① 《回顾历次G20领导人峰会主题与成果》，人民网，2019年6月27日，http://world.people.com.cn/n1/2019/0627/c1002-31198864.html，最后访问日期：2021年7月5日。

第一节　碎片化的全球发展议程

尽管发展始终是解决所有问题的"总钥匙",但更经常出现的是发展问题被安全化。2008 年全球金融危机的爆发,将全球目光从安全拉回到发展。这又因联合国千年发展目标(Millennium Development Goals,MDGs)于 2015 年底到期而变得更加迫切。因此,大致从 2010 年起,国际社会的发展战略规划意识大大提升,从全球到地区再到具体国别的发展规划持续出现:在全球层次上是以联合国 2030 年可持续发展议程为代表的全球发展议程,在地区层次上广大发展中地区特别是非洲、东盟、加勒比海地区乃至欧洲均纷纷出台自身的发展规划,国别层次上的规划就更是层出不穷。如此众多的发展议程,又可依据其地理覆盖范围区分为内向型、外向型和内外兼顾型等。可以认为,如此碎片化的全球发展议程,其相互间及其与"一带一路"倡议之间,都存在相互重叠、相互竞争又相互促进的关系。共建"一带一路"高质量发展离不开与其他各层次、各领域的发展议程的竞争性合作。

一　联合国 2030 年可持续发展议程

联合国自成立之日起就致力于促进全人类的发展。例如,联合国 1997 年通过的《发展纲领》(Agenda for Development,A/RES/51/240)开宗明义地指出:"发展是联合国的主要优先项目之一。发展是为各国人民取得更高生活素质的一项多面度的工作。在可持续发展中,经济发展、社会发展和环境保护是相互依存的,也是相互补充的组成部分。持续的经济增长对所有国家,特别是发展中国家的经济和社会发展至关重要。这种增长应具广泛的基础以便人人可以受益。各国以此可以消灭贫穷、饥饿、疾病和文盲,提供适当的住房,确保人人就业,保护环境的完整,提高其人民的生活水平。民主、尊重所有人权和基本自由,包括发展权利,透明而负责的治理和管理社会各部门……也是实现以社会和人民为中心的可持续发展的必要基础中不可或缺的部分。授权妇女及其以平等地位充分参与社会各个领域是发展的必要因素。"[①] 自 1960 年起,联合国从此前更多通过技术援助和专

---

① 联合国:《发展纲领》,联合国大会第五十一届会议,联合国文件 A/RES/51/240,1997 年 10 月 15 日。

门机构开展的发展合作，转向系统性的发展规划，包括 1960—1990 年的三个发展十年（Development Decade）和 20 世纪 90 年代的《人类发展报告》（Human Development Report），2000—2015 年的联合国千年发展计划以及 2016 年起开始实施的联合国 2030 年可持续发展议程。

目前已进入第二个五年实施阶段的联合国 2030 年议程，是千年发展计划的后续议程。自"马歇尔计划"实施以来，各类帮助发展中国家的发展议程纷纷出台，但真正涉及全球的发展议程仍是 2000 年出台的联合国千年发展计划。与千年发展计划的南北界线或"援助国—受援国"模式相比，接替千年发展计划的 2030 年议程涉及所有国家——包括发达国家和发展中国家——的国内发展，因此是真正意义上的全球发展议程。国际社会自 2010 年底启动有关联合国 2030 年议程的讨论。到 2015 年 9 月 2030 年议程正式通过，整个讨论进程大致可分为三个阶段：2010 年至 2013 年 8 月为第一阶段，可称作开放性咨询和参与式讨论时期，旨在全球范围内收集新的全球议程的相关目标；2013 年 9 月到 2014 年 8 月为第二阶段，可称作参与行为体和目标/指标体系压缩时期，其努力方向是为政府间谈判准备可行的 2015 年后议程谈判框架；此后至 2015 年 9 月为第三阶段，是 2030 年议程的政府间谈判时期，以议程正式通过为结束标志。①

2030 年议程共计有 17 项目标（goals）、169 项具体目标（targets），相应的衡量指标大致为 240 个，整体被称作"可持续发展目标"（Sustainable Development Goals，SDGs）。② 这些目标寻求巩固发展千年发展目标，完成千年发展计划尚未完成的事业。它们要让所有人享有人权，实现性别平等，增强所有妇女和女童的权利。它们是整体性的、不可分割的，并兼顾了可持续发展的三个方面：经济、社会和环境。③ 正如其所声称的，可持续发展目标和具体目标是一个整体，不可分割，是全球性和普遍适用的，兼顾各

---

① 相关讨论可参见张春《2015 年后国际发展议程的进程压缩与中国的可能贡献》，《联合国研究》2014 年第 1 期，第 69—89 页。

② 自通过以来，联合国 2030 年议程的衡量指标数量一直在小幅变化之中，其原因在于指标被依据其方法论成熟度、数据可用性而分为三级；第一级为方法论成熟、数据可用的指标，第二级为方法论较为成熟、数据不够充分的指标，第三级则是方法论和数据有待进一步开发的指标。因此，随着方法论成熟度和数据可用性的改善，存在第三级指标持续进入第二级、第二级持续进入第一级、同时也有第三级指标被修改、调整甚至放弃的现象。

③ 联合国：《变革我们的世界：2030 年可持续发展议程》，2015 年 9 月 25 日大会决议，联合国文件 A/RES/70/1，2015 年 10 月 21 日，第 1 页。

国的国情、能力和发展水平，并尊重各国的政策和优先事项。具体目标是人们渴望达到的全球性目标，由各国政府根据国际社会的总目标，兼顾本国国情制定。各国政府还将决定如何把这些激励人心的全球目标列入本国的规划工作、政策和战略。必须认识到，可持续发展与目前在经济、社会和环境领域开展的其他相关工作相互关联。[①]

从内容上看，17 项可持续发展目标可以分为四组：第 1—7 项目标涉及消除贫困、消除饥饿、保障受教育权利、促进性别平等，以及享有水、环境卫生和能源服务等，主要体现保障人自身发展的基本需求，特别是弱势群体的基本权利；第 8—12 项目标涉及可持续经济增长和就业，可持续工业化和创新，减少不平等，建设可持续城市和人类住区，可持续的消费和生产等，重点在促进可持续的经济增长和社会包容；第 13—15 项目标涉及应对气候变化、保护海洋资源和陆地生态系统，强调环境可持续性；第 16—17 项涉及制度建设、执行手段和伙伴关系，意在通过国际合作加强各项目标的落实。[②]

如果从其与千年发展目标的相互关联看，又可将可持续发展目标分为三类。

一是继续推进千年发展目标中未完成的相关目标，如消除贫困、教育、卫生等。当然，可持续发展目标对所有未完成的千年发展目标都有所升级。例如，千年发展目标的减贫目标是"1990 年至 2015 年，将每日收入低于1.25 美元的人口比例减半"（MDG - 1.A），可持续发展目标将其升级为"到 2030 年，在世界所有人口中消除极端贫困，目前极端贫困的衡量标准是每人每日生活费不足 1.25 美元"（SDG - 1.1）；又如，千年发展目标规定"1990 年至 2015 年，将 5 岁以下儿童的死亡率降低三分之二"（MDG - 4.A），而可持续发展目标则期望"到 2030 年，消除新生儿和 5 岁以下儿童可预防的死亡率"（SDG - 3.2）；再如，千年发展目标要求"1990 年至2015 年，产妇死亡率降低四分之三"（MDG - 5.A），而可持续发展目标则期待"到 2030 年，将全球孕产妇死亡率减至每 10 万活产 70 例以下"（SDG -3.1）；等等。

二是新增的大量可持续发展目标。在 2030 年议程的制定过程中，国际

① 联合国：《变革我们的世界：2030 年可持续发展议程》，2015 年 9 月 25 日大会决议，联合国文件 A/RES/70/1，2015 年 10 月 21 日，第 12 页。
② 联合国：《变革我们的世界：2030 年可持续发展议程》，2015 年 9 月 25 日大会决议，联合国文件 A/RES/70/1，2015 年 10 月 21 日。

64

社会面临三方面的冲击，一是国际恐怖主义的泛滥，二是全球金融危机的爆发，三是以气候变化、埃博拉病毒等为代表的全球性问题滋生。这三大挑战要求新的国际发展议程提出新的发展观和国际发展合作观，实现国际发展合作的可持续性。这样，可持续发展问题成为 2030 年议程的核心关注。为此，2030 年议程将包容性发展、气候变化、可持续消费与生产、海洋环境保护、生态系统保护、和平与包容社会等都纳入议程之中。2030 年议程对前述未完成的千年发展目标的升级努力，也与可持续性发展目标要求是一脉相承的。

三是与执行手段、全球伙伴关系相关的目标。与千年发展目标相比，2030 年议程相当宏大，这就要求有更为全面和深入的执行手段及全球伙伴关系的支持。效仿千年发展目标，可持续发展目标也将相关手段和伙伴关系单独列出，其中第 17 项目标名为"加强实施手段、重振可持续发展全球伙伴关系"，下有 19 个具体目标，全部指向全球伙伴关系建设。在前 16 项目标中，也列出了共计 43 项执行手段。换句话说，可持续发展目标的具体目标中有 62 项涉及执行手段和全球伙伴关系。

需要指出的是，尽管提出了发展道路、发展合作等更新理念，2030 年议程仍存在明显不足。第一，尽管千年发展目标的后续落实得到重点强调，但在可持续发展目标中，相关具体目标的数量事实上很少，即使是涉及千年发展目标的具体目标也被升级为可持续发展目标了。在 169 项具体目标中，可持续发展目标的数量接近 100 个，而真正的后千年发展目标不足 10 个。第二，尽管强调 2030 年议程不具法律约束力，但对诸如政策一致性、数据革命等的强调表明，备受争议的援助附加条件通过某种技术合理性掩盖，合法进入了可持续发展目标。第三，尽管 2030 年议程强调"普遍性"，但根本上仍是一种南北关系，整个目标框架中"发展中国家"和"欠发达国家"两词共出现 100 余次，而发达国家不足 20 次，新兴大国不足 10 次。上述不足，为共建"一带一路"高质量发展留下了巨大的政策空间。

二　内向型发展议程

如果说全球性发展议程必须坚持"政治正确"而覆及全球，必须设法消除既有的南北分野的话，那么地区性、国别性的发展议程可以有更大的独立性，可相对独立地设定自身的取向。因此，可以将地区性、国别性的发展议程区分为内向型和外向型两种。所谓内向型发展议程，即议程关注的核心目标是本地区或本国的发展，在地区层面主要是地区发展愿景，而在国家层面则是国别发展愿景。其中，与"一带一路"倡议高度关联的非洲、东盟、中东欧等地区的发展议程最值得关注。因此，本节仅对非盟《2063 年议程》、《东盟共同体 2025 年愿景》及欧洲投资计划等作简要介绍，对其他数量众多的地区性和国别性发展议程则不作讨论。

第一，非盟《2063 年议程》是非洲大陆面向未来 50 年（直至 2063 年）的社会—经济转型战略框架。它以非洲大陆自 1963 年非洲统一组织成立以来的各种发展战略规划或议程，特别是如拉各斯行动计划、非洲发展新伙伴计划（NEPAD）、非洲农业全面发展计划（Comprehensive African Agricultural Development Programme，CAADP）等为基础，旨在推动实现非洲国家、地区和大陆层次的包容性增长与可持续发展。非盟《2063 年议程》的讨论始于 2012 年 7 月的非盟峰会，此后于 2013 年 5 月提出初步草案，并于 2014 年 8 月和 2015 年 1 月公布了其公开版的第二个和第三个版本。[①] 在 2015 年 1 月的非盟峰会上，非洲国家元首和政府首脑正式通过非盟《2063 年议程》，其第一个十年执行规划也于 2015 年 6 月的峰会上正式提交并通过。

非盟《2063 年议程》在拟定过程中开展了广泛咨询，最终提出七大愿景（渴望），包括：基于包容性增长和可持续发展的繁荣非洲；基于泛非主义理想和非洲复兴愿景的政治上团结的一体化的非洲；良治、民主、尊重人权、公正与法治的非洲；和平与安全的非洲；有强大文化认同、共同遗产、共享价值观和道德观的非洲；追求以人为本发展特别是释放妇女与青年潜力的非洲；强大、团结和有影响力的全球行为体和伙伴的非洲。[②] 这七大愿景既构成了非盟《2063 年议程》的基础，也非常具体地体现在相关文件中，如其沟通战略文件，第一个十年执行规划，监督与评估战略，资源动员战略，等等。

非盟《2063 年议程》一共确立了 17 个行动领域，具体包括：在一代人之内即到 2025 年消除贫困；为所有非洲人提供洁净、安全和环境规划良好的体面居所；推进教育与技能革命，积极促进科技研发；实现经济转型、增长与工业化；巩固非洲农业和农业加工业的现代化；适应气候变化与环

[①] African Union, *Agenda 2063*: *The Africa We Want*, Popular Version, 2nd edition, Addis Ababa, Ethiopia, August 2014; African Union, *Agenda 2063*: *The Africa We Want*, Popular Version, 3rd edition, Addis Ababa, Ethiopia, January 2015.

[②] African Union, *Agenda 2063*: *The Africa We Want*, Popular Version, 3rd Edition, Addis Ababa, Ethiopia, January 2015, p. 2.

境；通过世界级基础设施将非洲联系起来；建立大陆性自由贸易区；支持青年人作为非洲复兴的推动者；2020 年消弭枪声计划；到 2020 年实现公私机构中的性别平等；建立非洲护照；巩固民主与以人为本的非洲；拓展非洲在全球谈判中的团结声音；强化国内资源动员；建立执行、监督、评估体系确保实现非洲愿景；迈向大陆性统一。①

非盟《2063 年议程》是为所有非洲人的福祉而优化非洲资源使用的全球战略。考虑到这一愿景的长期性，非盟决定通过连续的十年执行规划（共计 5 个）将愿景目标转化为具体政策行动。其第一个十年执行规划确立了 2013—2023 年的旗舰项目，共计 14 项：高速铁路网、非洲大宗商品战略、非洲大陆自贸区、非洲护照、2020 年消弭枪声计划、大英加大坝项目、非洲单一航空市场、年度性非洲经济论坛、非洲金融机构体系、泛非 E 网络、非洲外太空战略、非洲虚拟和 E 大学、网络安全及大非洲博物馆等。②非盟《2063 年议程》也试图确保政策适用的灵活性，考虑到各国的国情差异，允许成员国和地区经济共同通过政策和战略的更优组合以达到提议的目标和指标。③

第二，《东盟共同体 2025 年愿景》不如非盟《2063 年议程》宏大，但仍为东盟发展指明了方向。东盟自成立以来一直努力推动地区经济一体化进程，但真正促使东盟各国采取实质性行动的是 1997 年东亚金融危机及东盟扩大后的内部分歧。东盟已认识到深化地区一体化的紧迫性，因此尝试将既有的东盟升级为一个共同体。这一设想于 2003 年第九届东盟首脑会议上通过，计划为新的东盟共同体设置安全、经济、社会文化三个支柱；此后 2007 年的第 12 届东盟首脑会议决定加快建设步伐。这样，到 2015 年，东盟宣布正式建成东盟共同体，并通过指导未来十年发展的《东盟共同体2025 年愿景》文件。

《东盟共同体 2025 年愿景》期待建设一个可有效应对各类挑战的和平、稳定与恢复力强的共同体，并在维持东盟中心地位的同时使其成为全球社

---

① African Union, *Agenda 2063*: *The Africa We Want*, Popular Version, 3rd Edition, Addis Ababa, Ethiopia, January 2015, pp. 13 – 18.

② African Union, "Flagship Projects of Agenda 2063," https://au. int/agenda2063/flagship-projects, accessed on July 5, 2021.

③ African Union, *Agenda 2063*: *The Africa We Want*, Popular Version, 3rd Edition, Addis Ababa, Ethiopia, January 2015, pp. 19 – 20.

会的一个外向型地区；期待一个强劲、可持续和高度一体化的经济，拓展东盟的互联互通，缩小发展差距。该愿景也强调东盟共同体建设与联合国2030年议程的互补性。愿景依据东盟共同体建设的三个支柱而设定了到2025年的发展目标：东盟安全共同体的目标是建设一个团结、包容和恢复力强的共同体，下设9项目标；东盟经济共同体的目标是建设高度一体化的经济，竞争力、创新力和动力强劲，提升互联互通和部门合作，更加包容、更具恢复力和以人为本的共同体，并高度融入全球经济，下设5个目标；东盟社会文化共同体的目标是建设一个立足人民、造益人民的共同体，下设5个目标。① 2015年底的第28届东盟峰会进一步明确了《东盟共同体2025年愿景》的5个重点战略领域：可持续的基础设施，数字化创新，顺畅的物流，优质化管理，人口流动。为此，东盟每年需要至少1.1万亿美元投入基础设施建设领域。到2030年，东盟数字技术可能价值高达6250亿美元，数字服务将全面覆盖。提高物流竞争力将加速货物流通，为东盟公民创造越来越多的商机。随着年轻人口增多，优化人口管理和流动将有效促进区域内经济教育发展。

第三，与前两个地区更多着眼未来发展规划相比，欧洲投资计划更多关注危机应对。自2008年全球金融危机爆发以来，欧盟始终面临复苏乏力局面。为此，欧盟于2014年11月提出欧洲投资计划（因当时的欧盟委员会主席为容克，又称"容克计划"），旨在为经济复苏注入动力。"容克计划"主要涉及三大方面：在不增加公共债务的情况下增加投资，支持关键领域的项目和投资，包括基础设施、教育和研发创新，消除行业以及金融和非金融投资壁垒。为实现上述目标，欧盟计划设立总额210亿欧元的欧洲战略投资基金，撬动包括私营部门在内的共计3150亿欧元的投资。② 该计划的具体实施步骤包括：设立战略投资基金；建立可行性项目和援助项目门户；引导资金进入需要的领域；设立路线图，使欧洲能够吸引投资并消除规制瓶颈。③

---

① ASEAN, *ASEAN Community Vision 2025: Forging Ahead Together*, Jakarta: ASEAN Secretariat, 2015.

② "Factsheet 3: Where Will the Money Go to?" European Investment Bank, European Commission, 2015, http://ec.europa.eu/priorities/jobs-growth-investment/plan/docs/factsheet3 - what-in_en.pdf, accessed on July 5, 2021.

③ 金玲：《"一带一路"与欧洲"容克计划"的战略对接研究》，《国际展望》2015年第6期，第1-14页。

"容克计划"最重要的内容是在欧盟层面为项目规划和实施提供支持，主要包括项目设计过程中的技术援助、创新性金融工具的使用、公私伙伴关系（PPPs）的应对方案。投资的重点行业与领域包括战略基础设施、数字和能源、产业中心交通基础设施、教育和研发、促进就业尤其是资助中小企业以及促进青年人就业的项目、环境可持续性项目等。欧委会将从欧盟预算中拨出 160 亿欧元，主要用于长期投资项目；而欧洲投资银行则将出资 50 亿欧元，主要用于中小企业融资。欧委会预计，这些措施将在未来三年为欧盟国内生产总值（GDP）增长贡献 3300 亿—4100 亿欧元，并创造约 130 万个就业岗位。[1] 到 2019 年底，"容克计划"共筹集近 4400 亿欧元资金，其中 70% 来自私人投资，为超过 100 万家中小企业提供支持。尽管也面临质疑，该计划仍得到延续甚至扩大；预计到 2022 年，该计划创造的就业岗位将增至 170 万个，对经济的拉动作用也将提高至 1.8%。[2]

三　外向型发展议程

内向型发展议程更多关注所在地区或国内发展，因此与"一带一路"倡议的关系主要涉及政策对接和落实。相比之下，随着国际发展合作的推进，越来越多的国家和组织正推出旨在帮助其他国家的外向型发展议程，对"一带一路"倡议构成了重大的理论、战略和实践压力。在这些外向型发展议程中，由联合国及发展中地区组织所推动的发展议程大多与"一带一路"倡议存在领域性重叠，进而也可能存在竞争关系。例如，在 1988 年"丝绸之路：对话之路综合研究"和 2003 年"丝绸之路倡议"的基础上，联合国开发计划署（UNDP）和世界旅游组织于 2008 年发起了"丝绸之路复兴计划"，主要是为了促进减贫事业特别是实现联合国千年发展目标。该计划以建设联通欧亚大陆的交通基础设施为主要抓手，截至 2014 年共投资 430 亿美元。自"一带一路"倡议提出以来，中国和联合国开发计划署的合作进一步增强，2016 年 9 月李克强总理访问联合国期间，中国政府同联合国开发计划署签署了首个政府间共建"一带一路"谅解备忘录。需要强调

---

① "The European Fund for Strategic Investment（EFSI），" European Commission，2015，http://ec. europa. eu/priorities/jobs-growth-investment/plan/efsi/index_en. htm，accessed on July 5，2021.

② 《"欧洲投资计划"创造了 110 万个就业岗位》，商务部网站，2019 年 10 月 30 日，http://www. mofcom. gov. cn/article/i/jyjl/m/201910/20191002908822. shtml，最后访问日期：2021 年 7 月 5 日。

的是，此类竞争对共建"一带一路"的高质量发展是有益的。但另一类外向型发展议程，特别是来自美国、日本、印度等以地缘政治战略为出发点的议程，极可能催生与"一带一路"倡议的恶性竞争，这对共建"一带一路"高质量发展是严峻的挑战。

第一，如前所述，美国始终对"一带一路"倡议持高度怀疑态度，拜登上台后进行了更加系统化、针对性的恶性竞争努力。

在"一带一路"倡议提出之前，美国就已采取措施针对中国与其他国家的发展合作。例如，美国于 2011 年 7 月提出"新丝绸之路"战略（又称"新丝绸之路愿景"），旨在推动区域安全稳定，弥补美军撤出阿富汗后留下的战略真空，是美国在阿富汗撤军后在地区发展稳定方面的政策尝试。试图通过鼓励中亚和南亚之间的能源和贸易合作促进地区发展。就具体实施而言，美国通过软硬件两个层面加以推动，硬件方面包括修建联结中亚、阿富汗和南亚的铁路、公路、电网和油气管道等基础设施；软件方面主要通过投资和贸易规制建立及完善，降低投资贸易壁垒，比如简化投资和贸易程序、克服官僚作风和消除腐败等。在"一带一路"倡议提出之后，美国通过中亚区域经济合作（CAREC）平台积极推动"新丝绸之路"战略的实施，通过与其主导的亚洲开发银行及其他合作伙伴之间的业务合作，实现借力发展，而美国自己出资支持的项目极为有限。比如，阿富汗桑世达水电站、阿富汗至巴基斯坦的铁路项目、乌兹别克斯坦至阿富汗的铁路均由亚洲开发银行提供融资支持。乌兹别克斯坦天然气更新则由印度提供资金和技术支持。相比起硬件项目的实施，美国利用自身在该地区的影响力，在软规制推动方面似乎更加成功。比如，美国在"新丝绸之路"战略框架下，增强了区域内国家之间的政策沟通协调，成功推动印度和巴基斯坦之间达成首个自贸协定，成功推动阿富汗与巴基斯坦、乌兹别克斯坦和吉尔吉斯斯坦等国之间达成各种过境协定，并与中亚国家签署了美国—中亚贸易和投资框架协议。[①]

拜登上台后，将其前任们针对"一带一路"倡议的举措进一步系统化，其典型代表是美国参议院于 2021 年 4 月通过的《2021 年战略竞争法案》。该法案声称，"中国将'一带一路'倡议描述为一个对所有国家都有利的计

---

① 李双双、卢锋：《中美当代"丝绸之路"战略比较分析》，《国际经济评论》2016 年第 4 期，第 77 - 90 页。

划。但它最终寻求推进一个以中国为中心的经济体系，使其成为中国全球野心的最具体的地理体现。'一带一路'倡议提升了中国国有企业在全球市场上的经济影响力，强化了中国对世界各国政府领导人的政治影响力，并提供了更多进入港口、铁路等战略节点的机会。通过'一带一路'倡议，中国试图利用经济依赖获得政治尊重"。① 《2021 年战略竞争法案》指出，要发展"一带一路"倡议的替代议程，总体要求是与多边发展机制合作，发展基于共享的发展融资标准和机制的融资手段，以帮助发展中国家获得支持绿色低碳发展、适应环境变化的投资，削弱中国与联合国及其基金围绕共建"一带一路"的合作。《2021 年战略竞争法案》还要求美国政府与日本、印度、欧洲等合作制定应对共建"一带一路"的全面战略，提供针对"一带一路"倡议的替代方案，为可持续发展和基础设施项目提供资金。例如，在跨大西洋合作中应重点放在欧盟的欧亚联通战略（Strategy on Connecting Europe and Asia）、三海倡议（Three Seas Initiative）和三海倡议基金、美日澳蓝点网络（Blue Dot Network），以及欧盟—日本基础设施倡议等方面。针对共建"一带一路"高质量发展态势，美国将重点放在了标准升级上，如在基础设施建设中强调高标准、透明度等；更重要的是通过美欧合作，制定经合组织、巴黎俱乐部在发展中国家参与共建"一带一路"时的最高标准。②

第二，印度对共建"一带一路"高度担忧，于 2014 年以文化为旗号启动了针对性的"季风计划"（Project Mausam）。该计划旨在展示世界遗产名录上的跨国混合路线（包括自然和文化遗产），以季风模式、文化路线和海洋景观为重点，将印度洋沿岸不同地区连接起来。该计划包括两个层次：宏观层次上旨在重新连接和重建印度洋各国间的通道，微观层次上聚焦地区海洋环境中的国别文化。③ 尽管一开始以文化项目示人，但印度"季风计划"很快演变成了一项战略规划，成为印度洋地区共建"一带一路"的替代方案。④

---

① "S. 1169 – Strategic Competition Act of 2021," 117th Congress（2021 – 2022），Congress. gov, https：//www. congress. gov/bill/117th-congress/senate-bill/1169, accessed on July 5, 2021.

② "S. 1169 – Strategic Competition Act of 2021," 117th Congress（2021 – 2022），Congress. gov, https：//www. congress. gov/bill/117th-congress/senate-bill/1169, accessed on July 5, 2021.

③ "Mausam：Maritime Routes and Cultural Landscapes," Ministry of Culture, Government of India, https：//www. indiaculture. nic. in/project-mausam, accessed on July 5, 2021.

④ 陈菲：《"一带一路"与印度"季风计划"的战略对接研究》，《国际展望》2015 年第 6 期，第 15 – 21 页。

第三，如前所述，日本对"一带一路"倡议一直存在疑虑，并在寻求参与倡议的同时也推进自身的"丝绸之路外交"。日本与中亚国家的关系最早开始于苏联解体初期，时任日本首相桥本龙太郎出于能源来源多样化考虑，拟增强日本在欧亚地区的外交努力，所推出的欧亚政策后来亦被称为日本的"丝绸之路外交"。日本意识到高加索和中亚地区地缘政治的重要意义，先后在塔吉克斯坦和吉尔吉斯斯坦设立联络处，日本国际协力机构（Japan International Cooperation Agency，JICA）也开始入驻中亚地区，积极推动地区经济发展和市场化改革，2004 年进一步建立"中亚五国 + 日本"合作机制。日本一度成为当时中亚地区官方援助最大捐赠国。此外，日本还向中亚国家提供大量低息日元贷款，为当地发展提供大量技术援助。[①] 实际上，日本推动欧亚外交的核心关注点仍是能源和资源多元化，但由于受中亚地区不够完善的基础设施和交通条件的制约，日本对中亚地区的投资至今仍然较为有限。日本的所谓"丝绸之路外交"实际影响亦极为有限。

第四，日本与印度于 2016 年 11 月共同创立"亚非增长走廊"（Asia Africa Growth Corridor，AAGC），试图联手抗衡"一带一路"倡议。亚非增长走廊有四个支柱，即发展合作，高质量基础设施与制度互联互通，技能拓展，以及人文伙伴关系。尽管某种程度上效仿"一带一路"倡议的民心相通要素，但日本和印度声称人文伙伴关系是亚非增长走廊所独有的。亚非增长走廊的优先关注涵盖保健和制药、农业和农产品加工、灾害管理和技能拓展等，事实上是日本与印度在所谓"印太"合作框架下的部分努力。[②]

最后，还有诸多国家在参与"一带一路"倡议时也在推进自身的相关倡议。例如，俄罗斯在参与"一带一路"倡议时始终强调欧亚经济联盟的重要地位。又如，韩国政府也提出"欧亚倡议"，以"一个大陆"、"创造的大陆"和"和平的大陆"统领其对外发展合作。[③]

---

① Vladimir Fedorenko, "The New Silk Road Initiatives in Central Asia," Rethink Paper, August 10, 2013, http://www. silkroadstudies. org/resources/pdf/Monographs/2008 _12 _BOOK _Len-Tomohi-ko-Tetsuya_Japan-Silk-Road-Diplomacy. pdf, accessed on July 5, 2021.

② "About AAGC," Asia Africa Growth Corridor, https://aagc. ris. org. in/about-aagc, accessed on July 5, 2021.

③ 朴英爱、张林国：《中国"一带一路"与韩国"欧亚倡议"的战略对接探析》，《东北亚论坛》2016 年第 1 期，第 104 – 114 页。

四　新冠疫情与全球发展的额外挑战

尽管有如上各层次的发展议程，但几乎所有议程的落实都远未达预期。例如，联合国 2030 年议程第一个五年（2016—2020 年）的落实明显是不充分的，这也是联合国于 2019 年底提出 2020—2030 年的十年是"行动十年"（Decade of Action）的原因：尽管许多地方都取得了不小的成就，但整体上实现可持续发展目标的行动尚未达到应有的速度或规模，因此，需要从 2020 年起切实采取行动，确保到 2030 年实现可持续发展的宏伟目标。[①] 但很显然，新冠疫情严重影响了实现可持续发展目标的努力，到 2030 年实现可持续发展目标的可能性大大降低。

根据《2021 年可持续发展目标报告》（The *Sustainable Development Goals Report 2021*），新冠疫情对可持续发展目标的实现产生了全面冲击。就 SDG - 1 而言，除大约 400 万人因新冠疫情死亡外，还有 1. 19 亿—1. 24 亿人重新陷入贫困。疫情使过去几十年的发展努力几乎化为乌有；全球极端贫困人口自 1998 年以来首次回升。尽管世界各国采取了多达 1600 余项社会保障措施以应对疫情冲击，但仍有 40 亿人并未享受社会保障措施所提供的帮助。[②] 例如，联合国开发计划署依据无疫情场景、疫情基本场景、疫情严重场景和可持续发展目标加速场景四种模式预测了从 2015 起至 2050 年的可持续发展目标实现可能。根据这一模型，2015 年时全球的绝对贫困率（每天收入低于 1. 9 美元）为 10. 3%，如果没有疫情的话，2020 年将降至 9. 53%，2030 年降至 7. 86%，到 2050 年降至 4. 19%。但 2020 年新冠疫情暴发，使这一趋势被极大地改变了。在疫情基本场景下，全球绝对贫困率在 2020 年回升至 10. 54%；但如果疫情严重，可能到 2030 年时仍难以恢复到 2015 年时的水平。对相对贫穷的国家来说，情况可能更加严峻。联合国开发计划署估计，就人类发展指数得分较低的国家而言，2015 年的绝对贫困率为 44. 49%，无疫情的话在 2020 年可能降至 43. 58%；但疫情暴发使其绝对贫困率在疫情基本场景下也回升至 46. 83%，疫情严重的话可能回升至 48. 83%，分别意

---

①　"Decade of Action：Ten Years to Transform Our World，" UN Sustainable Development Goals，https：//www. un. org/sustainabledevelopment/decade-of - action/，accessed on July 5，2021.

②　United Nations，*The Sustainable Development Goals Report 2021*，New York：The United Nations，2021，p. 8.

味着 2900 万和 4900 万人口重新陷入绝对贫困。① 与 SDG-1 密切相关,新冠疫情使世界范围内的饥饿问题也大大加剧:由于疫情,全球可能新增 7000 万至 1.61 亿人经受饥饿问题;儿童营养不良状况也将恶化,全球 5 岁以下儿童有 22% 计 1.492 亿人发育不良。②

当然,最直接的冲击是在 SDG-3 即公共卫生问题上,疫情可能使全球人口平均预期寿命缩短,过去 10 年里在生殖健康、生育健康和儿童健康等领域所取得的进步都将化为乌有。③ 疫情还使全球范围内的不平等程度加剧,最贫穷和最脆弱的群体仍面临更高的感染风险:疫情导致 2.55 亿人丧失全职工作——这是 2007—2009 年全球金融危机期间失业人口的 4 倍;全球平均基尼系数大幅上升,其中新兴经济体和发展中国家增长达 6%,这使自 2008 年全球金融危机以来所取得的进步全部被抵消。④ 以全球 5 岁以下儿童死亡率为例,2015 年时全球平均水平为 41.29‰,而人类发展指数得分低的国家则为 85.73‰,二者差距超过 44 个千分点;到 2020 年,如果疫情未暴发,这一差距可能降至 40.67 个千分点——分别为 37.30‰ 和 77.97‰;但疫情冲击使得这一差距又回到 41 个千分点。2020 年,在疫情基本场景下,全球 5 岁以下儿童死亡率将回升至 1.78‰,而人类发展指数得分低的国家则将回升至 2.46‰;在疫情严重场景下,全球 5 岁以下儿童死亡率将回升至 2.11‰,而人类发展指数得分低的国家则将回升至 3.04‰。⑤ 尽管世界经济将在 2021 年明显复苏,但恢复到疫情前水平仍需要时间。⑥

面对疫情冲击,联合国提出了"重建以更好"(Building Back Better)口号。联合国强调,"重建以更好"要求有效的多边主义和所有社会的全面

---

① "Assessing COVID-19 Impact on the Sustainable Development Goals," UNDP, https://data. un-dp. org/content/assessing-covid-impacts-on-the-sdgs/, accessed on July 5, 2021.

② United Nations, *The Sustainable Development Goals Report 2021*, New York: The United Nations, 2021, p. 9.

③ United Nations, *The Sustainable Development Goals Report 2021*, New York: The United Nations, 2021, p. 10.

④ United Nations, *The Sustainable Development Goals Report 2021*, New York: The United Nations, 2021, pp. 15, 17.

⑤ "Assessing COVID-19 Impact on the Sustainable Development Goals," UNDP, https://data. un-dp. org/content/assessing-covid-impacts-on-the-sdgs/, accessed on July 5, 2021.

⑥ "Sustainable Development Report Shows Devastating Impact of COVID, Ahead of 'Critical' New Phase," UN News, July 6, 2021, https://news. un. org/en/story/2021/07/1095362, accessed on July 10, 2021.

参与；一个逻辑一贯、协调有致、全面系统（coherent，coordinated and comprehensive）的响应愿景比任何时候都要重要。[1] 针对疫情后复苏及加快落实2030年议程，联合国开发计划署强调的重点是三个政策响应：一是基于平等原则作出响应，应高度关注能力不足的国家、社区和群体，推动"不让任何人掉队"目标实现；二是关注人的长期能力建设，既调和公共卫生与经济获利之间的平衡，也帮助培育未来应对冲击的复原力；三是遵循多维度综合性方法，采用系统方法同时应对危机的多个相互关联的方面，避免陷入部门主义。[2] 正如联合国秘书长安东尼奥·古特雷斯所说，鉴于实现2030年可持续发展目标"未在既定轨道之上"，因此"现在是兑现承诺的时候"了。[3]"一带一路"倡议在疫情期间仍坚守承诺，且与联合国2030年议程高度契合，在后疫情时期可通过更好的战略、政策对接而融入可持续发展议程，促进自身的高质量发展。

第二节　竞争性的全球发展治理方法

除多层次、全领域的发展议程可能相互重叠甚至相互竞争之外，全球发展治理的理念及由此而来的发展治理体系的改革问题也正变得日益重要。联合国2030年议程的通过标志着全球发展治理的指导理念及操作方法逐渐从规范化治理向指标化治理转变，但这极可能意味着重形式轻落实的弊端；尤其是在新冠疫情冲击下，到底是指标及相关的数据更重要，还是规范更重要，迄今仍处于争论之中。而为了顺应从千年发展目标到可持续发展目标的过渡及相应的治理理念转变，联合国发展体系也提出了一系列改革方案，尽管有其积极意义，但也蕴含着重大争论。究其根源，仍是有关规范化治理与指标化治理的平衡困难。

一　规范化治理与指标化治理的平衡

尽管全球治理兴起的时间并不长，但其治理逻辑、理念与具体方法等

---

①　United Nations，*The Sustainable Development Goals Report 2021*，New York：The United Nations，2021，pp. 15，17.

②　UNDP，*COVID - 19 and Human Development：Assessing the Crisis，Envisioning the Recovery*，New York：UNDP，2020，p. 3.

③　《联合国秘书长：实现2030年可持续发展目标"未在既定轨道之上"》，联合国新闻，2021年7月12日，https：//news. un. org/zh/story/2021/07/1087862，最后访问日期：2021年7月15日。

都正经历快速的转型。在其初生时期,全球治理很大程度上延续了相互依赖程度不高、全球性挑战并不严峻、主权国家仍占据主导地位时代的传统权势思维,采取一种自上而下的规范化治理(rule-based governance)方法;但随着人类交往朝高度相互依赖、全球性问题泛滥、主权国家难以独大的方向演变,规范化治理方法难以奏效,越来越多的治理失灵出现,为自下而上的指标化治理(indicator-based governance)方法创造了空间。在自上而下的规范化治理方法下,行为规范被提前设定,各行为体的政策空间相对固定和狭小,因此对伙伴关系的需求并不明显;而在自下而上的指标化治理方法中,全球治理进程聚焦于治理目标而非行为规则的设定,各行为体有较大的政策空间追求在全球性目标框架内的国别目标,各种伙伴关系既有可能也更必要,根本原因在于其政策空间的拓展。

全球治理赤字即治理需求与治理能力的不匹配,很大程度上是全球公共产品的供应赤字及供应机制的改革滞后。很大程度上出于一种路径依赖,在面对日益增大的全球治理压力时,国际社会首先的反应是采取自上而下的规则制定方法,规范化治理成为全球治理的主导话语,全球治理也被理所当然地定义为基于规则的治理。詹姆斯·罗西瑙(James N. Rosenau)认为,全球治理是一种从家庭直到国际社会的多层次人类活动管控体系,试图通过实施产生跨国影响的控制达到治理目标。[1] 无论是在地区层面还是在全球层面,有效规则都是有效治理的充要条件。因为规则"对于可为或不可为的行动作出具体规定",[2] 只要行为体按照预设的规则行动,就能实现治理的目标。

尽管规范化治理方法为各行为体预设了具体的行为规范,现实中却很难奏效。无论是全球气候变化谈判、国际恐怖主义的应对,还是全球性传染病的防控,都面临明显的治理困境或治理失灵。规范化治理失灵的原因主要有以下几个方面。一是该方法的自上而下性质,这典型地源于此前主权国家体系的统治经验,无论是在国家层面还是在国际层面,由于权势高

---

[1] James N. Rosenau and Ernst-Otto Czempiel, eds., *Governance without Government: Order and Change in World Politics*, Cambridge: Cambridge University Press, 1992.

[2] Robert O. Keohan, *After Hegemony: Cooperation and Discord in World Politics*, Princeton: Princeton University Press, 1984; Bruce Jones, Carols Pascual and Stephen John Stedman, *Power and Responsibility: Building International Order in an Era of Transitional Threat*, Washington, D. C.: Brookings Institution Press, 2009.

度集中、参与统治或治理进程的行为体少之又少且相互间存在巨大的实力差距，因此自上而下的治理方法能够相对容易地得到落实，但随着全球性权势扩散的发展，这种自上而下的方法越来越难以贯彻，哪怕是在设定了相应的服从和惩罚机制之后。二是规则制定的滞后性，规则的制定只能晚于其所规范的对象，因此无论规则本身的制定有多及时它都不可避免地具有滞后性，更不要说规则制定过程中的权力博弈进一步迟滞了规则制定的努力。总体上，规则可能滞后于国际权力结构的变化、安全挑战的变化、相互依赖的深化。① 三是规则制定与全球性挑战的错配，规则制定所指向的是具体的行为规范而非特定的政策目标，其政策目标是某种全球性挑战，但在规则制定过程中它很大程度上被忽视了，或被模糊化了，如全球气候变化的 2℃ 目标就是一个相当模糊的目标。四是规则制定的合法性日益遭到全球性权势扩散的挑战，传统上规则制定往往由少数行为体特别是国际体系中的大国所主导，但随着参与全球治理的行为体不断增加，其关切和呼吁无法在既有规则或新制定的规则中得到有效体现，规范化治理的合法性危机也就出现了。②

　　规范化治理的失灵呼吁一种替代性的全球治理思维和方式，它主要基于双重考虑。一方面，考虑到规范化治理的自上而下逻辑，这一替代性的全球治理思维和方式可以从相反方向即通过自下而上的方式展开，这也符合全球性权势扩散对全球治理的内在要求。自下而上的治理努力往往在两种情况下发生。一是在特定议题尚未得到各国政府的高度重视、相应的全球治理努力处于相对低级阶段时，这时对该议题的治理努力更多停留在议题倡导或安全化议题阶段。③ 在这一模式下，科技专家或知识共同体很大程度上在主导相关规范的建构，是一种科学或知识驱动的自下而上模式。二是在全球性权势高度分散的情况下，大量非国家行为体参与到全球治理中。由于参与行为体多，预设强有力的行为规范日益困难，各行为体在参加全球治理时的政策空间相对更大、自主性更强进而也更加以自身利益为主；这使

---

① 秦亚青：《全球治理失灵与秩序理念的重建》，《世界经济与政治》2013 年第 4 期，第 8－9 页。

② 〔美〕艾伦·布坎南、罗伯特·基欧汉：《全球治理机制的合法性》，《南京大学学报》（哲学·人文科学·社会科学）2011 年第 2 期，第 39－42 页。

③ 有关特定议题被"安全化"并最终进入全球治理议程的案例性分析，可参见潘亚玲《国际规范的生命周期与安全化理论》，《欧洲研究》2007 年第 4 期，第 68－82 页。

得规范之外的软性监督机制，如道德舆论或黑名单等变得越来越重要。①

另一方面，考虑到规范化治理使最终治理目标陷于模糊化，因此需要对全球治理的目标予以重新强调，这催生了结果导向的全球治理探索。进入 21 世纪后，基于联合国开发计划署所称的"结果文化"（culture of results），② 发展合作逐渐转向一种结果管理方法（results-based management）。以"基于证据的发展规划与管理"框架为基础，发展援助共同体于 20 世纪 90 年代初开始重塑援助议程，制度化结果管理方法，将其整合到其组织文化中。③ 其深层次信念在于，明确聚焦于结果不仅有助于发展中国家作出更有效的政策决策，发展机构也可通过鼓励结果正义的政策、计划和项目实施对贫困条件有更为持久的影响。结果管理方法的引入，使"发展"正成为一项技术性工程，拥有理性、技术规划知识的技术专家和官僚现在占据着重要权势位置。④ 几乎所有发展中国家都依赖于技术专家来设定其发展目标，并确立改善其表现的路线图。

自下而上方法与结果导向逻辑的结合，推动了对指标化治理而言相当关键的评估方法特别是国际性表现指标（performance indicator）的迅速普及。的确，进入 21 世纪以来发展学的最主要贡献都是技术性的而非理论性的，如利用随机和可控的实验来评估发展的有效性。⑤ 新的发展话语，聚集于高度复杂、纯粹技术性的规划、监督与评估等话语，似乎主导了新世纪的发展思维。发展中国家和组织现在需要提供经验性证据，大多数是定量的，以证明其在不同的国际宣言特别是 2005 年巴黎宣言中所设定的各项目标中所取得的进步。这就产生了准备复杂、技术性的数据的重大压力，这些数据不过是为了观察各国的发展表现，比较输入与产出水平，建立指标的基准线以便未来的进展可以衡量，并就援助有效性的各种问题提交定期

① 石晨霞：《全球治理模式转换的理论分析——以全球气候变化治理为例》，《国际关系研究》2016 年第 2 期，第 127 - 139 页。
② UNDP, *Evaluation of Results-Based Management at UNDP*, New York：UNDP Evaluation Office, 2007.
③ CIDA, *RBM Handbook on Developing Results Chains*, Gatineau, Quebec：CIDA, 2000.
④ James C. Scott, *Like a State：How Certain Schemes to Improve the Human Condition Failed*, Yale：Yale University Press, 1998, pp. 90 - 93.
⑤ E. Duflo and M. Kremer, "Use of Randomization in the Evaluation of Development Effectiveness," Paper Prepared for the World Bank Operations Evaluation Department Conference, Washington, D. C. ：World Bank, 2003.

报告。各国也需要采取全面的国家调查，以收集详细的实现援助有效性目标的表现信息。对提升援助有效性的强调事实上又将现代性话语带入了发展理论中，重点是强化发展的科学性、理性规划的逻辑。[1]

国际性表现指标较早出现于 20 世纪 70 年代中后期，主要为了满足日益增长的国际性投资需求。但到 20 世纪 90 年代末，各类指数的数量快速增长，许多不再只是提供有用的政策信息，而是被特别当作 "权力的技术"（technologies of power）;[2] 换句话说，它们试图影响被排名对象的行为。非政府组织、国际非政府组织和国家开始认识到，信息的 "指标化"（indicization）不仅可促进透明度和问责,[3] 也可对相关国家施加政策变革压力。

所谓国际性表现指标是指公开的、可比较的跨国指数，政府、政府间及/或私人行为体定期使用其吸引人们关注特定政策领域内各国的相对表现。国际性表现指标可以被当作一种对各行为体特别是国家的社会性压力工具；要实现这一功能，它们必须能以较低成本利用，必须在排名实体中做出明确比较，如排名、分类、比率或黑名单。定期公布如每年公布的表现指数比其他不定期的更有可能施加持续的社会压力。国际性表现指标往往目的性较强，旨在影响其所针对的特定政策领域的政策或实践，通过将既有数据重新打包评估，并以能吸引注意力的方式命名，使政策和改革建议基于排名情况，进而影响决策。

国际性表现指标有三种影响行为体特别是国家决策的路径（见图 2—1）。一是可以通过国内政治压力影响决策者。对国内重要政策领域的排名创造出新的信息，可以吸引、维持或侵蚀国内政治支持。重要的消极排名可能动员国内政治行为体（非政府组织、经济行为体等),[4] 他们因排名对政策变革的压力所激励或受影响。这一机制并不必然依赖于排名者的物质或强制性权势。以经商难易指数为例，地方商业可利用世界银行的评估要求降低经商成果及期待门槛或壁垒。有时，哪怕是公众和负面的国内反应

---

① Jonas Dovern and Peter Nunnenkamp, "Aid and Growth Accelerations: An Alternative Approach to Assessing the Effectiveness of Aid," *KYKLOS*, Vol. 60, No. 3, 2007, pp. 359 – 383.

② Hans Krause Hansen, "The Power of Performance Indices in the Global Politics of Anti-corruption," *Journal of International Relations and Development*, Vol. 15, No. 4, 2012, pp. 506 – 531.

③ John R. Mathiason, "Who Controls the Machine, Ⅲ: Accountability in the Results-based Revolution," *Public Administration and Development*, Vol. 24, No. 1, 2004, pp. 61 – 73.

④ Beth A. Simmons, *Mobilizing for Human Rights: International Law in Domestic Politics*, New York: Cambridge University Press, 2009.

的预期，也会推动政府的预防性政策变化。二是通过直接的官僚压力而发挥作用。如果指数所针对的是特定政府官员负责的政策的话，排名进而可影响这些人（如作为政府部长）或部门的地位。[①] 例如，世界银行营商环境指数（Ease of Doing Business Index，EoDB Index）的次级指标相当细化，可显示银行监管者的专业水平。当排名反映出其专业水平不够，相关官员可能在下次排名出来之前改变政策，以避免排名下滑。这些机制原则上可以独立于排名者的物质权势而发挥作用。真正重要的是，排名的客观性和渴望维持良好的专业声誉的愿望。国际性表现指标甚至可能影响正在进行的官僚机构的运转与能力。评估机构可能督促官僚机构维持其记录，收集新的数据，并与私人信息来源保持联系。这些"信息收集、处理和分发"本身便可塑造决策的认知框架。[②] 三是激活跨国预期和实质性压力，如市场预期。等级排名机构可能触发资本市场或汇率市场的大海啸。外国资助机构也可能对特定对象施加压力。排名者本身并不需要有重大的物质性权势，但必须足够可信，被市场或其他行为体认真对待。

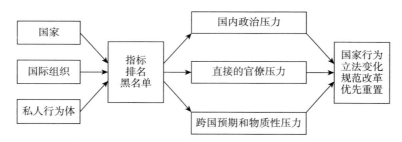

图 2—1　指标排名影响行为体（国家决策）的路径
资料来源：笔者自制。

总之，国际性表现指标是在行使一种社会权势，与排名者在更大的国际社会中的地位相互动。它们可能动员国内行为体，使特定决策者尴尬，有时甚至激活其他跨国压力、推动市场变化。正是由于国际性表现指标的软性压力，指标化治理得以可行，尽管其关键仍在于指数的国际可比较

① Judith G. Kelley and Beth A. Simmons, "Politics by Number: Indicators as Social Pressure in International Relations," *American Journal of Political Science*, Vol. 59, No. 1, 2015, pp. 55 – 70.

② Armin von Bogdandy and Matthias Goldmann, "The Exercise of International Public Authority through National Policy Assessment: The OECD's PISA Policy as a Paradigm for a New International Standard Instrument," *International Organizations Law Review*, Vol. 5, No. 2, 2008, p. 242.

性。① 由于指标本身可能传递出特定的政策优先，同时对不同国家、不同时期的表现指数的比较可识别出相应的政策动力变化，行为体不得不作出超越话语评论的实质性政策反应。②

国际性表现指标的发展和完善，为指标化治理的最终形成并逐渐成为全球发展治理的主导理念和方法奠定了基础。在国际性表现指标的基础上，指标化治理往往采用"目标—具体目标—指标体系"（Goal-Target-Indicator，GTI），从而既可为各行为体的行为提供充分暗示，又不预设具体行为规范；换句话说，通过将目标实现的重任交予各行为体特别是国家自行落实，指标化治理既获得了自下而上的合法性，又避免了"一刀切"导致的目标与现实差距过大的风险。

与传统的强调规则发展、聚焦与规则相关的问题特别是规则遵守等的规范化治理不同，③ 指标化治理的主要逻辑包括四个方面：一是确立政策优先，以便为行为体的注意力和稀缺资源的分配提供标准；二是鼓励那些致力于实现目标的努力；三是界定目标并提供用于追踪目标进展的指标；四是设法确保前述政策优先、资源分配等在目标落实过程中的一致性，或设法平衡其他可能导致注意力或资源转移的短期利益。从行为体致力于推动全球治理的角度看，规范化治理是一种自上而下的方法，因其首先描述了一套行为规范，并设定服从和制裁机制，目标是引导行为体相应地调整行为；而指标化治理则是一种自下而上的方法，通过确立合理的政策优先及相应的可追踪、可衡量的进展指标，进而鼓励行为体为实现上述目标而采取相应的自愿性努力。

由此可以得出指标化治理与规范化治理的重大差别。从政策取向看，规范化治理侧重行为规范的制定，主要管理行为体的行为；而指标化治理则是结果导向，是一种目标管理方法。从动员方式看，规范化治理是自上而下的努力，而指标化治理则是自下而上的努力。从落实机制看，规范化治理强调集体一致行动，而指标化治理则强调行为体根据自身实际情况作

① Hans Krause Hansen, "The Power of Performance Indices in the Global Politics of Anti-corruption," *Journal of International Relations and Development*, Vol. 15, No. 4, 2012, p. 508.
② Hans Krause Hansen and Arthur Mühlen-Schulte, "The Power of Numbers in Global Governance," *Journal of International Relations and Development*, Vol. 15, No. 4, 2012, p. 457.
③ Abram Chayes and Antonia Handler Chayes, *The New Sovereignty: Compliance with International Regulatory Agreements*, Cambridge: Harvard University Press, 1995.

自主贡献。从奖惩机制看,规范化治理强调服从行为规范,进而有较强的强制服从和惩罚性安排,而指标化治理更强调结果正义,对于如何实现结果本身并没有太多要求,因此不朝向最终目标的行为更多面临的是道德、舆论和社会性压力。因此,规范化治理的机制化水平远高于指标化治理,从而为伙伴关系预留的空间相对较小。[①]

同时,需要看到的是,指标化治理本身也存在较为明显的缺陷,即缺乏明确和有效的行为规范,这可能导致指标化治理本身难以得到有效落实。联合国千年发展目标实现从目标到行动的转化花了5年时间,充分显示了缺失行为规范会存在的问题。因此,规则制定和目标设定并非相互独立或相互孤立的。事实上,二者很大程度上可以相互结合。就全球治理目标的实现而言,规则制定缺乏明确的目标追求,进而缺乏激励性的动机;而目标设定则缺乏明确的行为规范,进而对于目标实现中应当采取什么手段过于放任。的确,联合国在2019年提出"行动十年"口号,很大程度上是对2030年议程近5年的落实进展不够充分而进行反思的结果。这样,从规范化治理与指标化治理的角度看,迄今为止的全球发展治理主要经历了两个阶段,即20世纪以规范化治理为主的时期和21世纪迄今为止对指标化治理的全面探索,2030年议程的通过标志着指标化治理的全面成熟,而当前的全球动员以推动2030年议程尽早落实则极可能推动全球发展治理进入第三个阶段,即规范化治理与指标化治理相结合的混合治理模式时期。

二 联合国发展系统改革

随着联合国2030年议程的通过和启动,联合国的发展治理能力面临重大挑战。在20世纪六七十年代效果并不明显的改革之后,联合国发展系统正变得日益庞大,拥有多达40余个实体,年收入高达267亿美元,[②] 进而成为联合国最大的组成机构。尽管如此,实现2030年议程意味着理念、机制及资金等方面的更高要求,但联合国发展系统存在明显不足。一方面,联合国发展系统面临着日益复杂的管理问题。这既有主体日益多元化的原因,也有联合国发展系统碎片化的原因。非国家行为体数量和影响持续增

---

① 张春:《G20与2030年可持续发展议程的落实》,《国际展望》2016年第4期,第35-36页。
② 联合国:《大会关于联合国系统发展方面业务活动四年度全面政策审查的第67/226号决议的执行情况:秘书长的报告》,联合国大会第七十二届会议,联合国文件A/72/61-E/2017/4,2017年12月28日,第4页。

长使联合国的权威及核心地位面临日益严峻的挑战；而联合国发展系统内各基金、方案和专门机构各自为政、相互竞争现象突出，使强化统一领导、提升系统一致性和协调性变得尤为迫切。联合国发展系统是一个庞大而分散的生态系统，主要由计划、基金和专门机构组成，所有这些机构都有不同的领导、预算和治理结构。虽然 UNDP、联合国儿童基金会、联合国环境规划署和世界粮食计划署等基金和方案设有政府间委员会，但它们也向秘书长报告。国际劳工组织、联合国教科文组织和联合国粮农组织等专门机构不直接向秘书长报告，但与联合国谈判达成了方案和政策协议。这些组织的数量之多及其不同的结构使联合国发展系统很难以共同的声音说话，特别是在国家一级。

另一方面，资金供给不足和资源结构失衡问题日益凸显，发达国家的发展供资意愿普遍不高、发展援助预算停滞不前。联合国发展系统是全球最大的多边发展行为体。仅在 2015 年，它所提供的多边援助就达到 184 亿美元，占联合国多边援助的 33%。[1] 联合国发展系统的职能范围广泛，从提供对话论坛、政策决策和制定规范，到研究宣传，以及提供技术援助和人道主义援助。但从 2000 年到 2015 年，与联合国发展业务相关的供资仅增长85%。相比之下，同期与人道主义相关的供资增长了 207%。且在发展领域，核心资源与非核心资源之间的比例严重失衡。近年来，联合国发展系统核心资源的投入基本陷入停滞，只有约 20% 的资金来自核心资源。从2000 年到 2015 年，与发展业务相关的核心资源仅增加 17%，而同期非核心资源则增加了 146%。[2]

随着 2030 年议程通过，联合国发展系统必须改变其工作方式，否则难以实现 2030 年议程的雄心。联合国发展系统于 2016 年开展了 2030 年议程通过后的首次四年度全面政策审查（Quadrennial Comprehensive Policy Review，QCPR），并通过了一项具有里程碑意义的决议。该决议强调，可持续发展目标高度复杂，需创建一个"更具战略性、进一步接受问责、透明度

---

[1] Max-Otto Baumann and Silke Weinlich, "Unfinished Business: An Appraisal of the Latest UNDS Reform Resolutions," Briefing Paper, No. 13, German Development Institute（DIE），October 2018.

[2] 联合国：《大会关于联合国系统发展方面业务活动四年度全面政策审查的第 67/226 号决议的执行情况：秘书长的报告》，联合国大会第七十二届会议，联合国文件 A/72/61 - E/2017/4，2017 年 12 月 28 日，第 9 页。

更大、协作性更强、效率和实效更高并更加注重成果"的系统加以落实；决议还提请联合国秘书长就发展系统更好地支持 2030 年议程落实提出建议。① 据此，联合国秘书长古特雷斯于 2017 年 3 月任命常务副秘书长阿米娜·穆罕默德（Amina Mohammed）为联合国可持续发展集团（UN Sustainable Development Group，UNSDG）主席，并取代联合国开发计划署负责协调联合国所有与发展有关的活动。她被任命为改革进程的掌舵人，反映了其对联合国秘书处和会员国的战略重要性。2017 年 12 月，古特雷斯发表两份报告，强调联合国发展系统改革应坚持三项原则：强化国家所有权，制定符合国情的对策，确保在实地有效交付发展成果。② 这两份报告提出了联合国发展系统为更一致、更负责和更有效地支持 2030 年议程所需的重大变革，其中包括联合国发展系统的结构、领导、问责机制和能力的重大变化，以确保能够向各国提供实现可持续发展目标所需的支持。③ 此后，联合国大会于 2018 年 5 月 31 日通过了发展系统改革的一揽子方案，特别强调驻地协调员与东道国政府之间需要加强合作，以确保"国家领导和自主权"。④ 决议总体上符合秘书长的提议，但有关会员国应通过摊款为新的驻地协调员制度提供资助的建议被否决了。尽管如此，该决议仍带来了"联合国发展系统几十年来最全面的改革"。⑤

根据这一改革方案，联合国发展系统的重新定位包括如下重点：建设新一代联合国国家工作队，重振驻地协调员制度的作用，改进区域办法，对全系统成果的战略指导、监督和问责，联合国发展系统的供资，以及在全球、区域和国家各级的后续落实等。根据方案，秘书长将与各国政府充分协

---

① 联合国：《2019 年执行大会关于联合国系统发展方面业务活动四年度全面政策审查的第 71/243 号决议的情况：秘书长的报告》，联合国大会第七十四届会议，联合国文件 A/74/73 – E/2019/14，2019 年 4 月 15 日。

② "United Nations Development System Repositioning：Backgrounder，" UN，May 31，2018，https://www. un. org/sustainabledevelopment/wp-content/uploads/2018/10/development _ system _ backgrounder _31_may. pdf，accessed on July 5，2021。

③ "United Nations Development System Repositioning：Frequently Asked Questions，" UN，May 31，2018，p. 1，https://www. un. org/sustainabledevelopment/wp-content/uploads/2018/10/development_system_faq_31_may. pdf，accessed on July 5，2021。

④ 联合国：《在联合国系统发展方面业务活动四年度全面政策审查背景下重新定位联合国发展系统》，联合国大会第七十二届会议，联合国文件 A/RES/72/279，2018 年 5 月 31 日。

⑤ "United Nations Development System Repositioning：Backgrounder，" UN，May 31，2018，https://www. un. org/sustainabledevelopment/wp-content/uploads/2018/10/development _ system _ backgrounder _31_may. pdf，accessed on July 5，2021.

商并编写一份重振活力、具有战略性和灵活性、注重成果和行动的《联合国发展援助框架》，将此作为在各国规划和实施联合国发展活动的最重要工具；秘书长领导联合国发展系统各实体协同落实新一代联合国国家工作队工作；坚持驻地协调员制度对可持续发展的支持，并将驻地协调员的职能与联合国开发计划署驻地代表的职能分离；订立新的供资契约，解决核心资源与非核心资源失衡问题，并设立一个专门的协调基金；等等。① 这一改革方案被称作"几十年来联合国发展系统最雄心勃勃的改革"。需要指出的是，在联合国秘书处进行这些改革的同时，联合国各机构也在讨论它们的改革方案。联合国经社理事会和联合国大会一直在讨论如何更好地协调其活动和减少重复。此外，经社理事会2020年高级别政治论坛也对2030年议程的执行情况加以评估并拟定后续行动。在2020年四年期全面政策审查期间，成员国也可能对改革进行反思，并就今后四年的实施提供指导。尽管相当宏大，对联合国发展系统的改革仍可从总部、国家和区域三个层次加以考察。

第一，联合国总部层次的改革重点主要包括两个方面。

其一，联合国发展系统被重组为联合国可持续发展集团，其核心是通过赋权常务副秘书长而加强集中领导。联合国可持续发展集团是联合国发展系统联合制定政策和进行决策的高级别机构间论坛，常务副秘书长被任命为主席，负责协调165个国家和地区的发展业务。2019年1月1日，曾由联合国开发计划署管理的发展业务协调办公室（Development Operations Coordination Office，DOCO）为发展协调办公室（Development Coordination Office，DCO）所取代，并由一位助理秘书长领导，直接向常务副秘书长兼联合国可持续发展集团主席汇报工作，除负责回应联合国国家工作队和联合国可持续发展集团的更高需求和要求之外，还承担对新的驻地协调员系统进行管理和监督的职能。② 这意味着，常务副秘书长将担任联合国发展系统一体化和一致性的协调人、全球一级可持续发展举措的召集人以及机构间进程的中立中间人。③

---

① 联合国：《在联合国系统发展方面业务活动四年度全面政策审查背景下重新定位联合国发展系统》，联合国大会第七十二届会议，联合国文件A/RES/72/279，2018年5月31日。

② 联合国经济及社会理事会：《发展协调办公室：联合国可持续发展集团主席的报告》，联合国大会第七十四届会议，联合国文件E/2019/62，2019年4月18日。

③ 联合国：《将联合国发展系统重新定位以实现〈2030年议程〉：确保人人享有一个更美好的未来》，联合国大会第七十二届会议，联合国文件A/72/124 – E/2018/3，2017年7月11日，第18页。

　　其二，改革联合国发展系统的资助方式，达成新的供资契约。根据
2016 年的一项分析，联合国发展系统有 91% 的资金由明确指定用途资金组
成。① 指定用途资金既可能导致联合国各机构间的竞争，也可能导致资金指
定用途与东道国的优先事项不符甚至冲突。的确，指定用途的非核心资金
盛行一直被认为是严重限制发展系统多边主义的根源之一。② 为推动资助方
式更可预测且更为灵活，改革方案要求秘书长制定一项供资契约。一开始
的改革方案强调核心供资是联合国发展系统的基石，并希望通过多方合作
伙伴的集合资金（pooled funding）机制提高供资的可预测性、持续性和灵
活性。方案提议会员国作出新的供资承诺，具体目标是在未来 5 年将分配给
整个系统各实体的核心资源份额从 21.7% 增加到 30%；集合资金在非核心
捐款中的比例从 8% 增至 16%；充分资助驻地协调员系统，每年提供 2.55
亿美元。③ 此外，古特雷斯也提出，发达国家必须履行其将国民总收入的
0.7% 用于官方发展援助（ODA）的承诺。④ 到 2019 年 3 月，一项新的供资
契约公布，预期每年需要 2.81 亿美元用于驻地协调员制度，其中涵盖用于
驻地协调员的 2.46 亿美元以及 131 个驻地协调员办事处和联合国灾害管理
办公室的工作人员和业务费用，以及用于驻地协调员的专用基金的 3500 万
美元。⑤ 秘书长一开始希望大部分所需资金由分摊会费提供的计划遭到部分
大国拒绝，进而改为由发展协调办公室负责的混合模式——由自愿捐款、
联合国可持续发展集团各实体之间的费用分摊安排以及对严格指定用于联

---

① "Report of the Secretary-General: Implementation of General Assembly Resolution 67/226 on the Quadrennial Comprehensive Policy Review of Operational Activities for Development of the United Nations System（QCPR）: Funding Analysis," UN, December 21, 2016, https://www.un.org/ecosoc/sites/www.un.org.ecosoc/files/files/en/qcpr/sg-funding-report% 202017（adv）.pdf, accessed on July 5, 2021.

② Bruce Jenks, "Financing the UN Development System and the Future of Multilateralism," *Third World Quarterly*, Vol. 25, No. 10, 2014, pp. 1809 – 1828.

③ 联合国秘书长报告：《重新定位联合国发展系统以实现〈2030 年议程〉：我们对实现健康地球的尊严、繁荣与和平的承诺》，联合国大会第七十二届会议，联合国文件 A/72/684 – E/2018/7，2017 年 12 月 21 日，第 31 – 32 页。

④ 联合国：《将联合国发展系统重新定位以实现〈2030 年议程〉：确保人人享有一个更美好的未来》，联合国大会第七十二届会议，联合国文件 A/72/124 – E/2018/3，2017 年 7 月 11 日，第 6 页。

⑤ 联合国：《在联合国系统发展方面业务活动四年度全面政策审查背景下重新定位联合国发展系统》，联合国大会第七十二届会议，联合国文件 A/RES/72/279，2018 年 5 月 31 日。

合国发展活动的捐款进行创新收费（1%）等组成。[1]

第二，国家层次的改革要求创建新一代以可持续发展合作框架为中心，由公正、独立和授权的驻地协调员领导的国家工作队。其一，国家层次的改革核心是改变驻地协调员制度。在此次改革前，驻地协调员制度的关键问题是联合国驻地协调员往往由联合国开发计划署国别代表兼任，因此难以公正地代表整个联合国发展系统。因此，2016 年四年度全面政策审查认为，驻地协调员需要独立、公正和赋权。2018 年的改革方案也建议，应将驻地协调员的职能与联合国开发计划署驻地代表的职能分离；加强驻地协调员作为联合国发展系统最高级别代表对于国家工作队的权威和领导地位；驻地协调员制度的重点仍应是可持续发展，把消除一切形式和层面的贫穷作为其总目标，并符合 2030 年议程的综合性质以及与联合国发展援助框架和各国的领导作用和主导权保持一致。[2] 驻地协调员的任务集中于协调当地的联合国机构以促进可持续发展，进而既可充分协调联合国对 2030 年议程落实的支持，又可确保联合国开发计划署持续聚焦消除贫穷。[3] 此外，驻地协调员还负责战略规划、综合政策支助、全系统监测和评价、战略伙伴关系和预防。

联合国驻地协调员制度的改革，有利于极大地提升驻地协调员的权限。首先，驻地协调员拥有对国别性发展业务的决定权，其中包括：在国家工作队内部缺乏共识的情况下，驻地协调员将就联合国发展援助框架的战略目标作出最后决定；所有支持国家一级供资的机构间集合资金应该由驻地协调员进行审查并列入联发援框架；国家工作队成员除对各自实体的首长负责外，还必须向驻地协调员报告 2030 年议程的执行情况，并对驻地协调员负责。[4] 其次，驻地协调员拥有对驻在国联合国业务的综合性权力。在发

---

[1] 联合国：《在联合国系统发展方面业务活动四年度全面政策审查背景下重新定位联合国发展系统》，联合国大会第七十二届会议，联合国文件 A/RES/72/279，2018 年 5 月 31 日，第 2、3 页。

[2] 联合国：《在联合国系统发展方面业务活动四年度全面政策审查背景下重新定位联合国发展系统》，联合国大会第七十二届会议，联合国文件 A/RES/72/279，2018 年 5 月 31 日，第 2 页。

[3] 联合国：《2019 年执行大会关于联合国系统发展方面业务活动四年度全面政策审查的第 71/243 号决议的情况：秘书长的报告》，联合国大会第七十四届会议，联合国文件 A/74/73 – E/2019/14，2019 年 4 月 15 日，第 5 页。

[4] 联合国秘书长报告：《重新定位联合国发展系统以实现〈2030 年议程〉：我们对实现健康地球的尊严、繁荣与和平的承诺》，联合国大会第七十二届会议，联合国文件 A/72/684 – E/2018/7，2017 年 12 月 21 日，第 16 – 17 页。

展业务活动之外,驻地协调员还将领导人道主义应急行动,并在冲突和冲突后环境中,负责统筹联合国国家工作队与联合国维持和平特派团或政治特派团。① 最后,驻地协调员将拥有相对驻在国的更大独立性。系统的重新定位被视为联合国发展系统改革的"突破口"。2016 年四年度全面政策审查决议明确指出,联合国发展方面的工作坚持国家所有原则,即力求将国家一级的发展工作与方案国发展计划和战略充分协调一致,在所有阶段加强国家自主权和领导力。② 但新的改革方案明显弱化了驻在国的自主权。如前所述,驻地协调员的汇报制度更加直接,可通过可持续发展集团办公室与秘书长形成直接上下级关系,在职能上独立于任何具体实体。③ 更为重要的是,为使驻地协调员更好地发挥作用,改革还提升了其办公室的能力。驻地协调员办公室有一个五人小组:一名战略规划员,一名经济学家,一名数据及监测和评价干事,一名伙伴关系和发展财务干事,以及一名通信和宣传干事。再加上增加的资金,驻地协调员不再依赖于联合国开发计划署的资源或业务,进而拥有了更大的独立性。

其二,既有的联合国发展援助框架(United Nations Development Assistance Framework,UNDAF)也被重新命名为可持续发展合作框架(Sustainable Development Cooperation Framework)。改革后,可持续发展合作框架成为联合国在所有国家的单一规划工具,并拥有个别实体的国家方案和计划的优先地位。④ 可持续发展合作框架已成为"联合国在每个国家发展活动的规划与执行的最重要工具,以支持 2030 年议程的落实"。⑤ 相比之下,此前的联合国发展援助框架更多是联合国各机构方案的总和,而非有着单一逻

---

① 联合国秘书长报告:《重新定位联合国发展系统以实现〈2030 年议程〉:我们对实现健康地球的尊严、繁荣与和平的承诺》,联合国大会第七十二届会议,联合国文件 A/72/684 – E/2018/7,2017 年 12 月 21 日,第 16 – 17 页。

② 联合国:《联合国系统发展方面业务活动四年度全面政策审查》,联合国大会第七十一届会议,联合国文件 A/RES/71/243,2016 年 12 月 21 日,第 3 页。

③ 联合国秘书长报告:《重新定位联合国发展系统以实现〈2030 年议程〉:我们对实现健康地球的尊严、繁荣与和平的承诺》,联合国大会第七十二届会议,联合国文件 A/72/684 – E/2018/7,2017 年 12 月 21 日,第 19 – 20 页。

④ 联合国:《将联合国发展系统重新定位以实现〈2030 年议程〉:确保人人享有一个更美好的未来》,联合国大会第七十二届会议,联合国文件 A/72/124 – E/2018/3,2017 年 7 月 11 日,第 12 页。

⑤ 联合国:《2019 年执行大会关于联合国系统发展方面业务活动四年度全面政策审查的第 71/243 号决议的情况:秘书长的报告》,联合国大会第七十四届会议,联合国文件 A/74/73 – E/2019/14,2019 年 4 月 15 日,第 11 页。

辑的指导方案或工作战略。可持续发展合作框架由各国政府推动，由驻地协调员推动实现与国家工作队的沟通与对话，从而使联合国支持驻在国落实 2030 年议程变得更具逻辑一贯、更符合当地可持续发展需求。①

其三，对联合国国家工作队的优化，其核心是采取模块化方法，使其配置符合每个国家的优先事项。模块化运作意味着国家工作队将面临两个方面的改变。首先，调整国家工作队的实际存在。古特雷斯提出了一套确定联合国国家工作队成员构成的方法，其中核心步骤是依据量化标准（实体的方案支出与其业务费用之间的比例，以及确定支出低于联合国国家工作队总支出 10% 的实体）来确定联合国发展系统某一实体是否应在方案国设点。② 在代表机构没有达标的地方，将采用各实体合署办公或向驻地协调员办公室借调人员等办法。其次，整合国家工作队的业务服务。方案计划将共同业务服务和后台职能的使用作为国家工作队的默认选项，以实现规模经济和业务程序的统一。这意味着所有与地点有关的服务将在国家一级整合。③ 模块化运作继承了"一体化行动"的理念，致力于改善联合国发展系统的内部协调性和节约管理成本。然而，改革可能导致减少联合国发展系统在一些国家尤其是最不发达国家的实体存在。例如，孟加拉国就代表最不发达国家集团表示，决定国家工作队的数量公式可能损害最不发达国家的利益，因为这些国家的经济体量较小。七十七国集团也提出，决定国家工作队存在的标准，不应仅考虑数量公式，还应顾及国家的结构和所面临的挑战。④

第三，相对全球和国家层次，区域层次的改革重点是确保以更为有效

---

① "United Nations Sustainable Development Cooperation Framework Guidance," UNSDG, June 3, 2019, https://unsdg.un.org/resources/united-nations-sustainable-development-cooperation-framework-guidance, accessed on July 5, 2021.

② 联合国秘书长报告：《重新定位联合国发展系统以实现〈2030 年议程〉：我们对实现健康地球的尊严、繁荣与和平的承诺》，联合国大会第七十二届会议，联合国文件 A/72/684 - E/2018/7，2017 年 12 月 21 日，第 12 页。

③ 联合国秘书长报告：《重新定位联合国发展系统以实现〈2030 年议程〉：我们对实现健康地球的尊严、繁荣与和平的承诺》，联合国大会第七十二届会议，联合国文件 A/72/684 - E/2018/7，2017 年 12 月 21 日，第 14 页。

④ Ana Maria Lebada, "Governments Respond to Secretary-General's Development System Reform Proposals," International Institute for Sustainable Development, January 25, 2018, http://sdg.iisd.org/news/governments-respond-to-secretary-generals-development-system-reform-proposals/, accessed on July 5, 2021.

的方式利用联合国力量，但其进展相对缓慢。其关键原因在于，尽管联合国所认定的五个区域在发展需求、联合国的区域性能力等方面都存在明显差异，但任何改革建议都要适用于所有地区。由此而来，区域层次的改革就成为"最为复杂的部分"。① 2019 年，秘书长提交经社理事会的报告就联合国发展系统在区域层次的改革提出五点建议：在每个区域建立一个统一的协调机制——联合国区域合作平台；在每个区域建立强有力的知识管理中心；增强区域一级的透明度和成果管理制度；逐个地区地启动变革管理进程，以强化数据和统计能力；确定可通过共同后台办公室更有效地向区域办事处提供行政服务。② 在区域层次的改变中还涵盖了对联合国多国办事处（Multi-Country Office，MCO）角色的审查。联合国共有 8 个多国办事处，覆盖 41 个国家和地区，其中 38 个为小岛屿发展中国家。这些办事处基本上都是从临时性办事机构发展而来，旨在维持国家工作队无法有效运转的地方的联合国存在。③ 根据审查结果，多国办事处应当予以强化，包括提升其能力、提供更多资源并确保其符合地区需要。④

需要指出的是，联合国发展系统的改革本身是相当宏大的。自 2019 年启动实施以来，联合国发展系统改革的确取得了诸多进展，但仍面临至少三个方面的挑战：一是政治与业务复杂性使改革进程往往难以推进，区域层次的改革进展缓慢本身便是例证，而国家工作队、驻地协调员制度的改革更是参差不齐；二是资金挑战，2019 年出台的供资契约很大程度上没有

① Office of the UN Deputy Secretary-General, "Regional, Multi-Country Office Reviews Critical to Repositioning of United Nations Development System, Says Deputy Secretary-General in Briefing to Member States," UN Doc. DSG/SM/1387, January 29, 2020, https://www.un.org/press/en/2020/dsgsm1387.doc.htm, accessed on July 5, 2021.
② 联合国：《2019 年执行大会关于联合国系统发展方面业务活动四年度全面政策审查的第 71/243 号决议的情况：秘书长的报告》，联合国大会第七十四届会议，联合国文件 A/74/73 - E/2019/14，2019 年 4 月 15 日，第 23 - 25 页。
③ UN Deputy Secretary-General, "United Nations Leadership in Multi-Country Offices Must be Urgently Strengthened, Deputy Secretary-General Tells Economic and Social Council," UN Press Release, May 22, 2019, https://www.un.org/press/en/2019/dsgsm1286.doc.htm, accessed on July 5, 2021.
④ UN Secretary-General, "Deputy Secretary-General's Remarks at Briefing to Member States on the Multi-Country (MCO) and Regional Reviews," UN Statements, January 29, 2020, https://www.un.org/sg/en/content/dsg/statement/2020 - 01 - 29/deputy-secretary-generals-remarks-briefing-member-states-the-multi-country-%28mco%29 - and-regional-reviews-prepared-for-delivery, accessed on July 5, 2021.

达到预期目的；三是新冠疫情的冲击，不仅使区域和国别层次的改革被大大延缓，更加剧了既有的资金困难。所有这些，都在呼吁更高水平的伙伴关系以加快 2030 年议程的落实步伐。这意味着，在后疫情时代，共建"一带一路"高质量发展的机会可能大为增加。

第三节 停滞的全球发展筹资

尽管从未来角度看，当前全球发展合作的困境或许不算什么，但就当下而言，全球发展治理的确面临自二战结束以来最为困难的时期：各种相互重叠甚至相互竞争的发展议程、正在转变中的全球发展治理理念和方法，再加上新冠疫情使本已不够充分的发展资金更加紧张。进入 21 世纪以来，为缓解发展资金困难，国际社会已发展出相对完善的全球发展筹资模式，尤其是召开了一系列发展筹资国际会议（International Conference on Financing for Development）及相应的发展筹资论坛。但这并未导致可持续发展时代发展筹资的明显增长，而新冠疫情的暴发更是凸显了全球发展筹资的不充分、不均衡问题，发展中国家尤其是非洲国家面临着严峻的发展筹资困难。尽管并不能为所有问题提供解决办法，但共建"一带一路"的确能通过中国与相关方的共商共建共享努力而某种程度上缓解全球发展资金缺乏问题。这也正是共建"一带一路"提供国际公共产品的最为直接的体现。

一 全球发展筹资的理念与机制发展

尽管全球发展合作自二战结束后便已启动，但长期缺乏系统性的资金配套举措。直到 2000 年联合国千年发展目标通过后，发展筹资问题才得到国际社会的真正重视，其更深层次原因在于冷战结束后西方发达国家普遍的"援助疲劳症"（aid fatigue）所导致的发展资金不足。为应对这一问题，联合国自 2002 年起召开了一系列发展筹资国际会议，尝试塑造全球发展筹资共识，打造全球发展筹资联盟。但新冠疫情的暴发凸显了这一系列共识及联盟建构的脆弱性，对全球发展筹资理念和机制发展带来了全新挑战。

于 2002 年 3 月在墨西哥蒙特雷召开的第一届发展筹资国际会议标志着全球发展合作的转折，因为这是联合国第一次将筹资问题纳入全球发展的首脑级会议之中；同时，来自全球 50 多个国家的国家元首和政府首脑及200 多位外交、贸易、发展和财政部长参会，也是有史以来财政官员与会最多的一次。这意味着,尽管 2001 年"9·11"事件的阴影尚未散去、美国小布什政府刚刚启动全球反恐战争,但国际社会对全球发展合作的新共识正在塑造和强化之中。此次会议通过的发展筹资《蒙特雷共识》(Monterrey Consensus)强调,要实现千年发展目标,就需要发达国家与发展中国家建立新的伙伴关系;《蒙特雷共识》界定了国际发展筹资的六大领域,具体包括国内资源动员、吸收外国投资、促进国际贸易、加强国际金融和技术合作、有效管理外债以及解决系统性问题。会议也提出,要通过不懈努力建立一个全球发展筹资联盟,在国家、区域和全球层面保持全面接触。[①]

《蒙特雷共识》要求召开一次后续国际会议以审查共识的执行情况,导致了 2008 年 11 月卡塔尔多哈会议的召开,也即第二次发展筹资国际会议。此次会议的核心是要将《蒙特雷共识》中相对模糊的目标转化为更具体的承诺。会议最后文件《发展筹资问题多哈宣言》重申了《蒙特雷共识》的目标和承诺,尤其是发达国家维持其 ODA 目标的承诺。《发展筹资问题多哈宣言》指出,"官方发展援助已从蒙特雷会议前的下降趋势中回升,2001 至 2007 年间,实际官方发展援助增加了 40%","还有一些国家已经为实现其长期承诺制定了时间表,例如,欧洲联盟商定到 2010 年共同将国民生产总值的 0.56%、到 2015 年将 0.7% 用作 ODA,并将至少 50% 的共同援助增长额分配给非洲"。但是,2008 年全球金融危机的爆发的确为全球发展筹资带来了新的挑战,因此国际社会必须努力确保进程的连续性和活力。[②]

第三次发展筹资问题国际会议于 2015 年 7 月在埃塞俄比亚的亚的斯亚贝巴举行。会议的重点是评估在执行《蒙特雷共识》和《发展筹资问题多哈宣言》方面取得的进展,查明在实现千年发展目标方面遇到的障碍,以及克服这些制约因素的行动和倡议。会议还讨论了新出现的问题,包括为促进国际发展合作所作的多边努力。第三次部长级会议通过成果文件《亚的斯亚贝巴行动议程》(Addis Ababa Action Agenda, AAAA),为可持续发展筹资提供了一个新的全球框架,支持执行 2030 年议程,包括可持续发展目标。它使所有国内和国际资源流动、政策和国际协定与经济、社会和环境

---

① 联合国:《蒙特雷共识》,https://www.un.org/zh/documents/treaty/files/A - CONF - 198 - 11.shtml,最后访问日期:2021 年 7 月 5 日。

② 联合国:《发展筹资问题多哈宣言:审查蒙特雷共识执行情况的发展筹资问题后续国际会议结果文件》,https://www.un.org/zh/documents/treaty/files/A - RES - 63 - 239.shtml,最后访问日期:2021 年 7 月 5 日。

优先事项保持一致。它将可持续发展目标的所有执行手段纳入一个全面的筹资框架，并作为各国政府、国际组织、商业部门、民间社会和慈善家进一步行动的指南。议程所涵盖的问题仍延续自《蒙特雷共识》以来的六大领域，并增设了经社理事会发展筹资问题年度论坛（Finance for Development Forum，FfD Forum），这是一个普遍参与的政府间进程，其任务是讨论发展筹资成果的后续行动和审查以及 2030 年议程的执行手段。① 需要强调的是，所有三次发展筹资问题国际会议事实上都没有带来实质性的新资源以促进全球发展，也没有采取有意义的步骤解决国际金融体系中的深层问题。但《亚的斯亚贝巴行动议程》的确为缓解这一尴尬提出了新的设想，即在公共资源承诺不足的情况下，试图将发展问题交由私营部门负责，强调了私人投资的作用，认为私营部门的国际资本流动是对国家发展努力的重要补充。尽管如此，议程也存在明显不足，一方面是并未为私营部门的发展努力设置保障与监管政策，另一方面是未达成一项实质性的国际税收安排，从而为发达国家跨国公司偷逃税留下了空间。

尽管 2030 年议程第一个五年的落实情况不尽如人意，但并未真正唤醒国际社会对全球发展筹资的重视。新冠疫情的暴发不仅造成了严重的社会和经济损失，更可能对 2030 年议程的落实产生重大破坏；而疫情导致大量财政资源转向抗疫，进一步凸显了实现可持续发展目标的资金困难。在此背景下，全球发展筹资问题再度被提到议事日程上。2020 年 5 月，联合国秘书长与加拿大和牙买加共同发起"新冠疫情时代及其后发展筹资倡议"（Financing for the Development in the Era of COVID – 19 and Beyond Initiative，FFDI）对话会，以识别和促进在疫情背景下及之后的全球发展筹资方法。对话会决定建立六个讨论小组，以识别潜在的政策清单。这六个讨论小组分别是：外部融资与侨汇，就业与包容性增长；更好地复苏以实现可持续；全球不平等与融资稳定性；债务脆弱性；私营部门信用介入；非法资金流动。② 六个小组最终制订了一套雄心勃勃的短期、中期和长期政策备选方案，并在 2020 年 9 月压缩提炼为一份 129 页的备选方案清单，其中包括大约 200 个政策

---

① 联合国：《第三次发展筹资问题国际会议亚的斯亚贝巴行动议程》，https：//www. un. org/zh/documents/treaty/files/A – RES – 69 – 313. shtml，最后访问日期：2021 年 7 月 5 日。

② "Financing for the Development in the Era of COVID – 19 and Beyond Initiative（FFDI），" UN COVID – 19 Response，https：//www. un. org/en/coronavirus/financing-development，accessed on July 5，2021.

备选方案。① 所有这些政策备选方案中，有五类对应对疫情及之后的全球发展筹资相当重要。本章不讨论债务可持续性，仅讨论余下四类应对方案。

第一，国际货币基金组织的特别提款权改革。随着疫情暴发凸显资金困难，国际社会建议通过改革特别提款权加以应对。特别提款权是国际货币基金组织发行的一种全球储备资产，接受国可将其与美元或欧元等硬通货交换。这样，接受国便可得到新的流通性，从而在不增加债务的情况下缓解经济困难。② 因此，特别提款权被认为是向困难国家提供大量资金的最快和最有效的方式。以特别提款权的增发缓解经济困难有大量先例，尤其是 2008 年全球金融危机后，国际货币基金组织于 2009 年增发了 2500 亿美元的特别提款权③，对缓解危机起到了重要作用。

疫情发生后围绕特别提款权的讨论主要是两个方面。一是增发特别提款权。疫情初期，联合国贸发组织就于 2020 年 3 月指出，疫情使世界各国需要 2.5 万亿美元的额外投入，其中应有 1 万亿美元来自新发行的特别提款权。④ 但如此大数额的请求显然难以通过，尤其是当时在特朗普领导下的美国政府直接否决了发行新的特别提款权的要求。即使是在拜登政府时期，发行新的特别提款权的额度如果超过 6490 亿美元，也需要得到美国国会批准，因此也存在相当大的难度。⑤ 因此，一开始国际社会并没有提出过于雄心勃勃的增发特别提款权的目标；到 2021 年初，国际货币基金组织所提出的新发

---

① "Financing for Development in the Era of COVID – 19 and Beyond: Menu of Options for the Consideration of Heads of State and Government, Part Ⅱ," UN, September 2020, https://www.un.org/sites/un2.un.org/files/financing_for_development_covid19_part_ii_hosg.pdf, accessed on July 5, 2021.

② Alexander Main, Mark Weisbrot, and Didier Jacobs, "The World Economy Needs a Stimulus: IMF Special Drawing Rights Are Critical to Containing the Pandemic and Boosting the World Economy," Center for Economic Policy and Research, June 22, 2020, https://www.cepr.net/report/the-world-economy-needs-a-stimulus-imf-special-drawing-rights-are-critical-to-containing-the-pandemic-and-boosting-the-world-economy/, accessed on July 5, 2021.

③ IMF, "Press Release: IMF Governors Formally Approve US $ 250 Billion General SDR Allocation," IMF Press Release, No. 09/283, August 13, 2009, https://www.imf.org/en/News/Articles/2015/09/14/01/49/pr09283, accessed on July 5, 2021.

④ "UN Calls for $ 2.5 Trillion Coronavirus Crisis Package for Developing Countries," UNCTAD, March 30, 2020, https://unctad.org/news/un-calls – 25 – trillion-coronavirus-crisis-package-developing-countries, accessed on July 5, 2021.

⑤ Alexander Nye, "The G20's Impasse on Special Drawing Rights (SDRs)," Yale School of Management, August 11, 2020, https://som.yale.edu/blog/the-g20 – s-impasse-on-special-drawing-rights-sdrs, accessed on July 5, 2021.

行特别提款权才达到 5000 亿美元。但由于疫情持续，到 2021 年 6 月，国际货币基金组织宣布，将开展新一轮 6500 亿美元的特别提款权发行和分配。[①] 尽管这一发展相当积极，但另一问题在于特别提款权以股权为基础的分配制度，它意味着更有利于更富有的国家。例如，G20 国家可以获得 6500 亿美元特别提款权的 68%，即 4420 亿美元，而全球最贫困的 44 个国家仅能获得 7% 的特别提款权。[②] 又如，非洲 54 国仅拥有 5.1% 的特别提款权配额；而在非洲内部，南非和尼日利亚两国加起来就拥有近 1.2% 的特别提款权配额，而除开前七大经济体之外的整个非洲 47 国仅拥有 2.3% 的配额。[③] 因此，有关如何增加发展中国家的特别提款权配额便成为有效帮助这些国家度过疫情危机的重要关注。[④] 尽管有各种方案提出，但事实上这一调整高度困难，因其需要对国际货币基金组织的重大制度性调整。

由此便引出了有关特别提款权讨论的第二个方面，即是否允许特别提款权转让或授权他国使用。由于特别提款权配额的分配原因，富国往往不需要使用其特别提款权。这样，到 2019 年底，发达国家在国际货币基金组织所持有的闲置特别提款权价值达到 1770 亿美元。[⑤] 这比整个经合组织发展援助委员会（OECD-DAC）所有成员国一年的 ODA 总额还要多。尽管加

---

① 《IMF 总裁欢迎七国集团采取行动，帮助世界走出新冠疫情危机》，国际货币基金组织，2021 年 6 月 13 日，https://www.imf.org/zh/News/Articles/2021/06/13/pr21173 - imf-managing-director-welcomes-g7 - action-to-help-the-world-exit-the-pandemic-crisis，最后访问日期：2021 年 7 月 5 日。

② Jaxx Artz, "Special Drawing Rights: 5 Ways This COVID - 19 Financial Lifeline must Help the World's Poorest Countries," Global Citizen, July 21, 2021, https://www.globalcitizen.org/en/content/special-drawing-rights-sdr-principles-covid - 19/? template = next, accessed on July 24, 2021.

③ "IMF Members' Quotas and Voting Power, and IMF Board of Governors," IMF, July 24, 2021, https://www.imf.org/external/np/sec/memdir/members.aspx, accessed on July 24, 2021.

④ Daouda Sembebe, "How an Allocation of IMF SDRs to Africa could be Supported by a Multilateral Reallocation Initiative," Center for Global Development, February 23, 2021, https://www.cgdev.org/blog/how-allocation-imf-sdrs-africa-could-be-supported-multilateral-reallocation-initiative, accessed on July 5, 2021.

⑤ Khanyi Mlaba, "SDRs: Why African Officials Are Backing This Innovative Way of Funding COVID - 19 Response," Global Citizen, April 8, 2021, https://www.globalcitizen.org/en/content/special-drawing-rights-africa-covid - 19 - response/? template = next; Daniel Munevar and Chiara Mariotti, "The 3 Trillion Dollar Question: What Difference Will the IMF's New SDRs Allocation Make to the World's Poorest?" Eurodad, April 7, 2021, https://www.eurodad.org/imf_s_new_sdrs_allocation; both accessed on July 5, 2021.

拿大宣布了允许其他国家使用的意愿，但这一设想仍缺乏实质性进展。

第二，全球性税收治理改革。如前所述，全球税收治理其实是全球发展筹资问题中的重要议题，在2015年的亚的斯亚贝巴第三次发展筹资问题国际会议上并未达成共识。在亚的斯亚贝巴会议后的发展筹资对话进程中，全球税收治理问题相当重要。同时，联合国"实现2030年议程的国际金融问责制、透明度和诚信问题高级别小组"（International Financial Accountability, Transparency and Integrity for Achieving the 2030 Agenda, FACTI）也高度关注非法资本外逃问题。而经合组织一直在试图推动跨国公司最低税收以及数字税等问题，并于2021年3月达成相关协议。

有关全球税收治理改革的政策备选方案主要有两项内容。一是由第六小组提出了由联合国大会谈判而制定联合国税务公约的设想。根据政策备选方案文件，制定联合国税务公约旨在全面解决避税天堂、跨国公司滥用税收及阻碍再分配和资源水泵的其他非法资本外逃问题，这对应对不平等尤其重要。① 由于跨国的税收治理存在太多缺陷，因此需要一个有效的平台以全面、可持续的方式加以管理，其最基本的是解决各种形式的偷漏税问题。根据FACTI小组的中期报告，仅跨国公司将利润转移到低税地区一项，每年就造成5000亿—6000亿美元的公司税收损失。此外，还有价值7万亿美元的私人财富藏在避税天堂，基本上不纳税，而且往往是犯罪所得。② 二是由多个小组所提出的累进税（progressive taxation）问题，如第一小组讨论过金融交易税和数字税问题，而第一小组和第二小组都讨论到以碳税为代表的环境税，并呼吁取消化石燃料补贴。③ 但需要指出的是，累进税提议更多是税收优惠，特别是通过税收优惠改善环境、社会和公司治理投资或帮助经济正式化，等等。也需要指出的是，有关全球税收治理的改革提议很

---

① "Financing for Development in the Era of COVID – 19 and Beyond: Menu of Options for the Consideration of Heads of State and Government, Part Ⅱ," UN, September 2020, p. 124, https://www.un.org/sites/un2.un.org/files/financing_for_development_covid19_part_ii_hosg.pdf, accessed on July 5, 2021.

② "FACTI Panel Interim Report," UN, September 2020, p. V, https://uploads-ssl.webflow.com/5e0bd9edab846816e263d633/5f7f44f76cf2f11732c2b5f0_FACTI_Interim_Report_final_rev.pdf, accessed on July 5, 2021.

③ "Financing for Development in the Era of COVID – 19 and Beyond: Menu of Options for the Consideration of Heads of State and Government, Part Ⅱ," UN, September 2020, p. 54, https://www.un.org/sites/un2.un.org/files/financing_for_development_covid19_part_ii_hosg.pdf, accessed on July 5, 2021.

大程度上难以实施，因为税收问题从根本上讲是主权国家事务，迄今尚无明显进展。

　　第三，创建新的多边融资机制。无论是在联合国还是其他有关发展筹资的讨论中，发展中国家对外部资金的依赖以及由此而来的极高的融资成本，都是讨论的核心议题，而新冠疫情则使这一问题变得更加突出。对发展中国家而言，疫情危机使融资成本大大上升，尤其是通过金融市场向私人债权人贷款时。例如，南非向私人债权人贷款的利率从 8% 上升到了 9%，而埃及则达到了 15%。为了缓解发展中国家的资金困难，讨论提出了至少四项融资机制创新举措。一是缓解新冠疫情经济体基金（Fund to Alleviate COVID – Economics，FACE），是旨在为中低收入国家和陷入债务困境的高收入国家提供贷款的新型机制，建议提供相当于符合条件国家 GDP 的 3% 的资金，总额超过 5000 亿美元。这一贷款机制将提供长期贷款：期限为 50 年，有 5 年延展期，且利率极低——为 0 或约 0.7% 的固定利率；资金来源为发达国家，预期占这些发达国家 GDP 的 0.74%。[①] 二是流通性和可持续性基金（Liquidity and Sustainability Facility，LSF），旨在为发展中国家提供新的流通性并降低借贷成本。它事实上是一个特殊目的机制（special purpose vehicle），允许私人债权人将发展中国家的债券与期限较长且息票较低的债券进行互换。这一提议得到联合国非洲经济委员会（UNECA）的高度认可。三是复原力基金（Resilience Funds），将为适应气候变化和其他复原力培育措施提供资金，得到了拉丁美洲和加勒比经济委员会（UNECLAC）的大力支持，因为加勒比发展中小岛国因经济依赖贸易和旅游业而备受疫情打击。四是全球社会保障基金（Global Fund for Social Protection），旨在通过全球金融交易税、数字税等提供资本而建立普遍的社会保障多边框架，因为全球只有 27% 的人口享有适当的社会保障。[②] 尽管有上述提议，但真正的问题或许并不在于创新多边融资机制，而是寻找到额外的资金来源。如同下文所要讨论的，尽管发达国家耗费巨资应对国内经济周期问题，但拨付更多资

---

①　"Financing for Development in the Era of COVID – 19 and Beyond：Menu of Options for the Consideration of Heads of State and Government，Part Ⅱ，" UN，September 2020，p. 124，https：//www. un. org/sites/un2. un. org/files/financing_for_development_covid19_part_ii_hosg. pdf，accessed on July 5，2021.

②　"Social Protection，" ILO，https：//www. ilo. org/global/topics/social-security/lang—en/index. htm，accessed on July 5，2021.

金以提供国际公共产品的意愿不高。德国和加拿大是明显的例外，前者在2020年和2021年均额外提供15亿欧元用于援助①，而后者则宣布提供4亿加元的追加援助②。因此，真正的问题仍在于如何动员更多的资金。

第四，改变私人融资方向。全球化发展使私营部门拥有大量财富。据估计，机构投资者目前管理的资金超过200万亿美元。③ 因此，在公共资本严重不足的背景下，私营部门的重要性再次凸显。随着2030年议程的落实逐渐深入，大量私人行为体事实上发现了"洗绿"（green washing）或"洗社会"（social washing）的捷径，通过在尚不完备的衡量标准之间钻空子，将大量投资置于所谓"环境、社会与公司治理"（Environmental, Social and corporate Governance, ESG）投资或可持续发展投资的名目之下。因此，国际社会尝试协调并通过新的绿色分类法，使私营部门的投资真正服务于可持续发展目标。例如，第一小组建议各国更加积极地协调可持续发展目标的落实，将私营公司的环境、社会与公司治理和可持续发展业绩等作为公共采购的衡量标准之一。其原因在于，全球高达9.5万亿美元的政府采购市场，极可能对塑造私营部门的可持续商业模式产生导向性作用。④ 但对私人资本的动员很大程度上只是试验性的，一个根本的问题是私人资本的逐利性与全球发展治理对可持续发展目标的追求之间的矛盾。

自2020年9月提出以来，因应新冠疫情的全球发展治理改革倡议很大程度上仍停留在纸面上，只有跨国公司全球最低税率、数字税等少数倡议有所进展。但全球发展治理的一个更深层次的内在问题或许是，在相对简单的事项尚且难以推动的情况下，国际社会往往倾向于转向更加宏大却更

---

① Daniel Pelz, "Bundestag to Talk Coronavirus Aid to Impoversihed Countries," Deautch Welle, June 19, 2020, https://www.dw.com/en/bundestag-to-talk-coronavirus-aid-to-impoverished-countries/a-53865705; "Germany," Donor Tracker, https://donortracker.org/country/germany; both accessed on July 5, 2021.
② Mike Blanchfield, "Trudeau Pledges an Additional \$400-Million in Humanitarian Aid to Fight COVID-19," September 29, 2020, https://www.theglobeandmail.com/politics/article-trudeau-pledges-an-additional-400-million-in-humanitarian-aid-to/, accessed on July 5, 2021.
③ "Financing for Development in the Era of COVID-19 and Beyond: Menu of Options for the Consideration of Heads of State and Government, Part II," UN, September 2020, https://www.un.org/sites/un2.un.org/files/financing_for_development_covid19_part_ii_hosg.pdf, p. 13, accessed on July 5, 2021.
④ World Bank, "Procurement for Development," April 14, 2020, https://www.worldbank.org/en/topic/procurement-for-development, accessed on July 5, 2021.

具道德高度的议题，试图以道德逻辑化解政治逻辑，如在具体的政策备选方案难以推动的情况下，已有利益攸关方建议联合国召开一次重大的联合国经济重建与经济改革峰会（UN Economic Reconstruction and Economic Reform Summit）。但这一转向是否有效，很大程度上是存疑的，尽管全球发展治理正在道德追求的路上越走越远。

二　短缺的可持续发展筹资

联合国 2030 年议程的目标宏大性和普遍性，意味着对发展筹资的更高要求——即所谓"从十亿到万亿"（from billions to trillions）的跃升。[1] 这也意味着，对全球发展合作特别是可持续发展目标的实现来说，资本缺口事实上是在扩大，而既有的资本来源很大程度上并不能提供更多资金。如果只是由于目标扩大而导致资本缺口拉大，问题似乎并不严重，因为目标是可以调整的；换句话说，只要将目标适度压缩，资本缺口就不会那么明显。而且，可持续发展目标本身远非 15 年所能实现的，因此资本缺口即使存在也并不致命。但问题在于，新冠疫情冲击产生了实质性的资本缺口拉大效应，不仅加剧了各国既有资本缺乏困难，更凸显了在国际公共产品供应不足背景下的国际责任意识不充分问题。正是这一巨大反差，凸显了"一带一路"倡议的珍贵和重要，其根本原因在于中国提供国际公共产品的稳定性与可预期性。

无论是在通过前还是通过后，2030 年议程落实所需要的资金始终是关注的焦点。早在 2014 年，联合国贸发会议就指出，发展中国家如果要在 2030 年如期实现可持续发展目标，每年需要额外投入 2.5 万亿美元。根据该研究，发展中国家实现可持续发展目标的年度投资需求为 3.9 万亿美元，但目前只有 1.4 万亿美元。填补这一巨大缺口的确相当困难。[2] 也有研究认为，为确保到 2030 年实现可持续发展目标，全球每年需要的资本量为 5 万亿—7 万亿美元，中间存在着 2 万亿—4 万亿美元的缺口。[3]

---

① Emma Mawdsley, "'From Billions to Trillions': Financing the SDGs in a World 'Beyond Aid'," *Dialogues in Human Geography*, Vol. 8, No. 2, 2018, pp. 191 – 195.

② UNCTAD, *World Investment Report 2014*: *Investing in the SDGs*: *An Action Plan*, New York and Geneva: UNCTAD, 2014, pp. xxvi – xxvii.

③ Vanessa Fajans-Turner, "Filling the Finance Gap," UNA – UK, June 19, 2019, https://www.sustainablegoals.org.uk/filling-the-finance-gap/, accessed on July 5, 2021.

需要指出的是,不只是发展中国家存在投资缺口,其他国家同样存在,尽管缺口大小存在差异。例如,英国海外发展研究所(Overseas Development Institute, ODI)依据收入水平考察了 135 个低收入国家(LICs)、中低收入国家(LMICs)和中高收入国家(UMICs)在包括教育、医疗与营养、社会保障以及水和卫生设施(Water, Sanitation and Hygiene, WASH)等社会部门方面的资本需求。依据 2019 年美元价格,低收入国家在上述领域每年的资本需求达到 1838 亿美元,中低收入国家为 8033 亿美元,而中高收入国家达到 21332 亿美元。这意味着,要确保在 2030 年实现可持续发展目标,发展中国家所需要资本超过 3 万亿美元/年。就人均支出而言,低收入国家为 280 美元/年,中低收入国家为 360 美元/年,而中高收入国家则为 674 美元/年。[①]

国际货币基金组织在 2019 年初的一份报告中评估了 155 个经济体——包括 34 个发达经济体、72 个新兴经济体和 49 个低收入发展中国家——如期实现可持续发展目标的支出可能。根据这一评估,2030 年当年,新兴经济体和低收入发展中国家共 121 个经济体的额外支出达 2.6 万亿美元,占全球 GDP 的 2.5%;亚太地区的额外支出需求最大,预期占全球 GDP 的 1.5%;撒哈拉非洲居次,预期占全球 GDP 的 0.4%。2030 年,新兴经济体的平均额外支出占其 GDP 的 4%,而低收入发展中国家的平均额外支出则占其 GDP 的 15.4%。对低收入发展中国家而言,额外支出主要集中在教育和医疗保健(占 GDP 的 8.3%)及基础设施(占 GDP 的 7.1%)等领域。[②]

联合国可持续发展解决方案网络(Sustainable Development Solutions Network, SDSN)较早对实现可持续发展目标的部门资本需要作了较为全面的分析。[③] 由于该研究以 2013 年的数据为基础,美国全球发展中心(Center for Global Development, CGD)于 2019 年以 2018 年美元价格为基础、结合新的数据对其加以更新,得出了更为细致的部门性资本需求。通过将 17 个可持续发展目标重新划分为 7 个投资领域,可以发现,基础设施领域是资本需求最大的,估计每年需要 1.1 万亿美元,相当于所有可持续发展目标总资本

---

① Marcus Manuel, Liam Carson, Emma Samman, and Martin Evans, "Financing the Reduction of Extreme Poverty Post-Covid – 19," ODI Briefing Note, November 2020, pp. 2 – 3.

② Vitor Gaspar et. al., "Fiscal Policy and Development: Human, Social, and Physical Investment for the SDGs," IMF Staff Discussion Note, SDN/19/03, January 2019, pp. 10 – 14.

③ Guido Schmidt-Traub, "Investment Needs to Achieve the Sustainable Development Goals: Understanding the Billions and Trillions," Working Paper, Version 2, UNSDSN, September 28, 2015, p. 9.

需求的68%（见表2—1）。由此造成的巨大资本缺口，事实上给全球发展筹资带来了巨大压力。

表 2—1　实现可持续发展目标的部门资本需求（2019 年发布）

单位：亿美元，%

领域	资本需求	公共融资	私人、商业融资	私人、商业融资占比
医疗	861	861	0	0
教育	2123	2123	0	0
农业和粮食安全	1502	736	766	51
基础设施				
现代能源	3644	1840	1804	50
水和卫生设施	476	428	48	10
交通	4334	1972	2362	55
电信	2068	620	1448	70
生态系统	213	181	32	15
数据	5	5	0	0
应急和人道主义	170	170	0	0
总计	15396	8936	6460	42

资料来源：Scott Morris, *The International Development Finance Club and the Sustainable Development Goals*, Washington, D. C.：Center for Global Development, 2018, p.6, Table 1。

　　联合国可持续发展解决方案网络于 2019 年发布一份聚焦低收入发展中国家实现可持续发展目标的资本需求报告。报告对 59 个低收入发展中国家进行了考察，认为这些国家要如期实现可持续发展目标，其在 2019—2030 年平均每年所需的资本量为 4000 亿美元（2019 年价格），相当于这些国家 GDP 总量的 15%；尽管这一数字对低收入发展中国家来说很大，但仅相当于同一时期全球 GDP 平均总量的 0.4%、发达国家的 0.7%。需要指出的是，该报告识别出了低收入发展中国家实现可持续发展目标的部门资本需求，但并未将相应的资本缺口识别出来，而只是作了一个人均资本缺口的部门考察。① 联合国可持续发展解决方案网络建议通过如下举措填补资金缺口：以混合融资方式动员私人投资（500 亿美元/年）；改善全球税收治理调

---

① UNSDSN, *SDG Costing & Financing for Low-Income Developing Countries*, New York：UNSDSN, September 2019, p.12.

动更多资金（500 亿美元/年）；实现全球统一税收，如超高净值个人财富税
（1000 亿美元/年）、金融交易税（500 亿美元/年）和碳税（500 亿美元/年）；
增加 ODA（1000 亿美元/年）；动员私人慈善捐赠（300 亿美元/年）。[1]

总而言之，从联合国千年发展目标转向可持续发展目标，意味着全球
各国尤其是低收入发展中国家面临着巨大的资金缺口。但令这一事态更为
严重的是，新冠疫情的暴发使广大低收入发展中国家本已严峻的财政状况
变得更加困难。由此而来的后果是，低收入发展中国家能够投入抗疫的资
源更加匮乏，对其疫情控制而言更加不利。例如，2020 年，高收入国家投
入抗疫的财政经费平均占其 GDP 的 24%，而中等收入国家仅占 6%，低收
入国家仅占 2%。[2] 又如，从疫情暴发到 2021 年 3 月，仅美国就投入 53280
亿美元额外预算用于抗疫，此外还有 5100 亿美元的流动性支持资金；相比
之下，非洲 52 个国家（厄立特里亚和坦桑尼亚没有相关数据）共计仅投入
336 亿美元额外预算，流动性支持资金也仅有 119 亿美元。从比重看，G20
内部的 11 个发达经济体投入的抗疫额外预算平均占其 GDP 的 11.9%，而低
收入发展中国家平均只有 2.9%（见表 2—2）。

表 2—2　各国家群体投入抗疫的资金及占比

国家群体	抗疫资金（亿美元）		抗疫资金占 GDP 比重（%）	
	抗疫额外预算	流动性资金	抗疫额外预算	流动性资金
G20 发达经济体	84650	58170	11.9	14.8
G20 新兴经济体	11074	5562	4.0	3.2
其他发达经济体	5563	4372	8.4	5.4
其他新兴经济体	2794	1597	3.8	1.8
低收入发展中国家	372	66	2.9	0.3

资料来源：笔者根据 IMF 抗疫财政响应数据库（https://www.imf.org/en/Topics/imf-and-covid19/
Fiscal-Policies-Database-in-Response-to-COVID－19）数据制作，最后访问日期：2021 年 7 月 5 日。

与实现可持续发展目标的资金缺口相比，新冠疫情所导致的资金缺口
更具实质意义。因为前者更多是出于实现宏大目标所需，而后者则是危机

---

[1]　UNSDSN, *SDG Costing & Financing for Low-Income Developing Countries*, New York: UNSDSN,
September 2019.

[2]　Nancy Lee and Rakan Aboneaaj, "MDBs to the Rescue? The Evidence on COVID－19 Response,"
Center for Global Development, May 2021, https://cgdev.org/sites/default/files/MDBs-rescue-evi-
dence-covid－19－response.pdf, accessed on July 5, 2021.

冲击所导致的。在前述发展水平不一的国家用于抗疫的额外预算存在重大差异，发达国家在此次疫情中所提供的国际公共产品特别是官方发展援助显然难以缓解疫情造成的冲击。根据 OECD-DAC 的数据，2020 年 OECD-DAC 成员的官方发展援助额达到 1612 亿美元，相比 2019 年实际增长 54 亿美元（3.5%）。这一增长主要来自帮助发展中国家应对疫情的援助支出；据初步估计，所有 OECD-DAC 成员共计提供了 120 亿美元的与抗疫相关的援助。这意味着，相比 2019 年，OECD-DAC 成员国的官方发展援助额事实上减少了 66 亿美元。向非洲和最不发达国家提供的双边 ODA 额分别增长了4.1% 和 1.8%；人道主义援助增长了 6%；如果除开用于帮助进入援助国的难民开支，2020 年 OECD-DAC 成员的官方发展援助额实际增长 4.4%。[①] 就具体的 OECD-DAC 成员而言，增长最多的分别是德国（34 亿美元）、美国（16 亿美元）、法国（14 亿美元）、瑞典（9.27 亿美元）；而英国、意大利和澳大利亚则下降最多，分别为 21 亿、3.2 亿和 3.04 亿美元。在 29 个成员中，有 16 个国家呈增长态势，13 个国家有所下降。[②]

尽管无论从绝对额还是从增长率看，OECD-DAC 提供的官方发展援助都保持增长态势，但如果进一步考察则会得出完全不同的结论。首先，尽管整个官方发展援助额保持增长，但对最不发达国家（LDCs）的援助增长慢于援助整体增长。2020 年 OECD-DAC 成员的援助总额在 2000 年的基础上增长了 1.98 倍，而对最不发达国家的援助仅增长 1.52 倍；就年均增长率来看，在 2000—2020 年，OECD-DAC 成员的官方发展援助整体年均增长率为5.78%，而对 LDCs 的则为 5.25%。尤其是，最不发达国家受疫情冲击极可能是最严重的，但来自 OECD-DAC 成员的援助仅比 2019 年增长 1.82%，远远低于官方发展援助的整体增长。尽管 2020 年对最不发达国家的援助总额创下历史新高，但仅比 2011 年的上一历史纪录多 20 万美元；事实上，在2010—2020 年，最不发达国家所接受的 OECD-DAC 的官方发展援助几无增长（见图 2—2）。

---

① "COVID – 19 Spending Helped to Lift Foreign Aid to an All-time High in 2020 but More Effort Nee-ded," OECD-DAC, April 13, 2021, https://www.oecd.org/newsroom/covid – 19 – spending-helped-to-lift-foreign-aid-to-an-all-time-high-in – 2020 – but-more-effort-needed. htm, accessed on July 5, 2021.

② Duncan Knox and Maria Ana Jalles d'Orey, "ODA in 2020: What Does OECD DAC Preliminary Data Tell Us?" Development Initiative, April 21, 2021, https://devinit.org/resources/oda – 2020 – what-does-oecd-dac-preliminary-data-tell-us/, accessed on July 5, 2021.

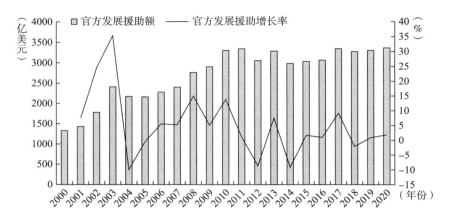

图 2—2　最不发达国家（LDCs）所接受的官方发展援助（2000—2020 年）

资料来源：笔者根据 OECD-DAC 数据库（https://www.oecd.org/dac/financing-sustain-able-development/development-finance-data/idsonline.htm）数据制作，最后访问日期：2021 年 7 月 5 日。

其次，就危机应对而言，OECD-DAC 应对 2020 年新冠疫情的努力明显不如 2008 年全球金融危机中的表现。2020 年，整个 OECD-DAC 所提供的官方发展援助额增长了 3.5%，主要来自抗疫；相比之下，2008—2010 年，为应对 2008 年全球金融危机的冲击，整个 OECD-DAC 的官方发展援助额相对 2005—2007 年增长了 16.6%。换句话说，在应对两次危机的努力中，OECD-DAC 的表现相差超过 10 个百分点。在 29 个成员中，仅 8 个国家的表现好于 2008 年，分别是匈牙利、奥地利、日本、意大利、法国、冰岛、瑞典和德国；而在这 8 个国家中，仅有 3 个国家——法国、瑞典和德国——在两次危机中，其所提供的官方发展援助额都保持正增长。而作为全球官方发展援助的最大提供国，美国在应对 2008 年全球金融危机过程中所提供的发展援助增长了 16%，而在 2020 年仅增长 6.5%。换句话说，尽管独立地看，OECD-DAC 成员在抗疫中的表现仍是积极的，但如果对比 2008 年全球金融危机的应对，其表现就明显不够了（见图 2—3）。

最后，还需指出的是，OECD-DAC 在 2018 年后采纳了新的官方发展援助衡量标准，很大程度上放大了官方发展援助的汇报量。这意味着，OECD-DAC 所提供的官方发展援助极可能增长更小，对新冠疫情应对、可持续发展目标实现等的贡献也就更小。的确，OECD-DAC 成员在汇报其官方发展援助时经常是夸大的，存在着"重复计算、方法不一致及过早执行尚不完

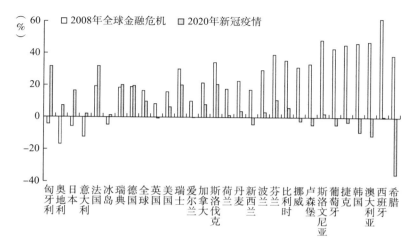

图 2—3　OECD-DAC 成员在 2008 年和 2020 年危机中的 ODA 增长率

资料来源：笔者根据 OECD-DAC 数据库（https://www. oecd. org/dac/financing-sustain-able-development/development-finance-data/idsonline. htm）数据制作，最后访问日期：2021 年 7 月 5 日。

善的制度等根本性问题"。[①] 其中最为重要的或许是自 2019 年起，开始采用"赠款等价"（grant equivalent）方式计算，[②] 这样就能极大地放大其官方发展援助数额。[③] 例如，根据这一计算方式，OECD-DAC 所提供的官方发展援助总额在 2018 年为 1534. 9 亿美元，而沿用此前的方法为 1500. 5 亿美元，增长了 2. 29%；而 2019 年的官方发展援助总额在新计算方法下为 1516. 8 亿美元，比沿用旧方法多出了 52 亿美元，增长了 3. 55%。[④]

当然，在 OECD-DAC 某种程度上加大了抗疫援助的同时，其他国际社会成员也在努力。例如，多边开发银行在 2020 年所拨付的资金就有大幅增

---

① Roberto Bissio, "ODA: Can the Players also Be Scorekeepers?" Global Policy Watch, December 20, 2019, https://www. globalpolicy. org/en/news/2019 – 12 – 20/oda-can-players-also-be-score-keepers, accessed on July 5, 2021.

② 具体计算方式可参见"ODA Grant Equivalent Measure-Short Technical Note," UK Government, https://assets. publishing. service. gov. uk/government/uploads/system/uploads/attachment _ data/file/854342/Grant-Equivalent-Technical-Note1. pdf, accessed on July 5, 2021。

③ Simon Scott and Hedwig Riegler, "Mismeasuring foreign aid," Global Policy Watch, June 24, 2021, https://www. globalpolicywatch. org/blog/2021/06/24/mismeasuring-foreign-aid/, accessed on July 5, 2021.

④ 笔者根据 OECD-DAC 数据库（https://www. oecd. org/dac/financing-sustainable-development/development-finance-data/idsonline. htm）数据计算得出，最后访问日期：2021 年 7 月 5 日。

长。以世界银行、亚洲开发银行（Asian Development Bank，ADB）、美洲开发银行（Inter-American Development Bank，IADB）及欧洲复兴开发银行（European Bank for Reconstruction and Development，EBRD）为代表的多边开发银行 2020 年的承诺资金相比 2019 年增加了 39%，实际拨付金额增长 400 亿美元。[①]

如果比较多边开发银行应对 2008 年全球金融危机和 2020 年新冠疫情的努力，可以发现与 OECD-DAC 类似的结论，即对后一场危机的重视程度远不如前一场危机。在 2009 年 4 月的 G20 峰会上，各国承诺支持多边开发银行增加 1000 亿美元的资本。而在世界银行内部，国际复兴开发银行（International Bank for Reconstruction and Development，IBRD）增资 1 亿美元，国际开发协会（International Development Association，IDA）增资 420 亿美元，国际金融公司增资 360 亿美元。此外，世界银行还启动了一个新的金融危机快速响应机制（Financial Crisis Response Fast Track Facility），释放出 20 亿美元。总之，多边开发银行对 2008 年全球金融危机的响应达到"前所未有"的水平；世界银行的承诺资金从 2008 年的 382 亿美元，飙升至 2009 年的 588 亿美元，到 2010 年进一步上升至 722 亿美元。[②]

可以认为，正是整个国际社会发展资金的不足以及新冠疫情的冲击，进一步凸显了共建"一带一路"对促进国际发展、实现可持续发展目标的重要性。但也需要认识到，"一带一路"倡议强调共商共建共享，因此其并非中国一家向其他国家提供援助的议程，而是一项共担责任、共同发展、共享成果的发展倡议。

---

① Nancy Lee and Rakan Aboneaaj, "MDBs to the Rescue? The Evidence on COVID‑19 Response," CGD Note, May 2021, p. 2, https://cgdev.org/sites/default/files/MDBs-rescue-evidence-covid‑19‑response.pdf, accessed on July 5, 2021.

② Liam Carson, Maike Hebogård Schäfer, Annalisa Prizzon, and Jessica Pudussery, "Prospects for Aid at Times of Crisis," ODI Working Paper, No. 606, March 2021, p. 17.

第三章　全球技术革命机遇把握

技术革命始终是国际社会关注的焦点，不仅在于它可能带来极大的人类生活质量提升，更在于它可能直接导致国际力量对比的根本性变化。尽管从长历史的视角看，人口才是人类交往和国际关系的基本决定因素，但技术可能极大地放大或压缩这一基本因素的决定性作用：在第一次工业革命之前，由于全球范围内的技术水平低下且大致类似，因此人口更多的国家更有可能成为权势更大的国家，例如，公元1000年时，中国与英国的人均 GDP 分别为1225美元和1151美元（2011年美元价格），而中国人口达到5900万，英国仅有200万，因此中国与英国的国力差距极大。但随着技术的发展，各国的人均生产力水平发生变化，因人口多寡而来的国力差距不但被大大缩小，甚至可能被克服或逆转。例如，公元1700年时的中英国力仍因人口数量差异而存在明显差异，即使英国的人均 GDP 已超过中国900美元；到1850年，英国人均 GDP 已是中国的5倍，但其人口不到中国的1/15，因此其国力仍远不如中国；随着第一次工业革命展开，到1900年，英国人均 GDP 已达到中国的近8倍，英国人口已超过中国1/10，双方国力相差无几；到1950年，英国人均 GDP 已经达到中国的约14倍，尽管人口差距仍超过10倍，英国国力已经完全超越中国。但随着技术扩散，中国的人口优势随技术差距的缩小而再度显现，2000年时英国人均 GDP 接近中国的7倍，但中国人口是英国的21倍，因此中国的国力重新达到英国的3倍左右；到2018年，英国的人均 GDP 已不到中国的3倍，而人口差距几乎没有变化，因此中英国力差距的拉大态势相当明显。①

---

① 笔者根据麦迪逊千年经济数据库（https://www.rug.nl/ggdc/historicaldevelopment/maddison/re-leases/maddison-project-database-2020？lang=en）数据计算得出，最后访问日期：2021后8月10日。

正是由于技术对于人口因素的放大或压缩作用，各国对抢占技术革命的高地相当敏感。冷战结束后，由于全球市场得到统一，全球化和相互依赖加深，全球性的技术革命和技术扩散获得了前所未有的动力。美国在冷战结束后特别是克林顿政府时期的快速发展，很大程度上正是得益于技术革命的有利条件及美国对此机遇的有效把握。尽管美国兰德公司曾认为，自 20 世纪 90 年代起的技术革命将会一直持续直到 2020 年甚至更久，[1] 但 2008 年全球金融危机的爆发及此后全球性的复苏和增长乏力表明，全球技术革命的前景极可能没有那么乐观。类似地，世界经济论坛创始人克劳斯·施瓦布（Klaus Schwab）早在 2016 年就提出"第四次工业革命"（the Fourth Industrial Revolution）的概念并在全球范围内得到接受，[2] 但迄今为止的事实证明，当代全球技术革命极可能尚未全面到来；更为客观的事实和更为合理的判断极可能是，技术发展出现了诸多潜在突破口，但尚未真正推动下一轮技术革命或第四次工业革命的来临。全球技术革命的不确定性凸显了其潜在的风险，使得对技术革命的治理变得更为紧迫，这也正是可持续发展标准得以强调的基本逻辑。全球技术革命的不确定性为共建"一带一路"高质量发展提供了重要的机会窗口：一方面，在技术革命尚未明确之际，共建"一带一路"可在坚持基础设施建设的基础上，为各国持续探索技术突破方向和产业布局等提供托底支撑；另一方面，通过托底工程合作而夯实基础能力，共建"一带一路"也可在项目落实中开展技术创新，从而识别和发展适用性技术，使共建"一带一路"真正贡献于中国与合作方的可持续发展，为国际社会提供真正的公共产品。

第一节　不确定的全球技术革命

随着"第四次工业革命"概念的提出，国际社会对正快速推进的全球技术革命的认识越来越深入，在强调其所带来的潜在发展效应的同时也注意到其潜在风险。例如，习近平主席在 2017 年 1 月 17 日瑞士达沃斯举行的世界经济论坛上发表演讲时，围绕第四次工业革命的影响与风险指出，"世

---

[1]　Richard Silberglitt et. al., *Global Technology Revolution 2020: Technology Trends and Cross-Country Variation*, Santa Monica, California: RAND Corporation, 2006.

[2]　〔德〕克劳斯·施瓦布：《第四次工业革命：转型的力量》，李菁译，中信出版社，2016，第 6 页。

界经济面临的根本问题是增长动力不足。创新是引领发展的第一动力。与以往历次工业革命相比，第四次工业革命是以指数级而非线性速度展开"，"第四次工业革命将产生极其广泛而深远的影响，包括会加剧不平等，特别是有可能扩大资本回报和劳动力回报的差距。全球最富有的 1% 人口拥有的财富量超过其余 99% 人口财富的总和，收入分配不平等、发展空间不平衡令人担忧。全球仍然有 7 亿多人口生活在极端贫困之中。对很多家庭而言，拥有温暖住房、充足食物、稳定工作还是一种奢望。这是当今世界面临的最大挑战，也是一些国家社会动荡的重要原因"。[①] 的确，自 2016 年施瓦布提出"第四次工业革命"概念迄今的发展显示，尽管有大量突破点，但全球技术革命尚未真正形成，下一个时期的全球技术、经济新增长方向尚不够明确，全球技术革命本身还面临重大不确定性。与此同时，全球技术革命在适用性、平等性等方面都存在诸多风险。共建"一带一路"坚持基础设施建设底线的同时，挖掘科技创新的潜力并探索未来的发展方向，对规避风险、增大效益有着系统重要性。

一　全球技术革命的基本形态

回顾历史，获取更多的能量与更便捷地传播信息是人类科技史的两条主线：第一次和第二次工业革命的核心都是寻找新的能量来源，在经过从手工劳动力到蒸汽动力再到电力的发展之后，人类实现了从农业社会到工业社会的历史性跨越。从第三次工业革命开始，科技革命的重心转向信息传播便捷度的提升，以计算机和互联网为代表的信息技术革命推动人类交往实现颠覆性变革。当前覆及全球的科技创新仍主要围绕信息通信技术展开，利用泛信息通信技术前沿科技进展带动生产形态的变革，为世界提供新的发展红利，最终带动整体社会治理体系的调整。由于本轮工业革命仍然延续了互联网革命所开拓的旧路，因此可以被视为数字时代的新发展，称得上是新一轮"数字革命"。尽管有大量的突破点，如云计算、5G 通信、3D 打印、生物基因工程、物联网、生物识别技术、基因组学、可控核聚变、石墨烯等，但迄今被认为是新一轮工业革命的核心技术突破主要集中在三

---

① 习近平：《习近平主席在世界经济论坛 2017 年年会开幕式上的主旨演讲（全文）》，人民网，2017 年 1 月 18 日，http://jhsjk.people.cn/article/29031339，最后访问日期：2021 年 8 月 10 日。

大领域，即人工智能（Artificial Intelligence，AI）、区块链和量子技术。①

第一，人工智能技术在所有的技术突破中最受关注并被赋予最大期望，被各国视作国家间权势竞争的关键领域。

人工智能技术的诞生可以追溯到 20 世纪中叶，在经历过两次低潮后成为当今科技创新的焦点。早在 1950 年，英国科学家图灵（Alan Turing）就创造性地提出了"机器是否能够拥有智能"的划时代命题，开启了人类社会对于机器智能的思考。1956 年夏天，在美国达特茅斯学院的一场别开生面的学术研讨会上，一群拥有无穷探索精神的年轻人在这场头脑风暴中首次提出"人工智能"概念，进而催生了一个新的科学领域，并成为此后几十年里人类科技领域的焦点之一。很显然，人工智能技术的开发难度远超想象，因此在该概念提出后曾多次反复，并经历过两次大规模的衰退。尽管出现了诸如"专家系统"（Expert Systems）、"深蓝"（Deep Blue）等多项具有标志性意义的成果，并在不同阶段也引发了社会的普遍关注，但均因为相关研究无法在社会生产生活中得到具有明确商业价值的应用而偃旗息鼓。在 20 世纪末 21 世纪初，人工智能研究领域一度门可罗雀。

随着互联网技术的发展，特别是移动互联网技术的普及，人工智能行业终于在 21 世纪第二个十年迎来突破的契机：一方面，计算机性能的提升为人工智能行业提供了更大的算力；另一方面，移动互联时代的到来使得人们能够获得前所未有的数据量，形成了庞大的数据池。数据之于人工智能产业犹如血液之于人体，在算力、数据条件兼备之后，新的算法（algorithm）应运而生。早在人工智能技术发展初期就已被提出的多层神经网络（Multilayer Neural Network，MNN）等技术工具重新焕发出新的生命力，以"深度学习"（Deep Learning）为核心的新发展路径在 2005 年之后开始展现出强大力量，使人工智能在巨大数据资源中提取、识别和构建模型的优势得到了全面释放。这样，人工智能技术终于跨越了产业化的门槛，从实验室中的精巧"玩具"变成了能够在资本市场上"下金蛋的鸡"。在短短几年里，人工智能技术利用"深度学习"路径红利，在图像识别、语音识别、机器翻译、自动驾驶甚至棋类竞赛等具有相对明确目标且能够获取丰富数

---

① "Industry 4.0: Building the Digital Enterprise," PwC 2016 Global Industry 4.0 Survey, PwC, 2016, https://www.pwc.com/gx/en/industries/industries – 4.0/landing-page/industry – 4.0 – building-your-digital-enterprise-april – 2016.pdf, p.6, accessed on August 10, 2021.

据对系统进行训练的应用场景中获得了长足进展，取得了令人瞩目的成果。随着人工智能技术迈过产业化的门槛，各国对于其在数字时代的成长前景更为期待。无论是主权国家还是产业资本都对人工智能技术前景充满期待，并且开始以前所未有的热情，通过政治、经济等各种手段投入到人工智能领域的竞争中去，中国、美国、俄罗斯、英国等 30 多个国家以不同形式出台了政府层面的人工智能国家发展战略，全面推进人工智能技术在经济、社会乃至军事领域的应用。①

　　尽管发展迅猛，但围绕人工智能的争论或分歧仍然存在。其一，人工智能既包括科学研究，也包括开发智能机器的技术过程。目前几乎无法全面地定性区分人工智能与相关工作，特别是在计算机科学、逻辑学、工程学、语言学和统计学方面，人工智能被视作一种技术集群可能更有意义。其二，围绕人工智能的基本界定仍存在分歧。理论上，区分"智能"与"正常"算法根本不可能。尽管"类人智能"不时被当作衡量标准，但由于缺乏人类智能的直接模型，这一指标本身也是存在问题的。更关键的是，在可捉摸的经验、逻辑等之外，人类的思想才是人类智能的决定因素，② 而这恰是人工智能永远也做不到的。③ 由此而来的更为人所接受的逻辑，是区分人工智能的狭义与广义界定。广义的人工智能也称人工通用智能（Artificial General Intelligence，AGI）。④ 人工通用智能与人类水平相当甚至更高，而狭义的人工智能则指为特定应用开发的程序。人工通用智能在科幻小说中频繁出现，但迄今为止所有的人工智能都是狭义的，或者说是弱版人工智能。尽管有"深度学习"，但计算机在作出预测、找到模型和相关性时，永远也不可能理解其真实目的或意义，因此无法被赋予思想。⑤ 就此而言，迄今为止的研究无法为人工通用智能奠定基础，因为二者是完全不同类型

① 斯坦福大学：《人工智能指数：2021 年度报告》，斯坦福大学以人为本人工智能研究院，2021 年 3 月 7 日，第 155 – 163 页。

② Antonio R. Damasio, *Looking for Spinoza：Joy，Sorrow，and the Feeling Brain*, Orlando：Harcourt，2003；Sebastian Seung, *Connectome：How the Brain's Wiring Makes Us Who We Are*, Boston：Mariner Book，2013.

③ Hubert L. Dreyfus, *What Computers Still Can't Do：A Critique of Artificial Reason*, Cambridge：The MIT Press，1992.

④ Sam Adams et al.，"Mapping the Landscape of Human-Level Artificial General Intelligence，" *AI Magazine*, Vol. 33，No. 1，2012，pp. 25 – 42.

⑤ John R. Searle，"Minds，Brains，and Programmes，" *Behavioral and Brain Sciences*, Vol. 3，No. 3，1980，pp. 417 – 457.

的算法。① 其三,人工智能的门槛并非固定的,任何技术在进入日常生活后就更多成为机器或程序,而不再是"智能"。因为真正的"人工智能"指"专门用于构建智能人工产品的能力,其中'智能'指能通过智力、机构能力、创造力等的测试"。② 这意味着,人工智能技术所取得的真正进展往往不被承认为"人工智能",同时对人工智能技术的期望又很高,这本身构成了人工智能发展的逻辑困境。

由于迄今为止的发展几乎都属于狭义的人工智能,因此人工智能与人类的关系远未达到"非此即彼"的程度,人工智能不应被视作人类的替代品。当然,二者的关系的确高度微妙。一方面,由于所长存在差异,人工智能与人类之间的责任分配或劳动分工模式必然发生改变。机器反应迅速、计算精准且不知疲劳,因此可更多从事海量数据筛选、模式建构、异常识别以及高危作业等。另一方面,人类具有真正的智能,拥有比机器高得多的创造力、解决问题能力和适应环境能力。因此,识别人工智能与人类能力的比较优势并建立新的平衡关系,是包括共建"一带一路"在内的所有实践努力的重要关注。

第二,作为加密货币的底层技术,区块链(Blockchain)呈现出远超过比特币的技术创新潜力并成为全球技术革命的重要引领方向。

区块链技术最初是作为比特币的底层技术出现的,系中本聪(Satoshi Nakamoto)在 2008 年设计比特币过程中的关键技术。③ 在提出之后,区块链迅速成为比特币的核心组成部分,成为所有交易的公共账簿。区块链是一个由不同节点共同参与的分布式数据库系统,或者说是一个开放式的账簿系统——这与其诞生过程密不可分——"它是由一串按照密码学方法产生的数据块或数据包组成,即区块(block),对每一个区块数据信息都自动加盖时间戳,从而计算出一个数据加密数值,即哈希(hash)值。每一个区块都包含上一个区块的哈希值,从创世区块(genesis block)开始链接

---

① Ben Goertzel, "Artificial General Intelligence: Concept, State of the Art, and Future Prospects," *Journal of Artificial General Intelligence*, Vol. 5, No. 1, 2014, pp. 1 – 48.

② Allen Newell, "You Can't Play 20 Questions with Nature and Win: Projective Comments on the Papers of This Symposium," in W. G. Chase, ed., *Visual Information Processing*, New York: Academic Press, 1973, pp. 283 – 308.

③ Satoshi Nakamoto, "Bitcoin: A Peer-to-Peer Electronic Cash System," Bitcoin. org, https://bitcoin. org/bitcoin. pdf, accessed on August 10, 2021.

（chain）到当前区域，从而形成区块链"。① 作为一种创新技术，区块链的实质是利用链式数据结构来验证与存储数据、利用分布式节点共识算法来生成和更新数据、利用密码学算法来保证数据传输和访问的安全。因此，在信息不对称的情况下，可以通过互联网大数据的加密算法建立有效的信任机制，是基于当前移动互联网时代，在拥有大数据、云计算等基础条件下，为解决信用问题提出的一种新颖的思路。

尽管源起于比特币设计，但区块链很快展示出其普遍应用的潜力，这根源于其去中心化、开放性、独立性、安全性和匿名性五大特征；② 这些特征对于强化信任有着重要意义，进而使区块链技术的附加价值不断被发掘，其研究与应用迅速超出比特币的范畴，与社会其他行业特别是金融行业形成链接。从目前已有的经验来看，随着区块链技术的不断成熟，其在金融领域的优势正在逐步显现。关于子发票、版权、货物溯源、司法存证、通证经济等赋能实体经济的新概念都与区块链技术密切相关。在数据收集、资产管理、供应链管理、医疗保健和金融交易等领域区块链技术也有极高的应用潜力。③ 一方面，区块链技术凭借创新逻辑，很大程度上缓解了金融领域最为关键的信任难题，能够为互联网金融甚至整个金融体系提供最关键的底层基础设施，推动金融行业向算法金融时代迈进。这种变革有可能从根本上改变全球金融系统的逻辑结构。另一方面，区块链技术实际上也是一种与传统方案完全不同的治理架构，它凭借自身特性，能够颠覆传统的计算模式，为网络空间治理提供新的逻辑架构，也能够对现实国家治理体系建设产生影响，具有推动新的技术与产业变革的潜力。

在 2020 年新冠疫情后，区块链技术的应用前景得到进一步拓展，尤其是在危机应对、溯源等方面。随着世界经济逐渐从新冠疫情冲击中恢复过来，一个需要优先思考的问题是如何利用技术创新提升全球基础设施，从而更为有效地应对今后的潜在危机。尽管不可能有万能的解决方案，但因其通过透明交易和"单一真相来源"而强化信任的能力，区块链可作

---

① 〔加〕唐·塔普斯科特、亚力克斯·塔普斯科特：《区块链革命》，凯尔等译，中信出版社，2016，第 11 - 12 页。

② 蒋润祥、魏长江：《区块链的应用进展与价值探讨》，《甘肃金融》2016 年第 2 期，第 19 - 21 页。

③ 徐忠、邹传伟：《区块链能做什么、不能做什么？》，《金融研究》2018 年第 11 期，第 1 - 15 页。

为信任强化、危机应对等的重要技术创新，尤其是如下方面的发展更值得强调：一是供应链优化，区块链可用于推动供应链中不同参与者之间的合作，如由区块链开放协作实验室与预测技术所创设的燃油追踪系统可通过端到端的追溯提高燃油供应链的透明度；① 二是各国央行开始发展的央行数字货币，尽管尚无央行大规模发行数字货币，但预期央行数字货币可重大地改善税收、刺激支付，进而提高政府服务效率；三是基于区块链的全球汇款，考虑到侨汇在国际发展特别是危机应对中的重要作用，通过区块链技术实质性地降低侨汇交易费用、提升监管效率，对可持续发展、危机后恢复等均有着重要意义。例如，联合国可持续发展目标 10. c（SDG – 10. c）就明确指出，"到 2030 年，将移民汇款手续费减到 3% 以下，取消费用高于 5% 的侨汇渠道"。② 区块链技术对实现这一目标有着重要影响，包括渣打银行在内的一些金融机构已经开始对基于区块链的汇款系统进行商业测试。

但需要指出的是，区块链技术的发展仍存在诸多风险。根据世界经济论坛有关技术革命治理的分析，区块链技术发展所面临的风险大致包括：短期风险主要体现在区块链技术面临明显的网络安全问题，对数字资产、数字身份等的监管碎片化问题，全球性的技术互通性与标准建设问题，以及智能合约（smart contract）的执行性问题；中期风险体现为数据一致性、跨境监管、审计与第三方指导问题、匿名保障与挑战、区块链与能源消费问题等；长期风险主要体现在区块链与知识产权、全球数字身份等方面。③ 很大程度上，区块链技术一方面助长了去中心化技术的发展，进而带来大量监管困难，但同时它也提供了信任措施和追溯措施，从而使去中心化本身变得不再可怕。因此，在认识其巨大潜力的同时，也要充分理解其潜在风险，"要用发展的眼光看区块链技术，不能低估它的明天……不能高估它的今天"，"区块链技术的集成应用在新的技术革新和产业变革中起着重要作用。我们要把区块链作为核心技术自主创新的重要突破口，明确主攻方

---

① "BunkerTrace Secures First Commercial Partnership with Marfin Management," Port News, January 22, 2020, https://en.portnews.ru/news/290245/, accessed on August 10, 2021.

② 联合国：《变革我们的世界：2030 年可持续发展议程》，2015 年 9 月 25 日大会决议，联合国文件 A/RES/70/1, 2015 年 10 月 21 日，第 23 页。

③ World Economic Forum, *Global Technology Governance Report 2021: Harnessing Fourth Industrial Revolution Technologies in a COVID – 19 World*, Insight Report, Geneva: WEF in Collaboration with Deloitte, December 2020, pp. 31 – 34.

向，加大投入力度，着力攻克一批关键核心技术，加快推动区块链技术和产业创新发展"，① 要 "以联盟链为重点发展区块链服务平台和金融科技、供应链金融、政务服务等领域应用方案"。②

第三，诞生于 20 世纪初的量子力学在信息技术发展的背景下，推动了量子信息科学（Quantum Information Science）的发展并展现出成为下一轮全球技术革命驱动力量的巨大潜力。

量子力学是一种描述微观物质的物理学基础理论，与相对论一起构成了现代物理学的基石。作为一门基础学科，量子力学与众多应用性学科结合催生了大量交叉学科，并产生了大量实用性研究成果和包括现代电子集成电路工业在内的新兴产业，为人类社会的发展创造了重要成果。因信息技术与量子力学相结合而产生的量子信息科学正在成为全球技术革命的重要前沿，并在两个领域内取得了重要突破。

其一，量子保密通信技术进展迅速。量子通信技术是利用微观粒子的量子叠加态或量子纠缠效应等进行信息传输或密钥分发，基于量子力学原理保证信息或密钥传输的安全性，在理论层面具有无法被窃听的安全保障。目前，量子密钥分发与量子隐形传态是最为活跃的前沿方向。③ 量子密钥分发的基础是 1984 年由本内特（Charles H. Bennett）和巴萨德（Gilles Brassard）提出的 BB84 协议，这个协议利用量子比特的不可克隆性质达到安全的比特信息传输。简单来说，量子比特的不可克隆性来源于：如果对量子比特进行窃取和观测，则这个量子比特便会塌缩为经典比特，原来的量子比特将不复存在，也无法恢复，由此确保了传输过程中的信息安全。而量子隐形传态则是在不传递具有物理状态的量子比特本身的情况下，在另外一个地方将该量子状态恢复出来，效果类似于 "远距传送"。由于其并没有直接传输量子比特的物理载体本身，也称为 "隐形传态"。④ 量子通信技术

①　《我国必须走在区块链发展前列》，人民网，2019 年 10 月 26 日，http://politics. people. com. cn/n1/2019/1026/c1001 – 31421642. html，最后访问日期：2021 年 8 月 10 日。

②　《中华人民共和国国民经济和社会发展第十四个五年规划和 2035 年远景目标纲要》，中国政府网，2021 年 3 月 13 日，http://www. gov. cn/xinwen/2021 – 03/13/content_5592681. htm，最后访问日期：2021 年 8 月 10 日。

③　赖俊森、赵文玉、张海懿：《量子保密通信技术进展及应用趋势分析》，《信息通信技术与政策》2020 年第 12 期，第 64 页。

④　张亮亮、张翌维、梁洁、孙瑞一、王新安：《新量子技术时代下的信息安全》，《计算机科学》2017 年第 7 期，第 1 – 7 页。

具有重大的超越旧模式安全性特征，因此成为世界各国信息安全技术发展的主要方向。通过信息安全技术发展与量子通信技术的紧密结合，实现量子信息安全技术的跨越。

其二，量子计算技术的跨越式发展。量子计算是一种根据量子力学规律，通过调控量子信息单元进行计算的新型计算模式。量子计算以量子比特为基本单元，通过量子态的受控演化实现数据的存储计算，具有经典计算无法比拟的巨大信息携带和超强并行处理能力。[1] 早在 20 世纪 80 年代，科学家就提出了"量子计算机"的理论构想，到 90 年代至 21 世纪初，随着 Shor 算法和 Grover-Long 算法的问世，量子计算机开始显示出在特定场景中的巨大优势。目前来看，尽管尚未出现量子计算机的物理实体形态的主流看法，但各国通过大量尝试，已在超导量子计算、离子阱量子计算、拓扑量子计算等路径取得了重要成果。量子计算机有望在模拟量子现象、推动人工智能技术发展，以及破译密钥等三个领域较早取得突破。这也意味着，未来量子计算技术的持续发展可能对情报安全这一涉及国家安全和战略竞争的关键领域构成颠覆性挑战。

随着技术的持续发展，推进量子技术与产业的全面升级已经成为主要大国关注的重点。2018 年，美国发布了量子信息科学发展的战略性指导文件——《量子信息科学国家战略概述》（National Strategic Overview for Quantum Information Science），提出确保美国在"下一场技术革命"中的全球领导地位。这份量子信息科学战略报告指出，发展量子信息科学有望帮助美国改善工业基础，创造就业机会，强化经济发展与国家安全。2020 年 10 月，习近平总书记在中央政治局第二十四次集体学习时提出，"量子科技发展具有重大科学意义和战略价值，是一项对传统技术体系产生冲击、进行重构的重大颠覆性技术创新，将引领新一轮科技革命和产业变革方向"。[2]

综上所述，在广义的信息通信技术进步带动下，人类社会正处于新一轮工业革命的前夜。新兴技术将从多个方面快速渗入现有的生产生活体系

---

[1] 龙桂鲁：《量子计算机的研发进展与未来展望》，《人民论坛·学术前沿》2021 年第 7 期，第 45 页。

[2] 《习近平：深刻认识推进量子科技发展重大意义 加强量子科技发展战略谋划和系统布局》，中国新闻网，2020 年 10 月 17 日，https://www.chinanews.com/gn/2020/10 - 17/9315317.shtml，最后访问日期：2021 年 8 月 10 日。

中，并推动系统的结构性调整。数字时代的重要特征就是"速度"和"自动化"：所谓"速度"，即科技创新的成果能够在短时间内迅速被全球科技人员了解、共享，新技术的传播速度大大加快，产业的更新换代加速完成；所谓"自动化"，即在大量新兴技术作用下，产业的扩张并不必然带来劳动力规模的扩张，这既表现为数字时代大量信息产品重复生产的边际成本极低，几乎可以通过无成本的复制迅速扩张到全球市场，又表现为智能技术的升级导致的资本规模扩张与员工数量需求的递减，这两种状态都有可能改变资本与政府的传统关系模式，创造新的政治与社会结构。这样，世界就在这种以数字技术为基础的创新过程中经历了高速变迁，推动全球产业链与价值链以微妙的方式持续调整。必须强调的是，全球性技术革命的重大突破对于解决全球发展不平衡、帮助发展中国家实现可持续发展有着重要影响。在此背景下，共建"一带一路"高质量发展就需要将新一轮科技革命纳入视野，重点通过数字丝绸之路建设，为处于工业化初中级阶段的发展中国家平等合理融入全球产业链价值链提供条件。习近平主席在第二届"一带一路"国际合作高峰论坛上的演讲中强调，"要顺应第四次工业革命发展趋势，共同把握数字化、网络化、智能化发展机遇，共同探索新技术、新业态、新模式，探寻新的增长动能和发展路径，建设数字丝绸之路、创新丝绸之路"。① 如果发展中国家能够充分利用共建"一带一路"提供的历史机遇，就有可能拥抱新一轮科技革命，在转型中的全球价值链体系中找到合理的位置，借鉴中国的成长经验，实现跨越式发展。

二　全球技术革命的不确定性

既有迹象表明，自 21 世纪第二个十年开始，人类社会再次进入了科技创新的活跃周期。新的科学技术创新在短时间内集中涌现，并且迅速迈过产业化的门槛，使新技术从实验室走向了日常社会生活，并且正在对人类的生产模式产生深层次的影响。本轮科技和产业革命将以数字技术和互联网技术的积累为基础，"以人工智能、量子信息、移动通信、物联网、区块链为代表的新一代信息技术加速突破应用，以合成生物学、基因编辑、脑

---

① 《习近平在第二届"一带一路"国际合作高峰论坛开幕式上的主旨演讲》，商务部网站，2019 年 4 月 26 日，http://www.mofcom.gov.cn/article/i/jyjl/k/201904/20190402857862.sht-ml，最后访问日期：2021 年 8 月 10 日。

科学、再生医学等为代表的生命科学领域孕育新的变革，融合机器人、数字化、新材料的先进制造技术正在加速推进制造业向智能化、服务化、绿色化转型……新一轮科技革命和产业变革正在重构全球创新版图，重塑全球经济结构"。[1] 如果这种趋势在未来一段时间得以持续的话，人类社会就将迎来"第四次工业革命"浪潮。但需要指出的是，新一轮全球技术革命仍存在重大的不确定性：从技术上看，迄今为止的发展仍呈现多点突破状态，尚未形成相对明确的技术和产业突破核心，这意味着全球技术革命的精准方向尚未出现，尽管均围绕数字化展开；但更重要的是技术之外的政治因素，一方面是当前的全球技术革命与自冷战结束以来的大国力量对比变化进程相互交织，进而使技术突破的竞争激烈程度远超历史水平，成为大国战略竞争的核心关注；另一方面则是广大发展中国家在这场技术革命中的主动性得到提高，其命运很大程度上取决于新兴大国与传统大国围绕技术突破的竞争结果。正是在这一意义上，共建"一带一路"高质量发展不仅既受制于又受益于全球技术革命的未来发展，也既受制于又受益于通过共建"一带一路"与发展中国家的伙伴关系的未来发展。

第一，全球技术领域"多点突破"的态势意味着全球技术革命仍有待继续凝聚方向，关键在于因应人类发展需求的适用技术（appropriate technology）本身仍在摸索之中。

无论是寻求更多能量还是寻求更加便捷，技术创新事实上都是为改善受生存环境所限的人类生活而提供技术性解决方案；换句话说，所有的技术突破都必须具有与时俱进的适用性。尽管围绕"适用性"的界定存在争论，但适用技术的目标及其成功很大程度上取决于最终用户的目标及其成功；换句话说，适用技术是指简单且负担得起的技术，其设计应适用于其使用环境，包括政治、社会、经济、文化乃至自然环境。[2] 适用技术概念自 20 世纪 60 年代末 70 年代初提出以来，主要经历了四个阶段的发

---

① 《提升科技创新能力——把握我国发展重要战略机遇新内涵述评之二》，《人民日报》2019年 2 月 18 日，第 1 版。

② See Jessie Lissenden, Siri Maley, and Khanjan Mehta, "An Era of AppropriateTechnology: Evolutions, Oversights and Opportunities," *Journal of Humanitarian Engineering*, Vol. 3, No. 1, 2015, pp. 24 – 35; Peter D. Dunn, *Appropriate Technology: Technology with a Human Face*, London: Macmillan, 1978; Donald Dustman Evans and Laurie Nogg Adler, eds., *Appropriate Technology for Development: A Discussion and Case Histories*, Boulder: Westview Press, 1979; Barrett Hazeltine and Christopher Bull, *Field Guide to Appropriate Technology*, San Diego: Academic Press, 1999; etc.

展。第一阶段是自提出直至 20 世纪 70 年代末，适用技术聚焦促进自力更生和减少不平等。适用技术某种程度上与甘地（Mohandas Gandhi）对自力更生的强调相关，认为发展应该是循序渐进的，可适当利用与特定区域既有的社会、经济和文化系统相结合的新技术。① 而经济学家恩斯特·弗里德里希·舒马赫（Ernst Friedrich Schumacher）被认为是适用技术运动的创始人。舒马赫认为，现代工业化可能导致发展中国家的城乡分离，甚至扰乱当地传统生产方式，因此对发展中国家增长的贡献是不确定的。为减少不平等、提高农村人口生活质量，他提出所谓"中间技术"概念，强调从发展中国家的本土技术（"一英镑技术"）直接向发达国家的本土技术（"一千英镑技术"）过渡根本不可能，发展中国家将"一千英镑技术"直接融入其经济，极可能以惊人的速度扼杀当地的"一英镑技术"，使穷人陷入更加绝望无助的境地，因此，要真正帮助当地人口实现发展，就需要介于"一英镑技术"与"一千英镑技术"之间的中间技术，如"一百英镑技术"，这种技术才是真正适用于当地的技术，它既比既有的本土技术高端，又比"一千英镑技术"要更适用且便宜。② 由此而来的适用技术往往强调低成本、低投资、劳动密集型、小规模、本土性、自力更生及对社会、文化环境等的适应性。③

舒马赫的理念得到了广泛推广和应用，但由于最初的实践主要集中在地方层次，因此到其第二阶段即 20 世纪八九十年代，适用技术朝向标准化方向发展。随着 20 世纪 80 年代社区赋权、参与式发展、可持续发展等理念的发展，加上反恐变得日益重要，适用技术可将赋权与可持续性相结合的优势日益得到承认。④ 与此同时，有关适用技术的标准的讨论日益增

---

① J. I.（Hans）Bakker, "The Gandhian Approach to Swadeshi or Appropriate Technology: A Conceptualization in Terms of Basic Needs and Equity," *Journal of Agricultural Ethics*, Vol. 3, No. 1, 1990, p. 60.

② Ernst Friedrich Schumacher, *Small Is Beautiful: A Study of Economics as if People Mattered*, London: Abacus, Sphere Books, 1973, p. 150.

③ Pradip K. Ghosh, ed., *Appropriate Technology in Third World Development*, Westport: Greenwood Press Ghosh, 1984, p. 4; Nicolas Jéquier and Gérard Blanc, *Appropriate Technology Directory*, Paris: Development Centre, OECD, 1979, p. 8; Simon Teitel, "On the Concept of Appropriate Technology for Less Industrialized Countries," *Technological Forecasting and Social Change*, Vol. 11, 1978, p. 350.

④ Barrett Hazeltine and Christopher Bull, *Field Guide to Appropriate Technology*, San Diego: Academic Press, 1999, pp. 6–12.

多,[1] 设计适用技术的最佳方法是使标准与特定的人类需求相平衡。[2] 其中最广为人知的是由罗伯特·威克莱恩（Robert C. Wicklein）所提出的七项标准：系统独立性、现代性想象、个体 vs. 集体技术、技术成本、风险因素、技术发展能力及单用途和多用途技术。[3] 需要指出的是，这一时期的适用技术标准化仍更多停留在社区一级的落实标准及其障碍上。由此而来，到 20世纪 90 年代中后期，为适用技术提供更加普遍、更为复杂的标准日益为人所接受。

　　进入 21 世纪后，适用技术的发展朝第三个阶段转变，即强调适用技术的延展性（scalability）。适用技术的这一转变得益于两个发展：一是对全球最为穷困群体的关注，即所谓"金字塔基座"（Base of Pyramid，BoP）群体的生活改善需要技术创新；[4] 二是对"设计革命"（Design Revolution）的兴趣大增。与对"金字塔基座"群体的关注相结合，适用技术的设计是要扭转世界上 90% 的设计师将时间花在为"最富有的 10% 人口"解决问题上这一现状，转而为"其他 90% 人口"设计。[5] 为"其他 90% 人口"设计运动迅速发展并激发了大量新产品出现。尽管如此，事实上很难真正做到为

① See Heather M. Murphy, Edward A. McBean, and Khosrow Farahbakhsh, "Appropriate Technology: A Comprehensive Approach for Water and Sanitation in the Developing World," *Technology in Science*, Vol. 31, 2009, pp. 158 – 167; Binay K. Pattnaik and Debajani Dhal, "Mobilizing from Appropriate Technologies to Sustainable Technologies Based on Grassroots Innovations," *Technology in Society*, Vol. 40, 2015, pp. 93 – 110; Ken Darrow and Mike Saxenian, *Appropriate Technology Sourcebook: A Guide to Practical Books for Village and Small Community Technology*, Stanford: Volunteers in Asia, 1986; Ron Eglash, ed., *Appropriating Technology: Vernacular Science and Social Power*, Minneapolis: University of Minnesota Press, 2004; etc.

② Robert C. Wicklein, "Designing for Appropriate Technology in Developing Countries," *Technology in Society*, Vol. 20, 1998, p. 374.

③ Robert C. Wicklein, "Designing for Appropriate Technology in Developing Countries," *Technology in Society*, Vol. 20, 1998, pp. 371 – 375.

④ 普拉哈拉德（C. K. Prahalad）和哈特（Stuart L. Hart）将全球经济金字塔分为四层：第一层即最上层为人口数量约 7500 万—1 亿的富裕消费者，主要来自发达国家；第二、第三层共计约 15 亿人口，包括发达国家的穷人和发展中国家正在崛起的中产阶级；第四层即金字塔的底部，是 40 亿左右的全球最贫困人口，每人年均收入不超过 1500 美元。参见 C. K. Prahalad and Stuart L. Hart, "The Fortune at the Bottom of the Pyramid," *Strategy + Business*, Vol. 26, 2002, pp. 1 – 14。

⑤ Paul Polak, *Out of Poverty: What Works When Traditional Methods Fail*, San Francisco: Berrett-Koehler Publishers, 2009, p. 64.

"其他 90% 人口"设计，哪怕所设计的产品达到 25% 甚至更高的程度；因此，"适用技术运动夭折了，发展中国家的大多数技术从未达到规模效应的最大原因在于，似乎没有人知道如何针对市场进行设计"。① 延展性不只是拓展服务对象的问题，还是延伸服务距离的问题，即所谓"最后一公里"问题；② 此外，延展性还涉及更多的跨学科协作和综合研究，进而促进自下而上的方法识别和问题解决，特别是在发展、工程、可持续、商业和设计等领域。尽管延展性关注的确侧重了新的技术和产品，但也进一步凸显了适用技术的复杂性。

随着 2008 年全球金融危机爆发及此后信息通信技术的发展，包含国家间和全球性的双重力量对比变化，的确使得权力的获得和维持变得困难，换句话说，开放性现在已经不再是一种自觉意识体现，更多是外生压力的结果。开放性的大幅提升，使得适用技术的发展进入第四阶段，旨在重大地提升新老问题的新解决办法的开放性和创造性。一是开放源代码适用技术（Open Source Appropriate Technology，OSAT）方法，即以与自由和开放源代码相同的方式设计可持续发展的技术；这一方法大多由相对简单的技术组成，但也有最复杂和最先进的设备，如利用纳米技术开发的设备。③ OSAT 方法得以采用的最根本原因在于，尽管全球致力于促进可持续发展的组织、研究人员和社区越来越多，但这些研究和知识的潜力尚未得到有效开发，因为其经常是封闭的、缺乏共享的。二是所谓"数字革命"或"数字制造"，其核心是"全球思考、本地制造"，即基于开源设计和 DIY 制造的无数微型制造商共同推动全球经济的发展。这一新型模式的关键也在于开放性和创造性：一方面，企业家利用众筹和社会融资为其极可能是个性化的创意——尽管其针对对象可能只是 1% 但却是属于"其他 90% 人口"的一部分——提供资本，不再依赖风险资本或投资银行；另一方面，由于互联网的全球性普及，此类个性化产品也可向国内乃至全球销售。通过运

① Paul Polakand Mal Warwick, *The Business Solution to Poverty*: *Designing Products and Services for Three Billion New Customers*, San Francisco: Berrett-Koehler PublishersPolak and Warwick, 2013, p. 112.

② Paul Polakand Mal Warwick, *The Business Solution to Poverty*: *Designing Products and Services for Three Billion New Customers*, San Francisco: Berrett-Koehler PublishersPolak and Warwick, 2013, p. 75.

③ Joshua M. Pearce, "The Case for Open Source Appropriate Technology," *Environment*, *Development and Sustainability*, Vol. 14, 2012, pp. 246 – 427.

用此类共创空间和共创技术，适用技术的适用性本身得到了最大限度的提高。三是强调联合以应对适用技术的复原力挑战。随着诸如气候变化、流行性疾病、城市化、老龄化等全球性挑战的发展，复原力成为可持续发展的关键；如果缺乏在变化中恢复的能力，缺乏足以应对各类发展的有弹性的系统，可持续发展将很难实现。[①] 适用技术此前更多强调解决具体问题的技术方案，而不思考其潜在的系统性影响，因此其复原力极可能是不足的，需要将具体的适用技术放到整个可持续发展系统中加以思考。[②]

随着联合国 2030 年议程的通过和落实，以及当前诸多技术性突破，适用技术似乎正迎来新的发展高峰。但迄今为止的技术突破本身很难证明其适用性已得到明显提高；更为重要的是，实现可持续发展不是在不同水平技术之间的权衡，而是在适用和不适用的技术之间的权衡。[③] 新技术突破极可能不是缓解而是加剧这一争论。正是在此意义上，共建"一带一路"高质量发展在注重技术革命的同时，也需要高度重视技术的适用性或适宜性。

第二，尽管貌似机会众多，但由于全球性技术革命周期与国际体系转型重叠，技术革命被赋予重大的地缘政治和权势竞争内涵，全球技术革命面临重大的政治化甚至安全化风险。

"……科学……是历史的有力杠杆……是最高意义上的革命力量。"[④] 重大的科技革命往往能带来重大的经济增长效应，尤其明显地体现在首先实现技术突破的大国的人均 GDP 的大幅增长上。[⑤] 但如果考察自 1960 年以来主要的技术创新大国及全球人均 GDP 增长速度，可以发现 20 世纪七八十年代曾有一波技术创新并带来了重大的经济发展，冷战结束后的技术突破推

[①] Cynthia E. Smith, et al., *Design with the Other 90%: Cities*, New York: Cooper-Hewitt, National Design Museum, Smithsonian Institution, 2011, p. 20; Joseph Fiksel, "Sustainability and Resilience: Toward a Systems Approach," *Sustainability: Science, Practice, and Policy*, Vol. 2, No. 2, 2006, pp. 14 – 21; UNDP, *Human Development Report 2014: Sustaining Human Progress: Reducing Vulnerabilities and Building Resilience*, New York: UNDP, 2014, p. 16.

[②] FrancesWestley, "Social Innovation and Resilience: How One Enhances the Other," *Stanford Social Innovation Review*, 2013, p. 7.

[③] Ian Smillie, *Mastering the Machine Revisited: Poverty, Aid and Technology*, Warwickshire: Practical Action Publishing, 2000, p. 256.

[④] 《马克思恩格斯全集》（第 19 卷），人民出版社，1963，第 372 页。

[⑤] Robert Gordon, "Is U. S. Economic Growth Over? Faltering Innovation Confronts the Six Head Winds," NBER Working Paper, No. 18135, August 2012, https://www.nber.org/system/files/working_papers/w18315/w18315.pdf, accessed on August 10, 2021.

动整个国际社会在 21 世纪第一个十年取得重大经济增长，但进入 21 世纪第二个十年之后，尽管有关技术革命的讨论相当热烈，从经济增长效果似乎不够明显（见图 3—1）。如果从经济增长与技术创新周期的关系看，当前事实上处于经济增长动力缺乏而全球技术创新仍在探索的空白期。的确，2008 年全球金融危机后，全球经济复苏周期似乎相当漫长，以致 G20 这一机制的应急色彩直到 2016 年杭州峰会时才有所减弱，而当时距离全球金融危机已过去 8 年之久。但更为不幸的是，英国脱欧、特朗普当选美国总统等则使这一复苏前景变得暗淡。这样，全球技术革命一方面被寄予更高期待，但另一方面也使其在大国权势竞争中的重要性进一步上升，进而使全球技术革命的不确定性可能被进一步放大。

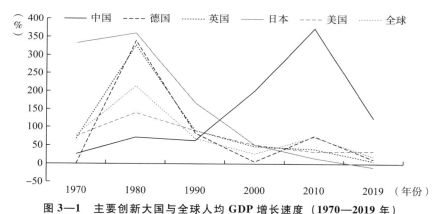

图 3—1　主要创新大国与全球人均 GDP 增长速度（1970—2019 年）

资料来源：笔者根据世界银行数据库（https：//data. worldbank. org/）数据制作，最后访问日期：2021 年 7 月 5 日。

首先，本轮技术革命以数字化为核心特征，它可能导致大国政治文化的根本转型，从而使大国战略竞争、国际权势转移呈现与既有历史先例完全不同的特征。迄今为止的三次技术革命很大程度上都推动了西方所启动的现代化进程的深入发展，这使几乎所有国家的战略文化都基于现代化和工业化展开。事实上，直到 20 世纪结束，现代化这一适应变化的全球社会经济环境的进程，更多被认为是一个西方进程，非西方只有在放弃或牺牲传统文化并吸纳技术上更为先进的西方传统的情况下才能实现现代化。① 由

---

① Daniel Lerner, *The Passing of Traditional Society*：*Modernizing the Middle East*, Glencoe, IL：Free Press, 1958, chaps. I, II, II and XI；Myron Weiner, *Modernization*：*The Dynamics of Growth*, New York：Basic, 1966.

此派生而来，诸如民主、法治、市场经济等逐渐被认为是现代化的关键因素，因为经济发展与文化、社会及政治生活的连续性、可预测性等是相互联系的，社会经济模式的变化可能导致重大的政治和文化后果。[①] 但随着信息通信技术的发展，新的且极可能是全球性的经济模式的基本特征是经济过程、商品等的数字化，有时被称作"信息网络经济"；[②] 由于实体性的机器、工厂等的重要性相对下降，信息、结构及其应用方式的变化，个体的创造力等正变得更加重要。这意味着，数字革命或后工业革命可能推动各国的政党制度、大众政治行为等发生重要变化。尽管这一变化的具体方向及其现实政治后果是什么尚不明确，但政治文化的"数字化"转型对技术创新也极可能有重要的影响，同时也会对大国权势竞争产生影响。

其次，为在新一轮技术革命及下一代国际体系中拥有更有利的地位，大国技术竞争的政治化与安全化态势将更加激烈，并对全球技术革命的前景产生扭曲性影响。各国政府往往通过支持新技术的研究、开发和应用，进而在技术变化中发挥核心作用。对国家而言，促进科技创新的主要手段都包括两个方面：一是支持、鼓励甚至保护创新，各国政府往往通过塑造市场的长期战略投资和公共政策而挑选科技创新中的赢家，通过科技创新资金扶持等手段定向性地参与技术革命；二是在创新赢家不明确的情况下，往往通过加速淘汰步伐而激励创新，如当前全球范围内多个国家所宣布的碳达峰、碳中和战略，新能源汽车战略，等等。如果只是单纯地鼓励或推动国内技术创新，全球技术革命的不确定性或许会明显降低，但由于创新及其扩散始终与国际权势起伏相联系，因此国家支持技术创新的战略目的在于强化自身在国际体系中的竞争力；各国纷纷出台的相应产业与创新战略，很大程度上正是基于这一目标。更为严重的是，由于国际地位的稀缺性，大国在开展技术竞争时往往会打压其他国家特别是战略竞争对手的相应努力，美国对中国的大规模科技打压便是典型。

再次，随着国际体系转型进入关键时期，大国间围绕技术革命的竞争

---

① See York W. Bradshaw and Michael Wallace, *Global Inequalities*, Thousand Oaks, CA: Pine Forge Press, 1996; Christopher K. Chase-Dunn, *Global Formation: Structures of the World - Economy*, 2nd, updated edition, Cambridge: Blackwell, 1998; Daniel Chirot, *How Societies Change*, Thousand Oaks, CA: Pine Forge Press, 1994; etc.

② Joachim K. Rennstich, "The New Economy, the Leadership Long Cycle, and the Nineteenth K - Wave," *Review of International Political Economy*, Vol. 9, No. 1, 2002, pp. 150 - 182.

极可能导致所谓"数字极化"（digital polarity）格局。20 世纪 90 年代，国际社会普遍认为，互联网是一个持续扩大且高度包容的全球公域，美国国会甚至将"电子高速公路"描述为"对所有系统开放、可访问、可互操作的架构"①，有学者甚至声称"网络空间独立于各国政府"。② 在经过最初的高速一体化发展之后，数字革命的基础即全球互联网基础设施逐渐陷入分裂，各国政府开始有意识地主导自身的网络基础设施，随之而来的是分裂的网络空间使供应链、生态系统和设备等陷于分裂。例如，由于美国对供应链的干预，华为不得不对其智能手机及其他产品的基础零部件实施双供应商策略，以确保生产可持续。类似地，美国也对中兴公司实施了制裁。这样，数字革命的治理变得愈益不稳定，互联网不再是全球公域，而是陷入国家或地区规则的迷宫。③ 网络空间的开放与包容的互联互通规范，现在已经变得愈益边缘化；相反，大量有关网络空间的巴尔干化、碎片化和分裂化的讨论表明，"数字极化"正日益成为现实，这意味着全球技术革命的碎片化、对抗性趋势将变得更加明显。④

最后，全球技术革命也可能强化大国间的军事竞争与对抗。如前文所述，大国对于技术扩散尤其是军事技术扩散高度敏感。但当前的全球技术革命与此前的技术革命存在一个重大差异，即大量技术突破事实上是以分散性且去中心化的方式实现的，因此与此前的技术突破往往首先是政府主导且优先应用于军事领域不同，当前的技术突破需要实现逆向的技术转化，即所谓"民转军"。但由于激励机制、行为体动机等的重大差异，"民转军"极可能比历史上更为困难。而更大的可能是，随着大量技术突破在应用时被赋予政治乃至军事意义，如数据技术应用于人道主义救援时被赋予浓厚

① Helen Dalrymple, "Building the Information Superhighway: Library Convenes Conference on Delivery of Electronic Data," *Library of Congress Information Bulletin*, Vol. 52, No. 16, September 6, 1993, https://www.loc.gov/loc/lcib/93/9316/internet.html, accessed on August 10, 2021.
② John Perry Barlow, "A Declaration of the Independence of Cyberspace," Electronic Frontier Foundation, February 8, 1996, https://www.eff.org/cyberspace-independence, accessed on August 10, 2021.
③ "What Is the 'Splinternet'?" The Economist, November 22, 2016, https://www.economist.com/the-economist-explains/2016/11/22/what-is-the-splinternet, accessed on August 10, 2021.
④ William J. Drake, Vinton G. Cerf, and Wolfgang Kleinwächter, "Internet Fragmentation: An Overview," Future of the Internet Initiative White Paper, World Economic Forum, January 2016, http://www3.weforum.org/docs/WEF_FII_Internet_Fragmentation_An_Overview_2016.pdf, accessed on August 10, 2021.

的情报收集色彩，军事领域的技术突破逻辑发生转变。换句话说，当代全球技术革命所诱发的军事技术革命极可能不是简单的"民转军"，而是创造出另一平行的技术突破进程，其对大国军事部分与对抗的影响也极可能是非线性的（见图3—2）。

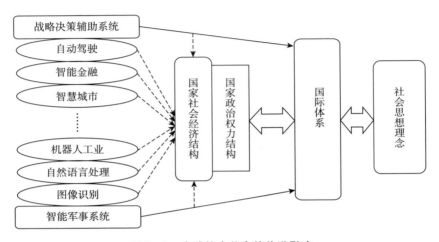

图3—2　全球技术革命的外溢影响

资料来源：封帅《人工智能时代的国际关系：走向变革且不平等的世界》，《外交评论》2018年第1期，第130页。

第三，尽管正全速推进，但全球技术革命极可能拉大而非缩小既有的全球性不平等，尤其是发展中国家与发达国家之间的不平等，对联合国2030年议程可持续发展目标的实现而言影响重大。

一方面，全球性技术革命可能放大发展中国家所面临的既有政治安全挑战。尽管绝大多数发展中国家已赢得政治独立至少有半个世纪之久，但很多发展中国家仍处于复杂的国家建构、民族建构、市场建构的历史进程中，实现国家经济和社会的持续稳定发展仍然是紧迫难题。尽管如此，信息科技特别是互联网技术的进步，使发展中国家的内政暴露在更大脆弱性之下，被国内外势力操纵的网络与社交媒体往往成为发展中国家内部社会运动的重要推手。在"剑桥分析"事件于2018年突然被披露之后，有关人工智能技术对政治事件的重要影响得以证实。尽管"剑桥分析"发生在发达国家内部，但新的人工智能对于政治安全可能造成的深刻影响对于发展中国家的威胁显然更大。人工智能技术以社交媒体作为平台，成为各种信息要素的联结者，并且能够成功地建立起特定内容与特定人群的情感联系，只要稍稍加以引导，情感联系就会转化为自然的行动。[①] 利用特定算法实现政治目标实际上与人工智能技术在商业领域的运用原理并无本质区别，既可以运用于西方国家政治选举过程中，同样也可以成为外部力量干扰发展中国家国内社会稳定的工具。例如，自 2020 年新冠疫情后，全球社交媒体上出现的很多谣言都在各种力量的推动下指向特定政治目标。更为严峻的是，尽管官方的"民转军"相较而言更为困难，技术突破的成果被非国家行为体尤其是恐怖主义组织、跨国犯罪团体、海盗等使用的可能性却大幅上升，因其更易于获得且更为经济。对于面对上述安全私有化发展明显更加脆弱的发展中国家而言，挑战显然大于机遇。

另一方面，全球技术革命可能重大地加剧发达国家与发展中国家的发展不平衡。本轮技术革命的特点就是技术与社会经济生产的广泛链接：无论是人工智能技术的更新，还是区块链技术的迭代，都会导致结构性的生产方式乃至社会体系变革。由于既有基础较差、机遇把握能力不足，发展中国家在面对人工智能、区块链等高新技术变革时，往往心有余而力不足。例如，作为当前最具潜力的经济加速器，人工智能技术的不断发展与技术在生产过程中的广泛应用都将为技术领先国家的经济成长提供巨大助力。但出于技术门槛、资本投入、数据累积及人力储备等方面的差距，少数领先国家掌控技术发展方向，而绝大多数发展中国家仍徘徊在基础技术门槛之外。这样，技术革命只能导致新的"大分流"，发展中国家与技术领先者的发展能级差将进一步扩大，陷入更加弱势的局面，全球经济发展也将进一步失衡。经济发展失衡意味着诸如就业、教育、贫富分化等一系列社会后果。例如，无论是人工智能技术还是区块链技术，所有新科技都具有"机器取代人力"的特性。换句话说，生产效能的提升意味着劳动力需求下降，技术突破的首要后果是结构性失业风险上升。[②] 由于技术能力、人力资源等层次更高，发达国家有更大可能将"机器取代人力"转换为"机器解放人力"，从而进一步提升、加快技术突破的步伐；但对发展中国家而言，缺乏类似基础只能意味着，技术突破带来大规模失业，解放出来的人力难以安置，进而引发系统的社会失序和动荡。

---

① 封帅：《从民族国家到世界秩序：人工智能时代的世界政治图景》，《外交评论》2020 年第 6 期，第 103 页。

② 封帅、鲁传颖：《人工智能时代的国家安全：风险与治理》，《信息安全与通信保密》2018 年第 10 期，第 32 页。

因此，面对全球技术革命的不确定前景，共建"一带一路"实现高质量发展的关键就在于，首先确保为全球特别是发展中国家提供稳定的、可预期的托底性公共产品，同时积极把握、应用新的技术创新成果，并探索此类成果对于改善发展中国家的国际地位和国内治理的作用方式，同时规避甚至主动削弱其所蕴含的风险要素。

第二节　兴起中的可持续性标准

尽管自 2016 年以来遭到英国脱欧、特朗普当选美国总统、民粹主义思想回潮、大国战略竞争以及新冠疫情等一系列冲击，但全球技术革命的步伐似乎并未放缓。在动力得以维持的同时，全球技术革命的潜在风险也得以全面暴露。因此，从各国政府到企业再到民间社会的一个共同关切是，恰当地利用这些技术以实现利益最大化和风险最小化，良好的技术治理、政策和规范是实现上述目标的基础。但很显然的是，第四次工业革命的新技术和商业模式并不能轻易融入传统的基于市场的监管框架。当代技术革命的基本特征是快速进化、跨越行业边界、吞噬数据、藐视政治边界，在信息分享时受益于网络效应。因此，传统的部门分割的监管模式已不再适用，需要一种更快、反应更敏捷的治理方法，以有效地响应和适应这些技术正在改变的商业模式和社会互动结构。这已远远超越传统的政府监督监管，涉及诸如多元利益攸关方、自我监管、非约束性指导标准、认证、非营利指导等多样化方法。[①] 考虑到当前技术突然的去中心化、跨部门联动性质，其治理方法也应采取相应逻辑，将技术革命的政治、经济、社会、环境乃至文化等效应纳入统一的框架考虑。例如，根据世界经济论坛的另一项研究，第四次工业革命的技术可对 17 个可持续发展目标中的 10 个、169 个具体目标中 70% 的实现作出实质性贡献，尽管也面临着巨大障碍和重大风险。[②] 因此，致力于实现可持续发展目标的可持续性标准（sustainability standards）便成为最具潜力的全球技术治理方法。

---

① World Economic Forum, *Global Technology Governance Report 2021: Harnessing Fourth Industrial Revolution Technologies in a COVID – 19 World*, Insight Report, Geneva: WEF in Collaboration with Deloitte, December 2020, pp. 6 – 7.

② World Economic Forum, *Unlocking Technology for the Global Goals*, Geneva: WEF in Collaboration with PwC, January 2020, "Executive Summary," p. 7.

一　可持续性标准的界定

在全球技术革命不断演进的大背景下，标准问题逐渐成为国家间经济与科技竞争的焦点，因其不仅可以用来衡量各国的经济与科技发展水平，也日益成为一个国家综合国力的衡量标准。放眼世界，积极推动本国技术标准成为国际通行准则，已成为各国政府促进产业升级，提高企业在国际市场的竞争力、占有率和话语权的关键手段。目前，国际标准竞争的主导权仍掌握在美欧等少数西方发达国家手中，三大国际标准化机构——国际标准化组织（International Standardization Organization，ISO）、国际电工委员会（International Electrotechnical Commission，IEC）和国际电信联盟（International Telecommunication Union，ITU）均由西方建立，经过一百多年的发展，管理体制已趋于稳定。在此背景下，国际社会已形成有关标准的高度共识，如应以增进社会效益、实现最佳秩序为目标，经协商一致达成并得到权威机构的认可或批准，能为相关产品或服务提供统一技术规范要求或解决方案等。但也应看到的是，标准的定义和内涵也在持续发展和不断丰富之中。随着联合国 2030 年议程通过并启动落实，可持续发展正成为全球发展治理、全球技术治理等领域的焦点议题，由此而来的可持续性标准界定及其发展，可为"一带一路"高质量发展带来新的机遇。

尽管可持续发展理念[①]已深入人心，但如何界定可持续发展的可持续性标准却因各国国情、各行业实践等的重大差异而难以形成共识。例如，根据 ISO 26000 的界定，可持续性标准指那些将"可持续性"术语纳入其标题或正文以讨论与可持续性相关的问题，如责任、环境、社会、治理、安全、公共卫生等。[②] 作为联合国与世界贸易组织的联合机构，国际贸易中心（International Trade Centre）并没有直接界定可持续性标准，而是强调可持续性标准的模块化：可持续性标准模块提供了关于环境保护、工人和劳工权利、

[①] 尽管"可持续发展"概念早在 20 世纪 60 年代就已出现，但直到 1987 年才由世界环境与发展委员会在向联合国大会提交的《我们共同的未来》（又称《布伦特兰报告》）中正式提出并被广泛采用，即"可持续发展是既能满足当代人的需要，又不对后代人满足其需要的能力构成危害的发展"。See World Commission on Environment and Development, *Report of the World Commission on Environment and Development: Our Common Future*, Oxford: Oxford University Press, 1987.

[②] "Sustainability Standards from ISO," ISO 26000 Guidance on Social Responsibility, https://iso 26000. info/sustainability-standards-from-iso/, accessed on August 10, 2021.

经济发展、质量和食品安全以及商业道德标准的全面、经核实和透明的信息。从其内容看,超过 300 项涉及上述领域的标准均被视作可持续性标准。[①] 与一般意义上的标准相比,可持续性标准在内容上具有显著的侧重点,这些标准通常旨在应对由经济活动派生出来的社会、环境及其他可持续发展面临的挑战。

第一,迄今为止,尽管"可持续发展"已经被明确认定为一项极其宽泛且牵涉全球各国社会生活层面的概念,但这并不意味着世界经济活动中每一项标准的设定都与可持续发展相关。例如,一项效能标准只有当其旨在降低或减少技术类产品使用过程中的环境或社会有害影响时才能称为可持续性标准,典型的例子就是汽车或电气设备的能源消耗。又如,仅用于确定一个螺丝尺寸的质量标准显然算不上可持续性标准。不过,也有许多其他质量标准很大程度上具有可持续性标准的特征,如设定食品或其他日用品中杀虫剂及其他化学品残留量上限的安全标准,这些标准可以让产品避免包含可追溯的有毒物质,从而在消费与生产阶段保障人类及环境健康。

第二,可持续性标准还着眼于回应更宽泛且并不直接影响最终产品性质的环境、社会及其他可持续发展问题,如无法在产品中追溯的地方污染、产品生产过程中的二氧化碳排放、工人工资和相关社会权利、财务透明度和良好企业治理等。这些方面解释了为何某些由企业或市场主导制定的商业管理标准有时也被视作可持续性标准。通常而言,可持续性标准中的效能标准或质量/安全标准主要关注最终产品的社会与环境影响,而商业管理标准则是生产过程导向的,用于评判产品的生产过程是否出自良好的社会与环境实践(见图3—3)。

第三,从制度渊源的角度看,可持续性标准大致可分为两类:一类是由主权国家政府或其他主权实体的公共部门制定且对产品一般市场准入具有法律约束效力的强制性可持续性标准,通常以法律法规形式呈现;另一类则是由包括跨国企业和非政府组织在内的私营部门各利益攸关方按照自身倡议设立的自愿性可持续性标准,通常旨在帮助企业履行道义责任,回应伦理关切,从而实现抢占高价值市场份额的商业目标。

第四,从法律性质上看,可持续性标准可包括强制性和自愿性两类。

---

① "Sustainability Standards," International Trade Centre, https://www.intracen.org/itc/market-info-tools/voluntary-standards/standardsmap/, accessed on August 10, 2021.

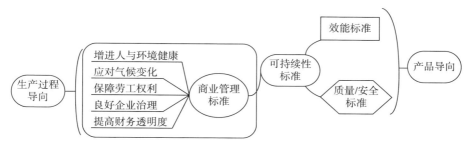

图 3—3　可持续性标准的基本分类
资料来源：笔者自制。

需要指出的是，既有国际组织对可持续性标准的讨论，大多聚焦自愿性可持续性标准。例如，联合国可持续性标准论坛（UN Forum on Sustainability Standards，UNFSS）只有对自愿性可持续性标准的界定，而没有对可持续性标准的界定。根据 UNFSS，自愿性可持续性标准是确保商品不会伤害环境和生产它们的人的特殊规则，重点围绕绿色经济展开，所关注的领域涉及：林业、农业、矿业或渔业等经济部门；环境因素，如保护水源和生物多样性，或减少温室气体排放；支持社会保护和工人权利；熟悉生产过程的特定部分。自愿性可持续性标准也涵盖如下内容：支持发展中国家的小农户或生产者等团体，涵盖产品生命周期中的各种环境影响，识别和推广最佳做法，支持持续改进，等等。[①]

需要指出的是，强制性和自愿性可持续性标准的制度渊源既可能是相同的，也可能是不同的：一方面，各国政府可能制定出具有公共性质的自愿性可持续性标准，如中国的推荐性国家标准和团体标准；另一方面，私营部门多利益攸关方制定的自愿性可持续性标准也可能被政府采纳并被赋予法律约束力，从而转变为强制性法规。[②] 例如，在新一轮全球科技革命与竞争的背景下，欧盟正加快立法推动大多原属自愿性质的供应链尽责管理成为强制性要求。一旦新规落地，在欧盟不同行业企业以及与欧盟有业务往来的其他国家或地区的企业将在劳工、环境、健康与安全等领域面临强

---

①　"What are Voluntary Sustainability Standards（VSS）?" UNFSS, https://unfss. org/home/about-un-fss/, accessed on August 10, 2021.

②　Spencer Henson and John Humphrey, "The Impacts of Private Food Safety Standards on the Food Chain and on Public Standard – Setting Processes," Paper prepared for FAO/WHO, May 2009, http://www. fao. org/3/i1132e/i1132e. pdf, accessed on August 10, 2021.

制性供应链尽责调查和透明度要求。这也就意味着,公共与私营部门制定的可持续性标准之间并不存在显著的界限。事实上,世界上许多国家在促进可持续发展的法律法规中融入了私营部门制定的标准。比如,中国、玻利维亚等国就采纳了非政府组织森林管理委员会(Forest Stewardship Council, FSC)用于划分具有较高保护价值林区的标准工具,并将之完全吸纳进本国的公共法规之中。① 与此相似,自愿性与强制性可持续性标准之间也并不总是泾渭分明。在许多商业情境或场景之下,尤其是当在市场上占据垄断或主导地位的企业要求它们的原料或零部件供应商遵守某些自愿性可持续性标准的时候,或者由于消费者的偏好产生了同样的要求,自愿性可持续性标准就很有可能变为事实上的强制性标准而具有市场约束效力(见表3—1)。

表 3—1 可持续性标准的制度渊源与法律性质

		制度渊源	
		公共	私营
法律性质	强制性	由主权国家政府或其他主权实体制定 如:欧盟木材法规(EU 995/2010)	由私营部门多利益攸关方制定并被政府吸收采纳 如:欧盟参照国际标准化组织 ISO 9000 制定的 CE 安全认证标志指令
	自愿性	由主权国家政府或其他主权实体制定 如:欧盟有机农业标准(EU 834/2007;889/2008)	由私营部门多利益攸关方制定 如:公平贸易,FSC 木材认证,咖啡业 UTZ 认证,全球良好农业规范(Global G. A. P.)等

资料来源:笔者自制。

表3—1所列举的欧盟木材法规和欧盟有机农业标准这两个例子体现了强制性与自愿性可持续性标准之间的差异。欧盟木材法规要求所有进入欧盟市场的木材必须遵守相关评价标准,比如这些木材不能出自非法开采活动。一旦有违规定,欧盟法院将予以制裁。相比之下,欧盟有机农业标准虽同样由政府制定,但却属于自愿性可持续性标准。照此标准,任何欧盟境内生产或境外输入的产品都应带有"有机"字样标示或欧盟官方的有机产品标志。然而,这一标准并不对市场上所有产品具有强制性,低于该标

① Marcel Djama, "Articulating Private Voluntary Standards and Public Regulations," CIRAD Perspective, No. 11, August 2011, https://revues. cirad. fr/index. php/perspective/article/view/31428/31135, accessed on August 10, 2021.

准的产品仍有可能按常规非有机产品出售，只要它们符合基本的欧盟食品质量与安全法规的要求。

表 3—1 所列举的可持续性标准除了在制度渊源和法律性质上存在差异外，其实施的地域范围、监管重点、目标雄心也可能有所不同。以食品领域的标准为例，自愿性可持续性标准在所及范围与目标雄心等方面都超出强制性可持续性标准。在自愿性可持续性标准这一类别之内，由私营部门多利益攸关方制定的可持续性标准要求最高。与强制性可持续性标准相比，自愿性可持续性标准有以下三方面超越之处（见表 3—2）。

表 3—2　可持续性标准的功能比较

功能	公共强制性标准（法规）	公共自愿性标准	被官方采纳的私营自愿性标准	私营自愿性标准
标准设定	政府立法部门、公共监管机构	政府立法部门、公共监管机构	商业或非商业私营部门	商业或非商业私营部门
采纳	政府立法部门、公共监管机构	企业或非政府组织	政府立法部门、公共监管机构	企业或非政府组织
执行	企业或公共部门	企业	企业	企业
合规评估	公共部门审计人	公共/私营部门审计人	公共/私营部门审计人	私营部门审计人
违规执法	公共法院	公共/私营认证部门	公共法院	私营认证部门
可视标签	无	大多数情况有	大多数情况有	大多数情况有
海外收益	低	中等	中等	高
过程聚焦	低	中等	中等	高
目标雄心	低	中等	中等	高

资料来源：笔者自制。

一是地域范围。尽管许多高规格的可持续性标准，包括欧盟有关木材和生物燃料的法规，主要针对产品在海外的生产过程，但也有其他一些公共性质的可持续性标准专注于形成国内效益，如发达的工业化经济体与新兴经济体已为产品的国内生产制定了严格的环境与劳工法规，但这些法规的条款并不会直接应用于产品的海外生产中。在相对贫穷的发展中国家，也许并不存在或只有较低的可持续性标准。与此相类似，如果发达经济体的公共法规对某项进口产品的可持续性提出要求，其主要目标并不是要保护远在海外的工人及其所在国的环境，而是要保护进口国的国内环境与公众健康，使之免遭进口产品消费或处置带来的不利影响。① 自愿性可持续性标准，尤其是那些由私营部门多利益攸关方制定的标准，之所以要求更高，是因为它们明确提出要在某项产品或服务的全球价值链的数个甚至所有环节制造出跨国性的可持续收益。

二是监管重点，也就是前述的对产品与生产过程的不同聚焦。尽管几乎所有与可持续发展有关的标准都不只是关注产品本身，它们通常也会对产品生产过程给予直接或间接的关注，但强制性可持续性标准明显侧重于对产品效能、质量与安全进行监管，而自愿性可持续性标准则更多关注产品的生产过程，二者的唯一联系是跨国界产品的质量无法摆脱其在海外的生产条件。类似欧盟木材法规这样的强制性可持续性标准，其制度设计的原则是通过确立国内法律基准来监管产品在其他国家的生产过程。然而，由于发达进口国在海外并没有直接的法律管辖权，而许多出口国的公共部门力量相对弱小，此时私营部门订立的自愿性可持续性标准恰好能够填补空白，通过提供具体细化的标准来增强广大发展中国家在全球化生产过程中实现可持续发展的意识。就此而言，自愿性可持续性标准通常能够成为强制性标准或公共法规的补充，或是对产品在海外的生产条件施加影响，从而为强化企业合规提供额外的机制保障。

三是目标雄心，即实现可持续发展愿景的强弱程度。不难发现，自愿性可持续性标准，特别是那些由私营部门多利益攸关方倡议发起的标准，其实现可持续发展愿景的目标力度要超过国家强制性标准或公共法规。在可持续发展的某些特定领域，如应对气候变化和保护生物多样性问题上，自下而上形成的自愿性标准通常会比自上而下制定的强制性标准或公共法规提出更严格的排放指标。与此同时，自愿性可持续性标准通常涵盖可持续发展的多个侧面，而国家强制性标准或公共法规的监管范围则相对集中而狭窄，难以在考虑本地实际的情况下兼顾地方社区的可持续发展。

目前，世界上各主权国家政府和其他主权实体颁布的强制性标准（法律法规）和自愿性标准当中已经有许多具备了可持续性标准的属性。而在围绕可持续性标准进行的全球治理当中，存在一个相互重叠、既冲突又合作的机制复合体。除去以联合国为核心的要素机制（如多边环境公约体系、多双边

---

① Fahmida Khatun, "Environment Related Trade Barriers and the WTO," CPD Occasional Paper Series, No. 77, January 2009, http://www.eaber.org/node/22292, accessed on August 10, 2021.

贸易协定以及世界银行等国际金融投资机构确定的标准），以及国际标准化组织在各行业领域制定的相关标准和全球报告倡议组织（Global Reporting Initiative，GRI）发布的《可持续发展报告指南》等之外，西方跨国公司和非政府组织等私营部门自下而上推动形成了一套庞大的自愿性可持续性标准体系，对包括中国在内的新兴大国和广大发展中国家产生了复杂影响。

二　自愿性可持续性标准的兴起及其影响

总体上看，自愿性可持续性标准是在西方发达国家不断推动下兴起的。早在20世纪70年代前后，由于环境污染和食品安全形势日趋严峻，美欧国家政府和民众开始要求相关企业在生产经营过程中承担更多社会责任。在强化立法监管的同时，西方国家一些跨国企业和非政府组织早早行动起来，主导提出了许多自愿性可持续性标准或倡议，其中比较著名的有英国零售商协会的食品技术标准（BRCGS）等。此后随着全球化的不断深入，尤其是全球价值链布局和专业分工体系的日益完善，发达国家许多产业的生产制造环节大量向发展中国家外包转移，源自发达国家的自愿性可持续性标准也开始逐步对发展中国家产生超越地域和监管范围的跨国影响力。自20世纪90年代起，全球良好农业规范、公平贸易、森林管理委员会（FSC）和渔业管理委员会（Marine Stewardship Council，MSC）认证等一大批自愿性可持续性标准应运而生，被广泛用于商品采购和供应链监管之中，对全球产业链形成越来越强的控制和渗透。与此同时，西方国家的消费者也在咖啡、可可、棕榈油、茶业、林业等农产品和大宗商品领域大力推动本国企业进行自愿性可持续性标准的合规，进一步放大了自愿性可持续性标准的外溢效应。

随着自愿性可持续性标准的发展，一个值得关注的动向正在显现，即通过塑造"标准的标准"或构建"标准联盟"，以美欧为核心的西方国际社会试图巩固甚至拓展其标准发展权的既有垄断地位。例如，西方国家不同行业和领域的几个标准组织在21世纪之初联合成立了国际可持续性标准联盟（International Social and Environmental Alliance Accreditation and Labeling Alliance，ISEAL），体现出一种"自下而上的自发性协调，承认差异、照顾各方需求，坚持渐进协商的路径"。[①] 作为全球性会员协会，ISEAL通过制

[①] 刘畅：《国际社会自发性协调与机制复合体研究——以可持续发展标准领域的机制为例》，《国际关系研究》2019年第6期，第40-70页。

订《良好实践规范》（ISEAL Good Codes of Practice）这一"标准的标准"来提高现有与未来自愿性可持续性标准的统一性和认可度，推动各类自愿性可持续性标准之间的互动，成为全球可持续发展领域标准制定的重要参考。从 ISEAL 的视角来看，自愿性可持续性标准应是多利益攸关方在平衡各自利益情况下形成的评判某项产品或产业能否产生积极社会或环境影响的法则。[①]

认识到这一发展的潜在风险，联合国体系及发展中国家正尝试发展相对客观、公正的自愿性可持续性标准体系。例如，联合国贸发会议将自愿性可持续性标准定义为要求产品符合具体经济、社会或环境可持续性规范的标准，它可以与产品的治理或属性有关，也可以涵盖产品生产、加工甚至运输等环节。[②] 联合国可持续性标准论坛则将自愿性可持续性标准定义为生产者、贸易商、制造商、零售商或服务提供商需要遵守以确保他们制造、生产或交易的产品不伤害人类和环境的准则。这些标准有助于保障工人健康与安全，保护社区和土地，维护人权，同时降低生产和消费带来的环境影响。[③] 尽管有某种抵抗意识，但联合国体系的界定仍很大程度上以西方国际社会对自愿性可持续性标准的界定为基础，并未充分反映发展中国家的利益和关切。

如同国际软法（soft law）一样，自愿性可持续性标准有着强大的道德影响力，尽管也有着特定的国际法基础；但同时，自愿性可持续性标准有时也会成为一个"麻烦制造者"。[④] 就此而言，发展中国家在面对自愿性可持续性标准的发展时，往往需要同时采取两手策略，即既接纳甚至积极塑造自身的自愿性可持续性标准，又对其潜在风险加以防范。

一方面，基于自身国情，许多发展中国家和新兴大国正积极推广包括自愿性可持续性标准在内的可持续性标准体系，以此作为落实联合国可持

---

① ISEAL Alliance, "Setting Social and Environmental Standards: ISEAL Code of Good Practice (Version 6.0)," December 2014, https://www.isealalliance.org/get-involved/resources/iseal-stand-ard-setting-code-good-practice-version – 60, accessed on August 10, 2021.

② UNCTAD, *Framework for Voluntary Sustainability Standards Assessment Toolkit*, New York: UNCTAD, 2020, p. 2.

③ "What are Voluntary Sustainability Standards (VSS)?" UNFSS, https://unfss.org/home/about-un-fss/, accessed on August 10, 2021.

④ Pierre-Marie Dupuy, "Soft Law and the International Law of the Environment," *Michigan Journal of International Law*, Vol. 12, 1991, pp. 420 – 435; Arif Ahmed and Md. Jahid Mustofa, "Role of Soft Law in Environmental Protection: An Overview," *Global Journal of Politics and Law Research*, Vol. 4, No. 2, 2016, pp. 1 – 18.

续发展目标的重要方式和手段。自愿性可持续性标准确实具有一定国际法基础，有助于相关国际准则在主权国家得到内化，并与各国制定的可持续法律法规相得益彰。比如，国际劳工组织制定的劳动公约和世界卫生组织制定的国际食品安全法典等通常被视作可持续发展国际标准的组成部分。类似地，由私营部门制定的自愿性可持续性标准也经常参照有关国际准则。比如渔业管理委员会的认证标准，主要就是在联合国粮农组织有关负责任渔业行为准则的基础之上制定的。但对各国企业而言，上述公约或法典实际上没有法理权威，同时也不存在监督企业执行与否的合规机制。事实上，这些国际准则必须融入主权国家的法律法规体系抑或其他自愿性标准，才能在企业中加以推广应用。也就是说，当企业谈到执行可持续性标准时，通常是指遵守政府制定的相关法律法规，而官方法律法规有许多又是国家批准国际条约或采纳国际准则的结果。

当然，除了制定公共法律法规或给予私营标准官方认可以外，各国政府往往也鼓励各行业各领域企业发起自愿性可持续性标准，特别是社会责任方面的自愿性标准，并为采用相关标准的企业减免税费或提供其他扶持性政策等。联合国可持续性标准论坛在其发布的第三份关于自愿性可持续性标准的旗舰报告中指出，自愿性可持续性标准与可持续发展目标 8（SDG - 8，体面工作与经济增长）、目标 12（SDG - 12，负责任消费与生产）以及目标 15（SDG - 15，保护陆地生物）高度相关（见表 3—3），此外还可对目标 2、3、5、6、13、14、17 等的落实作出积极贡献。①

表 3—3　自愿性可持续性标准对可持续发展目标的潜在贡献

可持续发展目标（SDGs）	自愿性可持续性标准（VSS）相关要求
SDG - 8（体面工作与经济增长）	消除工作歧视；有关使用童工与最低工作年龄的标准；雇佣条件的一般原则；工作场所安全；工作条件总体原则；自愿受雇（没有强制劳动）；有关健康与安全事项的培训；工作安全的法律合规；自由结社；集体要价
SDG - 12（负责任消费与生产）	废品管理的一般原则；固废/非固废处置；化学品与自然有机物输入的一般原则；环境与社会管理体系；化学品及相关材料的一般原则；化学物质储存、处置、废弃和标签；减少、重复或循环使用固废的标准；化学品使用与应用记录；员工有关环境等可持续问题的培训；化学物质及相关材料废弃品处置

---

① "VSS and the Sustainable Development Goals," UNFSS, https://unfss.org/vss-and-the-sustainable-development-goals/, accessed on August 10, 2021.

续表

可持续发展目标（SDGs）	自愿性可持续性标准（VSS）相关要求
SDG - 15（保护陆地生物）	有关生物多样性的总体政策与原则措施；土壤保护的一般原则；栖息地与生态系统修复与重置；野生动物保护的一般原则；防止土壤侵蚀；防止土壤污染；对新生产的影响力评估政策；土壤质量监测；自然资源的可持续使用和管理；森林问题的一般原则

资料来源：笔者根据联合国可持续性标准论坛（https://unfss.org/vss-and-the-sustainable-development-goals/）资料制作，最后访问日期：2021 年 8 月 10 日。

另一方面，广大发展中国家和新兴大国均已注意到，自愿性可持续性标准可能导致其参与国际贸易时的新风险：自愿性可持续性标准可能被用于新设贸易壁垒的目的，在发生相关争端时无法通过世界贸易组织的既有规则框架加以处理。

目前，世界贸易组织的确为监管部分可持续性标准的使用提供了制度框架。根据世界贸易组织相关规则，各成员有权采取与贸易相关且旨在保护环境的特别措施，前提是这些举措没有被滥用或当作保护主义的伪装。世界贸易组织为与可持续性相关的贸易壁垒找到了许多合法理由，甚至主动建议成员在履行环境监管时参照类似世卫组织食品安全法典这样的国际通行准则。不过，世界贸易组织的规则仅适用于那些政府部门制定或得到其背书的标准，也就是公共法律法规以及被政府赋予约束力的私营标准。相比之下，纯粹由私营部门自下而上制定的自愿性可持续性标准无法纳入世界贸易组织的框架进行讨论。正因为如此，那些向世界贸易组织投诉自愿性可持续性标准给发展中国家中小生产者与出口商增添额外负担的争端很难得到圆满解决。

2005 年，加勒比国家圣文森特和格林纳丁斯曾向世界贸易组织卫生与植物卫生措施委员会（WTO/SPS）提出申诉，指出全球良好农业规范的出台对格林纳达香蕉出口造成了负面影响，即未经全球良好农业规范认证的香蕉无法进入欧盟市场，这实际上是欧盟对圣文森特和格林纳丁斯变相设置的新贸易壁垒。[①] 此后，在世贸组织发展中成员的大力推动下，世界贸易组织 SPS 委员会经过长达六年的讨论，终于在 2011 年通过了有关私营标准

[①] World Trade Organization Committee on Sanitary and Phytosanitary Measures, "Possible Actions for the SPS Committee Regarding the SPS-related Private Standards," G/SPS/W/247/Rev. 2, https://docs. wto. org/dol2fe/Pages/FE_Search/FE_S_S009 - DP. aspx? language = E&CatalogueIdList = 45195&CurrentCatalogueIdIndex = 0&FullTextHash = 1&HasEnglishRecord = True&HasFrenchRecord = True&HasSpanishRecord = True, accessed on August 10, 2021.

的行动计划，同意将私营的自愿性可持续性标准纳入定期业务交流的范围，标志着世界贸易组织在处理自愿性可持续性标准问题上迈出了艰难的第一步。[1] 2012 年，在中国、巴西、印度等新兴大国的强烈要求下，世界贸易组织技术性贸易壁垒委员会（WTO/TBT）正式将私营标准问题列入《技术性贸易壁垒协定》第六次三年审议报告。[2] 2013 年，世界贸易组织 SPS 委员会又宣布成立专门的私营标准工作组，在中国与新西兰的联合领导下就自愿性可持续性标准领域的相关工作展开讨论。为进一步回应广大发展中国家的关切，联合国贸发会议、联合国粮农组织、联合国工业发展组织（UNIDO）、联合国环境规划署（UNEP）以及国际贸易中心（ITC）在 2013 年共同发起成立了联合国可持续性标准论坛，作为帮助发展中国家获取自愿性可持续性标准信息、分享经验的国际平台。[3]

　　然而时至今日，发展中国家及新兴大国围绕自愿性可持续性标准影响而与发达国家进行的博弈远未停止。许多发展中国家越发清晰地认识到，自愿性可持续性标准就是一把"双刃剑"，它既有助于促进可持续发展，也可被用作贸易障碍和壁垒。而更让发展中国家和新兴大国深感警惕的是，自愿性可持续性标准正在沦为发达国家推卸责任、转移压力甚至进行政治打压的工具。

　　与联合国千年发展计划有所不同，联合国 2030 年议程除继续推进减贫、教育、卫生等千年目标中未完成的相关目标外，还根据全球面临的新挑战增加了大量可持续发展目标，将包容性发展、可持续生产与消费、应对气候变化、保护陆地和海洋生态系统、社会公正与和平等都纳入其中。简言之，2030 年议程更大程度地引入了环境和社会方面的导向和限制，要求世界各国尤其是发达国家大幅调整经济增长模式，积极履行相关责任。以前述与自愿性可持续性标准关联度较大的可持续发展目标 12（SDG - 12，负

---

① Yi Shin Tang, Bruno Youssef Yunen Alves de Lima, "Private Standards in the WTO: A Multiple Streams Analysis of Resisting Forces in Multilateral Trade Negotiations," *Contexto Internacional*, Vol. 41, No. 3, 2019, pp. 510 – 527.

② Erik Wijkström and Devin McDaniels, "International Standards and the WTO TBT Agreement: Improving Governance for Regulatory Alignment," WTO Staff Working Paper, No. ERSD – 2013 – 06, World Trade Organization (WTO), Geneva, 2013.

③ "United Nations Forum on Sustainability Standards: A Platform of International Dialogue on Voluntary Sustainability Standards," UNCTAD, 2012, https://unctad.org/system/files/official-document/ditc_tedb_ted0043_en.pdf, accessed on August 10, 2021.

责任消费与生产）的落实为例，西方发达国家理应承担更多责任并加大行动力度，因为发达国家的消费行为实际上是许多发展中国家环境和社会问题的根源所在。而在现实当中，西方发达国家不但无力改变多年来不负责任的消费行为，反而试图通过制定相关自愿性可持续性标准来约束发展中国家进行负责任生产，这与西方试图操纵 2030 年议程指标化治理进程有异曲同工之处。[1] 换言之，西方发达国家通过设置聚焦新兴大国和发展中国家"负责任生产"的自愿性可持续性标准，单方面强调和放大发展中国家的责任，施压新兴大国履行所谓义务，从而巧妙地逃避了制定 SDG - 12 时确立的"负责任消费"这一发达国家应切实遵守的政策优先。

与 SDG - 12 相类似，SDG - 8（体面工作与经济增长）作为与自愿性可持续性标准关联最紧密的可持续发展目标，也不幸沦为西方国家政治操纵的对象。西方国家不时借自愿性可持续性标准有助于保障劳工权利和落实 SDG - 8 之名，来实现其打压新兴大国和发展中国家的政治目的。

三　可持续性标准与共建"一带一路"的技术治理

2017 年 5 月 14 日，习近平主席在首届"一带一路"国际合作高峰论坛开幕式上发表演讲时，要求将"一带一路"建设成为创新之路。他指出，"一带一路"建设本身就是一个创举，搞好"一带一路"建设也要向创新要动力。中国将坚持创新驱动发展，加强在数字经济、人工智能、纳米技术、量子计算机等前沿领域合作，推动大数据、云计算、智慧城市建设，连接成 21 世纪的数字丝绸之路。[2] 习近平主席的这一战略要求，意味着共建"一带一路"需要在中国自身科技创新的有力支撑下实现重大技术创新与突破，进而推动中国技术和中国标准"走出去"，惠及共建"一带一路"合作国家，使广大发展中国家成为中国创新型崛起的受益者。

事实上，从"一带一路"倡议启动伊始，中国政府就始终高度重视产品和技术领域标准的对接和"走出去"问题。2016 年 9 月，习近平主席在

---

① 发达国家为回应发展中国家有关前者垄断战略议程设定的批评，同时确保自身继续主导全球议程设置，在 2030 年议程的指标化治理中通过悄然替换可持续发展指标，改变可持续发展目标和具体目标确立的政策优先，否定其在目标制定时所作的承诺。详见张春《G20 与 2030 年可持续发展议程的落实》，《国际展望》2016 年第 4 期，第 24 - 43 页。

② 《携手推进"一带一路"建设——习近平在"一带一路"国际合作高峰论坛开幕式上的演讲》，外交部网站，2017 年 5 月 14 日，https://www.fmprc.gov.cn/web/ziliao_674904/zyjh_674906/t1461394.shtml，最后访问日期：2021 年 8 月 10 日。

向第 39 届国际标准化组织大会致贺信时指出："国际标准是全球治理体系和经贸合作发展的重要技术基础。""世界需要标准协同发展，标准促进世界互联互通。中国将积极实施标准化战略，以标准助力创新发展、协调发展、绿色发展、开放发展、共享发展。我们愿同世界各国一道，深化标准合作，加强交流互鉴，共同完善国际标准体系……共同探索标准化在完善全球治理、促进可持续发展中的积极作用。"① 在此背景下，推进"一带一路"建设工作领导小组办公室在 2015 年发布实施《标准联通"一带一路"行动计划（2015—2017）》的基础上，于 2018 年初发布了《标准联通共建"一带一路"行动计划（2018—2020）》，确立了四个主要目标（深化标准开放合作、坚实标准"走出去"步伐、扩大标准互认领域、提升中国标准品牌效应）和九项重点任务（对接战略规划，凝聚标准联通共建"一带一路"国际共识；深化基础设施标准化合作，支撑设施联通网络建设；推进国际产能和装备制造标准化合作，推动实体经济更好更快发展；拓展对外贸易标准化合作，推动对外贸易发展；加强节能环保标准化合作，服务绿色"一带一路"建设；推动人文领域标准化合作，促进文明交流互鉴；强化健康服务领域标准化合作，增进民心相通；开展金融领域标准化合作，服务构建稳定公平的国际金融体系；加强海洋领域标准化合作，助力畅通21 世纪海上丝绸之路），以及九大专项行动（国家间标准互换互认行动、中国标准国际影响提升行动、重点消费品对标行动、海外标准化示范推广行动、中国标准外文版翻译行动、标准信息服务能力提升行动、企业标准国际化能力提升行动、标准国际化创新服务行动、标准化助推国际减贫扶贫共享行动）。②

　　2018 年 8 月，习近平总书记出席推进"一带一路"建设工作 5 周年座谈会并发表重要讲话后，共建"一带一路"开始从"大写意"向"工笔画"转型，正式进入 2.0 版的高质量发展阶段。上述转型要求的提出，建立在新发展理念的原则基础之上，标志着国内发展观念转变进一步向国际合作延伸。2.0 版的"一带一路"倡议要实现高质量发展的目标，必须强化

---

①　《习近平致第 39 届国际标准化组织大会的贺信》，新华网，2016 年 9 月 12 日，http://www.xinhuanet.com//politics/2016 - 09/12/c_1119554153. htm，最后访问日期：2021 年 8 月 10 日。

②　《标准联通共建"一带一路"行动计划（2018—2020）》，国务院新闻办网站，2018 年 1 月 19 日，http://www.scio.gov.cn/xwfbh/xwbfbh/wqfbh/37601/39274/xgzc39280/Document/1641459/1641459. htm，最后访问日期：2021 年 8 月 10 日。

发展属性,成为一项国际公认的"五通"发展议程,而不是西方描绘的所谓地缘政治战略。那么,强化共建"一带一路"发展属性的路径或者工具有哪些呢?近年来讨论较多的是"对接"问题,其中包括与国家发展规划或政策、与区域发展战略以及与全球发展议程的对接等。在全球发展议程方面,2016 年开始落实且得到国际社会普遍认可与接受的联合国 2030 年议程无疑是 2.0 版"一带一路"倡议的对接重点。如果能够与联合国 2030 年议程实现某种程度的协同,共建"一带一路"有望提质增效。共建"一带一路"要与落实 2030 年议程实现真正意义上的协同,需要通过借助中观甚至微观层面的工具,而可持续性标准恰是工具箱里的一个选项。

总体上看,将可持续性标准融入共建"一带一路"有助于倡议与 2030 年议程相互促进,共同实现高质量发展。目前,考虑到"一带一路"倡议与 2030 年议程的核心及重点相关领域是基础设施互联互通以及贸易投资与金融合作,在 2030 年议程里主要涉及可持续发展目标 7(SDG - 7,经济适用的清洁能源)、目标 8(SDG - 8,体面工作与经济增长)、目标 9(SDG - 9,产业、创新和基础设施)和目标 10(SDG - 10,减少不平等),在"一带一路"倡议中主要对应的则是"五通"中的"三通"即设施联通、贸易畅通、资金融通。因此在现阶段,可持续性标准融入"一带一路"建设也主要集中在上述三个领域。

2017 年首届"一带一路"国际合作高峰论坛召开前后,中国政府在政策层面加大了对应用可持续性标准的支持力度。

一是由当时的环境保护部、外交部、国家发展改革委和商务部联合发布《关于推进绿色"一带一路"建设的指导意见》,明确提出要推广绿色交通、绿色建筑、清洁能源等行业的节能环保标准;推动企业遵守国际经贸规则和所在国生态环保法律法规、政策和标准,高度重视当地民众的生态环保诉求;加强绿色供应链管理,推进绿色生产、绿色采购和绿色消费,加强绿色供应链国际合作与示范;推动我国金融机构、中国参与发起的多边开发机构及相关企业采用环境风险管理的自愿原则;鼓励相关行业协会制定发布与国际标准接轨的行业生态环保标准、规范及指南等。①

---

① 《关于推进绿色"一带一路"建设的指导意见》,2017 年 4 月 26 日,生态环境部网站,ht-tps://www.mee.gov.cn/gkml/hbb/bwj/201705/t20170505_413602.htm,最后访问日期:2021 年 8 月 10 日。

二是国家标准化管理委员会参照修改国际标准化组织 2014 年发布的文件《可持续性标准 2014 年指南》（ISO GUIDE 82）制定了推荐性国家标准——《标准中融入可持续性的指南》（GB/T 33719 - 2017），重点介绍了如何在不同类型的标准化文件中融入可持续性元素。

三是在国家标准化管理委员会的支持和指导下，中国标准化协会与联合国可持续标准论坛合作发起成立了自愿性可持续标准中国国家平台，秘书处设在中国标准化协会；此后，还设立了专门的工作网站（http://cpvss.org.cn/），汇集了 122 项影响中国市场的自愿性可持续性标准，不仅广泛宣传了自愿性可持续性标准，还为国内外用户提供了便利。[1] 自愿性可持续性标准中国国家平台的建设已取得初步成果。2021 年 4 月 1 日，由自愿性可持续性标准中国国家平台秘书处所在的中国标准化协会牵头制定的团体标准——《自愿性可持续标准编制指南》正式发布实施。与《标准中融入可持续性的指南》相比，《自愿性可持续标准编制指南》更加侧重于将可持续发展作为标准化对象，在某项标准化文件中进行全面阐述，旨在推动产业链/供应链和谐、共生，注重产品、过程和服务全生命周期的可持续性，通过聚焦气候变化、生物多样性、人权与劳工权益、公平竞争等与环境、社会和经济领域的相关内容来促进联合国可持续发展目标的实现，同时更好地构建以国内大循环为主体、国内国际双循环相互促进的新发展格局，推动国内机构深度参与国际标准化合作，形成竞争新优势。[2]

需要指出的是，尽管目前中国在与多个利益攸关方协商达成自愿性可持续性标准这一领域还处于探索阶段，但中国已经开始冲击发达国家在自愿性可持续性标准制定领域的垄断地位，逐步提高自身在制定自愿性可持续性标准方面的话语权，从而避免自愿性可持续性标准完全成为西方的工具。近年来，随着中国产业界的社会责任感日益提高，加之国内标准基础设施较为完善，相关国际组织、国际标准机构与中国产业界在标准化领域的合作不断深化，中国行业组织自主发起自愿性可持续性标准的趋势也愈发明显。中国纺织工业联合会、中国对外承包工程商会、中国工业经济联

---

[1] 崔艳、王天羿、夏薇佳：《自愿性可持续性标准的发展研究》，《中国标准化》2020 年第 11 期，第 72 - 75 页。

[2] 《自愿性可持续标准编制指南》（T/CAS 4.1—2021），中国标准化协会，2021 年 4 月 1 日，http://cpvss.org.cn/attachments/cpvss/file/20210430/1619753612862941.pdf，最后访问日期：2021 年 8 月 10 日。

合会、中国通信标准化协会等都制定了相应的自愿性可持续性标准。

中国纺织工业联合会早在 2005 年就成立了社会责任办公室,与社会责任国际(Social Accountability International,SAI)和商业社会责任准则(Business Social Compliance Initiative,BSCI)等劳工领域的国际标准巨头开展合作,在分享和交流最佳实践的基础上,制定并发布了中国纺织业领域首个自愿性可持续性标准——《纺织服装企业社会责任管理体系》(CSC 9000T),不但为国内企业开展培训和能力建设提供了指导性框架,而且有力地推动了自愿性可持续性标准在国内市场的快速发展。中国五矿化工进出口商会也积极致力于开发行业领先的自愿性可持续性标准,牵头编制了《中国对外矿业投资社会责任指南》《中国负责任矿产供应链尽责管理指南》《天然橡胶可持续发展指南》等自愿性可持续性标准,涉及地域范围涵盖非洲和东南亚地区,通过圆桌会议、培训研讨等形式帮助相关产业链中的利益攸关方进行能力建设。

值得一提的是,随着世界主要大国在新一轮科技革命驱动下加紧控制关键矿产供应链和布局锂、钴、镍等新能源电池关键原材料,中国五矿化工进出口商会于 2016 年与经合组织合作发起了"责任钴业倡议"(Responsible Cobalt Initiative,RCI),旨在系统性缓解钴供应链面临的风险和挑战,因此得到全球钴供应链上下游企业及各利益攸关方的积极响应。2019 年,经合组织在其发布的《刚果民主共和国铜钴矿供应链采购尽责管理挑战与机遇综合分析》报告中,对中国五矿化工进出口商会提出的钴矿是"生计矿产"而非"冲突矿产"的观点予以认同,明确了钴手采矿是刚果(金)民众重要的生计来源,为消除本企业供应链风险而拒绝钴手采矿进入供应链的做法是错误且不负责任的行为,将对本已脆弱的当地社区生计带来更加严重的负面影响。2019 年底,"责任钴业倡议"又启动编制《钴手采矿 ESG 管理框架》及其配套评估工具,通过对标研究行业权威标准和刚果(金)法律法规,在与国际利益攸关方保持沟通与合作的基础上,开发全球认可且具经济可行性的钴手采矿市场准入要求和评估框架,以及产业链上下游合作与投资机制。该框架初稿已草拟完成,正在全球范围内征询各方意见和建议。①

① 孙立会、周璇:《国际矿产供应链尽责管理十大趋势》,南方周末网站,2021 年 5 月 25 日,http://www.infzm.com/contents/206930,最后访问日期:2021 年 8 月 10 日。

第二编

共建"一带一路"高质量发展的
领域性实现路径

共建"一带一路"高质量发展最为直接地体现在有形的设施联通、贸易畅通和资金融通等方面；换句话说，共建"一带一路"高质量发展必须坚持结果导向、行动导向和项目导向，坚持"聚焦重点、深耕细作"原则推进领域性落实。

共建"一带一路"高质量发展必须构建科学的评估体系。客观评估不仅有助于驳斥对共建"一带一路"的不实认知，更有助于推动共建"一带一路"高质量发展。鉴于既有评估体系仍有完善的空间，笔者以中国和合作国家的官方数据为基础，以联合国、世界银行、国际货币基金组织等国际组织的官方数据为补充，以国内和国际其他智库、研究机构及社会机构的数据为参考，开发共建"一带一路"高质量发展数据库，并以此数据库为基础，结合联合国可持续发展理念与中国高质量发展理念，建构共建"一带一路"高质量发展影响评估模型，为系统、全面和科学地评估共建"一带一路"的单边、双边和多边影响奠定基础，为当前最佳案例评估、政绩绩效评估过程中遇到的战略沟通、舆论宣传等困难提供解决方案。该评估体系由3个一级指标、7个二级指标及17个三级指标构成，在实现对共建"一带一路"高质量发展观指标化操作的同时，较好地覆盖了绩效评估与影响评估，单边—双边—多边影响评估等领域，且其数据来源相对便利，因此也具备较强的可操作性。

以共建"一带一路"高质量发展观和评估体系为基础，笔者对设施联通、贸易畅通及资金融通等领域展开了绩效评估和影响评估，进而在识别其成绩与不足的基础上，挖掘其创新潜力，并探讨其实现高质量发展的制度保障。第一，考察了共建"一带一路"设施联通中的点——港口、电力设施、水电站等，线——公路、铁路等，以及面——境外经贸合作区等共6类基础设施的绩效和影响，认为沿线合作国家和非沿线合作国家从共建"一带一路"设施联通中获益良多，但共建"一带一路"设施联通也存在质量高低不一、经验分享创新不足等问题，需进一步强化战略对接和统筹升级。第二，共建"一带一路"贸易畅通效应高度明显，尤其是国内地方省区市参与效果明显，中欧铁路已经成为共建"一带一路"贸易畅通的重要品牌；在新冠疫情冲击下，数字贸易将是共建"一带一路"贸易高质量畅通的重要生长点，而进一步强化促贸援助、推动与巨型自贸区合作则是贸易高质量畅通的重要制度保障。第三，无论是从绩效评估还是从影响评估角度看，共建"一带一路"资金融通都为合作国家可持续发展作出了重要贡献，但其经济、政治和社会效应呈递减态势，说明共建"一带一路"资金融通尚未真正融入合作国家的政治和社会生活。就此而言，积极加入全球性投资便利化谈判和可持续发展投资规则塑造，是实现资金高质量融通的重要保障。

尽管共建"一带一路"为合作国家可持续发展作出了重要贡献，但也存在一定风险，其中最显著的是自 2017 年起被大肆炒作的"债务陷阱论"。尽管作为共建"一带一路"合作国家主体的发展中国家经历过多次债务危机，但共建"一带一路"过程中出现的债务问题是风险可控的。因此，在驳斥所谓"债务陷阱论"的同时，也应充分认识共建"一带一路"的债务风险，并积极参与国际债务治理、强化自身债务管理能力建设，从而全面提升债务可持续性。

第四章　高质量发展评估体系建构

自 2013 年提出后，共建"一带一路"不仅顺应了全球可持续发展的重大历史潮流，在基础设施建设、国际贸易促进、国际发展融资、国际发展战略对接等领域引领了可持续发展目标的落实，更是在新冠疫情肆虐的情况下仍逆势发展。这使共建"一带一路"高质量发展不仅有了重大实践基础，更赢得了重大国际共识。自 2018 年习近平主席首次提出推动共建"一带一路"实现高质量发展目标以来，[1] 国际社会围绕其具体内涵展开了大量实质性讨论，但仍存在诸多认识上的分歧。因此，需要建构完整的共建"一带一路"高质量发展观，并以此指导共建"一带一路"的具体实践。如前所述，尽管自提出以来的国际舆论环境、经济环境、战略环境等均发生了较大变化，但共建"一带一路"仍取得了长足进展，这一成功的核心在于倡议在落实过程中对发展性、公共性、稳定性及团结性的坚持。这些成功经验对共建"一带一路"高质量发展观的构建有着重要启示意义。应结合当前及未来共建"一带一路"所面临的机遇和挑战，在继续坚持发展性、公共性、稳定性及团结性的基础上，共建"一带一路"高质量发展观应涵盖三个核心要素：重点强调发展的稳定性与公共性的共生发展观，重点强调发展的公共性和团结性的增益发展观，以及重点强调发展的稳定性和团结性的制度化发展观。

在构建定性的共建"一带一路"高质量发展观的基础上，为进一步提

---

[1] 《习近平出席推进"一带一路"建设工作 5 周年座谈会并发表重要讲话》，中国政府网，2018 年 8 月 27 日，http://www.gov.cn/xinwen/2018－08/27/content_5316913.htm；《习近平在第二届"一带一路"国际合作高峰论坛圆桌峰会上的开幕辞》，第二届"一带一路"国际合作高峰论坛官方网站，2019 年 4 月 27 日，http://www.beltandroadforum.org/n100/2019/0427/c24－1307.html，最后访问日期：2021 年 8 月 10 日。

升"一带一路"倡议的国际认可度，为倡议落实和高质量发展营造更为有利的国际舆论环境，有必要依据国际通行的方法提供共建"一带一路"高质量发展的定量实证证据，即建构系统的共建"一带一路"高质量发展数据库和评估体系。国内已有的有关共建"一带一路"的数据库大多相对比较简单，且有不少是文本性数据库，缺乏量化计算的基础；而在能够实现量化计算的数据库中，数据标准化、结构化水平也不够高。而在国际上尚缺乏系统的共建"一带一路"相关数据库，尽管有部分数据库已经将共建"一带一路"作为内嵌模块加以收集、整理甚至分析。整体而言，既有共建"一带一路"数据库和评估体系建设仍停留在绩效评估层次，难以满足高质量发展的要求，尤其是未能有效评估共建"一带一路"的共生发展与增益发展效应，对其制度化发展的评估也存在重大不足。因此，需要在建构共建"一带一路"高质量发展观的基础上，以中国和合作国家的官方数据为基础，以联合国、世界银行、国际货币基金组织等国际组织的数据为补充，以国内和国际其他智库、研究机构甚至社会机构的数据为参考，开发共建"一带一路"高质量发展数据库，并以其为基础，结合联合国可持续发展理念与中国高质量发展理念，建构共建"一带一路"高质量发展影响评估模型，为系统、全面和科学评估共建"一带一路"的单边、双边和多边影响奠定基础，为缓解由当前过于简单的最佳案例评估、政绩绩效评估所带来的战略沟通、舆论宣传等困难提供解决方案。

第一节　共建"一带一路"高质量发展观

尽管有大量讨论，[①] 但围绕共建"一带一路"高质量发展的理论指导、具体内涵和实践方法等的讨论尚不充分，有必要进一步建构更为全面、科学和前瞻的共建"一带一路"高质量发展观。共建"一带一路"是中国为国际社会提供的最为重要的公共产品之一，因此，共建"一带一路"高质

---

① 例如可参见王毅《开启"一带一路"高质量发展新征程》，《求是》2019 年第 9 期，第 19 - 24 页；宋涛《党的对外工作与共建"一带一路"高质量发展》，《求是》2019 年第 16 期，第 53 - 58 页；武芳《推进"一带一路"高质量发展的若干思考》，《中国远洋海运》2020 年第 2 期，第 58 - 59 页；李进峰《中国在中亚地区"一带一路"产能合作评析：基于高质量发展视角》，《欧亚经济》2019 年第 6 期，第 1 - 22 页；赵会荣《"一带一路"高质量发展与境外经贸合作区建设——以中白工业园为例》，《欧亚经济》2019 年第 6 期，第 46 - 63 页；等等。

量发展观构建本身也是中国供应国际公共产品的理念提炼。以习近平主席所强调的原则、理念、目标和核心等为内核,结合共建"一带一路"的短期、中期和长期使命、机遇及挑战,虑及国际发展和合作国家的既有努力、现实挑战及长期远景,共建"一带一路"高质量发展观应涵盖低中高三个层次:在最基础的层次上,共建"一带一路"高质量发展首先应继续坚持发展的稳定性与公共性,确保国际发展的相向而行,为国际社会提供应对百年未有之大变局的"稳定器";在此基础上,通过共建"一带一路"的投资额外性(additionality)和催化剂(catalytic)效应促进发展的公共性和团结性,并为国际社会整体发展培育和创新发展动力,为国际社会提供既有发展努力的"放大器";在更高层次上,通过实现共建"一带一路"高质量发展的制度化建设,强化倡议对发展的稳定性和团结性的承诺,为国际社会提供解决全球治理缺失困境的"制度公器"。因此,共建"一带一路"高质量发展观应涵盖三个要素,即共生发展观、增益发展观和制度化发展观:共生发生观和增益发展观是递进关系,即在确保共同发展的基础上提升发展效益;而制度化发展观重点是通过制度建设提高前两者的可持续性。

一　共生发展观

人类命运共同体意味着"环球同此凉热",无论是在危机时期还是正常状态下。尽管自 2008 年全球金融危机以来国际发展始终面临各种严峻挑战,但其中最大的挑战并不是资源、能源或技术创新等的不足,而是各国是否能够团结一心、共克时艰。1929—1933 年的经济大萧条的最大教训便是,面临危机冲击各国的选择不是团结和合作,而是分裂与对抗,结果被证明是灾难性的。因此,共建"一带一路"高质量发展首先应促进国际社会的团结,通过确保各国面临危机时的相向而行实现共向发展,抵消部分国家的保护主义、机会主义和孤立主义倾向的消极影响,以中国与合作国家的共同发展促进整个国际社会的共同发展。

确保相向而行地发展或共向发展,是共生发展的基本要求,也是实现人类命运共同体的共同责任。共建"一带一路"高质量发展首先应维护国际发展的积极态势,并与消极倾向作斗争,从而确保国际发展的正确方向;换句话说,共建"一带一路"高质量发展观首先要确保整个国际社会发展方向的一致性,实现共向发展而非反向竞争,其核心是实现中国与合作国家在各个层次的发展战略和政策对接。为确保发展共向性,共建"一带一路"必须充分虑及不同合作国家的具体国情，确保战略对接的适配性、灵活性及协同性。

第一，共建"一带一路"高质量发展观要求战略对接的适配性。高质量共建既不意味着质量标准的单一性，也不意味着质量标准的静态性。换句话说，高质量共建所遵循的质量标准应当是系统和动态的，应当依合作国家的具体国情而定。如同《第二届"一带一路"国际合作高峰论坛圆桌峰会联合公报》所强调的，"相关合作将遵守各国法律法规、国际义务和可适用的国际规则标准"。[①] 必须指出的是，共建"一带一路"国家高度多元化，其发展水平存在明显差异，因此对"质量"的要求也存在多样性。与中国签订共建"一带一路"合作文件的国家和国际组织持续增长，合作国家发展水平和地区分布的多样性，对共建"一带一路"高质量发展的战略对接提出了更高要求。如同适用技术的发展一样，共建"一带一路"高质量发展的战略对接必须具备较高的适配度，能依据不同合作国家的发展水平、地区分布等采用更符合当地情况的高标准，而非单一的但极可能不适用的高标准。

第二，共建"一带一路"高质量发展观也要求战略对接的灵活性。这种灵活性也体现为两个层面：一是针对合作国家整体多样性而来的灵活性，事实上是战略对接的适配性；二是针对单个合作国家发展动态性而来的灵活性。就具体的合作国家而言，战略对接的灵活性既意味着合作的持续推进，也意味着合作的动态调整。其一，合作深度差异性要求战略对接的持续推进的灵活性。"一带一路"倡议提出以来，其国际接受度并非呈线性上升态势。这意味着，在不同的国家，"一带一路"倡议的落实进度并不相同，因此其推进节奏、战略对接步骤等都需要灵活处理。尽管绝大多数合作国家仅与中国签订了一份合作文件，但也有不少合作国家已开始升级或细化合作文件。其二，合作国家发展预期和发展战略调整等要求战略对接的动态调整灵活性。例如，马来西亚在 2018 年政府换届后对自身发展预期和发展规划进行了调整，进而调整了多个共建"一带一路"项目。但正如外交部发言人所指出的，为确保共向发展，中国与马来西亚强调通过对话

---

① 《第二届"一带一路"国际合作高峰论坛圆桌峰会联合公报》，中国一带一路网，2019 年 4月 27 日，https：//www. yidaiyilu. gov. cn/zchj/qwfb/88222. htm，最后访问日期：2021 年 8 月10 日。

协商妥善解决，从而继续推动共建"一带一路"的高质量发展。[①]

第三，共建"一带一路"高质量发展观也要求战略对接的协同性。自2008年全球金融危机以来，全球范围内对发展战略规划的关注日益强化，其典型表现就是在全球层次上建构了联合国2030年议程，在区域甚至次区域层次上也涌现了大量发展规划，国家层次的中长期发展战略规划也相当多。此外，还有大量议题性的全球、区域和国别性发展愿景得以塑造。因此，共建"一带一路"的战略对接必然是同时发生在多个层次上的，进而也产生了多层次战略对接的相互协调和相互配合。正是基于这种对战略对接的协同性要求，习近平主席提出了前述"四个对接"思路。战略对接的协同性可从纵轴和横轴两个方向加以理解：纵轴的对接协同表现为"一带一路"倡议与全球、区域和次区域及国别战略的垂直对接的相互协同，而横轴的对接协同则表现为"一带一路"五通领域与相应的全球、区域和次区域及国别的领域性战略的平行对接的相互协同。

如果说共向发展是在全球大变局下的一种保守性努力——更多的是避免经济民族主义、保护主义、贸易战等不良倾向，那么共同发展便是共建"一带一路"高质量发展的更加积极的追求。通过战略对接的适配性、灵活性和协同性，共建"一带一路"不仅能确保发展方向的正确和相向而行，更能促进中国与合作国家及其他利益攸关方的联动发展和共同发展。共建"一带一路"高质量发展的共生发展观，一方面是通过"先富带动后富，最终实现共同富裕"理念的平行实践直接贡献于合作国家的发展，另一方面是通过合作国家和中国得益于共建"一带一路"的发展而间接贡献于其他利益攸关方的发展。

一方面，共建"一带一路"高质量发展观应强调中国与合作国家的共同发展，其核心是"先富带动后富，最终实现共同富裕"理念的国际实践。联合国2030年议程的核心理念之一是"不让任何人掉队"，其最为直接的体现是可持续发展目标1即SDG-1：（到2030年）"在全世界消除一切形式的贫穷"。[②] 尽管详列了7个具体目标和12个衡量指标，但2030年议程

---

① 《2018年9月12日外交部发言人耿爽主持例行记者会》，外交部网站，2018年9月12日，https://www.fmprc.gov.cn/web/fyrbt_673021/jzhsl_673025/t1594451.shtml，最后访问日期：2020年3月20日。

② 联合国：《变革我们的世界：2030可持续发展议程》，2015年9月25日大会决议，联合国文件A/RES/70/1，2015年10月21日，第3页。

对"不让任何人掉队"的具体实现路径并无深入讨论，而是将这一任务留给了各国自身的减贫战略。如前所述，共建"一带一路"合作国家中有大量的低收入和中低收入国家，因此其减贫任务相当艰巨。因此，要实现到2030 年消除一切形式的贫困或"不让任何人掉队"的宏伟目标，有效的发展理念不可或缺。

尽管有待持续推进，但邓小平同志在 1978 年 12 月的中共中央工作会议上提出的"先富带动后富，最终实现共同富裕"理念不仅已为中国自身发展作出实质性贡献，也具有明显的国际可推广性。很大程度上，共建"一带一路"便是这一理念在新时期的国内延伸和国际推广相结合的典型。就国内而言，共建"一带一路"解决的是东部沿海地区发展起来之后，如何带动中西部地区发展的问题。改革开放以来，西部地区尽管也有较大发展，但受地理区位、资源禀赋、发展基础等因素影响，与东部地区仍有很大差距。共建"一带一路"将构筑新时期中国对外开放的新格局，推进西部地区和沿边地区对外开放，为西部地区跨越式发展提供契机，其中最为重要的便是为国内相对后富的地区开辟新的国土空间并形成国内的东—中—西部联动发展，[①] 和跨国界的中国与合作国家的联动发展。就整体而言，共建"一带一路"特别是其"六廊六路多国多港"计划，事实上是先通过基础设施互联互通计划，使"六廊六路多国多港"沿线区域得到发展，然后再以这些沿线区域的发展向外辐射带动更多地区发展，最终实现共建"一带一路"合作国家的发展。换句话说，共建"一带一路"是通过点线面、由点到线及面的方法提高发展辐射效应，即从最初的点——尤其是境外工业园区、港口等，到交通运输线——典型是如亚吉铁路、蒙内铁路、大马铁路等，再到沿交通线而形成的发展走廊或经济带。这样，共建"一带一路"就成为"先富带动后富，最终实现共同富裕"理念的有益尝试，并可为"不让任何人掉队"目标的实现贡献重大力量。

另一方面，共建"一带一路"高质量发展观还应间接贡献于国际利益攸关方的发展，"欢迎所有感兴趣的国家参与合作""努力建设包容多元、普遍受益的全球价值链"[②]，在中国、合作国家与利益攸关方之间形成积极

---

①　刘慧、叶尔肯·吾扎提、王成龙：《"一带一路"战略对中国国土开发空间格局的影响》，《地理科学进展》2015 年第 5 期，第 545 - 553 页。

②　《第二届"一带一路"国际合作高峰论坛圆桌峰会联合公报》，中国一带一路网，2019 年 4 月 27 日，https://www.yidaiyilu.gov.cn/zchj/qwfb/88222.htm，最后访问日期：2021 年 8 月 10 日。

的共同发展。对共建"一带一路"高质量发展间接贡献于其他利益攸关方发展的主观衡量,可观察国际社会对倡议的认知或接受度的变化。尽管客观数据已经证明共建"一带一路"对整个国际社会共同发展的积极贡献,但仍有人担心倡议对他方利益构成潜在威胁,因而从地缘政治或至少是地缘经济的角度解读倡议。[①] 但随着共建"一带一路"的持续推进,国际社会的认知正逐渐从地缘政治猜疑转向高质量发展怀疑。[②] 伴随这一认知转向的是,尽管仍有疑虑,但国际社会更多倾向接受甚至参与共建"一带一路",并设法利用倡议带来的机会实现共同发展。这也正是与中国签订共建"一带一路"合作文件的国家数量持续增加,在 2018 年达到创纪录水平的重要原因。

二　增益发展观

"一带一路"倡议的提出,很大程度上与 2008 年全球金融危机后的复苏速度缓慢、增长动力欠缺等密切相关。因此,共生发展很大程度上是共建"一带一路"的基础性目标;在这一保守追求之上,倡议也有更为进取的增益发展愿景:就短期而言,是基于投资额外性和催化剂逻辑放大中国和合作国家既有发展努力的效应;就中长期而言,是通过共建"一带一路"汇聚众智,培育和创新全球经济的新动能。

共建"一带一路"高质量发展观的重要内涵是要放大中国和合作国家既有发展努力的效果,从而强化倡议对合作性、共享性的坚持,不仅对抗大变局背景下的消极因素,更可为长期可持续发展奠定基础。换句话说,

---

[①] 科林·弗林特、张晓通:《"一带一路"与地缘政治理论创新》,《外交评论》2016 年第 3 期,第 1 - 24 页;汉斯·希尔佩特等:《"一带一路"背后的地缘经济与地缘政治》,《环球财经》2015 年第 8 期,第 90 - 93 页;François Godement, "One Belt, One Road: China's Great Leap Outward," European Council on Foreign Relations, June 2015;等等。

[②] See "China's Belt and Road Initiative in the Global Trade, Investment and Finance Landscape," in OECD, *OECD Business and Finance Outlook 2018*, Paris: OECD, 2018; John Hurley, Scott Morris, and Gailyn Portelance, "Examining the Debt Implications of the Belt and Road Initiative from a Policy Perspective," CGD Policy Paper, No. 121, Center for Global Development, March 2018, https://www.cgdev.org/sites/default/files/examining-debt-implications-belt-and-road-initiative-policy-perspective.pdf; Elizabeth Losos, Alexander Pfaff, Lydia Olander, Sara Mason, and Seth Morgan, "Reducing Environmental Risks from Belt and Road Initiative Investments in Transportation Infrastructure," Policy Research Working Paper, No. 8718, World Bank, January 2019, http://documents.worldbank.org/curated/en/700631548446492003/pdf/WPS8718.pdf; all accessed on August 10, 2021; etc.

增益发展的短期表现形式就是以共建"一带一路"高质量发展助推合作国家的既有发展努力，其实现方式主要基于国际投资所坚持的额外性和催化剂原则。① 这也正是习近平主席在第一届"一带一路"国际合作高峰论坛圆桌峰会上致开幕辞时所指出的，要建立政策协调对接机制，相互学习借鉴，并在这一基础上共同制定合作方案，将有关规划协调起来，产生"一加一大于二"的效果。②

第一，投资额外性原则即投资于其他投资者尚未进入或不愿进入的国家、部门、地区、资本工业或商业模式。共建"一带一路"高质量发展的额外性，很大程度上通过其对国际社会的地域性忽视——发展中国家和领域性忽视——基础设施的聚焦而实现的。

共建"一带一路"高质量发展的额外性首先是聚焦发展中国家，从而带动整个国际社会对这些国家的重视。例如，2001 年除中国外的发展中国家所接受的对外直接投资仅占全球对外直接投资总量的 14%，此后逐渐增长，到 2015 年达到 40% 的峰值，此后有所反复，2019 年维持在 37% 的水平上。③ 尽管从这一整体数据上很难看出共建"一带一路"对全球投资流向发展中国家的影响，但可以更具体地分析两个主要的发展中地区即东盟和撒哈拉以南非洲。东盟十国全部都是共建"一带一路"合作文件的签字方，而撒哈拉以南非洲也仅有少数国家未与中国签署共建"一带一路"合作文件。因此，比较中国和全球对这两个地区的投资可发现共建"一带一路"的额外性。

在有可用数据的 2005—2019 年，中国对撒哈拉以南非洲的对外直接投资流量从 2.01 亿美元增至 27.1 亿美元，对东盟国家从 1.58 亿美元增至 130.2 亿美元。在此期间，中国投资的增长态势相对更加稳定：2007 年见证

---

① 有关国际投资的额外性和催化剂原则的讨论，可参见 Daniel Runde, Conor M. Savoy, Paddy Carter, and Alberto Lemma, "Development Finance Institutions Come of Age: Policy Impact, Engagement, and New Directions," Washington, D. C.: Center for Strategic and International Studies, October 2016, https://csis-prod. s3. amazonaws. com/s3fs-public/publication/161021_Savoy_DFI _Web_Rev. pdf, accessed on August 10, 2021。

② 《习近平在"一带一路"国际合作高峰论坛圆桌峰会上的开幕辞》，中国政府网，2017 年 5 月 15 日，http://www. gov. cn/xinwen/2017 – 05/15/content_5194130. htm，最后访问日期：2021 年 8 月 10 日。

③ 笔者根据联合国贸发组织（https://unctad. org/en/Pages/statistics. aspx）数据计算得出，最后访问日期：2021 年 8 月 10 日。

了第一波快速增长,当年中国对撒哈拉以南非洲投资额突破 10 亿美元达到 13.12 亿美元,对东盟的投资额也接近 10 亿美元(9.68 亿美元);2008 年全球金融危机并未对中国的对外直接投资产生明显消极影响;2013 年后中国经济进入"新常态",但"一带一路"倡议的提出很大程度上使中国对外直接投资的下降进一步被推迟到 2017 年。2018 年,中国对撒哈拉以南非洲的对外直接投资额达到 59.4 亿美元,占中国对外直接投资总量的 4.16%,是 2005 年的 2 倍多;对东盟投资额达到 136.9 亿美元,占中国对外直接投资总量的 9.57%,接近 2005 年的 8 倍。2019 年,中国对外直接投资相对 2018 年下降 4.3%,其中对非洲和北美洲降幅最大(均为 49.9%),对东盟国家直接投资降幅相对较小。①

比较同期国际社会的对外直接投资可发现,共建"一带一路"有着明显的额外性,即对不受重视的撒哈拉以南非洲和东盟地区的重视程度明显比整个国际社会更高。其一,2005—2019 年,中国对撒哈拉以南非洲和东盟的对外直接投资占全球的比重持续增长:2005 年,中国对撒哈拉以南非洲投资仅占全球的 1.13%,对东盟投资仅占全球的 0.37%;尽管就绝对值而言,中国对撒哈拉以南非洲的投资额在 2016 年、2018 年及 2019 年都有较明显的下降,对东盟投资在 2013 年和 2015 年有较明显下降,占比却在持续上升,尤其是在"一带一路"倡议提出之后。到 2018 年,中国对撒哈拉以南非洲投资的全球占比达到创纪录的 18.7%,对东盟的投资也达到 9.2%,其中在"一带一路"倡议提出后中国对外直接投资迅猛增长的 2015 年达到 12.8%。需要指出的是,这一时期中国在全球对外直接投资中的占比也在快速增长,但表现远不如在撒哈拉以南非洲和东盟地区抢眼。其二,如果从相对增速角度看,由于经济"新常态"的影响,中国在 2012—2014 年的对外直接投资相比全球而言均出现明显下降态势,但自 2015 年后逐渐领先于全球增速,尽管差距并不是太大——平均而言中国对外直接投资的增速大致为全球的 0.5 倍左右,但具体到撒哈拉以南非洲则达到约 1 倍,在东盟地区表现略差,但也好于整体平均水平。②

---

① 笔者根据历年《中国对外直接投资统计公报》(http://hzs.mofcom.gov.cn)数据计算得出,最后访问日期:2021 年 8 月 10 日。
② 笔者根据历年《中国对外直接投资统计公报》(http://hzs.mofcom.gov.cn)和联合国贸发组织(https://unctad.org/en/Pages/statistics.aspx)数据计算得出,最后访问日期:2021 年 8 月 10 日。

在地域性的投资额外性之外，共建"一带一路"高质量发展也体现出明显的领域性额外性，即聚焦基础设施领域投资。正如习近平主席所强调的，设施联通是合作发展的基础；共建"一带一路"旨在推动陆上、海上、天上、网上"四位一体"的联通，聚焦关键通道、关键城市、关键项目，联结陆上公路、铁路道路网络和海上港口网络。[①] 的确，"一带一路"倡议的提出，很大程度上针对的是基础设施正成为制约各国发展重要瓶颈的全球性趋势，其背后是整个国际社会对基础设施及其更新的投资不充分。以东盟地区为例，要实现联合国 2030 年议程中的基础设施相关目标，资金缺口就多达 240 亿美元/年，占东盟国家国内生产总值（GDP）的 0.62%。[②] 世界银行评估认为，这一缺口可能更高，为 350 亿美元/年；其中柬埔寨和缅甸的缺口尤其大，分别相当于目前投资水平的 78% 和 186%。[③] 因此，共建"一带一路"聚焦基础设施的确有着明显的额外性。例如，亚洲基础设施投资银行（以下简称"亚投行"）和金砖国家新开发银行（以下简称"新开发银行"）的确为全球基础设施建设筹资带来重大的额外性。一方面，以交通、能源、城市建设等为代表的"硬"基础设施建设在亚投行和新开发银行的项目中所占比重高达 95% 以上。[④] 相比之下，传统国际金融机构对"硬"基础设施的投资比重要低得多，世界银行下属两大机构国际发展协会和国际复兴开发银行分别为 27% 和 37%；地区性国际金融机构中，美洲发展银行也仅为 31%，亚洲开发银行相对较高也仅为 66%，最高的伊斯兰发展银行为 74%。[⑤]

　　第二，投资催化剂原则即涌入商业投资者特别是当地投资者中聚焦的

① 《习近平在"一带一路"国际合作高峰论坛开幕式上的演讲》，新华网，2017 年 5 月 14 日，http://www.xinhuanet.com/politics/2017 - 05/14/c_1120969677.htm，最后访问日期：2021 年 8 月 10 日。

② UNESCAP, *Economic and Social Survey of Asia and the Pacific 2019: Ambitions beyond Growth*, Bangkok: UNESCAP, 2019, p.55.

③ IMF, *ASEAN Progress towards Sustainable Development Goals and the Role of the IMF*, Prepared for the ASEAN Leaders Gathering, October 11, 2018, Bali, Indonesia, September 27, 2018, p.29.

④ 以上数据系笔者根据亚投行和新开发银行的项目列表计算，数据截至 2019 年 12 月 31 日。"Approved Projects," AIIB, https://www.aiib.org/en/projects/approved/index.html; "Projects," NDB, https://www.ndb.int/projects/list-of-all-projects/.

⑤ Raphaelle Faur, Annalisa Prizzon, and Andrew Rogerson, "Multilateral Development Banks: A Short Guide," ODI Paper, December 2015, p.10, https://www.odi.org/sites/odi.org.uk/files/resource-documents/10650.pdf, accessed on August 10, 2021.

领域从而提升资本利用效率，有时也可能是通过其投资而带来其他投资者加入从而发展为一种杠杆作用。共建"一带一路"相关投资激发了合作国家和其他国际伙伴的投资热情，有巨大的资本动员潜力。

由于数据可用性，这里更多以亚投行和新开发银行的孵化器功能为例加以说明。自亚投行和新开发银行创设以来，其孵化器功能发挥日渐明显。一方面，亚投行和新开发银行迄今为止的投资项目动员了大量的额外资金，尽管二者的路径并不相同。亚投行是从与传统国际金融机构合作开始的，因此其投资资金与动员资金的比重呈上升态势：2016 年，亚投行的投资额占贷款方和其他伙伴方的出资额的 22.6%；2017 年迅速上升至 43.3%，2018 年为 69.7%，2019 年达到 103.9%，首次超过其所动员的资金。而新开发银行的路径则完全相反：2016 年为 150.4%，2017 年为 160.7%，2018 年降至 23.7%，2019 年回升到 89.5%（见表 4—1）。另一方面，尽管亚投行和新开发银行的总投入资金并不多，但激发了全球层面对基础设施投资的新兴趣，无论是美国在 2018 年 10 月通过所谓《建造法案》（Build Act）试图将美国全球基础设施投资规模增至 600 亿美元，[①] 还是日本和印度共同提出亚非增长走廊倡议，都体现出对国内和国际基础设施建设的新热情。

表 4—1　亚投行和新开发银行的孵化器功能（2016—2019 年）

单位：百万美元

年份	亚投行			新开发银行		
	亚投行	贷款方	其他伙伴方	新开发银行	贷款方	其他伙伴方
2016 年	1694	3734.03	3752	1259	675	161.9
2017 年	2352.7	3071.49	2362.8	2143.8	1091	243
2018 年	3398.4	1908.11	2971	4686	10849.5	8933
2019 年	4647.81	1872.4	2599.62	8348	4168.86	5155.7
小计	12092.91	10586.03	11685.42	16436.8	16784.36	14493.6

资料来源：笔者根据亚投行（https://www.aiib.org/en/projects/approved/index.html）和新开发银行（https://www.ndb.int/projects/list-of-all-projects/）的项目列表计算得出，最后访问日期：2021 年 8 月 10 日。

如果说共建"一带一路"高质量发展的中短期效应是通过投资的额外

---

① 范和生、王乐瞳、李博：《美国"建造法案"论析——基于中美大国博弈视角的分析》，《国际展望》2019 年第 4 期，第 98 – 114 页。

性和孵化器功能而放大合作国家既有发展努力的成效的话，那么其中长期效应就是通过夯实发展基石，特别是提升发展中国家的人均产出进而使整个世界经济增长更加均衡和强劲，并在此过程中逐渐培育和创新发展动力，从而为当前世界经济动力不足提供潜在出路。共建"一带一路"高质量发展对世界经济增长动力的培育和创新主要体现在两个方面。一是通过中短期内聚焦基础设施改善，从而为经济发展创造更为有利的创新环境。亚洲开发银行的研究指出，多国实证研究发现在创新与经济增长之间存在积极联系。尽管人力资源对创新而言更为重要，但基础设施特别是如道路、电力设施、水供应设施、信息与通信技术互联互通等的覆盖率和质量，也是创新得以实现的重要前提条件。[①] 二是通过中长期提升发展中国家的人均产出，进而扩大创新基础，形成全球性的"万众创新"局面。长期以来，创新不仅需要大量资本和能源聚集，更需要优质的基础设施及其他网络、熟练工人、较高信用以及复杂产品等支撑——尽管这可能意味着发展中国家的创新能力较弱，甚至可能因技术革命而拉大与其他国家的发展差距。[②] 因此，共建"一带一路"聚焦发展中国家和基础设施的交叉区域，进而可拉动发展中国家的发展水平，特别是帮助发展中国家改善人均产出水平，从而增强其创新能力，使其能更为有效地参与全球性的技术创新努力并从中获益。从世界历史的宏大视野看，在第一次工业革命或主权国家出现前，世界范围内的权势分配很大程度上与人口数量或规模相关，也即人口大国往往是权势大国，但随着主权国家诞生、工业革命启动，这一相关性逐渐消失，人均产出的高低成为决定国家权势大小的关键因素之一；但进入20世纪以来，大国的人口规模、地理覆盖范围等再度变得重要，其中一个重要原因在于技术或更广泛的知识扩散导致的人均产出差距缩小。[③] 因此，就世界经济增长的动力培育和创新而言，惠及更多人口或普惠型的技术创新将更具潜力，而这恰好是共建"一带一路"高质量发展的追求。

---

① Asian Development Bank, *Asian Development Outlook 2020: What Drives Innovation in Asia?* April 2020, Manila: ADB, 2020, p. 81.

② Jo Chataway, Rebecca Hanlin, and Raphael Kaplinsky, "Inclusive Innovation: An Architecture for Policy Development," *Innovation and Development*, Vol. 4, No. 1, 2014, pp. 33 – 54.

③ 从数据上，麦迪逊历史统计数据（Madison Historical Statistics）完全支持这一结论，其数据已更新至 2016 年，最新数据可从其网站（https://www.rug.nl/ggdc/historicaldevelopment/maddison/）获得，最后访问日期：2021 年 8 月 10 日。抽象的历史和理论总结可参见时殷弘《新趋势·新格局·新规范》，法律出版社，2000，第 88 – 90 页。

三　制度化发展观

无论是从理念初衷看还是从早期收获看,共建"一带一路"高质量发展均有较为坚实的支撑。为确保理念和收效的可持续性,共建"一带一路"高质量发展需要强大的机制体制保障。换句话说,共建"一带一路"高质量发展的核心目标是共生发展和增益发展,它需要制度化发展观保驾护航。共建"一带一路"高质量发展的制度化发展观首先是落实习近平主席所强调的共商共建共享,但在百年未有之大变局背景下需要强化风险意识,同时也需要改进绩效评估方法以适应高质量发展的要求。

第一,共商共建共享是"一带一路"倡议的基本指导原则,实现共商共建共享原则的制度化是要确保相关机制的系统化、网络化和利益—责任—命运"三位一体化"。

首先,共商共建共享机制的系统化要求大力构建与合作国家政策沟通的系统化模型,完善合作国家的准入、退出及调整机制,特别是要重点完善利益共享机制建设。共商与共建机制相对而言更易实现和管理,但利益共享机制往往面临挑战,特别是如果合作国家存在地缘政治关切的话,对"相对获益"与"绝对收益"的衡量就可能发生变化。例如,随着一国发展水平的提高,对投资保护、跨国公司税收、外汇管制等的需求均可能发生重要变化,相应的机制调整也会随之发生。因此,在共建"一带一路"高质量发展过程中,应根据具体合作国家的具体情况、"一带一路"建设发展阶段性及正确义利观,设置发展成果共享的阶梯性管理机制,提升共建"一带一路"的可持续性。

其次,共商共建共享机制的网络化既涵盖机制本身也涵盖合作国家的网络化布局。就合作机制的网络化布局而言,是要实现垂直机制与平行机制的相互交叉配合。垂直方向上,中国与合作国家应建立完整的从中央至地方的合作机制;平行方向上,中国与合作国家应依据部门、行业等建立相应的合作机制。就合作国家的网络化布局而言,应充分虑及合作国家的发展水平和地区分布等差异,依据战略对接的适配性和灵活性原则,发展合作国家的共商共建共享机制的网络化体系。这样,就可将合作国家的劳动分工与国内地方的劳动分工相结合,进而最大限度地结合国内与国际两个市场、调动国内国际两种资源,推动共建"一带一路"高质量发展。

最后,共商共建共享机制的利益—责任—命运"三位一体化",要求将利益共同体、命运共同体和责任共同体紧密结合起来。现实中，合作国家往往更多强调利益共同体，对责任共同体要求（特别是共商与共建过程中的合作国家贡献）及命运共同体理念（先有共商共建才能有共享）等的关注明显不足。因此，在制度设计中不仅需要保障合作国家的贡献空间，更要激励合作国家的贡献意愿，缓解共建的贡献"惰性"：一方面，可考虑适度降低自愿性贡献机制的比重，强化条件性贡献的机制设置；另一方面，适度降低事前鼓励机制的比重，强化事后奖励的机制性设置。

第二，应发展全面且完善的伙伴关系，从而实现共商共建共享中"共"字的制度化。

首先，应进一步巩固和强化公共伙伴关系建设。公共伙伴关系即各国政府间及国家政府与国际组织间的伙伴关系。共建"一带一路"高质量发展的公共伙伴关系建设大致包括三个层次：一是中国与合作国家的公共伙伴关系，最直接地体现为中国与合作国家围绕共建"一带一路"合作文件的签署及其深化与细化，下一阶段是如前所述设置其升级、优化、调整等的动态机制；二是中国与非合作国家的公共伙伴关系，其中最重要的是与在特定合作国家有着重要利益关系的非合作国家的公共伙伴关系，其重点是三方合作或第三方市场合作；三是中国与国际组织的公共伙伴关系，由于"一带一路"倡议与联合国2030年议程高度相通，这一公共伙伴关系不仅对"一带一路"建设有重要意义，更对推进2030年议程的落实有重要意义。巩固和强化共建"一带一路"高质量发展的公共伙伴关系有必要设定由高至低的优先次序，最优先的是与合作国家共同推动"一带一路"建设，其次是与国际组织合作贡献于全球发展议程的落实，最后是与非合作国家开展三方合作/第三方市场合作以缓解非合作国家的地缘政治疑虑。

其次，应大力强化公私伙伴关系和民间伙伴关系。很大程度上，"一带一路"倡议聚焦发展中国家和基础设施领域，因此其投资额大、投资周期长但回报率相对较低且资金回收周期长。因此，对更关注盈利的私营部门而言，参与共建"一带一路"的意愿相对较低，但公共资源并不足以推动共建"一带一路"高质量发展。因此，共建"一带一路"高质量发展首先需要大力发展公私伙伴关系：一方面，公共资金在共建"一带一路"高质量发展中可扮演积极的铺路者角色，并通过其额外性和催化剂功能吸引私营部门资金的参与，如公共资金在基础设施建设中的先期投入或建设境外合作园区等；另一方面，公共部门还可为私营部门参与创建平台，如"一带一路"国际合作高峰论坛框架下的企业家大会或其他类似平台,也可为私营部门参与提供政策或机制保障,如通过与合作国家签署有关投资保护、收益回国、税收合作等的协议。在建设公私伙伴关系的同时,民间伙伴关系也相当重要,特别是随着"一带一路"建设的推进,公共部门的资金投入应尽可能减少,将重点放在政策或机制保障上。

最后,积极推动三方合作/第三方市场合作机制建设。共建"一带一路"高质量发展所面临的重要挑战之一,是非合作国家对"一带一路"倡议的地缘政治疑虑。因此,与非合作国家的伙伴关系的核心,是通过三方合作/第三方市场合作的制度化发展,同时实现推动共建"一带一路"高质量发展和缓解非合作国家疑虑的双重目标。但需要指出的是,从欧洲于2007年针对中非合作提出涉非三方合作,到2015年《中法政府关于第三方市场合作的联合声明》首次正式提出"第三方市场合作",再到联合国及其他国际组织早已倡导的三方乃至多方合作,有关三方合作/第三方市场合作的理念、范畴、机制等仍存在诸多需厘清之处。当前对第三方市场合作的倡导,更多类似一种中国和非合作国家的公私伙伴关系与合作国家的公共伙伴关系的复杂结合,尽管最终主要体现为中国与非合作国家的企业在合作国家的民间伙伴关系,因此需要进一步完善和发展。

第三,在当前百年未有之大变局背景下,共建"一带一路"高质量发展势必面临各种潜在风险,由此产生了前所未有的风险管理和监督评估需求。共建"一带一路"高质量发展的风险管理与监督评估机制建设,主要包括以下三个方面:一是外生性风险,主要涉及国际体系或区域性风险、合作国家内部风险、非合作国家风险等方面;二是内生性风险,主要涉及共建"一带一路"五通领域推进过程中的风险,如战略对接与政策沟通中的风险,设施联通、贸易畅通和资金融通中的风险,民心相通的风险,以及共建"一带一路"项目对当地发展的溢出性风险,如"一带一路"建设中的潜在受益不均导致的不满、环境与社会标准匹配度不高带来的风险等;三是风险管理的理念、机制体制、举措等存在的风险。

在针对上述三类风险建设相应的机制体制的同时,也应发展针对上述风险的评估衡量指标体系,以便更好地完善和优化风险管理与监督评估机制。由中国作为最大的发展中国家且正持续崛起的事态所决定,共建"一带一路"高质量发展的风险评估指标体系不能采用简单的绩效评估模式,而应在借鉴联合国2030年议程的影响评估方法的基础上,将前述共生发展、增益发展等纳入，进而建立一个"三位一体"的评估指标体系：首先是对合作国家可持续发展的影响评估，主要可分为经济发展影响、政治安全影响和社会进步影响，分别设立多个指标予以衡量；其次是对中国与合作国家共同发展的溢出影响，核心是考察共建"一带一路"对双边关系的整体性促进效应，主要分为政治、经济和人文溢出三个方面，同样设立多个指标予以衡量；最后是对国际社会共生发展的溢出影响，核心是考察共建"一带一路"的全球、地区和第三方溢出效应，主要分为国际经济合作影响与对第三方利益影响两个方面，也设立多个指标予以衡量。对共建"一带一路"高质量发展作系统和全面的影响评估，有助于前瞻性地识别共建"一带一路"过程中的潜在风险和新兴议题。

第二节　共建"一带一路"高质量发展数据库开发

"一带一路"倡议在提出后的快速发展及其对合作国家的积极影响，已被国际社会对该倡议的广泛接受所证明。尽管如此，相关质疑仍持续不断，特别是有关共建"一带一路"的"地缘政治图谋""债务危机论""环境和社会标准低"等论调，充分表明"一带一路"倡议宣传、话语对接、信息披露等仍不够充分。包括联合国 2030 年议程在内的诸多国际发展议程，在其良好的沟通与宣传的背后，是充分、开放、及时、准确、友好的数据和信息，以及对其溢出效应的全面、科学和系统的影响评估。因此，必须基于权威性、全面性和先进性等原则，开发全面和系统的共建"一带一路"高质量发展数据库并据此展开影响评估。对以多学科、交叉学科为主要特征的共建"一带一路"高质量发展的实现路径的研究来说，利用中国、合作国家及国际社会的官方档案和数据，结合历史、理论、政策研究和定性、定量研究，以有理、有据的研究成果，为国家确立共建"一带一路"高质量发展的实现路径提供科学、前瞻、可操作的决策参考，不仅具有必要性和紧迫性，也具有较强的方法论科学性和研究结论可靠性。

一　国内外涉"一带一路"倡议数据库开发现状

在共建"一带一路"推进过程中，相关数据库已成为众多决策部门的重要工具，也是许多国内外科研机构关注与研究的重点。国内与"一带一路"倡议相关的政府机关、研究机构、高校、企业都从综合或专业的角度，尝试构建与"一带一路"倡议有关的数据库,已建成的包括"一带一路大数据综合门户""一带一路大数据分析报告""五通指数"等数据库。此外,随着"一带一路"倡议国际影响力的不断提升,许多国际机构——尤其是西方国家的智库、大学等——开始收集数据并建设涉"一带一路"倡议的数据库,较为知名的包括威廉玛丽学院(William & Mary College)建立的"中国对外发展合作数据库"(*Aid Data China*),[1] 美国企业研究所(American Enterprise Institute)与传统基金会(Heritage Foundation)建立的"中国全球投资追踪数据库"(*China Global Investment Tracker*),[2] 美国战略与国际问题研究中心(Center for Strategic and International Studies)建立的"亚洲再连接数据库"(*Reconnecting Asia*)[3] 等。这些数据库的建设为研究者分析"一带一路"倡议提供了重要的参考和扎实的支撑。当前国内外涉及"一带一路"倡议的数据库种类繁多,特点各异,可依据分析视角、研究方法、设计思路等观察其发展现状。

第一,从分析视角来看,既有的数据库建设主要采取了综合分析与聚焦分析兼顾的模式。相对而言,国内相关数据库往往二者兼顾,国外数据库则更为聚焦。综合性数据库涵盖"一带一路"倡议的各个方面,从贸易、金融、投资、民心相通、国别情况等多个方面开发,而聚焦性数据库主要收集"一带一路"倡议的特定领域或特定国家/区域的数据。

由于具备收集"一带一路"倡议落实相关数据的"主场优势",国内机构在"一带一路"倡议提出后不久就迅速开发了多个相关数据平台,其中最知名的是国家推进"一带一路"建设工作领导小组办公室与国家信息中心等机构合作建立的"一带一路"大数据综合服务门户。[4] 基于该数据库,国家信息中心从2016年起连续发布《"一带一路"大数据报告》,广覆盖、多维度地分析了"一带一路"倡议落实各方面的情况。此外,国内综合性的数据库还有国务院发展研究中心开发的"一带一路"研究与决策支撑平台[5],

---

[1] *Aid Data China*, William & Mary College, https://www.aiddata.org/china, accessed on August 10, 2021.

[2] *China Global Investment Tracker*, AEI, https://www.aei.org/china-global-investment-tracker/.

[3] *Reconnecting Asia*, CSIS, https://reconnectingasia.csis.org/, accessed on August 10, 2021.

[4] "一带一路"大数据综合服务门户网站, http://www.bigdataobor.com/, 最后访问日期:2021年8月10日。

[5] "一带一路"研究与决策支撑平台, http://ydyl.drcnet.com.cn/www/ydyl/index.html, 最后访问日期:2021年8月10日。

新华社开发的"新华丝路"数据库①和社会科学文献出版社开发的"一带一路"数据库②等。在上述综合性数据库之外，部分机构也设计了与"一带一路"倡议有关的聚焦性数据库，如北京司南国际矿业咨询有限公司的"一带一路"矿业界数据库③等。

相比之下，国际上涉"一带一路"倡议的数据库大多聚焦其中的特定方面，且多是从既有专题数据库衍生而来。例如，"中国对外发展合作数据库"就包括了许多与"一带一路"倡议落实有关的发展援助和对外贸易信息。在美国传统基金会和企业研究所设计的中国全球投资追踪数据库中，也专门设计了与"一带一路"倡议落实相关的模块。经济学人数据库也开发了涉"一带一路"倡议落实的专题版块。④

第二，从研究方法的角度看，已有与"一带一路"倡议落实有关的数据库主要采取了定性研究和定量研究相结合的方式。在这方面国内外相关数据库具有相似性，都强调要结合定量研究的大数据优势与定性研究的案例分析优势。定性数据库主要收集与"一带一路"倡议落实相关的分析文章、专著、书籍等；定量数据库则重点收集与"一带一路"倡议落实有关的定量数据，如贸易量、投资额、项目位置等。

国内涉"一带一路"倡议落实的数据库一般以定性研究为基础，逐渐强化定量数据搜集。例如，"一带一路网"的相关大数据中就包括了政策文件、各国企业、宏观国情介绍等定性数据。而社会科学文献出版社的"一带一路"数据库也是以其自身"蓝皮书"和"列国志"为基础，丰富了"一带一路"倡议落实的理论发展和对沿线国家基本国情的介绍。当然，也有一部分以搜集定量指标为基础的数据库，如"一带一路"沿线国家（地区）的贸易、金融、投资、发展等数据。

国际上涉"一带一路"倡议落实的数据库更加侧重于定量数据的搜集，在威廉玛丽学院的"中国对外发展合作数据库"中，"一带一路"建设项目

①　"新华丝路"数据库，http://space. db. silkroad. news. cn/jingnaiquan？typeid = 1，最后访问日期：2021 年 8 月 10 日。

②　"一带一路"数据库，https://www. ydylcn. com/skwx_ydyl/sublibrary？SiteID = 1&ID = 8721，最后访问日期：2021 年 8 月 10 日。

③　"一带一路"矿业界数据库，http://www. oborr. com/#top_information，最后访问日期：2021 年 8 月 10 日。

④　经济学人数据库，https://www. eiu. com/topic/one-belt-one-road，最后访问日期：2021 年 8 月 10 日。

的地理坐标、投资金额、参与对象、设计领域等都被结构化为可量化的数据，为相关学者开展定量研究奠定了基础。类似地，中国全球能源融资数据库①、中非融资数据库②等都包含了具体的项目金额、地点、投资方等，为数据可视化呈现和量化分析奠定了基础。

第三，在设计思路角度上，相关数据库主要采取了归纳和整合相结合的方式。目前，国内和国际数据库都更注重归纳性数据库建设。归纳性数据库侧重对资料的搜集与整理，而整合性数据库则偏重对资料的整合和二次编辑，并通常以指数化的形式呈现。例如，国内大多数数据库如新华丝路数据库③、上海社会科学院建设的丝路信息网④等，都属于归纳性数据库。类似地，国际性数据库也以归纳性数据库为主，如"中国对外发展合作数据库"通过对"一带一路"倡议落实投资相关媒体报道的持续整理，归纳出中国在海外投资的具体项目和金额等。

近年来，越来越多的数据库开始以整合性数据库为发展方向。例如，《一带一路大数据报告（2018）》创造性提出"国别合作度""省市参与度""智库影响力"等多个指标，通过对不同维度的数据加以分析、整合并形成直观的指数，将涉及"一带一路"倡议落实的国际合作环境、国内参与程度和智库研究情况清晰地呈现出来。⑤ 此外，北京大学在设计"一带一路"数据分析平台时也创造性地提出"五通指数"，直观地比较"一带一路"倡议落实情况。

尽管既有涉"一带一路"倡议落实的数据库建设已有一定进展，并为理解和分析"一带一路"倡议落实奠定了重要基础，但仍存在如下可改进之处。

第一，数据分析层次不够丰富，既有努力多以国家和行业作为数据收

---

① Global Devlopment Policy Center, *China's Global Energy Finance Database*, https://www.bu.edu/cgef/#/intro, accessed on August 10, 2021.

② *China-Africa Research Initiative Database*, http://www.sais-cari.org/data-chinese-loans-and-aid-to-africa, accessed on August 10, 2021.

③ "新华丝路"数据库，http://space.db.silkroad.news.cn/jingnaiquan?typeid=1，最后访问日期：2021 年 8 月 10 日。

④ 上海社会科学院丝路信息网，http://www.silkroadinfo.org.cn/#/? _k=zbt02r，最后访问日期：2021 年 8 月 10 日。

⑤ 国家信息中心"一带一路"大数据中心：《一带一路大数据报告（2018）》，商务印书馆，2018。

集的基本单元，缺乏以城市、地方为单位的数据库建设。在既有数据库中，无论是综合性还是专业性数据库，都未将省区市这一层级的参与行为视为分析重点，通常将这一层级的参与降格为数据库中的子门类。这往往不能反映地方参与"一带一路"倡议的丰富实践和鲜活特色，并导致数据库建设和分析的泛化。

第二，既有数据库重绩效评估，轻影响分析。无论是单纯的资料汇聚还是各种整合型的指数，既有数据库都侧重对情况的总结性描述。例如，"五通指数"侧重对"一带一路"倡议落实中的政策沟通、设施联通、贸易畅通、资金融通、民心相通的实际进展的评估，而"国别友好度"与"地区参与度"则侧重于"一带一路"倡议落实的推进情况。这一侧重现状描述的分析路径，尽管对现状评估与分析有利，但难以揭示"一带一路"倡议落实已经和可能产生的溢出性影响，因此更多停留于静态分析，对动态的互动、溢出等效应分析不够充分。

第三，大多数国际性数据库存在明显的数据可信性和可推广性问题。其原因主要在于三个方面：一是缺乏获得涉及相关资料的一手渠道；二是由于语言障碍，往往依赖二手报道进行资料收集与整理，存在数据库信息不准、重复收集等问题；三是政治因素对数据库建设的影响，尽管相关人员声称中立、客观，但深层次的价值观、西方国家整体上对"一带一路"倡议落实的猜疑态度等均可能影响其公正性，特别是在价值取向方面：国际数据库通常采取西方中心的态度，对于"一带一路"倡议往往存在一定偏见。

二　共建"一带一路"高质量发展数据库的开发思路

当前国内外有关"一带一路"倡议的数据库建设及由此而来的相关评估对其高质量发展不利：在国内研究中，定性评估往往多于定量评估，即便有定量评估其数据也不够充分，有的定量评估甚至直接使用国外数据库的数据，导致评估失真；尽管国外研究的定量评估更多，但这些定量评估或者先有立场后有评估，或者直接使用感知评估，存在不够客观的问题，其中尤为恶劣的典型是所谓"一带一路"倡议会导致形成合作国家的"债务危机"的论调。基于中国官方权威数据，并结合国际组织、学术机构及其他草根性的数据库的优势，开发更为权威、更为精确和更为全面的"一带一路"高质量发展数据库，不仅有助于国际社会更为准确地掌握倡议落实的具体情况，塑造"一带一路"倡议及中国的正面形象，也有助于更为准确地预判各类风险和科学决策，更好地促进共建"一带一路"高质量发展。

共建"一带一路"高质量发展数据库的开发，应以高质量发展为指导，以全面体现共建"一带一路"高质量发展观为原则，以提供及时、准确和开放的信息为标准，以实现对共建"一带一路"的更精准评估为目标。具体的开发思路主要体现为以下两个结合。

第一，结合中外官方与社会等多样来源的数据。如前所述，国际上特别是除国际组织外的其他国际性涉"一带一路"倡议的数据库的数据大多不够准确，有的甚至充斥着各种歪曲。例如，尽管 Aid Data 现在赢得了大量研究人员和观察家的青睐，但其数据来源存在较大问题，尤其是其以各类报道为基础形成的数据极可能造成将并不存在的交易当作真实的数据，将多次报道——谈判阶段、签约阶段、分期执行阶段等——的数据重复计算，等等。由此而来，在国际组织之外的其他国际性数据库的一个普遍问题是数据夸大，使所谓"中国威胁论""债务陷阱论"等都被进一步放大。但也应看到的是，官方数据也有其不足之处：尽管高度权威，但其数据的可用性往往存在问题，特别是缺乏细分数据，导致深入细致的观察相对困难。因此，共建"一带一路"高质量发展数据库既要确保数据的真实性和权威性，又要确保其可用性，必须以中国及其他合作国家、国际组织的官方数据为基础，并以恰当的方式补充其他来源数据。

第二，结合绩效评估与影响评估。如前所述，既有对共建"一带一路"的评估往往强调绩效评估，对影响评估重视不够。因此，需要将二者更好地结合起来，其前提是在数据库建设过程中应有意识地将绩效评估所需数据与影响评估所需数据都纳入进来。因此，共建"一带一路"高质量发展数据库可同时涵盖绩效评估数据库与影响评估数据库两个方面：绩效评估数据库的核心目的是提供共建"一带一路"高质量发展的基本数据，主要由领域性子数据库组成，主要涵盖贸易、投资、工程承包、基础设施建设、地方参与、境外产业园区等；影响评估数据库旨在评估"一带一路"倡议落实所产生的各种效应，涵盖政治、经济、社会、安全等方面，因此其子数据库也应涉及上述各个方面。需要指出的是，在上述两个方面之外，具体的共建"一带一路"项目本身一般都涉及绩效与影响，因此以具体项目为基础的案例数据库，可集中展示"一带一路"倡议落实的最佳实践，因此对有效结合绩效评估与影响评估也有重要意义。

　　这样，共建"一带一路"高质量发展数据库应由案例数据库、绩效评估数据库和影响评估数据库三个部分组成，其数据来源首先是中国及合作国家、国际组织的官方数据，在必要的情况下引入国内外社会性数据以弥补其细分数据的不足。从这个角度，共建"一带一路"高质量发展数据库也可按来源区分为两类：一是涉中国整体和地方政府的数据库，主要以中国国家和地方省区市统计局的相关数据为基础，并结合商务部对外投资与经济合作司的相关数据进行整合，最终获取中国与世界所有主要经济体的经贸数据，包括全国性数据和地方省区市的细分数据。二是涉共建"一带一路"合作国家的数据库，主要包括如下子数据库。一是共建"一带一路"合作国家经济数据库，主要以世界银行和国际货币基金组织的有关数据库为基础。世界银行的全球发展指数数据库涵盖各国的经济发展、产业结构、基础设施发展等情况，涉及上百个指标，且有较长时段的时间序列数据。根据此数据，我们吸收了其共建"一带一路"沿线国家（地区）的经济增长率、人均经济增长率、工业化程度、农业经济占比等数据，作为影响分析中的经济维度指标。二是共建"一带一路"合作国家政治与社会数据库，主要整合世界银行的世界治理指数数据库、美国和平基金会（Fund for Peace）的脆弱国家指数等数据库的相关数据。上述数据库测量了政府的行政效率、法治情况、规制情况、腐败情况、维稳情况等指标，需将其整合为有关政治和社会影响分析的指标。需要指出的是，随着联合国 2030 年议程的落实，围绕可持续发展目标的一系列评估数据正陆续推出——尽管诸多指标存在数据延迟、不能用于有效评估共建"一带一路"高质量发展等问题，但仍有重大参考价值，因此也将在适当的情况下引入共建"一带一路"高质量发展数据库。当然，还有其他诸多有参考价值的社会性数据来源，也将在数据库建设时予以考虑。

第三节　共建"一带一路"高质量发展评估体系

　　共建"一带一路"高质量发展研究不仅需要定性的理念支撑，更需要坚实的定量数据支撑。迄今为止，共建"一带一路"的评估体系尚不完善，远达不到高质量发展的要求。为促进共建"一带一路"倡议落实的有效评估、问题识别及灵活调整，并为国际社会提供有关"一带一路"倡议的主动、客观和科学的评估基准，缓解甚至避免国际社会的误解与误读，压缩少数势力刻意歪曲的空间,共建"一带一路"高质量发展的评估体系应在借鉴联合国 2030 年议程可持续发展指标的基础上,结合"一带一路"倡议的特殊性,结合指标化治理与规范化治理,建构公开、准确且可检验的评估指标体系。

一 评估体系的外部参照与基本方法

国际社会对各类发展议程的评估努力已经相当完善和丰富,可为共建"一带一路"高质量发展评估体系建设提供重要参考。具体而言,可为共建"一带一路"高质量发展评估体系建设提供直接参考的主要有两类:一是与"一带一路"倡议相关的评估努力,二是国际社会有关发展合作的评估努力。但由于"一带一路"倡议的特殊性,特别是其局部性、领域性及中国倡导性,共建"一带一路"高质量发展评估体系必然与既有的国际发展议程评估体系有所区别。

由于"一带一路"倡议提出时间尚不够长,再加上国内对指标化治理方法的研究不够深入,因此围绕共建"一带一路"高质量发展的评估努力并不多,较具代表性的是北京大学发起的"一带一路"沿线国家"五通指数"。该指数由北京大学海洋研究院、国务院发展研究中心、国家信息中心等单位联合编制,结合"一带一路"沿线国家的基本现状和发展态势,对这些国家在政治、经济、文化等方面与中国的互联互通的水平和进展进行了量化,经多轮针对"一带一路"沿线 64 个国家①互联互通情况的实际测算和专家评议后,最终确定了由 5 个一级指标、15 个二级指标和 41 个三级指标组成的"五通指数"指标体系。该指数最终依据"一带一路"沿线国家互联互通的发展现状,将其分为"顺畅型"(40 分以上)、"良好型"(30—40 分)、"潜力型"(20—30 分)、"薄弱型"(20 分以下)四个等级。根据规划,该指数将按年度长期发布,为共建"一带一路"和全球全方位互联互通的发展提供评价方法与数据支撑。

对共建"一带一路"高质量发展评估体系的建构而言,"五通指数"的参考意义在于三个方面。第一,"五通指数"的核心是评估共建"一带一路"沿线国家的五通基础,以便为推进共建"一带一路"建设提供事实依据,从而做到有主有次、先重后轻、先易后难。就此而言,"五通指数"很

---

① 因巴勒斯坦多项数据缺失,"五通指数"最终实际测算了 63 个国家。

大程度上更类似于可行性评估，而非动态的进展评估。当然，如果"五通指数"能够做到每年评估，从其评估结果的变化中也能得出某种进展评估。第二，"五通指数"对共建"一带一路"沿线国家的五通基础加以分类，从而有助于相关机构和企业在共建"一带一路"规划阶段提前规避风险，因此具有一定的早期预警功能，但由于缺乏进展评估中的风险发现要素，因此其早期响应功能明显缺乏。第三，"五通指数"更多基于中国所提出的五通构想，尽管长期监测与评估可能促进对共建"一带一路"倡议的长效机制的理解，但这种理解更多仍是输出评估或结果评估，而非影响评估。

国际社会有关发展合作的评估努力更为完善，诸如联合国可持续发展目标、世界银行、国际货币基金组织、经合组织发展合作委员会等都进行了相关努力。联合国 2030 年议程建立了完整的目标—具体目标—指标体系，由 17 项目标、169 项具体目标和 231 项指标共同构成。与此同时，2030 年议程评估还同时在全球、地区和国别三个层次展开。这样，有关 2030 年议程的评估构成了一个严密的多层次体系，并由可持续发展问题高级别政治论坛充当全球性协调和统领机制。与 2030 年议程相比，有关共建"一带一路"倡议的评估缺乏明确的目标，同时也难以具体分层，因此需要建立一个系统性的动态进展评估体系，其早期预警和响应功能应当明显强于 2030 年议程以更好地推动其高质量发展。

以世界银行的世界治理指数为代表的对象国内政指标体系对构建共建"一带一路"高质量发展评估体系有着重要的参考意义。世界治理指数由世界银行和美国布鲁金斯学会（Brookings Institution）共同开发，旨在监测世界各国治理状况，于 1996 年起每年发布并持续更新。该指数包括 6 大指标，即公众意见与政府问责、政治稳定与暴力水平、政府效率、管制质量、法治及腐败程度，力求客观地评价世界上超过 200 个国家的治理能力。[①] 但对共建"一带一路"评估体系的建构而言，以世界治理指标为代表的对象国内政指标体系——如美国系统和平中心（Center for Systemic Peace）的政治不稳定指标（Political Instability Task Force, PITF）政体五（Polity V）指标、美国和平基金会的脆弱国家指数等，都过于聚焦对象国内部情况，显然不符合"一带一路"倡议共商共建共享原则精神，但其相关指标建构的方法

---

① 有关世界治理指数可参见其网站 "Worldwide Governanace Indicators," World Bank, https://info. worldbank. org/governance/wgi/。

可以借鉴。此外,世界治理指标大量使用主观评估数据——如联合国可持续发展方案网络的世界幸福指数报告(World Happiness Report,WHR),特别是民意调查数据,导致的定性研究与定量研究的不平衡,也是共建"一带一路"评估体系建构中需要避免的。

经合组织发展援助委员会于 2010 年制定了《援助评估质量标准》(Quality Standards for Development Evaluation),以便实现对"援助有效性"的评估。该评估体系主要覆盖援助有效性的五个指标,即相关性(relevance)、有效性(effectiveness)、效率(efficiency)、援助影响(impacts)和可持续性(sustainability),具体的评估方法主要采用面谈、问卷调查、样本调查、案例研究、文献回顾等形式。[①] 发展援助委员会的评估对共建"一带一路"高质量发展评估体系的建构来说,在于其确立了类似五通的衡量目标,因此其可资借鉴之处或需避免的问题,也与"五通指数"有相似之处。

从基本目标上看,共建"一带一路"高质量发展的评估体系旨在衡量倡议的落实进展,评估其政治、经济、社会及安全等影响,以期为其下一阶段的继续落实提供可行的政策建议。由此而言,共建"一带一路"高质量发展的评估体系构建应当遵循以下原则。

第一,动态进展评估优于静态绩效评估。一方面,"一带一路"倡议本身也带有很强的规范化治理特征,其目标总体宏大且没有明确的落实时间表,需要依据具体落实情况不断调整具体的阶段性目标,因此就整个评估体系而言,既无须设定明确的阶段性目标并加以衡量,也不能止步于已取得的进展作静态绩效评估。另一方面,"一带一路"倡议涉及国家众多但并非一个普遍性的或全球性的发展议程,因此必须依据不同国家的具体合作水平确定不同的阶段性目标,极难设定明确的国别性、阶段性目标加以衡量。更为现实和可行的方法是,通过动态进展评估法,考察"一带一路"倡议在落实过程中所取得的成绩和存在的问题。换句话说,静态绩效评估本身的目标是为动态进展评估确定相对的参照体系,进而使动态进展得到更好的评估。

第二,影响评估优于输出(output)或结果(outcome)评估。随着各

---

① 有关经合组织《援助评估质量标准》可参见其网站"Quality Standards for Development Evaluation," OECD,https://www.oecd.org/dac/evaluation/qualitystandardsfordevelopmentevaluation.htm。

类评估体系的发展，国际主流发展议程的评估体系正逐渐从结果评估向影响评估转变。所谓影响评估是指就一项发展议程的直接或间接、有意或无意的长期后果，包括积极和消极的、首要和次要的，加以评估。影响与输出有明显差别，后者是执行发展议程或项目的直接成果，这是影响得以产生的前提。[①] 影响评估要求比输出或后果评估更多的数据、更为长远的眼光及更多关联性视野。共建"一带一路"高质量发展评估本身旨在进一步提高倡议建设效能，结果评估或绩效评估本身并不能满足高质量发展的要求。

第三，早期预警与早期响应优于绩效表彰。共建"一带一路"高质量发展的评估体系从方法论上讲是一种进展评估和影响评估，但其根本目的是指导下一阶段的落实和调整。因此，进展评估很大程度上只是第一步，更为重要的工作是依据进展评估，对"一带一路"倡议的推进和落实发出早期预警信号，并提出早期响应建议。换句话说，共建"一带一路"高质量发展的评估体系，根本上是一个早期预警和响应（Early Warning and Response，EWR）体系。这很大程度上借用了冲突早期预警和响应理论：它是一个通过阻止各类危机以保护人民生命的手段，是就潜在冲突或危机的爆发、升级和复发提出预警信号，深化决策者对冲突或危机的原因、发展和影响的理解，并提出响应方法的一个连续过程。其差异在于，冲突早期预警和响应更多是就暴力冲突加以预警和响应，而共建"一带一路"高质量发展的评估则着眼于"一带一路"倡议落实过程的各类潜在风险，当然也包括暴力冲突的风险，加以预警和响应。

第四，定性评估优于定量评估。共建"一带一路"高质量发展的评估体系主要使用定量方法，通过将各类要素量化，并实现可计算化，从而最终达到可评估、可比较的目的。但需要指出的是，任何定量方法都需要定性先行，因此这一评估体系使用的仍是一种结合定性和定量的混合方法。更为具体地，定量评估的定性前提是共建"一带一路"高质量发展观，即倡议的落实应有利于中国、合作国家及其他利益攸关方的共生发展、增益发展和制度化发展。

---

① Greet Peersman, Patricia Rogers, Irene Guijt, Simon Hearn, Tiina Pasanen, and Anne L. Buffardi, "When and How to Develop an Impact Oriented Monitoring and Evaluation System," Methods Lab, ODI, March 2016; Simon Hearn and Anne L. Buffardi, "What Is Impact?" Methods Lab, ODI, February 2016.

二 评估指标结构

"一带一路"倡议是中国在国际发展陷入困境之际所提供的国际公共产品，其对高质量发展的追求最为集中地体现在共生发展、增益发展和制度化发展三个方面。因此，其评估体系也应围绕这三个方面展开。与此同时，也应充分虑及"一带一路"倡议的特殊性：一方面，它是中国所提供的而非如联合国 2030 年议程那样的普遍性发展议程，因此其获益面有局部性，即对中国与合作国家而言是直接受益，其他利益攸关方则是间接受益，当然也还有部分国家或地区因未参与而难以受益；因此，共建"一带一路"高质量发展应首先评估其直接影响，即对合作国家可持续发展的影响；另一方面，由于该倡议由中国提出并依据共商共建共享原则予以落实，因此需要充分考虑其他国家对中国崛起的疑虑，评估倡议落实的间接影响，也即"一带一路"倡议如何推动中国、合作国家及其他利益攸关方的共生发展与增益发展。由此，共建"一带一路"高质量发展的评估体系事实上也包含三个层次，即单边影响评估——"一带一路"倡议落实对合作国家可持续发展的影响，双边影响评估——"一带一路"倡议落实对中国与合作国家关系的影响，多边影响评估——"一带一路"倡议落实的国际性影响。此外，由于评估有着重要的未来指向，因此风险评估、早期预警也应当是评估体系的重要方面。这样，笔者构建的共建"一带一路"高质量发展评估指标体系结构如下。

第一，共生发展是指中国与合作国家及其他利益攸关方在相向而行的基础上实现共同发展，因此其衡量可分为两个层次：首先是共向发展的衡量，其次是共同发展的衡量。

指标 1.1（BRI - 1.1）：共向发展效应

"一带一路"倡议的相向而行或共向发展效应，意味着倡议提升了中国与合作国家的政策相似度，反映的是动态的战略、政策对接水平的提高。因此，对相向而行不能使用战略或政策对接本身加以衡量——这更多是制度化发展的表现，而是要衡量这种对接水平的浮动变化。考虑到各国国情的差异，通过比较国内政策识别战略或政策对接水平的提升相当困难，一个可行的办法是对中国与其他国家在联合国投票的相似度变化加以衡量，从而识别出战略或政策对接水平的变化。这一衡量本身属于影响评估范畴，包括个体和整体两个方面，其衡量方式是相同的。

对共向发展的衡量可分为三个步骤实现。第一步是中国与合作国家的共向发展变化，具体比较方法是以 2008—2013 年和 2014—2019 年两个时间段内，即"一带一路"倡议提出前后各 6 年时间，中国与合作国家在联合国大会的投票相似度变化情况。选择这两个时间段加以比较，一是由于时间跨度均为 6 年，二是两个时间段内都有重大的消极性国际经济发展，因此可在排除国际发展危机冲击的情况下，观察较长时间内的投票行为变化，而这两个时段的唯一重要差异就是"一带一路"倡议。选择联合国大会投票，而不将联合国安理会投票纳入考虑，主要有两个原因：一是因为安理会成员国数量不多且有 10 个非常任理事国是轮换性质的，因此其代表性难以有效评估；二是安理会投票因具有强制性进而有着相当强的大国政治和国际安全关切，往往难以反映成员国的真实动机，而联大投票因不具备约束力进而更能反映其真实偏好。具体计算方式如下。

BRI – 1.1.1：

$$中国与合作国家的投票相似度 = （PCoP_{t2} - PCoP_{t1}）/PCoP_{t1}$$

PC 代表政策相似性（Policy Coherence），oP 代表合作国家（Partner），$t1$ 代表时段 1（2008—2013 年），$t2$ 代表时段 2（2014—2019 年）。

此外本研究还将采取独立样本 T 检验，计算"一带一路"倡议合作前的投票相似度（$PCoP_{t1}$）与"一带一路"倡议提出的投票相似度在统计学意义上的限制性。

第二步是合作国家与非合作国家与中国的共向发展变化，即对 2014—2019 年中国与合作国家、中国与非合作国家的联大投票相似度进行对比，其具体的计算方式为：

BRI – 1.1.2：

$$合作国家与非合作国家与中国的投票相似度 = （PCoP_{t2} - PCnP_{t2}）/PCnP_{t2}$$

nP 代表非合作国家（non-Partner），其余符号所代表的参数同上文。
本指标同样将使用独立样本 T 检验方式进行测算。

第三步是这两组对照的结合，可得出较为完整的共建"一带一路"高质量发展的共向发展效应；由于合作国家受"一带一路"倡议的影响可能更大，因此上述两组对照应赋予差异性的权重（70%：30%）。由此，共建"一带一路"高质量发展的共向发展指标就是：

BRI－1.1：

$$共向发展效应 = \sum BRI - 1.1.1 \times 70\% + BRI - 1.1.2 \times 30\%$$

该指标的最后得分为百分比值，得分越高意味着政策相似性越高，进而说明中国与合作国家的共向发展的水平也就越高；反之则共向发展水平越低。如果得分为负，则意味着共向发展效果不佳且可能存在消极影响，需要寻找导致这一现象的根源，识别共建"一带一路"高质量发展所面临的问题及存在的风险。

指标 1.2（BRI－1.2）：共同发展效应

共建"一带一路"高质量发展的共同发展效应，意味着中国与合作国家在共同发展的同时，并不影响其他国家与合作国家的共同发展。换句话说，共建"一带一路"高质量发展具有包容性。"一带一路"倡议是开放的合作平台，并不试图构建任何排他性的地缘政治阵营。因此，包容性是共建"一带一路"高质量发展的重要特征。

对共同发展的衡量主要以贸易包容性为核心展开，因为贸易关系是任何两国间经济关系紧密程度的重要体现。在全球化与相互依赖的背景下，如果"一带一路"倡议有排他性目的，必然导致相关国家对外贸易结构的重大变化。据此，衡量共建"一带一路"高质量发展的共同发展效应，事实上是对中国与合作国家、合作国家与中国之外的合作伙伴的贸易关系及其所反映的贸易结构的评估。这一评估同时包括绩效评估和影响评估，其中第一步和第二步均属于绩效评估，第三步则属于影响评估。

一是评估中国与合作国家的共同发展，主要考察中国与合作国家的贸易增长和合作国家的贸易增长的相关性，通过比较 2008—2013 年和 2014—2019 年两个时段的双边贸易与整体贸易的同比增长速度变化加以衡量。这一绩效评估的计算方法为：

BRI－1.2.1：

$$中国与合作国家贸易绩效 = (TrdCoP_{t2} - TrdCoP_{t1}) / TrdCoP_{t1}$$

Trd 代表贸易额，*C* 代表中国，其余符号所代表的参数同上文。

对于计算得出的差异，将采取独立样本 T 检验方式计算其显著性。

二是评估合作国家与除中国外的合作伙伴的共同发展，主要考察合作国家与其他合作伙伴的贸易增长的相关性，同样通过比较 2008—2013 年和

2014—2019 年两个时段的同比增长速度变化加以衡量。由于共建国家数量较多，同时每个国家的整体贸易结构存在差异，为更好地评估共建"一带一路"高质量发展的共同发展效应，仅选取对"一带一路"倡议有着较大误解的七国集团（G7）与合作国家的贸易额作为衡量，这一逻辑也适用于下述所有指标的建构。这一绩效评估的计算方法如下。

BRI－1.2.2：

$$合作国家与 G7 贸易绩效 =（TrdCoPG7_{t2} - TrdCoPG7_{t1}）/TrdCoPG7_{t1}$$

$G7$ 代表 G7 国家，其余符号所代表的参数同上文。

对于计算得出的差异，将采取独立样本 T 检验方式计算其显著性。

三是对中国与合作国家、合作国家与 G7 国家的贸易同比增长速度加以比较。由此，共同发展的影响评估指标界定为：

BRI－1.2：

$$共同发展效应 = Corr（BRI－1.2.1，BRI－1.2.2）$$

本书将通过计算以上两个指标的相关性系数来测量共同发展效应。如果相关性系数（－0.2，0.2）为正且越大则共同发展效应就越大；如果相关性系数较小，那么则说明不存在共同发展效应，但也无排挤效应；如相关性系数为负且较大，则说明存在排挤效应，预示着共建"一带一路"高质量发展中的贸易畅通可能存在风险。具体到不同国家，也可应用这一评估指标识别"一带一路"倡议是否在特定国家实现了共同发展，并及早发现在特定国家是否存在贸易畅通风险。

第二，增益发展是指通过共建"一带一路"合作，使合作国家既有的发展努力得以放大，同时还可培育更为长期的发展动力，因此其衡量也主要分为两个方面，即投资倾斜度和投资综合影响两个指标。

指标 2.1（BRI－2.1）：投资倾斜度

投资倾斜度衡量的是"一带一路"倡议落实所带来的额外性和催化剂效应。尽管额外性和催化剂效应有所差别，但均可利用投资额增长变化来加以衡量。额外性强调的是"一带一路"倡议投资进入非市场优先的国家或行业领域，而催化剂则凸显由额外性而激发的其他国家投资积极性。如果一定要区分额外性与催化剂效应，就必须作全面的时序检测；考虑到"一带一路"倡议提出不足 10 年，而投资数据本身有一定延迟性，再加上催化剂效应的时间延迟，可用数据极可能是不够充分的，因此将二者结合起来评估是可以接受的。如前所述,额外性涵盖地理和行业两个方面,因此,可依据"一带一路"倡议的重点合作对象和重点合作领域,将投资倾斜度进一步细分为发展中国家投资倾斜度和基础设施投资倾斜度。

无论是发展中国家投资倾斜度还是基础设施投资倾斜度,无论是额外性还是催化剂,其衡量均可通过比较中国与主要发达国家的投资实现,包括三个步骤。第一步是考察共建"一带一路"投资的份额变化。就发展中国家投资倾斜度而言,这个份额变化包括:发展中国家在中国的外国直接投资总额中所占份额变化,中国对发展中国家的投资占全球对发展中国家投资份额的变化。对基础设施投资倾斜度而言,同样分为这两个部分,即在中国对外投资总额中与在全球基础设施投资总额中的比重变化。由此得出的指标事实上属于绩效评估,具体计算方式为:

BRI – 2.1.1a:中国投资的发展中国家投资倾斜度 =

$$\frac{(InvCoP_{t2} - InvCoP_{t1})/InvCoP_{t1} + (InvCoPWs_{t2} - InvCoPWs_{t1})/InvCoPWs_{t1}}{2}$$

BRI – 2.1.1b:中国投资的基础设施投资倾斜度 =

$$\frac{(InvIfrC_{t2} - InvIfrC_{t1})/InvIfrC_{t1} + (InvIfrCWs_{t2} - InvIfrCWs_{t1})/InvIfrCWs_{t1}}{2}$$

Inv 代表投资额,Ws 代表全球占比,Ifr 代表基础设施,其余符号所代表的参数同上文。

第二步,类似地可计算出世界主要发达国家的发展中国家投资倾斜度和基础设施投资倾斜度;OECD 和 UNCTAD 的数据库均提供了有关世界主要发达国家的对外投资数据。同样,这一指标也仅考察 G7 国家,由此而来的具体计算方式为:

BRI – 2.1.2a:G7 投资的发展中国家投资倾斜度 =

$$\frac{(InvCoPG7_{t2} - InvCoPG7_{t1})/InvCoPG7_{t1} + (InvCoPG7Ws_{t2} - InvCoPG7Ws_{t1})/InvCoPG7Ws_{t1}}{2}$$

BRI – 2.1.2b:G7 投资的基础设施投资倾斜度

$$= \frac{(InvIfrG7_{t2} - InvIfrG7_{t1})/InvIfrG7_{t1} + (InvIfrG7Ws_{t2} - InvIfrG7Ws_{t1})/InvIfrG7Ws_{t1}}{2}$$

第三步,结合上述两个方面的绩效评估,可以得出共建"一带一路"高质量发展的额外性和催化剂效应,具体计算如下:

　　BRI－2.1a：对发展中国家投资的额外性与催化剂效应＝BRI－2.1.1a／BRI－2.1.2a

　　BRI－2.1b：对基础设施投资的额外性与催化剂效应＝BRI－2.1.1b／BRI－2.1.2b

　　无论是绩效评估还是影响评估，指标最终得分为正且越大就代表其投资倾斜度越大，说明其额外性和催化剂效应也越大；反之则越小；得分为负则意味着投资面临较大风险。但在影响评估时，如果出现得分为负的情况，需要考察是中国投资还是G7国家投资为负所导致的；如果二者同时为正或为负都能证明共建"一带一路"高质量发展的共向发展效应，但只有一者为负时则需要观察具体何者为何，进而精准识别共建"一带一路"高质量发展所面临的机遇与风险。

　　指标2.2（BRI－2.2）：投资综合影响

　　投资综合影响指标衡量的是中国投资所产生的系统性发展影响。与传统研究仅关注外部投资的经济影响不同，增益发展强调投资所产生的综合性影响，如中国投资与中国援助对东道国冲突与安全发展的影响[①]；由于着眼对长期发展动力的培育，因此这一综合性影响涵盖投资的直接经济影响和间接或溢出性的政治、社会、治理等影响。这样，投资综合影响指标由经济、政治和社会三个领域的6个次级指标组成，具体涵盖经济领域的经济增长影响、经济结构转型影响、政治治理影响、廉洁影响、社会稳定影响及社会公正影响等。

　　经济影响领域的指标主要分析共建"一带一路"投资对合作国家经济发展的直接贡献，其最直接的体现是经济增长，而就发展动力培育而言则更为直接地体现在产业结构转型上。

　　经济增长影响是"一带一路"倡议对合作国家可持续发展的最基本和最直接的体现。经济增长影响指标反映共建"一带一路"投资与合作国家经济增长之间的关系。该指标将借鉴通行的投资拉动经济增长的衡量方法，以共建"一带一路"投资流量为自变量，分析其与合作国家GDP增长之间的关系。考虑到投资周期关系，因此仍采用时间段（2014—2019年）方式衡量6年间的整体效应。其固定效应模型如下。

　　BRI－2.2.1：经济增长影响

$$GG_{oPt} = \lambda_c + \gamma_t + \beta_{EG} \times Inv_{oPt} + Con + \mu_{oPt}$$

---

① 王碧珺、杜静玄、李修宇：《中国投资是东道国内部冲突的抑制剂还是催化剂》，《世界经济与政治》2020年第3期，第135－154页。

GG 代表 GDP 增长率；oP 代表"一带一路"合作国家，t 代表时间（当前年份），$t-1$ 代表上一年份。Inv 代表中国在共建"一带一路"合作国家的对外投资额；EG 代表经济增长；λ_c 代表国家的固定效用系数，γ_t 代表对时间的固定效用系数，得出的影响系数是 β_{EG}；μ 代表平均数，Con 代表其他控制变量（下同）。

通过统计学常用的固定效应模型，本研究最终将计算中国在共建"一带一路"合作国家投资（Inv_{oPt}）与最终 GDP 增长率（GG_{oPt}）之间的关系 β_{EG}。此数据绝对值大小可反映共建"一带一路"投资与经济增长之间的关联强度。用数学表达方式可为当 Inv_{oPt} 变动 1 单位时，在其他条件不变的情况下 GG_{oPt} 将随之变动 β_{EG} 个单位。而 β_{EG} 的正负方向则体现此类变动为正面促进还是负面促进，当 β_{EG} 为正时，共建"一带一路"投资将促进合作国家经济增长，反之则相反。

要推动合作国家的可持续发展，共建"一带一路"应贡献于其经济结构的优化和升级，因此经济结构转型指标有着重要意义。其计算方式是依据共建"一带一路"投资的年度流量变化与合作国家的一、二、三产业结构的变化的相互关系，同样采用时间段（2014—2019 年）方式衡量整体效应。其固定效应模型如下。

BRI – 2.2.2：经济结构转型影响

$$IS_{oPt} = \lambda_{oP} + \gamma_t + \beta_{STI} \times Inv_{oPt} + Con + \mu_{oPt}$$

STI 代表经济结构转型影响，IS 代表工业在 GDP 中所占比重，其余符号所代表的参数同上文。

通过统计学常用的固定效应模型，本研究最终将计算中国在共建"一带一路"合作国家投资（Inv_{oPt}）与最终产业结构变化率（IS_{oPt}）之间的关系（β_{STI}）。此数据绝对值大小可反映共建"一带一路"与合作国家产业结构之间的关系强度。用数学表达方式可为当 Inv_{oPt} 变动 1 单位时，在其他条件不变的情况下 IS_{oPt} 将随之变动 β_{STI} 个单位。而 β_{STI} 的正负方向则体现此类变动为正面促进还是负面促进，当 β_{STI} 为正时，"一带一路"投资将促进合作国家产业结构转型，反之则相反。

政治影响领域的指标主要讨论共建"一带一路"投资对合作国家政治安全的影响，基于数据可用性及外部对"一带一路"倡议的关切等原因，主要选取政治治理影响指标与廉洁影响指标加以衡量。

　　尽管"一带一路"倡议从经济入手，但其所带来的示范与提升效应也会对有关国家的内部治理水平产生重要影响。政治治理影响指标便试图对此类影响加以分析和解释，主要分析共建"一带一路"投资对合作国家治理水平的影响。这一指标的衡量主要通过共建"一带一路"投资流量的增长速度与合作国家政治稳定度的变化率之间的对比加以观察，同样聚焦2014—2019 年时间段的变化，其固定效应模型如下。

　　BRI－2.2.3：政治治理影响

$$WGI_{oPt} = \lambda_{oP} + \gamma_t + \beta_{psi} \times Inv_{oPt} + Con + \mu_{oPt}$$

　　psi 代表政治治理影响，*WGI* 代表世界银行的世界治理指数（Worldwide Governance Indicator)，其余符号所代表的参数同上文。

　　通过统计学常用的固定效应模型，本研究最终将计算中国在共建"一带一路"合作国家投资（ Inv_{oPt} ）与政治治理影响指标（ WGI_{oPt} ）之间的关系 β_{psi} 。此数据绝对值大小可反映共建"一带一路"投资与政治治理之间的关联强度。用数学表达方式可为当 Inv_{oPt} 变动 1 单位时，在其他条件不变的情况下 WGI_{oPt} 将随之变动 β_{psi} 个单位。而 β_{psi} 的正负方向则体现此类变动为正面促进还是负面影响，当 β_{psi} 为正时，共建"一带一路"投资将促进合作国家政治治理指数上升，反之则相反。

　　廉洁影响指标旨在对共建"一带一路"投资对合作国家国内政治腐败的影响进行评估。在当今世界，政府清廉已成为衡量一国现代化水平的重要指标。一方面，不少共建"一带一路"合作国家存在着一定程度的腐败问题；另一方面，美欧往往质疑共建"一带一路"投资有加剧当地腐败的可能。因此，廉洁影响指标可成为考察共建"一带一路"高质量发展的重要指标，其具体衡量方式同样是 2014—2019 年这一时间段内共建"一带一路"投资与合作国家的腐败水平的相互关系，后者利用政体五（Polity V）的相关指标。其固定效应模型如下。

　　BRI－2.2.4：廉洁影响

$$TI_{oPt} = \lambda_{oP} + \gamma_t + \beta_{AI} \times Inv_{oPt} + Con + \mu_{oPt}$$

　　AI 代表廉洁影响，*TI* 代表合作国家的清廉指数，PV 代表政体五的政体指数得分，相关数据均可从其数据库中获取。其余符号所代表的参数同上文。

　　通过统计学常用的固定效应模型，本研究最终将计算中国在共建"一带一路"合作国家投资（ Inv_{oPt} ）与清廉影响指标（ TI_{oPt} ）之间的关系

β_{AI}。此数据绝对值大小可反映共建"一带一路"投资与清廉影响指标之间的关系强度。用数学表达方式可为当 Inv_{oPt} 变动 1 单位时，在其他条件不变的情况下 TI_{oPt} 将随之变动 β_{AI} 个单位。而 β_{AI} 的正负方向则体现此类变动为正面促进还是负面影响，当 β_{AI} 为正时，共建"一带一路"投资将促进合作国家清廉指数发展，反之则相反。

社会发展影响领域的指标考察共建"一带一路"投资与合作国家社会发展之间的相互关系，具体包括社会稳定影响指标和社会公正影响指标等指标。社会稳定影响指标重点聚焦"一带一路"倡议的安全影响，但重心放在社会稳定而非传统的战争或内乱等问题上。共建"一带一路"高质量发展的社会稳定影响指标评估投资对非经济部门特别是对社会稳定的贡献。通过将共建"一带一路"投资流量的增长与合作国家的社会暴力变化加以比较，可得出这一指标。其固定效应模型如下。

BRI – 2.2.5：社会稳定影响

$$VN_{oPt} = \lambda_{oP} + \gamma_t + \beta_{SSI} * Inv_{oPt} + Con + \mu_{oPt}$$

SSI 代表社会稳定影响，VN 代表不稳定情况，使用"失败国家数据库"数据；其余符号所代表的参数同上文。

通过统计学常用的固定效应模型，本研究最终将计算中国在共建"一带一路"合作国家投资（Inv_{oPt}）与社会稳定影响指标（VN_{oPt}）之间的关系 β_{SSI}。此数据绝对值大小可反映共建"一带一路"投资与社会稳定之间的关系强度。用数学表达方式可为当 Inv_{oPt} 变动 1 单位时，在其他条件不变的情况下 VN_{oPt} 将随之变动 β_{SSI} 个单位。而 β_{SSI} 的正负方向则体现此类变动为正面促进还是负面影响：当 β_{SSI} 为正时，共建"一带一路"投资将促进合作国家社会稳定的发展，反之则相反。

发展成果的共享性对可持续发展有着重要影响。社会公正影响指标旨在衡量共建"一带一路"投资对合作国家社会公平公正的影响。其核心是衡量共建"一带一路"投资与合作国家贫富差距之间的相互关联。其固定效应模型如下。

BRI – 2.2.6：社会公正影响

$$UE_{oPt} = \lambda_{oP} + \gamma_t + \beta_{SJI} * Inv_{oPt} + Con + \mu_{oPt}$$

SJI 代表社会公正影响，UE 代表不平等指数，这一指数从"失败国家数据库"中获得；其余符号所代表的参数同上文。

通过统计学常用的固定效应模型，本研究最终将计算中国在共建"一带一路"合作国家投资（Inv_{oPt}）与社会公正影响指标（UE_{oPt}）之间的关系 β_{SJI}。此数据绝对值大小可反映共建"一带一路"投资与社会公正之间的关系强度。用数学表达方式可为当 Inv_{oPt} 变动 1 单位时，在其他条件不变的情况下 UE_{oPt} 将随之变动 β_{SJI} 个单位。而 β_{SJI} 的正负方向则体现此类变动为正面促进还是负面影响，当 β_{SJI} 为正时，共建"一带一路"投资将促进合作国家社会稳定的发展，反之则相反。

可持续发展目标的实现取决于政治、经济、社会、环境等各方面目标的相向而行、齐头并进，但投资的环境影响相对缓慢且相关数据不够充分，因此对共建"一带一路"高质量发展的投资综合影响的衡量——投资综合影响指标——难以将环境及更多指标纳入其中。就政治、经济和社会三个领域而言，发展是解决所有问题的总钥匙，因此可为经济领域的指标赋予较高权重（40%），而政治和社会领域的指标权重略低（各30%）。因此，共建"一带一路"高质量发展的投资综合影响指标的计算公式如下。

BRI - 2.2：投资综合影响

$$BRI - 2.2 = （BRI - 2.2.1 + BRI - 2.2.2）\times 40\% + （BRI - 2.2.3 + BRI - 2.2.4）$$
$$\times 30\% + （BRI - 2.2.5 + BRI - 2.2.6）\times 30\%$$

与其他指标一样，投资综合影响指标的得分越高则其发展动能培育能力越强，反之则越弱；如果得分为负，或其他部分次级指标得分较低甚至为负，则可为识别共建"一带一路"高质量发展的潜在风险提供警示。

第三，制度化发展观体现了共建"一带一路"高质量发展的机制化、正式化水平；更高的制度化水平意味着共建"一带一路"高质量发展的水平更高，反之则水平越低且风险可能越高。对制度化发展观的衡量主要通过三个指标，即伙伴关系指标、可持续性风险指标和合作制度化水平指标。

指标 3.1（BRI - 3.1）：伙伴关系

结伴不结盟是后冷战时期国际关系的基本要求，中国已经与世界各国建立了广泛的伙伴关系。"一带一路"倡议是否促进、提升了中国与合作国家的伙伴关系建构，是衡量其高质量发展的重要指标。伙伴关系指标的衡量方式是，比照中国与合作国家的共建"一带一路"合作文件签署情况与伙伴关系建设情况，进而识别其制度化水平的提升贡献。本研究采取定性编码模式具体如下。

整体而言，伙伴关系指标为 0 - 1 定性指标。0 是指"一带一路"倡议没有促进中国与相应国家合作伙伴关系的发展，1 是指"一带一路"倡议促进了中国与相应国家合作伙伴关系的发展。具体的判断标准如下。

对在倡议合作协议签署前已经建立伙伴关系的合作国家，如其在倡议签署后，该合作国家与我国的伙伴关系层级升级，则编码为 1；如其在倡议签署后，该合作国家与我国的伙伴关系层级保持不变，则编码为 0。

对在倡议合作协议签署前并未与我国建立伙伴关系的合作国家，如其在倡议签署后，该合作国家与我国建立伙伴关系，则编码为 1；如其在倡议签署后，该合作国家与我国依然未建立伙伴关系，则编码为 0。

$$\text{伙伴关系指标（之前未成为伙伴关系）} = \begin{cases} 1（签署倡议后中国与相关国家建立伙伴关系） \\ 0（签署倡议后中国与相关国家未建立伙伴关系） \end{cases}$$

$$\text{伙伴关系指标（之前已建立伙伴关系）} = \begin{cases} 1（签署倡议后中国与相关国家升级伙伴关系） \\ 0（签署倡议后中国与相关国家未升级伙伴关系） \end{cases}$$

指标 3.2（BRI - 3.2）：可持续性风险

可持续性风险指标重点衡量"一带一路"倡议的抗风险能力与可持续发展能力。尽管有大量风险存在，但从共建"一带一路"高质量发展整体而言，最大的风险仍来自战略和政策层面，而非具体的项目层面，尽管具体项目级风险也可能被放大而上升至政策甚至战略层面。同时，具体项目风险在商业、法律、安全等之外，更多与社区级的运营环境相关，因此相关数据也难以获取。因此，可持续性风险指标仅关注战略和政策风险：在战略层面的根本风险是特定合作国家是否会推翻或根本上改变共建"一带一路"相关政策，无论是从合作变为不再合作，还是反向的变化；相比之下，政策层面的风险更多是相对短期的政策调整或逆转，其影响波及范围相对较小，但仍远大于项目级风险。更为具体地，战略风险往往是在政权更迭后发生，而政策风险则既可能发生在政府轮换之后，也可能发生在同一届政府内部重要官员或政策取向发生变化之后。因此，可持续发展指标事实上由两个层面的指标组成，即战略风险指标和政策风险指标，前者衡量政权更迭的影响，后者衡量政府轮换的影响。

政权更迭指标衡量特定合作国家政治制度的中长期趋势，即是否会出现政体根本性变化。由于不同国家存在差异，因此政权更迭指标的衡量以相应合作国家宪法所规定的领导人换届周期（如每 4 年或 5 年或更多年）

为基础，结合距离下次领导人更换的时间，判断其政权更迭可能性。具体计算方式如下。

BRI - 3.2.1：

$$政权更迭指标 = （E_y - C_y）／（I_t - E_c）$$

E_y 代表下届领导人选举的法定年份，C_y 代表当前年份，I_t 代表现任政府（领导人）在位年数（考虑到一般为两任或至多三任，对两任或三任内符合宪法的任期的在位年数均只计算每个任期的年数；对超出两个或三个任期后的，累加计算），E_c 代表法定选举周期（4 年、5 年或其他）。指标最终得分越高意味着政权更迭风险越高。

即使在基本政治制度稳定的情况下，政府轮换也可能导致政策变化，进而对共建"一带一路"可持续发展带来潜在风险。因此，政策风险很大程度上意味着政策稳定性的变化，政府轮换对政策稳定性意味着风险。因此，政策风险指标也依据政府或领导人选举或换届时间是否迫近加以衡量：距离领导人选举或换届时间越近（包括换届前和换届后），政策风险发生的可能性越大；反之，则可能越小。这一衡量可将政府轮换及同一政府内的政策风险同时考虑在内。其具体计算方式如下。

BRI - 3.2.2：

$$政策风险指标 = \begin{cases} （E_y - C_y）／（C_y - E_{y-1}）（任期过半前） \\ （C_y - E_{y-1}）／（E_y - C_y）（任期过半后） \end{cases}$$

E_{y-1} 代表上届领导人选举年份，其余符号所代表参数同上。这个指标的值分为三段，即大于 1，等于 1，小于 1。等于 1 意味着现任政府执政时间恰好一半，这是政策相对更为稳定的时期；以 1 为分界点，政府轮换的政策变更风险呈 U 形发展，即刚开始（值小于 1 且越接近于 0）时，意味着政府刚上台，为区别于前任而来的政策变更风险较大；趋于结束（值大于 1 且越接近无穷大）时，意味着新的选举临近，出于选举需求的政策变更风险上升。为了计算方便，本研究以该政府任期中点为分界线，确保任期过半前后值均呈现单调递增的状态。本指标数值越大，则相应风险也越大。

必须强调的是，由于大多数国家实行选举政治，因此必须考虑特定国家的政治发展史；如果过去 20 年即自 2000 年以来，一国从未发生不合宪政权变更、未出现第三任期危机等影响正常选举及政府轮换的事态，则视其为"不会发生政权更迭"。即在综合考察可持续性风险时，必须为政权更迭指标设置一个前提条件选项（If），在其为真（If1）时才考虑政权更迭风险，否则（If0）不予考虑。如果政权更迭指数为真时，政权更迭对共建"一带一路"高质量发展的风险明显高于政策风险，因其会带动政策的系统性而非局部性变化，因此对政权更迭指标和政策更迭指标的加权指数可分别确立为70%和30%，由此而来的可持续性风险指标计算方式如下。

BRI – 3.2：

可持续性风险指标（If1）＝BRI – 3.2.1＊70%＋BRI – 3.2.2＊30%

或

可持续性风险指标（If0）＝BRI – 3.2.2

可持续性风险指标得分越高，共建"一带一路"高质量发展所面临的风险就越大。

指标3.3（BRI – 3.3）：合作制度化水平

合作制度化水平体现了共建"一带一路"合作机制的正式化程度。伴随"一带一路"倡议的落实，倡议需实现合作意愿向合作模式的转型。这一转型的标志就是正式合作机制的形成。从意向沟通、非约束性合作备忘录到正式合作协议，共建"一带一路"的制度化体现为法律约束力增强以及制度嵌套的不断加深。为了测量合作制度化水平，笔者采取合作正式程度与合作对接程度与合作抗风险程度三个定序变量测量制度发展观。

合作正式程度测量中国与合作国家达成的"一带一路"合作机制的正式层级，分为四级。更高的层级代表更为正式的合作模式。具体如下。

BRI – 3.3.1：

$$合作正式程度 = \begin{cases} 0（未签署备忘录和正式文件, 仅是领导人口头宣示）\\ 1（合作国家作为某区域组织一部分签署备忘录, 没有直接签署双边协议）\\ 2（合作国家与我国签署"一带一路"合作备忘录）\\ 3（合作国家与我国签署"一带一路"协议并进一步达成细则合作）\end{cases}$$

合作机制对接程度测量了与中国签署了"一带一路"协议的合作国家与本国倡议对接的程度。本研究将以合作国家是否有与"一带一路"对接的发展倡议为依托，对"一带一路"倡议的对接情况进行测量。具体如下。

BRI – 3.3.2：

$$合作对接程度 = \begin{cases} 0（合作国家与中国在"一带一路"倡议下合作并未提到专门对接的发展倡议）\\ 1（合作国家与中国在"一带一路"倡议下合作提到专门对接的发展倡议）\end{cases}$$

合作韧性是对合作抗风险能力的测量。因此本研究以"一带一路"倡议合作在合作国家政府出现更替后的延续情况作为测量"一带一路"合作的韧性的指标。政府轮替与政权更迭是"一带一路"倡议遭遇的重要风险。在某些政府轮替出现后,"一带一路"倡议推进遭遇停滞,甚至相关国家暂停与中国的"一带一路"合作,而在另一些国家,"一带一路"倡议并不受政府更替影响,有较强的抗风险能力。例如,中国与泰国、马来西亚、巴基斯坦所签署的"一带一路"合作文件近年来都曾受到合作国家内部政权更迭的影响,但相关合作在初期的波折后均得以延续,此类案例较好地体现了共建"一带一路"的合作韧性。在具体测量方式上,该指标设计为定序指标,将采取编码人员根据资料主动编码的方式进行测量。具体而言,本研究将合作韧性设计为一个三级定序变量。

BRI – 3.3.3:

$$\text{合作韧性程度} = \begin{cases} 0\,(\text{与我国合作的"一带一路"国家在发生政府轮替或政权更迭后中止倡议合作}) \\ 1\,(\text{与我国合作"一带一路"国家未发生任何政府轮替或政权更迭}) \\ 2\,(\text{与我国合作的"一带一路"国家在发生政府轮替或政权更迭后继续维持倡议合作}) \end{cases}$$

在其中政权更迭的相关信息可通过政体4数据库、政治制度数据库(DPI)与相关新闻报道进行确定,而"一带一路"倡议延续或停滞,则政权更迭后新政府对"一带一路"倡议的相关态度决定,如新上台政府采取了中止项目或表示明确反对项目等行为,则可认为共建"一带一路"遭遇阻碍。

$$BRI – 3.3 = BRI – 3.3.1 + BRI – 3.3.2 + BRI – 3.3.3$$

综上,整个共建"一带一路"高质量发展指标体系由3个一级指标、7个二级指标及17个三级指标构成。这一指标体系在实现了对共建"一带一路"高质量发展观的指标化操作的同时,也较好覆盖了绩效评估与影响评估,单边—双边—多边影响评估等领域,且其数量来源相对便利,因此也具备较强的可操作性。还需要指出的是,这一指标体系既可以在具体的合作国家或非合作国家的个体层次进行衡量,也可对共建"一带一路"倡议合作国家或非合作国家作整体的评估;在对合作国家与非合作国家进行对照比较时,几乎所有指标都具备某种风险识别功能,这与最后的BRI – 3.2即可持续风险指标相结合,可形成相对完整的早期预警指标,对共建"一带一路"的高质量发展也有着重要意义。

第五章　设施高质量联通

　　基础设施互联互通是"一带一路"倡议的优先领域。自"一带一路"倡议提出以来，设施联通水平得到了持续提升。目前，"六廊六路多国多港"架构基本形成，一大批合作项目落地生根。基础设施联通不断深化。中老铁路、中泰铁路、匈塞铁路、雅万高铁等取得积极进展。瓜达尔港、汉班托塔港等合作港口建设运营良好。中俄东线天然气管道等建设稳步推进。值得强调的是，新冠疫情发生后至2021年9月，中欧班列还打通"生命通道"，累计向欧洲国家运送防疫物资1280万件、9.9万吨，为国际抗疫合作作出积极贡献。[①] 可以认为，建设高质量、可持续、抗风险、价格合理、包容可及的基础设施，有利于各国充分发挥资源禀赋，更好融入全球供应链、产业链、价值链，实现联动发展。但也应看到，迄今为止共建"一带一路"设施联通仍存在诸多问题，尤其明显地体现为基础设施的聚焦种类不够丰富，与共建"一带一路"合作国家的战略对接不够充分，融入当地社会经济的程度不够，建设方式相对单一，迫切需要实现从工程承包、投资到投建营维一体化的转变，等等。换句话说，共建"一带一路"设施联通很大程度上与《推动共建丝绸之路经济带和21世纪海上丝绸之路的愿景与行动》（以下简称《愿景与行动》）文件所提出的"抓住交通基础设施的关键通道、关键节点和重点工程，优先打通缺失路段，畅通瓶颈路段"的目标还存在距离。最为关键的问题或许在于，设施内部的联通尚未真正实现，即共建"一带一路"框架下的各类基础设施本身的集成度明显不够，项目与项目之间的互联互通水平较低，而即使在某种程度上实现了项目聚

---

① 李琳、杨琼：《"一带一路"八周年 国际互联互通水平持续提升》，中国一带一路网，2021年9月7日，https://www.yidaiyilu.gov.cn/xwzx/gnxw/186294.htm，最后访问日期：2021年9月12日。

集的境外经贸合作区项目彼此间也是相对孤立的，相互之间缺乏联系与分工合作。正因如此，共建"一带一路"需要"探索投资合作新模式，鼓励合作建设境外经贸合作区、跨境经济合作区等各类产业园区，促进产业集群发展"。[①] 因此，有必要对共建"一带一路"设施联通中的点——港口、电力设施、水电站等，线——公路、铁路等，以及面——境外经贸合作区，加以整合并作系统思考，考察其绩效与影响，进而识别其中存在的不足与风险，并强化设施高质量联通的制度化保障措施。

第一节　共建"一带一路"设施联通绩效评估

根据《愿景与行动》文件，设施联通主要涵盖公路、铁路、港口、能源电力等领域。自共建"一带一路"启动实施以来，中国与合作国家围绕上述领域的基础设施互联互通展开了全面合作，取得了重大进展，但迄今为止的相关评估整体上以重大项目、案例介绍为主，缺乏整体数据支撑。本章主要依据遥感科学国家重点实验室重大工程遥感监测团队于2020年发布的国内首个境外工程项目名录数据集，对共建"一带一路"设施联通的现状及其未来作具体分析。该数据集收录了中国在境外的1169个重大工程项目，涵盖铁路、公路、桥梁、港口、机场、产业园区、能源和矿山等类型，其中铁路项目86个、公路项目91个、桥梁项目8座、港口101个、机场81座、产业园区182个、能源项目485个、矿山项目135个。[②] 截至2021年10月，该数据集中涉及机场、能源和矿山等项目的信息尚未公开发表，因此本章仅以铁路、公路、港口、电力设施、水电站和境外经贸合作区等已公开的数据集为基础，结合项目东道国参与共建"一带一路"建设及其他相关情况——同样以2014年作为共建"一带一路"的起始年份，对共建"一带一路"设施联通的绩效作整体性评估。为便于比较，本章对各类基础设施项目的比较主要包括三个方面，即共建"一带一路"的具体落

---

① 国家发展改革委、外交部、商务部：《推动共建丝绸之路经济带和21世纪海上丝绸之路的愿景与行动》，2015年3月28日，中国一带一路网，https://www.yidaiyilu.gov.cn/wcm.files/upload/CMSydylgw/201702/201702070519013.pdf，最后访问日期：2021年7月5日。

② 有关该数据集的具体情况，可参见《我国首套境外工程项目名录数据集发布》，遥感科学国家重点实验室，2020年4月29日，http://www.slrss.cn/kydt/202101/t20210104_606315.html，最后访问日期：2021年9月12日。本章所使用的数据皆可从该网站下载获取。

实、地区分布及国别分布。

一　铁路建设

中国对外承建铁路项目开始较晚，很大程度上与技术发展水平和中国企业"走出去"能力直接相关。根据肖建华、邹明权、尹富杰及牛铮的《2007—2019 年中国海外铁路项目信息数据集》的数据，2007 年中国才开始对外承建铁路项目；到 2019 年底，中国企业承建海外铁路项目共计 86 个。具体而言，"一带一路"倡议框架下中国承建海外铁路项目主要取得如下进展。

第一，"一带一路"倡议极大地推动了中国海外铁路项目的发展。2007年，中国在安哥拉（3 个项目）和苏丹（1 个项目）共计开建 4 个铁路项目，总里程 2000 余公里，全部为普/快铁路，开启了中国海外铁路项目建设的里程碑。2007—2013 年，即"一带一路"倡议落实前，中国共计在海外承建铁路项目 24 个，平均每年不到 4 个。"一带一路"倡议的提出和落实，推动中国海外铁路项目建设的快速发展。2014 年的承建项目数就从 2013 年的 2 个跃升至 10 个，迄今为止承建数最高年份即 2018 年达到 20 个项目。2014—2019 年，中国共计开建 62 个海外铁路项目，平均每年超过 10 个。某种程度上类似贸易和投资的关系，"一带一路"倡议对沿线合作国家和非沿线合作国家的铁路项目建设有明显促进作用。例如，2007—2013 年，中国在沿线合作国家的铁路项目共计 11 个，但 2014—2019 年达到 34 个，是前一时期项目数的 3 倍多；而中国在非沿线合作国家的铁路项目数也略有增长，从 2007—2013 年的 13 个增至 2014—2019 年的 20 个（见图 5—1）。

第二，"一带一路"倡议对中国与亚洲、非洲国家的铁路项目建设有重大促进作用。换句话说，共建"一带一路"设施联通中的铁路联通，主要发生在亚洲和非洲。亚洲国家作为中国近邻，在"一带一路"倡议的带动下，铁路建设项目从 2007—2013 年的 10 个增至 2014—2019 年的 29 个，增长接近 2 倍。而非洲作为基础设施最为落后的地区，同时也是中国外交的重要基础所在，因此也从"一带一路"倡议的落实中受益良多。中国在非洲的铁路建设项目从 2007—2013 年的 13 个增至 2014—2019 年的 20 个。这意味着，中国在非沿线合作国家的海外铁路项目增长全部集中在非洲。由此可见，非洲对中国外交、"一带一路"倡议落实等的确有着基础性意义。相比之下，尽管从增长量上看相当显眼——从 2007—2013 年的 1 个增至 2014—2019 年的 6 个，但中国与欧洲的铁路建设合作仍处于初级阶段（见

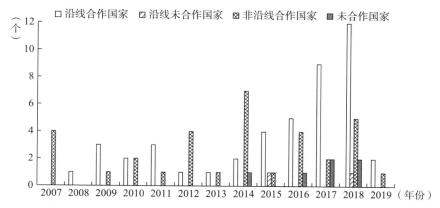

图5—1 中国海外铁路建设项目地区一年度分布（2007—2019年）

资料来源：笔者整理制作；肖建华、邹明权、尹富杰、牛铮：《2007—2019年中国海外铁路项目信息数据集》，《中国科学数据》2019年第4期，DOI：10.11922/csdata.2019.0065.zh。

图5—2）。从国别角度看，共建"一带一路"倡议下的中国海外铁路项目建设涉及47个国家。其中，尼日利亚以8个项目高居榜首，其次是苏丹、伊朗和孟加拉国，均为5个项目；印度尼西亚、沙特阿拉伯各4个，而安哥拉、缅甸、马来西亚均为3个，此外还有8个国家为2个，其余30个国家均为1个。[1]

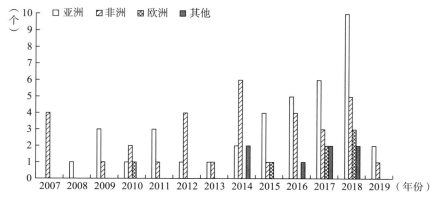

图5—2 中国海外铁路建设项目地区一年度分布（2007—2019年）

资料来源：笔者整理制作；肖建华、邹明权、尹富杰、牛铮：《2007—2019年中国海外铁路项目信息数据集》，《中国科学数据》2019年第4期，DOI：10.11922/csdata.2019.0065.zh。

---

① 肖建华、邹明权、尹富杰、牛铮：《2007—2019年中国海外铁路项目信息数据集》，《中国科学数据》2019年第4期，DOI：10.11922/csdata.2019.0065.zh。

第三,从具体项目类型看,共建"一带一路"海外铁路建设仍处于相对发展较慢的状态。整体来看,普/快铁路多达 60 项,占 69.8%,而高速铁路共计 10 项,轻轨 13 项,地铁 3 项。在"一带一路"倡议落实以来,各种类型的项目增长速度均比较快:普/快铁路项目从 2007—2013 年的 18 个增至 2014—2019 年的 42 个,高速铁路项目从 3 个增至 7 个,轻轨项目从 3 个增至 10 个,地铁项目从 0 个增至 3 个(见表 5—1)。

表 5—1　中国海外铁路建设项目分类(2007—2019 年)

单位:个

项目	2007—2013 年	2014—2019 年	合计
普/快铁路	18	42	60
高速铁路	3	7	10
轻轨	3	10	13
地铁	0	3	3

资料来源:笔者整理制作;肖建华、邬明权、尹富杰、牛铮:《2007—2019 年中国海外铁路项目信息数据集》,《中国科学数据》2019 年第 4 期,DOI:10.11922/csdata.2019.0065.zh。

二　公路建设

公路建设是共建"一带一路"设施联通中最基础也最普遍的项目。贾战海、邬明权、牛铮的《2006—2019 年中国境外公路项目信息数据集》统计了自 2006 年以来的数据。2006 年中国境外公路项目仅 1 个,即阿尔及利亚东西高速公路项目;到 2019 年底,中国企业共承建境外公路项目 91 个。具体而言,共建"一带一路"框架下中国承建海外公路项目主要取得如下进展。

第一,"一带一路"倡议落实使中国与非沿线合作国家和沿线合作国家的公路建设合作得到大幅加强。整体来看,2006—2013 年中国境外公路建设项目共计 18 个,而 2014—2019 年大幅增至 81 个,这很大程度上与"一带一路"倡议高度重视设施联通尤其是公路设施联通直接相关。在 2006—2013 年,新增项目数最少的年份是 2013 年,仅 6 项。"一带一路"倡议在最初 3 年里对中国境外公路项目的带动并不明显,2014 年、2015 年、2016 年三年的新增项目数分别为 5 个、7 个、5 个;从 2017 年即首届"一带一路"国际合作高峰论坛开始,"一带一路"倡议对公路联通的促进作用快速增强，当年新增公路项目 19 个，2018 年达到 28 个，2019 年回落至 17 个。但 2017—2019 年三年的总和相当于此前 12 年的 2 倍。需要强调的是，"一带一路"倡议对中国与非沿线合作国家的公路项目合作有着重大推动作用，2014—2019 年新增项目达到 47 个，在 2006—2013 年的基础上增长了 33 个；沿线合作国家的增长也相当明显，从 4 个增至 31 个。[1]

第二，"一带一路"倡议的落实对中国与亚洲和非洲两个地区的公路联通有着重大促进作用。在 2006—2013 年，中国与亚洲和非洲的公路建设项目分别为 4 个和 12 个；但在 2014—2019 年，上述数字分别增至 26 个和 33 个，占整个"一带一路"倡议落实后新增公路项目数的近 73%。如果说中国与亚洲的公路建设项目增长相对平稳的话，那么与非洲的增长就相当快速，尤其是在 2017 年和 2018 年两个年份（见图 5—3）。从国别分布看，中国境外公路建设项目共计分布在 50 个国家。其中，埃塞俄比亚以 7 个项目高居首位；肯尼亚和巴布亚新几内亚各以 6 个项目紧随其后，阿尔及利亚、坦桑尼亚和秘鲁均为 5 个项目，喀麦隆 4 个项目，哈萨克斯坦、玻利维亚和老挝均为 3 个，此外还有 12 个国家有 2 个项目、28 个国家有 1 个项目。[2]

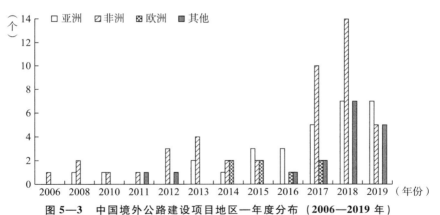

图 5—3　中国境外公路建设项目地区—年度分布（2006—2019 年）

资料来源：笔者整理制作；贾战海、邬明权、牛铮：《2006—2019 年中国境外公路项目信息数据集》，《中国科学数据》2019 年第 4 期，DOI：10.11922/csdata.2019.0050.zh。

第三，从项目的等级看，"一带一路"倡议也为相关国家带来了重大的

①　贾战海、邬明权、牛铮：《2006—2019 年中国境外公路项目信息数据集》，《中国科学数据》2019 年第 4 期，DOI：10.11922/csdata.2019.0050.zh。
②　贾战海、邬明权、牛铮：《2006—2019 年中国境外公路项目信息数据集》，《中国科学数据》2019 年第 4 期，DOI：10.11922/csdata.2019.0050.zh。

公路质量提升。2006—2013 年，中国境外公路建设项目中，高速公路项目 8 个，一级公路、二级公路和三级公路项目分别为 4 个、3 个和 1 个。在"一带一路"倡议实施后，2014—2019 年，中国承建的境外公路建设项目增长主要集中在高速公路和一级公路上，分别为 23 个和 22 个项目；二级公路、三级公路和四级公路项目也有所增长，但数量相对不多（见表 5—2）。这意味着，中国在推动共建"一带一路"公路联通时，也高度重视公路项目的等级和质量，为后续的设施高质量联通奠定了重要基础。

表 5—2　中国境外公路建设项目等级分布（2006—2019 年）

单位：个

项目	2006—2013 年	2014—2019 年	总计
高速公路	8	23	31
一级公路	4	22	26
二级公路	3	16	19
三级公路	1	7	8
四级公路	0	7	7

资料来源：笔者整理制作；贾战海、邹明权、牛铮：《2006—2019 年中国境外公路项目信息数据集》，《中国科学数据》2019 年第 4 期，DOI：10.11922/csdata.2019.0050.zh。

三　港口建设

如果说铁路、公路在基础设施中起到"线"的作用，那么港口很大程度上是"点"；但港口作为"点"的作用是战略性的，它可使无数线得以有效连接。很大程度上，地缘政治理论中的海权论强调的是"点"的战略作用，即海港在大国争霸中的核心地位；相比之下，陆权论则更多强调"线"，因为其重点是陆上交通的通畅。"一带一路"倡议聚焦设施联通，港口起到战略要点的作用。根据李祜梅、邹明权、牛铮等的《中国在海外建设的港口项目数据分析》的数据，中国在海外建设的第一个港口项目是于 1979 年 4 月启动的毛里塔尼亚努瓦克肖特港（友谊港）项目，1986 年 7 月完工，耗资 1.2 亿美元，属于援建项目。截至 2019 年底，中国在海外建设的港口项目共计 101 个。具体而言，"一带一路"框架下中国承建海外港口建设项目主要取得如下进展。

第一，"一带一路"倡议落实促进了中国在海外港口建设的大发展。在 1979—2013 年长达 35 年的时间里，中国在海外建设的港口项目共计 36 个；

但在 2014—2019 年短短 6 年时间里，这一数字就达到了 65 个，增长不可谓不快。特别是在"一带一路"倡议启动的头四年即 2014—2017 年，每年新增项目数都超过 10 个，新增项目数最多的年份即 2016 年达到 15 个。增长最快的合作国家是非沿线合作国家，从 1979—2013 年的 13 个增至 2014—2019 年的 27 个；沿线合作国家也从 17 个增至 25 个；未合作国家也有较明显增长——从 6 个增至 11 个。[①] 如果比较铁路、公路建设项目，非沿线合作国家在港口建设项目上的获益明显更多，一方面是由于相对增长更为明显；另一方面则是港口建设本身相对铁路和公路建设项目的投入更大，对东道国发展的影响也更大。

第二，"一带一路"倡议落实使中国与全球各个地区的港口建设合作均得到明显增长。在 1979—2013 年，中国与亚洲的港口建设合作已经有较好基础，建设项目已经达到 18 个，"一带一路"倡议启动实施后的 6 年中新增了 21 个，保持着稳定的增长态势。类似地，中国与非洲的港口建设合作也增长稳定，从 1979—2013 年的 11 个增至 2014—2019 年的 20 个，迅速追赶上中国与亚洲的合作水平。值得一提的是，中国与欧洲的港口建设合作项目从前一时期的 1 个增至后一时期的 10 个，而其他地区也从 6 个增至 14 个。[②] 从国家分布看，中国在海外的港口建设项目分布较广，达到 64 个国家，最多的是沙特阿拉伯和巴拿马，均为 4 个，安哥拉、斯里兰卡、阿联酋、缅甸、肯尼亚、澳大利亚、马来西亚均为 3 个，其余有 17 个国家均为 2 个、38 个国家均为 1 个。[③] 由此可见，尽管铁路、公路建设项目更多集中在亚洲和非洲两大地区，但港口建设项目则遍布全球，分布相对均衡且通过不同速度的发展实现了各地区的大致平衡。换句话说，"一带一路"倡议下中国在海外的港口建设相比铁路、公路建设布局更为合理，发展更具可持续性。

第三，"一带一路"倡议落实也推动了中国海外港口建设合作的升级转型。纵观 1979—2013 年的中国海外港口建设，援建项目达到 6 个——到

① 李祜梅、邬明权、牛铮等：《中国在海外建设的港口项目数据分析》，《全球变化数据学报》2019 年第 3 期，DOI：10.3974/geodp.2019.03.03。
② 李祜梅、邬明权、牛铮等：《中国在海外建设的港口项目数据分析》，《全球变化数据学报》2019 年第 3 期，DOI：10.3974/geodp.2019.03.03。
③ 李祜梅、邬明权、牛铮等：《中国在海外建设的港口项目数据分析》，《全球变化数据学报》2019 年第 3 期，DOI：10.3974/geodp.2019.03.03。

2011 年后不再援建港口，承建（含疏浚）项目 19 个，投资建设、租赁、收购等兼具投资、建设和运营的项目总体数量不多（11）。"一带一路"倡议启动后，尽管承建（含疏浚）项目也有快速增长达到 36 个，但投资建设、租赁、收购等增长迅速，达到 29 个（见表 5—3）。这在很大程度上说明，自"一带一路"倡议实施以来，中国在海外港口建设合作中更加关注投资和运营，进而也有着更高的可持续性。

表 5—3　中国海外港口建设项目类型分布（1979—2019 年）

单位：个

项目	1979—2013 年	2014—2019 年	总计
援建	6	0	6
承建	17	33	50
投资建设	5	16	21
租赁	3	2	5
收购	3	11	14
承建（疏浚）	2	3	5

资料来源：笔者整理制作；李祜梅、邬明权、牛铮等：《中国在海外建设的港口项目数据分析》，《全球变化数据学报》2019 年第 3 期，DOI：10.3974/geodp.2019.03.03。

四　电力设施建设

与铁路、公路和港口不同，电力设施尽管也属于基础设施，但属于能源性质的，与下文所要讨论的水电站一样。电力设施对各国的工业化、现代化发展至关重要，电力不足往往是制约发展中国家实现工业化的重要瓶颈。根据蒋瑜、邬明权、黄长军和牛铮的《2000—2019 年中国海外电力项目信息数据集》的数据，中国自 1998 年起开始承建海外电力项目，但直到"一带一路"倡议落实后尤其是进入 2017 年后才得以迅速发展，到 2019 年底共计有 376 个项目。具体而言，"一带一路"框架下中国承建海外电力设施项目主要取得如下进展。

第一，与铁路、公路及港口等基础设施不同，"一带一路"倡议在电力设施联通领域的受益者主要是沿线合作国家。整体上看，1998—2013 年，中国的海外电力项目共计 48 个，而"一带一路"倡议实施 6 年里电力项目达到了 328 个，其中仅 2018 年就增加了 128 个。沿线合作国家的电力项目增长最快：1998—2013 年，中国在沿线合作国家的电力项目共计 21 个，占同期电力项目总数的 43.75％；"一带一路"倡议实施后，中国与沿线合作国家的电力合作项目高达 253 个，占同期电力项目总数的 77.13％。相比之下，非沿线合作国家尽管也增长迅速，但其基数相对较小，从 1998—2013 年的 10 个增至 2014—2019 年的 43 个；沿线未合作国家的数量事实上减少了，前一时期有 17 个，而"一带一路"倡议实施以来仅有 7 个；未合作国家则从 0 增至 25 个，就增速而言是最快的。[①]

第二，由于大多数沿线合作国家位于亚洲，因此"一带一路"倡议所推动的电力设施联通在亚洲国家表现得最为明显。1998—2013 年，中国在亚洲的电力项目共计 36 个，而"一带一路"倡议实施后 2014—2019 年的 6 年里达到了 236 个，净增加 200 个；其中 2018 年增加了 118 个。如果从增长速度看，2014—2019 年欧洲与其他地区都要高于亚洲，均是从 1 个起步，但欧洲增至 30 个，其他地区增至 16 个。2017—2019 年非洲从 10 个增至 46 个，项目增长数量位居第二（36）（见图 5—4）。从国家分布上看，中国在海外的电力项目分布在 73 个国家，其中巴基斯坦以 48 个高居首位，排在第二位的是越南（28），印度尼西亚（27）、孟加拉国（26）、印度（20）、阿联酋（14）、菲律宾（13）、埃及（10）及缅甸（10）等国均超过或达 10 个。[②]

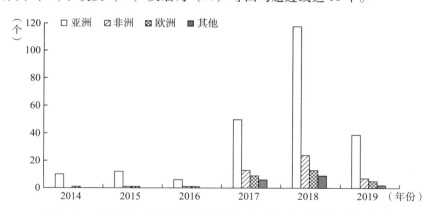

图 5—4 中国海外电力建设项目地区一年度分布（2014—2019 年）

资料来源：笔者整理制作；蒋瑜、邬明权、黄长军、牛铮：《2000—2019 年中国海外电力项目信息数据集》，《中国科学数据》2019 年第 4 期，DOI：10.11922/csdata.2019.0069.zh。

---

① 蒋瑜、邬明权、黄长军、牛铮：《2000—2019 年中国海外电力项目信息数据集》，《中国科学数据》2019 年第 4 期，DOI：10.11922/csdata.2019.0069.zh。

② 蒋瑜、邬明权、黄长军、牛铮：《2000—2019 年中国海外电力项目信息数据集》，《中国科学数据》2019 年第 4 期，DOI：10.11922/csdata.2019.0069.zh。

第三，从项目类型看，"一带一路"倡议正推动中国海外电力建设项目升级换代。1998—2013 年，中国海外电力建设项目以火电站为主（44），而其他输变电工程（1）、风电站（2）等罕有涉及。但在"一带一路"倡议落实后，尽管火电站项目仍然增长最多（146），但其他类型的电力设施项目增长更快，光伏电站从无到有并跃居第二（74），输变电工程也增到 57个位居第三，风电站（22）和其他电站（29）也增长迅猛（见图 5—5）。由此可见，"一带一路"倡议的确已经在朝向高质量发展迈进，特别是考虑到电力建设项目的快速增长是在 2018 年以后。而习近平主席在 2021 年联合国大会一般性辩论上宣布，"中国将大力支持发展中国家能源绿色低碳发展，不再新建境外煤电项目"[①]，更是彰显了中国推动共建"一带一路"高质量发展的坚定决心。

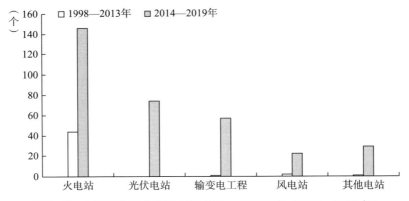

图 5—5　中国海外电力建设项目地区一年度分布（2014—2019 年）

资料来源：笔者整理制作；蒋瑜、邹明权、黄长军、牛铮：《2000—2019 年中国海外电力项目信息数据集》，《中国科学数据》2019 年第 4 期，DOI：10.11922/csdata. 2019.0069.zh。

五　水电站建设

水电站建设是中国基础设施建设中的强项之一。或许正因如此，"一带一路"倡议落实并未明显推进中国海外水电站建设项目的快速发展。根据尹富杰、邹明权、肖建华、牛铮的《2002—2019 年中国境外水电站项目信息数据

---

① 习近平：《坚定信心　共克时艰——在第七十六届联合国大会一般性辩论上的讲话》，外交部网站，2021 年 9 月 22 日，https://www.fmprc.gov.cn/web/zyxw/t1908642.shtml，最后访问日期：2021 年 9 月 23 日。

集》中的数据，2001 年起中国开始启动海外水电站建设项目，进展迅速，2019 年中国共计在海外建设完成或正在建设 111 个水电站项目。具体而言，共建"一带一路"框架下中国承建海外水电站建设项目主要取得如下进展。

第一，中国海外水电站建设项目总体发展平衡，"一带一路"倡议落实前后两个时期差异并不明显，主要集中在沿线合作国家和非沿线合作国家。2001—2013 年，中国共计有 56 个海外水电站建设项目；而 2014—2019 年略有下降，为 55 个。其中，沿线合作国家从 36 个降至 34 个，非沿线合作国家从 19 个降至 16 个，未合作国家则从 1 个增至 5 个。中国海外水电站建设项目增长最快的年份主要有 2008 年、2013 年、2017 年和 2018 年，分别新增 8 个、10 个、13 个和 19 项项目。由于"一带一路"倡议是在 2013 年下半年提出的，而在 2013 年的 13 个项目中有 9 个是在 9 月以前开工建设，1个于 9 月、2 个于 10 月、1 个于 11 月开工建设，因此 2013 年的项目不应算作"一带一路"倡议所推动的。[1] 就此而言，"一带一路"倡议实施后，中国海外水电站建设项目的增长相对平缓，与其他类型的设施联通相比受倡议影响最小。

第二，类似地，中国海外水电站建设项目的地区分布与发展也相对稳定，受"一带一路"倡议落实不够明显。2001—2013 年，中国在亚洲的水电站建设项目为 34 个，非洲 17 个，欧洲 2 个，其余地区 3 个。"一带一路"倡议实施的 6 年中，除其余地区相对有所增长外，亚洲为 33 个、非洲 11个、欧洲 1 个，均略有下降。[2] 这意味着，一方面受中国自身能力影响，另一方面受地理因素影响，"一带一路"倡议落实对中国海外水电站建设的影响并不明显，相对增长主要来自亚非欧之外的其余地区。从国家分布看，整体分布较为平衡，共计 38 个国家的 111 个项目中，老挝以 16 个项目高居首位，印度尼西亚（9）、越南（8）、巴基斯坦（6）、缅甸（6）、柬埔寨（4）及巴西（4）等国家紧随其后。[3]

第三，从合作方式看，"一带一路"倡议落实特别是对投建营维一体化

①　尹富杰、邬明权、肖建华、牛铮：《2002—2019 年中国境外水电站项目信息数据集》，《中国科学数据》2019 年第 4 期，DOI：10.11922/csdata.2019.0066.zh。

②　尹富杰、邬明权、肖建华、牛铮：《2002—2019 年中国境外水电站项目信息数据集》，《中国科学数据》2019 年第 4 期，DOI：10.11922/csdata.2019.0066.zh。

③　尹富杰、邬明权、肖建华、牛铮：《2002—2019 年中国境外水电站项目信息数据集》，《中国科学数据》2019 年第 4 期，DOI：10.11922/csdata.2019.0066.zh。

的强调，对水电站建设项目已开始产生影响。如果比较 2001—2013 年和 2014—2019 年两个时间段，纯投资项目两个时期都是 4 个；承建类项目略有下降——共计减少 2 个，其中完全承建类项目从 38 个降为 35 个，部分投资及承建类项目由 1 个降为 0 个，投资及承建类项目由 4 个降为 3 个，租赁及承建类项目由 3 个降至 1 个，贷款和部分贷款及承建类项目有所增长——共计增加 4 个，而联合承建类项目保持不变均为 3 个；收购类项目从无到有（2 个）。[①] 可以认为，在两个时期的项目总量基本相同（相差 1 个）的情况下，承建类项目的减少和收购类项目的上升，反映出的是合作方式的改进以及可持续性的提升。

六　境外经贸合作区建设

与铁路、公路和港口类的道路联通，电力设施与水电站等的能源联通相比，境外经济贸易合作区更多强调产业集群。根据中国商务部的界定，境外经济贸易合作区是指在中华人民共和国境内（不含香港、澳门和台湾地区）注册、具有独立法人资格的中资控股企业，通过在境外设立的中资控股的独立法人机构，投资建设的基础设施完备、主导产业明确、公共服务功能健全、具有集聚和辐射效应的产业园区。[②] 根据李祜梅、邬明权、牛铮、李旗的《1992—2018 年中国境外产业园区信息数据集》的数据，中国于 1992 年开始起建设境外经贸合作区，即越南铃中加工出口区和工业区。到 2019 年底，中国共计建设境外经贸合作区 182 个。具体而言，"一带一路"框架下中国推动的境外经贸合作区建设项目主要取得如下进展。

第一，整体上看，"一带一路"倡议落实对中国境外经贸合作区建设并无明显促进作用。由于共计有 7 个境外经贸合作区开工建设时间不明，因此能统计年度信息的境外经贸合作区只有 175 个。在这 175 个境外经贸合作区中，有 93 个是在 1992—2013 年开工建设的，而"一带一路"倡议启动后开工建设的境外经贸合作区为 82 个。具体看，"一带一路"倡议沿线合作国家从 63 个减至 53 个，少了 10 个，非沿线合作国家也从 24 个减到 21 个，未合作国家则从 5 个降至 4 个，仅沿线未合作国家从 1 个增至 4 个。如图

---

① 尹富杰、邬明权、肖建华、牛铮：《2002—2019 年中国境外水电站项目信息数据集》，《中国科学数据》2019 年第 4 期，DOI：10. 11922/csdata. 2019. 0066. zh。

② 《境外经贸合作区》，商务部合作司，2010 年 8 月 10 日，http://fec. mofcom. gov. cn/article/jwjmhzq/article02. shtml，最后访问日期：2020 年 8 月 14 日。

5—6 所示，中国境外经贸合作区建设有至少两个快速发展阶段，一是 2006—2011 年，二是 2012—2016 年，这两个快速发展阶段很大程度上跨越了"一带一路"倡议的启动，因此"一带一路"倡议的带动效应不明显。同时，2013 年是中国境外经贸合作区建设增长最快的年份，某种程度上也与"一带一路"倡议实施没有直接关联。

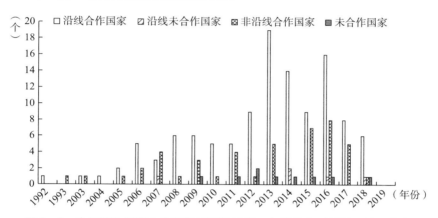

图 5—6　中国境外经贸合作区建设项目国家—年度分布（1992—2019 年）
注：因有 7 个境外经贸合作区开工建设时间不明，因此图中统计总量为 175 个。
资料来源：笔者整理制作；李祜梅、邬明权、牛铮、李旗：《1992—2018 年中国境外产业园区信息数据集》，《中国科学数据》2019 年第 4 期，DOI：10.11922/csdata. 2019.0028. zh。

　　第二，从地区分布上看，"一带一路"对中国在亚洲的境外经贸合作区建设有明显促进作用，但在欧洲和非洲均呈下降态势。如果比较 1992—2013 年和 2014—2019 年两个时间段，可以发现"一带一路"倡议对不同地区的境外经贸合作区建设的影响存在明显差异：在亚洲，后一时期相对前一时期增长了 11 个，分别为 31 和 42 个，增长态势明显；而欧洲则下降剧烈，从 36 个降为 17 个，跌幅超过 50%；非洲也呈小幅下降态势，从 24 个降至 20 个；其他地区没有明显变化，从 2 个增至 3 个（见图 5—7）。如果结合上述共建"一带一路"的国家类型分布，可以发现，"一带一路"倡议落实对亚洲沿线合作国家的境外经贸合作区建设的促进作用，被在欧洲沿线合作国家数量的下降所抵消。可能的解释在于：一方面是"一带一路"倡议对亚洲国家特别是周边国家的高度重视，另一方面则是境外经贸合作区建设的重心从发达国家向发展中国家转移。从国家分布看，182 个境外经贸合作区共计分布在 52 个国家，其中，俄罗斯以 44 个遥遥领先，并列排在第二位的埃塞俄比亚和印度尼西亚均只有 10 个,其后除柬埔寨(9)、赞比亚(6)和越南(6)之外,其余国家均只有 5 个或更少。[①]

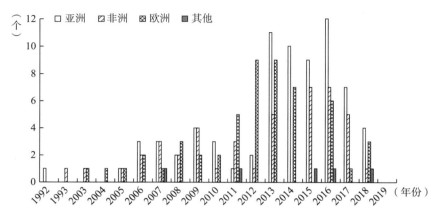

图 5—7　中国境外经贸合作区建设项目地区一年度分布(1992—2019 年)

注:因有 7 个境外经贸合作区缺乏开工建设时间信息,图中统计总量为 175 个。

资料来源:笔者整理制作;李祜梅、邬明权、牛铮、李旗:《1992—2018 年中国境外产业园区信息数据集》,《中国科学数据》2019 年第 4 期,DOI:10.11922/csdata.2019.0028.zh。

第三,从境外经贸合作区的类型看,"一带一路"倡议落实的影响并不明显。在 175 个有开工时间的境外经贸合作区中,1992—2013 年与 2014—2019 年相比,每个类别都没有重大波动:高新技术园区减少了 1 个,轻工业园区减少了 2 个,物流合作园区减少了 1 个,重工业园区均为 10 个,而综合产业园区则增加了 1 个;仅农业产业园区是个例外,从 28 个降至 20 个,某种程度上说明农业产业园区效益不佳影响了建设热情(见表 5—4)。

表 5—4　中国境外经贸合作区建设项目类型分布比较(1992—2019 年)

单位:个

时间	高新技术园区	农业产业园区	轻工业园区	物流合作园区	重工业园区	综合产业园区
1992—2013 年	7	28	16	6	10	26
2014—2019 年	6	20	14	5	10	27

注:因有 7 个境外经贸合作区缺乏开工建设时间信息,表中统计总量为 175 个。

资料来源:笔者整理制作;李祜梅、邬明权、牛铮、李旗:《1992—2018 年中国境外产业园区信息数据集》,《中国科学数据》2019 年第 4 期,DOI:10.11922/csdata.2019.0028.zh。

---

① 李祜梅、邬明权、牛铮、李旗:《1992—2018 年中国境外产业园区信息数据集》,《中国科学数据》2019 年第 4 期,DOI:10.11922/csdata.2019.0028.zh。

七 设施联通绩效综合评估

尽管上述 6 类设施并未涵盖"一带一路"倡议下所有的设施联通类型，但就可用的数据而言已较为全面。综合前述 6 类设施联通的独立绩效评估，可大致对"一带一路"倡议下设施联通的绩效评估作一整体和综合评估。

第一，从参与"一带一路"倡议合作的角度看，沿线合作国家和非沿线合作国家从"一带一路"倡议落实中获益最多。无论是铁路、公路等代表"线"的设施，还是港口、电力设施等代表"点"的设施，以及境外经贸合作区这类代表"面"的设施，合作项目最多的都是沿线合作国家和非沿线合作国家。而就增量而言，沿线合作国家和非沿线合作国家在铁路、公路、桥梁、电力等设施联通方面也表现最好。当然也应看到，这两类国家表现突出很大程度上与其国家总量较多有关，在 64 个沿线国家中有 57 个与中国签署了共建"一带一路"合作文件，尽管在不同类型的设施联通中沿线合作国家的数量存在差异；类似地，截至 2020 年底，非沿线合作国家的数量也已超过 80 个。尽管应避免以偏概全，但这两类国家所获得的新项目数量增长迅速本身仍说明"一带一路"倡议落实的重点对象所在。

第二，与前一点密切相关的是，亚洲和非洲是从共建"一带一路"设施联通中受益最多的两个地区，尤其是在铁路、公路、桥梁、港口、电力等设施方面。尤其值得强调的是，"一带一路"倡议落实推动中国在亚洲的境外经贸合作区大幅增长；由于境外经贸合作区有着重大的经济辐射与带动作用，因此其在设施联通中更多代表"面"，故其快速增长对东道国经济发展、共建"一带一路"高质量发展均有重要意涵。这一动态，与中国和欧洲的境外经贸合作区自共建"一带一路"以来大幅下降相结合，充分说明"一带一路"倡议主要聚焦周边或大周边与非洲的基本特征，进一步印证了"一带一路"倡议作为发展倡议的基本特性。

第三，也应看到，"一带一路"倡议的落实对水电站、境外经贸合作区建设等的促进作用并不明显。无论是从与"一带一路"倡议的关系，还是从地区分布看，这两类设施自"一带一路"倡议启动落实以来并无明显增长，相反整体呈放缓态势。这极可能由两方面的问题所致：一是中国企业"走出去"的能力问题，尤其是境外经贸合作区建设方面；二是东道国的发展潜力问题，因为无论是水电站还是境外经贸合作区建设都需要相对扎实的基础。

第四，共建"一带一路"设施联通的质量高低不一，意味着设施联通的发展平衡性需要提高。总体而言，铁路、港口、境外经贸合作区等设施联通的质量有待提高。相对而言，由于技术相对成熟，共建"一带一路"在公路、电力设施建设等方面表现出高质量发展的良好态势，尤其公路建设等级相对更高、电力设施升级换代步伐较快。同时，共建"一带一路"高质量发展对投建营维一体化的要求，也开始在水电站建设项目中得以体现。这一方面体现中国企业能力不平衡的客观现实，另一方面也对设施联通的战略与政策规划等提出了更为具体的要求。

第二节　设施联通中的经验分享创新

从绩效评估看，共建"一带一路"设施联通已然取得了重大进展。尽管存在诸多不足，但若从承建企业的资金来源看，设施联通项目往往可以区分为两类，即投资与承建，尽管有的项目可能是混合型的。因此，对设施联通的影响评估，也可区分为两类：一是投资类，二是非投资类。对投资类项目而言，其影响评估可以参见下文有关共建"一带一路"资金融通部分。但对非投资类，或投资类项目的与经济支出和产出效应无关的影响评估，很大程度上是考察经济和非经济投入和产出之间的关系。这大致可从两个角度观察。

一是经济投入与产出之间的匹配度，这在境外经贸合作区建设中最为突出。回顾中国境外经贸合作区的发展历程可发现一个明显的悖论：尽管发展迅速，但其背后缺乏强有力的经济动力支撑；中非境外经贸合作区的进展并未带来相应的营商环境、盈利预期等的有效改善；尤其是，商务部在 2015 年停止了对境外经贸合作区建设的相关补贴，但这并未对中非境外经贸合作区的建设积极性产生消极影响。因此需要追问的便是：为什么在经济动力并未明显改善的情况下，中非境外经贸合作区建设仍得到了持续推进？在经济动力之外，是什么因素在发挥作用，使中非双方愿意在回报前景没有明显提升的背景下承担重大的经济成本？二是承建类项目有区别于投资类项目的逻辑，即收益是稳定或至少可预期的，而且项目本身的长期可持续发展后果是无须企业关注的。因此，无论是经济投入与产出不成正比的项目还是承建类项目，其实都有另外的逻辑存在，即通过项目实施为以后承担更多同类项目奠定基础，其中经验积累高度重要。当然，如果只是中国企业能够从积累经验中获益，显然无法达成合作。因此，对东道国而言，在经济效益之外也存在经验积累问题。换句话说，在投资影响之外，非投资性的影响更多是经验分享，尽管不同类型的设施联通中经验分享的具体方式可能存在差异。整体而言，在单纯的经济关切之外，通过经验分享实现共同发展——更具体地是使中资企业和非洲东道国均能有效降低"摸着石头过河"的巨大时间和经济成本，也是共建"一带一路"设施联通持续推进的深层动力，其具体机制是项目建设中经验分享模式的创新尝试。

一　设施联通中的经验分享模式创新

共建"一带一路"设施联通有着超越直接可见的经济动机之外的结合了经济、政治和社会等的战略性动机：对中资企业而言，由于"走出去"的经验、能力等还不够，因此规模有限甚至空间封闭的设施联通项目尤其是境外经贸合作区，可使其通过"抱团出海""抱团取暖"而实现以最小的经济成本，快速培育和积累"走出去"的经验与能力，进而实现商业成本和运营风险的最小化和长期投资回报的最大化；对非洲东道国而言，经济发展不充分呼吁政治和经济改革，但全面改革难度大、风险高，因此通过在有限地理空间内的集中性试点改革并积累经验，培育"局部试验"和"逐步推广"的经济改革模式，有可能实现改革成本和风险的最小化和发展有效性的最大化。由此而来，共建"一带一路"设施联通项目上升成为一种经验分享和经验培育平台，尤其是在其经济效益尚不明显的阶段。需要指出的是，迄今为止的共建"一带一路"设施联通项目很大程度上实现了上述战略功能，大大降低了中资企业和非洲东道国"摸着石头过河"的政治、经济和时间成本：它有效结合了移情式平行经验分享与启发式梯度经验分享两种模式，实现了中国经验在非洲的跨时空应用，从而推动设施联通在经济动力不足的背景下仍可持续快速发展。

自冷战结束以来，经验分享就成为国际发展合作的主要手段之一。[①] 一般认为，经验分享包括发展故事分享（storytelling）和发展知识分享（knowledge-sharing）两种方式。发展故事分享有助于建立信任、培育规范、转移技术性知识并建立情感联系；换句话说，发展故事分享更易培育经验分享方

---

① Lim Wonhyuk, "Korea's Knowledge Sharing Program（KSP）," *Joint U. S. -Korea Academic Studies 2015*, p. 137.

围绕发展环境、解决办法等的情感共鸣,进而使解决方法更易超越空间限制得以转移。尽管如此,发展故事分享也有其不足,尤其是其明显的诱导性(seductiveness)、单一视角和静态逻辑。因此,要使解决方法得以有效转移,就必须对经验作知识化操作,从简单的故事讲述上升为复杂的模型归纳直至知识编码(codification),最终实现发展知识分享。① 也正是在这一意义上,世界银行尝试通过经验的知识化而将自身构建为"知识银行"(knowledge bank)。世界银行认为,知识分享是实现解决方法从 A 地到 B 地的转移,它从属于指导跨组织间的知识(信息、技能、经验或专长)交换的知识管理方法。依据分享难度高低,世界银行进一步将知识划分为隐性知识(tacit knowledge)——难以转化为有形形式的信息或知识,半隐性/经验性知识(implicit/experiential knowledge)——可以转化为有形形式的无形信息或知识,显性知识(explicit knowledge)——以有形形式展现的信息或知识。通过知识捕捉(knowledge capturing)、知识保存(knowledge preserving)、知识库(knowledge repository)建设等手段,世界银行正试图推动自身实现从发展故事分享向发展知识分享的转型。②

尽管隐性甚至半隐性知识的分享存在困难,但推动世界银行朝发展知识分享转型的更深层动因在于世界银行所分享的经验和知识更大程度上来源于发达国家。但一个显而易见的事实是,发达国家一方面发展水平远远高于大多数发展中国家,另一方面其发展经验的时间距离较远,严重缺乏鲜活的故事讲述资源。换句话说,在经验分享过程中,基于发展水平差距和发展经验远近,不同的经验分享方可以采取不同的分享方式,按类型学分为 5 个模型。在发展水平差距小的情况下,经验分享方很大程度上共享着对相似发展环境的差异性理解,因此无论是采用发展故事分享还是发展知识分享方法,都更大程度上促进平行经验分享(模型 1 与模型 2),可为有着相似发展环境甚至发展目标的经验分享方提供新的动力。所谓平行经验分享,即基于较高水平的背景共识或情境共鸣,经验分享方以更接近东道国实际的经验,诱发和促进后者的经济社会发展;平行经验分享可有效规

---

① Deborah Sole and Daniel Gray Wilson, *Storytelling in Organizations: The Power and Traps of Using Stories to Share Knowledge in Organizations*, LILA Harvard University, 2002, pp. 1 – 12.

② Steffen Soulejman Janus, *Becoming a Knowledge-Sharing Organization: A Handbook for Scaling up Solutions through Knowledge Capturing and Sharing*, Washington, D. C.: World Bank Group, 2016, pp. 1, 4 – 6, chap. 5.

避西方发展知识背后的"进步"假设。[①] 例如，李小云教授在讨论中非发展合作时指出，平行经验分享是指在 21 世纪第二个十年向非洲示范中国 20 世纪 80 年代的发展经验，而不是中国当前的经验模式。[②]

在经验分享方之间发展水平差距较大时，发展经验的时间距离远近的重要性得以凸显。如果经验分享方发展水平差距较大，但发展经验时间距离近，也即经验分享方有着鲜活的故事讲述资源，这更有利于实践平行经验分享（模型 3）；但如果经验分享方更多选择将隐性或半隐性知识模型化、编码化，则更可能促进梯度经验分享（模型 4）。梯度经验分享是指在存在较明显的发展水平差距的情况下，发展水平较高一方向较低一方"教导"或"传授"发展知识的方式。梯度经验分享模式源于经济学领域以产品生命周期理论为基础的梯度转移理论；因为尽管经济梯度转移理论强调经济部门的转移，但其背后是发展经验和知识的转移。[③] 而在经验分享方发展水平差距较大且发展经验时间距离较远的情况下，由于缺乏鲜活的故事讲述资源，因此只能更多采纳模型化、编码化等抽象方法实现发展知识共享，因此更多是推动梯度经验分享（模型 5）。

从上述类型学中可以看出，共建"一带一路"设施联通项目在经验分享上有明显的创新潜力，即可实现平行经验分享和梯度经验分享模式的有机结合。事实上，共建"一带一路"设施联通的经验分享涵盖了四种模型。其一，无论是中国内部还是非洲内部，都存在复杂多样的发展差距，因此在设施联通项目建设过程中，更多是中国不同地方的企业与不同的非洲东道国之间的经验分享。其二，相对于西方发达国家，中国与非洲的整体发展水平差距较小，且中国改革开放仅 40 余年故拥有较为鲜活的发展经验记忆，这也意味着中国的发展知识的模型化、编码化水平相对较低，因此设施联通项目的经验分享更多是前 4 种模型，出现第 5 种模型的可能性较小。

---

① 徐秀丽、李小云：《平行经验分享：中国对非援助理论的探索性构建》，《世界经济与政治》2020 年第 11 期，第 117 - 135 页。

② 王方：《中坦合作：农业驱动减贫之道》，《中国科学报》2015 年 7 月 29 日，第 5 版。

③ 有关经济梯度转移理论的讨论相当多，例如可参见李春梅、王春波《产业转移理论研究述评》，《甘肃理论学刊》2015 年第 3 期，第 138 - 141 页；任文启《欠发达地区发展理论中国化研究综述》，《理论月刊》2014 年第 7 期，第 163 - 166 页；宫丹丹《产业转移理论研究综述》，《北方经济》2013 年第 4 期，第 22 - 23 页；许威、魏攀《国内外产业转移相关理论研究综述》，《金融理论与教学》2011 年第 4 期，第 64 - 67 页；侯燕飞《基于"雁行理论"统筹区域产业转移》，《经济研究导刊》2011 年第 12 期，第 181 - 183 页；等等。

其三,在设施联通项目建设的经验分享过程中,平行经验分享与梯度经验分享并不是截然分开的,相反由于中国经验的记忆鲜活性和低度知识化,二者结合得更加紧密。正是得益于上述特殊性,共建"一带一路"设施联通对经验分享模式的创新的推动具体体现为两个方面。

一方面,平行经验分享推动中非双方的移情式理解,促进了中国经验在非洲的跨时空应用。与发达国家相比,中国在与非洲分享发展经验时的最大优势在于,中非初始发展差距并不大,中非"大逆转"也是1979年中国实施改革开放后的事情。无论是以 GDP 还是人均 GDP 抑或联合国人类发展指数来衡量,中国在改革开放之初都落后于多数非洲国家,尽管今天已经远远超过绝大多数非洲国家。[①] 这意味着,中国有大量鲜活的故事资源,可通过发展故事和发展知识的分享,推动形成设施联通项目建设过程中的情境共鸣,进而贡献于非洲发展。特别是,中国大量的基础设施建设者仍年富力强,在其有机会参与"一带一路"设施联通项目建设时,可将其亲身经历和个人理解应用于非洲的时空环境之中。这样,设施联通项目建设很大程度上可有效克服经验分享中的最大困难,即所分享的经验对东道国到底有多大可参考性的问题。在设施联通项目建设中,中国专家所提供的经验很大程度上是中国自改革开放以来快速发展过程中国内基础设施建设的经验,这更符合东道国国情,进而参考意义更大。例如,有学者经过长期田野调查后指出,埃塞俄比亚工业园政策有明显的东方印记,可以说是一个"东学非渐"的过程。[②] 中非境外经贸合作区成为埃塞俄比亚工业化战略的重要经验来源,这主要通过两种方式实现,第一种是埃塞俄比亚政府的主动学习,第二种是"引进"专家。[③] 随着中国在埃塞俄比亚的工业园建设取得初步成果,埃塞俄比亚自身的工业园建设也随之得到发展。到2020年底,埃塞俄比亚共计有23家工业园,其中14家已开始运营——8家国营和6家民企,9家处于在建过程中,其中部分尚处于规划阶段。[④]

另一方面,梯度经验分享强调平等的启发式的解决方案转移,以推动

---

① 张春:《非洲可以借鉴中国的治国理政经验》,《现代国际关系》2018年第8期,第4-5页。

② "Industrial Parks: Shortcut to Industrialisation?" Ethiopian Business Review, No. 68, December 15, 2018, https://ethiopianbusinessreview.net/archives/6176, accessed on August 10, 2021.

③ 黄正骊:《工业化与城市化的十字路口》,《城市中国》2020年第2期,第144页。

④ "Government and Private Parks," Ethiopian Investment Commission, http://www.investethiopia.gov.et/index.php/investment-opportunities/other-sectors-of-opportunity/government-and-private-parks.html, accessed on August 10, 2021.

东道国经济特区建设的跨越式发展。共建"一带一路"设施联通的经验分享创新之所以可能，很大程度上还在于中国与东道国的基础设施发展水平差距。例如，自 1959 年第一个现代工业区在爱尔兰香农创设以来，经济特区建设已经走过了半个多世纪的发展历程，遍布东亚、拉美乃至非洲。根据联合国贸发会议的数据，1975 年时全球仅 29 个国家建设了 79 个经济特区，到 1995 年时已有 73 个国家建设了约 500 个经济特区，到 2006 年时则有 116 个国家建设了 3000 个经济特区，到 2018 年全球共计 147 个国家建设了约 5400 个经济特区。[1] 尽管有如此丰富的实践，但除了在东亚地区特别是在中国取得了明显成就外，其余地区和国家的经济特区建设表现不尽如人意，在非洲更是收效甚微。[2] 因此，向中国学习经济特区建设的经验以促进经济发展，成为一些国家与中国交往的重要内涵。整体而言，自改革开放以来中国基础设施的快速发展，为中国经济的快速发展奠定了重要基础，因此随着"一带一路"倡议的实施，"要想富、先修路"的观念也逐渐在全球范围扩散，进而形成设施联通经验分享创新的重要基础。

共建"一带一路"设施联通的梯度经验分享，主要基于平等原则的启发式解决方案转移。这根本上源于中国对外关系中"所有国家一律平等"的基本准则。例如，在推动中非境外经贸合作区建设时，中国政府"支持有实力的中国企业到一些国家和地区开展多种形式的互利共赢合作，以促进与驻在国的共同发展。中国企业在境外投资建设合作区，要按照市场规则、平等互利、循序渐进、注重实效的原则，通过政府引导、政策支持、企业决策、商业运作的方式，注重投资实效和投资安全"。[3] 这也符合李小云教授在讨论中国对非援助时所指出的观点：中国与西方对非援助的根本差别在于，对中国而言只有"东道国"，没有西方所强调的"受援国"；这揭示了一种与西方援助有所不同的合作路径——更加"接地气"因此也更适用的发展经验、基于"平等性"和"主导性"的合作，对方是"东道

① UNCTAD, *World Investment Report 2019*: *Special Economic Zones*, New York: UNCTAD, 2019, p. 129.
② 曾智华：《经济特区的全球经验：聚焦中国和非洲》，《国际经济评论》2016 年第 5 期，第 125 – 127 页。
③ 《中国政府对境外经贸合作区的支持政策措施》，商务部网站，2010 年 4 月 15 日，http://hzs. mofcom. gov. cn/article/zcfb/jwjmhz/201506/20150601024637. shtml，最后访问日期：2021 年 8 月 10 日。

国"而非"受援国",让"东道国"成为项目以及自身发展的主导力量。①
因此,在经验分享过程中,中国并不希望非洲东道国照搬或套用中国经验。
共建"一带一路"设施联通更多是物理性的设施互联互通,非物理性的如
标准互联互通整体上处于较低水平,尽管也有初步尝试。

共建"一带一路"设施联通的经验分享模式创新正逐渐得以推广,为
共建"一带一路"设施高质量联通奠定了更为扎实的基础。其一,在中国
内部,由于地区性发展水平差异,不同省区市相互间事实上在分享各自的
海外设施联通经验。其二,在东道国,共建"一带一路"设施联通项目的
建设,往往与其和其他国家合作的项目之间形成了平行与梯度经验分享。
例如,正是得益于东方工业园的快速发展,埃塞俄比亚政府开始积极发展
国有工业园。尽管越来越多的国有工业园可能对东方工业园的地位、其与
政府的关系等存在潜在的不利影响,但随着时间的推移,埃塞俄比亚工业
园管理局正在更加频繁地向东方工业园学习。直到今天,东方工业园的示
范作用依旧没有消失,不管是从工业园管理者的责任、性质,还是从土地
的管理模式和工业园的收费模式上来说,东方工业园在埃塞俄比亚仍旧是
开拓者和试验先锋。② 这意味着,东道国基础设施建设中往往同时存在多个
合作伙伴,因此不同类型的项目间关系事实上相当复杂,相互竞争与相互
学习常常同时并存。其三,在参与共建"一带一路"设施联通的中方行为
体内部,经验分享也正变得越来越普遍。未必是理性设计的后果,但参与
共建"一带一路"设施联通的资格认证本身,就已经形成了一种经验分享
的正向激励机制。例如,境外经贸合作区就存在通过确认考核、进入共建
"一带一路"项目清单、纳入统计名单等等级结构,这某种程度上促进了中
方行为体的相互学习与相互交流。

二 设施联通中经验分享创新的不足

必须承认的是,共建"一带一路"设施联通的经验分享模式创新仍存在
不足。由于中资企业经验欠缺、参与"一带一路"倡议深度不够以及与当地
经济社会结合不紧等,设施联通项目建设中的经验分享模式创新仍是一种自

---

① 《大国三农经验的世界分享:没有"受援国"只有"东道国"》,新京报网,2019 年 9 月 29
日,http://www.bjnews.com.cn/feature/2019/09/29/631261.html,最后访问日期:2021 年 8
月 10 日。
② 黄正骊:《工业化与城市化的十字路口》,《城市中国》2020 年第 2 期,第 144 页。

发行为，远未产生自觉意识。这样，设施联通项目建设过程中的经验分享极可能因人而异、因地而异、因时而异，而模型化、编码化的发展知识分享明显不足，甚至可能导致诸多不当实践被错误地理解为通用经验，这既不利于共建"一带一路"设施高质量联通，也不利于中国与合作国家的创新性经验分享模式的持续塑造。总体而言，尽管共建"一带一路"设施联通的经验分享模式创新极大地降低了中资企业和东道国"摸着石头过河"的各类成本，但它自身仍处于"摸着石头过河"的阶段，仍需进一步探索。

第一，由于"走出去"经验不足且相关经验的模型化、编码化不够充分，"抱团出海""抱团取暖"模式严重影响了共建"一带一路"设施联通的经验分享模式创新努力。

随着经济持续快速发展，中国自 20 世纪 90 年代后期开始推进"走出去"。这意味着中资企业"走出去"能力的培养很大程度上是过去 20 余年的事情，它更多是一个"边干边学"的过程。由此造成的能力欠缺导致中资企业在"走出去"过程中往往采取"抱团出海"模式，以降低各类风险和最大化"走出去"的经济效益。境外经贸合作区建设是"抱团出海"模式的典型体现。一方面，境外经贸合作区可为企业"抱团""走出去"搭建平台，即在土地租用、企业准入、政策运用、投资环境评估及厂房建设等方面给予"一条龙"式的帮助，规避诸如道路、水、电等基础设施不足问题，同时企业还可享受到产业园区的优惠政策和聚集效应，也使企业有更多余力关注环境保护和企业社会责任，并可集中精力投入产业开拓中。[1] 另一方面，这也有利于企业更好地整合国内国际"两个市场""两种资源"。境外经贸合作区将相关项目、企业聚集在一个集中的区域内，既有利于享受东道国土地、税收等优惠政策，又有利于发展集约型经济，在降低基础设施成本的同时提高抗风险能力，是推动双边乃至多边深度经贸合作尽快打开局面的更优选择。[2]

中资企业"走出去"的能力不足，意味着其"走进去"的能力更有限，这主要是由于企业对东道国法律、政治、经济、社会等的理解严重不足。因此，在通过"抱团出海"抵达东道国之后，如何融入东道国经济社会便成为更加迫切的挑战，故"抱团取暖"成为在东道国生存的优先手段。同样，境

---

① 赵行姝：《中国企业缘何选择"走出去"到印尼》，《城市中国》2020 年第 2 期，第 62 页。
② 《境外经贸合作区为啥"立得住"》，《人民日报》（海外版）2019 年 6 月 18 日。

外经贸合作区也是"抱团取暖"的典型体现:境外经贸合作区可为入园企业提供包括政策咨询、法律服务、产品推介等在内的信息咨询服务,包括企业注册、财税事务、海关申报、人力资源、金融服务及物流服务在内的运营管理服务,以及物业管理服务和突发事件应急服务。[①] "抱团取暖"模式的核心是建区企业为不熟悉东道国情况的中资企业提供相对封闭的平台:一方面,建区企业可代表所有入园企业,以"集体"名义对东道国政府"集体施压",开展"集体谈判";另一方面,在将与东道国打交道的权力"让渡"给建区企业后,入园企业的运营成本得到有效降低,可集中精力进行生产和经营。

尽管在境外经贸合作区之外的其他类型的设施联通中,"抱团出海""抱团取暖"的难度相对较大,但从设施联通项目往往集中在部分地区和国家的现象即可看出,"抱团出海""抱团取暖"是中资企业"走出去"与"走进去"的重要手段:"抱团出海""抱团取暖"的确可有效引导中资企业"组团"进入,为当地创造就业、贡献税收,促进东道国融入世界经济体系。

但也应看到的是,"抱团出海""抱团取暖"也存在重大的消极面:其一,"抱团出海"不可能无限降低对中资企业"走出去"的能力要求,因此参与共建"一带一路"设施联通的企业仍更多是来自发达的省区市,这大大压缩了相对落后的省区市与东道国开展平行经验分享的空间;其二,"抱团取暖"意味着对东道国的"集体施压"和"集体谈判",从而增加了自身孤立于当地经济、社会的风险,反过来又可能进一步固化一些不当做法,特别是导致中资企业封闭的"海外大院"模式的持续生产与再生产。[②]

第二,企业对短期盈利目标的优先关注,导致长期战略视野欠缺和陷入"经验陷阱"的风险明显增加。

短期内实现盈利几乎是所有企业的追求,由此出现一对难以解决的矛盾,即高度重视短期盈利的企业,却需要在投资周期长、成本回收周期长的设施联通项目建设中发挥核心作用。由此而来,中资企业参与共建"一带一路"设施联通项目建设,在正常的短期盈利追求之外,还存在两类扭曲的经济动机。

---

① 《商务部关于印发〈境外经贸合作区服务指南范本〉的通知》,商务部网站,2015 年 11 月 3 日,http://fec.mofcom.gov.cn/article/jwjmhzq/zcfg/201512/20151201202572.shtml,最后访问日期:2021 年 8 月 10 日。

② 雷雯:《差序凝视:海外中资国企的空间治理——以坦桑尼亚 R 乡农场为例》,《广西民族大学学报》(哲学社会科学版)2018 年第 3 期,第 10 - 17 页。

一是有条件争取政府扶持特别是资金支持的中资企业，将赢得官方认可当作最高目标。从参与设施联通项目的企业角度看，尽管特定的设施联通项目的成本—收益未必合理，但获得政府扶持本身可转化为在其他地区或领域经营的重要无形资本，进而可以促进其短期盈利目标实现。从政府角度看，扶持企业积极"走出去"本身有着重要的战略意义。例如，在 21 世纪初，鼓励企业"抱团走出去"，有利于解决与相关国家不断上升的贸易逆差问题；随着时间推移，这可能有利于富余优质产能的对外转移；等等。企业和政府动力的结合，为企业参与共建"一带一路"设施联通提供了重要动力，尽管其实际效益未必理想。例如，有学者发现，支撑天津泰达集团 20 年的核心竞争力，并非其对外宣称的投资优势，而是"中埃战略交汇"的战略意义；也就是说，埃及苏伊士经贸合作区迄今仍未摆脱"援建"性质，还不完全是市场化和商业化的投资行为，自生能力仍有待提高。[1]

二是没有机会获得政府扶持的中资企业，将止损当作更加优先的目标。对大量无法获得政府支持的企业特别是私营企业而言，非洲各国营商环境普遍不够理想，其经营活动面临重大困难。因此，更经常的情况下，部分企业参与共建"一带一路"设施联通项目，既不是为了获得政府扶持，也不是为了追求利润，而是迫不得已地将自身拥有的当地债务转化为投资。[2] 当然，也有个别相对成功的案例，如中国在印尼的青山产业园；此类境外经贸合作园区更多是特定企业在东道国取得成功后，回到国内寻找相关的上中下游企业投资，进而形成产业集群的结果。换句话说，对不依赖政府扶持而参与设施联通项目建设的企业来讲，"抱团出海""转移过剩产能""缺乏产业链导致失败"等论述都可能与现实不符。[3]

中资企业参与设施联通项目建设的复杂动机，可能对既有的经验分享创新形成重大消极影响。一是国内不良竞争可能外溢。无论是为了寻求政府支持还是出于自谋生路，中资企业参与全球竞争的能力仍有待提高。这样，参与共建"一带一路"设施联通的企业可能返回国内开展同行竞争：要么竞争政府——包括中央和地方政府——的政策和资金支持，要么竞争

---

① 汪段泳：《进行中的罗曼蒂克消亡史》，《城市中国》2020 年第 2 期，第 95 页。

② 吴维鑫：《国家级民营自贸区在尼日利亚的现实主义策略》，《城市中国》2020 年第 2 期，第 160 页。

③ 吴维鑫：《国家级民营自贸区在尼日利亚的现实主义策略》，《城市中国》2020 年第 2 期，第 163 – 164 页。

吸引潜在的但事实上数量有限的合作伙伴。而为了使自身同在国内同行竞争中占据更有利地位，个别参与设施联通项目建设的企业甚至联合东道国政府实施"反向游说"，可能产生消极后果。

二是容易陷入"经验陷阱"。所谓经验陷阱，是指在海外投资经营过程中，企业以其母国文化特色和经验为基础建构企业的社会网络、管理方式、企业文化等，并以此处理企业在东道国面临的实际问题。[①] 由于母国与东道国的文化、习俗、政治、法律、商业等环境差异，采取母国经验往往导致严重的文化价值观、行为模式等冲突，对企业的本土化经营、可持续发展、融入当地社区以及整个母国的海外形象等产生较大消极影响。

第三，与前述两个方面密切相关，共建"一带一路"设施联通项目与东道国经济社会的融合度不高，长期看可能对既有的经济动机与经验分享模式创新之间的互动产生消极影响。

无论是"抱团出海""抱团取暖"，还是回国竞争，都会削弱设施联通项目与东道国经济社会发展的融合。由此而来，无论是可见的物理层面还是无形的非物理层面，共建"一带一路"设施联通项目与当地都存在明显的隔离。就可见的物理层面而言，这些项目往往修建有围墙，并配备保安；在安全风险较高的地区，如尼日利亚，项目操作区外围还配备有军警保卫。从某种程度上，项目所在地理空间很像是一块相对隔绝的"飞地"。[②] 无形的非物理层面往往存在两个问题。一是设施联通项目存在明显的内外差异。项目工地或地理空间内，是有序的生产环境及由此而来的经济和社会效益，可为东道国特别是项目周边提供重要的就业机会，并产生系统性虹吸效应。但由于不同项目的产业导向、技术要求、地理范围等不同，可能将大量前来寻求就业机会的当地流动人口排除在外。由此而来的项目内外"两个世界"现象正变得越来越普遍：项目内整洁卫生、秩序井然、充满生机，而项目外则充斥着环境问题、产业衍生、治安混乱等现象。[③] 而中资企业普遍对此问题的重视不够和处理经验欠缺又进一步加剧了项目所在地地理空间

---

① 孟雷、李小云、齐顾波：《中资企业在非洲：文化的经验建构与"经验陷阱"》，《广西民族大学学报》（哲学社会科学版）2018 年第 3 期，第 6 页。

② 沈陈：《中非经贸合作区的十年建设：成就与反思》，《海外投资与出口信贷》2017 年第 1 期，第 47 页。

③ 玛丽·席拉班：《莫罗瓦利工业园：院墙之外，前途几何？》，《城市中国》2020 年第 2 期，第 70 - 71 页。

与当地社区的隔绝程度。二是经济上，设施联通项目所在地极可能形成某种自我循环的"小经济"，进而容易成为经济"飞地"。例如，在埃塞俄比亚的华坚工业园，瞄准欧美市场，因此尽管可能创汇 20 亿美元并提供 3 万—5 万个就业岗位，但仍缺乏进一步发展的动力。[①] 可以认为，此类有形和无形的"飞地"模式不仅削弱了共建"一带一路"设施联通项目与当地社会经济发展的联系，更削弱了其可持续发展的潜力。

东道国当然也意识到设施联通的上述问题，其应对办法通常是，在继续与中国合作的同时，自行或寻找其他合作伙伴发展同类项目。以境外经贸合作区建设为例，埃塞俄比亚已运营和正在建设中的工业园区已达 23 个；而尼日利亚目前在运营中的出口加工区、自贸区等也多达 22 个。[②] 根据联合国贸发会议的数据，非洲共计有 38 个国家建设了 237 个经济特区，另有 53 个经济特区尚在规划之中；其中，位居前五的国家分别是肯尼亚（61个）、尼日利亚（38 个）、埃塞俄比亚（23 个）、埃及（10 个）和喀麦隆（9 个）。[③] 对东道国而言，在参与共建"一带一路"之外的平行努力，可实现多重目标，进一步放大与中国合作的潜在收益：其一，加快特定类型的"局部试验""逐步推广"的梯队建设，进而不仅可使其战略——通过实现经济和政治成本的最小化实现长期政治和发展回报的最大化——得以加速推进，也可使与中国的经验分享模式加速复制；其二，通过平行努力推动多样化战略，抵消来自中资企业的"集体施压"和"集体谈判"压力，以此确保自身的最大自主性；其三，通过将与中资企业"集体谈判"而来的仅应用于中国的优惠政策、法律等选择性地应用于平行努力中，可有效吸引其他国际投资者进入，进而可有效缓解中资企业的封闭性和"集体施压"问题，也可更大程度地推动对外开放。

对参与共建"一带一路"设施联通的中资企业而言，东道国的平行努力意味着三重挑战：其一，任何东道国的同类设施联通项目的数量增长，都意味着在该国的商业竞争更加激烈；其二，任何东道国的同类设施联通

---

① 《埃塞俄比亚—中国华坚国际轻工业城》，华坚集团网站，http://www.huajian.com/changye/changye49.html，最后访问日期：2021 年 8 月 10 日。

② "Free Zones' Footprint in Nigeria," Nigeria Export Processing Zones Authority, https://www.nepza.gov.ng/index.php/free-zone/active-free-zones, accessed on August 10, 2021.

③ UNCTAD, *World Investment Report* 2019: *Special Economic Zones*, New York: UNCTAD, 2019, pp. 138, 149.

项目的数量增长,都意味着中资企业通过"集体施压""集体谈判"进而获得排他性政策优惠的空间缩小,即"政策洼地"逐渐减少甚至彻底消失;其三,由前两个方面而来,随着东道国同类设施联通项目的数量增长而来的政策试点和经验交流需求降低,共建"一带一路"设施联通项目的重要性可能降低,由此可能动摇经济动力与经验分享的既有互动模式,即当前以经验分享模式创新来弥补经济动力不足的模式极可能难以持续。换句话说,尽管中国与合作国家在共建"一带一路"设施联通项目建设过程中很大程度上实现了经验分享模式的创新,但也正是这一自发的而非自觉的创新刺激了东道国的经验学习进程,后者重点以平行努力作为化解与中国合作带来的各类挑战的手段,从而催生了共建"一带一路"设施联通的经验分享创新模式的再创新需求。

第三节　设施高质量联通的保障措施

共建"一带一路"设施联通已经取得了重大进展,但也存在明显不足,特别是如果与高质量发展的要求相对照的话。就实现共建"一带一路"设施高质量联通而言,当前的核心问题事实上在于两个方面:一是设施联通多大程度上与共建"一带一路"合作国家的可持续发展相互融合?换句话说,共建"一带一路"框架下的基础设施建设项目,是否真的符合合作国家的长期发展需要?因为现实中确实存在中资企业联合东道国政府通过"反向游说"的方式获得中国政府资金支持的情况,这样的项目极可能并非合作国家真正需要的;二是设施联通是否符合中国的长期利益,抑或只是满足了相关企业对短期经济利润的追求?对这两个问题的回答,根本上在于共建"一带一路"设施联通的制度化保障能力的改善,即对外要大力提高共建"一带一路"设施联通项目与合作国家的可持续发展需求的战略对接水平,对内则要大力提高中方内部统筹规划设施联通的水平,充分利用新冠疫情所提供的战略反思时间,推动设施联通从工程总承包(EPC)向全生命周期的投建营一体化(EPC + F + O&M)转变。

一　提升战略对接水平

作为共建"一带一路"高质量发展的关键要素,设施联通是合作国家解决发展瓶颈问题的关键突破口,同时也是中资企业参与共建"一带一路"

建设的主要着力点。如前所述，迄今为止共建"一带一路"设施联通项目具有两个明显特征：一是与东道国可持续发展规划对接度不高，二是设施间、设施内的相互联通水平明显不够。改善上述问题的核心在于提升设施联通与东道国的长期可持续发展战略的对接水平。事实上，自2008年全球金融危机爆发以来，制定自身中长期发展战略已成为一种世界性潮流，各国纷纷出台自身的中长期发展愿景，如坦桑尼亚2025年愿景、埃塞俄比亚2025年愿景、肯尼亚2030年愿景、塞内加尔"振兴塞内加尔计划"、蒙古国"草原之路"、哈萨克斯坦"光明之路"、波兰"琥珀之路"、土耳其"中间走廊"、塞尔维亚"再工业化"战略、科威特"2035国家愿景"、沙特"2030愿景"、越南"两廊一圈"构想、柬埔寨"四角"战略、印度尼西亚"全球海洋支点"构想，等等。提升共建"一带一路"设施联通与东道国发展战略的对接水平，不仅可使共建"一带一路"设施联通项目有效嵌入东道国整体发展规划，更可大幅提升设施联通项目内部的相互联通，因为东道国的长期可持续发展规划内部本身是相互联通的。或许更为重要的是，虑及不同地区往往有覆盖整个地区的长期战略规划，这些地区性的战略规划不仅充分虑及国别性的战略规划，更充分虑及地区性的互联互通，进而与"一带一路"倡议的超越国界的互联互通更为接近。因此，在充分与国别发展战略相对接的基础上，如果能与地区性互联互通战略规划实现更好的对接，就能更好地解决前述问题，推动共建"一带一路"设施高质量联通的实现。由于共建"一带一路"合作国家主要集中在亚洲和非洲，因此东盟和非洲两个已拥有相对完善的互联互通中长期战略规划的地区应当是提升共建"一带一路"设施联通战略对接水平的关键地区。

自东盟共同体建设进程启动以来，东南亚区域一体化在东盟的引领下加速发展，东盟各主要成员国双边互信与合作关系不断增强，政治、经济、军事及非传统安全等领域的多边机制建设水平空前提升。随着东盟共同体于2015年底建成，东盟推出了《东盟共同体2025年愿景》作为其中长期发展指南。《东盟共同体2025年愿景》期待建设一个可有效应对各类挑战的和平、稳定与恢复力强的共同体，并在维持东盟中心地位的同时使其成为全球社会的一个外向型地区；并期待强劲、可持续和高度一体化的经济，拓展东盟的互联互通，缩小发展差距。该文件依据东盟共同体建设的三个支柱设定了到2025年的发展目标，其中东盟经济共同体的目标是建设一个高度一体化的经济，竞争力、创新力和动力强劲，提升互联互通和部门合作,更加包容、更具恢复力和以人为本的共同体,并高度融入全球经济。①

2016 年 9 月在老挝举行的第 28/29 届东盟峰会正式通过《东盟互联互通总体规划 2025》(MPAC 2025)文件,这一规划包含可持续的基础设施、数字化创新、顺畅的物流、优质化管理、人口流动等五个重点战略领域的 15 项计划措施,愿景是打造一个无缝衔接、全面连接与融合的东盟,在物理联通、制度联通及民心相通三个层面实现互联互通。② 根据 2015 年东盟与麦肯锡公司的联合评估,2015—2025 年东盟每年要对基础设施投资 1100 多亿美元才能满足各成员国的需求。③ 同时,基础设施开发并不仅仅要求资金投入的翻倍增长,而且要求基础设施本身的质量和效力能得到较大改进,从而更好地适应东盟各成员国不断推进的城市化进程,确保城市增长不以环境和民众生活质量为代价。为此,《东盟互联互通总体规划 2025》将可持续的基础设施作为首要关注领域,并确定了三个战略目标。④

第一,在每个东盟成员国根据需要增加对基础设施的公共及私人投资。为此,东盟将为潜在的基础设施项目及其融资渠道建立不断滚动更新的优先清单,尤其注重使用标准化模板收集各成员国处于早期开发阶段的基建项目的信息,识别各成员国在基础设施项目融资方面的缺口,从而为项目可行性研究打下基础。据初步预计,上述基础设施项目清单将催生高达 359 亿美元的投资。⑤

第二,切实加强对东盟基础设施质量和效力的评估并分享最佳实践。对东盟而言,这一目标无疑是重中之重。麦肯锡公司(McKinsey Global Institute)的研究发现,通过更好的项目选择、更有效的交付和更完善的运营,强调现存资产生命周期和容量的最大化,建立强有力的融资框架等途径,可以把基础设施的成本降低 40% 左右(每年 440 亿—740 亿美元)。⑥ 东盟各成员国的基础设施效能差异巨大,为相互分享最佳实践提供了空间。为

---

① ASEAN, *ASEAN Community Vision 2025: Forging Ahead Together*, Jakarta: ASEAN Secretariat, 2015.

② ASEAN, *Master Plan on ASEAN Connectivity 2025*, Jakarta: ASEAN Secretariat, 2016.

③ Jonathan Woetzel et. al., *Southeast Asia at the Crossroads: Three Paths to Prosperity*, McKinsey Global Institute, November 2014.

④ ASEAN, *Master Plan on ASEAN Connectivity 2025*, Jakarta: ASEAN Secretariat, 2016.

⑤ ASEAN, "Executive Summary," *Master Plan on ASEAN Connectivity 2025: Mid-Term Review*, Jakarta: ASEAN Secretariat, 2021, p. 2.

⑥ Richard Dobbs et. al., "Infrastructure Productivity: How to Save $ 1 Trillion a Year," McKinsey Global Institute, January 1, 2013, https://www.mckinsey.com/business-functions/operations/our-insights/infrastructure-productivity, accessed on August 10, 2021.

此，东盟将建立新的评估框架用来对基础设施的质量和效力进行评估，同时为各成员国搭建相互分享最佳实践的交流平台。

第三，在东盟内部扩大推广智慧城市样板。据初步预计，智慧城市化行动将可为东盟成员国的 13 个城市节省总计高达 500 亿美元的资金。[①]《东盟互联互通总体规划 2025》明确指出，尽管东盟在解决城市化与可持续发展之间矛盾的问题上有许多国际案例可资借鉴，但来自东盟各成员国本身的智慧城市化实践样板恰恰最符合地区实情也最管用。因此，东盟将在盘点各成员国智慧城市项目并总结经验的基础上，在主要城市发起智慧交通倡议。

根据东盟 2020 年发布的《〈东盟互联互通总体规划 2025〉中期评估》文件，《东盟互联互通总体规划 2025》落实进展情况良好，15 项计划措施中有 12 项已经进入实施的第一阶段，前述用于落实可持续基础设施三大战略目标的计划措施的进展尤为突出。在新冠疫情持续的背景下，基础设施互联互通对疫后复苏的重要性变得更加突出。对于东盟各成员国而言，更加强劲的基础设施显然有助于提高未来应对流行病的能力。[②]

《东盟互联互通总体规划 2025》的愿景中，与基础设施建设关联紧密的物理联通实际上包含了交通运输、信息通信技术和能源三个领域的"硬联通"，因此会不可避免地涉及相应的专门规划，比如《东盟交通战略规划（2016—2025）》（ASTP 2016 – 2025）、《东盟能源合作行动计划（2016—2025）》（APAEC 2016 – 2025）以及《东盟数字总体规划 2025》（ADM2025）等等。《东盟交通战略规划（2016—2025）》计划完成东西经济走廊（East-West Economic Corridor，EWEC）建设，优化仰光、岘港港口开发，促进湄公河—印度经济走廊（Mekong-India Economic Corridor，MIEC）大陆桥建设，完成湄公河大桥建设并开发大为深海港口，推动东盟陆港网络建设。而《东盟能源合作行动计划（2016—2025）》也提出了深化国际合作的七个重点领域，包括东盟电网、跨东盟天然气管道、煤炭和清洁煤技术、高效使用能源和节约能源、可再生能源、区域政策和规划以及民用核能。[③]

---

① ASEAN，"Executive Summary，" *Master Plan on ASEAN Connectivity 2025：Mid-Term Review*，Jakarta：ASEAN Secretary，2021，p. 2.

② ASEAN，"Executive Summary，" *Master Plan on ASEAN Connectivity 2025：Mid-Term Review*，Jakarta：ASEAN Secretary，2021，p. 4.

③ 《对外投资合作国别（地区）指南：东盟（2020 年版）》，商务部网站，http：//www. mofcom. gov. cn/dl/gbdqzn/upload/dongmeng. pdf，最后访问日期：2021 年 8 月 10 日。

2021 年 1 月，东盟数字部长会议决定启动实施《东盟数字总体规划 2025》，用以替代《东盟信息通信技术总体规划 2020》，旨在指引东盟未来 5 年的数字合作，愿景是将东盟建设成为一个由安全和变革性数字服务、技术和生态系统驱动的领先数字社区和经济体。实现上述愿景需要广泛和高质量的数字基础设施、支持经济社会发展的相关数字服务以及使用这些数字服务所需技能的东盟人口和拥有发展和实施这些服务所需技能的劳动力。通过《东盟数字总体规划 2025》，东盟希望在未来 5 年实现 8 项预期成果，其中很重要的一项就是提高固定和移动宽带基础设施的质量和覆盖范围。但同时，缺乏数字基础设施投资被普遍认为是落实《东盟数字总体规划 2025》的一大障碍。为此，东盟在推动数字基础设施发展方面制定了多项行动计划，其中最重要的一项就是吸引更多资本进入东盟成员国的数字及信息与通信技术基础设施开发领域。[①]

"一带一路"倡议提出后，如何促进其与《东盟互联互通总体规划 2025》进行对接始终是中国和东盟双方政界、学界热议的话题。2016 年以来，中国与东盟在多个领域达成了共同发展的规划，包括《中国—东盟信息通信共同发展伙伴关系行动计划（2017—2021）》《中国—东盟交通合作战略规划》等。与此同时，东盟十国也先后与中国签署共建"一带一路"的双边合作文件，从而为"一带一路"倡议与《东盟互联互通总体规划 2025》对接奠定了基础。2019 年 11 月第 22 次中国—东盟（10 + 1）领导人会议举办期间，中国与东盟就"一带一路"倡议和《东盟互联互通总体规划 2025》对接、智慧城市合作等发布联合声明，标志着双方高质量共建"一带一路"尤其是在推动东盟地区实现全方位互联互通方面迈出了重要步伐。根据联合声明，中国将积极支持东盟基础设施项目建设和融资，推动铁路、公路、港口、机场、电力和通信等领域的互联互通，营造更好的商业与投资环境。双方将依托东盟互联互通协调委员会、中国—东盟互联互通合作委员会中方工作委员会会议等双多边平台来加强互联互通倡议和具体项目的合作。[②]

与东盟类似，非洲也有自己的地区发展议程，即 2015 年 1 月非洲联盟峰会通过的非盟《2063 年议程》，这是非洲大陆直至 2063 年的社会—经济

---

① ASEAN, *ASEAN Digital Masterplan 2025*, Jakarta: ASEAN Secretariat, 2021.
② 《中国—东盟关于"一带一路"倡议与〈东盟互联互通总体规划 2025〉对接作的联合声明》，外交部网站，2019 年 11 月 4 日，https://www.fmprc.gov.cn/web/gjhdq_676201/gjhdqzz_681964/lhg_682518/zywj_682530/t1712945.shtml，最后访问日期：2021 年 8 月 10 日。

转型战略框架，旨在推动实现非洲国家、地区和大陆层次的包容性增长与可持续发展。[①] 在基础设施建设方面，非洲《2063 年议程》起草时主要参照了 2012 年非盟峰会通过的《非洲基础设施发展规划》（Programme for Infrastructure Development in Africa，PIDA），这一规划对 2012—2040 年非洲现有各类跨国跨区域基础设施发展规划进行了整合。

作为非盟委员会、非盟发展机构——非洲发展新伙伴计划（New Partnership For Africa's Development，NEPAD）、联合国非洲经济委员会（UN Economic Commission for Africa，UNECA）、非洲开发银行（African Development Bank，AfDB）等联合发起的倡议，《非洲基础设施发展规划》的总体目标是加速非洲大陆的地区一体化进程尤其是经济共同体建设，它主要涵盖交通、能源、跨境水资源、电信/信息与通信技术四大领域，旨在为非洲地区各利益攸关方参与建造必要的基础设施提供共同的规范性框架，力求打造一体化的交通、能源、信息与通信技术以及跨境水资源网络，以促进贸易活动、刺激经济增长并创造就业机会。《非洲基础设施发展规划》明确了整个非洲大陆在国家和跨境级别实施的优先基础设施项目，并设计了一些软性措施作为配套手段，比如能力建设和旨在寻求共识的多利益攸关方对话等。非洲各区域经济共同体和非盟成员国还在《非洲基础设施发展规划》的框架下共同制定了优先行动计划（PIDA Priority Action Plan，PIDA－PAP），进一步将非洲发展基础设施的规划转化为短期和中期应采取的行动。其中，第一阶段优先行动计划（PIDA－PAP 1）覆盖时间段为 2012—2020 年，包含 51 个跨境分计划，具体体现在交通、能源、跨境水资源、电信/信息与通信技术等领域的 409 个独立项目上。[②] 在 2021 年 2 月举行的非盟峰会上，非洲国家元首和政府首脑又通过了《非洲基础设施发展规划》第二阶段优先行动计划（PIDA－PAP 2），覆盖时间段为 2021—2030 年。第二阶段优先行动计划在总结第一阶段优先行动计划实施经验和教训以及开展多次利益攸关方磋商的基础上，对区域项目选择的标准进行了更新，采用了综合的多部门走廊法，即确保公路、铁路、港口、水道、光纤等所有相关走廊基础设施相互连接并相互补充，促进并强化创建工业中心、物流中心和经济特区，

[①] African Union, *Agenda 2063: The Africa We Want*, Popular Version, 3rd Edition, Addis Ababa: African Union Commission, 2015, pp. 13 – 18.

[②] African Union, *PIDA Progress Report 2019/2020*, Addis Ababa: African Union Commission, 2020, p. 9.

最终创建区域市场。与此同时，就业导向、性别敏感、气候友好、城乡关联等包容性、社会性与可持续性概念也被整合进规划过程当中，以确保未来跨境基础设施规划与非盟原则以及非盟《2063 年议程》的价值观保持一致。根据更新后的标准，第二阶段优先行动计划最后从非盟成员国、区域经济共同体和专业机构提交的 240 多个项目中选出了 73 个作为实施对象。①

在《非洲基础设施发展规划》项目实施过程中，非洲国家普遍面临资金不足、技术短板、人才缺乏、运营困难等障碍，第一阶段优先行动计划中有许多项目出现了"开工难"的情况。2019 年，依据经合组织发展援助委员会（OECD-DAC）五项评估标准（相关性、有效性、效率、影响和可持续性）对《非洲基础设施发展规划》第一阶段优先行动计划项目进行的中期审查，全部 409 个项目中只有 150 个（不到 37%）正在建设中或已经投入运营。② 实际上，《非洲基础设施发展规划》选定的项目并非全部都能在国家层面被认定为优先事项，许多项目因为没有得到急需的政治支持而进展缓慢。于是，《非洲基础设施发展规划》项目获得成功的一个关键因素，在于相关国家的领导人能否展现出强大的政治领导力。在这样的背景下，"非洲总统基础设施卓越倡议"（Presidential Infrastructure Champion Initiative，PICI）的作用就凸显了出来。

"非洲总统基础设施卓越倡议"的提出，要早于《非洲基础设施发展规划》的制定。2010 年 7 月 24 日，在乌干达首都坎帕拉召开的第 15 届非盟峰会第 23 次非洲国家元首和政府首脑定向委员会（Heads of State and Government Orientation Committee，HSGOC）会议上，时任南非总统的祖马提议，各国总统发挥领导力，在本国识别挑选出能产生较高发展影响力的基础设施项目作为"卓越"（champion）项目加以推动，通过协调和动员资源，消除政治瓶颈与障碍，确保在指定期限内快速实施项目。祖马的提议被与会的非洲国家领导人接纳，并最终命名为"非洲总统基础设施卓越倡议"。2011 年 1 月在埃塞俄比亚首都亚的斯亚贝巴举行的第 16 届非盟峰会上，"非洲总统基础设施卓越倡议"获得正式通过，并由非盟发展机构——非洲

---

① African Union, *PIDA Progress Report 2019/2020*, Addis Ababa: African Union Commission, 2020, pp. 31 – 33.

② African Union, *PIDA Progress Report 2019/2020*, Addis Ababa: African Union Commission, 2020, p. 29.

发展新伙伴计划行使秘书处和执行机构职能。南非总统也因此成为该倡议的主席，负责在非盟峰会期间召开的非洲国家元首和政府首脑定向委员会会议（每两年一次）上定期报告该倡议项目的进展情况。

　　截至 2020 年 12 月，"非洲总统基础设施卓越倡议"成员国已增至 12个，分别是阿尔及利亚、贝宁、科特迪瓦、刚果（金）、埃及、肯尼亚、纳米比亚、尼日利亚、卢旺达、塞内加尔、南非和苏丹。"非洲总统基础设施卓越倡议"在选择卓越项目时具有特定的标准，比如必须是跨国（覆盖至少两个国家）、跨区域（至少覆盖两个次区域）或具有地区意义的国别项目，可融资且已完成可行性研究，具有可量化的社会经济效益，能创造可持续的就业机会，被所有利益攸关方列为最优先事项，等等。截至 2020 年12 月，已经确定的卓越项目共有 12 个，均为横跨运输、能源、信息与通信技术、跨境水资源等领域的大型区域基础设施项目。[①] 在各国总统的政治引领下，这些项目大多取得了不错的进展（详见表 5—5）。事实上在 2012年《非洲基础设施发展规划》出台之后，"非洲总统基础设施卓越倡议"很快成为落实《非洲基础设施发展规划》的重要支柱。如今，"非洲总统基础设施卓越倡议"确定的卓越项目已经是非洲发展跨国跨区域基础设施"优先中的优先"，被当作样板供《非洲基础设施发展规划》其他项目学习参照。

　　除实施《非洲基础设施发展规划》和"非洲总统基础设施卓越倡议"确定的优先项目外，部分非洲国家还专门制定了本国的基础设施项目优先发展清单。比如，南非总统基础设施建设协调委员会就于 2020 年 7 月宣布启动"战略综合项目"清单，计划在未来十年内实施总额 2.3 万亿兰特（约合 1380 亿美元）的基础设施项目，涵盖供水和卫生、能源、交通运输、数字基础设施、农业和农产品加工、人居工程等领域。其中，首批公布的"战略综合项目"包括涉及上述六大领域的 50 个次级项目，以及旨在创造就业岗位、改善农村交通、惠及农村和贫困人口的 12 个特别项目。[②]

---

① African Union, "Presidential Infrastructure Champion Initiative (PICI)," Virtual PIDA Information Center, https://www.au-pida.org/presidential-infrastructure-champion-initiative-pici/, accessed on August 10, 2021.

② 《南非将实施一大批基础设施项目》，商务部网站，2020 年 11 月 13 日，http://xyf.mofcom. gov.cn/article/zb/202011/20201103015486.shtml，最后访问日期：2021 年 8 月 10 日。

表 5—5 "非洲总统基础设施卓越倡议"项目进展情况（截至 2020 年 12 月）

项目名称	PICI 牵头国家	项目进展
跨撒哈拉公路缺失路段	阿尔及利亚	进展良好
阿尔及利亚—尼日尔—尼日利亚光纤		有待 PICI 秘书处确认
金沙萨—布拉柴维尔大桥公路/铁路	刚果（金）	进展良好，已获必要融资
阿比让—拉各斯公路	科特迪瓦	进展良好，已获非洲开发银行融资
维多利亚湖—地中海航线	埃及	正进行可行性研究
拉穆港（南部苏丹—埃塞俄比亚运输走廊项目）	肯尼亚	进展良好，三个泊位全部建成
纳米比亚国际物流枢纽	纳米比亚	进展良好
跨撒哈拉天然气管道	尼日利亚	有待 PICI 秘书处确认
为连接邻国宽带与光纤项目打通政治瓶颈	卢旺达	进展良好
达喀尔—巴马卡公路/铁路	塞内加尔	进展缓慢，有待 PICI 秘书处确认
南北公路/铁路及相关基础设施走廊	南非	进展良好
苏丹萨瓦金港	苏丹	进展中，2020 年苏丹正式加入 PICI

资料来源：NEPAD，"Report of the Presidential Infrastructure Championing Initiative Luncheon Held at the Multi-Purpose Hall，African Union Headquarters，Addis Ababa，Ethiopia，"Department of Planning，Monitoring & Evaluation，South Africa，February 8，2020，https：//www. dpme. gov. za/publications/Reports% 20and% 20Other% 20Information% 20Products/Report% 20of% 20PICI% 20Luncheon% 20meeting% 2013 – 02 – 2020. pdf，accessed on August 10，2021.

"一带一路"倡议提出以来，中国与非洲国家之间的基础设施建设合作明显加速。2014 年，李克强总理在访非时提出了中非"三网一化"的合作框架，即由中国帮助非洲建设铁路网、公路网以及区域航空网，加快工业化进程。2015 年 1 月，中国与非盟签署了中非基础设施建设合作谅解备忘录。根据该备忘录，中国将在非盟《2063 年议程》框架内，加强与非洲国家在铁路、公路、区域航空及工业化领域的合作，协助推进非洲大陆一体化进程。在 2018 年中非合作论坛北京峰会上，非盟与中国政府签署了共建"一带一路"的谅解备忘录，中非基建合作项目将在多边层面进一步朝着跨国、跨区域的方向发展。① 目前，中国正在同非盟联合编制《中非基础设施合作规划》，鼓励和支持国内企业以投建营维一体化模式参与非洲的基础设施建设，在能源、交通、信息通信、跨境水资源等《非洲基础设施发展规

---

① 贺文萍：《"一带一路"与中非合作：精准对接与高质量发展》，人民网，2019 年 7 月 2 日，http：//world. people. com. cn/n1/2019/0702/c1002 – 31209206. html，最后访问日期：2021 年 8 月 10 日。

划》确定的重点领域加强合作，同非方共同实施一批互联互通重点项目。[①]
未来，中国企业还可在政府部门的协助下，及时关注并适时参与"非洲总
统基础设施卓越倡议"选定的卓越项目和非洲各国政府确定的优先发展项
目，实现互利共赢。

二　改善战略统筹能力

共建"一带一路"设施联通在取得重要成绩的同时也面临诸多潜在问
题，如果不突破既有的路径依赖，其改变可能需要极长时间。新冠疫情的
暴发为此提供了重要的机会窗口。一方面，新冠疫情使大量经济活动甚至
政治和社会活动陷入停滞，或至少大大延缓了其进程，这为反思共建"一
带一路"设施联通所存在的问题提供了时间；另一方面，新冠疫情所导致
的地理封锁效应，使此前倍受推崇的全球性产业链、价值链、供应链布局
模式遭到挑战，进而使以经济特区为关键节点的地区性、局域性产业链、
价值链、供应链布局模式拥有了更大发展空间，这意味着共建"一带一路"
设施联通必须致力于合作国家的内部点—线—面的统筹与整合。就此而言，
提升设施联通的战略统筹能力，意味着在坚持共建"一带一路"绿色发展理
念、持续推进经验共享模式创新的同时，应充分利用疫情后"重建以更好"
（Build Back Better）的机会，推动中资行业实现向投建营一体化的战略转型。

第一，坚持以绿色发展理念指引共建"一带一路"设施联通。绿色发
展是共建"一带一路"高质量发展的重要内涵，同时也是"一带一路"相
关投资的重要指引。2018年11月30日，中国和英国共同发布《"一带一
路"绿色投资原则》，将低碳和可持续发展议题纳入"一带一路"倡议，致
力于强化对投资项目的环境和社会风险管理，推动"一带一路"投资的绿色
化。该原则从战略、运营和创新三个层面提出了七条原则性倡议，内容包括
公司治理、战略制定、风险管理、对外沟通以及绿色金融工具运用等，供参
与"一带一路"投资的全球金融机构和企业在自愿的基础上采纳和实施。[②]

---

① 《中国驻非盟使团团长：中非共建"一带一路"风正一帆悬》，新华网，2021年1月23日，
　　http://www.xinhuanet.com/world/2021-01/23/c_1210991756.htm，最后访问日期：2021年
　　8月10日。
② 《中英机构携手发布〈"一带一路"绿色投资原则〉》，中国政府网，2018年12月1日，ht-
　　tp://www.gov.cn/xinwen/2018-12/01/content_5345075.htm，最后访问日期：2021年8月
　　10日。

到 2020 年 12 月，该投资原则得到全球金融界的积极响应，其成员扩大到全球 14 个国家和地区的 37 个签署方和 12 个支持者。此外，在共建"一带一路"框架下，"一带一路"绿色发展国际联盟、"一带一路"绿色发展伙伴关系倡议等先后成立。2021 年 7 月，商务部和生态环境部共同印发《对外投资合作绿色发展工作指引》，要求企业在对外投资中坚持绿色发展理念、推动绿色生产和经营、建设绿色基础设施、打造绿色境外经贸合作区、推进绿色技术创新、推动企业主体绿色转型、防范生态环境风险、遵循绿色国际规则、优化绿色监管服务、提升绿色发展信誉。[①] 就共建"一带一路"设施高质量联通而言，绿色基础设施和绿色境外经贸合作区尤其重要，因其不仅有利于妥善处理项目与当地居民、环境、生态之间的关系，更可充分挖掘绿色基础设施市场机遇，打造"中国建造"绿色品牌。

第二，继续经验分享模式创新，塑造双向性"平行经验 + 梯度经验分享"模式。在既有经验分享模式创新的基础上，以"当地化 + 三方合作"为主要模式推动经验分享与经济效益的正态平衡的建构。首先，大力提高共建"一带一路"设施联通的当地化水平：有意识引导国内相关优势企业对接东道国及其所在地区的中长期发展战略，设立高度契合东道国发展需求的共建"一带一路"设施联通项目；建议中国企业与当地伙伴联合建设基础设施和境外经贸合作区，推动与当地社区的利益共同体形成；推动共建"一带一路"设施联通项目与当地既有基础设施无缝并网甚至联合经营，提高共建"一带一路"设施联通项目融入当地经济的水平。其次，适度引入三方合作模式，提高共建"一带一路"设施联通项目和境外经贸合作区的开放度；鼓励仍是中国企业主导建设和运营的设施联通项目和境外经贸合作区加大吸引第三方合作伙伴的力度；通过引入更多第三方合作伙伴，逐渐改变中国企业与东道国政府集体谈判的形式，推动共建"一带一路"设施联通的多元合作伙伴关系的形成。最后，在坚持"平行经验 + 梯度经验"分享模式的基础，提升经验分享的双向性：一方面，建议中国企业及其他中方行为体更加积极地向东道国介绍中国经验，从平行经验分享的角度为东道国提供最具参考性的意见，从梯度经验的角度为东道国提供最具建设性的建议，使东道国能从平行经验的角度识别自身国情特殊性，并能

---

① 商务部、生态环境部：《对外投资合作绿色发展工作指引》，商合函〔2021〕309 号，2021 年 7 月 15 日。

从梯度经验的角度寻找适合自身的发展道路；另一方面，鼓励东道国更加积极地向中国企业及其他中方行为体提供反馈，使中资企业认识到自身在经验分享过程中的认知偏差，从而降低自我隔离和自我保护的水平，提升对东道国及其他外资的开放度。

第三，充分利用新冠疫情所带来的"重建以更好"机会空间。自疫情暴发以来，"重建以更好"成为全球范围内疫情后恢复的重要目标，即充分利用疫情所带来的暂停甚至"熔断"机会，反思并调整既有的建设努力，争取在恢复过程中实现对既有模式的重大调整，使恢复本身超越量的复苏，实现质的提升。例如，2021 年 6 月，美国与其 G7 国家伙伴一道启动"重建更好的世界"（Build Back Better World，B3W）倡议，以帮助发展中国家到 2035 年大幅缩小其超过 40 万亿美元的基础设施融资缺口。该倡议与此前美国、日本、澳大利亚等的蓝点网络相互结合，试图对抗"一带一路"倡议。[①] 就共建"一带一路"设施联通而言，疫情后恢复同样意味着必须实现"重建以更好"的目标。首先，应从深入思考共建"一带一路"设施联通与合作国家的中长期发展规划的战略和政策对接，争取为更深度地融入当地经济社会发展奠定基础。其次，从新冠疫情中的弱势群体帮扶角度出发，推动共建"一带一路"设施联通为当地社区提供更多公共产品，促进其全方位地融入当地经济社会发展。新冠疫情使三类群体——"穷人""女人""年轻人"——的脆弱性更加凸显，共建"一带一路"设施联通抓住"重建以更好"的机会空间，事实上意味着必须使基础设施对这些最为脆弱的弱势群体更加友好，因此必须优先建设那些有利于减贫扶贫、妇女赋权、年轻人就业等目标的基础设施，特别是连接边远地区的道路、水电设施，有利于促进妇女赋权、年轻人就业等的轻工业园区、物流园区和综合产业园区等。最后，针对新冠疫情冲击下的产业链区域性和割裂性发展态势，强调以境外经贸合作区及硬基础设施联通为基础，推动共建"一带一路"合作国家内部甚至跨国的经济发展走廊建设，以增强共建"一带一路"设施

---

① "Fact Sheet: President Biden and G7 Leaders Launch Build Back Better World（B3W）Partnership," White House, June 12, 2021, https://www. whitehouse. gov/briefing-room/statements-releases/2021/06/12/fact-sheet-president-biden-and-g7 – leaders-launch-build-back-better-world-b3w-partnership/; Andre Wheeler, "Commentary: Did the World Just Get a Second Belt and Road Initiative?" CNA, June 18, 2021, https://www. channelnewsasia. com/news/commentary/build-back-better-world-belt-road-china-g7 – how-compares – 15031808; both accessed on August 10, 2021.

联通的盈利能力。

第四,积极推动中资企业从 EPC 总承包向投建营一体化模式转型。共建"一带一路"设施联通很大程度上是以对外工程承包为基础的,但经过40 余年的发展特别是"一带一路"倡议落实以来的发展,对外承包工程发生了重大变迁,承包方式发生深刻变革,传统承包方式快速向总承包方式转变,EPC、PMC 等一揽子交钥匙工程模式以及 BOT、政府与社会资本合作(Public-Private-Partnership,PPP)等带资承包方式日渐流行。2020 年,中资企业与共建"一带一路"沿线的 61 个国家新签对外承包工程项目合同 5611份,新签合同额 1414.6 亿美元,占同期中国对外承包工程新签合同总额的55.4%,同比下降 8.7%;完成营业额 911.2 亿美元,占同期总额的58.4%,同比下降 7%。[1] 尽管如此,随着美欧等在"一带一路"倡议刺激下重新关注基础设施建设,中资企业现在的运行模式不仅利益链条短,而且难以发挥项目应有效益,对覆盖投资、建设、运营的项目全周期的投建营一体化的呼声越来越高。

所谓投建营一体化模式,事实上是集项目投资、建设、运营及后期维护于一体的、全生命周期的项目运作模式。由于投建营一体化事实也覆盖融资环节,因此也有人将其称作"投融建营一体化";而营运本身事实上也覆盖维护环节,因此还有人将其称作"投建营维一体化"。[2] 在具体项目操作过程中,投建营一体化可以有多种形式,如与援助相结合、与两优借款相结合、与第三方进行融资合作等。尽管自"一带一路"倡议实施以来,中资企业正越来越多尝试投建营一体化模式,如印尼巨港电站、柬埔寨甘再水电站、埃塞俄比亚—吉布提亚吉铁路项目等,但并未实现整体性转型。如前所述,事实上只有公路、电力设施项目等领域的投建营一体化模式尝试更多。投建营一体化意味着同一企业主体同时参与项目投资、建设、运营过程中的两个或三个环节,既是投资方,也是承建商或运营商。[3] 与 EPC模式相比,投建营一体意味着对企业能力的更高要求。依据中国电建集团海外投资有限公司的经验,投建营一体化意味着六种能力的叠加:投资开

---

① 商务部:《2020 年度中国对外承包工程统计公报》,中国商务出版社,2021,第 15 页。

② 袁蔡群、梁莺莺、张海平、董瑞:《国际发展援助中"投建营一体化"模式下融资方案研究》,《中国工程咨询》2019 年第 10 期,第 64 - 65 页。

③ 杜奇睿、程都:《中国企业境外"投建营一体化"模式的主要风险及对策研究》,《宏观经济研究》2020 年第 10 期,第 32 - 33 页。

发、海外融资、建设管理、运营管理、资源整合及风险管控等。[①] 当然，实现向投建营一体化转型本身有着诸多风险，特别是多方利益平衡、业主经验、融资成本、运营成本、商业风险等。因此，实现这一转型的关键在于，应着眼于实现当地化的长期可持续发展，整合企业内外资源实现全产业链一体化发展，强化项目全生命周期的风险管理，提升项目运营团队能力建设等。[②]

---

① 菅志刚、袁洋：《海外能源电力项目的"投建营一体化"》，《施工企业管理》2021年第7期，第65-66页。

② 周家义、吴超：《"投建营一体化"实施经验与建议》，《施工企业管理》2017年第9期，第35-37页；陈莹婷：《投建营一体化重铸企业核心竞争力》，《国际工程与劳务》2016年第11期，第40-41页；朱凤凤、胡昊、汤宁：《中国对外承包工程"投建营一体化"的瓶颈与对策》，《现代管理科学》2019年第3期，第97-99页。

第六章　贸易高质量畅通

　　贸易畅通是"一带一路"倡议"五通"之一，是实现共建"一带一路"高质量发展的关键。习近平主席在 2018 年 8 月的推进"一带一路"建设工作 5 周年座谈会上讲话时指出，"要在开拓市场上下功夫，搭建更多贸易促进平台，引导有实力的企业到沿线国家开展投资合作，发展跨境电子商务等贸易新业态、新模式，注重贸易平衡"。[①] 在中共中央和国务院于 2019 年 11 月公布的《中共中央 国务院关于推进贸易高质量发展的指导意见》中，也强调了要"以共建'一带一路'为重点，大力优化贸易结构，推动进口与出口、货物贸易与服务贸易、贸易与双向投资、贸易与产业协调发展"；文件专门强调了深化"一带一路"贸易合作的具体举措，包括拓宽贸易领域，推动优质农产品、制成品和服务进口，促进贸易平衡发展，发展特色服务贸易，推进中欧班列、西部陆海新通道等国际物流和贸易大通道建设，发展"丝路电商"，鼓励企业在相关国家开展电子商务，积极开展促贸援助，推进商建贸易畅通工作机制。此外，文件还强调要不断扩大自由贸易区网络覆盖范围，加快形成立足周边、辐射"一带一路"、面向全球的高标准自由贸易区网络。[②] 的确，在坚持高质量发展的指导下，"一带一路"倡议在贸易畅通方面取得了重大成绩。在国务院新闻办公室于 2021 年 8 月 23 日举办的商务部系统在全面建成小康社会中的作为的新闻发布会上，商务部给出了共建"一带一路"贸易高质量发展的成绩单：贸易畅通

[①] 《习近平出席推进"一带一路"建设工作 5 周年座谈会并发表重要讲话》，中国政府网，2018 年 8 月 27 日，http://www.gov.cn/xinwen/2018 - 08/27/content_5316913.htm，最后访问日期：2021 年 7 月 5 日。

[②] 《中共中央 国务院关于推进贸易高质量发展的指导意见》，商务部网站，2019 年 11 月 19 日，http://wms.mofcom.gov.cn/article/zcfb/ax/201911/20191102918114.shtml，最后访问日期：2021 年 8 月 10 日。

不断深化，推动了资源要素的高效流动和优化配置。中国积极扩大进口各类产品，发展跨境电商等新业态新模式，推动建设海外仓，推进中欧班列、陆海新通道等贸易大通道建设，高标准建设自由贸易区网络。2013—2020年，中国与沿线国家货物贸易额累计达 9.2 万亿美元。此外，商务部还推动建立了 90 多个贸易畅通、投资合作、服务贸易和电子商务双边合作机制，务实解决合作中遇到的问题。而进博会、广交会、服贸会、消博会等的成功举办，有力促进了与相关国家和地区的贸易往来。[1] 如前文所述，当前的国际环境对共建"一带一路"高质量发展并不是非常有利，特别是由于新冠疫情所导致的贸易环境恶化、技术革命激发的新型贸易业态、大国战略博弈催生的贸易保护主义等对贸易高质量发展有着重大的抑制性影响。因此，推动共建"一带一路"贸易高质量发展，必须采取夯实基础、推动创新和强化机制"三位一体"的方法：要继续推动与共建"一带一路"合作国家的贸易合作，积极推动贸易结构朝更加合理、更加平衡的方向发展；要抢占技术创新高地，大力推动与共建"一带一路"合作国家的数字经济、电子商务等合作；同时还要主动利用当前全球一体化和地区一体化的优化调整机遇，创新推动与共建"一带一路"合作国家的贸易机制化建设。

第一节　共建"一带一路"贸易畅通绩效评估

随着中国快速发展，中国对外贸易取得了重大突破，虽然遭受新冠疫情冲击，2020 年货物贸易进出口总值仍达到 32.16 万亿元人民币，比 2019 年增长 1.9%。其中，出口 17.93 万亿元，增长 4%；进口 14.23 万亿元，下降 0.7%；贸易顺差 3.7 万亿元，增长 27.4%。这也意味着中国是全球唯一实现货物贸易正增长的主要经济体，货物贸易第一大国地位进一步巩固。[2] 尽管如此，中国对外贸易仍面临诸多短中长期问题。这一结论也适用于"一带一路"倡议的贸易畅通。尽管整体数据显示，中国与共建"一带

---

① 《国新办举行积极贡献商务力量 奋力助推全面小康发布会》，国务院新闻办公室网站，2021 年 8 月 23 日，http://www.scio.gov.cn/xwfbh/xwbfbh/wqfbh/44687/46624/wz46626/Document/1710966/1710966.htm，最后访问日期：2021 年 8 月 25 日。

② 中国宏观经济研究院：《2020 年我国对外贸易回顾及 2021 年展望》，国家发展改革委网站，2021 年 4 月 2 日，https://www.ndrc.gov.cn/xxgk/jd/wsdwhfz/202104/t20210402_1271704.html?code=&state=123，最后访问日期：2021 年 8 月 10 日。

一路"沿线国家的贸易量持续增长,但这一整体数据既难以识别具体的地区国别性差异,也难以识别具体的行业部门性差异,更难以比较其他国家与"一带一路"沿线国家的贸易合作,因此,有必要对共建"一带一路"贸易畅通作更为细致和深入的绩效评估,从而识别贸易高质量发展的基础、风险及潜在的改进措施。一方面,需要对中国与共建"一带一路"合作国家而非笼统的沿线国家的贸易畅通加以整体分析,尤其是应比较合作国家与除中国外的其他合作伙伴的贸易关系,从而识别贸易畅通的真正态势及其潜在风险;另一方面,也要考察中国国内地方省区市参与共建"一带一路"贸易畅通的积极性、主动性以及能力等方面的差异,从而为挖掘国内潜力、推动国内国际双循环更为顺畅提供助力。此外,还需要对诸如中欧班列这样的多地参与的具体贸易活动安排展开深入的案例分析,识别此类整体性举措的潜力与问题所在,并提出有效的操作性强的政策参考。

一 贸易畅通绩效整体分析

对共建"一带一路"贸易畅通的评估,必须注意两个方面的问题:一是与中国签署共建"一带一路"合作文件的国家远不只是沿线国家,因此需要对沿线合作国家、非沿线合作国家、沿线未合作国家及其他未合作国家加以区分;二是迄今为止围绕"一带一路"倡议的评估往往将 2013 年的数据纳入统计,但倡议提出时事实上已接近年底,对当年的贸易畅通促进效应未必明显,因此仍应从 2014 年开始计算。因此,本章主要利用联合国国际贸易统计数据库 (*UN Comtrade – International Trade Statistics Database*)[①] 的数据,对中国、G7 国家的全球贸易数据加以观察和比较,从而对共建"一带一路"贸易畅通的整体绩效加以评估。但需要指出的是,联合国国际贸易统计数据库的数据本身也存在一定问题。一是该数据库采用的是报告制度,即各国向联合国汇报其对外贸易情况,因此存在诸多国家事实上并未汇报或未持续汇报的现象,由此便造成数据缺失问题,如朝鲜、土库曼斯坦、塔吉克斯坦、索马里、乍得等均未汇报其外贸数据。汇总起来,在共建"一带一路"沿线国家中,有 2 个国家即土库曼斯坦、塔吉克斯坦缺乏数据;此外,还有 10 个非沿线合作国家缺乏数据。这样,联合国国际贸

[①] *UN Comtrade – International Trade Statistics Database*, https://comtrade. un. org, accessed on August 10, 2021. 本节未作特别说明的数据皆来自作者对该数据库相关数据的处理。

易统计数据库所涵盖的共建"一带一路"合作国家数量为135个：57个沿线合作国家，78个非沿线合作国家；此外，数据库还涵盖5个沿线未合作国家及主要其他未合作国家。由此导致的第二个问题是，就共建"一带一路"沿线国家的贸易畅通数据而言，联合国与中国的数据可能存在明显差异。但由于联合国国际贸易统计数据库可对中国与其他国家展开比较，本书仍选择该数据库。本书在开展具体的绩效评估时，采用共建"一带一路"高质量发展评估体系中的贸易共同发展指标，即BRI－1.2对共建"一带一路"贸易畅通加以绩效评估和影响评估。整体而言，共建"一带一路"贸易畅通呈现如下特征。

第一，从整体贸易额来看，倡议的确推动了中国与共建"一带一路"合作国家的贸易额快速增长，但贸易畅通效果并不明显。其一，"一带一路"倡议推动中国与沿线合作国家的贸易快速增长，但效果存疑。2014—2019年，在"一带一路"倡议的推动下，中国与沿线合作国家的双边贸易总额达到4.85万亿美元，相比2008—2013年（3.23万亿美元）增长超过50%。2014年，中国与沿线合作国家的双边贸易额为7434亿美元，到2019年达到9367亿美元。尽管2019年在2014年的基础上增长超过25%，但如果与此前时期（2008—2013年）相比，则贸易增长速度有放缓态势。2008—2013年，中国与共建"一带一路"沿线合作国家的双边贸易额年均增长达到14.82%，但在2014—2019年降到5.10%。从这一角度看，"一带一路"倡议对中国与沿线合作国家的贸易畅通效应需要更进一步的观察，当然其中有大量的外部干预性因素。其二，类似地，"一带一路"倡议推动中国与非沿线合作国家的贸易快速增长，但效果同样存疑。2014—2019年，中国与非沿线合作国家的双边贸易额为2.98万亿美元，相比2008—2013年（2.53万亿美元）增长超过17%。2014年，中国与非沿线合作国家的双边贸易额为5028亿美元，到2019年甚至有所倒退，为4927亿美元；同中国与沿线合作国家的贸易相比，不仅增长幅度较低，年均增速也较低（见图6—1）。

第二，同一时期，G7国家与共建"一带一路"沿线合作国家、非沿线合作国家的贸易表现相对更差。其一，G7国家与共建"一带一路"沿线合作国家的贸易增长速度相对较慢。2014—2019年，G7国家与沿线合作国家的贸易额为11.32万亿美元，仅比2008—2013年（10.39万亿美元）增长了8.95%。从2014年的19291亿美元增至2019年的20058亿美元，6年时间仅增长3.98%。如果与2008—2013年相比，2014—2019年G7国家与沿

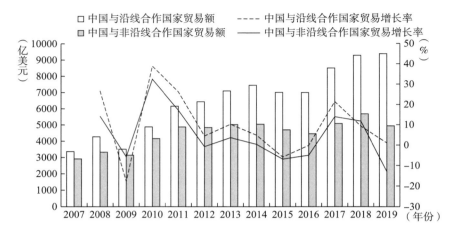

图 6—1 中国与共建"一带一路"合作国家的贸易关系（2007—2019 年）

资料来源：笔者根据联合国国际贸易统计数据库（https://comtrade.un.org）数据制作，最后访问日期：2021 年 8 月 10 日。

线合作国家的年均贸易增速从 5.93% 降到 0.85%。其二，G7 国家与共建"一带一路"非沿线合作国家的贸易表现更差。2014—2019 年，双边贸易额甚至比 2008—2013 年，下降 7.65 个百分点，分别为 79898 亿美元和 73787 亿美元。2019 年，G7 国家与共建"一带一路"非沿线合作国家的贸易额相比 2014 年下降了 6.3 个百分点，分别为 12312 亿美元和 13090 亿美元。这反映出一个明显趋势，即 G7 国家对"一带一路"倡议所重点关注的发展中国家并不在意。比较 2008—2013 年和 2014—2019 年两个时间段，G7 国家与合作国家的年均贸易增速从前一时期的 - 0.72% 降至后一时期的 - 0.81%，降幅远超过 G7 国家与沿线合作国家的贸易关系（见图 6—2）。

第三，尽管独立地看，"一带一路"倡议的贸易畅通效果存疑，但如果将其与 G7 国家的表现相比较，可以认为，"一带一路"倡议的贸易畅通效果相当明显。其一，就沿线合作国家而言，在 2008—2013 年，中国与沿线国家的贸易年均增速是 G7 国家的 2.5 倍，到 2014—2019 年，这一差距拉大到 6 倍多。这意味着，在 2014—2019 年，"一带一路"倡议的贸易畅通效应达到 240%。正是由于这一贸易畅通效应，中国与沿线合作国家的贸易额同 G7 国家的差距迅速缩小：2014 年时，中国与沿线国家贸易额仅为 G7 国家与沿线国家贸易额的 38.53%，但至 2019 年就已上升至 46.70%。其二，就非沿线合作国家而言，在 2008—2013 年，中国与非沿线合作国家的贸易年

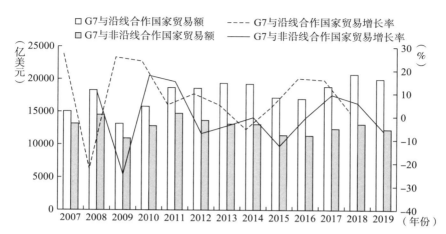

图 6—2　G7 国家与共建"一带一路"合作国家的贸易关系（2007—2019 年）

资料来源：笔者根据联合国国际贸易统计数据库（https://comtrade. un. org）数据制作，最后访问日期：2021 年 8 月 10 日。

均增速是 G7 国家的 15.2 倍，到 2014—2019 年降至 1.25 倍。换句话说，"一带一路"倡议的贸易畅通效应在非沿线合作国家不够明显。这样，中国与非沿线合作国家的贸易额与 G7 国家的差距缩小幅度相比沿线合作国家明显较小：2014 年，中国与合作国家的贸易额占 G7 国家与合作国家贸易额的38.41%，到 2019 年这一比例上升为 40.01%。但是，由于非沿线合作国家中有大量中小国家——就其在世界经济体系中的地位而言，因此尽管绝对金额相对要小，但其贸易畅通效应事实上更大，因为这对推动这些中小国家更好地融入世界经济体系中有着重大的长期意义。

运用共建"一带一路"高质量发展评估体系中 BRI – 1.2 的相关性评估可以发现，共建"一带一路"贸易畅通效应是包容性的，的确推动了中国、合作国家及其他利益攸关方的共同发展。一方面，整体看，共建"一带一路"贸易畅通有着很强的共同发展效应，"一带一路"倡议既无排斥任何国家的意图，也未产生任何排斥性的实际效果。如图 6—3 所示，在 2008—2019 年，共建"一带一路"沿线合作国家和非沿线合作国家与中国、G7 国家的贸易增长均保持高度共向发展态势。

另一方面，从共建"一带一路"合作国家内部看，沿线合作国家中有近 80% 的国家，对中国和对 G7 国家的贸易畅通程度高度正相关，有 17% 的相关性不够明显，不存在高度负相关的现象；而在非沿线合作国家中，高

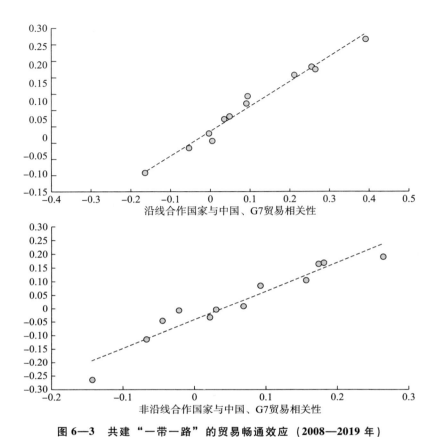

图6—3 共建"一带一路"的贸易畅通效应（2008—2019年）

资料来源：笔者根据联合国国际贸易统计数据库（https：//comtrade. un. org）数据制作，最后访问日期：2021年8月10日。

度正相关的比例也达到57.5%，相关性一般的超过38%，只有1%存在明显的负相关关系。[①] 这进一步印证了共建"一带一路"贸易畅通效应的共生性，说明"一带一路"倡议有着明显的共生发展效应。

需要强调的是，尽管相比G7国家，"一带一路"倡议的贸易畅通效应相当明显，但一方面，从其自身看，这一效应仍需要进一步稳固，因为其在2014—2019年相对2008—2013年的下滑仍是相当明显的；另一方面，"一带一路"倡议的贸易畅通效应在不同国家间存在较明显差异，因此真正的风险仍需具体到不同的合作国家才能加以有效识别。应当指出的是，从

---

① 笔者根据联合国国际贸易统计数据库（https：//comtrade. un. org）数据计算得出，最后访问日期：2021年8月10日。

贸易畅通效应看至少有两个风险。一是印度的重要性，在整个 2008—2019 年间，中印双边贸易额始终占中国与共建"一带一路"沿线国家双边贸易额的 8.5% 以上，因此，在印度持续不参与"一带一路"倡议的情况下，中印关系的起伏可能对整个"一带一路"倡议的贸易畅通效应产生消极影响。二是"一带一路"倡议的贸易畅通效应，尽管在沿线合作国家体现更为明显，但在 78 个非沿线合作国家中表现不如预期。"一带一路"倡议在所有合作国家的贸易畅通效应为 2.42%，但在 78 个非沿线合作国家中只有 1.98%，相差近 0.5 个百分点。因此，从共建"一带一路"高质量发展的角度，至少应关注两个具体举措：一是加强与"一带一路"倡议中具有系统重要性的沿线未合作大国的经贸关系，其典型是印度，以巩固甚至提升贸易畅通效应；二是对非沿线合作国家即大量中小国家采取贸易倾斜政策，使广大发展中国家切实感受到贸易畅通效应，进而巩固中国与发展中国家的战略合作。

二 地方参与的贸易畅通绩效分析

"一带一路"倡议是中国提出的兼具国内和国际双重性质的发展议程，中国国内的行为体的主动性和积极性非常重要。在中国的行为体中，地方省区市政府有着特殊的重要性。与企业及个体行为体不同，地方省区市政府行为体既是政府行为体，同时又有着地方性的社会经济发展追求。一方面，世界各国的地方政府参与国际交往的核心动机极可能并非外交、政治或战略考虑，经济动机才是理解地方参与对外关系的核心；[1] 贸易和投资代表着地方政府促进自身经济利益的天然聚焦点，是地方政府活动中协调程度最高的领域。[2] 另一方面，中国的央地关系或地方政府的政策自主空间远远超越对中国的常规性"中央集权"想象，而更多是郑永年所说的"行为联邦制"。[3] 由此而来，中国地方省区市政府行为体在"一带一路"倡议中的角色存在高度差异，考察这一差异性及其对贸易畅通效应的影响，对促

---

① Hans Michelmann, "Comparative Reflections on Foreign Relations in Federal Countries," in Raoul-Blindenbacher and Chandra Pasma, eds., *A Global Dialogue on Federalism*: *Dialogues on Foreign Relations in Federal Countries*, Vol. 5, Forum of Federations, International Association of Centers for Federal Studies, Quebec: McGill Queens University Press, 2007, p. 6.

② Timoty J. Conlan and Michelle A. Sager, "The Growing International Activities of the American States," *Policy Studies Review*, Vol. 18, No. 3, 2001, p. 19.

③ 郑永年：《中国的"行为联邦制"：中央—地方关系的变革与动力》，东方出版社，2013。

进共建"一带一路"高质量发展有重要意义。

为考察地方省区市政府参与"一带一路"倡议的贸易畅通效应,笔者对全国除台湾、香港及澳门外的 31 个省区市统计局及国家统计局的相关数据进行了查询和收集。① 遵循前述共建"一带一路"高质量发展评估体系所确立的时间范围,数据收集覆盖 2008—2019 年共计 12 年时段。所获得的数据并不完善,大致具备如下特征:一是各省区市年度性对外贸易总额数据相对完整,可对各省区市在 2008—2013 年、2014—2019 年两个时段作对比,考察"一带一路"倡议对不同省区市的贸易畅通效应差异;二是绝大多数省区市缺乏细分数据,其中近一半省区市可基本识别出对外贸易的地区性差异,具备相对完整的全球国别性数据的省区市就更少,仅有河北、湖北、湖南、江西、山东、福建、广东、黑龙江、辽宁、上海和新疆等 11 个省区市,同时其统计数据差异性仍很大。因此,本节对地方省区市参与"一带一路"倡议的贸易畅通效应的评估分为两个部分:一是整体上依据各省区市对外贸易总额进行评估,但这一评估仅能从宏观上识别"一带一路"倡议的影响;二是对 11 个具备国别性数据的省区市加以评估,重点考察其对共建"一带一路"合作国家的贸易畅通效应。本节所使用的评估方法与前述 BRI - 1.2 的方法基本类似,但因为缺乏外部比较对象,只能作内部比较。

在评估各省区市参与"一带一路"倡议的贸易畅通效应前,需要对各省区市作一大致分类。一方面,不同省区市参与共建"一带一路"的区位优势、资源禀赋以及与合作国家的合作基础等存在较大差异,因此有必要据此对省区市加以分类。由于空间距离差异,各省区市参与共建"一带一路"倡议的逻辑与中非合作略有差异②,因此可将各省市区行为体区分为三类:东部发达省区市,临边省区市,非临边中西部省区市。东部发达省区市由于发展水平较高,因此其参与"一带一路"倡议往往放眼全球,特别是较为发达的经济体;相比之下,临边省区市由于拥有地缘优势,因此其参与"一带一路"倡议可能更加注重临边辐射;而非临边中西部省区市既缺乏地缘优势,又不具备经济发展水平优势,因此其参与"一带一路"倡

---

① 如非特别提及,本节所使用数据均来自笔者对全国除台湾、香港及澳门外的 31 个省区市统计局及国家统计局的相关数据的收集整理。

② 笔者曾将参与中非合作的地方省区市政府区分为全球导向型、地区导向型和议题导向型三类,参见张春《地方参与中非合作研究》,上海人民出版社,2015。

议极可能更加注重议题性的比较优势，如宁夏重点聚焦阿拉伯世界、湖南将重点放在非洲等。另一方面，在"一带一路"倡议提出后，各省区市都高度重视，甚至曾诱发地方参与竞争，为避免此类不必要的内部竞争，各省区市被赋予了不同的战略定位，大致分为参与共建"一带一路"的重点省区市和非重点省区市两类。因此，对各省区市参与共建"一带一路"的贸易畅通效应，也需要虑及不同省区市的具体属性。

整体上看，"一带一路"倡议对地方省区市的贸易畅通效应明显。与2008—2013 年相比，2014—2019 年全国 31 个省区市的对外贸易额增长了30%，分别为 19.41 万亿美元和 25.25 万亿美元。但需要强调的是，"一带一路"倡议对地方省区市的贸易畅通效应并不均衡。其一，从各省区市两个时间段对比看，有 17 个省区市的贸易畅通效应超出全国平均水平，14 个省区市低于全国平均水平（见图 6—4）。其中，陕西、重庆、广西、河南等省区市的增速比全国平均增速高出 100% 甚至更高；超出全国平均增速50%—100% 的省区包括安徽、宁夏和湖南，四川、湖北、云南、贵州、江西等省份均超过全国平均增速 40% 以上；西藏表现最差，低于全国平均增速 50% 以上，甘肃和黑龙江均低于全国平均增速 40% 以上。

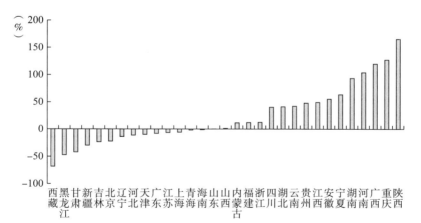

图 6—4 共建"一带一路"的地方贸易畅通效应（2008—2013 年与 2014—2019 年两时段比较）

注：全国平均增速为横坐标轴，记作 0。

资料来源：笔者根据全国除台湾、香港及澳门外的 31 个省区市统计局及国家统计局的相关数据整理制作，数据截至 2021 年 8 月 10 日。

其二，从各省区市的地理区位、资源禀赋及发展水平看，"一带一路"倡议的贸易畅通效应在非临边中西部省区市最为明显，其次是临边省区市，在东部发达省区市最低。在 14 个非临边中西部省区市中,只有 3 个(青海、河北、甘肃)低于全国平均水平,其余 11 个均高于全国平均水平且表现相当出色。例如,陕西达到全国平均水平的 6.5 倍,而重庆、河南均在全国平均水平 5 倍以上,河南、湖南均在 4 倍以上,宁夏为全国平均水平的 3 倍,安徽、江西、贵州、湖北、四川均为 2 倍以上。相比之下,8 个临边省区市只有 3 个超过全国平均水平,其中广西表现出色达到全国平均水平的 5 倍,云南也达到 2.4 倍;而 9 个东部发达省区市中只有浙江、福建、山东等 3 省超过全国平均水平,均低于 1.5 倍。

其三,从各省区市在"一带一路"倡议中的战略定位看,重点省区市的表现明显不如非重点省区市。在 18 个重点省区市中,只有 8 个增速超过全国平均水平,有 10 个低于全国平均水平,其中东北、西北临边省区市即西藏、黑龙江、新疆、吉林、辽宁等省区市表现最差。而在 13 个非重点省区市中,有 9 个超过全国平均水平,只有 4 个低于全国平均水平。在高于全国平均水平的省区市中,东部发达省区市占了绝大多数(见表 6—1)。

表 6—1　共建"一带一路"的地方贸易畅通效应差异(2008—2019 年)

单位:个

		高于全国平均水平	低于全国平均水平
地理区位、资源禀赋及发展水平	东部发达省区市	3	6
	临边省区市	3	5
	非临边中西部省区市	11	3
战略定位	重点省区市	8	10
	非重点省区市	9	4

资料来源:笔者根据全国除台湾、香港及澳门外的 31 个省区市统计局及国家统计局的相关数据的整理制作,数据截至 2021 年 8 月 10 日。

如果仅考察 2014—2019 年 31 个省区市的对外贸易增长,所得出的结论基本相似。整体上,有 19 个省区市在"一带一路"倡议提出后的对外贸易年均增速超过全国平均水平,非临边中西部省区市有 11 个,其中湖南、陕西、四川、湖北、宁夏、安徽、重庆、江西、河南、山西表现出色,东部发达省区市有 5 个,临边省区市仅广西、云南和内蒙古 3 个表现较好(见图 6—5)。

由以上整体分析可以得出如下两点初步结论。第一,"一带一路"倡议对大多数省区市有着明显的贸易畅通效应,效应相对较差的省区市主要来

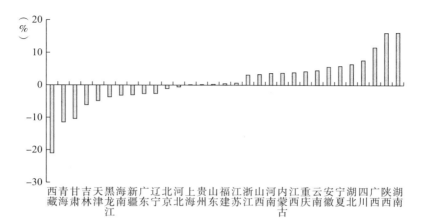

图 6—5　共建"一带一路"的地方贸易畅通效应（2014—2019 年年均相对增速）

注：全国平均增速为横坐标轴，记作 0。

资料来源：笔者根据全国除台湾、香港及澳门外的 31 个省区市统计局及国家统计局的相关数据整理制作，数据截至 2021 年 8 月 10 日。

自最为落后的西北和东北地区，两个地区不仅自身资源禀赋相对较差、发展水平相对较低，其地理区位也因周边邻国的原因而被抵消。第二，"一带一路"倡议的贸易畅通效应更多是激励了缺乏地理区位、资源禀赋、发展水平及政策照顾等优势的非临边中西部省区市的积极性，而在拥有地理区位优势的临边省区市、拥有发展水平优势的东部发达省区市、拥有政策优势的重点省区市，贸易畅通效应均不够明显，说明后三类省区市的积极性尚未被动员起来，这应当成为共建"一带一路"高质量发展时潜力挖掘的重点对象。

"一带一路"倡议在有可用数据的 11 个省区市的贸易畅通效应总体上支持前述初步结论。如表 6—2 所示，11 个有可用数据的省区市包括 4 个东部发达省区市，3 个临边省区市及 4 个非临边中西部省区市；其中，发达省区市和临边省区市均为"一带一路"倡议重点省区市。就此而言，尽管各省区市的数据可用性仍存在差距，但这一数据能反映全国各省区市参与"一带一路"倡议的整体情况。

表 6—2　共建"一带一路"贸易畅通有可用数据的省区市

序号	省区市	地理区位、资源禀赋及发展水平	重点省区市
1	福建	东部发达	是

续表

序号	省区市	地理区位、资源禀赋及发展水平	重点省区市
2	广东	东部发达	是
3	山东	东部发达	是
4	上海	东部发达	是
5	新疆	临边	是
6	辽宁	临边	是
7	黑龙江	临边	是
8	河北	非临边中西部	否
9	湖北	非临边中西部	否
10	湖南	非临边中西部	否
11	江西	非临边中西部	否

资料来源：笔者根据全国除台湾、香港及澳门外的 31 个省区市统计局及国家统计局的相关数据整理制作，数据截至 2021 年 8 月 10 日。

由于有多达 7 个省区市——湖北、湖南、江西、山东、黑龙江、辽宁、上海——缺乏 2019 年数据，因此对上述 11 个省区市参与"一带一路"倡议的贸易畅通效应的评估时间段须作必要调整，倡议提出前后各减少一年，即调整为 2009—2013 年和 2014—2018 年；同时，也须指出的是，黑龙江省缺乏 2018 年数据，因此对黑龙江的讨论未必精确。考察上述 11 个省区市对共建"一带一路"合作国家的贸易数据可以发现如下特征。

第一，除少数例外，"一带一路"倡议对各省区市的贸易畅通效应仍是明显的。在 11 个省区市中，除黑龙江和新疆外，2014—2018 年与共建"一带一路"合作国家的贸易额相比 2009—2013 年均有明显增长。就绝对值而言，广东省增长最多，达到 3150 亿美元，其次是上海（1881 亿美元）、江西（337 亿美元）、福建（326 亿美元）、河北（282 亿美元）、辽宁（240 亿美元）、湖南（180 亿美元），山东仅增长 46 亿美元，而新疆（-41 亿美元）和黑龙江（-185 亿美元）下跌明显。就增长幅度而言，依次是湖南（194.65%）、江西（66.61%）、福建（43.59%）、广东（35.78%）、河北（34.37%）、湖北（26.44%）、上海（25.90%）、辽宁（23.64%），山东仅增长 1.15%，而新疆（-4.31%）和黑龙江（-53.36%）则呈负增长。由此可见，"一带一路"倡议的贸易畅通效应在非临边中西部省区市最为明显，其次是东部发达省区市，最低的是临边省区市。但需要强调的是，由于整体对外贸易表现好的临边省区市均缺乏细分数据，加上有可用数据的新疆、辽宁和黑龙江的周边国家在"一带一路"倡议的推进过程中所面临的困难都相对较大，这一数据并不能反映临边省区市的整体情况。

第二，如果比较上述 11 个省区市与共建"一带一路"合作国家的贸易增长与其整体贸易增长，则可发现，"一带一路"倡议对地方省区市的贸易畅通效应存在明显分化。倡议对广东、湖南、河北、黑龙江及辽宁有较明显的贸易畅通效应。尽管整体上看，黑龙江对合作国家的贸易呈负增长态势，但其整体对外贸易状况恶化速度更快、更明显。而新疆则呈另一状态：尽管都是负增长，从两个时段对比看，新疆对合作国家的贸易略有下降，但并不明显。但如果将这一下降放到新疆整个对外贸易中看，2014—2018年新疆对外贸易相比 2009—2013 年略有上升，尽管幅度同样很小。换句话说，新疆与合作国家的贸易关系的确呈恶化态势。尤其是，2008 年时，新疆与共建"一带一路"合作国家的贸易额占其对外贸易额的 95.54%，但到 2018 年已经降至 87.14%。

第三，从年均增速角度看，"一带一路"倡议对地方省区市的贸易畅通效应也存在明显的类型差异。如果比较 2009—2013 年和 2014—2018 年对合作国家的贸易年均增速，可以发现只有湖南、上海在后一时段的年均增速超过前一时段，尽管如果将这一增速与其整个对外贸易年均增速相比可能情况又有所不同（见图 6—6）。

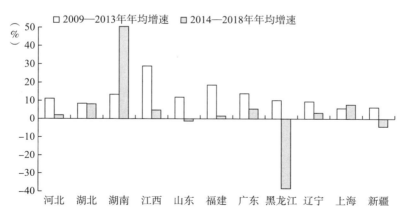

图6—6　共建"一带一路"对 11 个省区市的贸易畅通效应
（2009—2013 年与 2014—2018 年年均相对增速）

资料来源：笔者根据全国除台湾、香港及澳门外的 31 个省区市统计局及国家统计局的相关数据整理制作，数据截至 2021 年 8 月 10 日。

因此，尽管存在数据可用性困难，但有可用数据的 11 个省区市很大程度上印证了前述整体评估的初步结论：一是对临边省区市而言，其地理位置本身很大程度上对具体省区市参与"一带一路"倡议的贸易畅通效应具有决定意义；二是非临边中西部省区市因本身优势较少，进而把握"一带一路"倡议的政策红利的积极性远高于其他省区市；三是拥有不同优势的省区市将是共建"一带一路"高质量发展特别是贸易畅通方面的重要潜力所在，值得高度重视。

三 中欧班列案例研究

2020 年新冠疫情暴发，全球贸易大幅萎缩：相比 2019 年，2020 年全球货物贸易下降 8%，服务贸易下降 21%；整体而言，2020 年全球货物贸易与服务贸易总额为 22 万亿美元，相比 2019 年（24 万亿美元）下降了8.3%。疫情使旅游及相关服务贸易从 2019 年的 14680 亿美元降至 5490 亿美元，降幅超过 60%。2020 年，唯一增长的贸易是与医疗物资相关的货物贸易，从 2019 年占全球贸易额的 5.3% 大幅增至 2020 年的 6.6%。中国对外贸易"一枝独秀"，货物贸易额高居全球首位，从 2019 年的占全球 12%进一步上升到 2020 年的 13%。[①] 尽管有疫情控制更好、恢复生产时间更早等因素，但由于疫情导致的"封锁"效应，国际贸易仍是受限的。因此，可以认为，中国对外贸易的逆势增长很大程度上与"一带一路"倡议所推动的贸易畅通效应有关；尤其需要强调的是，2020 年中国对外贸易的突出表现很大程度上与中欧班列的持续正常运营密切相关。

中欧班列是中国铁路总公司组织，按照固定车次、线路、班期和全程运行时刻开行，运行于中国与欧洲以及"一带一路"沿线国家间的集装箱等铁路国际联运列车，是深化中国与沿线国家经贸合作的重要载体和推动"一带一路"建设的重要抓手。[②] 需要指出的是，中欧班列的开启事实上早于"一带一路"倡议的提出。2011 年 3 月，首趟中欧班列从重庆开出，16天后抵达目的地德国杜伊斯堡。到 2013 年"一带一路"倡议提出时，中国与欧洲共开通 5 趟中欧班列，即重庆至德国杜伊斯堡的渝新欧班列，武汉至

---

① WTO, *World Trade Statistical Review 2021*, Geneva: WTO, 2021, p. 11.
② 推进"一带一路"建设工作领导小组办公室：《中欧班列建设发展规划（2016—2020 年）》，2016 年 10 月 8 日，http://www.yichang.gov.cn/uploadfile/2016/1025/20161025112527605.pdf，第 1 页，最后访问日期：2021 年 8 月 10 日。

捷克梅林克帕尔杜比采的汉新欧班列，成都至波兰罗兹的蓉欧快铁，郑州至德国汉堡的郑欧班列，以及苏州至波兰华沙的苏满欧班列。在 2011 年 3 月至 2013 年 3 月，即运行的头两年中，中欧班列只有去程而没有回程。在"一带一路"倡议提出后，中欧班列发展进入快速发展阶段。在 2014—2016 年，中欧班列新增了 7 条固定班列（见表 6—3）。自 2016 年 10 月《中欧班列建设发展规划（2016—2020 年）》出台，中欧班列进入第三个发展阶段，即稳步推进、提质增效阶段。面对 2020 年新冠疫情的冲击，中欧班列的表现证明其深化建设取得了圆满成功。

表 6—3 2011—2020 年中欧班列常态化开行班列

序号	名称	线路	开通时间
1	渝新欧	重庆—杜伊斯堡（德国）	2011 年 3 月 19 日
2	汉新欧	武汉—梅林克帕尔杜比采（捷克）	2012 年 10 月 24 日
3	蓉欧快铁	成都—罗兹（波兰）	2013 年 4 月 26 日
4	郑欧班列	郑州—汉堡（德国）	2013 年 7 月 18 日
5	苏满欧	苏州—华沙（波兰）	2013 年 9 月 29 日
6	营满欧	营口—莫斯科（俄罗斯）	2014 年 10 月 18 日
7	湘欧快线	长沙—杜伊斯堡（德国）	2014 年 10 月 30 日
8	义新欧	义乌—马德里（西班牙）	2014 年 11 月 18 日
9	青岛号	胶州—哈萨克斯坦	2015 年 7 月 1 日
10	厦蓉欧	厦门—罗兹（波兰）	2015 年 8 月 16 日
11	昆蓉欧	昆明—波兰	2015 年 10 月 19 日
12	辽满欧	大连—莫斯科（俄罗斯）	2016 年 7 月 19 日
13	中欧班列（义乌—河内）	义乌—河内	2020 年 1 月 10 日

资料来源：笔者根据中国一带一路网（https://www.yidaiyilu.gov.cn/）数据整理制作，最后访问日期：2021 年 8 月 10 日。

经过 10 年来的发展，中欧班列已经基本确立运营模式，形成了自身特色，成为共建"一带一路"建设的标志性品牌。一是班列开行列数增长迅速，2011 年仅有 17 列去程，到 2020 年总计列数已超过 1.2 万列（见图 6—7），年均增速达到 118%；即使在 2017 年进入第三阶段后仍保持 67% 的年均增速。2021 年上半年，中欧班列共开行 7323 列；10 年来中欧班列累计开行超过 4 万列。① 二是覆盖范围迅速扩大，到 2020 年底，中欧班列开行范围已拓展至欧洲 21 个国家的 98 个城市，而国内开行城市也已达到 48 个。为保障中欧班列的时效性、安全性，提升中欧班列核心竞争力，满足中欧班列运输组织要求，国铁集团从境内、境外两个方面对中欧班列运输组织进行了不断探索，采取"图定临时结合""图定干支结合"的独特运输组织模式，对各地培育中欧班列市场发挥了重要作用。② 三是运行格局日渐稳定，形成了以"三大通道、四大口岸、五个方向、六大线路"为特点的基本格局。"三大通道"分别是指中欧班列经新疆出境的西通道和经内蒙古出境的中、东通道。"四大口岸"分别是处在三大通道上的阿拉山口、满洲里、二连浩特、霍尔果斯，它们是中欧班列出入境的主要口岸。"五个方向"是中欧班列主要终点所在的地区，主要包括欧盟、俄罗斯及部分中东欧、中亚、中东、东南亚国家等。"六大线路"是指成都、重庆、郑州、武汉、西安、苏州等地开行的线路在规模、货源组织以及运营稳定性等方面表现较为突出。③ 四是运行内涵日益丰富，特别是运输货品种类持续增多，参与运营行为体日益多元等。

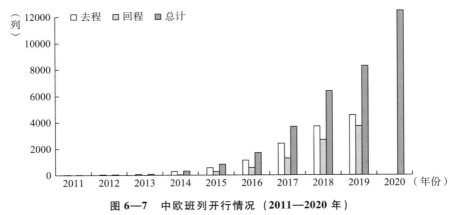

图 6—7　中欧班列开行情况（2011—2020 年）

资料来源：笔者根据中国一带一路网（https://www. yidaiyilu. gov. cn／）数据整理制作，最后访问日期：2021 年 8 月 10 日。

---

① 《数据概览：2021 年上半年外资外贸相关数据》，国家发展改革委网站，2021 年 7 月 27 日，https：//www. ndrc. gov. cn/fgsj/tjsj/jjsjgl/202107/t20210727_1291644. html？code = &state = 123，最后访问日期：2021 年 8 月 10 日。

② 王艳波：《中欧班列运输组织模式，有哪些创新实践？》，澎湃新闻，2021 年 8 月 27 日，https：//www. thepaper. cn/newsDetail_forward_14242319，最后访问时期：2021 年 8 月 28 日。

③ 马斌：《中欧班列的发展现状、问题与应对》，《国际问题研究》2018 年第 6 期，第 75 页。

　　尽管取得了重要进展，但中欧班列的运行也存在诸多风险。其一，既有的市场定位不清晰、协调机制效率不高、配套设施不充分等问题①很大程度上没有得到有效解决。其二，既有的中欧班列更多集中于东部发达省区市和非临边中西部省区市，临边省区市开行班列较少。如表6—3所示，在13个常态化开行班列中，有5个从非临边中西部省区市开出，6个从东部发达省区市开出，仅有2个从临边省区市开出。而从共建"一带一路"倡议的地方贸易畅通效应角度看，亟须提升贸易畅通效应的新疆、黑龙江等临边省区市只是中欧班列途经地，因此尽管到2021年中经过黑龙江满洲里的中欧班列突破2000列，经过新疆阿拉山口的突破3000列，但当地受益并不明显。而新采取的政策举措很大程度上仍在强化这一不平衡态势。例如，2020年7月，国家发展改革委下达中央预算内投资2亿元，支持郑州、重庆、成都、西安、乌鲁木齐等5个中欧班列枢纽节点城市开展中欧班列集结中心示范工程建设，促进中欧班列开行由"点对点"向"枢纽对枢纽"转变，加快形成"干支结合、枢纽集散"的高效集疏运体系。②其三，中美战略博弈、新冠疫情等新生压力，使中欧班列面临改革动力下降的风险，可能进一步延迟既有本应启动的改革努力。事实上，2016年发布的《中欧班列建设发展规划（2016—2020年）》已届期满，但新的发展规划并未出台。相反，由于遭受疫情冲击，2020年所出台的各类文件的核心均强调发挥中欧班列战略通道作用，以应对疫情影响。例如，商务部在2020年4月印发《进一步发挥中欧班列作用应对新冠肺炎疫情做好稳外贸稳外资促消费工作的通知》，提出11条具体举措和工作要求，发挥中欧班列战略通道作用应对疫情影响。③又如，2020年5月，国家发展改革委和交通运输部共同发布的《关于进一步降低物流成本的实施意见》对中欧班列的聚焦点

---

① 马斌：《中欧班列的发展现状、问题与应对》，《国际问题研究》2018年第6期，第80－83页。

② 《国家发展改革委下达专项资金支持中欧班列集结中心示范工程建设》，国家发展改革委网站，2020年7月6日，https://www.ndrc.gov.cn/fzggw/jgsj/kfs/sjdt/202007/t20200706_1233146.html? code=&state=123，最后访问日期：2021年8月10日。

③ 《进一步发挥中欧班列作用应对新冠肺炎疫情做好稳外贸稳外资促消费工作的通知》，商务部网站，2020年4月3日，http://www.mofcom.gov.cn/article/ae/ai/202004/20200402952985.shtml，最后访问日期：2021年8月10日。

是降低开行成本,而非推进改革和前瞻规划。[①]

为促进中欧班列高质量发展,进而贡献于共建"一带一路"高质量发展特别是其贸易畅通效应,下一阶段应重点着手如下方面:一是强化对中欧班列的前瞻规划,尤其是应充分考虑到新冠疫情缓解甚至结束后、大国战略竞争压力加大可能性下,中欧班列的中长期可持续发展问题;二是在前期发展的基础上,将中欧班列途经的相对落后、周边资源不佳的临边省区市尤其是西北和东北地区纳入班列规划,使中欧班列有效提升西北和东北临边省区市参与"一带一路"倡议的水平,放大其贸易畅通效应;三是升级中欧班列货品结构,使中欧班列开行与国内大循环建构以及提升发展中国家对华出口能力相结合;四是进一步改善中欧班列开行的其他技术性问题,如协调效率、配套设施等。

第二节　数字贸易与贸易畅通新动能培育

共建"一带一路"高质量发展不仅需要在大变局中稳住阵脚,更需要识别机会、培育新动力。尽管"一带一路"倡议有着较为明显的贸易畅通效应,但仍需加强高质量发展目标识别、培育下一时期的发展新动能。如同《中共中央　国务院关于推进贸易高质量发展的指导意见》所强调的,应培育新业态、增添贸易发展新动能。更具体地,要推进以跨境电子商务为核心的贸易新业态发展,提升贸易数字化水平,积极参与全球数字经济和数字贸易规则制定。[②]尽管迄今为止围绕共建"一带一路"贸易创新的讨论更多集中于跨境电子商务,但随着技术革命特别是数字技术的发展,数字贸易正成为一个利用数字化方式实现产品销售、在线服务供给等的泛化概念,将全球价值链中的数据流、智能制造服务以及其他平台、应用等也涵盖其中。几乎每个企业都部分地实现了数字化,几乎每个行业都在利用数字技术开展国际竞争。例如,物联网已经将超过 50 亿个物体联系在一起;

---

① 《国务院办公厅转发国家发展改革委交通运输部关于进一步降低物流成本实施意见的通知》,国务院办公厅,国办发〔2020〕10 号,2020 年 5 月 20 日,http://www.gov.cn/zhengce/content/2020 – 06/02/content_5516810.htm,最后访问日期:2021 年 8 月 10 日。

② 《中共中央　国务院关于推进贸易高质量发展的指导意见》,商务部网站,2019 年 11 月 19 日,http://wms.mofcom.gov.cn/article/zcfb/ax/201911/20191102918114.shtml,最后访问日期:2021 年 8 月 10 日。

到 2024 年，估计将有 270 亿台设备不断生成数据，并将其跨行业甚至跨国境发送。[①] 这意味着，仅讨论跨境电子商务显然难以满足共建"一带一路"高质量发展的贸易创新、新动能培育要求，应当将概念拓展至整个数字贸易，以大幅提升"一带一路"倡议的贸易畅通效应。

一　共建"一带一路"框架下的数字贸易发展

顺应世界历史潮流，中国经济正快速朝数字化方向转型。2020 年，在面临新冠疫情冲击的背景下，中国数字经济依然保持蓬勃发展态势，规模达到 39.2 万亿元，较 2019 年增加 3.3 万亿元，占 GDP 比重达到 38.6%，同比上升了 2.4 个百分点；2020 年，中国数字经济增速达到 9.7%，是整个 GDP 名义增速的 3.2 倍。[②] 自 2013 年"一带一路"倡议提出以来，中国累计进口数字服务 8345.1 亿美元，年均增长 6.0%，高出全球 1.0 个百分点，对全球数字服务进口增长的贡献率为 4.4%。自 2018 年以来，中国累计进口数字服务 3577.1 亿美元，年均增长 9.7%，高出全球 2.5 个百分点，对全球数字服务进口增长的贡献率为 5.0%。[③] 伴随中国数字经济发展的是，中国与世界各国的数字贸易也正快速发展，而"一带一路"倡议对数字贸易的促进作用也相当明显。

商务部电子商务和信息化司自 2005 年起开始发布《中国电子商务报告》，[④] 对中国电子商务发展历程作了很好的记录和总结。根据《中国电子商务报告（2019）》，中国电子商务市场规模在 2019 年持续引领全球，服务能力和应用水平进一步提高。中国网民规模已超过 9 亿，互联网普及率达 64.5%；电子商务交易额达 34.81 万亿元，其中网上零售额 10.63 万亿元，比 2018 年增长 16.5%，实物商品网上零售额 8.52 万亿元，占社会消费品零售总额的比重上升到 20.7%。更为重要的是，电子商务新模式新业态不断涌现：人工智能、大数据、小程序等技术广泛应用，直接、社交、跨境电

① "Key Barriers to Digital Trade," The USTR Fact Sheets, No. 1, March 2017, https://ustr.gov/about-us/policy-offices/press-office/fact-sheets/2017/march/key-barriers-digital-trade, accessed on August 10, 2021.

② 中国信息通信研究院：《中国数字经济发展白皮书（2020）》，2021 年 4 月，第 5 - 6 页。

③ 商务部：《中国服务进口报告 2020》，2020 年 11 月，第 11 页。

④ 其中 2003 年首次发布时名为《中国电子商务白皮书》，自 2006 年起更名为《中国电子商务报告》。具体可参见商务部电子商务和信息化司年度报告网页，http://dzsws.mofcom.gov.cn/article/ztxx/ndbg/，最后访问日期：2021 年 8 月 10 日。

商海外仓等模式深化创新；电子商务带动线上线下融合发展的趋势更加明显；网络零售向智能制造领域延伸，电子商务平台与产业链中的各方建立了数字化连接。具体到跨境电子商务，中国到 2019 年已与全球 22 个国家建立了双边电子商务合作机制，"丝路"已经成为贸易合作新渠道，带动了伙伴国经济发展。① 更为具体地，从 2015 年开始统计跨境电子商务贸易额以来，跨境电子商务进出口额迅速从 2015 年的 360.2 亿元增至 2019 年的 1862.1 亿元，年均增速达 50.8%；2019 年进出口额增长 38.3%。如果比较进口与出口可以发现，中国跨境电商出口增长明显高于进口增长：2017 年，中国跨境电子商务出口额为 336.5 亿元，而进口额已达到 565.9 亿元，出口额仅相当于进口额的 59.5%；但到 2019 年，出口额（944 亿元）已经超过进口额（918.1 亿元）。在 2017—2019 年三年间，跨境电子商务出口年均增速达到 60.5%，而进口年均增速仅为 27.4%，前者是后者的两倍多。② 尽管这一发展态势整体令人鼓舞，但也应注意到其中的风险，即中国对其他国家的跨境电子商务出口相比进口增长过快，极可能引发贸易伙伴的不适。

尽管商务部电子商务和信息化司的数据提供了有关中国跨境电子商务的整体发展情况，但由于并未单列共建"一带一路"沿线国家或合作国家的相关数据，因此无法考察共建"一带一路"框架下的跨境电子商务发展。事实上，迄今为止也没有系统的共建"一带一路"跨境电子商务可用数据。就此而言，电子工业出版社、中国电子学会和中国工业互联网研究院推出的《"一带一路"数字贸易指数发展报告（2020）》提供了识别共建"一带一路"数字贸易潜力、风险等的参照。该指数并不提供有关共建"一带一路"数字贸易的具体数据，而是借鉴国内外代表性指标体系，采取三级指标架构，设置了 6 个一级指标、16 个二级指标和 21 个三级指标，借以衡量共建"一带一路"数字贸易发展情况和发展潜力。该指数仅对 30 个"一带一路"沿线国家加以测算，结果显示：有 3 个——新加坡、俄罗斯和马来西亚——属于深度合作型国家，6 个——印度、泰国、阿联酋、印度尼西亚、捷克、越南——属于快速推进型国家，还有 12 个属于逐步拓展型国家，

---

① 商务部电子商务和信息化司：《中国电子商务报告（2019）》，2020 年 7 月，"前言"，第 1 - 2 页。

② 商务部电子商务和信息化司：《中国电子商务报告（2019）》，2020 年 7 月，第 50 - 51 页。

9 个属于有待加强型国家。① 需要指出的是，该指数反映出共建"一带一路"数字贸易的两个值得关注的地区。一是东盟国家对共建"一带一路"数字贸易新动能培育的整体重要性。除老挝、缅甸、柬埔寨、文莱外的 6 个东盟成员国均被纳入测算，其中 5 个进入综合指数前 10 之列，仅菲律宾略低，排第 13 位。尽管未被纳入测算的其余 4 个东盟成员国的数字经济发展相对落后，但就共建"一带一路"数字贸易新动能培育而言，东盟的重要性毋庸置疑。二是非洲国家对共建"一带一路"数字贸易新动能培育的整体重要性。尽管只有 3 个非洲国家——肯尼亚、埃及和埃塞俄比亚——被纳入测算，但它们均属于"有待加强型"，埃塞俄比亚以 28.29 的综合得分排名倒数第一。尽管如此，考虑到非洲有将近 50 个与中国签署了共建"一带一路"合作协议的国家，通过共建"一带一路"合作帮助非洲抓住第四次工业革命所带来的新机遇，培育共建"一带一路"数字贸易新动能，仍是共建"一带一路"高质量发展的关注重点之一。

综上所述，共建"一带一路"建设对培育高质量发展贸易畅通的新动能的关注，主要存在两个方面的不足。一是整体上仍聚焦于跨境电子商务，对整个数字贸易的关注还不够充分。例如，2020 年 7 月，海关总署决定对北京、天津、南京、广州、深圳等 10 地海关开展跨境电商 B2B 出口监管试点，半年之后即 2021 年 3 月又决定将跨境电商零售进口试点扩大至所有自贸试验区、跨境电商综试区、综合保税区、进口贸易促进创新示范区、保税物流中心（B 型）所在城市（及区域）。导致这一不足的主要因素是，数字贸易本身发展迅速，国际社会尚未就其具体界定、业务范围、运作模式等达成广泛共识。例如，由于共识缺乏，数字贸易往往被简化为电子商务，而电子商务本身仅指代通过互联网开展的商品和服务买卖活动，其中也包括数字商品或数字服务。因此，对于最终产品是实物但却通过网络实现交易的，仍有人认为其不应被纳入电子商务范畴。如果考察前述统计数据，中国显然将其纳入电子商务范畴。根据联合国贸发会议、世界贸易组织等的界定，数字贸易是指通过互联网实现的交易，不仅包括数字商品和服务，也包括实物商品；它涉及以数字化或电子方式实现的商品与服务的生产、配送、销售等整个过程。这样，数字贸易本身便涉及终端产品或服务的全

---

① 电子工业出版社、中国电子学会和中国工业互联网研究院：《"一带一路"数字贸易指数发展报告（2020）》（简版），2020 年 8 月，第 7－11 页。

球价值链的所有要素。①

　　二是整体上仍聚焦共建"一带一路"沿线国家,对大量的非沿线合作国家关注还不够充分。导致这一不足的核心因素是,非沿线合作国家因签署共建"一带一路"合作文件的时间不同且有新的非沿线合作国家持续加入,不仅加剧了统计困难,更因部分非沿线合作国家数据滞后而降低了数据可用性,因此以相对固定的沿线国家加以衡量更为简便。例如,中国国际电子商务中心所发布的《"一带一路"数字经济发展指数报告(2018)》也仅以共建"一带一路"沿线国家为研究对象,将其分为前沿组、中坚组、潜力组和落后组。该报告也同样凸显了东盟国家和非洲作为整体对共建"一带一路"数字贸易畅通的重要性。②

　　着眼于共建"一带一路"高质量发展,本书认为应采纳联合国贸发会议所确立的相对宽泛的数字贸易界定,考察共建"一带一路"数字贸易的发展动能培育:一方面,从增益发展的角度,大力推动最具潜力的中国—东盟数字贸易合作;另一方面,也应从共生发展的角度,确保经济较落后的"一带一路"合作国家如非洲国家从数字经济发展中受益。

二　中国—东盟数字贸易潜力开发

　　东盟数字经济潜力巨大,是共建"一带一路"数字贸易畅通的重要支撑。进入21世纪以来,东盟经济增长态势良好:2000—2007年即2008年全球金融危机爆发前,GDP年均增速超过6.5%;2008—2020年,尽管遭受全球金融危机、全球大宗商品价格下跌及新冠疫情等的冲击,东盟整体GDP年均增长速度也超过5%。③东盟经济发展中最大的稳定器,事实上来自数字转型所带来的经济增长新动力。早在制定《东盟经济共同体2025年蓝图》时,东盟就将数字技术、数字经济和数字贸易纳入视野。自2016年起,东盟对促进地区数字转型投入明显增长,极大地促进了东盟数字经济的发展。正是由于其巨大潜力,中国—东盟数字贸易合作对于共建"一带

---

① 有关数字贸易界定分歧的讨论,可参见"Digital Trade-Definition," Herbert Smith Freehills, August 15, 2018, https://systemicalternatives. files. wordpress. com/2021/02/rs – 01 – digital-trade_final. pdf, accessed on August 10, 2021。
② 中国国际电子商务中心:《"一带一路"数字经济发展指数报告(2018)》,2018年9月。
③ 笔者根据世界银行数据库(https://data. worldbank. org)数据计算得出,最后访问日期:2021年7月5日。

一路"贸易畅通的新动能培育有着重要意义。

第一，东盟发展数字经济的潜力巨大，意味着中国与东盟围绕共建"一带一路"数字贸易畅通的发展空间广阔。东盟是一个重要的全球经济体，到2030年，东盟将成为世界第四大经济体。尽管如此，东盟还算不上重要的数字经济体。目前，数字经济仅占东盟GDP的7%；相比之下，数字经济占中国GDP的16%，欧盟5国为27%，美国为35%。[①] 与此同时，东盟正经历一场深刻转型：人口正朝年轻化发展，中产阶级快速扩大，技术更新节奏加快。由于地区内大多数市场都是"移动优先"，技术使用预期对东盟数字经济的贡献将从2015年的310亿美元增长到2025年的1970亿美元。因此，数字经济将是地区经济发展的核心驱动力。[②] 就整个东盟的数字经济而言，2018年时大约为720亿美元，相比2015年时增长了62%；估计到2025年达到2400亿美元；也有估计数字经济将占东盟GDP的7%，因此到2025年将达到1万亿美元。[③] 东盟秘书长林玉辉在2020年中国—东盟数字经济合作年开幕式的致辞中预期，数字经济在东盟GDP中的比重将从2015年的1.3%增长到2025年的8.5%。[④] 《东盟互联互通总体规划2025》也预期，得益于效益提升、产品和服务创新等，2030年时的东盟数字经济可能高达6250亿美元，占当年东盟GDP的8%以上。[⑤] 也有研究预测，如果维持当前态势，到2025年，东盟数字经济产值将达到2000亿美元；但如果充分释放潜力，则可能达到1万亿美元。[⑥] 新冠疫情在很大程度上使东盟

---

① Florian Hoppe, Tony May, and Jessie Lin, "Report Highlights," *Advancing towards ASEAN Digital Integration: Empowering SMEs to Build ASEAN's Digital Future*, Washington, D. C.: Bain & Company, September 2018, pp. iv - v.

② ERIA, *Study on MSMEs Participation in the Digital Economy in ASEAN: Nurturing ASEAN MSMEs to Embrace Digital Adoption*, Jakarta: ASEAN, 2019, p. 1.

③ Google and Temasek, *E-Conomy SEA 2018: Southeast Asia's Internet Economy Hits and Inflection Point*, 2018, p. 4, https://storage. googleapis. com/gweb-economy-sea. appspot. com/assets/pdf/e-Conomy_SEA_2018_report. pdf, accessed on August 10, 2021.

④ 《2020中国—东盟数字经济合作年启动 加深数字经济领域合作》，中国政府网，2020年6月12日，http://www. gov. cn/xinwen/2020 - 06/12/content_5519091. htm，最后访问日期：2021年8月10日。

⑤ ASEAN, *Master Plan on ASEAN Connectivity 2025*, Jakarta: ASEAN Secretariat, 2016, p. 9.

⑥ Florian Hoppe, Tony May, and Jessie Lin, "Report Highlights," *Advancing towards ASEAN Digital Integration: Empowering SMEs to Build ASEAN's Digital Future*, Washington, D. C.: Bain & Company, September 2018, pp. iv - v.

的数字转型得以加速，使用数字服务的终端用户大幅增长，最高可能增长了50%。[①] 东盟地区数字化是由数字基础设施改善，特别是移动宽带覆盖的快速增长所促进的。2016年，新加坡的移动宽带普及率（每100人）接近150%，马来西亚和泰国接近100%，柬埔寨、印度尼西亚、菲律宾、越南和缅甸等也接近50%。尽管文莱和老挝的移动宽带普及率仍然较低，但东盟的整体数字联通情况正在迅速改善。移动覆盖也为宽带网络提供了更廉价的接入。一般来说，移动宽带接入的成本大约是固定网络接入成本的四分之一。[②]

第二，为推动东盟数字经济潜力转化为实力，东盟早在2016年左右就已启动数字转型，相关战略规划正日趋完善。在2020年新冠疫情暴发前，东盟的数字转型及数字经济发展很大程度上由多个文件共同规划，其中《东盟经济共同体2025年蓝图》《东盟互联互通总体规划2025》《东盟ICT总体规划2020》等文件为东盟数字转型提供了整体框架。此外，东盟还围绕三个关键领域制订了大量战略规划：一是从数字基础设施建设角度看，东盟于2016年通过东盟个人数据保护框架，2017年通过东盟国际移动漫游框架，2018年通过东盟数字数据治理框架，而2019年更是将持续了19年的东盟电信与计算机技术部长会议更名为东盟数字部长会议；二是从电子商务角度看，东盟于2017年通过东盟电子商务工作规划（2017—2025），并据此成立东盟电子商务协调委员会，又于2018年通过了东盟电子商务协定和东盟数字一体化框架；三是从第四次工业革命角度看，从2017年起东盟持续出台大量相关规划，在2019年东盟峰会确立的13项优先项目中有5项与第四次工业革命相关，2016年出台的东盟金融包容性框架为金融服务数字转型提供了全面指南，而2019年的东盟服务贸易协定则使地区内采纳负面清单制的进程大大加快。

2020年新冠疫情使东盟的数字转型步伐明显加快，体现为2021年1月出台的《东盟数字总体规划2025》（*ASEAN Digital Masterplan 2025*），用以取代《东盟ICT总体规划2020》。《东盟数字总体规划2025》为东盟设立了到2025年的数字转型愿景：将东盟打造为一个以安全和变革性的数字服务、技术和生态系统为动力的，领先的数字社区和经济集团。为实现这一愿景，

[①] ASEAN, *ASEAN Digital Masterplan 2025*, Jakarta: ASEAN Secretariat, 2021, p. 10.

[②] ERIA, *Study on MSMEs Participation in the Digital Economy in ASEAN: Nurturing ASEAN MSMEs to Embrace Digital Adoption*, Jakarta: ASEAN, 2019, p. 1.

规划制订了 8 个理想结果（Desired Outcomes，DOs），包括：将行动优先放在加速从新冠疫情中恢复；固定和移动宽带基础设施的质量提升与覆盖拓展；提供可信的数字服务，并保护消费者免受伤害；打造具有可持续竞争力的数字服务供应市场；提高电子政务服务的质量和使用量；连接商业和促进跨境贸易的数字服务；增强企业和个人参与数字经济的能力；打造数字包容的东盟社会。①

具体到数字贸易，东盟主要围绕电子商务出台了一系列相关措施：2017年，东盟通过东盟电子商务工作规划（2017—2025），并据此成立了东盟电子商务协调委员会。2018 年，东盟电子商务协定签署，涵盖信息和通信基础设施、教育和技术能力、网上消费者保护、电子商务法律和监管框架，包括个人信息保护在内的电子交易安全、电子支付、贸易便利化、知识产权、竞争、网络安全及物流 11 个领域；② 2018 年还通过了东盟数字一体化框架，其行动计划确立了 6 个优先领域：促进无缝贸易（seamless trade），支持数字贸易和创新的数据保护，实现无缝电子支付，拓展数字人才基础，培养创业精神，协调行动。③

第三，东盟成员国层面的政策内化步伐较为一致且有加速态势。一方面，东盟地区层面的战略规划在绝大多数成员国都被转化为国内政策。例如，为推进电子商务，除柬埔寨外的 9 个东盟成员国已经完成了电子商务立法。又如，为促进数字转型，绝大多数东盟成员国都通过了相应的国家战略，其中又以新加坡的"智慧国家"战略、印度尼西亚的"2020 迈向数字化愿景"、马来西亚的"数字化转型计划"以及泰国 4.0、越南 4.0 等为典型。另一方面，东盟成员国内化数字转型的步伐正在加速，尤其是在 2020 年新冠疫情暴发后。例如，印尼的数字商店在 2018—2020 年增长了 30%，到2030 年其数字经济规模将达到 1240 亿美元，成为东盟地区领头羊；④ 又如，泰国、越南、菲律宾等都围绕公共卫生数字转型采取了大量举措。

第四，东盟各国社会层面的数字经济意识大大强化。例如，中小企业

① ASEAN, *ASEAN Digital Masterplan 2025*, Jakarta：ASEAN Secretariat, 2021, pp. 5 – 6.
② ASEAN, *ASEAN Agreement on Electronic Commerce*, Jakarta：ASEAN Secretariat, 2018.
③ ASEAN, *ASEAN Digital Integration Framework Action Plan（DIFAP）2019 – 2025*, Jakarta：ASEAN Secretariat, 2019.
④ Iris Zeng, "Digital Trade to Lead Indonesia's Covid – 19 Recovery," Jakarta Globe, August 26, 2021, https://jakartaglobe. id/tech/digital-trade-to-lead-indonesias-covid19 – recovery, accessed on August 30, 2021.

对东盟 GDP 的贡献超过 50%，雇用了 80% 以上的劳动力，代表了关键行业 99% 的企业；① 认识到东盟数字经济的重大潜力，东盟地区有 75% 的中小微企业将数字一体化视作机遇。尽管受新冠疫情冲击，东盟中小微企业营收将明显下降，但仍有 44% 的企业表示会增加对技术的投资，有 64% 的受访企业认为技术将是其投资优先方向。② 又如，东盟地区金融科技行业发展迅猛，仅 2018 年就有 68 项交易，价值达 4.85 亿美元，在 2017 年的基础上增长了 143%，相当于 2016 年的 4 倍多。东盟地区金融科技企业正从聚焦服务个人转向服务大中小微各类企业，这在数字借贷（56%）、人工智能/大数据（46%）以及金融机构企业级技术（80%）等方面表现尤其明显。尽管如此，大多数公司仍专注于数字借贷（32%）或电子支付（26%）。在贷款方面，有 52% 的主营对企业 P2P 贷款；在支付领域，电子货币/钱包/P2P 转账占主导地位（67%），其次是侨汇和国际转账（65%）。③ 再如，在东盟成员国大力推动数字转型与新冠疫情冲击的双重影响下，普通公众对数字经济的接受度快速上升。例如，电子支付的受欢迎程度提升明显，2020 年有 22% 的消费者将电子钱包视作最喜欢的支付方式，比 2019 年增长了 8 个百分点；2020 年，选择网上购物的人数达到 32%，比 2019 年增长了 11 个百分点，增长率超过 50%。④

　　东盟巨大的数字经济潜力开发，意味着共建"一带一路"数字贸易畅通的巨大发展空间。中国与东盟围绕数字经济、数字贸易的合作已有较好基础。例如，中国与泰国建立了数字经济合作部级对话机制，与越南、柬埔寨已签署电子商务合作谅解备忘录，与马来西亚的电子商务合作谅解备忘录也正处于商签之中。企业层面的合作以跨境电商贸易为主，但也有大量股权投资、并购、技术输出、战略合作等合作。如阿里巴巴在马来西亚启

---

① ERIA, *Study on MSMEs Participation in the Digital Economy in ASEAN: Nurturing ASEAN MSMEs to Embrace Digital Adoption*, Jakarta: ASEAN, 2019, p. 1.

② Florian Hoppe, Tony May, and Jessie Lin, "Report Highlights," *Advancing towards ASEAN Digital Integration: Empowering SMEs to Build ASEAN's Digital Future*, Washington, D. C.: Bain & Company, September 2018, pp. iv - v.

③ CCAF, ADBI, and FinTechSpace, "Executive Summary," *ASEAN FinTech Ecosystem Benchmarking Study*, Cambridge: Cambridge Centre for Alternative Finance, 2019, pp. 10 - 12.

④ 《聚焦东盟数字经济发展（三）：东南亚数字消费前景广阔》，中国驻东盟使团经济商务处，2020 年 8 月 19 日，http://asean.mofcom.gov.cn/article/ztdy/202008/20200802993956.shtml，最后访问日期：2021 年 8 月 10 日。

动了世界上首个数字自由贸易区建设，京东与泰国尚泰集团（Central Group）合营的京东尚泰在新冠疫情暴发后迅速占据了大量电商贸易市场。但需要强调的是，中国与东盟推动共建"一带一路"数字贸易畅通不可能一帆风顺，原因有三。其一，东盟数字经济总体发展动力仍显不足。例如，ICT 在东盟服务贸易出口中的比重在过去 10 年里始终徘徊在 5% 至 6% 之间；又如，根据联合国亚太经社理事会的预期，即使不考虑 5G 发展，东盟各国要实现联合国 2030 年可持续发展目标中的 ICT 目标，每年就需在现有基础上额外增加至少 70 亿美元的投资。所以这些，都意味着东盟数字转型需要中国的现实能力和追加投资支撑。其二，东盟成员国的数字基础设施存在较明显差异。从准备程度看，东盟数字转型进程的排头兵是新加坡和马来西亚，而印度尼西亚尽管基础较好但有较明显的风险，文莱和菲律宾尽管各方面准备较好但其经济基础相对薄弱，而越南、柬埔寨、老挝和缅甸则不仅基础有限，风险也相对较大。此外，东盟数字转型的空间差异，特别是城乡差异明显，65% 的农村中小企业面临数字经济基础设施不充分问题。[1]其三，美国、日本、欧洲以及印度等在与东盟开展数字经济合作时深度建构某种劳动分工模式，可能对中国形成围堵效应。例如，东盟与美国的数字联通与网络安全伙伴关系（Digital Connectivity and Cybersecurity Partnership）下设有美国—东盟数字经济链接系列（U. S. -ASEAN Connect Digital Economy Series,），美国国际开发署（USAID）的下代普遍服务义务（USO 2.0）和点燃计划（IGNITE），等等；[2] 日本与东盟于 2020 年 4 月围绕 3 大经济目标达成 50 项合作举措，其中 9 项涉及数字转型，如实现湄公河工业发展愿景 2.0（MIDV2.0）、支持东盟数字贸易转型和实施商业保护数字战略、数字转型平台建设等；[3] 而德国与东盟的合作重点是数字安全，印度则在 2020 年 6 月承诺提供 10 亿美元信贷用于支持东盟与印度间的基础设施与数字互联互通项目；等等。

---

[1]　ERIA, *Study on MSMEs Participation in the Digital Economy in ASEAN: Nurturing ASEAN MSMEs to Embrace Digital Adoption*, Jakarta: ASEAN, 2019, p. 1.

[2]　ASEAN, *Joint Media Statement*, *The 19th ASEAN Telecommunications and Information Technology Ministers Meeting and Related Meetings*, Vientiane, Lao PDR, October 25, 2019, Jakarta: ASEAN Secretariat, 2019, p. 3.

[3]　ASEAN, *ASEAN-Japan Economic Resilience Action Plan*, Jakarta: ASEAN Secretariat, 2020.

三 中非数字贸易合作动能培育

新冠疫情让数以百万计的非洲居民不得不使用从送餐到移动支付再到视频会议的各种移动服务，数字化变成了无可回避的关键词；它已从“一个好东西变成一个生存游戏规则的改变者”，已成为新的规范。[①] 尽管相对其他大陆更为落后，但非洲的数字贸易潜力已有相当基础，因为非洲的数字经济已经打下了良好的基础；新冠疫情更多充当了一个加速器，使非洲数字经济与数字贸易即将达到起飞阶段。当然，非洲各国数字经济和数字贸易的发展差异很大，这为通过共建“一带一路”高质量发展带动全非数字经济和数字贸易发展并促进非洲大陆的整体富裕提供了重要机遇。

第一，非洲数字经济转型和数字贸易有较好的基础。首先，非洲出现了一批引领数字经济发展的国家，特别是所谓“国王五国”（KINGS）即肯尼亚、科特迪瓦、尼日利亚、加纳和南非。进入 21 世纪后，非洲数字经济发展大大加速，其主要驱动力来自“国王五国”，它们为非洲大陆带来了“不可阻遏的技术革命浪潮”。[②] 在“国王五国”之外，卢旺达、埃及、突尼斯、毛里求斯及摩洛哥等国家的数字经济也发展迅速。在整个非洲尤其是上述 10 个国家，数字经济增长展示了改变整个社会经济结构的潜力。肯尼亚被称作“稀树草原硅谷”（Silicon Savannah），自 2016 年以来其 ICT 行业年均增速达到 10.8%。肯尼亚于 2006 年推出的移动支付软件 M-pesa，类似中国的支付宝，是当地智能手机和非智能手机用户都能使用的移动支付方式，正在帮助当地人民跨越银行卡支付的发展阶段。其次，非洲有巨大的人口优势，特别是其中产阶级人口规模迅速增长。根据非洲开发银行（African Development Bank，AfDB）的数据，非洲中产阶级人口已多达 3.5 亿。即使不将南非计算在内，撒哈拉以南非洲不断增长的中产阶级每天的支出都超过 4 亿美元。[③] 撒哈拉以

---

① Ken Njoroge, "Coronavirus Is Triggering Deep Digital Change in African Fintech," *The Africa Report*, April 27, 2020, https://www.theafricareport.com/26934/coronavirus-is-triggering-deep-digital-change-in-african-fintech/, accessed on August 10, 2021.

② Eric M. K. Osiakwan, "The KINGS of Africa's Digital Economy," in Bitange Ndemo and Time Weiss, eds., *Palgrave Studies of Entrepreneurship in Africa*, London: Palgrave Macmillan, 2017, pp. 55 – 92.

③ Hendrik van Blerk, "African Lions: Who Are Africa's Rising Middle Class?" IPSOS Views, 2018, https://www.ipsos.com/sites/default/files/ct/publication/documents/2018 – 02/20180214 _ ipsos _africanlions_web.pdf, accessed on August 10, 2021.

南非洲家庭支出在 2012 年突破 1 万亿美元大关，且在 2001—2015 年增长速度明显高于全球平均水平，其中至少 8 个年份增速是全球平均增速的 2 倍以上，表明消费者阶层正不断扩大。[①] 最后，非洲的数字基础设施正快速发展，为非洲数字经济发展提供了更好的基础设施条件。非洲大陆的互联网接入正在增加。到 2020 年 3 月，撒哈拉以南非洲网民已增至 5.267 亿人，占非洲总人口的 39.8%。[②] 2010 年至 2019 年，超过 3 亿非洲人获得了互联网接入，新增智能手机连接近 5 亿。[③] 未来十年，非洲互联网用户数量预计将增长 11%，占全球总量的 16%。

在上述因素的共同作用下，非洲受益于技术发展而转向数字经济的速度明显快于其他国家，所谓"后发优势"极可能在非洲实现。例如，从移动互联网普及与人均 GDP 增长的关系看，在非洲移动互联网普及率每增长 10%，人均 GDP 增长 2.5%，而全球平均水平仅为 2%；又如，数字化率每增长 10%，非洲的人均 GDP 将增长 1.9%，而除 OECD 外的国家仅为 1%。[④] 技术创新为非洲经济增长贡献了重要力量：2019 年，撒哈拉以南非洲的 GDP 中有 9% 来自数字技术，相当于 1550 亿美元；此外，数字部门提供了 380 万个就业机会，其所创造的税收收入达到 170 亿美元；到 2024 年，数字部门对撒哈拉以南非洲经济的贡献将达到 1840 亿美元。[⑤]

第二，为抓住第四次工业革命的机会，加速自身经济数字化转型，非洲各个层次特别是非盟正出台一系列宏伟的战略规划。以《数字非洲政策与管制倡议》（Policy and Regulatory Initiative for Digital Africa，PRIDA）、非洲大陆

① 笔者根据世界银行数据库（https://data.worldbank.org）数据计算得出，最后访问日期：2021 年 7 月 5 日。

② Internet World Stats，"Internet Penetration in Africa，" Miniwatts Marketing Group，2020，https://www.internetworldstats.com/stats1.htm，accessed on August 10，2021.

③ Barbara Arese Lucini，"Connected Society：Consumer Barriers to Mobile Internet Adoption in Africa，" GSMA Intelligence Report，July 2016，https://www.gsma.com/mobilefordevelopment/wp-content/uploads/2016/07/Consumer-Barriers-to-mobile-internet-adoption-in-Africa.pdf，accessed on August 10，2021.

④ International Telecommunication Union（ITU），"Economic Contribution of Broadband，Digitization，and ICT Regulation：Econometric Modelling for Africa，" ITU Publications，2019，https://www.itu.int/dms_pub/itu-d/opb/pref/D-PREF-EF.BDT_AFR－2019－PDF-E.pdf，accessed on August 10，2021.

⑤ GSMA，"The Mobile Economy：Sub-Saharan Africa 2020，" London：GSMA Intelligence Report，2020，https://www.gsma.com/mobileeconomy/wp-content/uploads/2020/09/GSMA_MobileEconomy2020_SSA_Eng.pdf，accessed on August 10，2021.

自贸区（African Continental Free Trade Area）协定、非洲数字单一市场［Digital Single Market（DSM）for Africa］等战略规划为基础，非盟于 2020 年 5 月通过了《非洲数字转型战略（2020—2030 年）》，提出了非洲数字化的战略目标、具体目标和政策举措等。该战略强调，非洲数字转型的愿景是实现包容一体的非洲数字社会和数字经济，可改善非洲公民生活质量，强化经济部门并促进其多样化发展，确保非洲作为全球经济的生产者和消费者的大陆自主权；其总体目标是利用数字技术和创新促进非洲社会和经济转型，以促进非洲一体化，塑造包容性经济增长，刺激就业，打破数字鸿沟，消除贫困，并确保非洲对现代数字管理手段的自主权。非洲数字转型战略一共包含 17 项具体目标，其中最主要的包括：到 2030 年建成非洲数字单一市场，与非洲大陆自贸区建设无缝对接；到 2030 年使非洲普通人可安全、低廉地获得基本电子服务；提出有利于生产性数字贸易和数字支付系统的政策，以促进数字就业和数字企业公平竞争，并提升非洲在全球数字经济中的地位；通过提供变革性电子应用和服务的政策和战略，支持非盟《2063 年议程》的旗舰项目即"泛非E 计划"的实现，最终使非洲转型进入一个数字化社会；等等。① 战略还确立了实现繁荣与包容的数字大陆的三个层次，即 4 个基础性支柱（赋能环境与政策法规，数字基础设施，数字技能与人才资源，数字创新与企业家精神），6 个关键部门（数字工业，数字贸易和金融服务，数字治理，数字教育，数字医疗，数字农业），以及 5 个跨部门议题（数字内容与应用，数字 ID，新兴技术，网络安全、隐私与个人数据保护，研发）等。

第三，在社会层面，发展数字经济正越来越成为普通人的共识。尽管非洲整体经济发展水平相对落后，但技术突破可能使"后发优势"得以利用，从而推动非洲实现跨越式发展。的确，由于前期在诸如固定电话、传统银行等方面的发展落后，整个非洲大陆有 60% 以上的人口是通过移动互联网上网的。到 2025 年，撒哈拉以南非洲的移动服务订阅用户将从 2019 年的 4.77 亿增加到 6.14 亿，移动互联网用户将从 2019 年的 2.72 亿增至 4.75亿，通过手机上网的用户将从 2019 年的 8.16 亿增至 10.5 亿。② 今后十年，

---

① African Union, *The Digital Transformation Strategy for Africa（2020 – 2030）*, Addis Ababa: African Union, May 2020.

② GSMA, "The Mobile Economy: Sub-Saharan Africa 2020," London: GSMA Intelligence Report, 2020, https://www.gsma.com/mobileeconomy/wp-content/uploads/2020/09/GSMA_MobileEconomy2020_SSA_Eng.pdf, accessed on August 10, 2021.

非洲互联网用户人数将增长 11%，占全球总人数的 16%。又如，尽管 66%的撒哈拉以南非洲成年人没有传统的银行账户，但数字技术的发展使非洲的移动支付账户远远高于其他地区。2020 年，在全球 12 亿移动支付账户中，仅撒哈拉以南非洲就拥有 5.48 亿个；事实上，自 2013 年起，撒哈拉以南非洲所拥有的移动支付账户就始终高居全球各地区首位（见表 6—4）。如果从比例看，撒哈拉以南非洲的移动支付账户数量一度超过 50%，且始终高于 45%；而位居第二的南亚地区在 2020 年仅有 3.05 亿注册账户，占全球的 25%（见图 6—8）。到 2019 年底，整个非洲已拥有 264 家电子商务公司、150 家数字出行公司、130 家移动支付公司。

表 6—4 全球注册的移动支付账户数量（2013—2020 年）

单位：百万

地区	2013 年	2014 年	2015 年	2016 年	2017 年	2018 年	2019 年	2020 年
撒哈拉以南非洲	98.3	146	222.8	277.4	348.6	395.7	469	548
西亚北非	35.8	37.9	41.7	44.1	47.27	48.89	51	56
拉美加勒比地区	8.3	14.9	17.3	23	23.53	26.99	26	39
东亚与太平洋	23.7	21.8	26	36.6	68.55	94.61	158	243
南亚	35.5	76.9	101.9	164.2	258.36	287.59	315	305
欧洲与中亚	1.5	1.5	1.7	10.4	11.55	12.35	20	21

资料来源：笔者根据毕马威 2014—2021 年《移动支付行业报告》数据整理制作。

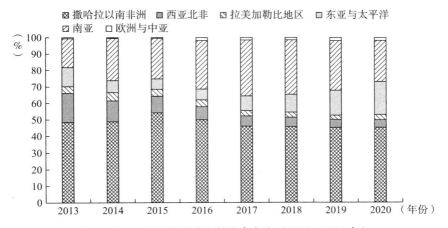

图 6—8 各地区的移动支付账户占比（2013—2020 年）

资料来源：笔者根据毕马威 2014—2021 年《移动支付行业报告》数据整理制作。

尽管有巨大发展潜力，但非洲的数字转型较为困难，因为其基础相对更为落后。首先，尽管出台了诸多战略，但非洲发展的一个历史教训是，非洲从来就不缺乏各种战略，但缺乏落实战略的政治意愿、经济资源和外部支持。其次，非洲数字基础设施不仅既有基础相当落后，而且新增投资水平也很低，由此而来的可负担性极差。在撒哈拉以南非洲国家中，有超过75%的国家的移动互联网可负担性超过全球月收入2%的水平，很大程度上与设备成本过高相关。① 再次，非洲各国的数字化转型速度严重不一。2019年，非洲共计有631个线上市场，全年共计22亿次访问量，但非洲线上市场的访问量仅占亚马逊网站的不到10%；非洲大陆所有在线业务的94%集中在10个国家，其中南非、埃及、尼日利亚、阿尔及利亚和肯尼亚等5国占据了78%的份额；② 加上很多国家只有一个全国性平台，导致跨境电商极为受限。最后，外部大国特别是欧美大国在非洲的数字业务更多着眼于自身利益，对非洲的数字化转型及其可持续发展严重缺乏关注。

中国与东盟和非洲都已围绕数字经济、数字转型特别是数字贸易建立了一定的合作机制，且拥有一定的合作基础。尽管两个地区有着巨大差异，但也有着重要的相似点：一是两个地区的国别性差异都相当大；二是两个地区都需要进一步的数字基础设施投资；三是中国与两个地区的合作都可能被欧美大国政治化甚至安全化。因此，尽管与东盟合作更应强调增益发展效应即促使中国—东盟数字贸易畅通的潜力被最大限度地挖掘，而与非洲合作则应将重点放在共生发展上即为非洲提供托底、避免非洲在第四次工业革命中"掉队"，但针对两个地区的共建"一带一路"数字贸易畅通都应重视三个基本点：一是以5G、云技术、区块链等为核心，积极对接合作国家的数字转型战略，夯实中国与东盟及非洲经济关系的现实和未来基础，特别是围绕智慧城市、数字贸易无缝物流和无缝支付、金融数字化合作、数字自贸区建设等；二是数字贸易畅通应更强调其民生关切，特别是消除贫困和削减不平等，应结合东盟及非洲各国的国别性减贫战略，以共建

① GSMA, "Connected Society: The State of Mobile Internet Connectivity 2019," London: GSMA Intelligence Report, 2019, https://www.gsma.com/mobilefordevelopment/wp-content/uploads/2019/07/GSMA-State-of-Mobile-Internet-Connectivity-Report - 2019.pdf, accessed on August 10, 2021.

② International Trade Center (ITC), "Business and Policy Insights: Mapping e-marketplaces in Africa," Geneva: WTO ITC, 2020, https://www.intracen.org/uploadedFiles/intracenorg/Content/Publications/B2C-marketplaces - 20201221_final_Low-res.pdf, accessed on August 10, 2021.

"数字丝绸之路"为引领，使共建"一带一路"数字贸易畅通抵达最为贫困的地区，通过解决"最后一公里"问题促进当地减贫和社会发展；三是高度关注共建"一带一路"数字贸易畅通的溢出影响，适度开展三方/多方合作以缓解外部地缘政治忧虑。

第三节　贸易高质量畅通的保障措施

共建"一带一路"很大程度上被以美国为代表的西方国家视作一种地缘政治挑战，对其贸易畅通、资金融通等效应高度敏感。而 2020 年，在新冠疫情冲击下，中国与共建"一带一路"合作国家的贸易畅通效应进一步凸显、中欧班列持续增长、中国与合作国家围绕数字贸易的发展潜力大增等，都使遏制共建"一带一路"贸易畅通效应成为美欧共同关切。也正因如此，尽管大多数观察家一度期待拜登政府可能放松对中国的贸易制裁，但拜登上台后不但延续了特朗普政府时期的所有对华贸易限制措施，甚至有强化态势。到 2021 年 8 月，美国仍维持着特朗普时期的对华关税政策，有 66% 的自华进口产品被征收平均 19% 的惩罚性关税；作为回应，中国也维持着对自美国进口的 58% 的商品平均 21% 的关税。[①] 因此，面临美国乃至欧洲发达国家的贸易保护主义抬头并可能长期持续的严峻现实，中国与共建"一带一路"沿线国家的贸易畅通必须提升抗压能力和复原能力；这不仅需要巩固、强化和创新既有的贸易畅通举措，更需要将这些举措系统化、制度化，从而推动共建"一带一路"高质量发展。改善共建"一带一路"贸易畅通的制度化保障至少需要从两个方面入手，即主要通过世界贸易组织的促贸援助（Aid for Trade）举措进一步夯实与合作国家特别是其中相对落后的发展中国家的贸易关系，主要通过与诸如《区域全面经济伙伴关系协定》（Regional Comprehensive Economic Partnership，RCEP）和非洲大陆自贸区（African Continental Free Trade Area，AfCFTA）等巨型自贸区安排提升与共建"一带一路"合作国家的集体性合作机制。

一　加大对发展中国家的促贸援助

促贸援助倡议是在 2005 年 12 月的世界贸易组织香港部长级会议上发起

---

① Katie Lobosco, "Biden Has Left Trump's China Tariffs in Place," CNN, March 25, 2021, https://www.cnn.com/2021/03/24/politics/china-tariffs-biden-policy/index.html, accessed on August 10, 2021.

的,旨在帮助发展中国家提升利用贸易促进经济发展的能力,特别是帮助最不发达国家提高其参与全球贸易的能力,从而推动其经济增长。其背后的基本理念是,贸易是一国参与全球价值链的最直接、最有效方法,因此通过提高参与度可使其获得更大回报,从而促进其经济发展。2006 年 2 月,世界贸易组织设立了一个工作队以实施促贸援助。工作队于 2006 年 7 月建议,促贸援助应将重点放在识别受援国需求,及时回应援助方,进而充当援助方与发展中国家之间的桥梁上;工作队还建议在世界贸易组织内设立一个监测机构,根据利益攸关方的报告开展定期性的全球审查。[①] 需要强调的是,中国事实上早在世界贸易组织促贸援助倡议出台前,就持续关注帮助发展中国家特别是最不发达国家提升贸易能力问题,主要援助举措是加强基础设施建设、提供贸易物资设备等。促贸援助被认为是以一种可持续的方式将发展中国家与全球贸易体系联系起来;对于世界上最贫穷的国家来说,贸易在经济发展中起着至关重要的作用,它是实现联合国可持续发展目标的一项重要工具。[②]

在促贸援助倡议提出后,中国对发展中国家尤其是最不发达国家的贸易能力提升举措更加系统和完善。如同时任商务部副部长李金早于 2013 年所指出的,中国的促贸援助举措内容丰富,形式多样,为受援国提供了实实在在的帮助:一是向世界贸易组织促贸援助倡议捐款并设立"中国项目",帮助最不发达国家参与多边贸易体制;在 2011—2014 年,中国为世界贸易组织"中国项目"每年出资 40 万美元,从 2015 年起每年出资 50 万美元,支持最不发达国家在世界贸易组织开展实习项目、参加会议以及开展南北对话等,以提升发展中国家的贸易谈判能力;二是承诺给予与中国建交的最不发达国家 97% 税目的产品零关税待遇,帮助这些国家扩大出口;三是鼓励企业增加投资金额并拓展投资领域,从提高受援国生产能力入手促进贸易发展,同时,通过向受援国援建各类生产性项目,帮助受援国提高生产能力,扩大贸易规模,优化贸易结构;四是加强与贸易有关的基础

① "Aid for Trade," WTO, https://www.wto.org/english/tratop_e/devel_e/a4t_e/aid4trade_e.htm, accessed on August 10, 2021.

② Violeta Gonzalez Behar and Fabrice Lehmann, "5 Ways to Boost Sustainable Trade in the World's Poorest Countries," World Economic Forum, July 4, 2019, https://www.weforum.org/agenda/2019/07/5 – issues-affecting-trade-in-the-worlds-least-developed-countries/, accessed on August 10, 2021.

设施建设力度，改善受援国交通运输和贸易便利化条件。① 习近平主席于 2015 年 9 月在联合国成立 70 周年系列峰会期间，宣布 5 年内提供"6 个 100"项目支持，其中就包括 100 个促贸援助项目。

2021 年 1 月发布的《新时代的中国国际发展合作》白皮书也指出，贸易是经济增长的重要引擎；中国通过促贸援助，帮助相关国家改善贸易条件、提升贸易发展能力，为共建国家间实现贸易畅通夯实基础，其主要举措有二。一是促进贸易便利化。为增强发展中国家在全球供应链布局中的竞争力，积极帮助共建国家改善贸易基础设施，推进贸易流通现代化。向格鲁吉亚、亚美尼亚、坦桑尼亚、肯尼亚、菲律宾等 20 多个国家援助了集装箱检查设备，提升货物通关速度和效率，更好地打击走私犯罪。中国支持的孟加拉国油轮和散货船项目，为孟加拉国航运公司建造了 3 艘油轮和 3 艘散货船，增强了其综合运输能力。二是提升贸易发展能力。支持老挝建立农村电子商务政策、规划和体系，帮助缅甸、柬埔寨等国建设农产品检测、动植物检验检疫和粮食仓储体系，提升其出口竞争力。2013 年至 2018 年，为相关国家举办 300 多期与贸易相关的专题研修项目，包括贸易便利化、国际物流运输与多式联运服务、电子商务、出入境卫生检疫、出入境动植物检验检疫、进出口食品安全等，推动相关国家贸易政策对接协调，畅通自由贸易网络。在世界贸易组织、世界海关组织设立基金，开展贸易能力建设，支持发展中经济体特别是最不发达国家更好地融入多边贸易体制。② 促贸援助更多是针对发展中国家特别是最不发达国家，因此在共建"一带一路"合作国家中，最为集中的受益对象是非洲，而围绕对非促贸援助的相关举措主要体现在历届中非合作论坛的相关行动计划中；除此之外，自 2018 年起开始举办的中国（上海）国际进口博览会（以下简称"上海进博会"）也在面向全世界的同时针对最不发达国家进行了一系列促贸援助努力。

自 2000 年创立以来，中非合作论坛始终将提升非洲贸易能力特别是对华出口能力当作合作的重要内容之一。考察历届中非合作论坛的行动计划可以发现，中国对非促贸援助经历了三个阶段。第一阶段是在促贸援助倡

---

① 《李金早：中国将尽力而为逐步加大"促贸援助"力度》，中国政府网，2013 年 7 月 11 日，http://www.gov.cn/gzdt/2013-07/11/content_2444840.htm，最后访问日期：2021 年 8 月 10 日。

② 《新时代的中国国际发展合作》，国务院新闻办公室网站，2021 年 1 月，http://www.scio.gov.cn/zfbps/32832/Document/1696685/1696685.htm，最后访问日期：2021 年 8 月 10 日。

议出台前，即第一、第二届中非合作论坛时期，主要聚焦贸易平衡、关税优惠等。在首届中非合作论坛后出台的《中非经济和社会发展合作纲领》中，中非双方认识到"需要帮助非洲提高其生产能力，实现非洲出口多样化；决心进行合作，分享经验，以改变非洲出口依赖初级产品、单一产品和原料的状况"，"为具有商业价值的非洲出口提供更好和优惠的对中国市场准入是重要的"；此外，中国还强调在与非洲国家开展工程项目合作时，"考虑接受如实物支付等多种支付方式，以减轻非洲国家资金压力，并带动非洲产品向中国出口"。① 在第二届中非合作论坛的行动计划中，提升非洲出口能力主要与加强非洲粮食安全和进口优惠等相联系，行动计划强调"意识到发展农业是解决非洲粮食安全、消除贫困和提高人民生活水平的有效途径。加强双方农业合作，有利于交流发展经验，推动非洲经济发展，是充实中非合作论坛后续行动、发展农业以加强非洲粮食安全，以及增加非洲向中国及其他市场出口的重要举措"；中方还承诺，"决定给予非洲最不发达国家进入中国市场的部分商品免关税待遇，中方将从 2004 年开始，与有关国家就免关税的商品清单及原产地规则进行双边谈判"。②

第二阶段是 2006—2015 年，即在世界贸易组织促贸援助倡议提出后直至中非合作论坛约翰内斯堡峰会前，资金扶持成为中国对非促贸援助的重点。在 2006 年中非合作论坛北京峰会上出台的行动计划中，对非促贸援助主要包括三项举措。一是致力于加强双方中小企业合作，推动非洲工业发展，增强生产和出口能力。二是致力于为中非贸易发展创造良好条件，促使中非贸易向平衡方向发展。中方承诺进一步向非洲国家开放市场，将同中国有外交关系的非洲最不发达国家输华商品零关税待遇受惠商品由 190 个税目扩大到 440 多个税目，并尽快与有关国家进行磋商，早日签署协议并付诸实施。三是中国承诺，今后 3 年（2007—2009 年）内向非洲国家提供 30 亿美元的优惠贷款和 20 亿美元的优惠出口买方信贷，贷款条件进一步优惠，特别是对重债穷国和最不发达国家更加优惠。③ 在 2009 年的第四届中非合

① 《中非经济和社会发展合作纲领》，中非合作论坛网站，2000 年 10 月 12 日，http://www.focac.org/chn/zywx/zywj/t155561.htm，最后访问日期：2021 年 8 月 10 日。
② 《中非合作论坛——亚的斯亚贝巴行动计划（2004 至 2006 年)》，中非合作论坛网站，2003 年 12 月 16 日，http://www.focac.org/chn/zywx/zywj/t155562.htm，最后访问日期：2021 年 8 月 10 日。
③ 《中非合作论坛北京行动计划（2007—2009 年)》，中非合作论坛网站，2006 年 11 月 5 日，http://www.focac.org/chn/zywx/zywj/t584788.htm，最后访问日期：2021 年 8 月 10 日。

作论坛上，中方承诺进一步向非洲国家开放市场，决定逐步给予与中国有外交关系的非洲最不发达国家95％的产品免关税待遇，2010年年内首先对60％的产品实施免关税；在中国设立"非洲产品展销中心"，对入驻的非洲企业给予减免费用等优惠政策，促进非洲商品对华出口；同时，为帮助非洲国家改善商业设施条件，中方将在非洲国家建设3—5个物流中心。① 在2012年的第五届中非合作论坛上，对非促贸援助举措更加系统化。其一，中方决定实施"对非贸易专项计划"，适时派出赴非投资贸易促进团，扩大非洲产品进口，支持举办非洲商品展，为非洲国家推介优势商品对华出口提供便利。其二，中方将积极向非洲国家提供促贸援助，为非洲农产品和工业原材料的深加工提供技术支持，鼓励中国企业以投资方式提高非洲初级产品附加值，帮助非洲增加高附加值产品出口，加大同非洲国家在贸易和工业政策规划方面的交流。其三，中方承诺进一步向非洲国家开放市场。决定在南南合作框架下，逐步给予与中国建交的非洲最不发达国家97％的税目的产品零关税待遇。为保证零关税待遇有效实施，中方愿与非洲国家建立零关税原产地磋商机制并完善零关税实施合作机制。其四，进一步加强双方在海关、税务、检验检疫、标准、认证认可等领域的合作，商签和落实有关合作协定。中国愿与非洲国家建立进出口产品检验检疫监督合作机制，加强进出口产品质量安全、动植物卫生和食品安全监管，在维护双方消费者利益的前提下，积极促进双方农产品进入对方市场。②

第三阶段是自2015年中非合作论坛约翰内斯堡峰会以来，中国对非促贸援助举措的系统化、创新性水平持续提升。例如，2015年约翰内斯堡峰会的行动计划承诺：其一，中方将实施50个促贸援助项目，支持非洲贸易自由化进程，将继续帮助非洲国家改善贸易和运输条件，提高非洲国家产品的附加值，促进对华产品出口；其二，中方将继续帮助非洲国家加强服务贸易能力建设，加强服务外包产业人才培养，拓展服务外包领域的交流、合作和培训；其三，中方将继续积极落实给予非洲同中国建交的最不发达

① 《中非合作论坛——沙姆沙伊赫行动计划（2010—2012年）》，中非合作论坛网站，2009年11月12日，http://www.focac.org/chn/zywx/zywj/t626385.htm，最后访问日期：2021年8月10日。
② 《中非合作论坛第五届部长级会议——北京行动计划（2013年至2015年）》，中非合作论坛网站，2012年7月23日，http://www.focac.org/chn/zywx/zywj/t954617.htm，最后访问日期：2021年8月10日。

国家大多数输华产品零关税待遇承诺,根据双边换文情况给予有关国家97%的税目输华产品零关税待遇;其四,中方将同非洲开展电子商务等领域合作,继续帮助提高非洲出口国管理水平和能力,开发建设互联网签证系统,引入电子原产地证书,推进原产地证书的无纸化通关;其五,中方将向非洲国家提供350亿美元的优惠性质贷款及出口信贷额度,提高优惠贷款优惠度,创新融资模式,优化贷款条件,扩大贷款规模,支持中非产能合作和非洲的基础设施建设、能源资源开发、农业和制造业发展。[①] 从上述举措可以看出,服务贸易、电子商务成为新的关注点,而资金和项目援助也得到了进一步加强。

在2018年的中非合作论坛北京峰会上,共建"一带一路"贸易畅通与对非促贸援助实现了有机结合,相关举措达到了9项,是自2000年中非合作论坛创立以来最多的:其一,中方支持非洲提振出口能力,决定扩大进口非洲商品特别是非资源类产品,重点关注扩大非洲含附加值农产品和工业制成品对华出口;其二,支持地方政府和商协会组织企业赴非开展贸易促进活动,定期举办中非品牌面对面活动;其三,中国支持非洲国家参加中国国际进口博览会,免除非洲最不发达国家参展费用,欢迎非洲企业参加中国进出口商品交易会、中国国际农产品交易会等重要展会,并提供必要的优惠和便利措施;其四,中方将继续积极落实给予同中国建交的非洲最不发达国家97%税目输华产品零关税待遇承诺;其五,支持设立50亿美元的自非洲进口贸易融资专项资金;其六,积极拓展与非洲国家服务贸易合作,加强信息交流和能力建设,帮助非洲国家加强服务贸易和服务外包产业人才培养,推进相关领域的合作、交流和培训;其七,支持非洲国家海关提高管理和现代化水平,扩大与非洲国家海关的通关便利、执法和能力建设合作,为非洲实施50个贸易畅通项目;其八,同非洲开展电子商务合作,建立电子商务合作机制,包括提高出口管理水平和能力,建设互联网签证系统,引入电子证书提升贸易便利化水平;其九,中方将向非洲国家提供优惠性质贷款、出口信贷及出口信用保险额度支持,中方将提供200亿美元信贷资金额度,支持设立100亿美元的中非开发性金融专项资金。[②]

① 《中非合作论坛—约翰内斯堡行动计划(2016—2018年)》,中非合作论坛网站,2015年12月25日,http://www.focac.org/chn/zywx/zywj/t1327766.htm,最后访问日期:2021年8月10日。
② 《中非合作论坛—北京行动计划(2019—2021年)》,中非合作论坛北京峰会网站,2018年9月5日,http://focacsummit.mfa.gov.cn/chn/hyqk/t1592247.htm,最后访问日期:2021年8月10日。

　　在以中非合作论坛为主渠道向非洲提供促贸援助之外，上海进博会的成功和连续举办也意味着共建"一带一路"贸易畅通制度化的发展，同时也将对发展中国家特别是最不发达国家促贸援助安排涵盖其中。2017 年 5 月 14 日，习近平主席在"一带一路"国际合作高峰论坛开幕式上的演讲中承诺，中国将积极同共建"一带一路"合作国家发展互利共赢的经贸伙伴关系，促进同各相关国家贸易和投资便利化，建设"一带一路"自由贸易网络，助力地区和世界经济增长。其中最为具体的举措便是从 2018 年起举办上海进博会。① 上海进博会的提出和举办，对共建"一带一路"贸易畅通而言至少有三重战略意涵：一是让开放的中国市场更好地惠及共建"一带一路"合作国家，特别是帮助广大发展中国家参与并融入全球化进程，② 贡献于共建"一带一路"高质量发展；二是以"一带一路"倡议为基础，与合作国家一道共同致力于建设开放型经济、确保自由包容性贸易、反对一切形式的保护主义，促进以世界贸易组织为核心、普遍、以规则为基础、开放、非歧视、公平的多边贸易体制；三是中国主动向世界开放市场，有助于促进中国国际贸易平衡，改善供给结构，引导国内企业走创新发展之路，有利于帮助发展中国家参与经济全球化、推动开放型世界经济发展。③ 尤其值得强调的是，上海进博会主办方为最不发达国家提供了必要帮助，对相关参展费用给予八折优惠，并为每个最不发达国家提供 2 个免费标准展位，充分体现了中国在多边贸易框架下，推进促贸援助的积极姿态和务实举措。④

　　当然也应看到，中国在促贸援助方面仍有较大的提升空间：一方面，对整个发展中国家特别是最不发达国家的促贸援助尚缺乏整体性的机制平

① 《习近平在"一带一路"国际合作高峰论坛开幕式上的演讲（全文）》，"一带一路"国际合作高峰论坛官方网站，2017 年 5 月 14 日，http://www. beltandroadforum. org/n100/2017/0514/c24 - 407. html，最后访问日期：2021 年 8 月 10 日。

② 柴哲彬、孙阳：《中国国际进口博览会：建设开放型世界经济的重大行动》，人民网，2018 年 3 月 12 日，http://finance. people. com. cn/n1/2018/0312/c1004 - 29861421. html，最后访问日期：2021 年 8 月 10 日。

③ 王玉柱、张春：《上海服务"一带一路"建设的制度和实践创新——上海成功举办首届中国国际进口博览会》，李培林、陈东晓主编《上海服务"一带一路"建设报告（2018）》，社会科学文献出版社，2019，第 2 页。

④ 王玉柱、张春：《上海服务"一带一路"建设的制度和实践创新——上海成功举办首届中国国际进口博览会》，李培林、陈东晓主编《上海服务"一带一路"建设报告（2018）》，社会科学文献出版社，2019，第 22 页。

台,世界贸易组织"中国项目"、中非合作论坛等机制相对稳定和成熟,但其他机制仍相对缺乏,如中国与东盟对话、中拉合作论坛等内部的促贸援助举措就不够系统;另一方面,促贸援助与共建"一带一路"贸易畅通的结合机制有所欠缺,尽管针对非洲有大量相关举措。因此,从提升共建"一带一路"贸易畅通效应、促进共建"一带一路"高质量发展的角度看,整合既有促贸援助举措,在使之系统化的同时实现与共建"一带一路"的更好结合,是下一阶段的重要努力方向之一。

二 加强与巨型自贸区的整体性合作

地区性贸易协定及关税同盟往往被视作受挫的全球化进程的替代性进程。的确,如果说冷战结束前,无论是全球化还是地区一体化进程均较为缓慢,那么冷战结束后地区性贸易协定的发展速度就相当迅猛了。1948—1990 年,向关贸总协定(GATT)报告的地区性贸易协定累计仅为 90 个,其中生效的仅 45 个。冷战结束后的第一个十年即 20 世纪 90 年代,见证了地区性贸易协定的第一波快速增长,到 2003 年生效的地区性贸易协定达到 210 个,累计报告数量达到 348 个。进入 21 世纪的第一个十年特别是 2003 年后,地区性贸易协定发展有所放缓,到 2010 年回落到 2003 年水平。此后,再度迎来一波快速发展,到 2020 年生效的地区性贸易协定数量达到 350 个,累计报告数量达到了 785 个。[1] 从各个地区参与仍在生效的地区性贸易协定情况看,欧洲(154 个)遥遥领先,东亚(101 个)其次,而北美洲、非洲、独联体、中美洲、中东、大洋洲、西亚及加勒比等均较为落后,数量不足 50 个(见图 6—9)。需要指出的是,冷战结束后第一个十年即第 20 世纪 90 年代的地区性贸易协定更多是双边或小型的自贸协定,仅有少数例外,即东盟自贸区、亚太经合组织(APEC)、北美自由贸易协定(NAF-TA)、欧盟等。但进入 21 世纪第二个十年后,地区性贸易协定逐渐朝巨型自贸区(Mega-FTA)方向发展,如 2010 年启动的跨太平洋伙伴关系(TPP)谈判,2013 年启动的 RCEP 谈判和跨大西洋贸易与投资伙伴协议(TTIP)谈判,等等。

尽管围绕巨型自贸区与世界贸易组织及相应的地区一体化与全球化的

---

[1] *WTO Regional Trade Agreements Database*, September 2, 2021, https://rtais.wto.org/UI/charts.aspx, accessed on September 2, 2021.

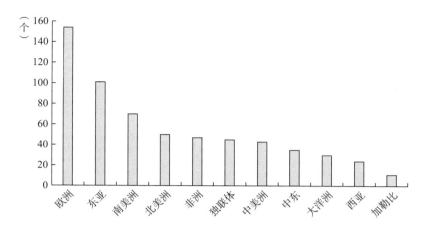

图 6—9　各地区参与仍在生效的地区性贸易协定数量情况（截至 2020 年）
资料来源：笔者根据 WTO 地区贸易协定数据库（https://rtais.wto.org/UI/charts.aspx）
数据制作，最后访问日期：2021 年 9 月 2 日。

相互关系存在诸多争论，[①] 但随着民粹主义、逆全球化及贸易保护主义的兴
起，巨型自贸区事实上正成为全球化遇到阻力并重新寻找其发展动力时的
替代性方案。正是在这一背景下，大量巨型自贸区获得快速发展。对共建
"一带一路"贸易畅通而言，巨型自贸区本身意味着重大的机遇，但具体的
巨型自贸区建设努力中，TPP、TTIP 等显然不利于共建"一带一路"的高
质量发展，但以 RCEP 和 AfCFTA 为代表的发展中地区的巨型自贸区则对其
有重大意义。

　　为推动东盟成员国与其伙伴国达成一项现代、全面、高质量和互惠互
利的经济伙伴关系协定，东盟 10 国与 6 个贸易伙伴——中国、日本、韩国、
澳大利亚、新西兰及印度——于 2012 年启动了 RCEP 谈判。尽管协定本身
早在 2015 年前后就已形成共识，但政治因素事实上成为谈判进程迟缓的主
要因素；尤其重要的是，印度于 2019 年 11 月以贸易关切退出谈判，更是一

---

① See for example, Chad P. Bown, "Mega-Regional Trade Agreements and the Future of the WTO," *Global Policy*, Vol. 8, No. 1, 2017, pp. 107 – 112; Shujiro Urata, "Mega-FTAs and the WTO: Competing or Complementary?" *International Economic Journal*, Vol. 30, No. 2, 2016, pp. 231 – 242; Siow Yue Chia, "Emerging Mega-FTAs: Rationale, Challenges, and Implications," *Asian Economic Papers*, Vol. 14, No. 1, 2015, pp. 1 – 27; Vinod K. Aggarwal and Simon J. Evenett, "A Fragmenting Global Economy: A Weakened WTO, Mega FTAs, and Murky Protectionism," *Swiss Political Science Review*, Vol. 19, No. 4, 2013, pp. 550 – 557; etc.

度使谈判陷入危机。在东盟成员国与中国等的大力推动下,除印度外的 15 国于 2020 年 11 月签署了协议,标志着 RCEP 谈判正式完成。需要指出的是,RCEP 事实上是以 20 世纪 90 年代逐渐发展起来的东盟"10 + 1""10 + 3""10 + 6"等为基础的,因此其背后的相互制衡——中日韩相互制衡,澳大利亚、新西兰及印度对中日韩的制衡等——始终存在,对 RCEP 的长期发展极可能留下了隐患。①

RCEP 是个典型的巨型自贸区,其 15 个成员国占全球 GDP、世界贸易和人口的比重均为 30% 左右;相比之下,在美国退出谈判后,其余 TPP 成员国于 2018 年 11 月达成的《全面与进步跨太平洋伙伴关系协定》(CPTPP)仅占全球 GDP 的 13% 和世界贸易的 15%。因此,RCEP 可谓当今世界上最大的自贸区。RCEP 的核心意义在于,通过降低区域内贸易壁垒促进区域贸易和经济发展。具体而言,RCEP 由 20 章组成,其中货物贸易 6 章(货物贸易,原产地规则,海关程序和贸易便利化,卫生和植物检疫,标准、技术法规与合格评定程序,贸易救济),服务贸易 1 章;此外还包括投资、商业环境和争端解决等机制。

对共建"一带一路"贸易畅通而言,RCEP 货物贸易部分重要,其中最核心的内容大致包括:第一,RCEP 旨在利用 20 年时间将成员国之间的货物贸易关税率削减 92% 左右,因此要求每个成员国都自行设定一个特定的关税削减目标;第二,RCEP 禁止成员国之间对进出口采取各种形式的非关税壁垒,除了应 WTO 要求兑现义务外;第三,RCEP 鼓励各种贸易便利化和透明度措施;第四,RCEP 还制定了一套详尽的原产地规则——将各成员国所签署的双边自贸区协定中的各种原产地规则加以集成,由此而来的优势是,集成规则允许一个成员国的产品在作为另一成员国的原料时,可被视作原产于后者,进而提高了成员国之间分离资源的能力。例如,原产于 A 国的材料可能不计入 B 国的原产材料,但可被视作作为整体的 RCEP 的原产材料,这使整个区域内供应链的一体化、灵活性等均得到了强化。在服务贸易方面,尽管不同成员国的承诺存在差异,但 RCEP 要求采用肯定清单的国家必须在协定生效后三年内启动转为负面清单的程序——老挝、柬埔寨

---

① Eszter Lukács and Katalin Völgyi, "Mega-FTAs in the Asia-Pacific Region: A Japanese Perspective," *European Journal of East Asian Studies*, Vol. 17, 2018, pp. 158 – 175.

和缅甸为 12 年，这也为贸易畅通提供了更大的空间。①

　　相比 RCEP，AfCFTA 是非盟《2063 年议程》的旗舰项目之一。非盟《2063 年议程》是非洲大陆面向未来 50 年（直至 2063 年）的社会—经济转型战略框架，它以非洲大陆自 1963 年非洲统一组织成立以来的各种发展战略规划或议程，特别是如《拉各斯行动计划》、非洲发展新伙伴计划（NE-PAD）、非洲农业全面发展计划（Comprehensive African Agricultural Development Programme，CAADP）等为基础，旨在推动实现非洲国家、地区和大陆层次的包容性增长与可持续发展。非盟《2063 年议程》于 2012 年正式启动制定，2015 年 1 月正式通过。AfCFTA 是非盟《2063 年议程》17 个行动领域之一，并被列为其第一个十年执行规划的优先项目。2019 年 7 月 7 日，AfCFTA 宣告成立，但由于新冠疫情暴发，正式实施时间被推迟至 2021 年 1 月 1 日。

　　AfCFTA 建成之后将是成员国数量最多的巨型自贸区，覆盖 55 个国家 13 亿人口，GDP 达到 3.4 万亿美元。AfCFTA 旨在通过加强非洲在全球贸易谈判中的共同话语权和政策空间，加快非洲内部贸易，提高非洲在全球市场的贸易地位。截至 2021 年 2 月 5 日，已有 36 个国家批准了 AfCFTA 协定并交存了批准书。AfCFTA 的总体目标是：创建由人员流动推动的货物和服务单一市场，以深化非洲大陆经济一体化，促进非盟《2063 年议程》中基于包容性增长和可持续发展的繁荣非洲愿景得以实现；通过持续谈判创建货物和服务贸易的自由化市场；促进资本和人员的流动，以成员国和区域经济共同体举措和发展为基础促进投资；为后续创建大陆关税同盟（Continental Customs Union）奠定基础；促进和实现成员国的可持续和包容性社会经济发展、两性平等和结构转型；提高成员国在非洲大陆和全球市场的竞争力；通过多样化和区域价值链发展、农业发展和粮食安全促进工业发展；解决成员重叠挑战，加快区域和非洲大陆一体化进程。②

　　从其所覆盖的政策领域看，AfCFTA 是非洲大陆迄今为止最全面的，仅未覆盖国家援助、政府采购、环境法和劳力市场规范等领域，③ 因此可为非

---

①　"Summary of the Regional Comprehensive Economic Partnership Agreement, Final," RCEP, https://rcepsec.org/wp-content/uploads/2020/11/Summary-of-the-RCEP-Agreement.pdf, accessed on August 10, 2021.

②　African Union, "About the African Continental Free Trade Area (AfCFTA)," https://afcfta.au.int/en/about, accessed on August 10, 2021.

③　Claudia Hofmann, Alberto Osnago, and Michele Ruta, "Horizontal Depth: A New Database on the Content of Preferential Trade Agreements," Policy Research Working Paper, No. 7981, World Bank, 2017.

洲各国促进经济增长、削减贫困和扩大经济包容性提供重大机会。根据世界银行的评估，与没有 AfCFTA 场景相比，AfCFTA 的全面推进将使非洲大陆的真实收入到 2035 年增长 7%，相当于 4450 亿美元（以 2014 年不变价格计算）；尽管不同国家的实际获益可能存在差异，如获益最多的科特迪瓦和津巴布韦均可能达到 14% 左右，而马达加斯加、马拉维、莫桑比克可能只有 2% 左右。同时，到 2035 年，AfCFTA 的运行还会为世界其他国家和地区带来 760 亿美元的额外增长，相当于为全球经济增长额外贡献 0.1 个百分点。[1] 同时，AfCFTA 还有明显的减贫效果，到 2035 年，它将使额外的 3500 万人摆脱绝对贫困，额外的 6790 万人摆脱中度贫困——收入低于 5.5 美元/天，其中受益最明显的国家将是埃塞俄比亚、尼日利亚、坦桑尼亚、刚果（金）、肯尼亚及尼日尔等国。[2]

需要强调的是，AfCFTA 全面落实的最大效应集中在贸易领域：到 2035 年，与没有 AfCFTA 的场景相比，非洲大陆出口可能增长 29%，其中大陆内部出口增长超过 81%，对非洲之外出口增长 19%；就行业而言，制造业出口可能获益最多达到 62%，其中大陆内部制造业出口增长达到 110%，对非洲之外制造业出口增长 46%；农业获益相对较少，大陆内部农业出口增长 49%，对非洲之外的农业出口增长 10%；服务贸易可能是增长最慢的，整体只有 4%，非洲大陆内部为 14%。在进口方面，到 2035 年，AfCFTA 将带来 7% 的额外增长；它也不会对非 AfCFTA 成员的贸易带来消极影响。[3] 为实现贸易畅通效应，AfCFTA 设定了渐进性的关税削减方法：从 2020 年起，90% 的产品关税将在 5 年内逐渐取消，对最不发达国家的时限为 10 年；从 2025 年起，余下的 7% 将在 5 年内逐渐取消关税，对最不发达国家的时限为 8 年；余下的 3% 的产品将在 2030 年底前实现零关税，对最不发达国家则是 2033 年底。对货物贸易和服务贸易的非关税壁垒按照最惠国待遇原则处理，假定了最高 50% 的非关税壁垒会在 AfCFTA 框架内解决。[4]

---

① World Bank Group, *The African Continental Free Trade Area: Economic and Distributional Effects*, Washington, D. C.: World Bank Group, 2020, pp. 43 – 46.

② World Bank Group, *The African Continental Free Trade Area: Economic and Distributional Effects*, Washington, D. C.: World Bank Group, 2020, pp. 57 – 58.

③ World Bank Group, *The African Continental Free Trade Area: Economic and Distributional Effects*, Washington, D. C.: World Bank Group, 2020, pp. 46 – 51.

④ World Bank Group, *The African Continental Free Trade Area: Economic and Distributional Effects*, Washington, D. C.: World Bank Group, 2020, p. 3.

　　尽管在 RCEP 和 AfCFTA 之外，还有多个巨型自贸区或者已进入运行阶段，或者仍在加紧谈判进程，但由于美国推行贸易保护主义、退出 TPP 等，导致 TPP 缩水、TTIP 进展放缓，因此当前的确是利用仍有充分动力的 RCEP 和 AfCFTA、提升共建"一带一路"贸易畅通效应的重要机遇期。就此而言，如何强化"一带一路"倡议与 RCEP、AfCFTA 等巨型自贸区的战略与政策沟通、合作机制建设不仅高度重要，而且相当紧迫。

第七章　资金高质量融通

　　作为一项发展议程，共建"一带一路"高质量发展的核心目标是促进中国与合作国家实现共同的可持续发展。就其中短期目标而言，这是致力于推动中国与合作国家在实现联合国 2030 年可持续发展目标方面取得实质性进展。但需要强调的是，资金短缺是绝大多数发展中国家实现可持续发展目标的最大挑战之一。例如，根据联合国亚太经社理事会的研究，要实现可持续发展目标，整个亚太地区的发展中国家每年需要额外增加 1.5 万亿美元的投资，相当于这些国家 GDP 的 5%；更为具体地，仅 SDG－1 和 SDG－2 即消除贫困和消除饥饿就需要 3730 亿美元/年，产业、创新和基础设施（SDG－9）需要约 1960 亿美元/年，医疗、教育和性别平等目标需要 2960 亿美元/年。[1] 又如，世界银行研究指出，尽管大多数东盟国家有望在 2030 年前消除绝对贫困，但仍面临严峻挑战。大多数东盟成员国都面临较大的基础设施建设资金缺口。如果要实现 2030 年议程有关产业、创新和基础设施的目标（SDG－9），东盟每年需要额外投资 350 亿美元；其中柬埔寨和缅甸的缺口尤其大，分别相当于目前投资水平的 78% 和 186%。[2] 世界银行还对印度尼西亚和越南作了案例研究，认为印度尼西亚如果要实现可持续发展目标的医疗、教育和基础设施方面的目标，每年需要相当于其 GDP 5.5% 的额外投入，越南则需要约相当于其 GDP6.5% 的额外投入。[3] 在此意义上，

---

[1]　UN ESCAP, *Economic and Social Survey of Asia and the Pacific 2019: Ambitions beyond Growth*, Bangkok: UNESCAP, 2019, pp. 42, 47.

[2]　IMF, *ASEAN Progress towards Sustainable Development Goals and the Role of the IMF*, Prepared for the ASEAN Leaders Gathering, October 11, 2018, Bali, Indonesia, September 27, 2018, p. 29.

[3]　IMF, *ASEAN Progress towards Sustainable Development Goals and the Role of the IMF*, Prepared for the ASEAN Leaders Gathering, October 11, 2018, Bali, Indonesia, September 27, 2018, pp. 21 – 23.

"一带一路"倡议提出要实现资金融通，无疑能为各合作国家实现可持续发展目标贡献重大力量，进而推动共建"一带一路"高质量发展。

共建"一带一路"合作国家的基础设施建设和产能合作潜力巨大，但融资缺口亟待弥补。习近平主席多次强调，共建"一带一路"高质量发展要"引导有实力的企业到沿线国家开展投资合作"，"要在金融保障上下功夫"，"引导社会资金共同投入沿线国家基础设施、资源开发等项目"。[①] 考察自 2014 年开始落实以来所取得的成绩可以认为，共建"一带一路"在资金融通方面的确为合作国家的可持续发展作出了重要贡献。结合资金融通的影响评估，共建"一带一路"高质量发展的资金融通效应仍有待进一步提升，尤其应更多地将共建"一带一路"的投融资实现与正在更新升级的国际可持续发展规则相结合，持续细化《"一带一路"融资指导原则》和《"一带一路"绿色投资原则》，创新共建"一带一路"投融资的理念和实践；与此同时，还应继续建立健全共建"一带一路"倡议的投融资制度保障，特别是实现各类资金平台的协同增效，在继续发挥共建"一带一路"专项贷款、丝路基金、各类专项投资基金作用的同时，加快发展丝路主题债券，加强与包括亚洲基础设施投资银行、金砖国家新开发银行及以世界银行为代表的多边开发银行的配合与协作，实现资金效用的最大化，欢迎多边金融机构与合作国家参与共建"一带一路"投融资，推动实现共建"一带一路"高质量发展的投融资制度发展。

第一节 共建"一带一路"资金融通的绩效与影响评估

资金融通是共建"一带一路"五通领域之一，对推动实现共建"一带一路"高质量发展至为关键。如前文所述，共建"一带一路"实施以来，为合作国家带来了重要的投资贡献，尤其是有着重大的额外性和催化剂效应。例如，2020 年，中国对共建"一带一路"沿线国家非金融类直接投资177.9 亿美元，同比增长 18.3%；相比之下，2020 年中国对外非金融类直

---

① 《习近平出席推进"一带一路"建设工作 5 周年座谈会并发表重要讲话》，中国政府网，2018 年 8 月 27 日，http://www.gov.cn/xinwen/2018－08/27/content_5316913.htm，最后访问日期：2021 年 7 月 5 日。

接投资共计 1101.5 亿美元, 同比下降 0.4%。① 如果说贸易所带动的经济社会发展更多是与对外经济关系相关的部门, 那么投资所带动的经济社会发展则可能是全方位的, 甚至更有可能是国内经济运行相关部门, 因为投资是流向一国的特定地区的, 与当地社会经济的联系可能更加密切。因此, 评估投资或共建"一带一路"资金融通的方法与评估其贸易畅通的方法略有差异, 在共同的绩效评估基础上, 对投资的影响评估或许更能识别出共建"一带一路"对当地可持续发展的促进作用。

一 资金融通的绩效评估

尽管自 2016 年起全球发展似乎面临巨大困难, 尤其是英国脱欧、美国特朗普当选及由此而来的民粹主义浪潮等, 但以"一带一路"倡议为代表的促进联合国可持续发展目标落实的努力仍在持续。当然, 对共建"一带一路"资金融通效应的评估不能简单地考察沿线国家——尤其是在如印度、以色列等重要沿线国家并未签署共建"一带一路"合作文件的情况下, 而是需要更为细致的观察, 进而识别其成功与不足, 从而为下一阶段推进共建"一带一路"高质量发展奠定更为坚实的基础。采用与贸易畅通效应评估相同的方法, 本章同样将"一带一路"倡议所涉及国家区分为沿线国家——又包括沿线合作国家与沿线未合作国家, 合作国家——又可分为非沿线合作国家与沿线合作国家。根据中国商务部每年发布的《中国对外直接投资统计公报》, 可以对共建"一带一路"资金融通作一细分的绩效评估。

第一, 整体上比较 2008—2013 年和 2014—2019 年两个时段可以发现, "一带一路"倡议的确为所有涉及国家, 即前述沿线国家加上非沿线合作国家也即所有合作国家加上沿线未合作国家, 带来了大量的新资金, 但其资金融通效应并不明显。2008—2013 年, 中国对现在的共建"一带一路"所涉及国家的投资共计 949.97 亿美元, 而 2014—2019 年的投资额达到 1455.62 亿美元, 增幅超过 50%。需要强调的是, 这 12 年也是中国对外直

---

① 《2020 年我对"一带一路"沿线国家投资合作情况》, 商务部对外投资和经济合作司, 2021 年 1 月 22 日, http://hzs. mofcom. gov. cn/article/date/202101/20210103033292. shtml;《2020 年我国对外全行业直接投资简明统计》, 商务部对外投资和经济合作司, 2021 年 1 月 22 日, http://hzs. mofcom. gov. cn/article/date/202101/20210103033289. shtml; 最后访问日期: 2021 年 7 月 5 日。

接投资快速发展的时期，因此共建"一带一路"为所涉及国家带来的资金融通效应并不明显，甚至略慢于整体对外直接投资的增长幅度，二者相差超过 5 个百分点。①

第二，更为具体地，仅有沿线未合作国家——巴勒斯坦、不丹、土库曼斯坦、叙利亚、以色列、印度、约旦——在 2014—2019 年所获得的投资增幅超过 2008—2013 年时段。在 2014—2019 年，7 个沿线未合作国家所获得的中国直接投资接近 50 亿美元，在 2008—2013 年（10.2 亿美元）的基础上增长了 380%；而其他两类国家，即沿线合作国家和非沿线合作国家的增幅都明显较小，前者从 549 亿美元增至 996 亿美元，增幅为 81.42%，后者从 390 亿美元增至 409 亿美元，增幅仅为 4.87%。② 这意味着，类似贸易畅通效应，沿线未合作国家所获得的中国投资是"一带一路"倡议落实以来增长最快的，而最积极的非沿线合作国家即广大发展中国家所获得的中国投资的增长最慢，增长速度甚至不到中国对外直接投资整体增速的一半。这很大程度上可被认为是共建"一带一路"高质量发展的重大潜在风险。

第三，如果考察不同类型国家所获中国投资的增长速度，同样可以看出，沿线未合作国家在大多数年份里的增速远远超过沿线合作国家和非沿线合作国家。如图 7—1 所示，沿线未合作国家所获中国投资的增长呈大起大落态势，大落主要源于大起。例如，沿线未合作国家在 2008 年获得中国 1.85 亿美元投资，而 2007 年仅为 1500 万美元，增幅超过 1100%；而 2009 年因为全球金融危机而大幅下跌至 9800 万美元，跌幅接近 50%；但 2010 年又跃升至 5.17 亿美元，而 2011 年又转为 -2.02 亿美元。类似的大起大落在"一带一路"倡议启动后对沿线未合作国家的投资中也非常常见，例如，2012 年回升到 3 亿美元，2013 年又回落到 1.1 亿美元，但 2014 年又跃升至 5.8 亿美元；2016 年从 2015 年的 6.2 亿美元飙升至 19.2 亿美元，但 2017 年又回落至 5 亿美元。相比之下，沿线合作国家和非沿线合作国家的起伏相对较小，尤其是沿线合作国家的振荡幅度仅为 90 个百分点，而非沿线合作国家为 400 个百分点，沿线未合作国家则高达 1400 个百分点。因此，尽管从增速上看，沿线未合作国家表现最好，但从稳定性上看，沿线未合作国家是最差的。换句话说，在关注"一带一路"倡议是否带来新资金的同时，

---

① 笔者根据商务部 2007—2019 年《中国对外直接投资统计公报》数据整理制作。
② 笔者根据商务部 2007—2019 年《中国对外直接投资统计公报》数据整理制作。

也应关注其资金融通效应的稳定与否。沿线未合作国家因为没有签署共建"一带一路"合作文件,因此其投融资活动的保障性可能远远低于合作国家,进而也就意味着更高的不确定性和风险性。

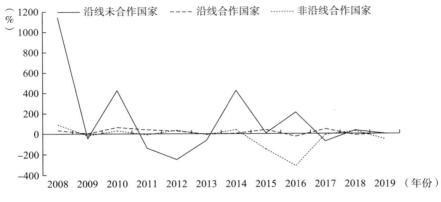

图7—1　共建"一带一路"投资增速(2008—2019年)

资料来源:笔者根据商务部2007—2019年《中国对外直接投资统计公报》数据整理制作。

第四,具体到共建"一带一路"所涉及地区而言,亚洲和非洲是最重要的两个地区。但二者也存在明显差异:非洲只有1个沿线合作国家,其余全部为非沿线合作国家(44个),可以说是非沿线合作国家最集中的地区;而亚洲则集中了所有7个沿线未合作国家,同时只有2个非沿线合作国家(韩国、塞浦路斯),此外还有36个沿线合作国家,是沿线合作国家最集中的地区。如果对比"一带一路"倡议下中国对非洲44个非沿线合作国家和亚洲36个沿线合作国家的投资情况,可以发现,一方面,从绝对值看,亚洲沿线合作国家所获得的投资额呈稳步增长态势,从2008年的39亿美元增至2019年的176亿美元,尽管时有起伏;相比之下,非洲44个非沿线合作国家在2008年时所获中国投资额远高于亚洲36个沿线合作国家,达到54亿美元,但到2019年下跌为26亿美元,事实上,2008年是中国对非洲44个非沿线合作国家投资最多的年份。另一方面,从增长速度及其稳定性看,亚洲沿线合作国家所获投资增长较为稳定,振荡幅度较小(不到80个百分点),而非洲的非沿线合作国家的振荡幅度相当大,达到330个百分点(见图7—2、图7—3)。

通过以上绩效评估,可以识别出共建"一带一路"资金融通存在的两

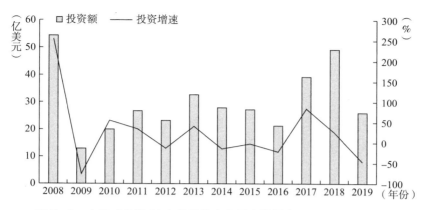

图7—2　中国对非洲44个非沿线合作国家的投资（2008—2019年）

资料来源：笔者根据商务部2007—2019年《中国对外直接投资统计公报》数据整理制作。

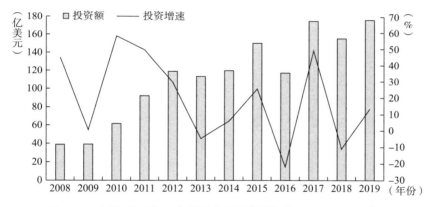

图7—3　中国对亚洲36个沿线合作国家的投资（2008—2019年）

资料来源：笔者根据商务部2007—2019年《中国对外直接投资统计公报》数据整理制作。

个潜在风险：一是亚洲的沿线未合作国家，尽管数量较少，但其稳定性极差，波动性极大，加上相关国家对地缘政治的关切，极可能对共建"一带一路"高质量发展产生消极影响；二是非洲的非沿线合作国家，尽管数量众多但所获新资金呈负增长态势且稳定性较差，如不及时改变可能对双边关系基础产生消极影响，进而影响共建"一带一路"高质量发展。

在绩效评估的基础上，本章将依据第六章的评估模型对共建"一带一路"的投资影响作系统和综合性评估，即采用共变模型以及回归模型两种模式，结合中国对外投资与共建"一带一路"合作国家的内部综合发展，评估共建"一带一路"投资的经济发展、经济结构转型、脱贫效应、政治治理与社会进步影响。

二 资金融通的共变效应评估

共变效应考察共建"一带一路"投资对相应国家发展的趋势性影响从而判断是否导致共向发展效应,因此尽管是定量分析,但却推导出定性观察。本节以国家/年为单位,通过衡量共建"一带一路"投资与东道国的发展变化是否形成正相关,从而识别定性的共向发展效应。共变效应模型与下文的回归模型均覆盖经济、政治和社会三个领域。整体上看,共建"一带一路"资金融通有着较为明显的共向发展效应。

第一,经济增长影响分析。一般意义上,吸收外国直接投资可贡献于经济增长,但现实中,东道国自身发展能力差异、国际政治经济环境、外资周期、决策科学性等均可能对投资的经济效益产生影响。这意味着,外国直接投资与东道国经济增长之间并非简单的线性对应关系。共建"一带一路"资金融通也体现出这一特征。由于投资本身具有周期性特征,投资流量的年度性起伏可能影响评估结果的稳定性,因此本节也从投资存量的角度加以衡量,以作补充。

从投资流量的角度看,共建"一带一路"资金融通的共向发展效应相对稳定,在非沿线合作国家甚至略有下降。由于沿线未合作国家数量过少进而波动幅度过大,因此并未被纳入本节的相关评估。在余下的三类国家,即沿线合作国家、非沿线合作国家及其他未合作国家中,共建"一带一路"投资与约50%的相应国家经济发展呈正相关关系;换句话说,在2008—2019年,从流量角度看,中国投资在近一半国家产生了积极的正向发展效应,其中沿线合作国家为47.96%,非沿线合作国家47.68%,其他未合作国家为49.56%。如果比较2008—2013年、2014—2019年两个时段,可发现一个值得关注的发展,即共建"一带一路"投资的共向发展效应事实上略有下降:沿线合作国家降至47.14%;非沿线合作国家降幅最大,至44.12%;其他未合作国家降幅也较为明显,至48.14%。当然,结合三类国家的内部结构及国际政治经济形势发展,这一变化本身是合理的:沿线合作国家主要集中于亚洲地区,其在2014—2016年的持续下降更多是源于中国对外资流动的管理强化所致,而2019年的下降则主要源于中美经贸关系恶化;非沿线合作国家主要集中于非洲,2014、2015年的下降可能是中国外资管理强化、大宗商品价格下跌对非洲经济冲击的共同作用，2019 年也极可能是中美经贸关系恶化所导致的；相比之下，其他未合作国家主要是美欧发达国家，因此即使中美经贸关系恶化也未产生明显冲击。从投资存量角度看，中国投资与东道国经济增长之间的共向发展效应相对稳定。在 2008—2019年，中国投资与东道国经济发展之间的正相关关系高度明确：沿线合作国家达到 74.19%，非沿线合作国家也达到 69.86%，其他未合作国家为68.40%。在这 12 年中，负相关关系呈明显增长的年度主要是 2009 年和2019 年：2009 年，受 2008 年全球金融危机影响，中国投资对沿线合作国家、其他未合作国家的经济影响呈明显消极发展；2019 年，主要由于中美经贸关系恶化，中国投资对沿线合作国家、非沿线合作国家的经济影响呈较明显的消极发展。数据分析还显示出另一趋势，即中国投资对沿线合作国家的经济增长贡献明显好于非沿线合作国家，同时，美欧等其他未合作国家仍是中国投资的重点。但也应注意到的是，共建"一带一路"投资对所有合作国家的经济增长贡献都呈下降态势，共向发展效应最高的年份事实上是在 2014 年前后。尽管其原因可能是复杂的，但这一现象仍需高度关注。

第二，经济结构影响分析。共建"一带一路"的高质量发展，也意味着合作国家经济的高质量发展，因此，在经济增长的同时，实现经济结构优化调整，是共建"一带一路"投资高质量发展的重要表现。本文主要以工业化水平提升作为经济结构调整的衡量指标，进而考察共建"一带一路"投资与东道国的共同发展效应。

从投资流量角度看，中国投资并未产生明显的共同发展效应。在2008—2019 年，中国投资与沿线合作国家的工业化水平提升之间的正相关性最为明显，达到 51.23%；非沿线合作国家为 47.31%，其他未合作国家为 48.29%。如果比较 2008—2013 年和 2014—2019 年两个时段，中国投资与东道国的共同发展效应相对稳定，除非沿线合作国家在 2019 年有明显下降之外。针对这一结果的潜在解释在于，共建"一带一路"乃至整个中国对外投资，更多聚焦基础设施建设，这一投资不仅资本需求量大、投资周期长，更需要较长时间才能转化并为工业化作出贡献。但需要强调的是，所有三类国家均在 2010—2011 年达到最高的共同发展效应——均超过 70%的水平，这某种程度上说明，在遭受 2008 年全球金融危机冲击后的恢复过程中，中国资本作出了重要贡献。这也从另一个角度说明，当前以美国为代表的西方国家与中国的战略竞争，很大程度上对发展中国家的工业化发展不利。从投资存量角度看,中国投资与东道国的工业化转型有着显著的正相关关系;换句话说,中国投资的长期累积明显促进了东道国的工业化转型,实现了共同发展。整体而言,所有三类国家的共变效应均超过50%,除极个别年份外。如果比较2008—2013年和2014—2019年两个时段,可以发现,共建"一带一路"投资的累积效应更加明显:平均而言,在2008—2019年,中国投资存量对共建"一带一路"沿线合作国家的工业化转型促进作用最为明显,达到69.74%;非沿线合作国家也超过60%(61.63%);其他未合作国家最低,为54.97%。如果说投资流量的短期效应往往与东道国本身的工业化基础相关——中国投资流量对以美欧等发达国家或工业化国家为主的其他未合作国家的共同发展效应最为明显,那么对投资存量的衡量可有效降低这一历史基础的影响,中国投资存量在其他未合作国家的共同发展效应不如在共建"一带一路"合作国家明显,就充分说明了这一点。

第三,政治治理影响分析。本节主要采用世界治理指标并对其中的政府效率、法治水平和规则质量三个子指标加以检测。

首先,政府效率是一国政治治理能力的核心要素,也是一国吸引外资的关键。理论上,外国直接投资的流入也有助于一国政府改善其政府效率,从而吸引更多外资流入。从投资流量角度看,中国投资与东道国政府效率之间的共变关系并不明显。整体上,中国投资流量与东道国政府效率的正相关关系在45%—50%区间徘徊,其中沿线合作国家最高,为47.47%;非沿线合作国家次之,为45.39%;其他未合作国家为46.23%。从年度变化看,中国投资流量与东道国政府效率之间的共变效应也不够明显,除其他未合作国家外并未出现大起大落。当然,这某种程度上也表明,共建"一带一路"投资并未对合作国家的政府效率产生消极影响。从投资存量角度衡量的结果并无明显变化,所有三类国家的相关关系均未出现明显提升。在整个2008—2019年期间,中国投资存量与东道国的政府效率之间的正相关系数分别为:沿线合作国家为47.34%,非沿线合作国家为48.97%,其他未合作国家为41.20%。因此,无论从流量还是从存量角度看,中国投资并未与东道国的政府效率之间产生共向发展效应,"一带一路"倡议所带来的资金融通也并未产生此类效果。这一现象的原因大致在两个方面:一是中国对外投资起步较晚,无论是存量还是流量规模都相对较小,很难对东道国的政府状况产生实质性影响;二是中国对外投资始终坚持不干涉他国内政原则，中国的投资及其他资金融通举措均不附加任何政治条件，因此其与东道国政府效率的相关性也较低。

其次，法治水平是一国实现治理现代化的重要体现，同时也是吸引外资的重要保障。与政府效率指标相似，中国投资与东道国的法治水平之间也不存在明显的共变效应。无论从流量还是从存量角度看，均有接近50%的国家的法治水平与中国投资呈正相关关系：就投资流量而言，共建"一带一路"沿线合作国家的正相关比例为48.99%，非沿线合作国家为48.23%，其他未合作国家为47.11%；而就投资存量而言，共建"一带一路"沿线合作国家的正相关比例为43.18%，非沿线合作国家为43.58%，其他未合作国家为42.44%。

最后，规则质量代表了政府出台相应规则的合理程度。与前两个子指标相似，中国投资与东道国的规则质量之间并不存在明显的共变效应，其整体水平也与前两个子指标相似。从投资流量看，共建"一带一路"沿线合作国家接近50%（49.33%），非沿线合作国家为46.28%，而其他未合作国家也达到42.46%。从投资存量看，沿线合作国家同样最高，为47.93%；非沿线合作国家为46.28%；其他未合作国家为42.46%。

第四，社会稳定影响分析。东道国社会是否稳定，往往对外资有着重要影响；很大程度上，社会稳定可吸引更多外资流入，而更多外资流入则可能进一步促进社会稳定。但现实往往并非绝对，本文以脆弱国家指数衡量中国投资与东道国内部稳定的共变关系。为保持上下文分析方法统一，对脆弱国家指数作倒数处理。共建"一带一路"合作国家多为发展中国家，影响其内部稳定的因素较为复杂，因此共建"一带一路"投资对东道国的社会稳定性影响也相对复杂。

从投资流量角度看，共建"一带一路"投资整体上有利于东道国社会稳定的改善。尽管从2008—2019年12年的变化看，中国投资与东道国社会稳定之间的关系并不稳定，且总体上低于50%。但如果比较2008—2013年和2014—2019年两个时段，可以发现，"一带一路"倡议提出后中国投资的东道国社会稳定正相关性明显提升，即便2019年中美经贸关系事实上对中国对外投资产生了某种消极影响，也并未影响到这一正相关性的上升态势，尤其是在非沿线合作国家。从投资存量角度看，所得出的定性结论基本一致，尽管也呈现一定变化：一是在沿线合作国家的整体表现似乎更差；二是在非沿线合作国家的振动幅度更大；三是在其他未合作国家的表现也相对较差。这很大程度上也表明,中国投资并未对东道国的内部发展产生明显影响,一方面表明其融入当地经济的水平有待进一步提升,另一方面也说明中国在对外交往中的确较好地坚持了不干涉内政原则。

第五,社会平等影响分析。由于衡量贫困的诸多指数面临数据缺失问题,本节以女性就业指数替代减贫效果评估,因为女性是就业市场的弱势群体,如果女性就业比例上升则意味着对减贫有着积极影响。

从投资流量角度看,中国投资与东道国女性就业的关系较为复杂,某种程度上是消极的。在2008—2019年,中国投资与东道国女性就业之间的相关性更多是负的;正相关性最高的是沿线合作国家,为36.72%;而非沿线合作国家仅为21.61%,其他未合作国家为26.72%。而从投资存量角度看,同一时期,中国投资与沿线合作国家的女性就业正相关性同样最高,为41.23%;非沿线合作国家为32.83%,其他未合作国家为24.72%。对这一现象的解释,一方面仍是中国投资的整体规模不够大;另一方面也说明中国投资与对象国的经济融入程度还有待进一步提高,尤其从就业和减贫角度看。

结合上述五个指标的共变效应评估,可以认为,共建"一带一路"资金融通影响具有层次性、长期性和复杂性等特点。首先,共建"一带一路"资金融通的影响具有层次性,呈现经济效应优先的层次性发展特征。在经济发展与经济结构等指标中,有更高比例的国家实现了自身发展与中国投资的正向共变增长。在更广泛的发展领域,如贫困、治理、安全,中国投资与东道国相应指标的相互关系更为复杂,尚未形成稳定的正向共变关系;但在所有三类国家,中国投资与东道国发展并不存在明显的负相关关系,更多处于一种不稳定的摇摆状态,这意味着中国投资积极影响东道国有着巨大潜力。其次,共建"一带一路"资金融通的影响具有长期性,要高度重视相关投入所产生的长期累积效应。在多数指标中,投资存量所产生的正相关关系,往往高于投资流量,显示了长期投入和累积性发展的重要性。最后,共建"一带一路"资金融通的影响也具有复杂性,需结合不同国家的不同情况加以考察。

三 资金融通的发展效应评估

与以共变效应模型考察定性影响相比,回归模型更多考察共建"一带一路"投资对东道国的具体发展影响及其程度。本研究回归模型的核心自变量是中国在东道国投资流量和存量的绝对值，因变量是东道国在不同发展领域的具体指标。为防止出现反向因果关系，本节的自变量均滞后 1 年处理，并依循常规惯例对 GDP 和投资流量等变量作对数化处理。本研究的控制变量涉及政治、安全、治理等，具体方法可参见第六章的评估指标设计。

第一，经济影响分析，考察共建"一带一路"资金融通对东道国经济增长的影响水平。无论是从投资流量还是从投资存量角度看，共建"一带一路"投资与沿线合作国家和非沿线合作国家的经济增长均呈现正相关关系。研究结果表明，中国投资流量每增加 1%，沿线合作国家 GDP 增长 0.006%；非沿线合作国家 GDP 增长 0.009%，其他未合作国家则接近于 0；而中国投资存量每增加 1%，沿线合作国家 GDP 增长 0.013%，非沿线合作国家增长 0.07%。即使在多个控制变量存在的条件下，这一回归系数仍显示出统计学上的显著性，证明本研究结果是较为稳定的。

第二，经济结构影响分析，考察对外投资对东道国经济结构转型的具体影响。回归分析结果表明，中国投资流量并未对共建"一带一路"合作国家的经济结构转型产生实质性影响；恰好相反，在其他未合作国家却呈现正相关关系。从显著性看，中国投资流量与共建"一带一路"合作国家的经济结构转型也不存在显著相关性，但在其他未合作国家却呈现一定的相关性。考察中国投资存量的影响所得出的结果也基本相似。导致上述现象的，不只是中国投资的规模尚小，更因为共建"一带一路"合作国家大多工业化水平较低，经济结构转型尚未真正启动。

第三，政治治理影响分析，同样对世界治理指数的政府效率、法治水平和规则质量三个子指标加以衡量。

首先，回归结果显示，中国投资对共建"一带一路"沿线合作国家的政府效率改善有明显促进，但对非沿线合作国家则不够明显。就投资流量而言，每增加 1 个单位，沿线合作国家的政府效率得分上升 0.013 分；而投资存量每增加 1 个单位，沿线合作国家的政府效率得分上升 0.023 分。尽管如此，中国投资对共建"一带一路"沿线未合作国家的政府效率提升贡献极小，甚至低于其他未合作国家。这充分说明，投资与内政的关系相当复杂，投资只是政府效率改善的条件之一，甚至难以判断是不是充分或必要条件。

其次，回归结果显示，中国投资对共建"一带一路"沿线合作国家的法治水平提升也有明显贡献，但对非沿线合作国家的效果同样不够明显。

就投资流量而言，每增加 1 个单位，沿线合作国家的法治水平得分增长 0.014 分；而投资存量每增长 1 个单位，沿线合作国家的法治水平得分增长 0.022 分。在与沿线合作国家的相关性呈统计学意义上的高度显著性的同时，中国投资与共建"一带一路"非沿线合作国家和其他未合作国家的法治水平之间既不存在明显的正向关系，也不存在统计学意义上的显著性。

最后，规则质量也呈现出与前两个子指标相似的特征。就投资流量而言，每增加 1 个单位，共建"一带一路"沿线合作国家的规则质量得分可上升 0.016 分；而投资存量每增加 1 个单位，沿线合作国家的规则质量得分上升 0.023 分；且均具统计学意义上的显著性。但在非沿线合作国家和其他未合作国家中，模型并未发现类似关系。

第四，社会稳定影响分析考察中国投资对东道国安全形势的改善性影响及其大小。整体上，中国投资对共建"一带一路"合作国家的安全形势改善有着积极和显著的影响。从投资流量看，中国投资每增加 1 个单位，沿线合作国家的脆弱国家指数得分——得分越高越脆弱越不稳定——下降 0.403 分，非沿线合作国家下降 0.133 分；从投资存量看，中国投资每增加 1 个单位，沿线合作国家的脆弱国家指数得分下降 0.816 分，而非沿线合作国家下降 0.155 分。无论是投资流量还是存量，中国投资与共建"一带一路"合作国家的社会稳定影响均具统计重要性。而在其他未合作国家，尽管也存在类似关系，但不具备统计重要性。由此可见，共建"一带一路"资金融通对合作国家的社会稳定有着积极影响，可明显抑制现实和潜在的冲突。换句话说，"发展是解决一切问题的总钥匙"得到了证明。

第五，社会平等影响分析考察中国投资对东道国女性就业的影响程度。整体上，中国投资对所有东道国的女性就业都产生了积极影响，且在沿线合作国家和非沿线合作国家中更为显著。就投资流量而言，中国投资每增加 1 个单位，沿线合作国家的女性就业得分可提高 0.053 分，而非沿线合作国家则可提高 0.132 分，在其他未合作国家仅为 0.013 分。而投资存量每增加 1 个单位，沿线合作国家的女性就业可提高 0.099 分，非沿线合作国家为 0.031 分，而其他未合作国家为 0.104 分。需要指出的是，投资存量为自变量时，非沿线合作国家的女性就业促进效应明显低于投资流量作为自变量。这一反常或许需要进一步观察和研究。

回归模型分析显示，共建"一带一路"投资对东道国的政治、经济和社会发展影响同样呈现层次性与复杂性特征。首先，与共变模型一致，回归模型也表明，经济影响是共建"一带一路"投资最为直接和立竿见影的影响。同时，经济影响也具有外溢性，对东道国的政治治理、社会安全等也逐渐产生积极影响。其次，数据也显示，共建"一带一路"投资对东道国全面的可持续发展产生积极影响仍需时间，尤其是在工业化转型、公平就业等方面尚未展示出其应有的影响。最后，整体而言，共建"一带一路"投资对沿线合作国家的政治、经济和社会发展影响更为积极，而对非沿线合作国家的影响整体较小。这也表明，共建"一带一路"合作国家内部的多样化特征对资金融通的效应有影响，资金高质量融通成为必然。

第二节　资金高质量融通的保障措施

前述绩效评估和影响评估已显示出共建"一带一路"资金融通所存在的风险点，主要集中于沿线未合作国家和非沿线合作国家这两个群体之中，同时其经济、政治和社会影响并不均衡。如果说这些风险更多是共建"一带一路"本身所蕴含的，那么就必须对其外部所存在的风险加以同等重视。如前所述，共建"一带一路"高质量发展正面临来自国际权势转移、安全风险、发展失衡及技术突破等系统性挑战，具体到共建"一带一路"资金融通效应的最大化而言，这些系统性挑战也具体化为国际性投融资规则规范的系统性升级。尽管相关谈判和角力仍在紧张进行之中，但国际投融资规则规范的系统性升级主要围绕投资促进发展展开；换句话说，尽管在世界贸易组织框架内主要体现为投资便利化的结构性谈判，但在世界贸易组织之外仍存在大量分散的可持续发展投资规则规范的讨论和促进努力。如果说当前有关共建"一带一路"资金融通的可持续性的关切更多集中于绿色发展、劳工标准等方面，那么演进中的国际投融资规则规范的系统性升级可能为共建"一带一路"高质量发展带来更大的系统性压力。因此，中国应与共建"一带一路"合作国家围绕资金融通实现系统性创新，塑造兼具中国特色与可持续发展关切的共建"一带一路"投融资新动能。

一　参与投资便利化结构性谈判

尽管全球投资持续增长，但流向发展中国家的投资总量明显低于流向发达国家的投资总量。换句话说，资金需求最大、最为急迫的国家，往往所获得的外国直接投资最少。例如，根据联合国贸发会议数据库，在进入

21 世纪前，多达 150 余个发展中国家和地区所获得的外国直接投资流量，长期在 40 个发达国家所获得的外国直接投资流量的 30% 以下；尽管在进入 21 世纪后有较快增长，但前者所获得投资流量仍少于后者，仅 2014 年（101%）和 2020 年（212%）两个年份例外。[①] 这一重大的资本流向不平衡，加上发达国家与发展中国家在实现可持续发展目标上的差距，使促进外资更好地流向发展中国家变得尤其迫切。正是在这一背景下，曾被长期搁置的投资便利化问题自 2017 年起被重新提上议事日程，即世界贸易组织框架内的投资便利化结构性谈判。尽管仍面临重大挑战，但投资便利化谈判及其所显示的投资规则规范发展态势，对共建"一带一路"资金融通与高质量发展仍有重要参考意义。

自二战结束以来，国际社会始终未能创设有效的系统性国际投资制度；国际投资领域具有指导意义的是各种国际投资协定，因其提供了投资者与国家的争端解决机制（Investor-State Dispute Settlement，ISDS）。事实上，自 20 世纪 50 年代末至今，全球已有超过 3300 项国际性投资协定。但国际投资协定的最大问题是，它更多规定了东道国的责任，外国投资者几乎不承担任何责任。换句话说，国际投资协定以投资自由化为导向，往往置东道国于不利地位，尤其是在投资者与东道国发生争端时。为促使资本流通更加平衡、合理且更有利于东道国发展，投资便利化被提出以便为投资者提供更为透明、可预测和有效的监管和行政框架，同时未必需要对东道国的国内法律法规等作实质性修改。[②]

需要强调的是，促进投资更为便利地流向发展中国家的讨论早已有之。在世界贸易组织正式于 1995 年 1 月成立后，为更进一步明确世界贸易组织的权责范畴而成立了一系列新的工作组。这些新的工作组所识别出的一系列问题被称作"新加坡议题"（Singapore Issues），包括贸易与投资、投资与竞争政策、政府采购透明度以及贸易便利化。[③] 随着 2001 年多哈发展议程启动，有关贸易与投资关系的讨论得以提出，世界贸易组织部长级会议要

[①] 笔者根据 UNCTAD 数据库（www.unctad.org/fdistatistics）数据计算得出，最后访问日期：2021 年 8 月 10 日。

[②] Axel Berger, Sebastian Gsell, and Zoryana Olekseyuk, "Investment Facilitation for Development: A New Route to Global Investment Governance," *DIE Briefing Paper*, No. 5, 2019, p. 2.

[③] "Singapore Issues," WTO Glossary Term, https://www.wto.org/english/thewto_e/glossary_e/singapore_issues_e.htm, accessed on August 10, 2021.

求"有必要创建一个多边框架，为长期性的跨境投资尤其是外国直接投资提供透明、稳定和可预测的环境，因为这有助于贸易增长及相应的技术援助和能力建设的加强"。① 尽管多哈部长级会议设定了 2003 年 9 月的谈判结束时限，但谈判并未如期完成。2004 年，世界贸易组织总干事决定，仅推进贸易便利化谈判，"新加坡议题"的其余三个议题被事实上放弃。② 此后，贸易与投资关系的相关讨论长期陷入停滞。

在 2013 年的世界贸易组织部长级会议上，《贸易便利化协定》（Trade Facilitation Agreement，TFA）得以通过，这为投资便利化问题重新被提上议事日程创造了条件。在 2015 年的世界贸易组织内罗毕部长级会议上，是继续推进多哈回合谈判，还是在继续有希望的议题的同时引入新议题，成为讨论的核心。最终，世界贸易组织内罗毕部长级会议的宣言承认了各成员间的重大分歧，在强调应优先讨论多哈回合谈判未解决问题的同时，也指出应考虑未列入多哈发展议程的议题，但围绕这些议题的任何多边谈判都需要所有成员的同意。③ 这意味着，贸易与投资的关系问题仍难以列入世界贸易组织的官方优先议程。

尽管如此，随着联合国 2030 年议程提出，有关投资便利化特别是投资以促进发展的讨论迅速兴起，进而也推动世界贸易组织内部的讨论加速。2017 年 3 月，由墨西哥、印度尼西亚、韩国、土耳其和澳大利亚组成的非正式团体 MIKTA（由五国国名首字母组成）在世界贸易组织内组织了首次非正式研讨。此后，由多个发展中国家和地区所组成的名为"投资促进发展之友"（Friends of Investment Facilitation for Development，FIFD）联盟，④

---

① WTO, "Doha WTO Ministerial *2001*: Ministerial Declaration," WT/MIN（01）/DEC/1, November 20, 2001, paragraph 20, https://www.wto.org/english/thewto_e/minist_e/min01_e/mindecl_e.htm, accessed on August 10, 2021.

② WTO, "Text of the "July Package"-the General Council's Post-Cancún Decision," WT/L/579, August 1, 2004, https://www.wto.org/english/tratop_e/dda_e/draft_text_gc_dg_31july04_e.htm #invest_comp_gpa, accessed on August 10, 2021.

③ WTO, "Nairobi Ministerial Declaration," WT/MIN（15）/DEC, December 19, 2015, https://www.wto.org/english/thewto_e/minist_e/mc10_e/mindecision_e.htm, accessed on August 10, 2021.

④ 其最初成员共 11 个，包括阿根廷、巴西、智利、中国、哥伦比亚、哈萨克斯坦、韩国、墨西哥、尼日利亚、巴勒斯坦等国及中国香港地区。See WTO, "Workshop on Investment Facilitation for Development," July 10, 2017, https://www.wto.org/english/tratop_e/invest_e/workshopinvestjuly17_e.htm, accessed on August 10, 2021.

也组织了一系列非正式研讨会。随着加入的国家和地区增加,"投资促进发展之友"于 2017 年 11 月在尼日利亚阿布贾组织了一次地区层次的研讨会。

上述研讨会主要聚焦如下问题。第一,世界贸易组织谈判投资便利化协定是否恰当,以及多大程度上是恰当的?支持者认为,考虑到贸易和投资在进入 21 世纪后联系日益紧密,投资便利化可以被认为是世界贸易组织业务范畴内的问题。但也有人表示反对,认为尽管投资便利化可能对贸易产生影响,但根本上仍是投资问题,在世界贸易组织框架内谈判投资问题可能导致国际投资治理的碎片化。第二,有约束力的争端解决机制是否会影响投资便利化举措?支持者以贸易便利化为例,说明一个可落实的国际框架有助于促进投资便利化所需的资源和政治意愿;而反对者则认为,各成员应采取自愿手段在国际层次上协调。第三,发展中国家和最不发达国家参与投资便利化的能力及谈判资源等问题。在这些研讨会上,部分成员高度积极,并提交了政府性的书面立场,如阿根廷、巴西、中国、俄罗斯等。①

上述努力最终促使世贸组织在 2017 年的阿根廷布宜诺斯艾利斯部长级会议上通过了一项由 70 个成员支持的《关于促进投资便利化的部长联合声明》(Joint Ministerial Statement on Investment Facilitation for Development)。声明宣布了有关投资便利化框架的分阶段磋商计划,认为这将有助于"改善投资举措的透明度和可预测性;精简和加快行政程序;强化国际合作、信

---

① ICTSD, "Renewed Debate Emerges Over Global Trade and Investment Frameworks," Bridges Negotiation Briefing, November 2017, https://ictsd. iisd. org/bridges-news/bridges/news/renewed-debate-emerges-over-global-trade-and-investment-frameworks; WTO, "Communication from the Russian Federation: Investment Policy Discussion Group," JOB/GC/120, March 30, 2017, https://docs. wto. org/dol2fe/Pages/FE _ Search/FE _ S _ S009 – DP. aspx? CatalogueIdList = 236414, 236189, 236149, 235996, 235960, 235961, 235962, 235526, 235438& CurrentCatalogueIdIndex = 8; WTO, "Possible Elements of a WTO Instrument on Investment Facilitation: Communication from Argentina and Brazil," JOB/GC/124, March 30, 2017, https://docs. wto. org/dol2fe/Pages/FE_Search/FE _ S _ S009 – DP. aspx? language = E&CatalogueIdList = 236414, 236189, 236149, 235996, 235960, 235961, 235962, 235526, 235438&CurrentCatalogueI dIndex = 6&FullTextHash = &HasEnglishRecord = True&HasFrenchRecord = True&HasSpanish Record = True; WTO, "Possible Elements of Investment Facilitation: Communication from China," JOB/GC/123, March 30, 2017, https://docs. wto. org/dol2fe/Pages/FE _ Search/FE _ S _ S009 – DP. aspx? language = E&CatalogueIdList = 236954, 236782, 236668, 236429, 236189, 236149, 235960, 235961, 235962, 235526&CurrentCatalogueIdIndex = 7&FullTextHash = &HasEnglish Record = True&HasFrenchRecord = True&HasSpanishRecord = True; all accessed on August 10, 2021.

息共享、最佳实践交流以及与相关利益攸关方的关系，包括争端预防"。这意味着将投资便利化纳入世界贸易组织授权，并将"促进发展中国家和最不发达国家参与全球投资流动"当作核心目标。①

进入 2018 年后，联合声明签署国开始围绕投资便利化展开结构化磋商（见表 7—1）。第一阶段任务于 2018 年底完成，其核心任务是编制一份多达 81 项的问题清单。自 2019 年起进入第二阶段，重点是建设范本，成员围绕投资便利化的基本要素提出具体的文本范例和建议，最终共计有 40 份书面建议的文本范例提出，并汇集成册。2020 年 1 月，世界贸易组织提出一份投资便利化磋商的精简案文，并开始进入结构性磋商阶段。由于新冠疫情，正式谈判于 2020 年 9 月才启动，并计划在推迟到 2021 年 11 月的世贸组织第 12 次部长级会议上讨论。

表 7—1　世贸组织投资便利化结构性谈判进程（2017 年 12 月—2020 年 9 月）

时间	核心任务	重要文件
2017 年 12 月 13 日	世贸组织第 11 次部长级会议启动讨论	《关于促进投资便利化的部长联合声明》
2018 年	识别投资便利化框架的基本要素	问题清单
2019 年 1—7 月	范本建设：讨论问题清单如何转化为文本	文本范例汇集成册
2019 年 8—12 月	准备"替代"文本、识别潜在交叉领域	工作文件
2020 年 1—9 月	精简案文与谈判方式确立	精简案文

资料来源：笔者根据世界贸易组织网站资料（http://www.wto.org）整理制作，最后访问日期：2021 年 8 月 10 日。

尽管有上述进展，但并不能对投资便利化谈判过于乐观。首先，投资便利化谈判有多次历史失败经历，如 20 世纪 90 年代由经合组织主持的《多边投资协定》谈判，21 世纪世界贸易组织多哈回合谈判等。这些谈判失败的关键原因在于，发达国家在诸如投资自由化、争端解决机制等方面试图强行推行其主张，引起发展中国家的强烈反弹。尽管发展中国家在当前这一轮投资便利化的讨论中发挥了更大作用，尤其是 MIKTA 五国和"投资促进发展之友"联盟，但争端解决仍被排除在投资便利化的结构性磋商之外，这明显是吸取了之前历次失败的教训的结果。其次，当前的投资便利化谈

---

① WTO, "Joint Ministerial Statement on Investment Facilitation for Development," WT/MIN（17）/ 59, December 13, 2017, https://docs.wto.org/dol2fe/Pages/FE_Search/FE_S_S009 – DP.aspx? language = E&CatalogueIdList = 240870, accessed on August 10, 2021.

判与世界贸易组织贸易便利化框架达成并试图将其成功经验推广至投资领域的热情有关。但必须关注的一个重要问题是，贸易更多发生在边境线上，而投资则进入一国国境之内。换句话说，投资便利化体现了新一代经济规则重心从"边境议题"向"边境后议题"转移的发展趋势，是全球经济治理的组成部分。[①] 因此，贸易便利化的相关举措和思路显然与投资便利化存在重大差异，简单复制极可能诱发大量新问题。再次，与此前的多次尝试不同，当前的投资便利化更多是由发展中国家所推动的。但也需要看到，在其中发挥积极作用的更多是发展中国家内部的发展水平更高、进入 21 世纪后对外投资发展较快的国家，而相对较为落后的发展中国家的参与仍然高度不积极。例如，在《关于促进投资便利化的部长联合声明》的 70 个签署国中，有 42 个是高收入国家——其中不少是欧盟成员国，13 个中高收入国家，10 个中低收入国家，低收入国家只有 5 个。这 70 个国家所获得的外国直接投资存量占全球的 62%，其对外投资存量占全球的 67%。此外，美国作为世界上最大的对外投资存量和吸引外资存量国家（均为 24%），并不是联合声明的签署国。这意味着一方面是落后的发展中国家参与积极性较低，另一方面最大的发达国家也拒绝参与。[②] 最后，谈判本身还面临着诸多挑战。例如，贸易便利化框架的达成与国际认知共同体的智力支持密不可分，但当前有关投资便利化的讨论中，尚未形成可见的国际认知共同体；又如，在活跃的国际政策辩论的另一面，是相关的国际投资便利化框架的潜在影响的实证研究的缺乏，这与国际认知共同体的缺失紧密相关；再如，在大量技术性问题之外，投资流量提升与质量提升之间的关系尚未得到很好的讨论，或者说投资便利化的讨论中尚未将可持续发展有效纳入其中。

二 促进可持续发展投资规则塑造

需要指出的是，在世界贸易组织更多由发展中国家推动以便利化为导向的投资讨论展开前，由于联合国 2030 年议程的通过而触发了大量有关投资与可持续发展关系的讨论。尽管迄今为止在世界贸易组织框架下围绕投资便利化的结构性磋商似乎更加引人注目，但可持续发展关切尚未被有效

---

① 王璐瑶、葛顺奇：《投资便利化国际趋势与中国的实践》，《国际经济评论》2019 年第 4 期，第 139 - 155 页。

② Axel Berger, Sebastian Gsell, and Zoryana Olekseyuk, "Investment Facilitation for Development: A New Route to Global Investment Governance," DIE Briefing Paper, No. 5, 2019, pp. 3 - 4.

融入其中。因此，有必要对世界贸易组织框架之外的相似进程加以简要回顾，特别是考察投资便利化结构性磋商与发展导向的投资便利化框架（Investment Facilitation Framework for Development，IFF4D）之间的关联，即如何使投资便利化框架更多涵盖可持续发展目标的落实，或者说是国际可持续发展投资规则的塑造问题。

在世界贸易组织框架下的投资便利化磋商启动之前，随着 2015 年 7 月有关国际发展筹资问题的《亚的斯亚贝巴行动议程》和 9 月的联合国 2030 年可持续发展议程通过，国际社会开始关注投资与可持续发展目标实现问题，主要发生在联合国贸发会议、经合组织和二十国集团等平台上。

作为聚焦贸易与投资问题的专门性联合国机构，联合国贸发会议对投资与可持续发展之间的关联的响应是最早且最为系统的。2016 年 9 月，联合国贸发会议发布《投资便利化全球行动菜单》（Global Action Menu for Investment Facilitation），提出了供各国决策者考虑的 10 项行动方针，既可单方面执行，也可用于指导国际合作或国际投资协定谈判。该菜单认为，促进投资对于可持续发展和包容性增长至关重要，任何投资便利化举措都不能脱离更加广泛的投资促进发展的整体框架。[①] 需要指出的是，联合国贸发会议每年发布《世界投资报告》，其中对投资促进可持续发展目标高度关注，成为可持续发展投资规则得以发展的重要推动力量。

经合组织自 2006 年开始出台其《投资政策框架》（Policy Framework for Investment）以动员私人资本稳定地投入经济增长与可持续发展，为世界各国经济和社会福利的改善贡献力量。经合组织在其 2015 年版的《投资政策框架》中就 12 个对改善一国投资环境至关重要的政策领域提出了指导。经合组织特别强调，《投资政策框架》的目的是促进可持续发展目标的落实，动员财政资源以支持发展。[②] 而根据经合组织于 2018 年发布的一份政策报告，多边投资便利化应更加聚焦可持续与负责任的投资。就此而言，多边投资便利化框架有三种选择：一是东道国基于自愿原则确立投资便利化的国家原则与行动；二是通过全球性的原则、政策和行动——可以是经合组织原则式的"软"办法或经合组织框架下协议式的"硬"办法，由东道国

---

① UNCTAD, *Global Action Menu for Investment Facilitation*, New York：UNCTAD, September 2016, pp. 4 – 5.

② OECD, *Policy Framework for Investment 2015 Edition*, Paris：OECD Publishing, 2015.

在一定程度的灵活性基础上加以落实;三是更具雄心的结合东道国家承诺加在母国甚至其他利益攸关方的额外措施的方法。① 某种程度上,这份政策报告是对 2015 年的另一份更具雄心的政策倡议的修正:一方面是由于后者更具雄心,尤其强调整个国际社会对可持续的投资便利化的支持;另一方面则是由于后者更多强调发展中国家特别是不发达国家,而经合组织明显更关注发达国家。②

2016 年举行的二十国集团杭州峰会很大程度上使投资便利化成为国际社会关注的核心事件。一方面,杭州峰会赋予落实 2030 年可持续发展议程高度优先,投资在其中占据着重要地位。《二十国集团落实 2030 年可持续发展议程行动计划》26 次论及投资,涉及基础设施(SDGs-6,7,9,11)、农业与粮食安全(SDGs-2,3,8,9,10,12,13,15)、能源(SDGs-7,9,12,13)、贸易与投资(SDG-8)、增长战略(SDGs-1,8,10)、气候变化(SDG-13)、创新(SDGs-8,9)、全球卫生(SDGs-1,3,5)等诸多领域。③ 另一方面,杭州峰会还出台了非约束性的《二十国集团全球投资指导原则》,其目标是"营造开放、透明和有益的全球投资政策环境,促进国际国内投资政策协调,促进包容的经济增长和可持续发展"。④ 尽管二十国集团杭州峰会成果使国际社会对投资促进可持续发展的关注大幅提升,但在 2017 年二十国集团德国汉堡峰会上,由于印度、南非及美国的反对,通过一项不具约束力的投资便利化一揽子方案以促进开放、透明的商业环境进而促进可持续发展与包容性增长的谈判在最后阶段破裂。此后,投资便利化、投资促进发展的讨论便不再出现在二十国集团的议程上,尽管新冠疫情曾推动二十国集团于 2020 年 5 月 14 日发布了一项相关公报,⑤ 但二十国

---

① Ana Novik and Alexandre de Crombrugghe, "Towards an International Framework for Investment Facilitation," OECD Investment Insights, April 2018, p. 7.

② Karl Sauvant and Khalil Hamdani, "International Support Programme for Sustainable Investment Facilitation," The E15 Initiative, July 2015, http://e15initiative. org/publications/an-international-support-programme-for-sustainable-investment-facilitation/, accessed on August 10, 2021.

③ 《二十国集团落实 2030 年可持续发展议程行动计划》,G20 杭州峰会官网,2016 年 9 月 14 日,http://www. g20chn. org/hywj/dncgwj/index. html,最后访问日期:2021 年 8 月 10 日。

④ 《二十国集团全球投资指导原则》,G20 杭州峰会官网,2016 年 9 月 14 日,http://www. g20chn. org/hywj/dncgwj/index. html,最后访问日期:2021 年 8 月 10 日。

⑤ "G20 Trade and Investment Ministerial Meeting: Ministerial Statement," G20, May 14, 2020, http://www. g20. utoronto. ca/2020/G20SS_Statement_G20_Second_Trade_&_Investment_Ministerial _ Meeting_EN. pdf, accessed on August 10, 2021.

集团再也没有找回推动投资便利化议程的动力。

　　需要指出的是，在上述推进有关投资便利化、投资促进发展的国际磋商努力之外，多项涉及可持续投资的评估体系变得愈益重要。由联合国环境规划署金融倡议（UNEP FI）和联合国全球契约（UNGC）于 2006 年联合创设的"负责任投资原则"（Principles for Responsible Investment，UN PRI）直接与可持续投资规则相关，它将公司治理、环境与社会合并，进而提出投资决策和积极所有权中的环境、社会与治理（ESG）因素。根据联合国责任投资原则的界定，负责任投资包括 6 项原则，即将 ESG 问题整合到投资分析和决策过程中；做积极拥有者，将 ESG 问题整合到所有权决策和实践中；寻求投资对象以适当的方式披露 ESG 问题；促进投资行业内部对上述原则的接受和执行；携手提升执行上述原则的有效性；相互汇报执行上述原则的活动和进展。① 这些原则于 2006 年 4 月在纽约证交所启动，签署方已经从 100 家上升到 4000 多家。随着多个国际组织和投资机制不断推动 ESG 原则深化，逐渐发展出一套评估国际投资行为的全面与系统的信息披露标准和绩效评估方法。采用 ESG 因素和评估方法的机构相当多，从 ISO26000、联合国可持续发展目标、可持续发展会计准则委员会（Sustainability Accounting Standards Board，SASB）、全球汇报倡议（Global Reporting Initiative，GRI）到摩根士丹利、道琼斯、汤森路透再到全球 12 家证交所，覆盖了全球主要的评级公司和证券交易所，其具体指标涉及环境责任——包括资源使用、排放与创新，社会责任——包括劳动力、人权、社区及生产责任，治理——包括管理、利益攸关方及企业社会责任（Corporate Social Responsibility，CSR）战略等。② 可以认为，ESG 具备成为可持续投资规则重要基础的潜力。

　　相对而言，其他评估体系更多侧重环境、社会等标准的设立，从而间接影响可持续投资规则的发展。首先，世界银行集团国际金融公司（International Finance Corporation，IFC）于 2006 年采纳可持续性框架（Sustainability Framework），并于 2012 年 1 月 1 日正式生效。可持续性框架是国际金融公司对可持续发展的战略承诺，同时也是其风险管理的有机要素。国际

---

① "About the PRI," UN PRI, https://www.unpri.org/pri/about-the-pri, accessed on August 10, 2021.

② "What Are the Different ESG Frameworks?" Source Intelligence，October 5，2020，https://learningcenter.sourceintelligence.com/esg-frameworks，accessed on August 10, 2021.

金融公司可持续性框架由三个部分组成：环境与社会可持续性政策、绩效标准和信息获取政策。就可持续投资规则的发展而言，可持续性框架中最为关键的是国际金融公司环境与社会可持续性绩效标准，具体包括如下八项：环境和社会风险与影响的评估和管理，劳工和工作条件，资源效率和污染防治，社区健康、安全和治安，土地征用和非自愿迁移，生物多样性保护和生物自然资源的可持续管理，土著居民，文化遗产。①

其次，世界银行于2018年10月1日起实施《环境与社会框架》（Environmental and Social Framework，ESF），旨在帮助世界银行和贷款方更好地管理项目的环境与社会风险，改善发展产出，适用于所有世界银行的新投资项目的融资。《环境与社会框架》由世界银行的可持续发展愿景、投资项目融资的环境与社会政策、10项环境与社会标准、银行指南等构成。其中，10项环境与社会标准确立了项目生命周期内贷款方和企业所要达到的标准，具体包括：评估和管理环境与社会风险及影响、劳工条件、资源效率和污染预防与管理、社区健康与安全、土地征用、土地使用限制和非自愿安置、生物多样性保护和生物自然资源的可持续管理、原住民/撒哈拉以南非洲历史上受不公正对待的传统本地社区、文化遗产、金融中介、利益相关者的参与及信息公开，等等。②

最后，赤道原则（Equator Principles）也是由国际金融公司首倡、各国金融机构自愿加入的一项标准，为金融机构提供了一种项目级环境与社会风险评估框架，强调气候变化、生物多样性及人权的重要性，认为应尽量避免项目对生态系统、当地社区及气候的负面影响。尽管发端于2002年，但其真正启动落实是在2018年4月。截至2021年10月，已有37个国家的124家金融机构采纳赤道原则。③

从上述讨论中可以看出，尽管可持续发展已经成为全球性共识，但围绕可持续投资规则规范的建构呈现两个基本特征。一是就宏观的规则规范建构而言，全球范围内仍严重缺乏共识，这也是世界贸易组织框架下的投

---

① 《环境和社会可持续性绩效标准》，世界银行集团国际金融公司，2012年1月1日，https://www.ifc.org/wps/wcm/connect/28c0ea8e‐65a9‐4fb4‐b500‐774b4f795b51/PS_Chinese_2012_Full‐Document.pdf? MOD = AJPERES&CVID = jxI1aOF，最后访问日期：2021年8月10日。

② "Environmental and Social Framework," World Bank Group, https://www.worldbank.org/en/projects-operations/environmental-and-social-framework, accessed on August 10, 2021.

③ "EP Association Members & Reporting," Equator Principles, https://equator-principles.com/, accessed on August 10, 2021.

资便利化结构性谈判得以占据主导的重要原因。基于此前由发达国家主导的投资自由化进程的失败教训，由发展中国家驱动的投资便利化谈判很大程度上回避了潜在的争议点，特别是将市场准入、投资保护和投资者—国家争端解决三大问题排除在谈判之外。尽管如此，有关可持续投资规则规范的讨论仍存在大量未决问题，包括但不限于：世界贸易组织框架是否充分，尤其是可持续投资与世界贸易组织的贸易、服务两大制度的相互关系问题，最惠国待遇问题，多边投资协议、可持续投资规则与大量双边、多边国际投资协议的相互关系，等等。二是就微观的规则规范建构而言，尽管出现了多项围绕环境与社会责任、治理等的评估标准或投资指导原则，但绝大多数都是由世界银行所推动的。由此可见，在世界贸易组织注重自上而下地建构有关投资便利化、可持续投资的宏大框架的同时，世界银行则聚焦自下而上地通过具体实践而推进项目级规则规范；而诸如经合组织、联合国贸发会议、二十国集团等平台则很大程度上呈现动力不足、努力方向不明等情况。对共建"一带一路"高质量发展和提升资金融通效应而言，或许应当结合自上而下与自下而上两个方向的努力，既在项目级合作中积极采纳、改进由世界银行主导的环境、社会、治理等标准体系，又在宏观上积极参与由世界贸易组织主导的投资便利化结构性讨论，并为其增添更多的可持续发展内涵。

三　推动高质量投融资创新

投资便利化与可持续投资规则规范的建构进程，使共建"一带一路"投融资创新既面临紧迫压力，又面临重大机遇。一方面，尽管尚未完成，但由世界贸易组织和世界银行分别主导的自上而下与自下而上进程，很大程度上对广大发展中国家形成一种规范挤压效应，即以自上而下的结构性框架的约束力，与自下而上的自愿性规范的道德效应相结合，迫使发展中国家接受更大程度上有利于发达国家的规则规范体系；另一方面，尽管作用仍较为有限，但新兴大国特别是中国在由世界贸易组织所主导的自上而下结构性框架建构过程中正发挥更大影响力，同时共建"一带一路"也从项目层次推进高质量发展的规则规范的扩散与内化。因此，当前仍是共建"一带一路"投融资创新的最佳时机；虑及国际环境的变化与不确定性，这一机会窗口也面临极大不确定性，因此必须加大力度、加快步伐推进共建"一带一路"投融资创新。

中国推进共建"一带一路"投融资创新已有较好基础。第一，已在共建"一带一路"建设框架下出台了一系列投融资指导原则。其中，与投融资有最直接关联的是于 2017 年 5 月 14 日首届"一带一路"国际合作高峰论坛期间所签署的《"一带一路"融资指导原则》（以下简称《指导原则》）。《指导原则》是由中国倡议和推动、为推进"一带一路"融资体系建设而提出的，在签署之初就得到 26 个国家的财政部核准；到 2020 年底，共计 29 个国家核准《指导原则》。《指导原则》开明宗义地强调，本着"平等参与、利益共享、风险共担"的原则，推动建设长期、稳定、可持续、风险可控的融资体系；"一带一路"建设的融资安排应惠及所有企业和人群，支持可持续、包容性发展。《指导原则》还专门强调基础设施融资和债务可持续性等问题，将重点放在可持续性上。[1] 这在国际上是相当领先的。此外，中国与英国还于 2018 年 11 月共同发布了《"一带一路"绿色投资原则》。作为一套鼓励投资企业自愿参加和签署的行为准则，该原则从战略、运营和创新三个层面制定了七条原则性倡议，包括公司治理、战略制定、项目管理、对外沟通，以及绿色金融工具运用等，供参与"一带一路"投资的全球金融机构和企业在自愿基础上采纳和实施。[2] 自发布以来，绿色投资原则得到了全球金融业界的热烈响应。截至 2020 年 3 月，共有 37 个全球机构正式签署了"一带一路"绿色投资原则，主要是大型金融机构，如中国工商银行、渣打银行等。[3]

第二，打造了一系列金融合作机制。在亚投行、新开发银行及丝路基金之外，共建"一带一路"还开展了一系列金融合作。一是推动中资金融机构积极拓展海外业务，同时吸引海外金融机构进入中国。据统计，截至 2019 年末，共有 11 家中资银行在 29 个"一带一路"沿线国家设立了 79 家一级分支机构，其中包括 19 家子行、47 家分行和 13 家代表处。中资保险

---

[1] 《"一带一路"融资指导原则》，国务院新闻办公室网站，2017 年 5 月 16 日，http://www.scio.gov.cn/xwfbh/xwbfbh/wqfbh/37601/38609/xgzc38615/Document/1633108/1633108.htm，最后访问日期：2021 年 8 月 10 日。
[2] 《中英机构携手发布〈"一带一路"绿色投资原则〉》，国务院新闻办公室网站，2018 年 12 月 1 日，http://www.scio.gov.cn/31773/35507/35519/Document/1642721/1642721.htm，最后访问日期：2021 年 8 月 10 日。
[3] 《推进投资绿色化："一带一路"绿色投资原则召开首次指导委员会会议》，保尔森基金会，2020 年 4 月 21 日，https://paulsoninstitute.org.cn/green-finance/green-scene/推进投资绿色化：一带一路绿色投资原则召开/，最后访问日期：2021 年 8 月 10 日。

机构也已在中国香港和澳门以及新加坡、印尼等地设立营业性机构。与此同时，截至 2019 年末，已有来自 23 个"一带一路"沿线国家的 48 家银行在华设立了机构，其中包括 7 家法人银行、17 家外国银行分行和 34 家代表处。① 二是积极推动中外资金融机构围绕共建"一带一路"开展合作。例如，花旗银行于 2018 年与中国银行、招商银行分别签署合作谅解备忘录，旨在加强彼此之间的伙伴关系，通过更紧密的合作来支持中国银行和招商银行围绕"一带一路"倡议所进行的海外投资和项目拓展。② 三是推动建立商业银行合作机制。在 2017 年首届"一带一路"国际合作高峰论坛期间，中国工商银行倡议建立"一带一路"银行间常态化合作机制，30 余家商业银行以及国际金融组织代表以签署《"一带一路"银行家圆桌会议北京联合声明》的方式通过了机制的目标、意义、合作内容、主要解决问题等。到 2020 年 11 月，已有 61 个国家和地区的 110 家金融机构成为"一带一路"银行间常态化合作机制的正式成员。③

第三，大力推进人民币国际化进程。根据中国人民银行的统计，自"一带一路"倡议实施以来，人民币在"一带一路"沿线国家使用取得积极进展。2019 年，中国与"一带一路"沿线国家办理人民币跨境收付金额超过 2.73 万亿元，同比增长 32%，占同期人民币跨境收付总额的 13.9%；其中货物贸易收付金额 7325 亿元，同比增长 19%；直接投资收付金额 2524 亿元，同比增长 12.5%。截至 2019 年末，中国与 21 个"一带一路"沿线国家签署了本币互换协议，在 8 个"一带一路"沿线国家建立了人民币清算机制安排；人民币已与马来西亚林吉特、新加坡元、泰铢等 9 个周边国家及"一带一路"沿线国家货币实现了直接交易，与柬埔寨瑞尔等 3 个国家货币实现了区域交易。④

尽管有上述扎实基础，但一方面由于国际投资规则规范建构正加速推

① 张末冬：《中资银行在"一带一路"沿线国家设立 79 家一级分支机构》，中国一带一路网，2020 年 5 月 24 日，https://www.yidaiyilu.gov.cn/xwzx/bwdt/127431.htm，最后访问日期：2021 年 8 月 10 日。

② 《花旗为支持"一带一路"倡议注入持续动力》，花旗银行，2018 年 4 月 20 日，http://www.citi.com.cn/html/cn/news/18/2018042001.html，最后访问日期：2021 年 8 月 10 日。

③ 《工商银行成功举办进博会金融合作论坛》，中国工商银行，2020 年 11 月 10 日，http://www.icbc.com.cn/icbc/工行风貌/工行快讯/工商银行成功举办进博会金融合作论坛.htm，最后访问日期：2021 年 8 月 10 日。

④ 中国人民银行：《2020 年人民币国际化报告》，2020 年 8 月，第 4－5 页。

进,另一方面则是共建"一带一路"投融资本身存在各种风险。因此,如何利用当前这一极可能是短暂但却相当难得的机遇,推动共建"一带一路"投融资实现引领性创新,对共建"一带一路"高质量发展有着重要意义。

第一,应利用新冠疫情对联合国 2030 年可持续发展议程落实产生重大冲击的机会,将可持续发展理念全面融入共建"一带一路"投融资实践,使共建"一带一路"投融资规则得以全面融入世界银行所主导的各类项目级规则规范体系中。如同习近平主席所强调的,中国在推动共建"一带一路"过程中,始终"坚持开放、绿色、廉洁理念……把绿色作为底色,推动绿色基础设施建设、绿色投资、绿色金融,保护好我们赖以生存的共同家园"。[①] 需要强调的是,将可持续发展融入共建"一带一路"投融资实践,并不是完全追随世界银行集团对环境、社会与治理等的强调,而是要对 17 个可持续发展目标予以更为平衡的关注。例如,由于大多数共建"一带一路"合作国家是发展中国家,其农业基础相对薄弱且经常面临粮食安全危机,因此对第一产业即农林牧副渔的投资应当进一步加强。如果比较大国对东盟的第一产业投资情况可以发现,在共建"一带一路"框架下,中国的投资远比其他大国更加稳定、可预测,但其数量仍有待进一步提高。

第二,充分把握新冠疫情结束后全球加速行动、推动落实可持续发展目标的重要机遇,大力倡导开发性金融对实现可持续发展目标的重要性,推动开发性金融在投资便利化、可持续投资规则规范体系中取得重要地位。鉴于新冠疫情对全球经济与社会发展所造成的重大冲击,要确保在 2030 年实现可持续发展目标,就必须加速行动,从"行动十年"转变为"加速行动十年",而这意味着重大的资金需求。既有的投融资模式不仅更强调投资自由化,也更强调投资的盈利化,对支持东道国可持续发展的关注明显不足。共建"一带一路"投融资创新应当首先建立中国发展融资体系的支柱体系,以官方发展融资为信托,带动私人资本积极参与,促进东道国国内资源动员为支柱,以东盟、上合等银联体为纽带加强国际金融同业合作,以"一带一路"促进中心、"多边开发融资合作中心"为平台开展示范项目咨询与效果评估。

---

① 习近平:《习近平在第二届"一带一路"国际合作高峰论坛开幕式上的主旨演讲(全文)》,第二届"一带一路"国际合作高峰论坛官方网站,2019 年 4 月 26 日,http://www.beltandroadforum.org/n100/2019/0426/c26 – 1261.html,最后访问日期:2021 年 8 月 10 日。

第三，积极推动国际社会转换思维，升级"共同但有区别的责任"原则，使其从官方政治宣言转化为发展融资手段，成为对国际投融资有指导意义的 2.0 版本。自 2015 年以来，国际发展对资本的需求持续增长，从联合国千年发展目标到可持续发展目标的升级意味着对资本需求的指数级增长，而新冠疫情冲击更使资本需求的时间线被大大压缩，因此，需要全方位动员以形成国际合力，从多种来源调动额外财政资源以促进发展中国家的可持续发展。尽管这已经成为一种国际共识，但当涉及具体行动时，发展中国家、新兴大国及发达国家往往相互推诿甚至相互指责，围绕"共同但有区别的责任"与"共享责任"的争论就是典型。共建"一带一路"投融资创新事实上可以围绕这一议题提出创新性倡议，即建立 2.0 版本的"共同但有区别的责任"，塑造发展融资问题的"三位一体"结构：一是发达国家兑现将其国民总收入的 0.7% 用作对发展中国家的官方发展援助、将其国民总收入的 0.15% 至 0.20% 用作对最不发达国家的官方发展援助的目标；二是新兴发展伙伴提出明确的"国家自愿支助承诺"；三是发展中国家设立明确的国内资源动员目标。①

第四，精准识别自启动建设以来共建"一带一路"资金融通中所存在的风险点，尤其是沿线未合作国家和非沿线合作国家两个群体，可利用新冠疫情冲击及国内国际双循环建设机遇，通过综合性手段降低甚至化解风险，提升共建"一带一路"资金融通的质量。就沿线未合作国家而言，其风险主要源于政治意愿，未来应考虑适度减少对沿线未合作国家的投资，并将这些资源转移到非沿线合作国家；因为，非沿线合作国家的风险更多源于与投资便利化、可持续投资规则规范等相关的具体领域，这些国家参与共建"一带一路"合作的意愿相当强烈，通过将更多资源投入非沿线合作国家，不仅是对其政治意愿的一种奖励，更有助于改善其投资环境，从实践上推动投资便利化磋商与可持续投资规则规范的塑造。

---

① 张春：《G20 与 2030 年可持续发展议程的落实》，《国际展望》2016 年第 4 期，第 40 - 41 页。

第八章 债务可持续性管理

如上一章所述，共建"一带一路"资金融通为合作国家带来巨大的发展助力，尤其是在全球经济形势总体不佳的背景下。但在那些始终对中华民族伟大复兴持有怀疑甚至敌意的国家看来，中国提供的国际公共产品越多，就意味着其在地缘政治、地缘经济乃至整个国际权势竞争中愈益处于下风。正是这些对中华民族伟大复兴持零和博弈态度的国家，无时无刻不在寻找共建"一带一路"的潜在风险，并尽可能地夸大其中的"危险"。与资金融通紧密相联的债务风险便是典型。正因如此，本章专门讨论共建"一带一路"高质量融通的债务可持续性管理问题。自2017年起，部分国家开始大肆炒作"中国债务陷阱论""掠夺资产论"等，试图通过"阴谋论"恶意抹黑"一带一路"倡议，通过造谣、恐吓、威逼等各种非正当方式来阻碍共建"一带一路"的推进。尽管对绝大多数合作国家而言，共建"一带一路"资金融通所伴随的债务风险并不大，但所谓"债务陷阱论"仍在多重因素推动下得以流行。其一，外来资金难以有效转化为合作国家的发展动能是当前债务风险的基本原因。进入21世纪第二个十年后，在全球化推动的资金快速流动、全球经济和金融危机、发展中国家整体性发展带来的资金需求等诸多因素的共同作用下，部分国家的债务难以有效转化为国家经济发展动能，债务问题日渐显现。其二，历史性的债务危机记忆放大了对潜在债务风险的担忧。随着共建"一带一路"资金流通的债务风险得以暴露而来的是，广大发展中国家对其曾经历过的债务危机的记忆被唤醒，特别是在20世纪80年代债务危机给发展中国家经济社会发展带来的严重创伤仍历历在目的背景下。其三，所谓"专家知识"和"从众心理"的放大效应。对普通公众而言，债务问题的专业性、复杂性以及共有知识缺乏使"债务陷阱论"意味着极强的迷惑性和误导性。其四，中国角色的历史性转变。进入 21 世纪以来，国际发展融资出现一个特殊的背离：一方面是发展中国家经济快速发展导致国际融资需求明显增长，另一方面则是西方发达国家对发展中国家的官方融资支持特别是官方贷款自 2005 年起急速下降。这意味着寻找替代性资金来源成为发展中国家的重要优先，而新兴大国群体性崛起恰好提供了这一替代性选择，其中最重要的便是中国。

"一带一路"倡议提出后，资金融通更是被确立为五大支柱之一。而随着 2014—2015 年国际大宗商品价格大幅下挫，发展中国家债务风险持续增长，中国与发展中国家快速发展的融资合作所面临的道德风险也就明显上升。正是在上述因素的复杂作用下，在少数国家的政治和媒体力量对舆论的精心操控下，"债务陷阱论"很快成为"一带一路"倡议尤其是中国与发展中国家关系的一个不实标签，并对"一带一路"倡议的落实以及中国的国际发展合作带来重大干扰。但也应看到，当前的债务风险与 20 世纪 80 年代有着明显不同，特别是以基础设施投资为核心的债务极可能需要采取不同的方式加以衡量。但这并非"债务陷阱论"炒作方所关心的问题，其关注点是如何抹黑中国，推进其自私的地缘政治和经济野心。就此而言，共建"一带一路"高质量发展不仅需要更合理地处理潜在的债务风险，而且需要更有效地促进共建"一带一路"合作国家的可持续发展，提升其债务可持续性，实现共建"一带一路"贸易畅通、资金融通、设施联通的内部平衡与共生发展。

第一节　发展中国家的债务风险现状

债务是现有国家发展过程中存在的普遍现象。由于发达国家经济规模和体系重要性更大，因此发达国家的债务危机往往具有更大的全球性影响，如发端于美国的 2008 年全球金融危机；相比之下，以新兴市场经济体为核心的 1997 年东亚金融危机的影响就小得多。尽管如此，国际社会更关注的是发展中国家的债务危机，尽管其系统性影响更小，往往局限在相应发展中国家内部或局部地区，如阿根廷反复发生的债务问题和经济危机。国际社会更关注发展中国家债务问题的原因很大程度上在于两个方面：一是道德关切，如对 20 世纪 80 年代债务危机的关注；二是权势关切，如当前对共建"一带一路"债务风险的夸大甚至污名化。但也应看到，当前强调的发展中国家债务风险，与发展中国家历史上所遭遇的债务危机有重大差异。

一 发展中国家债务危机的历史演变

在 20 世纪 70 年代之前,除部分历史遗留外,发展中国家基本不存在债务问题。但随着国家独立,发展中国家实现经济发展的需求使其国际融资需求大增,导致债务快速积累。例如,1970—1987 年,非洲国家外债总额(不包含逾期债务)迅速从 80 亿美元升至 1740 亿美元,债务偿付额从不到 10 亿美元增加到 180 亿美元,外债负债率从 16% 剧增至 70%,债务占出口比重从 73% 增加到 322%。[①] 自此,债务问题开始成为发展中国家发展进程中的重要问题。随着全球化和国际合作的深化,资本的全球流动比以往更快。国际融资合作的重要性不断上升、融资制度和工具不断创新、融资渠道更加多元,其结果是国际债务的平铺式累积,即越来越多的国家可以通过不同渠道获得贷款和资金。这样,债务增长逐渐成为一个常态。根据 2020 年世界银行的研究,自 20 世纪 80 年代以来,新兴市场和发展中经济体(Emerging Markets and Developing Economies,EMDEs)已出现了三波较大规模的债务增长高峰,当前则正处于第四波增长之中。[②]

第一波债务高峰发生在 20 世纪七八十年代,最终表现为以拉美、非洲国家为主的发展中国家债务危机。由此引发的发展危机使这些国家经历了"失去的二十年"。第一波债务高峰的出现是多种因素共同作用的结果。从外部供给看,20 世纪 70 年代,石油价格上涨推动西方金融机构的石油财富的资金出借需求大幅增长,而急需资金的新独立或发展中国家成为其重要目标;低利率水平助涨了大规模的国际借贷。从内部需求看,非洲等的新独立或处于国家重建阶段的发展中国家在这一时期经历了短暂的繁荣,尤其是石油国和资源国财富开始快速增加,导致更加放任的财政政策,大规模的基础设施和进口替代产业化战略,以及"对经济增长的过度自信"等,助长了盲目的国际借贷扩张。随着 20 世纪 70 年代末西方国家经济出现经济危机,国际需求下降、大宗商品价格暴跌,非洲等发展中国家经济开始受到冲击,出口和外汇收入减少,债务问题开始出现。但经济增长放缓的结果是,进一步助长对外部资金的需求;国际金融机构和西方国家继续加大

---

① Joshua E. Greene, Mohsin S. Khan, "The African Debt Crisis," *African Economic Research Consortium*, Special Paper, No. 3, 1990, pp. 1 – 3.

② M. Ayhan Kose et. al., *Global Waves of Debt: Causes and Consequences*, Washington, D. C.: World Bank, 2020.

对非洲国家的借贷。最终，随着美元利率上涨，即著名的"沃尔克冲击"，发展中国家的债务危机集中爆发。

第二波债务高峰发生在20年代90年代到21世纪初，主要来源于新兴国家和转型经济体私人债务的快速增长，最终演变为东南亚金融危机以及俄罗斯、阿根廷、土耳其等国的金融危机。这一波债务增长与20世纪80年代全球范围内的经济自由化、低利率、冷战后国际战略重心向转型经济体转移、新兴市场重要性的上升等有很大关系。在20世纪八九十年代的经济自由化中，金融自由化扮演着核心角色。美国、英国等西方国家金融业和证券市场的放开推动了资本力量的整合走强，国际金融合作的发展推动了国际融资的扩大。与此同时，新兴市场和发展中经济体国家特别是东亚国家的金融和贸易自由化也加速了来自发达经济体的资金流入。例如，新兴市场和发展中经济体在1989—1990年时的资金净流入几乎为零；但在此后的1991—1997年，外部资金流入快速增长，占新兴市场和发展中经济体GDP的3.3%。在1988—1996年，新兴市场和发展中经济体的外债存量增速达到7%，短期债务增速更是达到12%。[①]

这一时期，国际融资方式的创新是新兴市场和发展中经济体债务增长的重要原因。在应对20世纪80年代发展中国家的债务危机中，美国倡议和推动的布雷迪计划发挥了主导作用，打破了由外资银行主导新兴市场和发展中国家外部融资的格局。[②] 布雷迪计划的核心是债务债券化，即将主权债务转化为主权债券，并通过主权债券在二级市场的交易化解债务积压风险。在20世纪90年代，这一创新被应用于融资领域，新兴国家可以通过发行主权债券从国际金融市场获得融资。在低利率时代，新兴市场包括发展中国家获得国际融资的便利性大大提升，而且其相对于发达国家的高收益率也加速了国际资金的流入。在1989—1996年，东亚国家的名义外债年平均增长率达到14%，其中私人部门债务快速增加，短期资金或"热钱"的大规模流入推动了资本泡沫的形成，对短期资金的过度依赖和放任的金融监管

---

① M. Ayhan Kose et. al. , *Global Waves of Debt：Causes and Consequences*, Washington, D. C. ：World Bank，2020，p. 76.

② M. Ayhan Kose et. al. , *Global Waves of Debt：Causes and Consequences*, Washington, D. C. ：World Bank，2020，p. 77.

最终导致了亚洲金融危机的爆发。[①] 亚洲金融危机也传导到其他区域,俄罗斯、阿根廷、土耳其以及拉美国家出现了不同程度的货币危机,其中阿根廷出现了严重的债务危机。

第三波债务高峰发生在 2002—2009 年,主要集中于欧洲和中亚国家。随着亚洲金融危机的影响逐渐消退,全球借贷再次经历快速增长。欧美国家的银行业改革在其中发挥了关键性作用。1999 年,美国废除了《格拉斯—斯蒂格尔法案》(Glass-Steagall Act),从而取消了商业银行与投资银行之间的障碍,这为 "巨鳄银行" 的形成打开了大门,带动了企业债券市场的快速发展。[②] 同年,欧盟制定了《金融服务行动计划》,促进了跨境银行合作的不断扩大。例如,2000 年,英国银行资产占 GDP 的比重为 300%,但 2008 年时达到了 550%;英国最大的三家银行资产占 GDP 的比重均超过100%。2008 年,比利时、丹麦、法国、爱尔兰、荷兰等国银行的资产都超过了本国 GDP 的 200%。[③] "巨鳄银行" 的形成推动了资本的全球扩张。投融资工具创新则为资金的快速流动提供了便利。欧美国家的银行或金融机构通过直接的跨境借贷、补贴性借贷、投资债务市场等不同方式加大向新兴市场和发展中国家扩张。其中,欧洲和中亚的新兴市场和发展中国家是这一波资金流动的主要受益国。2000—2007 年,外资银行资金占欧洲和中亚新兴市场和发展中经济体 GDP 的比重从 9% 增至 18%,一些国家的比重则高很多,如匈牙利达到 66%,克罗地亚则达到 70%。相对于企业主要从国际市场获得融资,主权借贷人主要通过在国内发行债券进行融资。1997—2007 年,新兴市场和发展中经济体因债券发行积累的债务增加近 3 倍,私人部门债务占总体债务的比重从 2000 年的 25% 增至 2007 年的 65%。[④] 对美国和欧洲银行的依赖使新兴市场和发展中经济体的金融安全极易受国际金

① Masahiro Kawai, Richard Newfarmer, and Sergio Schmukler, "Crisis and Contagion in East Asia: Nine Lessons," *Eastern Economic Journal*, Vol. 31, No. 2, 2005, pp. 185 – 207.

② Randall S. Kroszner and Philip E. Strahan, "Regulation and Deregulation of the U. S. Banking Industry: Causes, Consequences, and Implications for the Future," in Nancy L. Rose, ed., *Economic Regulation and Its Reform: What Have We Learned?* Chicago: University of Chicago Press, 2014, pp. 485 – 543.

③ M. Ayhan Kose et. al., *Global Waves of Debt: Causes and Consequences*, Washington, D. C.: World Bank, 2020, p. 91.

④ M. Ayhan Kose et. al., *Global Waves of Debt: Causes and Consequences*, Washington, D. C.: World Bank, 2020, p. 93.

融动荡影响。2009 年，美国爆发金融危机后，大部分新兴市场和发展中经济体应对较好，而那些严重依赖美国和欧盟金融机构的国家则受到严重冲击。尤其是欧洲和中亚地区的新兴市场和发展中国家，随着西欧和美国银行资金的撤离，这些国家经历了严重的信贷紧缩。然而，得益于二十国集团在全球金融危机上的协调合作以及欧盟银行协调倡议（维也纳倡议）的实施，欧洲和中亚国家的这一波危机很快得到解决。

始于 2010 年的债务大幅增长被视作发展中国家所经历的第四波债务问题，但迄今为止仍更多是风险积累而非危机爆发。自 2010 年以来，新兴市场和发展中经济体的债务正经历 50 年来最大规模、最快增速以及更大范围的增长。截至 2018 年底，新兴市场和发展中经济体的债务占 GDP 的比重从 2010 年的 114% 增长到 170%，其年平均增速达到 7%，超过前三次债务高峰。如果说前三次债务危机均具有明显的区域性特征，那么当前这一波债务增长的区别性特征是其明显的全球性：覆盖了 80% 的新兴市场和发展中经济体，其中三分之一国家债务占 GDP 的比重至少增加了 20%。[1] 在 2010—2019 年，不包括中国在内的新兴市场和发展中经济体的外债占 GDP 比重增长了 9 个百分点，达到 35%，低收入国家的比重增长了 5 个百分点，达到 32%。[2] 与债务增长相应的是债务的来源、结构和类型正在发生重要变化。特别是对中低收入国家而言，优惠性质贷款的比重在下降，而非优惠性质、短期性贷款的比重在上升。中低收入国家从巴黎俱乐部等传统双边官方渠道获得贷款的比重在快速下降，而从欧美债券市场以及非巴黎俱乐部国家获得融资的速度在加快。

尽管存在明显的全球性特征，但当前的债务增长与发展中国所曾经历的三次债务高峰仍高度相似。首先，全球性低利率是所有债务问题的重要政策背景。低利率使资本加速流向收益更高的新兴经济体以及发展势头较好的中低收入国家，低利率也刺激了发展中国家的大规模国际融资需求。但同时这也意味着，利率的提高将直接加剧有关国家的债务负担，使债务风险上升。其次，更加多元化和便利化的国际金融市场服务是所有债务问题的重要市场环境。每一波债务的增长都与国际融资渠道的多元化和融资

---

① M. Ayhan Kose et. al., *Global Waves of Debt: Causes and Consequences*, Washington, D. C.: World Bank, 2020, p. 112.

② M. Ayhan Kose et. al., *Global Waves of Debt: Causes and Consequences*, Washington, D. C.: World Bank, 2020, p. 116.

制度工具创新有很大关系。一方面，欧美金融市场服务体系更加成熟，针对新兴市场和发展中经济体的多样化融资工具不断丰富。自 2010 年以来，超过 20 个新兴市场和发展中经济体首次从国际金融市场获得融资，其中包括 7 个非洲国家。另一方面，新兴市场国家的金融体系和金融服务也在不断发展，国内债券市场和国际融资合作的水平和规模也在扩大。其他还包括各类专门融资工具例如基础设施债券、绿色金融债券等，甚至"影子银行"活动也出现了大幅增长。[①] 再次，债务增长与经济增长呈现正相关关系。2010 年，全球金融危机后的经济复苏和增长刺激了新兴市场和发展中国家对国际融资的需求，而国际投融资在很大程度上也促进了经济的增长。这一时期，大宗商品价格上涨、出口创汇增加、国家公共投资支出增加等一系列因素带动了债务规模的扩大。最后，经济发展敏感性折射出债务问题的脆弱性。新兴市场和发展中经济体尤其是对出口有较大依赖的国家，对世界经济波动相对更加敏感。2015 年前后，随着世界主要经济体经济增长放缓或转型升级，国际需求开始下降，原油等大宗商品价格出现大幅下跌，发展中国家尤其是非洲等依赖资源出口的国家的经济开始遭受冲击。当前债务问题最突出的国家主要集中于资源型国家，例如赞比亚、安哥拉、委内瑞拉等。

二　当前债务风险的整体分析

自 2010 年债务大幅增长起，受 2008 年全球金融危机、2014 年大宗商品价格下跌、2016 年英国脱欧及特朗普当选总统后采取"美国优先"战略等一系列因素影响，发展中国家的债务形势渐趋严峻。整体而言，2009—2019 年，全球中低收入国家外债存量增长较快，而 2020 年新冠疫情的暴发，进一步加剧了发展中国家所面临的债务风险。但由于数据统计因素，很多可用的数据截至 2019 年底。根据世界银行《2021 年国际债务统计》（International Debt Statistics 2021）的数据，截至 2019 年底，中低收入国家外债存量超过了 8.1 万亿美元；如果将中国排除在外，则为 6 万亿美元。在外债结构上，2019 年底，长期外债在外债存量中维持较高比重，超过了 71%；政府债务在公共债务中的比重为 73.5%，也超过了 71%（见表 8—1）。

---

① M. Ayhan Kose et. al. , *Global Waves of Debt: Causes and Consequences*, Washington, D. C. : World Bank, 2020, p. 123.

表 8—1　中低收入国家外债存量（2009—2019 年）

单位：亿美元

	2009 年	2015 年	2016 年	2017 年	2018 年	2019 年
外债存量	36180	63400	66230	73170	77190	81390
长期外债	27510	46130	49230	52810	54330	58010
PPG 部门	14650	23050	24880	27600	29040	31000
政府债务	10900	16440	17600	19990	20990	22800
私人非担保债务	12860	23090	24760	25210	25300	27010
短期外债	7360	16170	15880	19140	21360	21680

资料来源：World Bank，*International Debt Statistics 2021*，Washington，D. C.：World Bank Group，2021，p. 25。

需要指出的是，如果没有 2020 年的新冠疫情，那么自 2018 年起的债务边疆下降态势可能得到延续。事实上，2019 年流向中低收入国家的净资金（债务＋股权）达到 9000 亿美元，比 2018 年减少了 14%，也是连续两年出现下降趋势。其中，净债务流入为 3830 亿美元，相比 2018 年的 5320 亿美元，下降了 28%，而比 2017 年则减少了近一半。相比债务资金的下降趋势，2019 年的投资与 2018 年基本持平，而股权投资则增长了 23%。[1] 这总体上改变了 2008 年以来中低收入国家债务持续快速上涨的势头，也是对债务快速增长的担心和政策回调的反映。这也具体体现在债务结构的变化上，长期外债增速相对更快、比重更高。2019 年，长期外债的增速达到 7%，长期外债存量达到 6 万亿美元，占中低收入国家外债的近 73%。2019 年短期外债净流入只有 300 亿美元，比 2018 年的 2190 亿美元下降了 86%，这主要是因为中国净流出 140 亿美元。如果不包含中国，中低收入国家 2019 年的短期外债流入为 430 亿美元，仍出现了 43% 的增长。[2]

在外债来源上，世界银行依然是主要的官方债权人，2019 年来自世界银行的净资金为 190 亿美元，增长了 31%，约占多边官方债权人——不含国际货币基金组织——的一半。私人金融机构则在长期外债净流入上占有最大比重。2019 年来自私人金融机构的贷款达到 2850 亿美元。其中来自债券持有人的净流入达到 2340 亿美元，占当年外债净流入的 2/3，相比 2018 年增加了 30%；而来自双边官方债权人的债务流入则下降了 50%，约为 90

---

[1]　World Bank，*International Debt Statistics 2021*，Washington，D. C.：World Bank Group，2020，p. 4.

[2]　World Bank，*International Debt Statistics 2021*，Washington，D. C.：World Bank Group，2020，p. 4.

亿美元,只占多边官方债权人和私人债权人——不含国际货币基金组织——总债务流入的 3%(见图 8—1)。这主要归因于当年对双边官方债权人的较大比例的本金偿还,同时也反映了双边官方金融机构的对外融资趋于收紧。

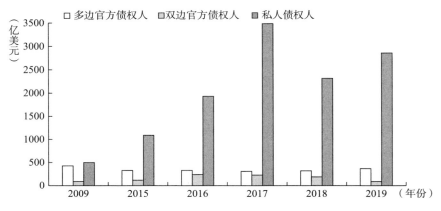

图 8—1 中低收入国家长期外债债权人构成(2009—2019 年)

资料来源:World Bank, *International Debt Statistics 2021*, Washington, D. C. : World Bank Group, 2020, p. 25。

整体上看,中低收入国家的外债指标处于合理水平。但必须看到的是,由于体量大,中国的各项外债指标直接影响着新兴经济体整体的外债指标,因此前述判断并不准确。一方面,必须看到的是,不同区域和国家的外债状况和形势存在比较明显的差异。从外债增速来看,撒哈拉以南非洲增长最快,2019 年的增速约为 9.4%,不包括中国在内的东亚太平洋国家的增速为 6.4%,中东和北非地区增速为 5.3%,欧洲和中亚地区增速为 3.1%。[①]但不同区域内部,不同国家的表现又存在很大差异。非洲国家外债规模的较快增长主要来自南非、尼日利亚、安哥拉等主要经济体外债的增长。在南亚,孟加拉国、巴基斯坦等的增速高于印度。在东亚地区,越南外债增速则远超地区平均水平,达到 10.9%,其短期债务增速更是达到 24.6%。虽然欧洲和中亚地区增速明显低于其他地区,但俄罗斯的外债出现了 8.1% 的增速。[②]因此,本章重点关注主要依赖外部融资尤其是更加依赖官方贷款的国家。从区域分布来说,这类国家主要集中于非洲和亚洲。以世界银行

---

① World Bank, *International Debt Statistics 2021*, Washington, D. C. : World Bank Group, 2020, pp. 7 – 8.

② World Bank, *International Debt Statistics 2021*, Washington, D. C. : World Bank Group, 2020, p. 7.

发展融资为参照，截至 2019 年底，全球共有 123 个国家获得国际复兴开发银行和国际开发协会的贷款。其中获得世界银行贷款最多的是南亚，总额超过 747 亿美元；获得世界银行贷款第二多的是撒哈拉以南非洲（不包含高收入国家），总额接近 740 亿美元；接下来是东亚太平洋，总额为 622 亿美元；拉丁美洲和加勒比海紧随其后，为 605 亿美元。欧洲和中亚地区、中东和北非地区获得的贷款相对较少，分别为 398 亿美元和 265 亿美元（见图 8—2）。

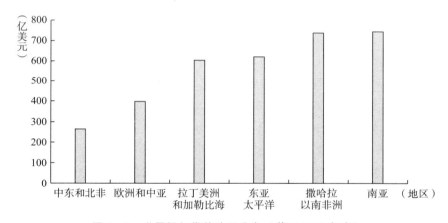

图 8—2　世界银行贷款地区分布（截至 2019 年底）

资料来源：笔者根据世界银行数据库（https：//data. worldbank. org）数据制作，最后访问日期：2021 年 10 月 11 日。

　　另一方面，从国家类型来看，虽然世界银行贷款的覆盖面很广，但大部分贷款仍流向了新兴国家或中等收入国家。截至 2019 年，世界银行向中低收入国家提供了 3377 亿美元贷款，其中流向中等收入国家的贷款额为 3047 亿美元，而流向低收入国家只有不到 186 亿美元。在获得世界银行贷款最多的 20 个国家中，南亚和东亚太平洋地区有 7 个，撒哈拉以南非洲有 5 个，拉美有 4 个，西亚北非有 3 个，欧洲有 1 个；印度高居首位，共获得 368 亿美元，而加纳最少，仅获得 40 亿美元不到。① 鉴于世界银行长期以来在发展融资上的重要性和比较优势，尤其是国际金融机构对其他官方债权人在海外贷款上的参照意义，基本可以确定，南亚和东南亚、撒哈拉以南非洲、

---

① 笔者根据世界银行数据库（https：//data. worldbank. org）数据计算得出，最后访问日期：2021 年 10 月 11 日。

拉美是国际官方融资的主要区域。获得世界银行贷款的国家与签订"一带一路"合作协议的国家存在高度重合。因此,有必要对共建"一带一路"重点区域加以分析,以更为全面和深入地考察这些区域和国家的债务风险。

三 撒哈拉以南非洲的债务风险

当前撒哈拉以南非洲面临的债务风险,主要发生在包括发展融资、官方发展援助、投资等外部资金流入陷于停滞甚或下降的大背景下。当前,非洲经济正处于世界经济动荡和衰退导致的放缓期,特别是尼日利亚、南非、安哥拉等主要经济体普遍经历严重的衰退,进一步凸显了非洲债务问题的严峻性。

第一,撒哈拉以南非洲的公共债务增长显著,债务负担持续上升。得益于非洲经济恢复和"重债穷国倡议"等的作用,非洲债务可持续性指标自 2006 年起获得较大改善。到 2012 年,撒哈拉以南非洲公共债务占 GDP 的比重已从 2001 时的 90% 降至 37% 。然而,2013—2019 年,撒哈拉以南非洲公共债务占 GDP 的比重又从 37% 回升到 59%。[①] 从国别看,这一起伏更加明显。2005 年,撒哈拉以南非洲有 28 个国家的政府债务占 GDP 的比重超过 50%,其中 13 个国家甚至超过 90%;2010 年,政府债务占 GDP 比重超过 50% 的国家数量减少至 13 个,但到 2018 年时又增至 27 个。截至 2019 年底,撒哈拉以南非洲外债存量达到 6350 亿美元,是 2008 年 (2360 亿美元) 的 2.69 倍。[②] 其中,有 38 个国家超过了 40% 的阈值。[③] 在 2010 年时,只有三个国家的外债负债率——外债存量与 GDP 的比重——超过 90%,在有数据的 44 个国家中有 35 个国家的负债率小于 50%,其中 24 个国家的外债负债率低于 30%。但到 2018 年,低于 30% 的国家数量减少至 12 个,超过 30% 的国家数量为 32 个。根据世界银行《2020 年国际债务统计》,撒哈拉以南非洲外债负债率从 2008 年的 21% 上升至 2018 年的 36%。[④]

---

① Albert G. Zeufack et. al, "Assessing the Economic Impact of COVID – 19 and Policy Responses in Sub-Saharan Africa," *Africa's Pulse*, No. 21, 2020, p. 86.

② World Bank, *International Debt Statistics 2020*, Washington, D. C.: World Bank Group, 2019, p. 23.

③ UNECA, *Economic Report on Africa 2019: Fiscal Policy for Financing Sustainable Development in Africa*, Addis Ababa, Ethiopia: United Nations Economic Commission for Africa, 2019, p. 38.

④ Leonce Ndikumana, Theresa Mannah-Blankson, and Angelica Espiritu Njuguna, "Looming Debt Crisis in Sub-Saharan Africa: Drivers, Implications and Policy Options," Working Paper, No. 529, Political Economy Research Institute, University of Massachusetts Amherst, November 2020, p. 2.

第二，陷入债务困境和高风险的撒哈拉以南非洲国家数量达到新高，不同类型国家债务表现差异明显。根据国际货币基金组织的数据，2019 年，在撒哈拉以南非洲低收入国家中，有 7 个国家陷入债务困境，11 个国家处于高风险债务状态（见表 8—2）。基于 2012—2019 年政府债务占 GDP 比重的变化，世界银行将撒哈拉以南非洲债务国分为轻度、中度、重度借贷国（见表 8—3）。其中，重度借贷国政府债务占 GDP 比重平均增加了 57.7 个百分点，总体水平达到 102.8%。中度借贷国的水平与撒哈拉以南非洲平均水平 59% 接近，平均增加了 19 个百分点。[①] 撒哈拉以南非洲债务增长主要集中于石油出口国和重债穷国。自 2014 年以来，随着国际原油价格走低，石油出口国的政府债务占 GDP 比重增长近一倍，从 21.6% 增至 41.9%。如果将尼日利亚排除在外，这一比重将达到 70.7%。[②] 在资源匮乏型国家或重债穷国，公共外债规模相对较小，外部资金流入主要以援助、投资和优惠性质贷款为主。尽管如此，受出口和汇率波动影响，这些国家的财政和流动性普遍面临压力，债务可持续性指标也出现恶化趋势。相比之下，非石油类资源型国家的政府债务增长比较稳定，总体上低于 2008 年的水平。

表 8—2 撒哈拉以南非洲各国债务风险（2019 年）

等级	数量	国家
债务困境	7	厄立特里亚、冈比亚、莫桑比克、刚果（布）、圣多美和普林西比、南苏丹、津巴布韦
高风险	11	布隆迪、佛得角、喀麦隆、中非、乍得、埃塞俄比亚、加纳、塞拉利昂、赞比亚、吉布提、毛里塔尼亚
中风险	14	贝宁、布基纳法索、科摩罗、刚果（金）、科特迪瓦、几内亚、几内亚比绍、肯尼亚、莱索托、利比里亚、马拉维、尼日尔、马里、多哥
低风险	5	马达加斯加、卢旺达、塞内加尔、坦桑尼亚、乌干达

资料来源：IMF，"Sub-Saharan Africa：Navigating Uncertainty," *World Economic and Financial Surveys*，Washington，October 2019，pp. 6 - 7；黄梅波、张小倩、邓昆：《非洲国家的债务可持续性及其对策分析》，《国际经济评论》2020 年第 4 期，第 89 页。

[①] Albert G. Zeufack，Cesar Calderon，Gerard Kambou，Calvin Z. Djiofack，Megumi Kubota，Vijdan Korman，Catalina Cantu Canales，"Assessing the Economic Impact of COVID - 19 and Policy Responses in Sub-Saharan Africa," *Africa's Pulse*，No. 21，2020，p. 89.

[②] Albert G. Zeufack，Cesar Calderon，Gerard Kambou，Calvin Z. Djiofack，Megumi Kubota，Vijdan Korman，Catalina Cantu Canales，"Assessing the Economic Impact of COVID - 19 and Policy Responses in Sub-Saharan Africa," *Africa's Pulse*，No. 21，2020，p. 86.

表 8—3　撒哈拉以南非洲债务国的借贷国类型（2012—2019 年）

类型	数量	国家
轻度借贷国	15	博茨瓦纳、布基纳法索、中非、科摩罗、刚果（金）、科特迪瓦、莱索托、马达加斯加、马里、毛里求斯、尼日利亚、圣多美和普林西比、塞舌尔、坦桑尼亚、津巴布韦
中度借贷国	14	贝宁、布隆迪、喀麦隆、乍得、斯威士兰、几内亚、几内亚比绍、肯尼亚、马拉维、纳米比亚、塞拉利昂、南非、多哥、乌干达
重度借贷国	15	安哥拉、佛得角、刚果（布）、赤道几内亚、加蓬、冈比亚、加纳、利比里亚、毛里塔尼亚、莫桑比克、尼日尔、卢旺达、塞内加尔、苏丹、赞比亚

注：国家类型划分以 2012—2019 年公共债务占 GDP 的比重为基础。确定轻度、中度和重度的参考值分别为：低于 33%、33%—67%、高于 67%。

资料来源：Albert G. Zeufack et. al.，"Assessing the Economic Impact of COVID－19 and Policy Responses in Sub-Saharan Africa," *Africa's Pulse*, No. 21, 2020, p. 89。

　　第三，撒哈拉以南非洲国家偿债能力大幅度下降。一国偿债能力主要取决于其财政收入和出口收入。1995 年，在"重债穷国倡议"实施之前，20 个撒哈拉以南非洲国家的偿债率——年末还本付息额占出口收入比重——超过了 15%；2005—2010 年，这一比重下降至 10%。2010 年，只有 4 个国家的偿债率超过了 10%，即吉布提、毛里求斯、莫桑比克、津巴布韦。[①] 根据《2020 年国际债务统计》，撒哈拉以南非洲国家 2008 年的平均偿债率为 5%，2018 年达到 14%。其中，安哥拉、埃塞俄比亚、肯尼亚等国家的偿债率超过 20%。根据联合国非洲经济委员会《2019 年非洲经济报告》，40% 的撒哈拉以南非洲低收入国家面临较大的债务偿还压力。[②] 有研究认为，尽管撒哈拉以南非洲国家债务规模相对较低，但其高利息成本将有可能成为债务形势恶化的重要因素。[③]

　　第四，撒哈拉以南非洲国家公共债务构成发生重大变化。公共债务主要包括国内公共债务和公共外债。总体而言，撒哈拉以南非洲各国的公共债务结构有两个比较明显的变化：一是国内债务快速增长，在撒哈拉以南

[①] Leonce Ndikumana, Theresa Mannah-Blankson, and Angelica Espiritu Njuguna, "Looming Debt Crisis in Sub-Saharan Africa: Drivers, Implications and Policy Options," Working Paper, No. 529, Political Economy Research Institute, University of Massachusetts Amherst, November 2020, p. 9.

[②] UNECA, *Economic Report on Africa* 2019: *Fiscal Policy for Financing Sustainable Development in Africa*, Addis Ababa, Ethiopia: United Nations Economic Commission for Africa, 2019, p. 141.

[③] Brahima S. Coulibaly, Dhruv Gandhi, and Lemma W. Senbet, "Is Sub-Saharan Africa Facing Another Systemic Sovereign Debt Crisis?" Africa Growth Initiative, Brookings Institution, April 2019, pp. 4－5.

非洲公共债务的比重有所上升；二是撒哈拉以南非洲公共外债的来源、类型和构成发生了结构性变化。相比对外部资金的严重依赖，撒哈拉以南非洲国家国内金融市场规模较小，融资来源相对有限，国内债务在公共债务中所占的比重总体较小。2000 年之前，撒哈拉以南非洲国家国内债务占 GDP 的平均比重小于 10%，然而随着各国经济发展和国内金融市场的扩大，撒哈拉以南非洲国家国内债务也开始快速增长。2018 年，国内债务占 GDP 的比重已经达到 25%，而以本币计价的国内债务增速超过了外债的增速。从外债来源来看，2012 年之前，世界银行等国际金融机构、巴黎俱乐部国家等是撒哈拉以南非洲公共外债的主要来源，在撒哈拉以南非洲公共外债中占有绝对比重。然而，当前的一个重要变化是国际金融机构多边债务在撒哈拉以南非洲总体外债中的比重有所下降，来自私人金融机构包括欧洲、商业银行等的债务快速增加。来自双边官方的债务总体上呈温和上涨趋势，但其中来自巴黎俱乐部国家的债务比重出现大幅下降，而来自中国等新兴国家的债务比重增长明显。总体上，来自私人金融机构的债务在撒哈拉以南非洲整体外债中的比重最高，其次是多边金融机构，最少的是双边官方债务。2006 年之前，来自官方（包括双边和多边）的债务在撒哈拉以南非洲公共债务中的比重接近 80%，到 2018 年时，这一比重已降至 57.5%，其中，多边占 30%，双边占 27.5%。与之相对应，来自私人部门的债务占公共债务的比重则升至 42.5%。[①] 其中，仅政府和公共部门发行的债券（PPG bond stock）占 GDP 的比重就从 2010 年时的 2.5% 增至 6.9%，超过了同期来自双边和多边债务占 GDP 的比重，其分别为 5.9% 和 6.5%。[②]

四 南亚地区的债务风险

南亚地区 8 个国家拥有世界四分之一的人口，收入差距、贫困指标在世界上处于较高水平。因此，南亚国家存在强烈的发展需求。一方面南亚国家对国际融资存在强烈需求，另一方面有限的发展能力和债务管理能力，构成了南亚国家债务较快增长的基本因素。在世界经济波动——例如汇率、利率变化，国际需求下降等——的情况下，南亚国家债务的脆弱性问题很

---

① World Bank, *International Debt Statistics 2020*, Washington, D. C.：World Bank Group, 2019, p. 23.

② Albert G. Zeufack et. al., "Assessing the Economic Impact of COVID – 19 and Policy Responses in Sub-Saharan Africa," *Africa's Pulse*, No. 21, 2020, p. 86.

容易显现。

自 2010 年尤其是 2014 年以来，南亚地区国家总体债务呈上升趋势，少数国家债务压力较大。截至 2019 年底，南亚地区外债存量接近 7886 亿美元。除印度外，余下 7 个南亚国家的外债存量为 2286 亿美元。其中存量最高的国家是巴基斯坦、孟加拉国、斯里兰卡，分别为 1008 亿美元、571 亿美元、561 亿美元（见图 8—3）。

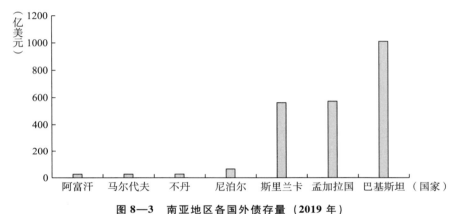

图 8—3　南亚地区各国外债存量（2019 年）

资料来源：笔者根据世界银行数据库（https://data.worldbank.org）数据制作，最后访问日期：2021 年 10 月 11 日。

从外债来源和构成角度看，公共外债依然占有较高比重，但私人外债的规模增长迅速。官方债权人（多边＋双边）依然是公共外债的主要来源，但来自私人债权人尤其是债券持有人的债务增长更快。截至 2019 年底，在公共和公共担保债务中，来自多边金融机构的债务为 1290 亿美元、双边官方债权人债务为 900 亿美元，来自私人金融机构的外债为 1350 亿美元，主要是债券持有人债务。非担保私人外债则达到 2820 亿美元，主要是来自商业银行等的债务。①

不同国家的外债结构存在较大差异。根据世界银行的数据，巴基斯坦比重最高的是来自双边官方债权人的债务，截至 2019 年底，其存量达到了 320 亿美元；其次是来自多边金融机构的债务，存量为 301 亿美元；来自私人机构的公共外债包括债券持有人和商业银行等，为 89 亿美元；来自私人

① World Bank, *International Debt Statistics 2021*, Washington, D. C.: World Bank Group, 2020, p. 30.

机构的非担保外债为 121 亿美元，是 2009 年时的近 4 倍，其中来自商业银行等的债务超过 120 亿美元。在斯里兰卡外债中，比重最高的是来自私人机构的公共外债，2019 年底达到 176 亿美元；其次是双边外债，超过了 111 亿美元；来自私人机构的非担保外债为 88 亿美元；而多边外债只有 82 亿美元。在孟加拉国 459 亿美元长期外债中，多边外债的比重接近 60%，为 271 亿美元；其次是双边外债，为 138 亿美元；从私人金融机构获得的公共外债可以忽略不计，但非担保私人外债存量为 49 亿美元。[1]

随着外债的增加，部分国家的债务指标有所恶化。在 2010—2019 年，除印度外的所有南亚国家的外债负债率均出现较快增长。2010 年，不丹的外债负债率为 64%，到 2018 年时则达到了 114.6%。斯里兰卡在 2010 年（38.65%）的基础上增长了近一倍，达到 68.75%。2015 年，马尔代夫的外债负债率只有 26.64%，到 2019 年时也接近翻了一番，达到 51.53%。巴基斯坦从 2015 年时的 26.64%，增加到 2019 年的 34%。从债务率来看，不丹、巴基斯坦、斯里兰卡的债务率明显高于其他国家，分别为 246.1%、211.4%、167.6%，超出了发展中国家 150% 的警戒线。南亚国家的外债偿债率总体处于稳定水平，但巴基斯坦、斯里兰卡两国的偿债率都超过了 30%，分别为 35.4%、31.7%。[2] 这意味着两国面临着严峻的债务偿还形势。由此而言，南亚国家债务问题有加剧的趋势，尤其是在新冠疫情等重大危机的冲击下，巴基斯坦、斯里兰卡、阿富汗的债务形势将进一步恶化。然而，也应看到，大部分国家的外债指标基本仍处于比较稳定的水平。根据国际货币基金组织债务可持续性分析，截至 2020 年 9 月，阿富汗、马尔代夫为高债务风险，孟加拉国、尼泊尔处于低债务风险，不丹为中等债务风险。[3]

五　东南亚地区的债务风险

东南亚地区是世界上经济增长最快的区域，但经济的快速增长也刺激了地区国家的国际融资需求。需要强调的是，东南亚国家的经济水平和发

---

[1]　World Bank, *International Debt Statistics 2021*, Washington, D. C.: World Bank Group, 2020, pp. 32, 39, 43, 99, 109, 114, 129.

[2]　World Bank, *International Debt Statistics 2021*, Washington, D. C.: World Bank Group, 2020, pp. 32, 39, 43, 99, 109, 114, 129.

[3]　IMF, "List of LIC DASs for PRGT-Eligible Countries," June 30, 2021, https://www.imf.org/external/Pubs/ft/dsa/DSAlist.pdf, accessed on October 11, 2021.

展方式存在较大差异。地区内既有高收入国家，也有中等偏上收入国家和新兴国家，还有世界银行界定的低收入国家。这也决定了地区内国家国际融资的方式以及相应的债务可持续性管理的差异。

整体而言，自 2010 年以来，东南亚地区中等收入和低收入国家的外债规模出现了较快增长。其中增速最快的是越南，其 2019 年的外债增速达到了 10.9%；同期，印度尼西亚、菲律宾和泰国则经历了 5%—6% 的增长。印度尼西亚、越南和菲律宾的外债在东南亚中低收入国家中占有绝对比重。印度尼西亚和泰国都位居中低收入国家中十个最大的借贷国之列，截至2019 年底，其外债存量分别为 4021 亿美元、1185 亿美元、836.6 亿美元。老挝、柬埔寨、缅甸的外债存量分别为 166.9 亿美元、153.3 亿美元、107.6 亿美元。[①]

鉴于其经济活力，流入东南亚地区的国际资金来源多样。从外债来源来看，包括债券、商业银行贷款等在内的私人金融机构是东南亚主要国家的主要融资来源；相比之下，官方融资尤其是双边官方融资则呈温和下降趋势。2019 年底，印度尼西亚的外债存量为 3545.5 亿美元，归属于国际私人机构的外债总量为 3022.9 亿美元；其中，政府或公共部门担保的私人机构债务为 1813 亿美元，主要是债券持有人债务；非担保私人金融机构外债1210 亿美元，主要是商业银行贷款。在 2009—2019 年，越南从私人金融机构获取的融资也实现了快速增长。2009 年之前，越南的外债主要是公共部门外债，其中来自官方债权人的债务占绝对比重，并且双边官方债权人的比重更高。然而当前这一结构已经发生了根本性变化。自 2015 年以来，越南公共外债占 GDP 的比重持续下降，2024 年有望降至 49.3%，远低于政府65% 的目标上限。截至 2019 年底，私人机构非担保性外债存量已经达到407 亿美元，多边官方债务为 241 亿美元，双边官方债务为 231 亿美元。[②]而政府和公共部门从私人金融机构获取的融资依旧维持在较低水平。越南私人外债的快速增加来源于国际资本市场对越南经济发展前景的看好，其经济持续高速增长也为债务前景提供了较好的支撑。

稳健的经济增长和债务管理政策使东南亚国家外债总体上处于可持续

① World Bank, *International Debt Statistics 2021*, Washington, D.C.: World Bank Group, 2020, pp. 52, 85, 93, 108, 118, 136, 148.

② World Bank, *International Debt Statistics 2021*, Washington, D.C.: World Bank Group, 2020, pp. 85, 148.

水平，东南亚国家也正在成为利用外部融资实现国家发展的成功案例。但老挝、柬埔寨的债务可持续性仍存在恶化态势。印度尼西亚的部分外债指标如外债与出口收入比也有所增加，在重大危机尤其是经济形势恶化的情况下，其抗风险能力将受到挑战。根据 2019 年 12 月的国际货币基金组织《债务可持续性报告》，在基线和压力测试下，柬埔寨各项债务可持续性指标并没有出现超出阈值的情况，国家外债总体上处于低风险水平。尽管债务危机风险很低，但在面临出口和经济增长冲击以及短期大规模偿债义务时，柬埔寨外债偿还仍将承受较大压力。① 自 2015 年以来，老挝维持了 6%—7% 的年经济增长率。但其债务也持续增长，债务可持续性风险依然存在。根据国际货币基金组织的数据，2019 年，老挝政府债务占 GDP 的比重达到 62.64%，而且 2020 年将会超过 70%。老挝的公共债务主要是外债，其中双边官方债务占有较大比重。2019 年的外债存量占 GNI 的比重则达到了 94%，外债存量占出口的比重有所下降，但依然维持在 237% 的高位。近年来，老挝开始通过泰国资本市场获得融资，并加大了对公司伙伴关系等项目的支持力度。大体上，高负债率、出口形势、货币贬值、项目融资收益风险等因素使老挝面临较大的债务可持续性风险。② 但 2020 年暴发的新冠疫情明显加剧了老挝的债务可持续性风险。

第二节　共建"一带一路"的债务关联

"一带一路"倡议迎合了国际社会求合作、谋发展的历史大势和现实需求，展示了中国积极推动和参与更加开放包容的国际合作的意愿和能力，为全球治理、区域合作和国家发展提供了创新性理念和行动。尤其是，共建"一带一路"资金融通使合作国家在动荡的世界经济环境中仍有相对稳定和可预期的发展融资。当然，由于外部环境和自身管理能力等，共建"一带一路"合作国家的债务风险的确有累积和恶化趋势，必须引起警觉。历史上的历次债务增长高峰，最后都演变为债务危机或金融危机，这是关注当前债务风险时所必须牢记的。但同时也应看到的是，发展中国家的债务问题并不新鲜且

---

① IDA and IMF, "Cambodia: Joint World Bank-IMF Sustainability Analysis," December 2019, https://documents1.worldbank.org/curated/en/297381580755778880/pdf/Cambodia-Joint-World-Bank-IMF-Debt-Sustainability-Analysis.pdf, accessed on October 11, 2021.

② IMF, "Lao People's Democratic Republic," August 2019.

有着深刻的历史和现实根源;在此背景下,自 2017 年以来对发展中国家债务问题的关注程度超出所有历史时期本身,便透露出某种不寻常。从债务风险的客观发展看,其根源不仅在于发展中国家债务风险有所上升的现实,更在于国际债务来源和构成的结构性变化,尤其是共建"一带一路"过程中的中国资本的巨大撬动和联动效应。但从少数国家的地缘政治关切看,当前围绕发展中国家债务问题的讨论已远远超出经济和发展范畴,演变为政治、战略、安全和社会心理问题。对共建"一带一路"合作国家债务风险的认识也出现了明显分化,以债务风险来审视和评价共建"一带一路"似乎正成为常态甚至是一种"政治正确"。也正是在地缘政治逻辑推动下,"债务负担论""中国债务陷阱论"广泛流行。尽管如此,国际社会对共建"一带一路"与债务问题的相互关联的认知是多元的,既有"债务陷阱论"、"债务负担论"等舆论攻击,更有驳斥"债务陷阱论"等不实论调的专业研究。

一 共建"一带一路"债务风险的认知演变

自 2017 年起,"中国债务陷阱论"突然流行起来;与此相关联的"债务负担论""债务风险论"等也相当流行。当然,这些论调的根本动因仍是少数国家对"一带一路"倡议及中国快速发展的不实恐惧。需要强调的是,尽管相关攻击一度流行,但共建"一带一路"资金融通对合作国家的发展促进这一现实,仍推动围绕债务风险的讨论日益深入,并形成了一种"真理越辩越明"的态势,共建"一带一路"资金融通的"发展贡献论"在有关"债务陷阱论"的讨论中反而日益站稳脚跟。整体上,有关共建"一带一路"资金融通的债务风险讨论经历了三个阶段的发展。

第一阶段即在 2017 年 1 月印度人布拉玛·切拉尼(Brahma Chellaney)提出"中国债务陷阱论"后的一年左右,① 这一明显具有阴谋论色彩的抹黑在全球范围内广泛传播。

切拉尼"中国债务陷阱论"的核心论调是,中国主动向债务困难的国家发放抵押贷款,在其无法偿还债务时,获取其资源或战略资产。但由于这一论调更多是一种臆测,切拉尼只能不断围绕概念做文章。这样,在

---

① Brahma Chellaney, "China's Debt-Trap Diplomacy," Project Syndicate, January 23, 2017, https://www. project-syndicate. org/commentary/china-one-belt-one-road-loans-debt-by-brahma-chellaney-2017 – 01? barrier = accesspaylog, accessed on October 11, 2021.

"债务陷阱论"之后，切拉尼还提出包括"债权帝国主义"（creditor imperialism）等在内的多个延伸性概念。[1] 切拉尼的"债务陷阱论"提出后，两个受众助推了其流行。

一是美国，因其根本上迎合了特朗普政府推动中美战略竞争的图谋。但美国的操作手法并不高明，因其基本论调源于一项对"债务陷阱论"的学生作业。2018年5月，哈佛大学肯尼迪学院两名硕士研究生为完成"政策分析练习"作业，提交了一份名为《账簿外交》（Debtbook Diplomacy）的报告。尽管其权威性和专业性明显存疑，却为美国政府鼓吹"债务陷阱论"提供了"专业"外衣。[2] 在2018年10月4日阐述美国对华政策时，时任副总统彭斯（Mike Pence）借用该报告术语，指责中国开展"债务陷阱外交"。[3]

另一受众是非洲不明就里却具有专业"反政府"精神的智库和媒体，其也经常戴着有色眼镜甚至以阴谋论来观察中国与非洲的合作。例如，南非安全研究所的一篇报告认为，"由于非洲国家对中国融资的严重依赖，我们不得不担心非洲国家会重蹈斯里兰卡的覆辙……吉布提应该高度重视其港口的主权，刚果（金）应该重视其铜钴矿的安全，安哥拉应该担心其石油收益安全，赞比亚则应该关注其铜矿主权，莫桑比克应该关注其天然气安全"。[4]

当然，对"债务陷阱论"的臆测远不止于此。在西方媒体习惯于动机揣测的话语分析框架下，"债务陷阱论"也被赋予了各种解释。根本上，"债务陷阱论"主要通过编造谎言、制造恐惧，达到加深对共建"一带一路"和中国融资的疑虑，进而影响和破坏中国与发展中国家合作的目的。"债务陷阱论"的核心是渲染"资产掠夺"，污蔑中国故意设置"债务陷

---

[1]　Brahman Chellaney, "China's Creditor Imperialism," Project Syndicate, December 20, 2017, https://www.project-syndicate.org/commentary/china-sri-lanka-hambantota-port-debt-by-brahma-chellaney-2017-12, accessed on October 11, 2021.

[2]　Sam Parker and Gabrielle Chefitz, "Debtbook Diplomacy: China's Strategic Leveraging of its Newfound Economic Influence and the Consequences for U. S. Foreign Policy," Policy Analysis Exercise, Belfer Center, Harvard Kennedy School, May 2018, https://daisukybiendong.files.wordpress.com/2018/07/sam-parker-gabrielle-chefitz-2018-debtbook-diplomacy.pdf, accessed on October 11, 2021.

[3]　"Pence Slams China's 'Opaque' Checkbook Diplomacy, Trade Practices," The Times of Israel, November 17, 2018, https://www.timesofisrael.com/pence-slams-chinas-opaque-checkbook-diplomacy-trade-practices/, accessed on October 11, 2021.

[4]　Ronak Gopaldas, "Lessons from Sri Lanka on China's 'Debt-Trap Diplomacy,'" ISS Today, February 21, 2018, https://issafrica.org/amp/iss-today/lessons-from-sri-lanka-on-chinas-debt-trap-diplomacy, accessed on October 11, 2021.

阱",从而可以在借款国无法正常履行债务偿还义务时,通过资产抵押、股权转让等条款获得借款国的重要战略资产。例如,少数政客和媒体大肆炒作斯里兰卡汉班托塔港、肯尼亚蒙巴萨港等的"债转股"问题,以渲染中国是为了获得两国的战略资产。这类报道或者披着智库外衣的专业分析不胜枚举。[①]

尽管风行一时,但"债务陷阱论"很快遭到大量专业研究和报告的驳斥。美国约翰·霍普金斯大学"中非研究倡议"(China-Africa Research Initiative)的黛博拉·布罗蒂加姆(Deborah Brautigam)教授及其团队对斯里兰卡、吉布提、委内瑞拉、安哥拉等国债务状况进行了深入研究,通过翔实的数据和事实证明了"中国债务陷阱论"根本不存在。[②] 英国皇家国际事务研究所(Chatham House)直接指出,"中国债务陷阱论"是一个主观编造、根本不存在的"神话"。[③] 此外,美国大西洋理事会(Atlantic Council)、澳大利亚罗伊研究所(Lowy Institute)、美国威廉玛丽学院、美国全球发展中心(Center for Global Development,CGD)、兰德公司(RAND)等都发表过驳斥"中国债务陷阱论"的报告。[④]

[①] 这类报道往往是没有事实和案例依据的舆论工具。由于缺乏事实依据,此类报告只能通过不断重复和渲染威胁来达到影响舆论的目的,因此没有必要详细分析其具体内容。例如可参见 Virginia Furness, "China's Belt and Road Initiative: Can Africa Escape a Debt Trap?" Euromoney, June 4, 2020, https://www.euromoney.com/article/b1lwrkkwwpxs0x/chinas-belt-and-road-initiative-can-africa-escape-a-debt-trap; Kriti M. Shah, "Debt-trap Diplomacy: Faultlines in China's Belt and Road Initiative," Observer Research Foundation, November 28, 2018, https://www.orfonline.org/expert-speak/debt-trap-diplomacy-faultlines-in-chinas-belt-and-road-initiative-45802/; both accessed on October 11, 2021。

[②] Deborah Brautigam, "A Critical Look at Chinese 'Debt-trap Diplomacy': The Rise of a Meme," *Area Development and Policy*, Vol. 5, No. 1, 2020, pp. 1–14.

[③] Lee Jones, Shahar Hameiri, "Debunking the Myth of 'Debt-Trap Diplomacy': How Recipient Countries Shape China's Belt and Road Initiative," Research Papaer, Chatham House, August 2020, https://www.chathamhouse.org/sites/default/files/2020-08-25-debunking-myth-debt-trap-diplomacy-jones-hameiri.pdf, accessed on October 11, 2021.

[④] 这些报告最核心的一个共识是,并不存在任何中国通过设置债务陷阱来获取他国战略资产的案例。John Hurley et. al., "Examining the Debt Implications of the Belt and Road Initiative from a Policy Perspective," CGD Policy Paper, No. 121, March 2018; Deborah Brautigam and Meg Rithmire, "The Chinese 'Debt Trap' Is a Myth," The Atlantic, February 6, 2021, https://www.theatlantic.com/international/archive/2021/02/china-debt-trap-diplomacy/617953/; Roland Rajah, Alexandre Dayant, and Jonathan Pryke, "Ocean of Debt? Belt and Road and Debt Diplomacy in the Pacific," Lowy Institute Analyses, October 21, 2019, https://www.lowyinstitute.org/publications/ocean-debt-belt-and-road-and-debt-diplomacy-pacific; all accessed on October 11, 2021.

随着大量事实的披露和专业研究的批驳，对"中国债务陷阱论"的讨论热度有所下降。一些长期关注中国与债务问题的机构承认，"西方国家对'中国债务陷阱论'的长期指责，正在出现消退甚至'死亡'的迹象"。[①]但这一论调不会凭空消失，因为"债务陷阱论"本质上是西方及印度等攻击和抹黑中国的重要抓手。随着共建"一带一路"的推进和中国影响力的上升，上述国家由于无力与中国开展正常竞争，进而只能借助诸如"债务陷阱论"等低劣手段。因此，即使"债务陷阱论""死亡"了，这些国家也会提出替代性的新论调。事实上，在新论调尚未真正提出或赢得市场前，"债务陷阱论"可能在这些国家仍有很大市场。

第二阶段是在"债务陷阱论"逐渐站不住脚之后，对具有一定客观基础的债务风险加以预警，并将部分共建"一带一路"合作国家的债务负担和债务风险归咎于中国。

债务风险是发展中国家尤其是中低收入国家发展进程中的重要问题。由此而来，共建"一带一路"以及中国的大规模融资是否会加重相关国家的债务负担成为各方关注的焦点之一。相对"债务陷阱论"空穴来风式的臆断，"债务负担论"则是一个以问题假设为导向的科学研究问题。因此，其核心问题是如何用专业科学的论据来解释共建"一带一路"与发展中国家债务负担增大之间的关系。

对共建"一带一路"与债务可持续性关系的系统研究迄今仍相对缺乏。既有涉及共建"一带一路"或中国融资的研究，整体上以定性、单向甚至感性讨论为基础。在发展中国家的债务风险上升的大背景下，贷款提供方往往成为关注的焦点，而借款方面临的系统性和结构性挑战往往被掩盖；贷款的重要经济社会贡献往往被忽略，而其潜在的问题成为主导性议题。这导致"债务负担论"大行其道，影响了对发展中国家债务问题的根源和本质的深入的研究；同时，它也助长了"替罪羊"言论的大肆传播。

在早期定性研究的基础上，近年来有关共建"一带一路"合作国家债务风险的研究逐渐深入。但由于"中国债务负担论"有着重要影响，大量

---

① Eric Olander, "Death of the Chinese Debt Trap Narrative," China Africa Project, January 15, 2021, https://chinaafricaproject.com/analysis/death-of-the-chinese-debt-trap-narrative/, accessed on October 11, 2021.

研究事实上是以此为假设,试图通过技术性手段来论证这一假设。换句话说,既有研究仍主要局限于"负担导向"的研究框架内。这样,其结论往往是先决性的,即共建"一带一路"或中国融资将增大相关国家的债务负担,其差异在于不同国家有着不同的债务负担。例如,美国全球发展中心重点关注共建"一带一路"对债务可持续性的影响。以共建"一带一路"合作国家的负债率和中国债务所占比重两个指标为核心,认为在 8 个中国债务占绝对比重的国家,共建"一带一路"有可能对其债务可持续性产生消极影响。[1] 但其研究采用的是定性方法,没有充分虑及债务可持续性的诸多影响因素,因此难以在共建"一带一路"与这些国家的债务可持续性之间建立有效的联系。

需要指出的是,债务负担只是债务风险的最基本表现形式,对债务问题的科学研究应建立成本—收益的综合性和可比性分析框架。目前已经有少量此类尝试,如世界银行集团。世界银行研究人员试图基于"一带一路"与债务可持续性之间的关系建立起某种分析框架。该研究的重要创新是将共建"一带一路"的经济贡献纳入考虑,并充分衡量既有的债务风险,进而均衡评估共建"一带一路"对债务可持续性的影响。通过对 43 个共建"一带一路"合作国家的数据分析指出,12 个国家的债务脆弱性在中期内"有可能"增加,其中 7 个为低收入国家,5 个为新兴经济体。如果基于长期的债务可持续性分析,11 个国家的负债率将会因为共建"一带一路"而上升,其中 8 个国家对融资成本变化的脆弱性将会上升。[2]

第三阶段大致是在进入 2019 年之后,随着"债务陷阱论"日益被驳斥,而债务风险预警似乎远不够有力,共建"一带一路"资金融通的发展促进效应日益被国际社会所认识,"发展贡献论"正得到越来越多的讨论。

在驳斥"债务陷阱论"但同时也担忧共建"一带一路"融资潜在的债务负担增大的情况下,对共建"一带一路"融资在弥补基础设施资金缺口、促进国家发展等方面的积极作用正日渐被国际社会所承认。这很大程度上正持续压缩各种谣言和话语操控的空间,尽管这些研究仍很大程度上是西

① John Hurley et. al. , "Examining the Debt Implications of the Belt and Road Initiative from a Policy Perspective," *CGD Policy Paper*, No. 121, March 2018.

② Luca Bandiera and Vasileios Tsiropoulos, "A Framework to Assess Debt Sustainability and Fiscal Risks under the Belt and Road Initiative," *Policy Research Working Paper*, No. 8891, World Bank Group, June 2019, pp. 25 – 28.

方利用其所建立的数据库而得出的。这意味着，以更为扎实的研究推进"一带一路"倡议的民心相通工程，仍有相当长的路要走。

美国威廉玛丽学院以其数据库为基础指出，关于中国融资的宏大叙事基本上建立在微弱甚至扭曲的证据之上，例如资源掠夺论、支持流氓国家论、加剧债务负担论、环境破坏论、项目无效论等。[①] 导致上述歪曲得以流行的，很大程度上源于"一带一路"倡议的战略动机阐释、数据支持基础等的不充分。而兰德公司的报告《解密"一带一路"：澄清误区，认识其目标和影响》对国际上有关"一带一路"倡议的不同误解和扭曲论点逐一进行了澄清。该报告认为，共建"一带一路"倡议将在推动伙伴国经济转型发展上发挥重要作用，并最终推动中国与发展中国家关系的深化。[②]

事实上，中国发展融资在促进资金流动和经济增长上的作用正逐渐得到认可。2019 年，亚洲协会政策研究所发表了题为《评估"一带一路"倡议》的研究报告。该报告聚焦东南亚，认为共建"一带一路"倡议在促进亚洲国家基础设施发展上可能发挥重要作用。"尽管中国的倡议起初主要是政治推动的，但后期会通过仔细的评估、落实和试错来不断完善"，这一定程度上也保障了项目的效益。当然，由于基础设施项目融资巨大，且融资来源相对有限，中国的基础设施融资模式在现实中也存在不同的风险和问题。[③] 陈沐阳通过对中国政策性银行的研究指出，中国对发展中国家的融资事实上是中国自身成功经验的国际化过程。其中，最核心的经验是改变了计划经济时代的做法，也改变了传统的援助与被援助关系，更加强调通过发挥政策性银行开发性金融的功能，利用市场化方式，提升资金的利用效率，从而获得促进发展和经济增长的效果。[④]

①　Austin Strange et. al, "China's Development Finance to Africa: A Media-Based Approach to Data Collection," CGD Working Paper, No. 323, April 2013.

②　Rafiq Dossani, Jennifer Bouey, and Keren Zhu, "Demystifying the Belt and Road Initiative: A Clarification of Its Key Features, Objectives and Impacts," Working Paper, No. 1338, RAND Corporation, May 2020.

③　Daniel R. Russel and Blake Berger, "Navigating the Belt and Road Initiative," Asia Society Policy Institute, June 2019, https://asiasociety.org/sites/default/files/2019 – 06/Navigating% 20the% 20Belt% 20and% 20Road% 20Initiative_2. pdf, accessed on October 11, 2021.

④　Muyang Chen, "Beyond Donation: China's Policy Banks and the Reshaping of Development Finance," *Studies in Comparative International Development*, No. 55, 2020, pp. 436 – 459.

二 共建"一带一路"资金融通的债务风险

资金融通是共建"一带一路"倡议的五大支柱之一,在保障共建"一带一路"顺利推进、促进中国国际合作上发挥了重要作用。自 2013 年倡议提出以来,中国与共建"一带一路"合作国家的融资合作取得了快速发展。融资合作的规模、范围不断扩大,融资合作的效果和作用不断增强,融资合作的管理和规则持续完善。尽管债务风险必然伴随着资金融通本身,但在合作过程中,中国与共建"一带一路"合作国家对债务可持续性的重视水平也得到了有效提高。

尽管上一章专门讨论了中国对共建"一带一路"合作国家的投资,仍需对共建"一带一路"的融资问题作进一步的不同侧面的分析。自 2013 年倡议提出以来,中国与共建"一带一路"合作国家的融资合作规模和范围不断扩大。截至 2018 年底,国家开发银行在共建国家的国际业务余额为 1059 亿美元,累计为 600 余个"一带一路"项目提供融资超过 1900 亿美元。截至 2019 年 4 月,中国进出口银行支持"一带一路"建设项目 1800 个,贷款余额超过 1 万亿元人民币。中国商业银行参与"一带一路"投融资的程度也在加强。为响应共建"一带一路"倡议,中国银行提出了"'一带一路'战略金融大动脉计划"。截至 2019 年 3 月,中国银行在 57 个国家和地区拥有 600 多家海外分支机构,在共建国家跟进项目 600 多个,2015—2018 年,中国银行在"一带一路"国家共实现授信新投放 1301 亿美元。截至 2018 年底,中国工商银行已在 47 个国家和地区设立了 426 家机构,并通过收购南非标准银行集团股份的方式间接覆盖非洲 20 个国家。中国工商银行与 143 个国家和地区的 1545 家海外银行建立了代理关系,在东盟国家设有 60 家分行。中国工商银行发起成立"一带一路"银行间常态化合作机制,已覆盖 45 个国家和地区的 85 家成员机构,合作项目超过 59 个,融资总额超过 400 亿美元。在"一带一路"倡议下也成立了覆盖各地区的专项 24 家投资基金,包括丝路基金、南南合作基金、中非产能合作基金等。为了支持共建"一带一路"项目,中国出口信用保险公司也积极提供出口信用保险和再保险、海外投资保险、国内信用保险、信用担保、应收账款管理等出口信用保险服务。截至 2019 年 6 月底,中国出口信用保险公司已在共建"一带一路"上累计实现保额约 7704 亿美元;丝路基金实际出资额近 100 亿美元。另外,中国也积极与国际多边、双边、商业以及新型金融机构加强合作，共同为共建国家提供融资支持。[1]

中国对外融资规模的扩大极大地提升了中国的国际影响。2009 年，中国国际发展融资规模首次超过世界银行，2011—2017 年的发展融资规模均高于世界银行。这使中国对外融资能力成为国际关注的重点。根据波士顿大学全球发展政策中心的统计，2008—2019 年，中国的国际发展融资即政策性银行贷款规模达到 4620 亿美元，融资支持的项目超过 615 个。中国发展融资的很大比重是流向了交通、电力、能源等基础设施领域。中国政策性银行的贷款虽然覆盖了世界上近 100 个国家，但中国贷款主要集中于不同地区内的少数国家。根据全球发展政策中心的研究，2008—2019 年获得中国贷款最多的 10 个国家的贷款就占全部贷款的 60%，获得中国贷款最多的 20 个国家占全部贷款的 76%。从区域看，亚洲接收了 1643 亿美元贷款，是接收中国贷款最多的地区，主要国家包括巴基斯坦、孟加拉国、菲律宾（见图 8—4）。其次是美洲，接收了约 1307 亿美元贷款，主要流向了委内瑞拉、巴西、厄瓜多尔、阿根廷。再次是非洲，接收了约 1045 亿美元，主要流向了安哥拉、肯尼亚、埃塞俄比亚。对欧洲的 572 亿美元贷款主要流向了俄罗斯。[2]

与中国签署共建"一带一路"合作文件的国家既有发展中国家，也有发达国家；既有中低收入国家，也有高收入国家；既有主要从国内金融市场融资的国家，也有更加依赖国际金融市场融资的国家。换句话说，共建"一带一路"覆盖面很广，不同国家的融资渠道差别很大，其融资便利性、融资结构、债务应对能力等也存在很大差异。其中，中等偏上收入国家以及经济发展前景较好的中低收入国家的公共债务主要是国内债务，同时其获取外部融资的渠道比较完善，债务管理能力也相对较高，因此能够较好地应对债务压力。因此，本部分重点关注处于低收入和中低收入水平的共建"一带一路"合作国家。如前所述，获得中国贷款最多的 20 个国家所获贷款占比接近 80%，但由于玻利维亚、菲律宾、斯里兰卡等没有向世界银行申报自身债务状况，因此这里对余下 17 个有数据可用的国家的债务可持

---

① 具体可参见国家开发银行、联合国开发计划署《融合投融资规则促进"一带一路"可持续发展——"一带一路"经济发展报告》，2019，第 23-33 页。

② Rebecca Ray, Blake Alexander Simmons, "Tracking China's Overseas Development Finance," Global Development Policy Center, December 7, 2020, https://www.bu.edu/gdp/2020/12/07/tracking-chinas-overseas-development-finance/, accessed on October 11, 2021.

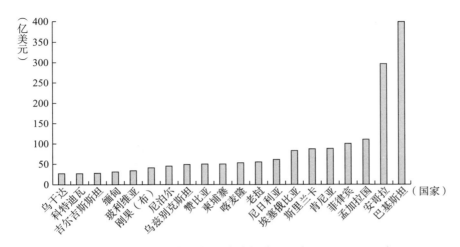

图 8—4　获中国贷款最多的 20 个中低收入国家（2008—2019 年）

资料来源：笔者根据波士顿大学全球发展政策中心数据库（https://www.bu.edu/gdp/research/databases/global-china-databases/）数据制作，最后访问日期：2021 年 10 月 11 日。

续性加以分析。整体而言，这 17 个国家的债务负担都有所增加。2011 年时，这 17 个国家的外债存量不到 2332 亿美元，到 2019 年时接近 4860 亿美元，增长了超过 1 倍。2011 年时，这 17 个国平均外债负债率为 32%，2019 年时已升至 47.6%。相对于中等收入国家和低收入国家，这 17 个国家的平均外债负债率更高；更为准确地，2011—2019 年，这 17 个国家的外债负债率都高于其他类型国家，且有进一步扩大的态势（见图 8—5）。

共建"一带一路"合作国家中，中低收入国家整体上面临较高的债务风险。根据国际货币基金组织对中低收入国家债务可持续性的分析，截至 2020 年 9 月底，上述 17 个国家中有 5 个国家处于债务高风险或债务危机水平。其中，赞比亚因为未能与欧洲债权人达成"缓债协议"，出现对欧洲债权人的选择性债务违约。在 2020 年新冠疫情暴发后，上述共建"一带一路" 17 国参与国际债务救助的比例也明显高于平均水平。截至 2021 年 1 月 21 日，17 国中有 13 个国家参与了二十国集团"缓债倡议"（Debt Service Suspension Initiative，DSSI），参与率超过 76%，超过了符合"缓债倡议"国家的平均参与水平。① 赞比亚、埃塞俄比亚和乍得三国也已正式申请利用"缓债倡议"后续债务处置共同框架对本国债务进行处置，其中对埃塞俄比

---

① 在符合"缓债倡议"申请条件的 73 国中，有 48 个国家提出了申请。

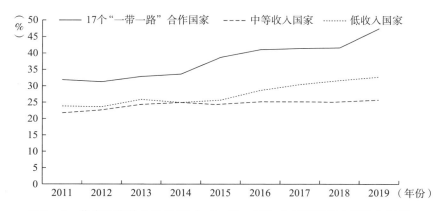

图8—5 获中国贷款最多的17个"一带一路"合作国家与中等收入国家、
低收入国家的平均外债负债率（2011—2019年）

资料来源：笔者根据世界银行国际债务统计数据库（https://databank.worldbank.org/source/international-debt-statistics:-dssi/Type/TABLE/preview/on）数据制作，最后访问日期：2021年10月11日。

亚和乍得的集体债务处置正在进行中。

尽管上述共建"一带一路"合作国家面临较高债务风险，但并不意味着中国是这一风险的主要责任者；由于涉及贷款实际发放、本金和利息偿还等因素，来自中国的贷款并非全部属于债务；换句话说，在共建"一带一路"融资中，实际债务远比债务数额要小。根据世界银行"缓债倡议"数据库的数据，截至2019年底，上述17国现有外债存量为4592.84亿美元，其中来自多边债权人的外债存量为1612.81亿美元，双边债权人（不含中国）外债存量为1326.03亿美元，私人金融机构包括债权债务存量为772亿美元。中国在17个国家的外债存量为882亿美元，在17国总体外债中占19%，而来自多边债权人的债务比重为35%，私人债权人比重为17%。①

由此可见，共建"一带一路"资金畅通并非上述17国外债的最大来源，尽管在双边官方债务中占据重要地位，达到2/3水平。根据世界银行"缓债倡议"数据库的数据，在上述17个"一带一路"合作国家中，中国在老挝、刚果（布）、柬埔寨、吉尔吉斯斯坦、安哥拉五国外债中所占比重最大，分别为64.4%、63%、47%、44.7%、41.3%。在余下的国家中，

① 笔者根据世界银行"缓债倡议"数据库（https://www.worldbank.org/en/topic/debt/brief/covid-19-debt-service-suspension-initiative）数据计算得出，最后访问日期：2021年11月12日。

比重为 25%—35% 的有 4 个，20%—25% 的有 3 个，20% 以下的有 5 个（见图 8—6）。

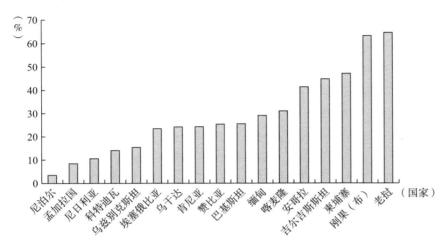

图 8—6　中国外债存量在获中国贷款最多的 17 个"一带一路"
合作国家外债中所占比重（2019 年）

资料来源：笔者根据世界银行"缓债倡议"数据库（https://www.worldbank.org/en/topic/debt/brief/covid-19-debt-service-suspension-initiative）数据制作，最后访问日期：2021 年 11 月 12 日。

图 8—6 事实上说明了三个重要的基本事实。其一，中国并不是大部分国家主要的外债来源。在大部分国家，多边金融机构是其外债的主要来源。中国贷款很大程度上是参照了多边金融机构的贷款决策，因此事实上是多边金融机构的重要补充。其二，中国外债占比最高的国家往往是很难或者较少获得多边金融机构贷款的国家。安哥拉、老挝、刚果（布）、柬埔寨、吉尔吉斯斯坦等 5 国从多边机构获得的融资都很少。其三，并不是外债存量大，其比重就一定大。在中国贷款较多的国家，如巴基斯坦、肯尼亚、埃塞俄比亚、尼日利亚、赞比亚等国，中国并没有出现一些媒体宣传的那样在这些国家的外债中占有绝对多数比重。中国在其中的比重基本在 10%—30% 区间。

因此，对待共建"一带一路"与债务的关联问题，正确的认知应当是对融资、债务与国家发展的合理平衡。融资是国家发展和经济增长的重要要素。债务可以补充国家财政的不足，可以增强政府的经济规划执行能力，可以撬动更多的资本和投资进入，从而带动基建开发、产业发展、社会就业等各方面的发展。大量国家尤其是东亚国家的实践证明，债务在利用得当的前提下能给国家发展带来重要机遇。在全球化时代，资本并非单一流动。资本的流动往往伴随着投资、产业、技术和人才的流动。因此，融资的质量和效益相比以往有了更大的提升。就此而言，共建"一带一路"资金融通合作国家债务规模上升，一方面是国家发展和国际合作的必然产物，另一方面也不能僵化于特定框架判定其是不是风险过高。

事实上，债务本身并非真正的问题所在。能否有效利用债务、管理债务以及应对债务风险或者有效的债务治理才是真正的问题。不同国家在这三个方面的表现差异决定了国家债务问题的严重程度差异。总体上，自2010 年以来，面临债务困境和压力的国家数量在增多，国际社会对发展中国家债务问题的关注在上升。发展中国家债务问题也正呈现出三个明显的趋势：债务问题的复杂化、债务来源的多元化以及债务治理方式的差异化。这意味着债务问题已经不再是一个单纯的经济问题，而是正在成为重要的发展问题、政治问题和国际关系问题。这一现实不仅深刻影响着发展中国家的发展，也正在对其国际合作产生重要影响。在这一背景下，债务问题正在成为影响共建"一带一路"高质量发展的突出问题。其具体表现包括："一带一路"国家的债务可持续性风险直接决定着"一带一路"建设的速度和程度，债务问题的政治化对"一带一路"的影响在不断扩大，"一带一路"国家债务问题的有效的共同应对也正构成深刻挑战。

第三节　共建"一带一路"的债务可持续性战略

债务是国家发展中的共性问题，但在发展中国家尤其重要，因此也正在成为全球治理和国际发展合作的重要议题。国际债务的出现是各国融资需求与外部资金供给共同作用的结果，但归根结底还是取决于国家的融资需求。简言之，只要有融资需求，就会有债务。但债务是否会转化为负担或问题则取决于国家的债务管理能力和外部因素影响叠加的程度。换句话说，借贷本身不是问题，但如果不能负责任和有效地利用债务，就极有可能变成问题；正是不同国家利用外资的差异，导致了债务问题的出现。尽管如此，外部资金有时也会被认为应当对债务风险的积累乃至债务危机的爆发部分负责。共建"一带一路"资金融通之所以被认为与债务风险相关，很大程度上也正是基于这一逻辑。鉴于资金融通对合作国家发展的重要性，不能因为债务风险或债务关联而"因噎废食",因此提升债务可持续性成为共建"一带一路"高质量发展的重要因素。具体而言,共建"一带一路"高质量发展的债务可持续性战略应当涵盖三个方面,即化解债务问题的政治化挑战,参与国际债务治理努力,强化自身债务管理能力建设。

一 有效化解债务问题的政治化挑战

债务脆弱性是中低收入国家经济脆弱性的一个重要表现,是中低收入国家发展进程中的正常现象。债务问题根本上是一个经济和发展问题,其出现和解决也有其自身的政策性和技术性逻辑。然而,随着共建"一带一路"资金融通的深化和中国影响力的提升,债务问题的政治化和工具化趋势越来越明显。一些国家出于不同目的,强行把债务问题与地缘政治、经济和战略竞争挂钩,把债务问题当作攻击共建"一带一路"倡议和中国发展合作模式的工具,导致共建"一带一路"资金融通的国际环境、地缘政治环境、舆论环境有加剧分化的趋势。与此同时,反复炒作的谎言和舆论也加速了债务问题在发展中国家内部的社会化和政治化趋势。债务问题成为发展中国家内部政治博弈和斗争的重要议题,成为当地社会和民众认识和评判中国的重要风向标。这对中国与发展中国家间的政治互信、经济合作和民间认知带来了重大而深远的挑战。

一方面,债务问题的政治化发展是大国竞争和话语权争夺的突出反映。对美国、印度等全球和地区大国而言,中国与共建"一带一路"合作国家特别是发展中国家关系的快速发展将导致其全球或地区影响力的减退。尤其是在中国提出共建"一带一路"倡议以来,中国不仅通过发展融资快速拓展了与全球的联系,而且正成为全球发展和稳定的倡议、理念、行动和公共产品的供应者。这极大地加剧了美、印等国对中国的焦虑。一方面,加强与中国发展融资的竞争,限制和抵消中国发展融资的影响力,正成为美国等西方国家的政策目标。为此,美国提出与发展中国家合作的新模式,打造以美国国际发展融资公司为核心的新机制,创新国家资本与私人资本的整合,加强与中国的竞争。① 另一方面,意识形态斗争正在成为美印等国遏制中国影响力的重要选择。大国竞争的核心战略决定了美印等对中国

---

① 这集中体现在特朗普政府的《美国国家安全战略报告》中。White House, *National Security Strategy of the United States of America*, December 2017, pp. 38 – 39.

的基本政策走向。其典型的表现就是"反智论"或"反事实论"。利用债务问题攻击中国就是具体表现之一。尽管严重缺乏事实依据，美、印仍不遗余力地渲染"债务陷阱论""债务威胁论"等论调，攻击和抹黑中国的融资模式。[①] 即使大量学术研究证明这些论调不实，诸多合作国家公开予以驳斥，美、印等国的政客和媒体仍充耳不闻，继续坚持不实抹黑行为。这足以说明，债务问题本身其实并不是这些国家的真正关切，只是这些国家无法有效与中国开展公平竞争因而只能通过肮脏手段抵消中国影响力的一种工具。

另一方面，在很多发展中国家，债务问题已经成为重要的国内政治议题和工具，具体体现在三个层面。其一，债务支撑的项目是执政者赢得政治资本和民众支持的重要工具。执政者希望通过国家投入尤其是收益可见的项目来获得支持。也就是说，共建"一带一路"或中国的融资支持被一些国家的政客利用，成为其实现政治目的的工具。其二，债务问题是反对党攻击执政者的重要靶子，进而成为质疑中国融资和中国模式的导火索。例如，在肯尼亚 2017 年大选前，反对党超级联盟就指责肯雅塔政府造成国家债务激增，称"肯雅塔政府正在把国家质押给其他国家"。[②] 在马来西亚，借债务议题攻击政治对手的做法更加明显。在 2018 年大选前，马哈蒂尔领导的希望联盟极力指责纳吉布政府向中国举债将加剧马来西亚的债务负担，甚至导致马来西亚被中国控制。其将债务与中国议题结合的策略不仅塑造了纳吉布政府经济发展和债务管理能力低下的形象，而且利用国内对中国的疑虑达到了政治目的。[③] 其三，债务议题成为一个全民关注的公共议题。尽管债务偿还主要基于国家出口和外汇收入，但在别有用心的渲染之下，一

---

① 中非项目（China-Africa Project）负责人欧力克·奥兰德指出，"中国债务陷阱论"由政客抛出并借助媒体大肆渲染，其目的就是抹黑中国融资、抵消中国影响力。See Eric Olander, "Analyst Explains Why China's 'Debt Trap Diplomacy' Critics Are Wrong," China-Africa Project, May 17, 2019. https://podbay.fm/podcast/484409506/e/1557470339, accessed on October 11, 2021.

② Anyang Nyong'o, "Role of Kenya's Opposition Political Parties Still Greatly Misunderstood," Standard Digital, November 15, 2015. https://www.standardmedia.co.ke/article/2000182578/role-of-kenya-s-opposition-political-parties-still-greatly-misunderstood, accessed on October 11, 2021.

③ Amrita Malhi, "Race, Debt, and Sovereignty-The 'China Factor' in Malaysia's GE14," *The Round Table*, Vol. 17, No. 6, 2018, pp. 717 – 728; Hong Liu and Guanie Lim, "The Political Economy of a Rising China in Southeast Asia: Malaysia's Response to the Belt and Road Initiative," *Journal of Contemporary China*, Vol. 28, No. 116, 2019, pp. 216 – 231.

国的债务负担很容易被转化为国民个人的负担,从而引发全民焦虑和不满。例如,在肯尼亚,有媒体通过将国家所欠债务——政府和企业债务——宣传为个人债务的方式,使国内民众认为自己必须为政府和企业的举债行为承担责任,从而加剧了对政府的不满。与此同时,一些媒体误导性地将蒙内铁路建设与所谓中国攫取肯尼亚港口资产相联系,不仅导致当地民众对政府不满,也激起了肯尼亚国内的民族主义情绪。

面临共建"一带一路"资金融通的债务风险被政治化的趋势,中国需要采取切实举措有效化解这一挑战,更多工作应当从理论建构和舆论塑造展开。

其一,通过充分的战略沟通使国际社会认识到,发展中国家的债务问题不应被过分夸大。从历史规律和经济逻辑看,债务的扩大以及债务问题的出现都属于正常现象。尽管债务增长高峰最终都转化为不同程度的经济或发展危机,但从波及的范围、影响的程度、持续的时间、应对的有效性而言,发展中国家债务问题的影响总体上呈下降趋势。例如,相对于 20 世纪 80 年代的债务危机,1997 年的东南亚金融危机、2008 年全球金融危机后的欧债危机等都很快得到解决。其原因是多方面的,包括发展中国家经济韧性的增强,风险应对能力、债务管理能力和国际社会的响应等。总体而言,尽管存在各种疑虑,基本不会再出现 20 世纪 80 年代那样的大规模的无序的债务违约危机。因此,债务问题不应被过分夸大,更不应成为"不专业"的理由。在经济恢复能力、债务问题的根源、外债构成、偿债能力、债务利用能力等各方面,不同国家存在着很大的差异。这决定了各国的债务表现存在着很大差异。因此,过分专注于债务问题,而不从国家发展的根源上寻找出路,或者将发展中国家的债务问题归咎于中国,而不去全面地认识这些国家的债务问题,都是"不专业"的。这不仅影响着对债务问题本质的认识,更阻碍了国际社会在应对债务问题上的集体努力。

其二,应促使国际社会充分认识到,贷款不是原罪,而是国际责任和合作意愿的重要体现。来自中国的贷款越多,事实上意味着中国对发展中国家的支持意愿和贡献越大。中国应该对此有足够自信。炒作共建"一带一路"倡议的债务风险,是国际上对中国影响力不断提升的政治反应和话语操弄。进入 21 世纪后的 20 年,中国与非洲等发展中国家关系的快速发展,伴随的是西方等传统大国在发展中地区合作意愿、投入和影响力的下降。这一现实在西方世界却被解读为中国对美西方在发展中地区领导力的争夺，并越来越被意识形态化。在不愿加大对发展中地区的投入，也越来越难以与中国开展实质性竞争的大背景下，异化竞争对手成为美西方国家政客和媒体的惯用手段。这导致中国在海外的拓展过程中不得不经受各种各样的抹黑、指责和攻击。当下的"债务陷阱论""债务负担论"等则是持续抹黑和攻击中国的新形式和抓手。这些论调并不是真的关心发展中国家的债务问题，其真正目的是削弱和抵消中国的影响力。中国对此应有足够认识，对自身融资成就保持足够的自信，客观理性看待外界的质疑和批评。

其三，也应推动国际社会形成一种共识，即发展中国家的债务问题是全球治理和国际发展的重要议题，共同应对和解决这一问题需要大国承担其国际责任。发展中国家的债务根源于国家发展诉求，然而债务问题的出现则是其面对世界经济波动和外部形势变化的脆弱性的表现。发展中国家尤其是低收入国家的债务危机往往意味着发展的危机，需要大国采取负责任的态度去帮助其应对。很大程度上，共建"一带一路"和中国融资并未增加发展中国家的债务负担，相反成为很多无法获得足够资金支持甚至面临较大债务负担的发展中国家的重要替代选择。共建"一带一路"资金融通发挥着缓解这些国家流动性困难和减轻债务负担的作用，同时又通过支持当地发展为其应对债务问题提供了有力支撑。只有在充分认识并承认这一客观事实的前提下，国际社会才能在应对发展中国家债务挑战上形成共识并开展有效的集体行动。

二 全面参与国际债务治理

发展中国家债务问题的结构性挑战和影响使其成为全球治理的重要议题。从 1956 年巴黎俱乐部成立到 2005 年国际货币基金组织制定债务可持续性分析框架，发展中国家的债务问题是国际债务治理的主要内容。随着中国成为重要的发展融资提供者和债务治理重要攸关方，中国在发展中国家债务治理上的参与在扩大，责任在增加，压力和挑战也在上升。具体包含两个方面的挑战：一是双边层面有效应对"一带一路"国家债务风险的挑战；二是多边层面有效参与和塑造国际债务治理的挑战。

第一，应积极参与共建"一带一路"合作国家的债务风险管控。当前共建"一带一路"合作国家出现的第四波债务增长是由多种因素造成的，大部分国家的债务问题与中国的相关性很低。但作为重要的发展合作伙伴，尤其是主要的双边官方债权人,中国正承受着比以往任何时候都要大的压力。一方面,债务负担的加重限制了部分国家的财政和流动性水平,使其对外融资需求进一步上升。在其他融资渠道包括国际金融机构和国际金融市场受限的情况下,这些国家把希望寄托在中国身上。实现双边外交关系与融资可行性的谨慎平衡,是中国目前面临的现实压力。另一方面,共建"一带一路"合作国家不断出现的双边债务救助诉求,正对中国构成重大挑战。债务救助尤其是债务重组往往耗时、费力,难度很高。因此,国际债权人一般遵循"濒临违约原则",即不主动进行债务重组。而随着中国日益参与国际发展融资,中国对外贷款的结构正发生重要变化;项目融资型贷款、商品抵押类贷款、开发性金融、政策性银行提供的商业性贷款等使中国的对外贷款更加多元复杂,债务谈判潜在影响也更难预测。而各国的发展差异也增加了债务救助谈判的难度。受新冠疫情影响,很多共建"一带一路"合作国家面临较大的债务偿还压力,中国也成为这些国家积极寻求支持的重要对象。迄今为止,中国的金融机构已克服各种困难与二十几个国家达成了缓债协议。但这极可能只是开始。随着疫情的持续和影响的扩大,中国在向共建"一带一路"合作国家提供缓债、减债、债务重组等问题上依然将面临很大压力。这些压力不仅来自债务国,也来自国际层面的集体行动、规范和道德压力。

第二,应全面参与全球性和多边性的债务治理规则与框架建构。相对于巴黎俱乐部等传统的集体债务谈判方式,中国在长期的实践中也形成了自己的一套谈判或治理方式。尽管中国与发展中国家的谈判很大程度上也借鉴了巴黎俱乐部的原则和方式,但二者之间在原则和程序等方面仍存在较大差异。随着中国在融资和债务治理上影响力的上升,中国面临的来自传统债务治理体系塑造的国际规则和规范的压力也越来越大。

这反映出当前中国参与国际债务治理的严峻挑战:中国已经成为世界上最大的双边官方贷款提供者,但在国际债务治理上的话语权、规则制定权和影响力仍相对较弱;自 2008 年全球金融危机爆发以来,传统援助国的双边官方贷款快速下降,但依然掌握着主权债务谈判的话语权。[①] 这导致当

---

① Charles Kenny, Ian Mitchell, "The Problem Isn't That Chinese Lending Is Too Big, It's That the US and Europe's Is Too Small," Center for Global Development, October 19, 2020, https://www.cg-dev.org/blog/problem-isnt-chinese-lending-too-big-its-us-and-europes-too-small, accessed on October 11, 2021.

前国际债务治理的倒挂现象产生：贷款份额较少的巴黎俱乐部国家要求贷款份额更大的中国按照其方式参与国际债务治理。这一现象在"缓债倡议"的执行上体现得十分明显。在"缓债倡议"的执行上，中国的融资模式遭到了西方国家的质疑，中国也被要求承担更多不切实际的责任。一个重要的方面是持续要求将中国政策性银行或开发型金融机构提供的商业贷款也记作双边官方债务，从而要求中国履行更大的义务。这种要求已经背离了"缓债倡议"的自愿原则，而且在现实中很难操作。因为这类商业贷款主要是基于市场原则运作，大多支持的是具体的生产性领域的项目，其与企业经营、社会就业、当地发展等密切相关，对这类贷款进行减缓债的影响和风险将大大超出缓债的有限收益。

由此而言，如何构建与国际债务治理体系良性的互动关系，是中国面临的重要挑战。一方面，如何尊重、适应和完善现有的债务治理规则和规范，对中国而言并非容易的事情，这需要一定时期的磨合。另一方面，更具挑战性的是，债务治理的分歧不完全是原则性、程序性和技术性的分歧，其背后也存在着价值观、理念甚至意识形态因素。因此，中国如何让西方国家或巴黎俱乐部理解和尊重中国融资和债务治理的理念和实践，如何使中国相对成功的主张和经验上升为国际普遍接受的主张和规则，依然面临严峻挑战。当然，克服这些挑战也最终会成为中国影响力提升的重要机遇。

第三，来自国际债务非政府组织的挑战也不能忽视。自 20 世纪 80 年代以来，发展中国家债务危机所引发的巨大灾难催生了一批具有重要影响力的国际债务非政府组织。以"消除非法债务委员会"（Committee for the Abolition of Illegitimate Debt，CADTM）、朱比利债务行动（Jubilee Debt Campaing，JDC）、欧洲债务与发展网络（European Network on Debt and Development，EURODAD）、拉丁美洲债务与发展网络（Latin American Network on Debt and Development，LATINDAD）、非洲债务与发展网络（African Forum and Network on Debt and Development，AFRODAD）等为代表，国际债务非政府组织在影响七国集团、巴黎俱乐部、多边金融机构、联合国贸发组织等上发挥了积极作用。国际债务非政府组织当前的焦点是呼吁改革传统债务治理体系、构建集体原则和规范、形成协调有效的主权债务机制，进而预防和应对发展中国家潜在的债务危机。总体上，其主要目标是针对传统债务治理体系,对中国的关注和研究仍相对较少。① 然而,随着中国融资地位和债务影响力的提升,中国不可避免地会成为国际非政府组织关注的重点。对中国在非洲贷款的关注尤其是负面话语的生成,将在很大程度上塑造中国未来的融资环境。如何适应、利用和应对这一现实是一个重大挑战。

第四,应推动国际社会形成合力共同应对债务问题。根本上,应对发展中国家的债务问题需要国际社会的团结和集体行动;与此同时,也应根据各国不同国情,采取因国而异、标本兼治、发展导向和国际团结合作的方法。其一,短期内,应积极支持发展中国家应对债务压力和流动性危机。新冠疫情应对使国家经济遭受重创,消耗了有限的财政资源,对本已脆弱的债务可持续性带来考验。个别国家如赞比亚的债务违约则引发了其是否会带来连锁反应的担心。提供流动性支持、保障可持续的资金流入是发展中国家的重要关切。为此,当前应最大程度地执行"缓债倡议",包括进一步延长缓债期限,推动私人债权人以可比方式参与"缓债倡议"等;支持多边金融机构充分发挥其作用,包括增加国际货币基金组织特别提款权的分配以及世界银行的发展融资。其二,应通过综合发展合作为发展中国家提供支持,提升其应对债务问题的能力。债务救助只是短期之举,疫情后的债务管理和治理才是真正的挑战。目前的债务救助,无论是新融资支持,还是暂缓债务偿还,都会带来债务的积压,导致在未来几年内出现新的债务高峰。这将对发展中国家的经济恢复和偿债能力形成严峻挑战。因此,国际社会应该立足长远,着力帮助发展中国家实现经济恢复、提升发展能力。应该推动构建综合、互补、协调的国际发展合作格局,充分利用不同国际发展合作伙伴的比较优势,加大贸易、投资、援助、融资等要素的相互配合。其三,国际债务治理的有效性正在成为影响发展中国家债务问题的重要因素。在应对发展中国家的债务问题上,国际社会逐渐形成了国际金融机构和巴黎俱乐部主导的国际债务治理体系。尽管这一体系在推动债

---

① See Penny Davies, "China and the End of Poverty in Africa," Diakonia, European Network on Debt and Development, 2007; Martine Dahle Huse, Stephen L. Muyakwa, "China in Africa: Lending, Policy Space and Governance," Norwegian Campaign for Debt Cancellation/Norwegian Council for Africa, 2008; AFRODAD, "Assessing the Growing Role and Developmental Impact of China in Africa: an African Perspective," Reality of Aid, Special Report on South-South Cooperation, 2010, pp. 33 – 44; Jubilee Debt Campaign, "Africa's Growing Debt Crisis: Who is the Debt Owned to?" October 2018, https://jubileedebt.org.uk/wp/wp-content/uploads/2018/10/Who-is-Africa-debt-owed-to_10.18.pdf, accessed on October 11, 2021; etc.

务减免上发挥了积极作用，但其也存在较大的缺陷和不足。其主要以债务为中心，即以控制国家支出的方式来维护债务可持续性。这在一定程度上限制了国家的发展支出，抑制了国家经济潜力的释放。债务救助则主要集中于债务本身，并不是系统性和综合性的发展支持，也没有充分协调和发挥不同利益攸关方的作用。这一问题在当前尤为明显。因此，国际社会为此应该加强在疫情后国际债务治理上的磋商合作。加强与私人金融机构、中国等新兴国家的协调合作，发挥各自的比较优势，为发展中国家债务问题的解决提供系统性、综合性的方案，应该成为国际债务治理的重要方向。

三　大力强化自身债务管理能力建设

20 世纪 80 年代发展中国家债务危机带来的一个重要启示是，预防债务危机比应对债务危机更加重要。这导致债务的可持续性开始成为国际债务治理的重要议题。2005 年，国际货币基金组织和世界银行正式提出债务可持续性分析框架。这一分析框架在随后的时间里也随着形势变化进行了多次调整。主权债务可持续性也成为国际投资者和金融机构向发展中国家提供投融资时的重要参考。根据形势的变化和需求，中国也于 2019 年提出《"一带一路"债务可持续性分析框架》。这反映了债务可持续性正受到越来越高的重视，但也从另一侧面反映出共建"一带一路"资金融通的债务风险正在上升。发展中国家的债务可持续性问题正在给"一带一路"和中国海外融资带来严峻挑战。在新冠疫情下的债务救助上，作为主要的双边官方债权人，中国也面临着更大和更有挑战性的压力和责任。如何提供负责任的新融资，如何有效提供债务救助，如何参与和塑造新时期的国际债务治理，已经成为中国面临的重大挑战。

第一，改善和提升中国融资的制度优势。中国融资在对外发展融资合作中形成了独特的理念和制度优势。归纳起来，这一优势有两个核心要素：一是坚持债务的发展导向，即注重发展可持续性和债务可持续性的密切联系；二是建立了相对健全、有效的融资配套体系，即融资与企业、产业、就业、基础设施建设等密切联系。这是中国融资产生实际效果的重要保障，也是其他国家短期内无法复制的重要优势。[1] 因此，应对中国的这一优势保

---

[1] 国家开发银行、联合国开发计划署：《融合投融资规则　促进"一带一路"可持续发展——"一带一路"经济发展报告》，2019，第 96 – 111 页。

持足够信心。同时，在实践中不断巩固和提高这一理念和制度优势，使其更好地服务于共建"一带一路"高质量发展。

第二，创新中国融资模式。在 2019 年 4 月的第二次"一带一路"国际合作高峰论坛上，中国正式发布《"一带一路"债务可持续性分析框架》。该框架不仅强调债务可持续性分析的重要性，更强调通过可持续发展来提高债务可持续性，[①] 降低和分散融资和债务风险是其重要目标之一。为此，不仅要加强决策的科学性和可行性，更应该创新中国融资模式。一方面，完善投建营一体化机制，切实提升中国融资和项目的收益，降低债务违约风险。中国融资优势释放的一个重要方向在于补强后期运营管理，切实提升投建营一体化的整体水平。另一方面，在官方融资之外，应撬动私人资本、企业投资、公私伙伴关系、国际联合融资等不同形式的融资模式。充分发挥中国融资的带动作用，通过融资加强与国际社会的合作。

第三，积极调适中国作为一个债务治理者的身份。随着西方国家发展融资的严重下降和中国发展融资的快速增加，中国不仅成为重要的发展融资提供者，也正在成为重要的债务治理攸关方。为此，中国应该利用融资供给上的优势，在国际债务治理上主动发挥更大作用。这不仅需要中国与传统债务治理主体如国际金融机构、巴黎俱乐部国家加强协调沟通，还需要中国将"中国经验"上升为"国际经验"，将中国实践转化为国际规范。双方的差异不应成为双方不协调沟通的理由，而应成为优势互补、发挥集体效力的重要基础。

第四，提高中国对外融资和债务治理的国际化水平。要推动共建"一带一路"高质量发展，中国融资和债务治理就必须实现更高水平的国际化；这不仅是应对外部挑战的需要，更是中国融资自身长远发展的需要。亚投行、新开发银行等中国倡议的新多边金融机制反映出中国融资在与国际标准、国际规范、国际实践上的接轨在加强。[②] 国际化已经成为中国对外融资和债务治理的重要方向。总体上，应该加强与国际货币基金组织和国际金融机构方案、联合国（贸易发展会议）方案、巴黎俱乐部方案等的沟通和联系。对标国际标准和实践，提高中国融资和债务方案的兼容性。同时，

---

① 中华人民共和国财政部：《"一带一路"债务可持续性分析框架》，2019 年 4 月 25 日，第 1 页。
② 国家开发银行、联合国开发计划署：《融合投融资规则　促进"一带一路"可持续发展——"一带一路"经济发展报告》，2019，第 113 - 127 页。

注重推动完善国际标准。中国应该积极加强与世界银行、非洲开发银行、国际货币基金组织等在债务流向上的合作。针对传统债务治理体系在债务使用上的不足，推动建立债务使用（发展）效果评估和监督机制。加强与传统大国在发展中国家的三方合作有助于弥补中国融资的短板，也有助于提升中国对非融资和债务的可持续性。

第三编

共建"一带一路"高质量发展的政策性实现路径

作为政策畅通和民心相通的关键要素，政策保障不仅是共建"一带一路"高质量发展的战略性实现路径的细化和微观举措，还是共建"一带一路"高质量发展的领域性实现路径的外化和保障举措。为回应"一带一路"倡议的国际体系机遇和挑战，保障共建"一带一路"领域性目标的实现，需建立健全共建"一带一路"高质量发展的政策落实机制，其中最为重要的当属四个方面。

第一，共商共建共享原则的机制化。"一带一路"倡议提出以来取得了巨大成就，根本原因在于始终坚持共商共建共享原则；继续坚持共商共建共享原则并实现其机制化，是确保共建"一带一路"高质量发展的关键。共商共建共享意味着所有利益攸关方均可参与"一带一路"倡议，其机制化主要在于两个方面：一是中国与共建"一带一路"合作国家之间的伙伴关系建设，这既服务于共建"一带一路"高质量发展，也服务于更为宏观的全球新型发展伙伴关系建设；二是中国与未合作国家围绕共建"一带一路"而展开的基于开放、包容原则的三方发展合作和第三方市场合作，建构创新性的"发展＋市场"复合型三方合作。

第二，有中国特色的国际公共产品供应机制。既有国际公共产品供应的理论和机制，很大程度上服务于西方发达国家的既得利益，存在大量理论和制度陷阱。有中国特色的国际公共产品供应机制建构，是要通过共建"一带一路"具体实践，进而清除既有理论和机制在国际公共产品的成本管理、制度安排及监督评估等方面的缺陷，实现国际公共产品供应的理念创新和制度创新。事实上，中国倡建的亚洲基础设施投资银行、金砖国家新开发银行等新型国际发展融资机构，已围绕参与平等性、制度灵活性与发展有效性践行重大的制度创新，不仅顺应了可持续发展的时代要求，更为共建"一带一路"高质量发展奠定了坚实基础。

第三，前瞻的风险预警和危机管理机制。无论是国际力量对比变化、安全转型、发展困境还是技术革命，都意味着共建"一带一路"高质量发展面临重大的体系性风险；而设施联通、贸易畅通、资金融通及与之相伴的各种不平衡，尤其是债务风险，也都意味着共建"一带一路"高质量发展还面临各种类型的宏观、中观和微观风险。因此，需要以数据库建设和影响评估为基础，完善共建"一带一路"高质量发展的风险预警机制，并在此基础上，充分借鉴外交危机管理国际经验，推动共建"一带一路"高质量发展的危机管理机制建设。

第四，国内国际双循环机制。"推动形成国内大循环为主体、国内国际双循环相互促进的新发展格局"的战略决策，为"一带一路"倡议统筹和协调国内国际两个市场与两种机制提出了新的要求。由于始终坚持有机结合国内发展与国际发展，"一带一路"倡议在建设完善的国内国际双循环机制上拥有便利条件，其核心是开创共建"一带一路"的地方化发展模式，使地方成为"一带一路"倡议国内国际发展连接的中心节点，既立足国内大循环，又以国内大循环吸引全球资源要素，进而推动共建"一带一路"高质量发展。

第九章　制度化共商共建共享原则

"一带一路"倡议提出以来，尽管时遇外部风雨但始终稳步前行，其根本保障事实上在于牢牢坚持最初提出的共商共建共享原则，这有力保证了其发展性、公共性、稳定性和团结性。就其高质量发展而言，持续坚持共商共建共享原则并实现其机制化，是在设施联通、贸易畅通和资金融通基础上的政策沟通和民心畅通的关键。一方面，共商共建共享原则的机制化，是确保中国与共建"一带一路"合作国家之间的战略与政策沟通的关键；另一方面，共商共建共享原则的机制化，也是确保共建"一带一路"合作国家的普通公众真正受益进而是民心相通的关键。需要指出的是，共商共建共享三原则的核心都在于"共"字，即必须在中国与共建"一带一路"合作国家之间实现一种相互性，而不是简单地将共建"一带一路"视作中国自身的议程。换句话说，这需要中国与共建"一带一路"合作国家形成一种共同体意识。这事实上涵盖三个层次。首先，通过推动形成"你中有我、我中有你的利益共同体"奠定共商共建共享的物质基础。由于全球化的深入发展，世界各国的利益与命运事实上已经紧密联系在一起，"一带一路"倡议的初衷是要"把世界各国利益和命运更加紧密地联系在一起，形成了你中有我、我中有你的利益共同体"。[1] 其次，以共同利益为基础，追求全人类实现和平共处与共同繁荣的人类命运共同体目标。如同党的十八大报告所指出的，"这个世界，各国相互联系、相互依存的程度空前加深，人类生活在同一个地球村里，生活在历史和现实交汇的同一个时空里，越来越成为你中有我、我中有你的命运共同体"。这一超越民族国家和意识形态的理念，事实上是中国为全人类发展提供的"中国理念"和

---

① 《推动全球治理体制更加公正更加合理 为我国发展和世界和平创造有利条件》，《人民日报》2015 年 10 月 14 日，第 1 版。

"中国方略"。[①] 最后，责任共同体是利益共同体与命运共同体的有机桥梁，是从利益共同体达致命运共同体的有力保障。[②] 中国首次正式提出责任共同体是在 2014 年 4 月的博鳌亚洲论坛，此后又在多个场合反复强调责任共同体对人类利益共同体、命运共同体建构的重要性。就共建"一带一路"而言，共商共建共享三原则其实是利益—责任—命运共同体的另一种表述：共享原则既涉及基础层次的利益共同体也涉及理想层次的命运共同体，但首先是利益共同体；共商与共建原则涉及利益共同体与命运共同体的建设理念和具体方法；而贯穿三项原则的"共"字则体现出一种责任的共同性和相互性，而非单向性。[③] 由此而来，共商共建共享三原则的机制化，核心就是要确保在机制建设过程中的"共"字或共同性、相互性的实现。中国对外交往始终坚持大小国家一律平等原则，因此这一共同性与相互性的实现就既不是历史上殖民帝国所采取的强制手段，也不是当今霸权国家所采取的强制加欺骗手段，而是一种基于共同体意识的自愿原则。具体而言，它体现为两个方面：一是中国与共建"一带一路"合作国家之间的伙伴关系建设，这既服务于共建"一带一路"高质量发展，也服务于更为宏观的全球新型发展伙伴关系建设；二是中国与非合作国家围绕共建"一带一路"而展开的基于开放、包容原则的三方合作，同时涵盖发展合作和市场合作两大方面。

第一节　新型发展伙伴关系建设：政策沟通与民心相通的融合

共建"一带一路"倡议致力于建立和加强中国与合作国家的互联互通伙伴关系，构建全方位、多层次、复合型的互联互通网络，以实现沿线各国多元、自主、平衡、可持续的发展。[④] 需要指出的是，"一带一路"倡议

---

① 国纪平：《为世界许诺一个更好的未来——论迈向人类命运共同体》，《人民日报》2015 年 5 月 18 日，第 1、3 版。

② 张春：《"一带一路"倡议与全球治理的新实践》，《国际关系研究》2017 年第 2 期，第 101 – 103 页。

③ 有关责任的单向性与相互性的讨论，可参见张春《中国在非洲的负责任行为研究》，《西亚非洲》2014 年第 5 期，第 46 – 61 页。

④ 国家发展改革委、外交部、商务部：《推动共建丝绸之路经济带和 21 世纪海上丝绸之路的愿景与行动》，2015 年 3 月 28 日，中国一带一路网，https://www.yidaiyilu.gov.cn/wcm. files/upload/CMSydylgw/201702/201702070519013.pdf，最后访问日期：2021 年 7 月 5 日。

下的伙伴关系建设,事实上同时服务三重宏伟战略目标:一是中国外交战略,即构建以合作共赢为核心的新型国际关系,打造对话不对抗、结伴不结盟的伙伴关系;二是发展中国家整体战略,即以基础设施互联互通为根本抓手推动建构全球南北方之间更为平衡的伙伴关系建构;三是联合国可持续发展战略,即当前以联合国2030年可持续发展目标为核心的全球新型发展伙伴关系建构。因此,共商共建共享原则的机制化建设,根本上取决于三个层次的制度建设:一是全球层次上,通过将"一带一路"倡议与联合国2030年议程相对接,成为全球新型发展伙伴关系的贡献者;二是双边层次上,通过赋予政治上的战略伙伴关系以设施联通、贸易畅通、资金融通等利益共同体内涵,使政策沟通和民心相通拥有务实内涵,成为战略伙伴关系与共建伙伴关系的联结者;三是在落实层次上,通过以结果导向的合作使共建"一带一路"真正利民、惠民,并作全球数据伙伴关系的先行者。

一 全球新型发展伙伴关系的贡献机制

"一带一路"倡议的提出事实上要早于联合国2030年议程的出台,因此对后者所虑及的诸多问题特别是其背后的价值理念的现实方案有着更加独特的视角;同时由于两大议程的基本性质和覆盖范围的差异,共建"一带一路"的具体举措更加务实可行,特别是在落实"不让任何人掉队"、全球新型发展伙伴关系构建等方面。与联合国2030年议程的伙伴关系建设更关注资金问题不同,共建"一带一路"倡议对伙伴关系的强调不仅体现在"共"字上,更体现在对全球新型伙伴关系的核心驱动力量、南北关系平衡的关注和促进上。

一方面,共建"一带一路"倡议高度强调,全球新型发展伙伴关系应当以联合国为核心展开。

需要强调的是,作为一项由中国首倡的覆盖范围相对有限的发展议程,"一带一路"倡议并不涉及全球层次上的伙伴关系建构,但它的确是中国努力推动新型全球发展伙伴关系努力的一部分。正如《愿景与行动》文件指出的,由于中国经济与世界经济高度关联,"中国将一以贯之地坚持对外开放的基本国策,构建全方位开放新格局,深度融入世界经济体系"。共建"一带一路"既是中国扩大和深化对外开放的需要,也是加强和亚欧非及世界各国互利合作的需要,中国愿意在力所能及的范围内承担更多责任义务,为人类和平发展作出更大的贡献。因此，共建"一带一路"指导原则中的第一条便是"恪守联合国宪章的宗旨和原则"，遵守和平共处五项原则，即尊重各国主权和领土完整、互不侵犯、互不干涉内政、和平共处、平等互利。①

结合中国对联合国 2030 年议程全球伙伴关系的立场，可以认为，"一带一路"倡议是中国促进全球伙伴关系的重要努力，其核心是尊重并维护联合国在全球发展合作中的核心地位。习近平主席在 2015 年 9 月 25 日的联合国发展峰会上发表演讲时强调，应优化发展伙伴关系，要健全发展协调机制，联合国应当继续发挥领导作用。为促进联合国 2030 年议程的落实，中国作出了"5 + 1"承诺。五项正式承诺包括：设立"南南合作援助基金"，首期提供 20 亿美元，支持发展中国家落实联合国 2030 年议程；继续增加对最不发达国家的投资，力争 2030 年达到 120 亿美元；免除对有关最不发达国家、内陆发展中国家、小岛屿发展中国家截至 2015 年底到期未还的政府间无息贷款债务；设立国际发展知识中心，同各国一道研究和交流适合各自国情的发展理论和发展实践；倡议探讨构建全球能源互联网，推动以清洁和绿色方式满足全球电力需求。另外附加的一项承诺围绕共建"一带一路"展开：中国也愿意同有关各方一道，继续推进"一带一路"建设，推动亚洲基础设施投资银行和金砖国家新开发银行早日投入运营、发挥作用，为发展中国家经济增长和民生改善贡献力量。②

更为具体地，"一带一路"倡议对以联合国为核心的全球发展伙伴体系的支持主要表现在两个层面。一是在全球层面上主要通过联合国大力推动联合国 2030 年议程落实。联合国 2030 年议程不只是一项全球性议程，更是一项全球性道德工程，这不仅体现在其中所体现的帮穷扶困国际合作方面，更体现在其内部大量的"质量型"目标上。与联合国千年发展目标相比，可持续发展目标更多强调超出基本需求的质量型目标，如降低不平等、提升教育质量、改善法治与治理等都属于质量型目标。

二是在区域或国家团体层次上，通过使"一带一路"倡议与联合国

① 国家发展改革委、外交部、商务部：《推动共建丝绸之路经济带和 21 世纪海上丝绸之路的愿景与行动》，2015 年 3 月 28 日，中国一带一路网，https://www.yidaiyilu.gov.cn/wcm.files/upload/CMSydylgw/201702/201702070519013.pdf，最后访问日期：2021 年 7 月 5 日。

② 习近平：《谋共同永续发展　做合作共赢伙伴——在联合国发展峰会上的讲话（2015 年 9 月 26 日，纽约）》，外交部网站，2015 年 9 月 27 日，http://www.fmprc.gov.cn/web/ziliao_674904/zt_674979/ywzt_675099/2015nzt/xpjdmgjxgsfw_684149/zxxx_684151/t1300882.shtml，最后访问日期：2021 年 7 月 5 日。

2030 年议程实现有效对接，将能有效推动联合国 2030 年议程加速落实。在 2016 年 9 月 5 日召开的二十国集团杭州峰会上所通过的公报，就将共建 "一带一路" 倡议与 2030 年议程有机结合起来，以推动包容和联动式发展，特别强调要 "促进基础设施投资，坚持数量与质量并重"。类似地，在 2016 年 4 月公布的《落实 2030 年可持续发展议程中方立场文件》中，专门强调 "优化发展伙伴关系。……加强基础设施互联互通建设和国际产能合作，实现优势互补"。该立场文件特别强调要 "充分发挥联合国的政策指导和统筹协调作用……支持联合国发展系统、专门机构、基金和方案发挥各自优势，根据授权积极推动落实 2030 年可持续发展议程，增加发展资源，推进国际发展合作"。①

更为重要的是，在 2016 年 9 月完成的《中国落实 2030 年可持续发展议程国别方案》（以下简称《国别方案》）中也有多处强调 "一带一路" 倡议与全球伙伴关系的相互关系。在 "战略对接" 部分，《国别方案》强调，中国积极推动 G20 制定落实可持续发展议程的行动计划，推动共建 "一带一路" 与沿线国家落实可持续发展议程紧密对接、相互促进，支持联合国各区域经济委员会和各专门机构为落实各自区域、各自领域的相关目标制定规划。② 在 "国际合作" 部分，《国别方案》也强调，积极履行国际责任，为全球发展贡献更多公共产品，推动南南合作援助基金、中国—联合国和平与发展基金、应对气候变化南南合作基金、亚洲基础设施投资银行、金砖国家新开发银行等为帮助其他发展中国家落实 2030 年可持续发展议程发挥更大作用，继续推进 "一带一路" 建设和国际产能合作，实现优势互补。③

此外，还有多项具体目标的对接方案明确提及 "一带一路" 倡议。如可持续发展目标 2. a（SDG - 2. a）"计划到 2022 年与联合国粮农组织合作执行 10 个左右南南合作国别项目，在 '一带一路' 建设农业合作框架下，

---

① 《落实 2030 年可持续发展议程中方立场文件》，外交部网站，2016 年 4 月 22 日，http://www. fmprc. gov. cn/web/ziliao_674904/zt_674979/ywzt_675099/2015nzt/xpjdmgjxgsfw_684149/zxxx_684151/t1356278. shtml，最后访问日期：2021 年 7 月 5 日。

② 《中国落实 2030 年可持续发展议程国别方案》，中国政府网，2016 年 10 月 13 日，第 13 页，http://www. gov. cn/xinwen/2016 - 10/13/5118514/files/4e6d1fe6be1942c5b7c116e317d5b6a9. pdf，最后访问日期：2021 年 7 月 5 日。

③ 《中国落实 2030 年可持续发展议程国别方案》，中国政府网，2016 年 10 月 13 日，第 17 页，http://www. gov. cn/xinwen/2016 - 10/13/5118514/files/4e6d1fe6be1942c5b7c116e317d5b6a9. pdf，最后访问日期：2021 年 7 月 5 日。

与沿线国家和区域在农作物育种、畜牧、渔业、农产品加工与贸易等领域开展合作"。又如，SDG - 8.a 强调"重视与最不发达国家的经贸合作，积极推动与'一带一路'沿线国家的贸易便利化进程，帮助相关国家改善边境口岸通关设施和加强贸易能力建设。深化同最不发达国家的经贸合作，扩大对最不发达国家进出口"。再如，SDG - 9.2 也称，"推进'一带一路'建设，通过国际产能和装备制造合作推动其他发展中国家，特别是最不发达国家的工业化发展。通过共建中小企业国际合作园（区）的方式，共同推动中小企业发展"。[1]

就中国作出切实努力使共建"一带一路"能够为联合国 2030 年议程的落实贡献最大力量而言，共建"一带一路"的确在维护和巩固联合国在全球发展合作中的核心地位；同时，它也表明中国崛起并不试图挑战现存国际秩序，而是力争实现在体系内的和平发展。

另一方面，"一带一路"倡议高度强调，全球新型伙伴关系应以促进全球南北平衡为核心关注。

如前所述，联合国 2030 年议程相当重视伙伴关系建设，并试图消除传统的南北关系。但南北方在国家实力特别是智力支撑方面仍存在明显的差距，因此联合国 2030 年议程下的南北关系更多通过提升道德、参与、技术等门槛，同时降低成本门槛而被改头换面了。[2]"一带一路"倡议倡导共商共建共享，通过聚焦主要是发展中国家的发展，从而有利于从整体上提升发展中国家的集体能力，长期必然推动南北方关系朝更加公正、合理的方向发展。

更为专门地，全球可持续发展伙伴关系或更宽泛的围绕联合国 2030 年议程展开的国际合作，是联合国 2030 年议程后续落实和评估的重要保障。联合国 2030 年议程呼吁"恢复全球可持续发展伙伴关系的活力"。回顾全球发展伙伴关系的演进可以发现，在进入 21 世纪之前，促进发展的伙伴关系几乎完全缺失。2002 年于南非约翰内斯堡举行的世界可持续发展峰会（World Summit on Sustainable Development）首次正式提出"可持续发展伙伴

---

① 《中国落实 2030 年可持续发展议程国别方案》，中国政府网，2016 年 10 月 13 日，第 17 页，http://www.gov.cn/xinwen/2016 - 10/13/5118514/files/4e6d1fe6be1942c5b7c116e317d5b6a9. pdf，最后访问日期：2021 年 7 月 5 日。

② 相关论述可参见张春《西方在国际组织中维持话语主导权的几种常见策略——以联合国 2030 年议程制定中的门槛管理为例》，《国际观察》2018 年第 3 期，第 80 - 96 页。

关系"（partnership for sustainable development）；这很大程度上是由于政府间协议难以推动对发展目标的承诺兑现，需要一种替代性的来自社会、私营部门的伙伴关系。因此，伙伴关系很大程度上是被当作一种全球治理的替代方法提出的，这也正是在南非约翰内斯堡世界可持续发展峰会上，伙伴关系被当作"二类协议"（Type – 2 Agreement）——政府协议被称作"一类协议"（Type – 1 Agreement）——提出的原因。[①] 因此，在联合国千年发展目标落实期间，国际社会所强调的全球伙伴关系更多聚焦公私伙伴关系（public-private partnership）。在联合国 2030 年议程的制定过程中，更引人关注的并非公私伙伴关系，而是由于新兴大国群体性崛起而引发的更新公共伙伴关系（public partnership），由此而来的是对"共同但有区别的责任"原则的激烈的南北方争论。最后，可持续发展目标 17.17（SDG – 17.17）规定"鼓励和推动参照组建伙伴关系的经验和资源配置战略，建立有效的公共伙伴关系、公私伙伴关系和民间社会伙伴关系"，[②] 但其相应的指标（SDG – 17.17.1）却仅提及后两者"为建立公私伙伴关系和民间社会伙伴关系承付的美元数额"，"公共伙伴关系"没有在指标中得到体现，说明有关"共同但有区别的责任"的南北争论仍在继续。

对联合国 2030 年议程所面临的伙伴关系建设挑战，共建"一带一路"的推进或许能提供重要的补充和纠偏。根本上，伙伴关系的建设中最关键的便是融资支持。"一带一路"倡议既不能为所有倡议项目提供全部融资，更不能为 2030 年议程提供太大的融资支持。但共建"一带一路"合作模式的确有其独特之处。《愿景与行动》文件明确了中国在这一方面的支持承诺：（中国将）"统筹国内各种资源，强化政策支持。推动亚洲基础设施投资银行筹建，发起设立丝路基金，强化中国—欧亚经济合作基金投资功能。推动银行卡清算机构开展跨境清算业务和支付机构开展跨境支付业务。积极推进投资贸易便利化，推进区域通关一体化改革"。更为专门地，"一带一路"倡议强调资金融通，强调深化金融合作，推进亚洲货币稳定体系、

① Jan Kara, and Diane Quarless, "Guiding Principles for Partnerships for Sustainable Development（'Type 2 Outcomes'）to be Elaborated by Interested Parties in the Context of the World Summit on Sustainable Development（WSSD），" Paper read at Fourth Summit Preparatory Committee（PREP-COM 4），May 27 – June 7, 2002, Bali, Indonesia.
② 联合国：《变革我们的世界：2030 年可持续发展议程》，2015 年 9 月 25 日大会决议，联合国文件 A/RES/70/1，2015 年 10 月 21 日。下文所涉及联合国 2030 年议程目标、具体目标的讨论均引自此文件，不再一一作注。

投融资体系和信用体系建设。扩大沿线国家双边本币互换、结算的范围和规模。推动亚洲债券市场的开放和发展。共同推进亚洲基础设施投资银行、金砖国家新开发银行筹建，有关各方就建立上海合作组织融资机构开展磋商。加快丝路基金组建运营。深化中国—东盟银行联合体、上合组织银行联合体务实合作，以银团贷款、银行授信等方式开展多边金融合作。支持沿线国家政府和信用等级较高的企业以及金融机构在中国境内发行人民币债券。符合条件的中国境内金融机构和企业可以在境外发行人民币债券和外币债券，鼓励在沿线国家使用所筹资金。

可以认为，"一带一路"倡议的上述举措，对于促进联合国 2030 年议程新型伙伴关系的建设有着重要意义。一方面，考虑到联合国 2030 年议程所需资金"从十亿到万亿"，传统意义上的对外援助已经不足够，因此需要全方位动员，包括国内资源、跨国公司、慈善基金、外逃资本、援助等，形成一种国际合力，"从多种来源调动额外财政资源用于发展中国家"（SDG－17.3）。就国际支持和资助而言，"官方可持续发展支助总量"（Total Official Support for Sustainable Development，TOSSD）正作为一个新的工具得到倡导，其核心是实现资源的全方位动员。这一资金需求和动员新格局要求公共伙伴关系、公私伙伴关系、民间伙伴关系的全面发展和配合，但考虑到公共伙伴关系在最后的指标设定中并没有被充分强调，"一带一路"倡议在公共伙伴关系方面的确树立了"榜样"。

另一方面，"一带一路"倡议以自身行动，事实上有助于推动联合国 2030 年议程内融资问题上的"共同但有区别的责任"原则的升级。就自身努力而言，中国事实上已经自愿性地作出了对国际发展议程的"自主贡献承诺"；同时，这一努力也有助于共建国家就其自身的国内资源动员设定自愿性目标。如前所述，在国际社会围绕"共同但有区别的责任"原则如何在联合国 2030 年议程框架下予以落实展开争论的同时，中国却正在以实际行动将这一原则升级到 2.0 版本。升级"共同但有区别的责任"原则到 2.0 版本很大程度上是可能的，因为：首先，传统援助方的援助要求已经在 2030 年议程中明文规定；其次，新兴发展伙伴同样承诺推动南南合作发展——尽管强调南北合作仍是主渠道；最后，国内资源动员已经成为广大发展中国家的共识，如非盟已提出其国内资源动员的意向性目标，即其发展所需的 70%—80% 资金将从国内获得，其余 20%—30% 将借助外部支助。如果这一目标能真正实现，那么共建"一带一路"对新型发展伙伴关系、新型南北关系的建构无疑作出了重大贡献。

二 战略伙伴关系与共建伙伴关系的联结机制

中国始终坚持独立自主的外交政策,这意味着与其他国家的伙伴关系始终秉持不结盟、不对抗方针。尽管如此,随着中国综合实力持续增强,国际社会的猜忌持续增长,中国的国际伙伴关系重心仍发生了较明显的变化:冷战结束后直到"一带一路"倡议提出甚至到2017年首届"一带一路"国际合作高峰论坛前,中国国际伙伴关系的重点仍是在政治和战略上,即以战略伙伴关系建构为核心;"一带一路"倡议提出后,围绕共建"一带一路"展开的共建伙伴关系逐渐成为中国国际伙伴关系的重点,且主要强调以基础设施共建为核心的互联互通伙伴关系。换句话说,"一带一路"倡议的提出及相应的共建伙伴关系建设有助于缓解国际社会对中国快速发展的战略猜忌,使政策沟通和民心相通变得更为顺畅。需要强调的是,这并不意味着中国国际伙伴关系中的战略与政治内涵被削弱了;相反,政策沟通和民心相通的强化,对战略伙伴关系的发展高度积极。因此,共建"一带一路"事实上实现了战略伙伴关系与共建伙伴的有机联系;"一带一路"倡议的共商共建共享机制化建设,事实上就是进一步强化这一联结战略伙伴关系与共建伙伴关系的机制。

冷战结束后,中国迅速转变战略思维,大力推动不结盟、不对抗的结伴不结盟战略伙伴关系建设。笔者根据外交部截至2021年1月31日[①]的国别信息整理,自1993年与巴西建立首个战略伙伴关系起,直至2019年底——2020年没有建立新的战略伙伴关系——中国共与86个国家建立了战略伙伴关系,其中与42个国家的战略伙伴关系升级过至少1次,其中又有8个国家的战略伙伴关系经历过2次升级;如果将所有升级计算在内,中国共计与86个国家建立了136次不同的战略伙伴关系。根据笔者对这136个数据的统计分析可发现,在1993—2019年,中国所建立的战略伙伴关系具备如下特征。

第一,从战略伙伴关系的层次结构看,中国与世界各国建立的战略伙

---

① 笔者根据外交部"国家和组织"网页(https://www.fmprc.gov.cn/web/gjhdq_676201/gj_676203/yz_676205/)信息整理,最后访问日期:2021年1月31日。选取截至2021年1月31日的数据主要是确保对战略伙伴关系的统计与对签署共建"一带一路"合作文件国家的统计的一致性,尽管其中仍可能存在数据更新的延误。

伴关系大致可分为 6 个层次。从与 86 个国家的战略伙伴关系及其中部分国家的战略伙伴关系升级路径看，第一层次主要包括伙伴关系、睦邻伙伴关系、合作伙伴关系 3 种；第二层次的最多，共计有 13 种名称，但很多名称实质上高度相似，如全面伙伴关系、全面合作关系、全面合作伙伴关系、全面友好合作伙伴、全面友好合作伙伴关系、友好合作关系、友好合作伙伴关系、全方位合作伙伴关系、全方位友好合作伙伴关系等等。第三层次的数量明显下降，包括战略伙伴关系、战略合作关系、战略合作伙伴关系、战略协作伙伴关系、新型合作伙伴关系、互惠战略伙伴关系 6 种名称，其中数量最多的是战略伙伴关系。第四层次只有全面战略伙伴关系、全面战略协作伙伴关系、全天候战略合作伙伴关系 3 种名称。第五层次仅新时代全面战略协作伙伴关系 1 种。第六层次包括世代友好的战略合作伙伴关系、永久全面战略伙伴关系 2 种。①

　　第二，根据上述层次认定，中国与世界各国的战略伙伴关系主要集中在第四层次和第三层次。由于存在跨越式升级，首次签署的 3 个第一层次的战略伙伴关系均已升级，其中尼泊尔从 1996 年签署的睦邻伙伴关系，在 2009 年第一次升级为第二层次的全面合作伙伴关系，但到 2019 年直接跃升至最高层次的世代友好的战略合作伙伴关系；中国与南非于 2000 年签署第一层次的伙伴关系，2004 年升级为第三层次的战略伙伴关系，2010 年升级为第四层次的全面战略伙伴关系；中国与韩国于 1998 年签署合作伙伴关系，2003 年升级为全面合作伙伴关系，2008 年升级为战略合作伙伴关系。首次签署的 27 个第二层次的战略伙伴关系中有 19 个已经升级，到 2021 年初只余下 8 个；首次签署的 37 个第三层次的战略伙伴关系也降至 26 个；第一、二、三层次战略伙伴关系的升级，使第四层次的战略伙伴关系从首次签署的 19 个，直接跃升至 2021 年初的 49 个。②

　　第三，从战略伙伴关系的升级路径看，中国与世界各国的战略伙伴关系事实上只有 4 个层次，现实中存在诸多跨层次升级的案例。就第一次升级看，中国与各国的战略伙伴关系的升级路径有 18 种，但升级后的战略伙伴关系只有 7 种。即使将可前后连接起来的升级路径，迄今为止可识别的升级

---

①　笔者根据外交部"国家和组织"网页（https://www.fmprc.gov.cn/web/gjhdq_676201/gj_676203/yz_676205/）信息整理，最后访问日期：2021 年 1 月 31 日。

②　笔者根据外交部"国家和组织"网页（https://www.fmprc.gov.cn/web/gjhdq_676201/gj_676203/yz_676205/）信息整理，最后访问日期：2021 年 1 月 31 日。

路径最多可有 3 次,主要有两种路径:一是,第一次升级至全面合作伙伴关系,第二次升级至战略合作伙伴关系,第三次可升级至全天候战略合作伙伴关系;二是,第一次升级至战略伙伴关系,第二次升级至全面战略伙伴关系,第三次升级至永久全面战略伙伴关系。①

第四,如果将中国建立和升级战略伙伴关系与签署共建"一带一路"合作文件的时间分布相结合,可以发现,二者之间存在明显的前后延续,进而暗示了中国伙伴关系建设的重心转变。从战略伙伴关系的建立和升级看,1993—2003 年可被认为第一阶段,中国共计建立 19 个战略伙伴关系,其中仅 1 个得以升级一次。第二阶段是 2004—2006 年,是中国战略伙伴关系建设的第一个高潮,三年时间内新建立战略伙伴关系与此前 11 年相同,达到 19 个,同时对 5 个战略伙伴关系进行了升级。第三阶段是 2007—2013 年,此期间共计新建战略伙伴关系 16 个,但对 12 个作了第一次升级,2 个作了第二次升级,某种程度上处于稳步发展阶段。第四阶段是 2014—2019 年即"一带一路"倡议实施时期,很大程度上是中国战略伙伴关系大发展的阶段,共计有 32 个新的战略伙伴关系得以建立,24 个实现了第一次升级,另有 6 个实现了第二次升级(见图 9—1)。

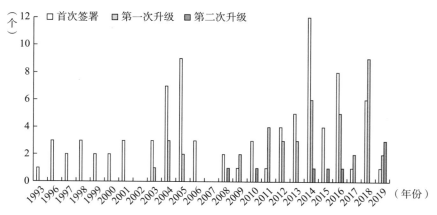

图 9—1　中国与世界各国战略伙伴关系建设进展(1993—2019 年)

资料来源:笔者根据外交部"国家和组织"网页(https://www.fmprc.gov.cn/web/gjhdq_676201/gj_676203/yz_676205/)信息整理制作,最后访问日期:2021 年 1 月 31 日。

---

① 笔者根据外交部"国家和组织"网页(https://www.fmprc.gov.cn/web/gjhdq_676201/gj_676203/yz_676205/)信息整理,最后访问日期:2021 年 1 月 31 日。

　　结合签署共建"一带一路"合作协议国家的增长情况看，已有战略伙伴关系的国家无疑是共建"一带一路"打开局面的重要基础。例如，2014年共计10个国家与中国签署了共建"一带一路"合作文件，全部是与中国有战略伙伴关系的国家；2015年的16个新合作国家中，有10个与中国有战略伙伴关系，有战略伙伴关系的国家数量占新签合作协议国家数量的比重达到62.5%；2016年，7个新合作国家中有6个与中国有战略伙伴关系，比重达到85.7%；2017年，24个新合作国家中有13个与中国有战略伙伴关系；2018年，62个新合作国家中有25个与中国有战略伙伴关系；2019年的18个新合作国家中有5个与中国有战略伙伴关系。在2014—2019年的共计137个新合作国家中，有69个与中国有战略伙伴关系，超过50%（见图9—2）。更重要的是，在这一时期中，有24个国家与中国的战略伙伴关系升级过1次，其中有6个国家升级过2次。

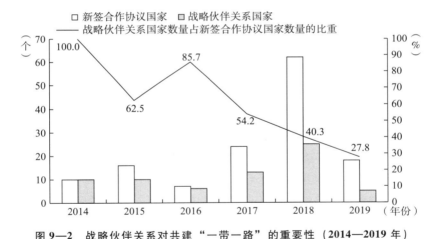

图9—2　战略伙伴关系对共建"一带一路"的重要性（2014—2019年）

资料来源：笔者根据外交部"国家和组织"网页（https://www.fmprc.gov.cn/web/gjhdq_676201/gj_676203/yz_676205/）信息整理制作，最后访问日期：2021年1月31日。

　　如果进一步考察在与中国有战略伙伴关系的国家中，签署共建"一带一路"合作协议的国家情况，可以发现，主要集中在沿线合作国家（39个）和非沿线合作国家（30个）两个群体。印度和土库曼斯坦两个沿线未合作国家并未与中国签署合作协议；而来自美洲（2个，即巴西和加拿大）和欧洲（13个）的战略伙伴关系国家均未签署合作协议，尽管其中有7个国家——2个美洲国家和5个欧洲国家——与中国的战略伙伴关系还升级过1次。但与中国有战略伙伴关系的欧美国家主要是在2014年前签署的战略伙伴关系,2014 年及以后的新建战略伙伴关系仅 4 个,升级的仅 2 个。在沿线合作国家与非沿线合作国家中,如果从与中国签署共建"一带一路"合作协议的时间分布上看,在 2017 年以前主要是沿线合作国家,非沿线合作国家主要是在 2018 年(21 个)和 2019 年(5 个)加入的。这很大程度上展示了中国伙伴关系从政治和战略维度逐渐转向以共建"一带一路"为核心的经贸维度的转换过程(见表 9—1)。

表 9—1　战略伙伴关系国家签署合作协议情况（2014—2019 年）

单位:个

战略伙伴关系国家		2014 年	2015 年	2016 年	2017 年	2018 年	2019 年	小计
沿线合作国家	39	10	9	6	10	4	0	39
非沿线合作国家	30	0	1	0	3	21	5	30
沿线未合作国家	2	0	0	0	0	0	0	0
未合作国家	15	0	0	0	0	0	0	0
合计	86	10	10	6	13	25	5	69

资料来源:笔者根据外交部"国家和组织"网页（https://www.fmprc.gov.cn/web/gjhdq_676201/gj_676203/yz_676205/）信息整理制作,最后访问日期:2021 年 1 月 31 日。

　　中国伙伴关系从战略、政治维度转向经贸维度的核心驱动,在于共建"一带一路"倡议强调的是互联互通伙伴关系。"一带一路"倡议对基础设施互联互通重要性的强调有一个逐渐深入的过程。第一阶段是从 2013 年提出"一带一路"倡议到 2015 年初,是基础设施建设政策构想日渐完善的阶段。2013 年 9 月 7 日,国家主席习近平在哈萨克斯坦纳扎尔巴耶夫大学演讲时提出共同建设"丝绸之路经济带"倡议,其中就包括"加强道路联通。打通从太平洋到波罗的海的运输大通道,逐步形成连接东亚、西亚、南亚的交通运输网络"。[1] 10 月 3 日,习近平主席在印度尼西亚国会演讲中强调,"中国致力于加强同东盟国家的互联互通建设",并"倡议筹建亚洲基础设施投资银行",支持本地区发展中国家包括东盟国家开展基础设施互联互通建设。[2]

---

① 《习近平发表重要演讲 呼吁共建"丝绸之路经济带"》,外交部网站,2013 年 9 月 7 日,https://www.fmprc.gov.cn/web/ziliao_674904/zt_674979/ywzt_675099/2013nzt_675233/xjpfcyghy_675259/zxxx_675261/t1074063.shtml,最后访问日期:2021 年 7 月 5 日。

② 习近平:《携手建设中国—东盟命运共同体——在印度尼西亚国会的演讲》,外交部网站,2013 年 10 月 3 日,https://www.fmprc.gov.cn/web/ziliao_674904/zt_674979/ywzt_675099/2013nzt_675233/xjpzxfwydnxy_675251/zxxx_675253/t1084354.shtml,最后访问日期:2021 年 7 月 5 日。

2014 年 11 月 8 日，在北京举行的加强互联互通伙伴关系对话会上，习近平主席指出，"自古以来，互联互通就是人类社会的追求"；而当今要实现发展，"互联互通是其中一个关键环节"。习近平主席在演讲中建议，以亚洲国家为重点方向，率先实现亚洲互联互通；以经济走廊为依托，建立亚洲互联互通的基本框架；以交通基础设施为突破，实现亚洲互联互通的早期收获；以建设融资平台为抓手，打破亚洲互联互通的瓶颈。习近平主席宣布，中国将出资 400 亿美元成立丝路基金，为"一带一路"沿线国家基础设施、资源开发、产业合作和金融合作等与互联互通有关的项目提供投融资支持。[①]

2015 年 3 月 28 日出台的《愿景与行动》文件标志着共建"一带一路"倡议对基础设施互联互通的认识进入第二个阶段，即系统推进阶段。《愿景与行动》文件指出，基础设施互联互通是"一带一路"建设的优先领域。遵循软硬件对接——涵盖建设规划、技术标准体系及由骨干通道组成的基础设施网络，关键通道、关键节点和重点工程对接，以及高质量对接——涵盖绿色低碳化建设和运营管理、通道安全及信息交流与合作等，《愿景与行动》文件事实上为基础设施互联互通的系统推进提供了完整指南。[②] 在 2017 年 5 月发布的《共建"一带一路"：理念、实践与中国的贡献》中，"一带一路"倡议的基础设施互联互通规划得到进一步明确。以丝绸之路经济带的三大走向和 21 世纪海上丝绸之路的两大走向为基础，依据共建"一带一路"的合作重点和空间布局，形成了"六廊六路多国多港"的合作框架。"六廊"是指新亚欧大陆桥、中蒙俄、中国—中亚—西亚、中国—中南半岛、中巴和孟中印缅六大国际经济合作走廊。"六路"指铁路、公路、航运、航空、管道和空间综合信息网络，是基础设施互联互通的主要内容。"多国"是指一批先期合作国家。"一带一路"沿线有众多国家，中国既要与各国平等互利合作，也要结合实际与一些国家率先合作，争取呈现有示范效应、体现"一带一路"理念的合作成果，吸引更多国家参与共建"一带一路"。"多港"是指若干保障海上运输大通道安全畅通的合作港口，通

---

① 习近平：《联通引领发展　伙伴聚焦合作——在"加强互联互通伙伴关系"东道主伙伴对话会上的讲话》，中国政府网，2014 年 11 月 8 日，http：//www.gov.cn/xinwen/2014 - 11/08/content_2776523. htm，最后访问日期：2021 年 7 月 5 日。

② 国家发展改革委、外交部、商务部：《推动共建丝绸之路经济带和 21 世纪海上丝绸之路的愿景与行动》，中国政府网，2015 年 3 月 28 日，http：//www.gov.cn/xinwen/2015 - 03/28/content_2839723. htm，最后访问日期：2021 年 7 月 5 日。

过与"一带一路"沿线国家共建一批重要港口和节点城市，进一步繁荣海上合作。"六廊六路多国多港"是共建"一带一路"的主体框架，为各国参与"一带一路"合作提供了清晰的导向。①

习近平主席在 2018 年 8 月推进"一带一路"建设工作 5 周年座谈会上的重要讲话，标志着对互联互通高质量发展的认识进入更加成熟的第三阶段。事实上，在《愿景与行动》文件中就已涉及共建"一带一路"基础设施互联互通高质量发展的要素，此后又有多项文件及大量实践推动着基础设施互联互通高质量发展。例如，2017 年 5 月公布的《关于推进绿色"一带一路"建设的指导意见》提出，根据生态文明建设、绿色发展和沿线国家可持续发展要求，构建互利合作网络、新型合作模式、多元合作平台，力争用 3—5 年时间，建成务实高效的生态环保合作交流体系、支撑与服务平台和产业技术合作基地，制定落实一系列生态环境风险防范政策和措施，为绿色"一带一路"建设打好坚实基础；用 5—10 年时间建成较为完善的生态环保服务、支撑、保障体系，实施一批重要生态环保项目，并取得良好效果。② 这事实上是习近平主席有关打造"绿色丝绸之路"理念的深化，同时也是助力"一带一路"相关国家实现联合国 2030 年可持续发展目标的重要努力。自新冠疫情暴发以来，习近平主席在多个场合强调，促进互联互通、坚持开放包容，是应对全球性危机和实现长远发展的必由之路，共建"一带一路"国际合作可以发挥重要作用；中国愿意支持其他国家加强互联互通和保障产业链供应链建设，把"一带一路"打造成团结应对挑战的合作之路、维护人民健康安全的健康之路、促进经济社会恢复的复苏之路、释放发展潜力的增长之路。③

正是中国对基础设施互联互通重要性的认识日益深入，中国倡导的互联互通伙伴关系也日益被国际社会所接受，进而推动了与中国签署共建

---

① 推进"一带一路"建设工作领导小组办公室：《共建"一带一路"：理念、实践与中国的贡献》，新华网，2017 年 5 月 10 日，http://www.xinhuanet.com/politics/2017 – 05/10/c_1120951928.htm，最后访问日期：2021 年 7 月 5 日。

② 环境保护部、外交部、国家发展改革委、商务部：《关于推进绿色"一带一路"建设的指导意见》，环国际〔2017〕58 号，生态环境部网站，2017 年 4 月 26 日，http://www.mee.gov.cn/gkml/hbb/bwj/201705/t20170505_413602.htm，最后访问日期：2021 年 7 月 5 日。

③ 《习近平向"一带一路"国际合作高级别视频会议发表书面致辞》，外交部网站，2020 年 6 月 18 日，https://www.fmprc.gov.cn/web/zyxw/t1790007.shtml，最后访问日期：2021 年 7 月 5 日。

"一带一路"合作协议的国家数量的迅速增长。在这一过程中，正是战略伙伴关系率先保证了"一带一路"倡议的逐渐被接受和推广，并最终推动中国伙伴关系的经贸维度日益充实。这意味着，共建"一带一路"所倡导的互联互通伙伴关系，不只是从表现上推动中国伙伴关系从以战略和政治维度为主转向以经贸维度为主，更使中国伙伴关系的战略、政治、经贸维度更为有机地整合在一起。从共建"一带一路"高质量发展的角度，进一步巩固和发展这一战略伙伴关系与共建伙伴关系的联结机制，对共商共建共享的机制化有着重要意义。

三　全球数据伙伴关系的先行先试机制

中国一贯强调，共建"一带一路"是系统工程，要坚持共商共建共享原则，积极推进沿线国家发展战略的对接。在具体落实过程中，《愿景与行动》文件强调，要加强双边合作，开展多层次、多渠道沟通磋商，推动双边关系全面发展。推动签署合作备忘录或合作规划，建设一批双边合作示范项目。建立完善双边联合工作机制，研究推进"一带一路"建设的实施方案、行动路线图。充分发挥现有联委会、混委会、协委会、指导委员会、管理委员会等双边机制的作用，协调推动合作项目实施。[①] 更为具体地，推动共建"一带一路"高质量发展，不仅是要落实好与合作国家的战略和政策对接，更要深入推进共建"一带一路"高质量发展的指标对接，这样才能确保共建"一带一路"项目层次的成果能够充分转化成为战略、政策及民生实惠。就此而言，仅有前述第四章所确立的共建"一带一路"高质量发展指标体系仍是不充分的，中国与共建"一带一路"合作国家必须共同致力于数据伙伴关系的建设，打造全球数据伙伴关系的先行先试机制。

"一带一路"伙伴关系建设，首先要实现国别与地区战略和政策规划对接。与联合国 2030 年议程相似，"一带一路"倡议从根本上讲是一个自愿性发展议程，共商共建共享原则不具备硬性约束力，必须依据不同合作伙伴而加以调整。共商强调彼此尊重各国的利益，求同存异、相互信任。共建"一带一路"合作国家数量众多，各国发展水平、经济规模、文化习俗

---

① 国家发展改革委、外交部、商务部：《推动共建丝绸之路经济带和 21 世纪海上丝绸之路的愿景与行动》，中国政府网，2015 年 3 月 28 日，http://www.gov.cn/xinwen/2015 - 03/28/content_2839723.htm，最后访问日期：2021 年 7 月 5 日。

等差别很大，以共商为基础，合作国家作为平等参与者都可以参与到协商中来，兼顾各方利益和关切，寻求利益契合点和合作最大公约数，才能切实凝聚力量、体现各方智慧。很大程度上，共建"一带一路"伙伴关系的国别、区域性战略和政策规划对接，与联合国 2030 年议程落实中的战略和政策规划颇有相通之处。如同《变革我们的世界：2030 年可持续发展议程》所指出的，"可持续发展目标和具体目标是一个整体，不可分割，是全球性和普遍适用的，兼顾各国的国情、能力和发展水平，并尊重各国的政策和优先事项。具体目标是人们渴望达到的全球性目标，由各国政府根据国际社会的总目标，兼顾本国国情制定。各国政府还将决定如何把这些激励人心的全球目标列入本国的规划工作、政策和战略"，"我们确认各国对本国经济和社会发展负有首要责任"，"我们会在考虑到本国实际情况、能力和发展程度的同时，依照本国的政策和优先事项，努力在国家、区域和全球各级执行本议程。我们将在继续依循相关国际规则和承诺的同时，保留国家政策空间，以促进持久、包容和可持续的经济增长，特别是发展中国家的增长"。[①] 换句话说，各国和地区如何将自身政策优先、行动规划及预算与 2030 年议程的"目标—具体目标—指标"相结合，是关键性的第一步；它不仅有助于推动 2030 年议程的落实，更有利于保证国家对自身发展的主导权。类似地，共建"一带一路"高质量发展和伙伴关系建设，也首先要求实现共建"一带一路"规划与合作国家的战略和政策规划的有效对接。

共建"一带一路"高质量发展不仅需要战略与政策的对接，也需要实现衡量指标体系的对接甚至融通，从而确保项目层次的切实成果。指标体系的对接很大程度上意味着共商共建得以落到实处。但要实现指标体系的对接，就需要实现联合国 2030 年议程意义上的"数据革命"（Data Revolution）。尽管广义上的"数据革命"更多与互联网革命及由此而来的大数据、云计算等相关[②]，但 2030 年议程框架下的数据革命更多指数据的质量、时效、开放等内容。对数据革命的要求首先源于联合国千年发展目标落实的教训，"很多时候，缺乏社会和经济环境的最基本数据，发展努力的成效

---

① 联合国：《变革我们的世界：2030 年可持续发展议程》，2015 年 9 月 25 日大会决议，联合国文件 A/RES/70/1，2015 年 10 月 21 日，第 9、12 页。

② 有关技术意义上的数据革命的讨论很多，例如可参见涂子沛《数据之巅：大数据革命，历史、现实与未来》，中信出版社，2014；田丽梅《关联数据：正在到来的数据革命》，《渤海大学学报》（哲学社会科学版）2014 年第 5 期。

大打折扣"，因此"必须利用新的技术，为所有人提供数据获得途径"。① 联合国可持续发展独立数据革命专家组（Independent Expert Advisory Group on the Data Revolution，以下简称"独立数据专家组"）对"为了可持续发展的数据革命"的具体内容作了界定，包括三个要素：第一，传统数据与新数据的整合，将为用户创造更详细、更及时、更有意义的高质量信息，以满足不同需求，尤其是促进和监测可持续发展；第二，通过公开性和透明度的提升，提高数据的使用率，避免数据滥用对个人和群体的人权侵犯，最大程度减少在数据生产、获取和使用过程中的不平等；第三，更好地赋权人民，促进更好的决策、参与和履责，为全人类提供更好的未来。② 可持续发展目标的具体目标 17.18（SDG－17.18）和 17.19（SDG－17.19）专门聚焦数据革命，中国政府也强调应帮助发展中国家提高统计能力。

对包括"一带一路"倡议在内的所有发展议程而言，数据问题是无法回避的挑战。只有依据更为可靠的数据，决策才会充分有效，监测和评估才会准确可靠，相应的战略和政策调整才会恰当及时，各类发展议程后续落实中的责任才会清楚可查。正因如此，在 2030 年议程制定过程中，国际社会提出了"数据革命"的理念，并以此为基础提出建设 2030 年议程的全球数据伙伴关系；而这也应当成为共建"一带一路"倡议能力建设的重要方面，同时也可为全球数据伙伴关系的发展作出贡献。

推动数据革命，进而建设全球数据伙伴关系的确有其必要性。首先，它能够支持 2030 年议程的后续落实、监督与评估。数据革命有利于个人、国家乃至全人类；推进数据革命不只是逐利行为，更是道德行为。其次，它的确能够为大多数发展中国家的发展提供助力，特别是那些统计能力相对较差的国家。通过推动发展中国家的"数据化"转型，大多数发展中国家能有效改善其国家发展战略规划，为落实自身发展议程奠定扎实基础。再次，它也能为产业界和私人部门带来巨大商业机会。最后，它还有利于提升发达国家的统计能力和社会治理水平。

但也需要看到，对数据革命的潜在成本特别是其政治涵义的分析远远

---

① High-Level Panel of Eminent Persons on the Post－2015 Development Agenda, *High Level Panel Bali Communiqué*, Bali, Indonesia, March 27, 2013, p. 3.

② "A World That Counts: Mobilising the Data Revolution for Sustainable Development," Report prepared at the request of the United Nations Secretary-General, by the Independent Expert Advisory Group on a Data Revolution for Sustainable Development, New York: United Nations, November 2014, p. 6.

不足，数据革命仍有诸多潜在风险特别是政治风险。首先，数据革命可能被用于促进所谓"问责革命"（accountability revolution）。的确，数据革命的倡导者一贯认为，数据革命对良治和政府履责具有巨大的推动作用。[①] 但这也恰好是数据革命的最大风险，即外部推动的问责可能动摇对象国的国内政治与发展。值得注意的是，对数据革命的倡导者而言，数据革命本身不过是所谓"问责革命"的要素之一而已。[②] 由于统计能力的差异和全球数据伙伴关系的必要性，当前强调的（发展中国家的）数据革命必然有相当一部分是由外部资源和技术支持的，而作为其结果的"问责革命"本身也就成了外部驱动的。其中的风险目前尚难以全面评估，但如同 2014 年 7 月11—12 日在伦敦召开的一次有关数据革命的会议中有人指出的，"数据被用于行动和问责"[③]（而不是用于可持续发展），这可能是外部推动的数据革命和"问责革命"的最大政治风险。

其次，对数据革命的既有讨论可能塑造一种新的"文明标准论"。在联合国 2030 年议程拟订过程中，联合国及国际社会普遍强调要打破既有的"援助国—受援国"二元模式。但有关数据革命的讨论很可能导致一种新的"援助国—受援国"二元模式的确立。同样由于明显的能力差异，数据发达国家向数据落后国家提供援助时，有能力更有权力确立数据革命的技术和政治标准，从而在全球范围内确立新的"文明标准"。的确，在发展中国家仍在为基础的统计能力建设而努力时，发达国家已经提出诸多带有"文明标准"性质的新指标体系，如经合组织（OECD）的"更好生活指数"（better life index）[④] 及全球多国都在统计的"幸福感指数"。需要指出的是，这类指数在根本上与数据无关，而与价值判断有关。因此，在新的二元模式下，曾经饱受批评的援助附加条件，现在可在技术合理性外衣下"返场"。

最后，数据革命本身还有另一重政治风险，即发展中国家的数据主权

① SDSN, *Data for Development*: *A Needs Assessment for SDGs Monitoring and Statistical Capacity Development*, New York: UN SDSN, 2015, p. 8.

② "The Next Development Goals: Do We Need a Data Revolution or an Accountability Revolution?" Development Horizons, October 23, 2013, http://www. developmenthorizons. com/2013/10/the-next-development-goals-do-we-need. html, accessed on October 11, 2021.

③ "Expert Workshop Charts Action Strategy for Data Revolution," IISD, August 14, 2014, http://sdg. iisd. org/news/expert-workshop-charts-action-strategy-for-data-revolution/, accessed on October 11, 2021.

④ "OECD Better Life Index," http://www. oecdbetterlifeindex. org/, accessed on October 11, 2021.

和数据独立性可能受到严重影响，原因主要在于其技术能力低下。数据革命旨在为监督 2030 年议程提供坚实基础，并帮助制定合理的政策。由于发展中国家的相对弱势和"不利的先天条件"，① 如果没有对数据革命的充分支持，更大的数据鸿沟可能出现，2030 年议程的落实可能成为泡影。但要弥补劣势、提升自身数据能力，发展中国家将不得不接受发达国家的援助和标准，进而使数据革命从根本上成为一种外部驱动的革命。正是由于这种外部驱动或外部输入性质，一种"数据独裁"可能产生，北方国家以更优决策、更优监督、需求推动等名义，影响甚至控制南方国家的数据生产。

结合上述数据革命和全球数据伙伴关系的潜在获益和风险，"一带一路"倡议一方面要与各类国际主流发展议程特别是联合国 2030 年议程相对接，共同推动数据革命和全球数据伙伴关系的发展，另一方面要确保这一伙伴关系的合理和均衡。具体而言，"一带一路"倡议应当在以下四个方面采取切实举措，推动全球数据伙伴关系发展。

第一，发展一个完整的标准体系。数据革命的一个重要挑战是"缺乏共同的标准来比较不同领域和国家的数据"，② 因此一个合理、均衡的全球数据伙伴关系首先需要有一个完整的标准体系，以便实现数据的可比较性。共建"一带一路"可借鉴诸如国际援助透明倡议（International Aid Transparency Initiative，IATI）的做法，将援助方、伙伴国、基金会、开放数据专家和社会团体等纳入进来，保证各类数据标准间的互通性、促进数据的丰富度和可用性，并设法消除数据革命中潜在的"文明标准"风险。

第二，建立一个普遍性的技术和知识共享平台。全球数据伙伴关系不仅需要各类标准间的相互兼容，还需要全面的能力和基础设施建设。第一步应就各国的数据生态、能力需求、数据资产和数据差距等加以全面评估，为建立全球数据伙伴关系奠定基础。例如，曾有非洲国家表示，"非洲支持创建一个在线平台以统计现有的技术便利化措施，拓展国际合作，促进网络信息共享和知识技术转让"。③ 而 2030 年议程目标 17.18 则呼吁，"到

① UNECA, *MDGs Report 2014: Assessing Progress in Africa Toward the Millennium Development Goals*, Addis Ababa: United Nations Economic Commission for Africa, October 2014.

② African Union, *Africa Data Consensus*, March 29, 2015, Addis Ababa, Ethiopia, p. 2.

③ Boubacar Boureima, *African Group Statement During the Joint Session FFD and Post 2015 Sessions: Technology Facilitation Mechanism and Other Science Technology and Innovation Issues*, New York: United Nations, April 22, 2015, p. 2.

2020 年,加强向发展中国家,包括最不发达国家和小岛屿发展中国家提供的能力建设支持,大幅增加获得按收入、性别、年龄、种族、民族、移徙情况、残疾情况、地理位置和各国国情有关的其他特征分类的高质量、及时和可靠的数据"。[①]

　　第三,坚持"共同但有区别的责任"原则,建立全球数据伙伴关系的南北分工体系。在指出当前数据革命的讨论严重忽视其政治风险的同时,也必须承认各国、不同行为体的数据统计能力的重大差异,因此合理、均衡的全球数据伙伴关系必须遵循共同但有区别的责任原则,这意味着南北国家在全球数据伙伴关系中的总体分工态势(见表 9—2)。简言之,全球数据伙伴关系的分工格局就是数据发达国家为数据落后国家的数据能力建设提供帮助。考虑到这一安排可能激发新的"援助国—受援国"二元模式,因此在遵循共同但有区别的责任原则建设全球数据伙伴关系的同时,也必须强调北方国家也存在数据革命需求,不能忽视数据落后国家在 2030 年议程的质量型目标或愿景型指标方面的潜在优势,因此全球数据伙伴关系也应在强调共同但有区别的责任的同时,强调南北方的相互有效问责。

表 9—2　共建"一带一路"与数据革命的南北分工

具体目标	目标与数据革命相关性	北方国家的责任	南方国家的责任
SDG – 9. a	统计基础设施建设	资金支持	国内统计基础设施建设
SDG – 9. b	统计技术提升	技术支持	提升国内统计技术
SDG – 9. c	数据革命的信息开放获取	技术支持	科技/互联网的开放获取
SDG – 16.6	数据革命的机制建设	/	机制建设
SDG – 16.9	基本登记	/	国内统计建设
SDG – 16.10	数据革命的信息开放获取	/	信息公开;立法支持
SDG – 17.2	统计技术提升	资金支持	/
SDG – 17.8	统计技术提升	技术支持	统计技术提升
SDG – 17.9	数据革命的伙伴关系建设	伙伴关系建设	伙伴关系建设;统计技术提升
SDG – 17.16	数据革命的伙伴关系建设	伙伴关系建设	伙伴关系建设
SDG – 17.17	数据革命的伙伴关系建设	伙伴关系建设	伙伴关系建设

---

① 《大会可持续发展目标开放工作组的报告》,联合国大会第六十八届会议,联合国文件 A/68/970,2014 年 8 月 12 日,第 21 页。

具体目标	目标与数据革命相关性	北方国家的责任	南方国家的责任
SDG – 17.18	统计技术提升	资金和技术支持	统计技术提升
SDG – 17.19	统计技术提升	资金和技术支持	能力建设

资料来源：笔者自制。

第四，建设支持全球数据伙伴关系筹资体系。根据评估，要实现联合国 2030 年议程所要求的数据革命，全球每年需要耗资约 11 亿美元用于改善统计能力，其中约 52% 的资金将来自外部投入。[①] 因此，如何协调南北合作、南南合作、国内资源动员等，对于推动全球数据伙伴关系具有重要意义。

共商共建共享原则的核心在于"共"，只有共商共建共享，才能建成真正平等、包容的伙伴关系，结成"你中有我、我中有你的命运共同体"。事实证明，共建"一带一路"以共商共建共享推动新型伙伴关系的构建，取得了积极进展：不仅包括全球层次上的新型发展伙伴关系，也包括国家层次的战略、政治和经贸融合的双边伙伴关系，还包括确保共建"一带一路"项目高质量发展的数据伙伴关系。

第二节　三方合作机制建设：发展合作和市场参与的统合

共建"一带一路"的共商共建共享原则，并不局限于共建"一带一路"合作国家，而是所有参与方。当然，由于合作国家是"一带一路"倡议的直接主体，其共建伙伴关系是首要的；在此基础上，其他非合作国家或潜在合作方也是共建"一带一路"高质量发展的重要保障和助力，其参与是共商共建共享原则得以真正和有效落实的体现。但需要指出的是，迄今有关潜在合作方参与共建"一带一路"的聚焦，对第三方市场合作的关注明显压倒了三方发展合作，因此发展合作和市场参与之间的平衡有待进一步改善。当然，围绕发展合作和市场参与的失衡有其历史根源和现实原因；但发展合作和市场参与的有机联结和合理平衡，不仅是共建"一带一路"实现高质量发展的关键，也是中国参与全球治理、提供国际公共产品的重要创新。

---

① SDSN, *Data for Development*: *A Needs Assessment for SDGs Monitoring and Statistical Capacity Development*, New York: UN SDSN, 2015, p. 6.

一　从发展合作到市场参与：三方合作的重心演变

自改革开放以来，中国经济外交有了长足进步，大体上经历了接触性经济外交、融入性经济外交、参与性经济外交和领导性经济外交四个阶段。[①] 与经济外交逐渐拓展同步，国际社会对中国经济外交的关注也持续增长，并试图对中国经济外交的发展施加影响。这很大程度上是潜在合作方要求介入中国国际经济交往的初始理由，但随着中国经济外交日益转向领导性经济外交，潜在合作方在中国经济外交中的角色也逐渐发生转变，其基本路径是从三方发展合作转向第三方市场合作，即从发展合作转向市场参与，"一带一路"倡议的提出是这一转型的关键驱动因素。

在"一带一路"倡议正式启动落实即 2015 年《愿景与行动》文件出台前，中国经济外交中的潜在合作方角色主要集中于国际发展合作。需要强调的是，这一时期对国际发展合作的聚焦，很大程度上源于进入 21 世纪后的中非合作快速发展，特别是 2006 年中非合作论坛北京峰会的召开。这意味着，在《愿景与行动》文件出台前，三方发展合作主要聚焦非洲地区，具体又经历了三个小的阶段性发展。

第一个小阶段是从 2006 年中非合作论坛北京峰会到 2008 年，面临来自欧美的三方发展合作压力，中国明显处于守势。由于强烈担心中国进入其"后院"并可能将其"挤出"非洲，欧美试图强力单方面推进涉非三方发展合作。在这一时期有关三方发展合作的讨论中，欧盟充当了急先锋的角色。在 2006 年的中欧领导人会晤中，欧盟明确要求讨论非洲问题，并将其写进了《第九次中欧领导人会晤联合声明》，其核心是联合国千年发展目标和非洲发展新伙伴关系等发展议题。[②] 在 2007 年的第十次中欧领导人会晤中，欧盟同样强调应在适当领域开展中欧非三方合作。[③] 一方面由于对相关讨论始终未能推动实质性行动不满，另一方面由于 2008 年第十一次中欧领导人会晤延期，欧盟于 2008 年 10 月单方面出台涉非三方合作文件，提出四个优

①　李巍：《改革开放以来中国经济外交的逻辑》，《当代世界》2018 年第 6 期，第 22－26 页。

②　《第九次中欧领导人会晤联合声明》，外交部网站，2006 年 9 月 9 日，http://www.fmprc. gov.cn/web/gjhdq_676201/gj_676203/oz_678770/1206_679930/1207_679942/t271095.shtml，最后访问日期：2021 年 10 月 11 日。

③　《第十次中欧领导人会晤联合声明》，外交部网站，2007 年 11 月 28 日，http://www.fmprc. gov.cn/web/gjhdq_676201/gj_676203/oz_678770/1206_679930/1207_679942/t386518.shtml，最后访问日期：2021 年 10 月 11 日。

先领域即和平安全、基础设施互联互通、保护环境与管理自然资源、强化粮食安全等，显然仍是以发展合作为重点。[1] 在官方施压之外，多家欧美智库围绕三方发展合作发表了大量研究报告。整体而言，这一阶段欧美对三方发展合作的强调根本上是试图监控甚至影响中国与非洲的合作，试图通过将中国纳入西方轨道来改变中非合作方向，对中非合作和中国经济外交造成了重大压力。[2] 尽管如此，中国与非洲有着共同的担忧，即欧美提出三方发展合作的动机不纯，极可能对中非合作产生重大干扰，因此中非双方事实上都对此表示反对并予以有效抵制。[3]

第二阶段是 2009—2013 年，中国利用 2008 年全球金融危机所带来的机会窗口，极大地提升了中国经济外交的自主性，并在三方发展合作讨论中赢得了更大主动性。全球金融危机使美欧不得不实施战略收缩，对中非合作及更大的中国经济外交的关注度明显下降。由此而来，非洲与中国开展三方合作面临的战略压力在 2009 年明显下降，当年 11 月举行的第十二次中欧领导人会晤尽管仍提及非洲，但表态明显温和且关注领域大幅压缩至千年发展目标一项。[4] 次年即 2010 年的第十三次中欧领导人会晤仅提及相对紧迫的亚丁湾海盗问题，三方发展合作议题事实上消失了。此后，除 2013 年出台的《中欧合作 2020 战略规划》提及非洲外，非洲问题也事实上从中欧领导人会晤的联合声明中消失，更多被"全球或地区问题"所覆盖。与欧盟不同，美国对与中国在非洲开展三方发展合作的兴趣始终不高，这某种程度上是因为中国与非洲的发展合作尤其是官方发展援助水平相对较低。尽管中美战略经济对话于 2006 年创设，奥巴马总统上台后得以更名延续，但直到 2011 年第三轮中美战略与经济对话才决定在下一轮对话前就政策规

① EU, "The EU, Africa and China: Towards Trilateral Dialogue and Cooperation," COM (2008) 654 Final, October 17, 2008, http://eur-lex. europa. eu/legal-content/EN/ALL/? uri = URISE-RV: rx0002, accessed on October 11, 2021.

② 张春：《中非关系：应对国际对非合作的压力和挑战》，《外交评论》2012 年第 3 期，第 33 – 42 页。

③ Chris Alden and Elizabeth Sidiropoulos, "Africa-China-EU Cooperation in Africa: Prospects and Pitfalls," *Policy Note*, No. 11, October 2009, p. 5. 需要指出的是，由于非洲反对的背后有很浓的谈判筹码关切意味，因此对非洲反对的系统性论述事实上并不多见，但在各种国际性讨论中，非洲官员和学者对三方合作的反对声音总是相当高的。

④ 《第十二次中国—欧盟领导人会晤联合声明》，外交部网站，2009 年 11 月 30 日，http://www. fmprc. gov. cn/web/gjhdq_676201/gj_676203/oz_678770/1206_679930/1207_679942/t630133. shtml，最后访问日期：2021 年 10 月 11 日。

划、非洲、拉美、南亚、中亚事务举行新一轮对话。[①] 当然,这一时期美欧对中国涉非三方发展合作的压力减弱,根本原因仍是金融危机导致的心有余而力不足。

国际社会对涉非三方合作的压力缓解,为中国提供了难得的能力培养缓冲机会。事实上,为应对来自美欧的三方发展合作压力,中国自 2005 年左右就启动了与单个国家的非洲事务磋商,其着眼点就是提升自身应对未来必然推进的三方发展合作的能力。如表 9—3 所示,在 2009 年之前,中国已经同美国、欧盟、法国、日本、韩国及英国开展了多轮非洲事务磋商。必须强调的是,上述国家事实上都是经合组织发展援助委员会成员,因此所讨论的三方合作事实上是发展合作,重点聚焦联合国千年发展目标的实现。全球金融危机的爆发不仅没有中断中国与发达国家围绕非洲事务的磋商,反而拓展了磋商对象的范围,巴西、古巴、印度、俄罗斯等也与中国启动磋商。随着中国经济快速复苏并带动其他新兴大国及非洲实现群体性崛起——尽管崛起程度不一,中国对三方合作的主导能力持续上升,也愈益积极。

表 9—3　中国与潜在合作方的非洲事务磋商（2005—2021 年）

磋商对象	起始年份	轮次	具体年份
美国	2005	8	2005、2007、2008、2010、2011、2014、2016、2019
欧盟	2005	11	2005、2006、2007、2008、2009、2010、2011、2013、2014、2018、2019
法国	2005	13	2005、2006、2007、2009、2010、2011、2012、2013、2014、2015、2016、2018、2019
日本、韩国	2008	5	2008、2009、2010、2011、2015
英国	2008	10	2008、2009、2010、2011、2012、2013、2014、2015、2017、2019
巴西	2010	2	2010、2012
古巴	2010	1	2010
印度	2012	1	2012

---

① 《2011 年中美战略与经济对话框架下战略对话成果清单》,中国驻美国大使馆网站,2011 年 5 月 11 日,http://www.china-embassy.org/chn/zmgx/zlyjjdh/dialogue3/t821796.htm。

磋商对象	起始年份	轮次	具体年份
俄罗斯	2014	3	2014、2019、2021
德国	2016	2	2016、2020
埃及	2019	1	2019

资料来源：笔者根据外交部网站（https：//www.fmprc.gov.cn/）相关信息制作，最后访问日期：2021年10月15日。

　　第三阶段是2014—2015年，中国正式提出涉非及整个三方合作的指导原则，从而迈入三方合作的塑造阶段。2014年5月8日，时任国务院总理李克强在第24届世界经济论坛非洲峰会上致辞时指出，"中方也愿与国际组织和相关国家加强协作，在'非洲需要、非洲同意、非洲参与'的原则下，探讨在非洲开展三方和多方合作，共同为非洲发展建设作贡献"。① 这是中国政府第一次正式提出有关涉非三方合作的指导原则，尽管此前已有相关的学术讨论。② 根据上述原则，涉非三方合作应以非洲的实际需要为出发点，以非洲的同意为前提，争取确保非洲的全程参与。很快，上述指导原则就得以升级并被推广至整个中国的国际发展合作。在2015年9月习近平主席访问美国期间，中美签署了一份旨在为发展合作建立指导框架的谅解备忘录；该备忘录认识到，在受援国提出、受援国同意、受援国主导的发展原则下，双方通过加强协作与沟通，就消除极端贫困及推动全球发展有着共同的目标。③ 随后，在2015年11月时任外交部长王毅的蓝厅论坛讲话和12月公布的第二份《中国对非洲政策文件》中，中国政府提出了升级版的涉非三方合作指导原则："中国赞赏国际社会采取建设性行动、支持和帮助非洲实现持久和平与可持续发展的努力，愿本着'非洲提出、非洲同意、非洲主导'原则，以积极、开放、包容的态度同其他国家及国际

---

① 李克强：《共同推动非洲发展迈上新台阶——在第24届世界经济论坛非洲峰会上的致辞》，2014年5月8日，外交部网站，2014年5月9日，http：//www.fmprc.gov.cn/web/ziliao_674904/zt_674979/ywzt_675099/2014zt_675101/lkqzlfwss_675135/zxxx_675137/t1154141.shtml，最后访问日期：2021年10月11日。

② 笔者在2012年发表的学术论文中首次提出涉非三方合作的指导原则，即"非洲需要、非洲同意、非洲参与；先经后政，先易后难，先南后北"。参见张春《中非关系：应对国际对非合作的压力和挑战》，《外交评论》2012年第3期，第42页。

③ 《习近平主席对美国进行国事访问中方成果清单》，外交部网站，2015年9月26日，https：//www.fmprc.gov.cn/web/ziliao_674904/zt_674979/ywzt_675099/2015nzt/xpjdmgjxgsfw_684149/zxxx_684151/t1300767.shtml，最后访问日期：2021年10月11日。

和地区组织加强协调与合作,在非洲探讨开展三方和多方合作,共同为非洲实现和平、稳定、发展作出贡献。"①

至此,中国指导三方合作的具体原则得以确立,即"受援国提出、受援国同意、受援国主导",具体到非洲则是"非洲提出、非洲同意、非洲主导"。可以看出,直到2015年底,中国经济外交中讨论三方合作时,其指向仍是国际发展合作。例如,围绕非洲事务磋商次数最多、讨论最为深入的中法非三方合作,也更多是国际发展合作,如先后于2016年2月和4月在巴黎和北京举行的中法非三方合作研讨会,其聚焦就主要是基础设施、能源、交通、农业、卫生、可持续发展等领域。② 尽管如此,三方合作的实际覆盖范畴仍较为广泛。如中国与美国于2015年启动了中美非和平安全磋商,此后在2016年内又举行了3轮,这意味着三方合作也覆盖安全领域。

2015年6月,时任国务院总理李克强访问法国并发表了中国首份第三方市场合作文件,这标志着中国经济外交中的潜在合作方角色发生了历史性转变,即从发展合作转向市场参与。根据国家发展改革委的界定,第三方市场合作是指中国企业(含金融企业)与有关国家企业共同在第三方市场开展经济合作。作为开放包容的国际合作模式,第三方市场合作有助于中国企业和潜在合作方企业优势互补,共同推动第三国产业发展、基础设施水平提升和民生改善,实现1+1+1>3的效果。③ 中国于2019年首次将共建"一带一路"框架下"拓展第三方市场合作"纳入政府工作报告,强调"坚持共商共建共享,遵循市场原则和国际通行规则,发挥企业主体作用,推动基础设施互联互通,加强国际产能合作,拓展第三方市场合作",认为这可促进中国的优势产能、发达国家的先进技术和广大发展中国家的需求有效对接,实现多方共赢。④ 在2019年4月的第二届"一带一路"国

---

① 《中国对非洲政策文件》,外交部网站,2015年12月4日,http://www.fmprc.gov.cn/web/ziliao_674904/zt_674979/ywzt_675099/2015nzt/xzxffgcxqhbh_684980/zxxx_684982/t1321556.shtml,最后访问日期:2021年10月11日。

② 《翟隽大使在中法第三方市场合作——"聚焦非洲"研讨会上的讲话》,中国驻法国大使馆网站,2016年2月15日,http://www.amb-chine.fr/chn/ttxw/t1340985.htm,最后访问日期:2021年10月11日。

③ 国家发展改革委:《第三方市场合作指南和案例》,2019,第2页。

④ 李克强:《政府工作报告——2019年3月5日在第十三届全国人民代表大会第二次会议上》,中国政府网,2019年3月16日,http://www.gov.cn/premier/2019-03/16/content_5374314.htm,最后访问日期:2021年10月11日。

际合作高峰论坛开幕式上，习近平主席在主旨演讲中表示，欢迎多边和各国金融机构参与共建"一带一路"投融资，鼓励开展第三方市场合作，通过多方参与实现共同受益的目标。①

第三方市场合作概念提出后，迅速得到广泛认可。法国和韩国于2015年与中国签署了第三方市场合作联合声明/备忘录，加拿大与葡萄牙于2016年签署，澳大利亚于2017年签署；2018年有5个国家签署，相当于此前3年的总和；2019年奥地利、新加坡、瑞士和英国也分别与中国签署了开展第三方市场合作的谅解备忘录。截至2019年6月，中方已与14个国家签署第三方市场合作文件，建立了第三方市场合作机制（见表9—4）。需要强调的是：其一，这14个国家基本属于发达国家；即商务部所说的，"联合主要发达国家开展第三方市场合作"。② 其二，与中国签署第三方市场合作联合声明/谅解备忘录的国家中，非沿线国家达到9个——即法国、加拿大、澳大利亚、日本、荷兰、比利时、西班牙、瑞士和英国，占绝大部分；另有4个非沿线合作国家——即韩国、葡萄牙、意大利和奥地利，仅新加坡为沿线合作国家。这意味着，共建"一带一路"伙伴关系是高度开放包容的，尤其是优先对非合作国家开放，使非合作国家也可参与共建"一带一路"。其三，第三方市场合作的伙伴也包括各类国际机构。例如，中国人民银行与欧洲复兴开发银行签署第三方合作谅解备忘录，与国际货币基金组织设立联合能力建设中心，与非洲开发银行、西非开发银行、泛美开发银行等设立能力建设技援基金，开展多领域金融合作。③ 这很大程度上使共建"一带一路"的伙伴关系建设变得更具包容性和普惠性。

需要强调的是，第三方市场合作的核心是共建"一带一路"框架下的市场性经济合作。它是中国超越欧美传统援助国主导的发展援助框架、首创的国际合作新模式，目的在于将中国的优势产能、发达国家的先进技术和

---

① 习近平：《习近平在第二届"一带一路"国际合作高峰论坛开幕式上的主旨演讲（全文）》，求是网，2019年4月26日，http://www.qstheory.cn/yaowen/2019-04/26/c_1124420296.htm，最后访问日期：2021年10月11日。
② 《对十三届全国人大三次会议第2623号建议的答复》，商务部网站，2020年10月26日，http://hzs.mofcom.gov.cn/article/rdzx/202010/20201003010679.shtml，最后访问日期：2021年10月11日。
③ 《对十三届全国人大三次会议第9622号建议的答复》，《对十三届全国人大三次会议第2623号建议的答复》，商务部网站，2020年10月30日，http://hzs.mofcom.gov.cn/article/rdzx/202010/20201003012086.shtml，最后访问日期：2021年10月11日。

表 9—4 中国签署第三方市场合作联合声明/备忘录情况 (2015—2019 年)

合作国家	签署年份	签署内容	合作平台
法国	2015 2018	《关于第三方市场合作的联合声明》 《中法第三方市场合作示范项目清单》	中法第三方市场合作指导委员会 中法第三方市场合作论坛 中法第三方市场合作基金
韩国	2015	《关于开展第三方市场合作的谅解备忘录》	中韩共同开拓第三方 市场联合工作组
加拿大	2016	《关于开展第三方市场合作的联合声明》	
葡萄牙	2016	《关于开展第三方市场合作的谅解备忘录》	中葡第三方市场合作工作组
澳大利亚	2017	《关于开展第三方市场合作的谅解备忘录》	中澳战略经济对话
日本	2018	《关于中日企业开展第三方市场合作的 备忘录》	中日第三方市场合作论坛 中日第三方市场合作工作机制
意大利	2018	《关于开展第三方市场合作的谅解备忘录》	中意第三方市场合作论坛 中意第三方市场合作工作组
荷兰	2018	《关于开展第三方市场合作的谅解备忘录》	
比利时	2018	《关于在第三方市场发展伙伴关系 与合作的谅解备忘录》	
西班牙	2018	《关于加强第三方市场合作的谅解备忘录》	中西第三方市场合作工作组
奥地利	2019	《关于开展第三方市场合作的谅解备忘录》	中奥第三方市场合作工作组 中奥第三方市场合作论坛
新加坡	2019	《关于开展第三方市场合作的谅解备忘录》 《关于加强中新第三方市场合实施框架的 谅解备忘录》	中新第三方市场合作工作组 中新"一带一路" 投资合作论坛
瑞士	2019	《关于开展第三方市场合作的谅解备忘录》	中瑞第三方市场合作工作组 "一带一路"能力建设中心
英国	2019	《关于开展第三方市场合作的谅解备忘录》	中英第三方市场合作工作组

资料来源：笔者整理制作。国家发展改革委：《第三方市场合作指南和案例》，2019 年，第 5 页。

广大发展中国家的发展需求有效对接，实现 1 + 1 + 1 > 3 的效果。中法《关于第三方市场合作的联合声明》强调，中法在"通过创新合作模式支持世界经济强劲、共同、包容增长"方面负有"重要作用"；中法第三方市场合作主要聚焦基础设施和能源、民用航空、铁路、农业、卫生、气候变化、工业园区、金融和保险等领域。[①] 根据商务部的表态，第三方市场合作事实

---

① 《中华人民共和国政府和法兰西共和国政府关于第三方市场合作的联合声明》，中国政府网，2015 年 7 月 1 日，http://www.gov.cn/xinwen/2015－07/01/content_2888266.htm，最后访问日期：2021 年 10 月 11 日。

上是中国企业与发达国家企业利用各自比较优势，取长补短，按照"政府引导、企业主体、市场运作、国际惯例"的原则，重点在亚洲、非洲等地区开展务实合作。[①] 随着第三方市场合作的讨论和举措持续增长，三方发展合作的关注程度事实上降低了。尽管前述围绕非洲事务的磋商仍在延续，但其重点也逐渐转向第三方市场合作。很大程度上，到 2020 年前后，中国经济外交已完成从发展合作向市场参与的转型。

二 发展合作 + 市场参与：三方合作的统合潜力

尽管上述转型已经发生，但国内外学术界甚至政策界对中国经济外交中的潜在合作方角色的认知仍存在明显滞后。在学术研究中，有关三方（发展）合作与第三方市场合作的研究很大程度上是相互割裂的；相应地，政策界也存在类似的割裂现象，国际发展合作领域的部门一般仅使用"三方合作"这一术语，而经济合作领域的部门一般使用"第三方市场合作"这一术语。这一认知和实践割裂，很大程度上对共建"一带一路"高质量发展是不利的。"一带一路"倡议是一个由中国首倡的国际发展议程，其中既有国际发展合作要素，也有市场经济合作要素，因此需要将三方发展合作与第三方市场合作有机结合。实现这一有机结合，首先需要厘清三方发展合作与第三方市场合作的差异，进而识别共建"一带一路"倡议所蕴含的发展合作和市场参与整合性思维，以便为"发展合作 + 市场参与"的整体性机制建设奠定基础。

一方面，在既有政策实践中，三方发展合作与第三方市场合作的相互割裂较为明显。整体而言，三方发展合作有多种名称，进而往往被简称为"三方合作"；相比而言，第三方市场合作更多是共建"一带一路"框架下中国首倡的新型合作方式，因此其称谓相对单一和固定。[②] 三方发展合作与第三方市场合作的概念混淆与认知分裂，很大程度上与相关术语的高度类似及不同时期往往更关注特定概念有关。

三方发展合作事实上起源于联合国，早在 1978 年，联合国发展中国家间

① 《商务部对外投资和经济合作司负责人谈 2018 年全年对外投资合作情况》，商务部网站，2019 年 1 月 16 日，http://hzs.mofcom.gov.cn/article/aa/201901/20190102827479.shtml，最后访问日期：2021 年 10 月 11 日。

② "三方合作"的英文名称大致包括 triangular cooperation（联合国和经合组织使用），trilateral cooperation（国别性文件使用频率更高），及 tripartite cooperation/coopération tripartie（法语国家使用）；而"第三方市场合作"迄今只有一种译法，即 third-party market cooperation。

技术合作会议通过《布宜诺斯艾利斯行动计划》（Buenos Aires Plan of Action, BAPA），强调发达国家应支持发展中国家间的技术合作，所有联合国机构都应在发展中国家间技术合作中发挥促进和催化作用。[1] 尽管在过去 40 余年里，联合国系统对三方合作的认知不断演变，但整体上仍持一种相对传统的三方合作界定。联合国认为，三方合作是两个或多个发展中国家在一个发达国家或多边国际组织支持下的伙伴关系，被认为是发展资助中南北合作的重要补充。[2] 联合国开发计划署强调，三方合作是推动南南合作的核心模式，因其提供了一种独特的发展模式，在减贫及共同发展目标的指引下，基于国际最佳实践及实际经验，各方共同推动采取创新解决方案。[3] 三方合作作为一种新兴的发展合作模式，其主要目标在于让所有参与提供解决方案的伙伴方均能提升有效性。因而，三方合作是实现目的的手段，而非目的本身。[4]

经合组织认识到三方合作正发生重大变化，并试图拓展其覆盖范围。经合组织于 2013 年发布了一份有关三方合作的文献综述，强调对"三方合作"的概念界定并无共识；但该综述也承认，实践中的三方合作一般被理解为：由至少一个传统援助国或国际组织，与一个或多个参与南南合作的新兴发展伙伴合作，在一个或多个受援国开展知识与经验交流或发展合作。[5] 这一界定事实上也被经合组织发展援助委员会成员广泛接受，强调三方合作往往必须由传统援助国、新兴援助伙伴和受援方等行为体同时参与。[6]

---

① UN, "Buenos Aires Plan of Action for Promoting and Implementing Technical Co-operation Among Developing Countries," the United Nations Conference on Technical Co-operation among Developing Countries, Special Unit for Technical Co-operation among Developing Countries, UNDP, New York, September 12, 1978, https://drive. google. com/file/d/0B-buqyoV0jpSMm1OVEZYU2h NTWc/ view, accessed on October 11, 2021.

② "South-South and Triangular Cooperation," UN, https://developmentfinance. un. org/south-south-and-triangular-cooperation, accessed on October 11, 2021.

③ 《三方合作项目》，联合国开发计划署网站，https://www. cn. undp. org/content/china/zh/ home/operations/projects/south-south-cooperation/overview-trilateral-cooperation-projects. html，最后访问日期：2021 年 10 月 11 日。

④ 联合国开发计划署驻华代表处：《联合国开发计划署与中国的南南合作及全球合作伙伴关系：2014 年成就总结》，2015，第 8 页。

⑤ "Triangular Co-operation: What's the Literature Telling Us?" OECD Development Co-operation Directorate, May 2013, pp. 14 – 15.

⑥ Arianna Abdelnaiem and Shannon Kindornay, "Equitable Partnerships through Triangular Co-operation: Experiences from Canadian Civil Society," Canadian Council for International Co-operation Report, March 2020, p. 8.

随着参与国际发展合作的行为体日益多样化，三方合作的形式也日渐多样化。从启动三方合作的角度看，经合组织强调可以有四种模式，即传统援助国参与既有南南合作，传统援助国与新兴援助伙伴合作启动三方合作，新兴援助伙伴参与既有南北发展合作，及直接启动三方合作项目等。① 为抢占道德高地，经合组织发展援助委员会试图以收入水平来重新界定三方发展合作，从而摆脱既有的援助国—受援方二分法，但高收入国家或传统援助方，中等、中低或低收入国家即受援方，以及中等甚或中高收入的新兴援助伙伴仍是不可或缺的。②

如前所述，中国经济外交所面临的三方合作压力事实上是涉非发展合作压力。在官方压力之外，德国发展研究所（DIE）在 2006 年以后发表了多份涉中欧非三方合作的研究报告，其强调的核心均为三方发展合作。③ 而 2009 年成立的中国—发展援助委员会研究小组（The China-DAC Study Group）更是强调如何将中国纳入既有国际发展合作框架的重要努力，大量传统援助国及国际组织、研究机构等参与其中。需要强调的是，随着中国塑造三方合作的能力上升，三方合作日益成为中国国际发展合作的重要内容。尽管 2000 年的首届中非合作论坛部长级会议所发布的《中非经济和社会发展合作纲领》就提及"进一步探讨中国、非洲国家同联合国粮农组织等有关国际机构间进行三方合作的有效方式"④，但这里的潜在合作方事实上仅限于国际组织，尤其是联合国系统机构。直到 2014 年，与传统援助国开展三方合作才正式提上议事日程。《中国的对外援助（2014）》白皮书提出，"为有效借鉴国际经验，提升援助效果，丰富援助方式，中国加强在发

---

① "Dispelling the Myths of Triangular Co-operation-Evidence from the 2015 OECD Survey on Triangular Co-operation," OECD Development Policy Papers, No. 6, September 2016, pp. 30 – 32.
② "Dispelling the Myths of Triangular Co-operation-Evidence from the 2015 OECD Survey on Triangular Co-operation," OECD Development Policy Papers, No. 6, September 2016, pp. 14 – 15.
③ 例如可参见 Sven Grim, Thomas Fues, and Denise Laufer, "China's Africa Policy: Opportunity and Challenge for European Development Cooperation," DIE Briefing Paper, No. 4, 2006; Bernt Berger and Uwe Wissenbach, "EU-China-Africa Trilateral Development Cooperation: Common Challenges and New Directions," DIE Discussion Paper, No. 21, 2007; Tilman Altenburg and Jochen Weikert, "Trilateral Development with 'New Donors,'" DIE Briefing Paper, No. 5, 2007; 白小川、范勇鹏：《欧盟对中国非洲政策的回应——合作谋求可持续发展与共赢》，《世界经济与政治》2009 年第 4 期；等等。
④ 《中非经济和社会发展合作纲领》，中非合作论坛网站，2000 年 10 月 12 日，http://www.focac.org/chn/zywx/zywj/t155561.htm，最后访问日期：2021 年 7 月 5 日。

展援助领域的国际合作,并在尊重受援国意愿的前提下,与其他多双边援助方试点开展优势互补的三方合作"。① 此后,中国政府始终高度重视三方合作,尤其体现在落实联合国 2030 年议程的新型全球伙伴关系建设之中。2016 年 4 月发布的《落实 2030 年可持续发展议程中方立场文件》强调,中国"推动建立更加平等均衡的全球发展伙伴关系,坚持南北合作主渠道,发达国家应及时、足额履行官方发展援助承诺,加大对发展中国家特别是非洲和最不发达国家、小岛屿发展中国家资金、技术和能力建设等方面的支持……应进一步加强南南合作,稳妥开展三方合作,鼓励私营部门、民间社会、慈善团体等利益攸关方发挥更大作用。加强基础设施互联互通建设和国际产能合作,实现优势互补"。② 而 2021 年 1 月发布的《新时代的中国国际发展合作》白皮书,不仅使用"发展合作"替代了"对外援助",还将"加强国际合作与三方合作"单列,系统提出了中国开发三方合作的总体立场和具体实施方法。③ 由此可见,尽管第三方市场合作的讨论自 2015 年后逐渐占据主导地位,但中国政府对三方合作的关切并未因此而降低,而学术界也仍在持续深入探讨三方发展合作。④

相对于三方发展合作长达 40 余年的历史,第三方市场合作作为中国首创的一种国际经济合作方式,其理论化水平还远远不够,学术讨论也多引用官方界定。而迄今为止有关第三方市场合作的官方界定,主要见诸中法《关于第三方市场合作的联合声明》和国家发展改革委发布的《第三方市场合作指南和案例》两份文件,但事实上其界定更多是操作层面的。就迄今为止的学术讨论和政策实践而言,第三方市场合作具备如下特征。其一,它是在"一带一路"倡议框架下展开的。无论是 2019 年政府工作报告还是其他官方文件,都明确将第三方市场合作置于共建"一带一路"框架之内。

---

① 《中国的对外援助(2014)》,国务院新闻办公室网站,2014 年 7 月 10 日,http://www.scio.gov.cn/zfbps/ndhf/2014/document/1375013/1375013.htm,最后访问日期:2021 年 10 月 11 日。

② 《落实 2030 年可持续发展议程中方立场文件》,外交部网站,2016 年 4 月 22 日,https://www.fmprc.gov.cn/web/ziliao_674904/zt_674979/dnzt_674981/qtzt/2030kcxfzyc_686343/t1357699.shtml,最后访问日期:2021 年 10 月 11 日。

③ 《新时代的中国国际发展合作》,国务院新闻办公室网站,2021 年 1 月 10 日,http://www.scio.gov.cn/zfbps/32832/Document/1696685/1696685.htm,最后访问日期:2021 年 10 月 11 日。

④ 例如可参见张春《涉非三方合作:中国何以作为》,《西亚非洲》2017 年第 3 期,第 3 - 27 页;张春《新型全球发展伙伴关系研究》,上海人民出版社,2019;黄梅波等编《南南合作与中国的对外援助案例研究》,中国社会科学出版社,2017。

例如，2019年，国家发展改革委副主任宁吉喆表示，将在加强与沿线国家两两合作的同时，推进中国、投资所在国和发达经济体及其他经济体企业之间的第三方合作，实现互利共赢。① 其二，它是市场性经济合作。第三方市场合作最基本的特征是强调市场性。根据中法《关于第三方市场合作的联合声明》，在第三方市场合作中，"企业是在第三国开展贸易和工业合作的主体，应遵循有关国际法、国际惯例、商业原则及中法两国和第三国法律法规"。② 其三，政府在第三方市场合作中发挥重要作用，使第三方市场合作并非完全的市场行为，即所谓"企业主导、政府推动"模式。其四，如前所述，第三方市场合作是中国与主要发达国家企业通过优势互补在第三方市场开展合作，其模式即中国与主要发达国家是合作的推动者，第三方可以是发展中国家，也可以是其他发达国家。其五，第三方市场合作也部分涵盖发展合作，尤其是发展合作融资。例如，中法《关于第三方市场合作的联合声明》就涵盖了"交流中法各自在第三方的官方发展政策"，"在亚洲基础设施投资银行、亚洲开发银行、世界银行、经济合作与发展组织发展援助委员会等相关多边机构框架内加强交流合作，共同支持发展中国家发展"。③ 而中英《关于开展第三方市场合作的谅解备忘录》也涉及诸多发展合作议题，尤其是基础设施的可持续发展。④ 或许正是这最后一个特征，导致国内学术界在讨论三方合作与第三方市场合作时，并未作明确的区分，甚至有研究简单地假定二者可能是等同的或可替换的。

另一方面，从现有的政策宣示及政策理念看，三方合作与第三方市场合作有很大的统合潜力。尽管既有讨论大多将三方合作与第三方市场合作相互混淆或相互割裂，但这二者在相互区别的同时也相互交叉，从而为整

---

① 《宁吉喆："一带一路"建设正在从谋篇布局的"大写意"阶段转向精耕细作的"工笔画"阶段》，今日中国，2019年4月9日，http://www.chinatoday.com.cn/zw2018/bktg/201904/t20190409_800164419.html，最后访问日期：2021年10月11日。

② 《中华人民共和国政府和法兰西共和国政府关于第三方市场合作的联合声明》，中国政府网，2015年7月1日，http://www.gov.cn/xinwen/2015-07/01/content_2888266.htm，最后访问日期：2021年10月11日。

③ 《中华人民共和国政府和法兰西共和国政府关于第三方市场合作的联合声明》，中国政府网，2015年7月1日，http://www.gov.cn/xinwen/2015-07/01/content_2888266.htm，最后访问日期：2021年10月11日。

④ 《第十次中英经济财金对话政策成果》，中国驻英国大使馆，2019年6月17日，http://www.chinese-embassy.org.uk/chn/zygx/jmhz/t1674577.htm，最后访问日期：2021年10月11日。

合奠定了基础。实现在第三方的发展合作和市场参与两方面的功能性整合，并配备健全的机制保障，不仅有助于真正实现第三方市场合作的战略性创新，对促进共建"一带一路"高质量发展也有重大战略意义。发展合作和市场参与的功能整合，根本上源于中国在三方合作和第三方市场合作时所坚持的总体立场或指导思想的相通性。

其一，中国在三方合作与第三方市场合作方面都坚持参与各方的比较优势原则。在国际发展合作中，中国秉持"共同但有区别的责任"原则，坚持南北合作的主渠道地位，将南南合作作为国际发展合作的有益补充。事实上，中国对三方合作的总体立场同时强调了所有参与方的应有责任：发达国家应及时、足额履行官方发展援助承诺；发展中国家之间应深入推进南南合作，努力实现联合自强；以联合国为核心的有关国际组织应充分发挥自身优势；鼓励私营部门、民间团体、慈善组织等发挥更大作用。更为重要的是，中国强调自身在发展过程中积累了大量经验，同时承认发达国家及国际组织在资金、技术等方面有较大优势。中国愿同其他各方探讨优势互补、实现协同效应的具体合作路径。[1] 类似地，中法《关于第三方市场合作的联合声明》强调，中法将充分利用各自在生产、技术和（或）资金等方面的优势开展合作，鼓励双方企业以组建联合体投标、联合生产以及联合投资等新型合作代替传统分包模式。[2] 无论是从发展合作还是从市场参与看，二者都采用了资源协同整合的方法；换句话说，三方合作和第三方市场合作事实上都在推动从"普遍竞争"转向优势互补。[3]

其二，中国在三方合作与第三方市场合作中都强调政府的积极角色。就国际发展合作而言，政府间合作是其题中应有之义，因为国际发展合作本身是种国际公共产品供应行为，政府必然在其中发挥主导性作用。重要的是，中国坚持第三方市场合作中的政府积极角色发挥。中法《关于第三方市场合作的联合声明》强调，"政府可向两国企业提供支持，发挥引导协

① 《新时代的中国国际发展合作》，国务院新闻办公室网站，2021年1月10日，http://www.scio.gov.cn/zfbps/32832/Document/1696685/1696685.htm，最后访问日期：2021年10月11日。
② 《中华人民共和国政府和法兰西共和国政府关于第三方市场合作的联合声明》，中国政府网，2015年7月1日，http://www.gov.cn/xinwen/2015-07/01/content_2888266.htm，最后访问日期：2021年10月11日。
③ 赵天鹏：《从"普遍竞争"到"第三方市场合作"：中日湄公河次区域合作新动向》，《国际论坛》2020年第1期，第55-71页。

调作用，为企业合作创造良好环境和有利条件"。① 依据该联合声明及其他相关政府文件，政府在第三方市场合作中的角色主要包括：一是通过国内政策、法规法令等强化对本国企业的协调和引导。例如，商务部要求对外承包工程企业在对外合作时秉持共商共建共享原则，充分尊重和照顾各方利益关切，加强规划、政策和项目对接，积极开展第三方市场合作，通过对外承包工程推动相关国家和地区经济社会发展和民生改善。② 二是通过与合作方的政府间合作机制实现在第三方市场的双边协调。例如，商务部与有关国家签署合作文件，设立合作工作组，通过举办相关论坛、开展促进活动和联合调研，推动签署合作协议、实施重点领域项目合作。③ 三是与合作方一道落实三方甚至多方协调。例如，中法双方重视中法高级别经济财金对话等两国现有多双边对话合作机制作用；强调应发挥上述机制作用，加强与联合国、国际货币基金组织、世界银行等国际组织和各区域多边开发银行，特别是亚洲基础设施投资银行的对接和协调，共同参与在第三方市场的合作项目。④

其三，中国在三方合作和第三方市场合作中都注入了显著的公共产品供应要素。如前所述，第三方市场合作实际上也涵盖了重大的发展合作要素。中国在三方合作和第三方市场合作中所促进的国际公共产品，事实上涵盖两个方面。一是发展合作意义上的国际公共产品，即中国与合作方共同向第三方提供公共产品。尽管第三方市场合作更多是经济合作，但中国仍坚持合作是"建设对地方经济具有支柱性作用的项目"，"中法非项目应符合第三国确定的优先事项"，"重点推动涉及当事国和地区重要民生需求、

---

① 《中华人民共和国政府和法兰西共和国政府关于第三方市场合作的联合声明》，中国政府网，2015年7月1日，http://www.gov.cn/xinwen/2015-07/01/content_2888266.htm，最后访问日期：2021年10月11日。
② 《商务部等19部门关于促进对外承包工程高质量发展的指导意见》，商合发〔2019〕273号，商务部网站，2019年9月20日，http://hzs.mofcom.gov.cn/article/bnjg/201909/20190902900658.shtml，最后访问日期：2021年10月11日。
③ 《对十三届全国人大三次会议第9622号建议的答复》，《对十三届全国人大三次会议第2623号建议的答复》，商务部网站，2020年10月30日，http://hzs.mofcom.gov.cn/article/rdzx/202010/20201003012086.shtml，最后访问日期：2021年10月11日。
④ 《中华人民共和国政府和法兰西共和国政府关于第三方市场合作的联合声明》，中国政府网，2015年7月1日，http://www.gov.cn/xinwen/2015-07/01/content_2888266.htm，最后访问日期：2021年10月11日。

支持就业和经济增长的项目",① 这与三方合作"使受援国受益"的根本目标是完全相同的;二者的差异更多是手段意义上的。与历史上的大国间第三方市场合作——根本性质是对第三方的剥削甚至掠夺——相比,中国在推动第三方市场合作时始终致力于实现"三赢"。② 二是市场机会意义上的国际公共产品,即中国与合作方通过协调从而避免竞争、实现优势互补,为中国、合作方及东道国提供了更为广阔的市场机会。与传统意义上的企业间第三方市场合作——根本性质是在第三方的营利性业务合作——相比,中国倡导的第三方市场合作是通过政府间协同以改善市场竞争模式,为中国企业、合作方企业及东道国三方的优化发展创造条件。③ 相比与三方合作强调为受援国提供创新型解决方法——根本上是受援国"单赢"——不同,第三方市场合作旨在实现"三方共赢"。④

其四,中国在三方合作和第三方市场合作中均赋予第三方以最优先的地位。一般意义上,第三方在三方合作中是受援国,而在第三方市场合作中则是东道国。⑤ 但无论是在三方合作还是在第三方市场合作中,中国均充分尊重第三方的主导权。在三方合作中,中国坚持充分尊重受援国主权和主导权,坚持奉行"受援国提出、受援国同意、受援国主导"原则,以受援国欢迎不欢迎、同意不同意、满意不满意作为衡量标准,强调合作应重点支持满足受援国人道、民生、就业需求,增强受援国自主发展和造血能力。⑥ 而在第三方市场合作中,中国强调"充分尊重有关国家和地区自身特点、发展需要和经济发展战略及目标",坚持"三国共同选择,第三国同

---

① 《中华人民共和国政府和法兰西共和国政府关于第三方市场合作的联合声明》,中国政府网,2015 年 7 月 1 日,http://www.gov.cn/xinwen/2015 - 07/01/content_2888266.htm,最后访问日期:2021 年 10 月 11 日。

② 门洪华、俞钦文:《第三方市场合作:理论建构、历史演进与中国路径》,《当代亚太》2020 年第 6 期,第 4 - 40 页。

③ 周密:《第三方市场合作:资源协同整合后的三优选择》,《国际工程与劳务》2020 年第 6 期,第 18 - 21 页。

④ 张颖:《中国的国际经济合作新模式:第三方市场合作》,《现代国际关系》2020 年第 4 期,第 45 页。

⑤ 张颖:《中国的国际经济合作新模式:第三方市场合作》,《现代国际关系》2020 年第 4 期,第 45 页。

⑥ 《新时代的中国国际发展合作》,国务院新闻办公室网站,2021 年 1 月 10 日,http://www.scio.gov.cn/zfbps/32832/Document/1696685/1696685.htm,最后访问日期:2021 年 10 月 11 日。

意，第三国参与，第三国受益"，提高本地化程度。① 如果比较三方合作"受援国提出、受援国同意、受援国主导"和第三方市场合作"三国共同选择，第三国同意，第三国参与，第三国受益"，可以发现中国赋予了第三方高度优先的地位。

其五，"一带一路"事实上成为三方合作和第三方市场合作的共同聚焦。当前和未来一段时间的中国国际发展合作，很大程度上是在结合共建"一带一路"和 2030 年议程的基础上，制定对外援助中长期规划，并根据需要制定区域、国别和专项规划。一方面，共建"一带一路"是中国开展国际发展合作的重要平台，中国已经并将继续依托"一带一路"合作平台，加大对其他发展中国家的援助力度。另一方面，中国的国际发展合作也围绕"五通"领域推动了共建"一带一路"国际合作的发展。② 如前所述，第三方市场合作根本上是在共建"一带一路"框架下推动的，而其主要合作类型——产品服务、工程合作、投资合作、产融结合、战略合作——中也有大量兼具发展合作与市场合作的特征。尤其重要的是，对发展合作而言高度重要的融资合作很大程度上已成为第三方市场合作的重要内容。例如，中国进出口银行已经与日本国际协力银行、韩国进出口银行、意大利外贸保险服务公司、法国贸易信用保险公司等金融机构建立了合作关系，对越南海防燃煤电站一期、二期项目等第三方合作重点项目提供了融资支持。又如，中国丝路基金已与欧洲投资开发银行共同设立了促进第三方合作的基金——中欧共同基金，首期规模 5 亿欧元，主要投向对中欧合作具有促进作用且商业前景较好的中小企业，目前部分资金已经投向法国、爱尔兰、奥地利等国的近十家中小企业。再如，中国出口信用保险公司为意大利国家电力公司提供了总额不超过 10 亿美元的融资保险额度，在帮助意大利国家电力公司开拓拉美市场的同时，也带动了中国光伏产品向拉美国家的出口。③

---

① 《中华人民共和国政府和法兰西共和国政府关于第三方市场合作的联合声明》，中国政府网，2015 年 7 月 1 日，http://www.gov.cn/xinwen/2015 - 07/01/content_2888266.htm，最后访问日期：2021 年 10 月 11 日。

② 《新时代的中国国际发展合作》，国务院新闻办公室网站，2021 年 1 月 10 日，http://www.scio.gov.cn/zfbps/32832/Document/1696685/1696685.htm，最后访问日期：2021 年 10 月 11 日。

③ 万军、王永中：《第三方市场合作：打造"三方共赢"》，《中国外汇》2020 年第 20 期，第 35 - 37 页。

三 "发展 + 市场"复合型三方合作的机制建设

如前所述,中国已经在理念层次实现了三方合作与第三方市场合作的互通,但在具体的政策实践中二者却出现了较明显的相互割裂或相互孤立态势。这某种程度上与相应的学术研究中的相互混淆与相互割裂互为因果。因此,打通三方合作与第三方市场合作的机制体制壁垒,建构"发展 + 市场"复合型三方合作,是推动共商共建共享机制高质量发展的关键,进而也是共建"一带一路"高质量发展的重要保障。实现"发展 + 市场"复合型三方合作是可能的,不仅因为中国有着多样化实践,更因为西方发达国家事实上也试图将二者整合起来。美欧重点强调三方发展合作的根本考虑,是共建"一带一路"是否对美欧以规则为基础的国际秩序造成挑战。认为尽管共建"一带一路"倡议尚未对以规则为基础的自由秩序构成挑战,但某种程度上正在形成考验。[①] 因此,美欧也试图将第三方市场合作与发展合作进行整合,或将第三方市场合作纳入发展合作框架,从而对共建"一带一路"加以约束。具体而言,建构"发展 + 市场"复合型三方合作的机制体制,需要围绕如下方面展开重点努力。

第一,提升政府间协调和统合能力,强化共商机制建设。

尽管"发展 + 市场"复合型三方合作将是个重大创新,中国已经有了较好的前期实践。一方面,中国的国际发展合作长期以来都坚持援助与投资相结合的导向,甚至因此被美欧批评为"捆绑式援助"(tied aid)。[②] 尽管如此,中国对外援助的实际效果显然比美欧附加各类条件的援助效果更佳,因此,进入 21 世纪第二个十年后,美欧事实上也在调整其对外援助政策,有限度地回归援助与投资相结合的模式。另一方面,共建"一带一路"框架下的第三方市场合作项目中,实际上也有诸多项目本身源起于发展合作,但是以第三方市场合作方式落实的。这根本上源于合作各方的比较优势结构。但需要强调的是,由于国际猜疑、部门主义、操作困难等,既有

---

① "China's Belt and Road Initiative: Gateway to the Globe," *The Economist*, Vol. 428, No. 9102, 2018, p. 16.

② Deborah Bräutigam, "Aid 'with Chinese Characteristics': Chinese Foreign Aid and Development Finance Meet the OECD-DAC Aid Regime," *Journal of International Development*, Vol. 23, No. 5, 2011, pp. 752 – 764; Salvador Santino F. Regilme, Jr., and Obert Hodzi, "Comparing US and Chinese Foreign Aid in the Era of Rising Powers," *The International Spectator*, Vol. 56, No. 2, 2021, pp. 114 – 131.

实践尚未被系统化、理论化，进而也难以实现"发展＋市场"复合型三方合作的机制化。

这样，政府间协调和统合机制的建设就变得相当关键。但必须强调的是，"发展＋市场"复合型三方合作所需的政府间协调和统合机制，事实上包括多个层面。首先是合作三方政府间围绕"发展＋市场"复合型三方合作塑造共识的战略协调和统合机制，其使命是在合作三方之间达成战略共识，可考虑在合作三方/多方之间建立某种统合性工作机制，每方都派出国际发展合作和商务机制代表，组成"2＋2＋2"磋商机制。由于该机制中同时包括来自同一国家的发展合作与市场合作代表，各方更容易围绕"发展＋市场"复合型三方合作形成共识。其次是相对更具操作性的项目识别与分发机制，即识别特定项目所需的具体合作机制——发展合作、市场合作抑或二者的结合；换句话说，该机制事实上是一个三方合作项目的过滤平台，识别在发展合作、市场合作抑或"发展＋市场"复合中，具体项目的准确适用类别。最后才是最底层的项目指导与落实机制，即在确立具体项目的准确类别后，交由发展合作抑或商务合作抑或跨部门小组指导和监督后续落实，并逐级向上反馈具体落实情况。而更为具体的诸如政府部门、行业协会、重点企业间的共商机制，信息与风险管理等，更多是各国内部的相应配套机制。

第二，加强融资合作和企业合作，强化共建机制建设。

一方面，资金畅通是创新"发展＋市场"复合型合作的关键，无论是国际发展合作，还是共建"一带一路"倡议落实，都需要大量的资金支持；就国际发展合作而言，三方合作更多是一种有效补充，但南北合作仍是主渠道，因此，实现国际发展融资的机制优化相当迫切。而就共建"一带一路"第三方市场合作而言，由于合作大多围绕基础设施建设展开，此类项目最大的特征是投资大、期限长、风险高，因此需要强有力的资金和风险保障。另一方面，创新"发展＋市场"复合型三方合作也有助于资金更加畅通。例如，非洲发展事实上面临三大瓶颈，即资金短缺、基础设施落后和人力资源匮乏。围绕大型基础设施建设项目，通过第三方市场合作解决融资问题，可为非洲发展化解至少两大瓶颈；而在共建过程中，大量技术转移也有助于人力资源瓶颈的化解。例如，在第三方市场合作的实践中，银行、股权投资基金和保险公司等金融机构通过提供不同类型的金融产品，共同为第三方市场合作提供资金支持。其中的典型包括，中国的政策性银行和商业银行都拓展与国际开发性金融机构和欧美跨国银行的合作,以银团贷款、联合融资等多种方式,为投资回报明确的大型基础设施建设项目提供融资。① 尽管已有较好基础,但此类合作机制仍有待进一步优化完善,特别是中国、潜在合作方、国际金融机构、私人资本以及保障机制等的共同合作,对动员更多资金明显更为有利。需要指出的是,此类合作机制对于发展合作同样有效,可在发展此类机制时设定发展合作与市场合作的相对比例,这对部分重视发展合作与第三方市场合作相互联结的经合组织发展援助委员会成员而言是相对有效的。

融资合作和企业合作,即共建合作,主要发生在三个层次。首先是公共伙伴关系,即政府间合作,这是发展合作和第三方市场合作的共同基础,因此也是"发展 + 市场"复合型合作的基础,在前述的共商机制之外,共建机制更多体现为融资合作。由于基础设施项目资金需求量大,而企业往往追求短期效益,因此必须通过公共伙伴关系为企业提供长期投资的动力或保障,各国政策性银行、国际金融机构的相互合作是公共伙伴关系特别是融资合作的关键。其次是公私伙伴关系,如果说发展合作可以更多由公共伙伴关系推动,那么市场合作就必须有更多的私营部门特别是企业参与,因此"发展 + 市场"复合型三方合作,事实上是通过引入私营部门,在推动市场合作的时候将更多公共产品性质的发展合作也带动起来,这对于缓解市场合作的利己主义、改善当地公众对共建"一带一路"的认知等都有积极作用;就共建而言,公私伙伴关系的核心是在公共伙伴关系中引入商业银行甚至私人资本。最后是民间伙伴关系,即私营部门相互间的合作——尽管这是在公共伙伴关系的基础上实现,就共建而言重点是商业银行、私人资本间的合作。

第三,优先"第三方受益"追求"三赢",强化共享机制建设。

共商共建共享机制的关键在于共享,如果共享机制缺乏或不够合理,那么前述两个机制也难以有效建立。就共建"一带一路"高质量发展的共享机制而言,主要涉及如下方面:从政府角度看,涵盖中国、共建"一带一路"未合作国家及共建"一带一路"合作国家,即第三方;从行为体性质看,涵盖政府、企业及社区等层次。从发展合作或国际公共产品供应的

---

① 万军、王永中:《第三方市场合作:打造"三方共赢"》,《中国外汇》2020 年第 20 期,第 35 – 37 页。

角度看，中国与共建"一带一路"未合作国家收获的更多是因国际公共产品供应而来的国际声望及规则掌控等，而第三方或共建"一带一路"合作国家获得实实在在的发展；从市场合作角度看，中国与共建"一带一路"未合作国家获得的更多是企业利润回报，而第三方或共建"一带一路"合作国家则是在经济和社区层次获得发展。中国在三方发展合作和第三方市场合作中均强调"第三方受益"和"三赢"，凸显了"发展＋市场"复合型三方合作的根本指导原则和共享机制建设方向，即优先"第三方受益"，致力于实现中国与共建"一带一路"未合作国家和共建"一带一路"合作国家第三方的共同受益。这一共享机制的建设，首先需要三方合作政府层次的有效协调或共商机制的完善，其次需要强有力的资金保障和企业间合作即共建机制的完善，最后才是在保障当事国利益的基础上，维护中国和共建"一带一路"未合作国家企业的正当获益。换句话说，这意味着合作三方的共同责任，中国和共建"一带一路"未合作国家的政府和企业应从第三方利益出发推动"发展＋市场"复合型三方合作，而第三方政府则应致力于营商环境的全面改善。

第十章　创新国际公共产品供应

　　前述各章的分析已经相当清晰地表明，共建"一带一路"跨越不同地域、不同发展阶段、不同文明，是一个开放包容的平台，是各方共同打造的全球公共产品。共建"一带一路"目标指向人类共同的未来，坚持最大程度的非竞争性与非排他性，顺应了国际社会对全球治理体系公正性、平等性、开放性、包容性的追求，是中国为当今世界提供的重要公共产品。① 需要强调的是，"一带一路"倡议所提供的国际公共产品，不仅包括有形的设施联通、贸易畅通和资金融通，更涵盖无形的政策沟通和民心相通。在2008年全球金融危机后全球经济复苏乏力的背景下，中国提出"一带一路"倡议、为国际发展注入强劲动力，其意义和影响远远超越动力本身，更在于稳定国际社会对人类发展的预期、凝聚人类命运共同体共识。在这一意义上，小约瑟夫·奈（Joseph Nye, Jr.）于2017年提出所谓"金德尔伯格陷阱"（Kindleberger Trap）本身毫无意义。奈呼吁国际社会特别是美国关注中国快速发展的一个重大"危险"，即在美国不能也不愿为国际社会提供更多国际公共产品的情况下，如果中国不填补美国留下的"真空"，世界可能陷入"金德尔伯格陷阱"；这是美国在20世纪30年代世界经济大萧条时期曾犯的重大历史性错误。② 奈的确揭示了当今国际体系面临的一个重大挑战，即国际公共产品的供应赤字正变得日益明显甚至可能进一步加剧，因为最重要的国际公共产品供应方即美国的供应意愿持续下降，甚至出现

---

① 推进"一带一路"建设工作领导小组办公室：《共建"一带一路"倡议：进展、贡献与展望》，商务部网站，2019年4月22日，http://www.mofcom.gov.cn/article/i/jyjl/e/201904/20190402855421.shtml，最后访问日期：2021年10月11日。

② Joseph S. Nye, "The Kindleberger Trap," Project Syndicate, January 9, 2017, https://www.project-syndicate.org/commentary/trump-china-kindleberger-trap-by-joseph-s—nye–2017–01? barrier = accesspaylog, accessed on October 11, 2021.

"甩包袱"现象，最为明显地体现在特朗普政府时期的各式"退群"上。但奈明显忽视了中国提出"一带一路"倡议本身的国际公共产品供应实践及其系统重要性，当然也可能是奈刻意忽视。然而，共建"一带一路"对国际公共产品供应的重要性无法被忽视。前述各章已围绕设施联通、贸易畅通、资金融通等进行了全面分析并就其国际公共产品属性进行了讨论，因此本章的重点放在相对无形进而也讨论较少的共建"一带一路"在国际公共产品供应的理念创新和制度创新方面的进展及其未来提升空间上。源于发展水平差异，既有的国际公共产品供应理论主要是西方主导的，但其中存在诸多理论陷阱，换句话说，既有的国际公共产品供应理论主要是为西方服务的，因此大量核心理论问题都存在欺骗性，而共建"一带一路"很大程度上是对这些欺骗性理论问题的现实驳斥。与理论欺骗紧密相关的是，既有的国际公共产品供应的机制建设根本上也是不利于广大发展中国家的。因此，诸如亚投行、新开发银行等新型国际发展融资机构，更是共建"一带一路"所推动的国际公共产品供应机制创新。尽管仍处于初级阶段，但共建"一带一路"下中国提供国际公共产品的理念创新与机制创新，不仅可有效贡献于共建"一带一路"的高质量发展，更可贡献于中国的长期可持续复兴。

第一节　国际公共产品供应的理念创新

奈提出"金德尔伯格陷阱"的原因或目的很大程度上在于：一方面，在全球发展不确定性加大的背景下，中国经济发展仍整体稳定，因此有潜力成为应对国际公共产品供应赤字的唯一重要稳定来源；另一方面，在传统大国供应国际公共产品的政治意愿明显下降的同时，以"一带一路"倡议为标志，中国供应国际公共产品的政治意愿稳步上升。在这一背景下，有必要提前塑造话语体系，将中国供应国际公共产品本身从一种"贡献"扭曲为一种"责任"甚至"补偿"。针对这一居心不良的话语塑造，中国仅需展示共建"一带一路"的国际公共产品供应实践和理念创新就已足够。尽管仍处于初级阶段，但共建"一带一路"的相关实践已经展示出重大的理论创新潜力，对揭示既有国际公共产品的理论缺陷甚或"陷阱"意义深远。具体而言，"一带一路"倡议的大量实践凸显了既有国际公共产品供应理论和实践的三个"陷阱"，即成本管理、供应机制和效益评估。进一步系统化、理论化共建"一带一路"在上述三个方面的理念创新,对共建"一带一路"高质量发展和建构中国特色国际公共产品供应体系至关重要。

一 成本管理:"免费搭车" vs. 公共产品的可持续性

国际公共产品的供应赤字绝非新鲜事物,因其成本管理问题从未得到有效解决。公共产品供应在几乎所有政治生活中都占有重要地位,无论是亚里士多德的"政治就是德性生活"理念,还是大卫·休谟和亚当·斯密有关"公共善"(common goods)及公共制度的探讨,都强调了供应所面临的挑战特别是成本分担问题。保罗·萨缪尔森(Paul Samuelson)对集体消费品(collective consumption goods)的讨论推动了现代公共产品理论的诞生,成本管理困境同样居于核心地位,被强调为"免费搭车"(free ride)或集体行动困境。[①] 需要指出的是,依据公共产品理论,免费搭车似乎不是"困境",更可能是个"陷阱"。共建"一带一路"表明,国际公共产品供应赤字的根本解决方法不是聚焦如何解决免费搭车问题,而是思考如何克服"免费搭车陷阱",提供更多免费搭车机会,通过合作提高公共产品的可持续性,最终消除"免费搭车"问题。

萨缪尔森是现代经济学意义上的公共产品理论的创始人,认为公共产品是一种特殊的商品,为所有人共享消费,且每个个体的消费不会导致其他个体的消费减少。[②] 换句话说,公共产品有两个基本特征,即非歧视性和非排他性。非歧视性又被称作非竞争性,包含两层含义:一是指边际生产成本为零,即任何消费者的增加,都不会导致供应成本的增加;二是边际拥挤成本为零,即任何个体的消费都不会导致对其他消费者而言的公共产品可用总量的减少。非排他性则是指,没有任何个体可有效阻止其他个体消费其所消费的公共产品。[③] 无论是在国内生活还是国际生活中,公共产品的例子大量存在。在国内,标准的公共产品是国防:任何一个个体对国防

---

① 有关公共产品理论的历史演进,可参见 Meghnad Desai, "Public Goods: A Historical Perspective," in Inge Kaul et al., eds., *Providing Global Public Goods: Managing Globalization*, Oxford: Oxford University Press, 2003, pp. 63 – 77。

② Paul A. Samuelson, "The Pure Theory of Public Expenditure," *The Review of Economics and Statistics*, Vol. 36, No. 4, 1954, p. 387.

③ Paul A. Samuelson, "Aspects of Public Expenditure Theories," *The Review of Economics and Statistics*, Vol. 40, No. 4, 1958, p. 334; Duncan Snidal, "Public Goods, Property Rights, and Political Organizations," *International Studies Quarterly*, Vol. 23, No. 4, 1979, pp. 532 – 566.

的消费，都不会减少其他人的消费总量，包括未交税的个体也可从国防中受益。在国际关系中，诸如自由贸易体系、货币稳定、环境保护、和平安全等都可被认为是国际公共产品。

根据经典公共产品理论，无论是在国内生活还是国际关系中，公共产品的非歧视性和非排他性特征，均会导致免费搭车问题或集体行动困境。正如萨缪尔森所指出的，任何公共产品一旦开始被消费，便进入一个"无差异曲线"（indifference curves），[①] 即不会有人再继续关注公共产品的生产与消费问题。原因在于，公共产品的消费不仅是集体性的，更是零成本的，这使几乎所有消费者都有动机免费搭车，并视自身和其他消费者的消费为理所当然。[②] 由于参与市场运转的商业性行为体大都是逐利的，免费搭车或集体行动困境将使通过市场机制供应公共产品的可能性大为降低，公共产品的供应赤字似乎成为一种必然。[③] 这样，公共产品的供应必须通过一种公共机制基于利他目的而实现。在国内社会中，由于中央政府的存在，国家有权威和能力决定公共产品的供应，并通过税收使公共产品生产、供应的成本问题得以有效解决。但在国际关系中，由于国际无政府状态，不可能有中央权威就国际公共产品的生产、供应作整体性决策，也不可能通过类似税收的机制为国际公共产品的生产与供应支付成本。因此，免费搭车便被认为是国际公共产品供应赤字的核心原因。

尽管免费搭车与国际公共产品供应赤字之间存在很强的因果关联，但这一因果关系并非绝对。事实上，由于混淆了时间逻辑、供应方—消费者逻辑，"免费搭车"极可能是个理论陷阱，服务于既有供应方维持更多消费、垄断独享收益的同时降低供应成本的利己主义目标。

免费搭车理论的最大问题在于，它颠倒了公共产品供应与消费的时间先后顺序。该理论强调，消费者不为国际公共产品的生产和供应作贡献，导致国际公共产品供应赤字无可避免。但就国际公共产品供应与消费的时间逻辑而言，唯有在国际公共产品开始被消费之后，它才会进入"无差异

---

① Paul A. Samuelson, "Aspects of Public Expenditure Theories," *The Review of Economics and Statistics*, Vol. 40, No. 4, 1958, p. 334.

② Russell Hardin, *Collective Action*, Baltimore: Johns Hopkins University Press, 1982, p. 20.

③ 有关公共产品供应不足的最全面的讨论参见〔美〕英吉·考尔《全球化之道——全球公共产品的提供与管理》，张春波、高静译，人民出版社，2006；Inge Kaul, "Global Public Goods: Explaining Their Underprovision," *Journal of International Economic Law*, Vol. 15, No. 3, 2012, pp. 729 – 750；等等。

曲线",而非在一项国际性商品进入"无差异曲线"之后,它才成为国际公共产品并被人消费。换句话说,免费搭车发生在国际公共产品已被生产和提供之后,但由于公共产品的边际拥挤成本为零,因此免费搭车不应该对其生产与供应产生回溯性影响。对于这一误导性,或许会有人反驳,公共产品既非静态也非一次性供应,而是一种动态性甚至反复性的过程。例如,关贸总协定(GATT)一开始更多是俱乐部性的公共产品,逐渐发展上升为国际性甚至全球性的公共产品。又如,尽管自由贸易被认为是一种国际公共产品,但历史上多次发生过逆转,其程度不亚于当前美国的贸易保护主义。① 但这恰好引发免费搭车概念的更深层误导性:如果公共产品供应是动态性反复发生的过程,那么免费搭车的影响到底是什么?

因此,免费搭车理论的更深层、更不易识别的问题在于,它混淆了公共产品消费者与供应方的逻辑,即以消费者的逻辑判断供应方的动机。的确,由于公共产品的非歧视性和非排他性,消费者没有或少有动机为公共产品的生产和供应支付成本。但必须进一步追问的是:一方面,由于时间顺序因素,供应方在生产、供应公共产品时,是否已将免费搭车因素纳入考虑?如果答案是肯定的,那么是什么原因让供应方决心忽视免费搭车问题,继续生产和供应公共产品?如果答案是否定的,那么在供应公共产品后,免费搭车现象是否真的导致供应方继续供应的意愿乃至能力下降甚至消失?另一方面,对上述问题的回答极可能引发新的问题,即免费搭车与公共产品的生产与供应的关联并非如经典公共产品理论那么明显,为什么免费搭车仍被强调为公共产品特别是国际公共产品供应赤字的主要原因?供应方如此强调这一因素的真正动机是什么?或者说,免费搭车理论是在掩饰什么?

回答上述问题的关键在于,尽管就消费者逻辑而言,免费搭车同等适用于对国内和国际公共产品的分析,但就供应方逻辑来说,由于国际无政府状态,国际公共产品完全不同于国内公共产品:② 首先,国际社会很大程度上是个异质社会,不同国家和团体对国际公共产品的供应与消费的认知

---

① Pedro Conceicao, "Assessing the Provision Status of Global Public Goods," in Inge Kaul et al. , eds. , *Providing Global Public Goods*: *Managing Globalization*, Oxford: Oxford University Press, 2003, p. 166.

② 有关国内与国际公共产品供应逻辑的差异的讨论,参见 Charles P. Kindleberger, "International Public Goods without International Government," *American Economic Review*, Vol. 76, No. 1, 1986, pp. 1 – 13; Todd Sandler, *Global Collective Action*, Cambridge: Cambridge University Press, 2004; 等等。

差异明显；其次，国际社会很大程度上是个平等或平行社会，中央统一权威的缺乏导致各类行为体尤其是国家间的权势竞争相对激烈，国际公共产品供应本身也是权势竞争的重要方面；① 最后，国际社会很大程度上是个离散社会，不存在以税收和公共产品为核心纽带的成本控制及效忠机制。② 这样，国内公共产品的免费搭车问题可通过政府集中决策、集中收税、集中供应而加以解决，公共产品的供应赤字或成本困境可通过政府收税而消除。但国际体系中并不存在上述机制，国际公共产品供应方的动机或其回报机制必然与国内有重大差异。

国际公共产品供应方的动机或回报主要包括两个方面：一方面，由于公共产品是非歧视性和非排他性的，国际公共产品的供应方同时也是消费方，其动机或回报也包括消费公共产品。而且，一个重要的事实是，国际公共产品供应方的消费获益明显大于其他消费者。例如，自由贸易体系被认为是一项重要的国际公共产品，但其消费是不公平的。根据一项研究，关贸总协定/世界贸易组织（GATT/WTO）的确极大地促进了世界贸易，全球进口额因此增长了120%，仅2000年就相当于8万亿美元。但这一贸易促进效应并不均衡，发达国家明显受益更多。③ 类似地，和平安全也被认为是一项重要的国际公共产品，但其消费同样是不公平的。最简单的例证是，但凡对美国、欧洲等主要的国际和平安全供应方重要的议题，往往更受重视，而其他的则多被忽视甚至无视。如恐怖主义并非新鲜事物，却是在2001年"9·11"事件后才上升为重要的国际安全议题；同样，跨国移民也有悠久历史，但是在对欧洲安全造成消极影响后才被安全化为重要的国际安全议题。④

另一方面，国际公共产品供应方可从供应公共产品中收获重要的国际权势，即对附着于国际公共产品的各类国际规则、规范乃至相应的国际机

---

① Fabrizio Cafaggi and David D. Caron, "Global Public Goods Amidst a Plurality of Legal Orders: A Symposium," *The European Journal of International Law*, Vol. 23, No. 3, Fall 2012, pp. 643 – 649.

② Todd Sandler, "Global and Regional Public Goods: A Prognosis for Collective Action," *Fiscal Studies*, Vol. 19, No. 3, 1998, pp. 224 – 225.

③ Arvind Subramanian and Shang-Jin Wei, "The WTO Promotes Trade, Strongly but Unevenly," *Journal of International Economics*, Vol. 72, No. 1, 2007, pp. 151 – 175.

④ Joao Estevens, "Migration Crisis in the EU: Developing a Framework for Analysis of National Security and Defence Strategies," *Comparative Migration Studies*, Vol. 6, No. 1, 2018, pp. 28 – 48; Faye Donnelly, "In the Name of (De) Securitization: Speaking Security to Protect Migrants, Refugees and Internally Displaced Persons?" *International Review of the Red Cross*, Vol. 99, No. 1, 2017, pp. 241 – 261.

制的主导权甚至垄断权，这是普通消费者所无法获得的。在西方学者宣称自由国际体系是一项重要的国际公共产品的同时，事实上也同时宣告了西方对该体系的绝对主导权，进而也将普通消费者置于一种劣势地位，甚至从属地位。例如，第二次世界大战后的整体国际安排及其背后的价值观、规则和规范都源于西方国内实践，并从一种地方性实践上升为全球性标准。[1] 也正是由于对这些国际公共产品所附着的规则、规范、机制等的主导甚至垄断，使美国有信心讨论在其物质性霸权衰落甚或终结之后的制度性霸权的存续问题。[2] 正是这种相对于普通消费者的垄断性获益，使供应方的国际权势地位得以有效延长。例如，在国际货币基金组织框架下，各国代表性存在重大差异。2010 年改革前，在 11 个最主要的国际货币基金组织成员国中，代表性最高的比利时（306%）大致是代表性最低的中国（28%）的 11倍；即使在 2010 年改革后，比利时的代表性（214%）仍是中国（45%）的近 5 倍。[3] 换句话说，在国际货币基金组织框架内，即使是在最新的改革之后，中国的投票权仍被压低了至少一倍，而比利时的投票权则被放大了一倍。也正因这一供应方垄断性获益，在中美贸易争端中，世界贸易组织几乎总是站在美国一边。[4] 在 2002—2021 年，美国在世界贸易组织上诉中国23 起，除 4 起未最终裁决外，美国在其余 19 起上诉中全部胜出；同期中国上诉美国 16 起，但仅有 5 起胜诉，4 起败诉，另有 7 起尚未裁决。[5]

可以认为，由于获得最大比例的消费份额并主导甚至垄断相应的规则、规范和机制，国际公共产品供应方的供应能力和供应意愿不太可能受所谓免费搭车问题的实质性影响。如果免费搭车真的能够导致国际公共产品供应赤

[1] Gautam Sen, "The US and the GATT/WTO System," in Rosemary Foot et. al. , eds. , *US Hegemony and International Organizations: The United States and Multilateral Institutions*, Oxford: Oxford University Press, 2003, p. 116.

[2] 参见〔美〕罗伯特·基欧汉《霸权之后：世界政治经济中的合作与纷争》，苏长和等译，上海人民出版社，2006。

[3] Jakob Vestergaard and Robert H. Wade, "Out of the Woods: Gridlock in the IMF, and the World Bank Puts Multilateralism at Risk," DIIS Report, No. 6, Danish Institute for International Studies, 2014, https://www.diis.dk/files/media/publications/import/extra/rp2014 - 06_gridlock-imf-wb_jve_wade_web_2.pdf, pp. 18 - 19, accessed on October 11, 2021.

[4] Jeffery J. Schott and Euijin Jung, "In US-China Trade Disputes, the WTO Usually Sides with the United States," PIIE, March 12, 2019, https://piie.com/blogs/trade-investment-policy-watch/us-china-trade-disputes-wto-usually-sides-united-states, accessed on October 11, 2021.

[5] "Follow Disputes and Create Alerts," WTO, https://www.wto.org/english/tratop_e/dispu_e/find_dispu_cases.htm, accessed on October 11, 2021.

字,那就说明国际公共产品的供应方要么未能获得前述不成比例的利益,要么这种获益结构发生了改变。这反过来说明的是,既有国际公共产品供应方无法继续维持其不成比例的获益,原因极可能在于其他国家的兴起导致其维持此种获益的能力被削弱了。也就是说,免费搭车并非国际公共产品供应赤字的核心原因;恰好相反,即便免费搭车现象明显存在,只要既有国际公共产品供应方能够继续维系其不成比例的消费获益和对相关规则、规范乃至机制的主导权甚至垄断权,就仍有充分的动机生产和供应国际公共产品。因此,免费搭车理论的核心,是以消费者的逻辑掩盖供应方的动机,从而使关注聚焦从不公平获益转向国际公共产品供应成本和供应赤字。

既然国际公共产品供应赤字并不完全是由于免费搭车引起的,那么它的真正根源是什么?答案其实也很简单。"免费搭车陷阱"处心积虑地将聚焦从不公平获益转向供应成本,只能说明两个问题,而这恰好是国际公共产品供应赤字存在的核心:一是如前所述,国际公共产品供应是个长期和反复性过程,需要持续投入而非一次性成本——尽管第一次或初始投入是最大的,而供应方的供应能力、供应意愿的确存在因时间推移而变化的可能,进而尽可能降低成本、转移成本或实现成本分担便更加合理;二是随着普通消费者日益熟悉附着于国际公共产品的规则、规范和机制的运作原理,进而可获得相比过去更多的消费收益,既有国际公共产品供应方的边际收益呈下降态势,其长期成本便相对增长,因此也需要设法降低成本,维持原有的高收益。总结起来,国际公共产品供应赤字的根本原因,在于国际公共产品供应需要持续追加远低于初始成本的成本,而长时段里供应意愿乃至供应能力的变化进一步凸显了追加成本的重要性。

因此,要缓解甚至消除国际公共产品供应赤字,必须从降低国际公共产品的长期追加成本入手,大致有三个渠道:一是直接降低国际公共产品本身的成本;二是通过成本分担而降低供应成本;三是通过提高国际公共产品效用而降低成本。由于后两者分属制度设计和效益评估,因此成本管理的真正创新仅来自第一个方面。如前所述,如果国际公共产品的供应是一次性成本,那么免费搭车永远不会影响其供应意愿,更别说供应能力。因此,在多次反复供应的情况下,成本降低的核心方法就是设法使成本接近一次性供应的成本,即最大可能地降低追加成本。实现这一目标的现实难度相当大,因此替代性的方法便是设法提高国际公共产品的可持续性。如果国际公共产品是可持续的,其追加供应成本就相对较低,进而即便既有国际公共产品供应方仍以免费搭车为由要挟普通消费者,也极易寻找到替代性的供应方;而替代供应方的唾手可得,又会反过来确保既有供应方的供应意愿维持在较高水平。这样,随着国际公共产品的可持续性上升,国际公共产品的供应意愿就将始终保持在较高水平,国际公共产品的供应赤字也将得到重大缓解。

依据国际公共产品发挥功能的时空环境,其可持续性涉及一个类似同心圆的四个层次:最内核的是国际公共产品本身的可持续性,然后是其载体的可持续性,再外层是财务可持续性,最外层是社会可持续性。首先,国际公共产品本身的可持续性,可能因其性质、原材料、生产方式等而呈现明显差异。由于国际公共产品相对抽象,以国内公共产品为例或许更易理解。例如,尽管路灯本身是一种公共产品,但由于路灯发光的根本仍在于电力供应,如果发电方式更加可持续——如太阳能而非火力发电,那么对路灯的追加成本将明显降低,作为公共产品的路灯的可持续性就将明显提高。在国际公共产品中也可发现类似产品本身可持续性差异的现象。例如,作为一种国际公共产品,海上通道安全也可能因沿线国家安全态势不同而呈明显差异;换句话说,海上通道安全作为公共产品,其核心内涵是沿岸国家的安全等级。其次,国际公共产品的可持续性也可能因其载体差异而不同。同样以路灯为例,即使采用相同的电力生产方式,诸如灯泡、电线杆等载体的材料差异也可能导致其可持续性大相径庭。在国际关系中,同样追求集体安全,一战后的国联与二战后的联合国,其可持续性差异已被历史所证明。[①] 再次,国际公共产品的可持续性也因其财务可持续性差异而不同。经济类公共产品的可持续性相对高于安全类公共产品,不仅在于前者更易形成良性循环,更在于前者的回报机制更加明确和简单,实现财务收支平衡的可能性更高;而安全类公共产品更多是净支出型的公共产品,其自身实现财务收支平衡的能力相对较低,尽管其溢出效应可能有助于提升经济回报,但后者往往不会直接用于弥补安全类公共产品的供应成本。最后,国际公共产品的可持续性也受其社会可持续性影响,即特定国际公共产品的社会溢出会严重影响其可持续性。例如,联合国千年发展目标的确为国际社会提供了减贫和减贫合作的重要国际公共产品,但其对更大的经济、社会、环境等协调发展的

---

① Joseph C. Ebegbulem, "The Failure of Collective Security in the Post World Wars I and II International System," *Transcience*, Vol. 2, 2011, pp. 23 – 29.

重视不足，导致其社会可持续性相对较低，而这正是在千年发展目标到期后 2030 年议程对可持续发展如此强调的重要原因。①

尽管貌似较为理想化，但国际公共产品的可持续性的确可有效提高。一方面，无论是自上而下还是自下而上，可持续性正成为诸多国际公共产品的核心追求，如发展领域的联合国 2030 年议程、中国的"一带一路"倡议、和平安全领域的自由和平论（liberal peace）或中国的发展和平论（developmental peace），都将可持续作为重要目标并提出大量理论思考，形成了诸多实践经验。另一方面，围绕国际公共产品供应的机制设置与效益评估的改善，也可有效提升国际公共产品的可持续性，推动国际公共产品供应赤字的缓解。

二 供应机制："金德尔伯格陷阱" vs. 劳动分工

对公共产品的需求根本上源于市场供应失败，因此其供应需要有公共机构负责。但国际社会的无政府状态，不仅意味着供应国际公共产品的公共机构的缺乏，更暗示了国际公共产品供应的分工合作的紧迫性。的确，"金德尔伯格陷阱"很大程度上凸显了国际权势转移期间的国际公共产品供应权交接困难，或者说是国际体系转型时期的国际公共产品供应稳定性危机。需要指出的是，"金德尔伯格陷阱"很大程度上是基于对美国自身历史经验的简单总结，存在至少两个理论陷阱：一方面，"金德尔伯格陷阱"的立论基础是霸权稳定论，强调的是国际公共产品供应的封闭性，因此既无法在国际体系稳定时期引入更多的国际公共产品供应方，更无法在权势转移时期对国际公共产品供应作整体性机制调整或改革；另一方面，霸权稳定论前提也使"金德尔伯格陷阱"无视国际公共产品消费方在国际公共产品供应机制设计中的潜在作用，事实上是强调国际公共产品的"强制搭车"（forced ride）或强制性。共建"一带一路"强调共商共建共享，事实上是要通过突破既有制度设计中的封闭性和强制性，一方面尽可能动员所有潜在供应方参与供应、扩大国际公共产品总量，另一方面调动消费方的能动性，缓解各供应方的潜在竞争或重复努力，进而构建以各供应方比较优势为基础的国际公共产品供应劳动分工体系，最终极大地缓解国际公共产品供应赤字。

---

① Amarakoon Bandara, "What have We Learned?" The Broker, August 15, 2013, http://www. the-brokeronline. co. uk/Blogs/Post – 2015 – shaping-a-global-agenda/What-have-we-learned, accessed on October 11, 2021.

制度设计历来是公共产品供应的核心问题：由于公共产品具备非歧视性和非排他性，为消除免费搭车现象，需要有单一甚或垄断性的公共产品供应机制，通过公共机构集中供应是最佳选择。如果说国内公共产品可由中央政府集中提供，那么在无政府的国际社会中，霸权或由霸权支持的国际机制便是为数不多的保证国际公共产品充分供应的选择之一，因为只有霸权才既有能力又有意愿，为解决集体行动困境提供出路，从而稳定且充分地提供国际公共产品。正如萨缪尔森指出的，没有任何去中心化的机制能决定公共产品的最佳提供。[①]

霸权提供国际公共产品的方式主要有两种。一是强制性霸权试图最大化其从国际公共产品供应中的获益，进而往往强迫其他国家承担国际公共产品供应成本。在金德尔伯格看来，为了维持自由主义国际经济，霸权必须在供应公共产品方面发挥主导作用，如自由市场、稳定的资本流通、稳定的国际经济秩序等；由于能力不够的国家无法有效提供国际公共产品，国际公共产品供应需要霸权主导或承担责任，尽管这未必意味着霸权统治。[②] 二是仁慈的霸权更倾向于通过接受不对称的协定，承担更大的国际公共产品供应成本，进而诱导其他国家参与国际公共产品供应。罗伯特·吉尔平（Robert Gilpin）和斯蒂芬·克拉斯勒（Stephen D. Krasner）认为，霸权供应公共产品和维持自由主义国际经济的目的是促进自身利益，因此更愿意利用其主导性权势建立一个国际秩序，鼓励其他国家追随。[③] 亚瑟·斯坦（Arthur A. Stein）通过聚焦国家间互动解释了自由贸易机制的动态演变，认为霸权愿意在经济协定中承担不对称的成本，以便实现其他重要的

---

① Paul A. Samuelson, "The Pure Theory of Public Expenditure," *The Review of Economics and Statistics*, Vol. 36, No. 4, 1954, p. 388.

② Charles P. Kindleberger, "Dominance and Leadership in the International Economy: Exploitation, Public Goods, and Free Rides," *International Studies Quarterly*, Vol. 25, No. 2, 1981, pp. 242 – 254; Charles P. Kindleberger, "International Public Goods without International Government," *American Economic Review*, Vol. 76, No. 1, 1986, pp. 1 – 13; Charles P. Kindleberger, *The World in Depression, 1929 – 1939*, Berkeley: University of California Press, 1986.

③ Robert Gilpin, *War and Change in World Politics*, New York: Cambridge University Press, 1983; Robert Gilpin and Jean M. Gilpin, *The Political Economy of International Relations*, Princeton: Princeton University Press, 1987; Robert Gilpin and Jean M. Gilpin, *Global Political Economy: Understanding the International Economic Order*, Princeton: Princeton University Press, 2001; Stephen D. Krasner, "State Power and the Structure of International Trade," *World Politics*, Vol. 28, No. 3, 1976, pp. 317 – 347.

政治目标。①

　　源于国际社会的无政府状态性质，霸权被认定为最核心的国际公共产品供应机制。但与免费搭车相似，霸权稳定论事实上建构了更大的理论陷阱：其核心目标是实现霸权的稳定，而非国际体系的稳定或国际公共产品供应的稳定。这一理论陷阱远超出奈所论述的"金德尔伯格陷阱"，事实上涵盖两个方面。

　　一方面，霸权作为国际公共产品的核心供应来源，意味着霸权稳定论下国际公共产品供应机制的封闭性，进而排除了多元供应方参与和增加国际公共产品供应总量的可能。

　　首先，霸权主导下的国际公共产品供应方是个封闭的俱乐部，霸权不认可的其他参与方难以加入国际公共产品的供应集团。对霸权国家而言，与对手围绕国际公共产品供应的合作极可能具有潜在的国家安全威胁，因此即便是合作也只能是在志同道合者之间。乔安尼·高娃（Joanne Gowa）对冷战两极竞争下的国际自由贸易的公共产品供应与机制设置的研究表明，贸易更有可能发生在同盟内部而非两个集团之间。② 也正因如此，霸权在塑造国际公共产品的供应俱乐部时，要么强制其他国家共同承担供应成本，要么友善地承担国际公共产品的主要成本并诱导其他国家承担次要成本。③ 尽管批评霸权并非合作性集体行动的充分条件和必要条件，但罗伯特·基欧汉（Robert Keohane）和邓肯·斯奈德（Duncan Snidal）的确指出了国际公共产品供应的封闭性。基于曼瑟尔·奥尔森（Mancur Lloyd Olson，Jr）的"特权团体"和托马斯·谢林（Thomas C. Schelling）的"K团体"（k-group）概念，基欧汉和斯奈德提出，国际公共产品可由一个国家团体提供。如果

----

① Arthur A. Stein, "The Hegemon's Dilemma: Great Britain, the United States, and the International Economic Order," *International Organization*, Vol. 38, No. 2, 1984, pp. 355 – 386.

② Joanne Gowa, "Public Goods and Political Institutions: Trade and Monetary Policy Processes in the United States," *International Organization*, Vol. 42, No. 1, 1988, pp. 15 – 32; Joanne Gowa, "Bipolarity, Multipolarity, and Free Trade," *The American Political Science Review*, Vol. 83, No. 4, 1989, pp. 1245 – 1256; Joanne Gowa, "Rational Hegemons, Excludable Goods, and Small Groups: An Epitaph for Hegemonic Stability Theory?" *World Politics*, Vol. 41, No. 3, 1989, pp. 307 – 324; Joanne Gowa and Edward D. Mansfield, "Power Politics and International Trade," *The American Political Science Review*, Vol. 87, No. 2, 1993, pp. 408 – 420; Joanne Gowa, *Allies, Adversaries, and International Trade*, Princeton: Princeton University Press, 1994.

③ Duncan Snidal, "The Limits of Hegemonic Stability Theory," *International Organization*, Vol. 39, No. 4, 1985, pp. 579 – 614.

团体中的大多数成员从国际公共产品中的获益大于成本，它们便有动机提供公共产品。唯一的条件是，它们需要组建一个小型联盟（K团体）以共同承担成本，这样其单个成员的成本就会小于其获益。^① 由此可见，无论是全球性还是地区性的国际公共产品，霸权稳定论下的国际公共产品供应机制都是一个封闭性的俱乐部，无论是国际体系稳定时期还是权势转移时期，这个俱乐部都难以向对霸权不认可的行为体开放。因此，尽管奈试图通过凸显"金德尔伯格陷阱"将体系转型时期的国际公共产品供应赤字的责任强加于中国，但事实上中国进入美国主导的国际公共产品供应体系并非易事。

其次，霸权主导下的国际公共产品供应机制是一次性封闭博弈的后果，难以因应国际体系的动态发展特别是依权势转移及时调整。由于将霸权作为国际公共产品供应的核心机制，国际体系的动态发展事实上被简化为是否具备国际霸权这一简单选项。正是由于这一简化，包括霸权稳定论、新自由主义、中立定理（neutrality theorem）等在内的国际公共产品理论事实上都假设，霸权与其他国家围绕国际公共产品的供应机制安排的博弈是一次性的，霸权或者强制或者诱导其他国家参与供应机制。例如，奈在讨论"金德尔伯格陷阱"时，事实上也认为只有一次性选择，即中国是否从美国手中接过国际公共产品供应的责任。但如同经典国际公共产品供应理论也强调的，由于国际无政府状态，国际关系并非简单的一次性博弈，各国必须通过反复博弈才能确信对方的合作意图并建构稳定的合作机制。因此，基于霸权稳定论的国际公共产品供应机制设计很大程度上是僵化的，难以适应国际权势转移的现实，也难以及时更新国际公共产品供应机制。例如，无论是联合国还是国际货币基金组织或世界银行，在面对冷战结束后特别是2008年全球金融危机后的国际权势转移时，其机制改革都相当缓慢，核心原因就在于既有机制设计很大程度上基于二战结束时的大国权势博弈，进而对当前的权势转移进程缺乏足够的敏感。

最后，由于霸权主导下的国际公共产品供应机制的封闭性，国际公共产品的供应总量不可能实质性增加，国际公共产品的供应赤字也就无法得到极大地缓解。作为新现实主义国际关系的重要分支，霸权稳定论所遭受

---

① Robert O. Keohane, *After Hegemony: Cooperation and Discord in the World Political Economy*, Princeton: Princeton University Press, 1984; Duncan Snidal, "The Limits of Hegemonic Stability Theory," *International Organization*, Vol. 39, No. 4, 1985, pp. 579 – 614.

的批评主要来自新自由主义国际关系理论。新自由主义理论强调，基于公共经济学的"中立定理"，霸权无法增加国际公共产品的供应总量。中立定理暗示，在代理人自愿提供的情况下，收入从一个代理人向另一个代理人的一次性转移，并不影响公共物品的总量。[①] 换句话说，如果公共产品是通过自愿贡献提供的，收入分配并不影响其总量，因为只有总收入本身才对公共产品的总量重要。因此，国际公共产品的总量不仅独立于霸权的存在，而且独立于权势的分配。哪怕对国际公共产品供应感兴趣的霸权，也难以单边提供所有公共产品或影响整个国际合作。[②] 需要指出的是，中立定理更多与国内公共财政相关，不能简单地应用于国际关系特别是国际公共产品供应的讨论。但霸权稳定论下的国际公共产品供应机制的确难以增加国际公共产品供应总量，原因不只在于中立定理所强调的转移支付，更在于其封闭性导致更多的潜在供应方被排斥在外。换句话说，霸权的领导很大程度上导致了国际公共产品供应的"挤出效应"（crowding out），使国际公共产品的供应赤字更难以缓解。[③]

另一方面，霸权作为国际公共产品的核心供应来源，意味着霸权稳定论下国际公共产品供应机制的强制性，严重抑制了消费方能动性对国际公共产品供应赤字的潜在积极贡献。

首先，经典公共产品理论在凸显免费搭车的同时，刻意忽视了公共产品供应中的强制搭车一面。强制搭车既意味着强制消费公共产品，也意味着强制承担公共产品供应成本。一方面，由于公共产品消费的非歧视性和非排他性，部分行为体往往在并不愿意或并不知情的情况下也参与公共产品的消费。[④] 例如，对环保主义者而言，修建大型水利工程或其他大型基础

[①] Peter G. Warr, "The Private Provision of a Public Good Is Independent of the Distribution of Income," *Economics Letters*, Vol. 13, No. 2 – 3, 1983, pp. 207 – 211; Theodore Bergstrom, Lawrence Blume, and Hal Varian, "On the Private Provision of Public Goods," *Journal of Public Economics*, Vol. 29, No. 1, 1986, pp. 25 – 49.

[②] Robert D. Pahre, *Leading Questions: How Hegemony Affects the International Political Economy*, Ann Arbor: University of Michigan Press, 1999, pp. 28 – 32.

[③] Robert D. Pahre, *Leading Questions: How Hegemony Affects the International Political Economy*, Ann Arbor: University of Michigan Press, 1999, p. 26. 需要指出的是，帕尔所强调的"挤出效应"侧重于公共产品总量不充分导致的消费方被"挤出"，因此仍在强调公共产品转移支付的"流动性"，而非设法增加公共产品总量。

[④] William Loehr and Todd Sandler, *Public Goods and Public Policy*, London: Sage Publications, 1978, p. 27.

设施往往意味着重大的环境后果,因此是其所反对的;尽管如此,他们却不得不消费此类公共产品。又如,对和平主义者而言,国防是完全没有必要的,尽管他们也不得不消费作为公共产品的国防。[1] 因此,对这些行为体而言,这些公共产品事实上也是一种"公害产品"(public bad)。[2] 另一方面,对前述行为体而言,哪怕是其不喜欢的公共产品甚至是对其而言的"公害产品",公共产品的供应成本也无可避免。特别是在国内社会,由于中央政府拥有征税权力,每个公民都必须纳税,但税收的具体使用难以追踪——特别是就其最后到底是投入了公共产品还是"公害产品"而言。因此,事实上每个纳税人都承担了每项公共产品的供应成本——尽管其份额可能相当小。[3] 换句话说,公共产品的供应成本是通过隐蔽方式实现了强制承担。

其次,在国际无政府状态下,霸权作为国际公共产品供应的核心机制有着更加明显的强制性。在国内公共产品的供应中,中央政府的存在及其合法征税的权力和权威,使公共产品供应成本分摊机制变得不再必要;同时,通过中央政府集中提供公共产品的方式,公共产品演变为"公害产品"的可能也以"善"的名义掩盖。但在缺乏中央权威的国际社会中,霸权并不具备税收功能,因此必须有更加显性的国际公共产品供应成本分摊机制,即前述的霸权或强制或诱导地实现成本分担。无论是强制还是诱导,其核心原因都在于霸权对附着于国际公共产品的规则、规范和制度的主导甚至垄断权,这在诱导性的成本分摊机制中尤其重要。正是由于规则、规范乃至制度性的强制逻辑,国际公共产品的消费者更容易成为"强制搭车者"(forced rider),而非免费搭车者(free-rider);有关小国贸易政策选择的研究证实了这一点。[4] 需要强调的是,国际公共产品供应的强制性与封闭性是

---

[1]　Richard Cornes and Todd Sandler, "Are Public Goods Myths?" *Journal of Theoretical Politics*, Vol. 6, No. 3, 1994, pp. 369 – 385.

[2]　Simon Vicary, "Donations to a Public Good in a Large Economy," *European Economic Review*, Vol. 44, No. 3, 2000, pp. 609 – 618; Joseph J. Cordes and Robert S. Goldfarb, "Decreasing the 'Bad' for Mixed Public Goods and Bads: The Case of Public Sculpture," *Eastern Economic Journal*, Vol. 33, No. 2, 2007, pp. 159 – 176.

[3]　Murray N. Rothbard, "The Myth of Neutral Taxation," *The Cato Journal*, Fall 1981, pp. 519 – 564.

[4]　一项对以瑞典为案例的小国贸易政策的研究显示,由于国际公共产品隐含的强制性,小国往往会放弃由免费搭车逻辑而来的重商主义政策,而选择强制搭车逻辑下的自由贸易政策。参见 Anders Ahnlid, "Free or Forced Riders? Small States in the International Political Economy: The Example of Sweden," *Cooperation and Conflict*, Vol. 27, No. 3, 1992, pp. 241 – 276。

相互强化的：封闭性可防止附着于国际公共产品之上的规则、规范及制度主导权的扩散或被其他国家所分享，这会反过来强化国际公共产品供应的强制性；而国际公共产品供应的强制性又使封闭性的获益进一步增加，使既有供应方建立或巩固封闭的国际公共产品供应联盟的动机更加强烈。[①]

最后，与国内公共产品供应的真实垄断相比，国际公共产品的供应深受国际权势斗争影响，由此而来的竞争性加剧了国际公共产品供应的强制性。无论是全球性霸权还是地区性霸权，往往出于维护自身霸权、遏制潜在竞争对手的需要，倾向于确立自身对整个地区所有类型的国际公共产品的供应垄断——尽管其在不同领域的国际公共产品供应能力并不完全相同。换句话说，由于国际公共产品供应与国际权势竞争的紧密交织，国际公共产品供应往往成为霸权对外战略的重要组成部分，实现对特定地区乃至全球的国际公共产品供应的地理性全覆盖或地理性垄断，恰好是其霸权稳固的重要指标。在地理性垄断下，国际公共产品的消费方往往无法选择其他潜在的国际公共产品供应方，哪怕后者在特定公共产品供应方面远优于既有供应方或霸权。也就是说，由国际权势竞争而来的国际公共产品竞争，往往导致国际公共产品供应的地理性垄断：这不仅限制潜在供应方参与国际公共产品供应，也强制消费方消费品质远为低下的国际公共产品。由此导致的后果不仅是国际公共产品的供应赤字难以实质性缓解，甚至可能导致国际公共产品的实际效益大打折扣。

既有以霸权为核心的国际公共产品供应体系有着明显的不足甚至是"陷阱"，其内在的封闭性与强制性相互强化，既难以缓解国际公共产品的供应赤字，也无法动员消费方的能动性，更拒斥将更为多元的潜在供应方纳入制度安排。因此，创新国际公共产品的供应就必须打破上述封闭性和强制性：一方面，要将更多潜在供应方纳入国际公共产品供应的制度安排之中；另一方面，也要动员消费方的能动性，为其提供选择国际公共产品供应方的政策空间，从而倒逼国际公共产品供应方提供更高质量和更可持续的国际公共产品。依循上述思路而来的创新思维是，以各潜在供应方的比较优势为基础，打破国际公共产品供应的地理性垄断，建构国际公共产

---

① 有关国际公共产品供应联盟建构的讨论，可参见 Wolfgang Buchholz and Michael Eichenseer，"Strategic Coalition Formation in Global Public Good Provision," in Wolfgang Buchholz and Dirk Rubbelke, eds., *The Theory of Externalities and Public Goods*：*Essays in Memory of Richard C. Cornes*, Switzerland：Springer, 2017, pp. 61 - 84。

品供应的领域性合作的劳动分工体系。

以比较优势为基础建构国际公共产品供应的劳动分工体系是可能的。尽管主要是个经济概念,但各国的确有着不同的国际公共产品供应比较优势,这在国际体系转型时期尤其明显。例如,尽管美国的国际公共产品供应能力相对全面,但在基础设施类公共产品方面中国优势明显,在伊斯兰金融方面中东国家更加擅长,在对外援助方面有经合组织发展援助委员会等的同行竞争,在国际和平安全方面俄罗斯甚至北欧国家也有重要优势,等等。因此,在能力结构高度分化的背景下,包括美国在内的任何一个国家都难以垄断特定地区的国际公共产品供应;以比较优势为基础的多元供应方合作,远较以意识形态或权势集团为基础的供应同盟,更为可行。

以比较优势为基础建构国际公共产品供应的劳动分工体系也是必要的。从国际公共产品的供应机制角度看,这有助于培育机制的开放性和包容性。由于国际公共产品供应机制以各供应方比较优势为基础,各供应方可实现在同一地区的合作,有助于打破国际公共产品供应的封闭性。国际公共产品的供应机制的更高开放性和更大包容性,一方面意味着更多更为多元的潜在供应方有可能加入国际公共产品供应体系,将推动国际公共产品供应总量的显著增加,进而极大地缓解国际公共产品的供应赤字;另一方面也意味着供应机制的动态调整成为可能,特别是在国际权势转移的背景下,大量新兴大国有机会凭借其新获得的国际公共产品供应比较优势而加入供应机制,将有助于更为合理、更为高效和更可持续的国际公共产品供应体系的建设。从国际公共产品的消费机制角度看,这有助于动员消费方的能动性,进一步巩固供应机制的开放性和包容性。由于各方可在同一地区依据比较优势供应国际公共产品,消费方的角色得以凸显,而消费方的能动性发挥或选择权上升,又将有助于供应方进一步发展其比较优势。

共建"一带一路"倡议事实上已经开始践行上述劳动分工逻辑,推动新型国际公共产品供应机制建设。共建"一带一路"倡导共商共建共享,特别是提出了第三方市场合作的创新理念和实践,从而使构建"发展+市场"复合型三方合作得以可能。这意味着,中国、共建"一带一路"合作国家和其他非合作国家,都能共同为"一带一路"建设特别是共建"一带一路"合作国家的发展作出贡献,进而是一种相互配合、相互促进的基于比较优势的公共产品供应结构;随着这一实践的持续推进,一种更新的基于比较优势的国际公共产品供应劳动分工体系将不断完善,最终实现国际公共产品供应机制的创新。

三　效益评估："援助有效性" vs. 整体评估

国际公共产品供应赤字不仅可通过增加供应总量的积极方式加以缓解，也可通过优化资源配置、提高利用效益等消极举措加以缓解，其核心是国际公共产品的效益评估。尽管自二战结束以来，国际社会在国际公共产品供应与评估方面的自觉性日益强化，但受制于可用数据和技术，迄今为止对国际公共产品的效益评估仍相当不完善。从评估的覆盖面看，迄今为止仍主要局限在经济类公共产品领域；从评估技术看，技术发展的评估后果往往是强化了一种形式主义和技术主义；从评估的权势逻辑看，评估往往成为供应方推卸自身责任的重要手段。正因如此，以援助有效性（aid effectiveness）为代表的国际公共产品效益评估方法，与其说是为了提升援助有效性甚至更为宏观和积极的发展有效性（development effectiveness），倒不如说是个"陷阱"，对国际公共产品的供应、需求、利用等均有较大的误导性。相对而言，共建"一带一路"强调国际公共产品的公共性、整体性和共赢甚至多赢性，很大程度上正突破既有评估的部门逻辑、结果导向和单边主义，有助于真正改善国际公共产品的效益并缓解国际公共产品供应赤字。

第一，由于衡量难易程度差异及相应技术不够完善，国际公共产品效益评估迄今仍主要聚焦经济类公共产品，其背后的部门主义逻辑明显不利于全面和整体性评估。

国际公共产品的效益评估首先源于对外援助的发展，迄今仍主要聚焦经济部门。20 世纪 50 年代马歇尔计划的巨大成功，为西方提供了最为明确和坚实的国际公共产品效益证据，从而诱发了国际发展寻找更多"最佳实践"的努力。但 20 世纪六七十年代对外援助的效益不佳甚至"援助失败"，迫使传统援助国反思其理论基础和操作方法，对援助的效益评估也逐渐提上议事日程。由于可用数据和技术的限制，对发展援助的效益评估方法论长期不够成熟，直到 20 世纪 90 年代末援助有效性概念才逐渐发展起来，并在 2005 年得到官方采纳。尽管如此，援助有效性概念很快被扩大，并于 2011 年升级为发展有效性概念。[①]　与此大致同步的另一发展是从千年发展目

---

①　贺文萍：《从"援助有效性"到"发展有效性"：援助理念的演变及中国经验的作用》，《西亚非洲》2011 年第 9 期，第 121－135 页。

标到可持续发展目标的监督与评估方式的升级，即从相对简单的更注重减贫和经济发展指标到更为全面的兼顾经济、社会与环境的评估指标。[1] 尽管正朝更加全面和更为整体的方向发展，但经济性指标仍是当前衡量国际公共产品的核心指标——尽管进入 21 世纪以来环境性指标得到了快速发展。

与经济类甚至环境类公共产品的效益评估相比，安全类、思想类等公共产品的效益评估总体上仍处于起步阶段。尽管也涌现了大量的安全或风险评估模型，如欧盟的武装冲突风险评估定量全球模型（Quantitative Global Model for Armed Conflict Risk Assessment）、世界银行的世界治理指标或美国政府的转型冲突分析跨部门共同框架（Common Inter-Agency Framework for Conflict Analysis in Transition）等，但都更侧重早期预警和响应，而非对国际公共产品的效益评估。尽管也有将此类风险预警与如安全援助等相联系的研究[2]，但有关安全类公共产品的效益评估总体上仍很不发达。与此相类似，对有关思想类公共产品特别是如人权、自由主义等意识形态类公共产品的效益评估，也主要与对外援助是否促进当地人权、治理、反腐等相关[3]，而非对此类公共产品本身的效益评估。

导致国际公共产品效益评估的上述部门主义特征的原因，不仅在于非经济领域的数据难以获取、相关定量研究技术难以支撑，更在于不同类型的国际公共产品往往需要由不同的部门提供，进而形成较为明显的部门利益。例如，经济类公共产品的供应现在主要为"发展行业"（development industry）所控制，这是一个日益庞大的跨国性利益集团。自 20 世纪 50 年代以来，发展行业逐渐从国内政府部门，向国际组织、大型国际慈善机构

---

① 有关这一发展的讨论，可参见张春《新型全球发展伙伴关系研究》，上海人民出版社，2019，第 76 - 80、162 - 166 页。

② 例如可参见 Nathan Nunn and Nancy Qian, "US Food Aid and Civil Conflict," *American Economic Review*, Vol. 104, No. 6, 2014, pp. 1630 - 1666; Benson Ochieng, *Trade, Aid and Conflict in the Horn of Africa: The Role of the EU-ACP Cotonou Partnership Agreement*, London: African Peace Forum, InterAfrica Group and Saferworld, October 2005; Mary B. Anderson, *Do No Harm: How Aid can Support Peace-Or-War*, Boulder: Lynne Rienner Publishers, 1999; 等等。

③ 例如可参见 Mariya Y. Omelicheva, Brittnee Carter, and Luke A. Campbell, "Military Aid and Human Rights: Assessing the Impact of U. S. Security Assistance Programs," *Political Science Quarterly*, Vol. 132, No. 1, 2017, pp. 119 - 144; Sarah Blodgett Bermeo, "Aid Is Not Oil: Donor Preferences, Heterogeneous Aid, and the Aid-Democratization Relationship," *International Organization*, Vol. 70, No. 1, 2016, pp. 1 - 32; Stephen Knack, "Does Foreign Aid Promote Democracy," *International Studies Quarterly*, Vol. 48, No. 1, 2004, pp. 251 - 266; 等等。

乃至非政府组织、跨国社会团体等延伸。随着其规模发展，发展行业的部门利益很大程度上正扭曲国际公共产品供应的基本逻辑。如同丹比萨·莫约（Dambisa Moyo）所指出的，由差不多5万精英人士构成的发展行业最关心的是借贷成功率；一旦在财年中未能发放预定资金，其后果将相当严重。[①] 正是这一借贷焦虑导致了国际援助的竞争，而非如不少研究报告所认定的，是中国、印度等新兴发展合作伙伴不遵守既有的发展援助规则所导致的。[②] 例如，在2001—2003年，坦桑尼亚得到了70余家双边、多边援助机构及国际非政府组织的1500多个发展项目，其中大部分集中在环境保护领域。尽管如此，国际公共产品的使用效率却没有得到提高。恰好相反，在2000—2005年，坦桑尼亚的森林覆盖率反倒比前十年下降了10个百分点。[③] 可以认为，类似现象在其他类型的国际公共产品供应中同样存在。正是由于这一不断膨胀的部门利益，国际公共产品的效益评估难以超越本部门，考察特定类型公共产品对其他政策领域的全面和整体性影响。

第二，随着可用数据与技术的持续发展，国际公共产品的效益评估日益朝技术主义方向发展，并导致供应方和消费方都更重视评估形式而非实际效益。

对援助效率低下的反思也促进了评估技术的发展。到20世纪90年代，源于管理学的结果管理方法日益成为援助评估的主要取向。到90年代中期，结果管理方法已经成为"发展机构的生活现实"。以"基于证据的发展规划与管理"框架为基础，发展援助共同体于20世纪90年代初开始重塑援助议程，制度化结果管理方法，将其整合到其组织文化中。这意味着，发展机构并不是简单地将结果管理方法视作一项管理工具，而是严肃地将其当作一种哲学观念，要求在规划与执行过程中重视结果。例如，加拿大全球事务局（Global Affairs Canada，加拿大国际发展署的前身）便声称，结果管理方法是"一项全面的、生命周期性的管理方法，整合了商业战略、人力、

①　〔赞比亚〕丹比萨·莫约：《援助的死亡》，王涛、杨惠等译，刘鸿武审校，世界知识出版社，2010，第38–39页。
②　David Roodman, "Competitive Proliferation of Aid Projects: A Model," Working Paper, No. 89, Center for Global Development, June 2006, p. 2, https://www.cgdev.org/sites/default/files/8488_file_WP89.pdf, accessed on October 11, 2021.
③　Food and Agriculture Organization, *Forest Resources and Assessment 2005: Global Synthesis*, Rome: FAO, 2005.

过程和衡量指标以改善决策过程并驱动变革"。①

　　结果导向的效率评估方法直接推动国际发展治理从传统的规范化治理转向指标化治理。所谓规范化治理是指，在各方就宏大的战略目标达成共识的前提下，较为明确地规定行为路径和行为准则；假定只要据此行事，宏伟的战略目标就一定能够实现。2015 年《巴黎协定》通过前的全球气候变化治理很大程度上就属于规范化治理。与规范化治理强调行为准则不同，在指标化治理模式下，各方对战略目标的构想更加宏伟和抽象，如当前的可持续发展，为推动这一更为宏伟和抽象的目标得以实现，各方并不强调具体的行为路径和行为准则，而是制定出一系列的进展指标以衡量各方是否采取实际行动。② 在进入 21 世纪后，基于“结果文化”，联合国率先将指标化治理应用于千年发展目标，并主要是在减贫领域取得了可见的进步。③基于千年发展目标相对成功的经验，可持续发展目标更是全面采用指标化治理，规范化治理在发展领域已难言风光。

　　尽管指标化治理的全面普及可能意味着更为精准的数字表现，但对国际公共产品的效益评估而言，也有着明显的误导作用甚至产生误导陷阱。一方面，技术主义正日益主导国际公共产品的效益评估，并进一步强化前述的部门主义逻辑。随着评估指标的增加和复杂化，国际公共产品的效益评估正日益成为少数技术专家的事情。另一方面，无论是对供应方还是对消费方而言，形式精美的指标都成为持续供应和消费国际公共产品的重要参照。随着新的发展话语——聚焦（高度复杂、纯粹技术性的规划、监督与评估）等方面的话语——逐渐主导发展思维，发展中国家或国际公共产品消费方需要提供越来越多的定量性经验证据，以证明其所取得的进步。这样，通过技术专家美化的发展规划、效益评估报告等均可表明，国际公

---

① Global Affairs Canada, *Results-Based Management for International Assistance Programming at Global Affairs Canada: A How-to Guide*, 2nd edition, Quebec: CIDA, 2016, p. 8, https://www. international. gc. ca/world-monde/assets/pdfs/funding-financement/results_based_management-gestion_axee_resultats-guide-en. pdf, accessed on October 11, 2021.

② 有关规范化治理与指标化治理的讨论，可参见张春《新型全球发展伙伴关系研究》，上海人民出版社，2019，第一章，尤其是第 41 页。

③ Patrick Bond, "Global Governance Campaigning and MDGs: From Top-down to Bottom-up Anti-poverty Work," *Third World Quarterly*, Vol. 27, No. 2, 2006, pp. 339 – 354; Ashwani Saith, "From Universal Values to MDGs: Lost in Translation," *Development and Change*, Vol. 37, No. 6, 2006, pp. 1167 – 1199.

共产品的供需关系得到了更为科学和理性的规划——尽管现实未必如此。

第三，相比其部门主义、技术主义和形式主义，既有国际公共产品效益评估方法的最大误导性在于其背后隐含的权势逻辑及由此而来的责任推卸——类似免费搭车理论那样将国际公共产品供应赤字的责任推卸到消费方。

首先，国际公共产品评估的权势逻辑发生在供应方与消费方之间。从根本上讲，国际公共产品的效益来自其对需求的满足程度，但现状却是评估供应方投入的产出或结果。所有的结果管理方法事实上都基于"变革理论"（theory of change），即解释特定干预如何达致预期的发展变革，基于可见证据得出因果分析的方法。它是一种连接项目活动与预期结果的理论，涉及项目如何及缘何运作的各种假设、风险及外部因素。[①] 因此，尽管援助有效性和发展有效性的具体原则都试图将消费方引入其中，但供应方的主导地位仍是明显的。例如，援助有效性的五项原则事实上都是供应方主导的：自主权（ownership）强调的是供应方要给予消费方政策空间；对接（alignment）事实上使供应方的目标与消费方相适应；协调（harmonisation）完全是供应方内部的事情；结果（results）衡量的是输入或援助的结果；相互问责（mutual accountability）事实上要求消费方也要为供应方分担责任。[②] 发展有效性除纳入包容性发展伙伴关系外，延续了援助有效性的结果聚焦、国家自主权和共同问责等原则，[③] 供应方的主导地位仍相当稳固。

其次，国际公共产品评估的权势逻辑也发生在供应方内部。从历史演变角度看，不同学科或理论间的竞争充斥着国际公共产品的发展史。以评估最为发达的国际发展领域为例，其内部权势竞争事实上经历了三个阶段：20 世纪六七十年代可被称作"工程师时代"（era of engineers），基于马歇尔计划成功经验的宏大设计主导了这一时期的国际发展合作；其失败使经济

---

① 有关"变革的理论"的论述很多，主要可参见 UNDG, *Theory of Change*: *UNDAF Campanion Guidance*, New York: UNDG, 2017, https://undg.org/wp-content/uploads/2017/06/UNDG-UN-DAF-Companion-Pieces – 7 – Theory-of-Change.pdf; Craig Valters, "Theories of Change in International Development: Communication, Learning, or Accountability?" JSRP Paper, No. 17, London: LSE, 2014, https://assets.publishing.service.gov.uk/media/57a089c5ed915 d3cfd000 40a/JS-RP17. Valters. pdf; both accessed on October 11, 2021.

② OECD, "Paris Declaration and Accra Agenda for Action," http://www.oecd.org/dac/effectiveness/parisdeclarationandaccraagendaforaction.htm, accessed on October 11, 2021.

③ OECD, "Busan Partnership for Effective Development Cooperation, 4th High Level Forum on Aid Effectiveness," Busan, Republic of Korea, November 29 – December 1, 2011, http://www.oecd.org/dac/effectiveness/49650173.pdf, accessed on October 11, 2021.

学家逐渐占据主导地位，因此八九十年代的国际发展更多是"经济学家时代"（era of economists）；而经济学家的失败使如治理、安全、人权等领域的专家纷纷介入，20 世纪末及至当今的国际发展更多成为"社会科学家时代"（era of social scientists）。[①] 从行为体间的横向竞争看，冷战时期的竞争主要发生在东西方或美苏之间[②]，今天则更多发生在主权国家与国际组织之间。后一对竞争关系也经历了从主权国家主导，到国际组织快速兴起，再到主权国家更多通过指定用途资金影响国际组织决策的阶段性发展。[③] 一方面，通过指定资金用途，主权国家能确保自身为国际组织捐献的资金仍能轻易识别，消费方可清楚地知晓其来源。另一方面，指定用途资金的效益评估更为方便且更可能被放大，因为其他资金或支持均被视作常量而不予评估，或其影响也被认为是指定用途资金导致的。

最后，随着指标化治理方法的不断完善，国际公共产品的效益评估所需数据越来越多且越来越全面，不仅可能误导消费方对国际公共产品的利用方式，更将国际公共产品效益不佳的主要责任推到了消费方身上。一方面，无论是千年发展目标的落实经验还是当前可持续发展目标的落实困难，一个重要借口或理由都是消费方的信息或数据不及时、不透明、不友好，这也正是可持续发展目标在拟议过程中高度强调数据革命（data revolution）的原因。对千年发展目标落实经验教训的总结中相当重要的一条是，"由于对人们生活的社会和经济环境最基本数据的缺乏，对发展所做努力的成效大打折扣"。[④] 因此，提高发展中国家或国际公共产品消费方的数据统计能力，是改善国际公共产品效益的核心；此外，数据革命还可提升消费方的问责水

① Izumi Ohno, "Evolution of International Development Policy," International Development Policy Lecture, No. 1, February 4, 2015, GRIPS, http://www. grips. ac. jp/forum/IzumiOhno/lectures/2015_Lecture_texts/Lec1_Overview_2015_rev_web. pdf, accessed on October 11, 2021.

② 〔美〕霍华德·威亚尔达：《新兴国家的政治发展——第三世界还存在吗？》，刘青、牛可译，牛可校，北京大学出版社，2005，第 31 - 32 页。

③ Vera Z. Eichenauer and Bernhard Reinsberg, "What Determines Earmarked Funding to International Development Organizations? Evidence from the New Multi-Bi Aid Data," Working Paper, No. 25, AidData, May 2016, http://docs. aiddata. org/ad4/pdfs/wps25_what_determines_earmarked_funding_to_international_development_organizations. pdf; Piera Tortora and Suzanne Steensen, "Making Earmarked Funding More Effective: Current Practices and A Way Forward," OECD Report, No. 1, 2014, http://www. oecd. org/dac/aid-architecture/Multilateral% 20Report% 20N% 201_2014. pdf; both accessed on October 11, 2021.

④ High-Level Panel of Eminent Persons on the Post – 2015 Development Agenda, *High Level Panel Bali Communiqué*, Bali, Indonesia, March 27, 2013, p. 3.

平，事实上也意味着一种"问责革命"。① 但这可能极大地分散消费方利用国际公共产品的努力，因其产生了对消费方来说重大的数据收集、处理和分发压力。② 另一方面，在一种"被量化者方有价值"的理念诱导下，各种量化政治、安全、社会等政策领域的努力纷纷发展，但其后果却极可能是对现实的歪曲——尤其是在取样难以真正全面与平衡的背景下，由此而来的供应方决策对消费方政治、经济、社会、环境等的影响很可能是深远的，但最终所有责任都将被归结于消费方的数据不充分、不完善、不及时或不友好。

即使不考虑数据和技术的限制，既有国际公共产品效益评估方法的部门主义、技术主义、形式主义及权势政治逻辑仍相当明显，对国际公共产品的利用效率及供应赤字而言积极意义相对有限——如果不说是"陷阱"的话。因此，创新国际公共产品的供应，缓解国际公共产品的供应赤字，提高国际公共产品的实际效益，就必须有效结合供需双方、各社会部门、各类资金及定量定性等作整体性评估，这事实上恰好是"一带一路"倡议当前的具体实践。首先，必须就国际公共产品供需双方的战略对接水平即共建"一带一路"的政策沟通作整体评估。尽管既有评估特别是援助有效性和发展有效性评估中包含对接、包容性伙伴关系及相互问责等原则，但仍需强化这一评估的相互性，包括供需双方战略在规划与落实等不同层面的对接，责任的分担与共同但有区别的责任的结合，伙伴关系安排中针对能力差异而来的差异性评估，国际公共产品供应的技术、政治、社会、经济等条件性（conditionality）的评估，等等。其次，必须就各部门的国际公共产品——设施联通、贸易畅通和资金融通等——加以整体性评估。这意味着对特定国际公共产品的效益评估至少包括两个方面：一是基本的绩效评估，这很大程度上是结果管理方法的重点，或者说是对特定国际公共产品的部门性评估；二是延伸的影响评估，从消除既有评估的部门主义角度出发，其重点是对特定国际公共产品的短期部门外溢出效应评估和长期后续影响评估。再次，需要对除财政资助外的所有支持手段作整体性评估。尽管财政资助既是最直接也是最重要的国际公共产品供应方式，但仍有大量其他的国际公共产品供应方式——不仅包括非现金的技术和体系性手段，

---

① 有关 2030 年议程制定过程中的数据革命的讨论，可参见张春、高玮《联合国 2015 年后发展议程与全球数据伙伴关系》，《世界经济与政治》2015 年第 8 期，第 88 – 105 页。

② Jonas Dovern and Peter Nunnenkamp, "Aid and Growth Accelerations: An Alternative approach to Assessing the Effectiveness of Aid," *KYKLOS*, Vol. 60, No. 3, 2007, pp. 359 – 383.

还包括商业手段的国际公共产品溢出。因此，不能简单地假设是财政资助类手段发挥了核心作用。经合组织已启动官方发展支助总量评估方法建构的努力，但这显然仍更多集中于发展领域，对其他领域及对其他支持手段特别是民心相通的覆盖仍不够全面。最后，必须有机结合定量评估与定性评估实现整体性评估。指标化治理的重要性上升意味着定量评估的主流化，但虑及国际公共产品的供应和消费作为人类活动的基本性质，定性评估更应当占据主导，定量评估更多应被限制在技术性支持范围内。因此，合理平衡定性与定量评估进而形成合理的整体评估模式是值得思考的。

第二节　国际公共产品供应的机制创新

尽管"一带一路"倡议是中国为世界提供的最大国际公共产品，但其制度建设仍远不够充分，特别是系统的共商共建共享机制还不够成熟。迄今为止，共建"一带一路"框架下国际公共产品供应的机制建设主要体现在资金融通方面，特别是亚投行、新开发银行及规模相对较小的丝路基金等新型发展融资机构的建设上。的确，自创设以来，亚投行、新开发银行均被贴上"新型"的标签，并被拿来与传统国际金融机构/多边发展银行加以对比，[①] 因其很大程度上代表着可持续金融体系（sustainable financial system）或可持续性导向的金融体系（sustainability-oriented financial system）[②]建设的最新努力。一方面，自 2008 年全球金融危机爆发以来，国际货币基金组织和世界银行等传统国际金融机构的改革进展相当缓慢，使创设新的国际金融机构变得更加紧迫，因其不仅有利于探索替代性的筹资方法和平台，也有利于倒逼传统国际金融机构的改革。另一方面，从历史演进的角度看，亚投行和新开发银行的创设与既有国际金融机构的确存在重大区别：

---

① 例如可参见 Andrey Shelepov, "New and Traditional Multilateral Development Banks: Current and Potential Cooperation," *International Organisations Research Journal*, Vol. 12, No. 1, 2017, pp. 127 – 147; Andrew F. Cooper, "The BRICS' New Development Bank: Shifting from Material Leverage to Innovative Capacity," *Global Policy*, Vol. 8, No. 3, 2017, pp. 275 – 284。

② 托马斯·沃克尔（Thomas Walker）等在其编著的《设计可持续金融体系》一书中提出上述理念，10 余位学者围绕这一理论展开了全方位讨论，其中有关替代性金融方法、银行业的社会与环境责任、金融体系的可持续性压力测试、代理投票系统、云金融、社会影响信用等问题的讨论相当有意义。具体可参见 Thomas Walker, Stéfanie D. Kibsey, and Rohan Crichton, eds., *Designing a Sustainable Financial System: Development Goals and Socio-Ecological Responsibility*, London: Palgrave Macmillan, 2018。

一是代际差异明显，在亚投行和新开发银行创设前，创设时间最短的重要国际金融机构即欧洲复兴开发银行的成立也是 1991 年的事情，时间间隔长达 20 余年；二是时代特征明显，亚投行和新开发银行是冷战结束后首批集中创设的国际金融机构；三是创设行为体差异明显，亚投行和新开发银行是由新兴大国而非西方发达国家所创设的。但需要指出的是，上述特征显然不能充分说明亚投行和新开发银行的新意所在，尽管其具体投资操作与传统国际金融机构存在明显差异[①]。很大程度上，共建"一带一路"框架下中国参与国际公共产品供应的制度创新顺应了可持续发展时代的新要求，围绕参与平等性、制度灵活性与发展有效性践行重大的制度创新。

一 可持续发展理念与国际制度创设的新要求

尽管早在冷战结束之初的 1992 年，国际社会就在巴西里约热内卢围绕可持续发展达成高度共识，但仍是 2030 年议程全面确立了经济、社会与环境可持续发展的综合路径，[②] 标志着可持续发展时代的到来，并提出了重大的可持续发展治理[③]乃至全球发展治理[④]转型需求，这对国际制度的创设而

---

① Jianzhi Zhao, Yannan Gou, and Wanying Li, "A New Model of Multilateral Development Bank: A Comparative Study of Road Projects by the AIIB and ADB," *Journal of Chinese Political Science*, Vol. 24, No. 2, 2019, pp. 267 – 288.

② United Nations, "Transforming Our World: The 2030 Agenda for Sustainable Development," UN DOC A/RES/70/1, September 2015, https://sustainabledevelopment. un. org/content/documents/21252030% 20Agenda% 20for% 20Sustainable% 20Development% 20web. pdf, accessed on October 11, 2021.

③ 有关可持续发展治理的讨论，可参见 Joachim Monkelbaan, *Governance for the Sustainable Development Goals: Exploring an Integrative Framework of Theories, Tools, and Competencies*, Singapore: Springer, 2019; David Crowther Shahla Seifi, and Abdul Moyeen, eds., *The Goals of Sustainable Development: Responsibility and Governance*, Singapore: Springer, 2018; 等等。

④ 尽管现有文献少有使用"全球发展治理"这一术语，但事实上早已存在将"发展"与"全球治理"相联系的文献，如北南研究所（North-South Institute）与国际发展研究中心（International Development Research Centre）于 1995 年举行了一次研讨会，并以《发展与全球治理》为题发表了会议成果，内容涉及全球经济治理、国际金融机构治理，低收入国家的长期发展与筹资等。参见 Roy Culpeper and Caroline Pestieau, ed., *Development and Global Governance*, Ottawa: International Development Research Centre and The North-South Institute, 1996。将 2030 年议程也纳入讨论的较为新近的全球发展治理的讨论，可参见 Jose Antonio Ocampo, ed., *Global Governance and Development*, Oxford: Oxford University Press, 2016。国内学者在联合国 2030 年议程通过后也开始讨论全球发展治理，例如可参见张贵洪《联合国、二十国集团与全球发展治理》，《当代世界与社会主义》2016 年第 4 期，第 17 – 24 页；孙伊然《全球发展治理：中国与联合国合作的新态势》，《现代国际关系》2017 年第 9 期，第 36 – 43、50 页；黄超《全球发展治理转型与中国的战略选择》，《国际展望》2018 年第 3 期，第 29 – 49 页；等等。

言尤为真实。在延续既有国际制度创设理念和方法的同时,可持续发展理念使国际制度创设中的三个原本相对不受重视的因素得以凸显。

第一,可持续发展理念强调所有相关行为体的共同发展,因此平等参与成为国际制度的基本要求。

传统意义上,国际制度的创设是为了固定制度创设时的国际权势结构,因此参与不平等往往是国际制度的一般特征。与此形成鲜明对比的是,2030年议程的基本指导原则之一是"不让任何人掉队",尽管重点放在对因歧视、地理、治理、地位及脆弱性等而掉队的弱势群体的帮扶方面。① 就可持续发展时代的国际制度创设而言,"不让任何人掉队"原则的重要意义在于:一方面,可持续发展是整个国际社会所有行为体的共同目标,不再只是发展中国家的事情,因此需要包括发达国家在内的所有国家的参与,且应确保发达国家与发展中国家的平等参与;另一方面,可持续发展意味着所有利益攸关方在所有议题上的协调行动,由于缺乏任何部门的参与都将导致可持续发展目标无法实现,其核心是打破"条块分割"(silos),转向整体性思维。② 这两个方面相辅相成,前者更注重形式平等,而后者更强调实质平等;如果没有实质性平等即所有成员都同等参与整体性的全球发展治理,那么前者就不可能实现,可持续发展也就不可能实现。从制度设计的角度看,平等参与意味着较高的成员控制水平,而这又可能对制度集中度产生不良影响。③ 因此,可持续发展时代国际制度特别是国际金融机构的创设,应在成员控制与制度集中之间实现新的平衡。

第二,可持续发展强调面向未来的蕴含重大潜在不确定性的宏伟目标,因此制度灵活性是确保国际制度长期存续的重要前提。

以制度主义理论为基础的国际制度创设方法——主要包括历史演进方法和理性设计方法,很大程度上都存在灵活性不足的问题。一方面,历史演进方法很大程度上将国际制度视为一个持续的适应和路径变化的过程的

---

① "What Does It Mean to Leave No One Behind? A UNDP Discussion Paper and Framework for Implementation," UNDP, July 2018, https://www.undp.org/content/dam/undp/library/Sustainable%20Development/2030%20Agenda/Discussion_Paper_LNOB_EN_lres.pdf, accessed on October 11, 2021.

② Barbara Adams and Karen Judd, "Silos or System? The 2030 Agenda Requires an Integrated Approach to Sustainable Development," *Global Policy Watch*, No. 12, September 23, 2016, p. 1.

③ Barbara Koremenos, Charles Lipson, and Duncan Snidal, "The Rational Design of International Institutions," in Barbara Koremenos, Charles Lipson & Duncan Snidal, eds., *The Rational Design of International Institutions*, Cambridge, UK: Cambridge University Press, 2003, pp. 11 – 12.

结果，强调一个自下而上的"自发秩序"，有明显的渐进性和持续性特征。[①]
因此，历史演进方法更加重视路径依赖、从量变到质变的累积性变化及拐
点等，但往往忽视代理人的反思能力与能动性、强调次优目标而非最优目
标等，导致历史演进方法总体上是个"修补匠"而非"工程师"；[②] 其灵活
性更多针对历史性失败，而非未来不确定性。相比之下，理性设计方法基
于一种工程学或建筑学的视角，假设制度是理性行为体的自觉创设，认为新
的制度均衡源于行为体实现自身目标最佳化的愿望。与历史演进方法不同，
理性设计方法关注的是国际制度的制度设计后果，而非其创设根源或过程。[③]
尽管理性设计方法对未来演进有充分关切，但对国际制度创设中的历史因
素缺乏关注，同时还面临信息不充分、价值观冲突等限制。

可持续发展的长期性和不确定性，要求国际制度创设时必须实现历史
演进与未来演进、微观关切与宏观环境的更为精妙的平衡：从历史演进的
角度看，国际制度的创设必须同时虑及微观层面既有制度和宏观层面既有
发展理念的成功经验和失败教训；从未来演进的角度看，国际制度的创设
也须虑及微观层面的制度创设与改革的平衡及新创设制度与既有制度的未
来合作，和宏观层面基本发展模式的长期转型并强调相应的转型管理（tran-
sition management），[④] 以实现协调与可持续的发展。对国际金融机构的创设
而言，最重要的问题是两个：一是因应可持续发展时代的国际发展筹资要
求及其重大不确定性，确保资金有效促进经济、社会和环境的协调发展；
二是预留与传统国际金融机构有效对接和合作的制度通道，从而渐进性地
融入既有国际金融体系，使自身逐渐成为全球发展治理的主流机构。

第三，可持续发展意味着重大的发展筹资需求，因此发展有效性成为

---

① 有关历史演进方法的讨论，可参见 Orfeo Fioretos, Tulia G. Falleti, and Adam Sheingate, "His-
torical Institutionalism in Political Science," in Orfeo Fioretos, Tulia G. Falleti, and Adam Shein-
gate, eds., *The Oxford Handbook of Historical Institutionalism*, Oxford: Oxford University Press,
2016, pp. 4 – 5; G. John Ikenberry, "The Rise, Character, and Evolution of International Order,"
in Orfeo Fioretos, Tulia G. Falleti, and Adam Sheingate, eds., *The Oxford Handbook of Historical
Institutionalism*, Oxford: Oxford University Press, 2016, pp. 545 – 549; 等等。

② William R. Thomson, ed., *Evolutionary Interpretations of World Politics*, New York: Routledge,
2001, p. 142.

③ Barbara Koremenos, Charles Lipson, and Duncan Snidal, eds., *The Rational Design of Interna-
tional Institutions*, Cambridge, UK: Cambridge University Press, 2003.

④ 有关转型管理的讨论，可参见 Derk Loorbach and Jan Rotmans, "The Practice of Transition Man-
agement: Examples and Lessons from Four Distinct Cases," *Future*, Vol. 42, 2010, pp. 237 – 246。

衡量国际制度组织有效性的根本标准。

联合国 2030 年议程及其可持续发展目标相当宏大，其实现并非易事。仅从所需财政资源看，如果国际社会要在 2030 年实现所有可持续发展目标，预期全球每年需要约 5 万亿—7 万亿美元。尽管这一数字本身并不大——仅相当于全球 GDP 总值的 7%—10%、全球每年投资总额的 25%—40%，但由于全球贫富分化与投资分布不均等，发展中国家面临尤为严峻的可持续发展筹资挑战，每年资金缺口仍高达约 2.5 万亿美元。[①] 如前所述，2020 年新冠疫情暴发，进一步放大了实现可持续发展目标的资金缺口。在此背景下，国际社会越来越关注可持续发展筹资问题，认为国际金融体系不应是封闭和孤立的系统，而应通过与可持续发展目标相互对接而加以重新设计，否则人类将无法实现可持续发展，难以应对全球气候变化，人类生活也难得到有效改善。[②] 这样，既有理论将制度有效性的重点放在服从和执行问题上，[③] 就显得不再合时宜。在可持续发展时代，国际制度的有效性必须从更大的组织有效性和组织效率的角度加以思考：就有效性而言，是它能否有效实现其预期目标或解决其基本问题，特别是在资助可持续发展方面；就效率而言，是在促进可持续发展时，其成本—收益结构是否更为合理、更加优化。

早在 2030 年议程通过前，对国际金融机构的改革和创设的压力就因 2008 年全球金融危机而放大。尽管有关国际金融机构改革以适应可持续发展筹资的呼吁不断，[④] 但绝大多数讨论都聚焦相对具体的技术问题，[⑤] 对国

---

① UNCTAD, *World Investment Report 2014*, *Investing in the SDGS*: *An Action Plan*, New York and Geneva: UN, 2014, pp. xxvi – xxviii.

② Thomas Walker, Stefanie D. Kibsey, and Rohan Crichton, "Introduction," in Thomas Walker, Stéfanie D. Kibsey, and Rohan Crichton, eds., *Designing a Sustainable Financial System*: *Development Goals and Socio-Ecological Responsibility*, London: Palgrave Macmillan, 2018, p. 1.

③ Alexander Wendt, "Driving with the Rearview Mirror: On the Rational Science of Institutional Design," in Barbara Koremenos, Charles Lipson & Duncan Snidal, eds., *The Rational Design of International Institutions*, Cambridge, UK: Cambridge University Press, 2003, pp. 283 – 285.

④ 最为官方的呼吁是 2015 年 7 月举行的第三次发展筹资问题国际会议的决议，参见联合国《第三次发展筹资问题国际会议亚的斯亚贝巴行动议程（亚的斯亚贝巴行动议程）》，联合国文件 A/RES/69/313，2015 年 7 月 27 日。

⑤ 最为明显地体现在前述的《设计可持续金融体系》一书中，参见 Thomas Walker, Stéfanie D. Kibsey, and Rohan Crichton, eds., *Designing a Sustainable Financial System*: *Development Goals and Socio-Ecological Responsibility*, London: Palgrave Macmillan, 2018。另可参见 OECD, *Making Blended Finance Work for the Sustainable Development Goals*, Paris: OECD, 2018。有关非洲地区可持续发展筹资的讨论，可参见 Uchenna R. Efobi and Simplice Asongu, eds., *Financing Sustainable Development in Africa*, London: Palgrave Macmillan, 2018。

际金融机构创新设计的讨论相当不充分。而在有关国际制度理性设计的相关
讨论中，国际金融机构并未得到应有的重视。例如，国际制度理性设计理论
的建构者们对全球经济体系、国际贸易机制等都有专门讨论，但只是在一般
性讨论时偶尔援引国际货币基金组织或世界银行。[1] 正是由于上述两方面的研
究不足，导致对以亚投行和新开发银行为代表的新创国际金融机构的研究主
要聚焦权势斗争，如中国的大国渴求，[2] 权势转移与制度制衡，[3] 中国在国际
金融治理结构中的规范性权力，[4] 新型国际金融机构与国际自由主义秩序的
关系，[5] 新型与传统国际金融机构间的竞争等，[6] 严重缺乏对其制度设计创
新的研究。从可持续发展的时代要求看，新型国际金融机构的创设确实代
表着时代发展方向，因其对可持续发展时代的参与平等性、制度灵活性和
发展有效性的回应都更为积极和有效。

二 亚投行与新开发银行的参与平等性设计

可持续发展时代"不让任何人掉队"的理念要求全球发展治理实现更
高水平的参与平等性，但传统国际金融机构的制度设计理念更多体现一种
"赢者通吃"思维，其份额、投票、资助等制度设计均充斥着严重的不平等
逻辑。相比之下，新兴大国特别是中国在创设新型国际金融机构时，有意
识地提升成员的参与平等性，旨在促进国际关系民主化和各国共同发展。

一方面，在尊重历史演进基础上效仿传统国际金融机构的同时，新型

---

[1] Barbara Koremenos, Charles Lipson, and Duncan Snidal, eds., *The Rational Design of International Institutions*, Cambridge: Cambridge University Press, 2003.

[2] Shintaro Hamanaka, "Insights to Great Powers' Desire to EstablishInstitutions: Comparison of ADB, AMF, AMROand AIIB," *Global Policy*, Vol. 7, No. 2, 2016, pp. 288 – 292; Daniel C. K. Chow, "Why China Established the Asia Infrastructure Investment Bank," *Vanderbilt Journal of Transnational Law*, Vol. 49, pp. 1255 – 1298.

[3] Kai He and Huiyun Feng, "Leadership Transition and GlobalGovernance: Role Conception, InstitutionalBalancing, and the AIIB," *The Chinese Journal of International Politics*, Vol. 12, No. 2, 2019, pp. 153 – 178.

[4] Zhongzhou Peng and Sow Keat Tok, "The AIIB and China's Normative Powerin International Financial Governance Structure," *Chinese Political Science Review*, Vol. 1, No. 4, 2016, pp. 736 – 753.

[5] Matthew D. Stephen and David Skidmore, "The AIIB in the Liberal International Order," *The Chinese Journal of International Politics*, Vol. 12, No. 1, 2019, pp. 61 – 91.

[6] James F. Paradise, "The Role of 'Parallel Institutions' in China's Growing Participation in Global Economic Governance," *Journal of Chinese Political Science*, Vol. 21, No. 2, 2016, pp. 149 – 175.

国际金融机构在参与平等性，特别是份额与投票权方面作出了重要创新。

为维护二战结束时的国际权势结构，传统国际金融机构的参与高度不平等，最为明显地体现在其出资结构和投票权安排上。例如，国际货币基金组织成员的出资计算模型相当复杂，且与各自的投票权密切相联。国际货币基金组织依据以下变量的加权平均值计算成员出资份额，即 GDP（权重为 50%）、开放度（30%）、经济波动性（15%）及国际储备（5%）。为使计算更为精确，GDP 采用混合变量计算方式，其中基于市场汇率计算的国内生产总值占 60% 权重，基于购买力平价计算的 GDP 占 40%。公式还包括一个"压缩因子"，用来缩小成员计算份额的离散程度。成员应缴纳的份额以国际货币基金组织记账单位特别提款权计值，并基本上决定了成员在决策中的投票权。每个成员的投票权由基本票（250 票）加上每 10 万特别提款权的份额增加的一票构成。[①] 根据这一复杂计算体系，国际政治中的不平等很大程度上得以固定：国际体系中最强大的国家美国的份额占总数的 17.43%，投票权占 16.50%；而图瓦卢的份额仅为 0.001%，投票权为 0.03%。[②]

与国际货币基金组织相似，[③] 世界银行系统除国际投资争端解决中心（International Centre for Settlement of Investment Disputes, ICSID）外的四家机构均采取非平等参与模式：每个成员都拥有基于平等原则的基本票（250 票）和基于出资份额的份额投票权，由于基本投票权在整个投票权体系中所占比重较小，进而基于出资份额的投票权事实上使各国的差异被固定甚至放大。[④] 例如，在国际复兴开发银行（International Bank for Reconstruction and Development, IBRD, 创设后不久就被称作"世界银行"）中，美国的出

---

① IMF, "2020 Quota Data Update," Policy Paper, No. 2021/016, March 5, 2021, p. 4.

② IMF, "IMF Members' Quotas and Voting Power, and IMF Board of Governors," October 23, 2021, https://www.imf.org/en/About/executive-board/members-quotas, accessed on October 24, 2021.

③ 有关 IMF 与世界银行投票权设计的相似性及其缺陷的分析，可参见 Dennis Leech and Robert Leech, "Reforming IMF and World Bank Governance: In Search of Simplicity, Transparency and Democratic Legitimacy in the Voting Rules," Warwick Economic Research Papers, No. 914, Warwick University, September 2009, http://wrap.warwick.ac.uk/3555/1/WRAP_Leech_twerp_914.pdf, accessed on October 24, 2021。

④ 在 1944 年创建时，基本票在世界银行的总票数中占比超过 10%；到 2010 年时已降至 2.8%。世界银行除国际投资争端解决中心外的四家机构的投票规则见 World Bank, "Allocation of Votes by Organization," http://www.worldbank.org/en/about/leadership/votingpowers, accessed on October 24, 2021。

资份额为 16.61%，投票权为 15.72%；英国出资 4.09%，投票权为 3.89%；中国出资 5.28%，投票权为 5.01%。[1] 又如，在国际金融公司（International Finance Corporation，IFC），美国的出资份额为 20.81%，投票权为 19.68%；英国出资 4.67%，投票权 4.44%；中国出资 2.26%，投票权 2.16%。[2]

如果将眼光放到更大的传统国际金融机构体系中，类似的不平等结构依然明显。例如，美国在亚洲开发银行、非洲开发银行、美洲开发银行和欧洲复兴开发银行等地区性开发银行中也都拥有否决权。美国在世界银行及上述地区开发银行中总份额的所占比重达 17%，是第二大股东日本的 2 倍。如果加上其他美国不是成员的多边开发银行——如亚投行和伊斯兰开发银行，美国仍可占到 12%，是第二大股东中国的 2 倍。[3]

即使承认国际关系中大小国的差异而赋予大小国差异性的投票权，传统国际金融机构的不平等参与依然明显。根据这一原则，在国家实力差异与国际金融机构投票权差异二者间，应保持大致对等态势。但根据一项有关国际货币基金组织内成员的代表性差异的研究，在 2010 年改革前，国际货币基金组织 11 个主要成员的代表性差异接近 11 倍，最低的中国仅为 28%，而比利时高达 306%；即使是在 2010 年改革方案落实后，这 11 个主要成员的代表性差异仍维持在 5 倍左右，中国仍然最低（45%），而比利时仍然最高（214%）。整个新兴大国的代表性在改革后同样仍严重不足，金砖五国与欧洲五国（德国、法国、英国、意大利和西班牙）的代表性差异超出 2 倍以上，前者为 56%，后者为 119%。[4] 世界银行也存在类似情况，即便在 2010 年改革后，中国的代表性仍然最低（39%），而比利时高达 271%，后

---

[1] IBRD, "International Bank for Reconstruction and Development Subscriptions and Voting Power of Member Countries," October 12, 2021, https://thedocs.worldbank.org/en/doc/a16374a6cee037e274c5e932bf9f88c6-0330032021/original/IBRDCountryVotingTable.pdf, accessed on October 24, 2021.

[2] IFC, "International Finance Corporation Subscriptions and Voting Power of Member Countries," October 20, 2021, https://thedocs.worldbank.org/en/doc/c80cbb3c6ece4fa9d06109541cef7d34-0330032021/original/IFCCountryVotingTable.pdf, accessed on October 24, 2021.

[3] Scott Morris, "What the AIIB Can Do for the Multilateral System," Center for Global Development, July 24, 2017, https://www.cgdev.org/publication/what-aiib-can-do-multilateral-system, accessed on October 24, 2021.

[4] Jakob Vestergaard and Robert H. Wade, "Out of the Woods: Gridlock in the IMF, and the World Bank Puts Multilateralism at Risk," DIIS Report, Danish Institute for International Studies, 2014, pp. 18–20, https://www.diis.dk/files/media/publications/import/extra/rp2014-06_gridlock-imf-wb_jve_wade_web_2.pdf, accessed on October 24, 2021.

者是前者的接近 7 倍。① 正如有西方学者所指出的,世界银行和西方国家代表事实上操纵了改革进程,使得投票权改革看起来是"实质性"的。②

相比之下,以亚投行和新开发银行为代表的新型国际金融机构在创设之初便有意识地提升参与的平等性,最为典型的是新开发银行。首先,新开发银行强调,创始成员不论大小在出资和投票权方面完全平等。新开发银行的初始资本为 1000 亿美元,由 5 个创始成员平均出资。其次,虑及成员的能力差异,同时为了避免未来增资导致的不平等,新开发银行创新性地采用类似全球气候变化治理的国家自主贡献模式,即成员志愿增资,但不涉及投票权变更。如果这一创新做法得以推广,将形成全球发展治理的一个历史性突破,即出资或成本分摊与投票权的脱钩,将为缓解甚至解决传统国际发展机构的历史性两难提供重要出路。最后,新开发银行与亚投行都对董事会的运转作出创新性设计,即董事会作为非常驻机构开发工作,这不仅提高了新开发银行的制度灵活性,更避免了董事会受常驻国家的过度影响。

亚投行与传统国际金融机构有着更高的相似性,从而显示出其基于历史演进关切的制度延续性或效仿性。亚投行的投票权也包括三个部分,即基本投票权、股份投票权和创始成员投票权。根据这一模式,亚投行目前的投票结构也不平等,特别是中国拥有最高份额的投票权。但亚投行的平等性仍较传统国际金融机构更高:一方面,亚投行成员的基本投票权比重更高,且固定为总投票权的 12%,接近于世界银行的 5 倍;另一方面,每个成员的股份投票权与其持有的银行股份数相当。这意味着,随着新成员加入或既有成员增资等变化,包括中国在内的所有成员的基本投票权和股份投票权都会呈动态变化,仅创始成员的 600 票投票权是固定的。因此,随着新成员的不断加入,中方和其他创始成员的股份和投票权比例均将被逐

---

① 代表性(representation)的计算方式为:一国在国际货币基金组织的投票权占比与其国内生产总值的全球占比相除得出的比值。Jakob Vestergaard and Robert H. Wade, "Out of the Woods: Gridlock in the IMF, and the World Bank Puts Multilateralism at Risk," DIIS Report, Danish Institute for International Studies, 2014, pp. 19 – 20, https://www.diis.dk/files/media/publications/import/extra/rp2014 – 06_gridlock-imf-wb_jve_wade_web_2. pdf, accessed on October 24, 2021.

② Jakob Vestergaard and Robert H. Wade, "Protecting Power: How Western States Retain The Dominant Voice in The World Bank's Governance," in Dries Lesage and Thijs Van de Graaf, eds., *Rising Powers and Multilateral Institutions*, New York: Palgrave Macmillan, 2015, pp. 192, 193.

步稀释，整个投票权结构将朝向更为平等的方向演变。[①] 的确，与传统国际金融机构极难调整其出资与投票权结构相比，亚投行尽管创设时间很短，但其投票权已经有较大调整。例如，2016 年 9 月时，中国的投票权为 28.7903%，印度为 8.3101%，俄罗斯为 6.5588%；但到 2021 年 10 月，中国的投票权已降为 26.5693%，印度为 7.6025%，俄罗斯为 5.9806%。[②]

另一方面，亚投行和新开发银行在成员规则上做出重大创新，可促进更大程度的参与平等性和发展平等性。

传统金融机构的出资和投票权不平等，核心是为了固定其内部成员身份的差异。以国际货币基金组织和世界银行为核心的传统国际金融机构都将成员区分为一类（发达）国家（贷款国）和二类（发展中）国家（借款国）。依据这一划分方法，两类成员的出资和投票权差异重大。例如，在国际开发协会（International Development Association，IDA）中，32 个发达国家的投票权高达 54.9%，而其余 141 个发展中国家仅为 45.1%；[③] 而在多边投资担保机构（Multilateral Investment Guarantee Agency，MIGA）中，26 个发达国家与 156 个发展中国家的投票权大致相等，各占约 50%（50.01：49.99）。[④] 针对不同类型的成员，传统国际金融机构的资金分配方法和贷款条件也不同，进一步加剧了其参与不平等性。例如，在发展中成员而非发达成员遭受危机时，传统国际发展机构往往附加严格条件作为贷款前提。根据世界银行自身的评估，自 20 世纪 80 年代以来，其贷款条件设置发生了重大变化，贸易与经济管理、环境与城乡发展、金融与私营部门发展等方面的条件的重要性均明显下降，而社会、公共治理等方面的条件的重要性

[①] 《中方确认亚投行投票权 26.06% 外媒：将被逐步稀释》，参考消息，2015 年 6 月 29 日，http://www.cankaoxiaoxi.com/finance/20150629/833364.shtml，最后访问日期：2021 年 10 月 24 日。

[②] AIIB, "Members and Prospective Members of the Bank," October 13, 2021, https://www.aiib.org/en/about-aiib/governance/members-of-bank/index.html, accessed on October 24, 2021.

[③] IDA, "International Development Association Voting Power of Member Countries," Work Bank, September 30, 2021, https://thedocs.worldbank.org/en/doc/0d24f6d754f61643639df76dac97fda3-0330032021/original/IDACountryVotingTable.pdf, accessed on October 24, 2021.

[④] MIGA, "Multilateral Investment Guarantee Agency Subscriptions and Voting Power of Member Countries," World Bank, September 30, 2021, https://thedocs.worldbank.org/en/doc/569dd95ea1da3949a1dbeb8dd431de39-0330032021/original/MIGACountryVotingTable.pdf, accessed on October 24, 2021.

大幅飙升。[1] 国际货币基金组织在创立之初更多为了推动欧洲复兴,因此直到 20 世纪 50 年代中期前,贷款并没有明确的条件限制。自 1952 年起,各种贷款条件逐渐添加,最终在 1997 年亚洲金融危机中达到高潮并变得臭名昭著,国际货币基金组织也被戏称为"道德危险研究所"(Institute for Moral Hazard)。[2] 相比之下,在发达成员而非发展中成员遭受危机时,传统国际发展机构则成为其最大的救济来源且并无条件限制。尽管在 20 世纪 90 年代末 21 世纪初的亚洲金融危机和拉美危机中反应迟缓且条件严格,但在 2008 年全球金融危机爆发后,国际货币基金组织迅速在贷款速度、规模、预付金额及项目设计等方面都有较明显改善,尤其是各种附加条件大幅减少(30% 以上)。[3]

为实现更大程度的参与平等性,亚投行和新开发银行取消了三种传统的成员区分方法:一是不再区分贷款国与出资国,使贷款政策与出资结构相脱钩;二是不再基于经济发展水平对成员作分类,展示出对"不让任何人掉队"理念的追求;三是不为贷款设定政治和社会发展等方面的附加条件。这些创新被认为是亚投行和新开发银行对全球发展治理的重要创新之一。[4] 需要指出的是,由于亚投行聚焦亚洲地区,因此延续了传统国际金融机构中的地区多边发展银行的域内成员与域外成员的分类。但为确保地区成员的平等参与和地区发展自主权,亚投行设置了更高的域内成员出资与投票权结构,域内成员必须拥有亚投行股份的 75% 以上;同时,董事会的 12 个成员中必须有 9 个来自域内成员。[5]

---

① World Bank, "Review of World Bank Conditionality," Operation Policy and Country Services, World Bank, September 9, 2005, p. 9, http://siteresources.worldbank.org/PROJECTS/Resources/40940 – 1114615847489/ConditionalityFinalDCpaperDC9 – 9 – 05. pdf, accessed on October 24, 2021.

② Olivier Jeanne, Jonathan D. Ostry, and Jeromin Zettelmeyer, "A Theory of International Crisis Lending and IMF Conditionality," IMF Working Paper, WP/08/236, October 2008, pp. 5 – 8, http://www.econ2.jhu.edu/People/Jeanne/Conditionality.pdf, accessed on October 24, 2021.

③ IEO, *IMF Response to the Financial and Economic Crisis*, Evaluation Report, Washington, D. C.: Independent Evaluation Office, IMF, 2014, pp. 21 – 22, http://www.ieo-imf.org/ieo/files/completedevaluations/FULL% 20REPORT% 20final.pdf, accessed on October 24, 2021.

④ Scott Morris, "What the AIIB Can Do for the Multilateral System," Center for Global Development, July 24, 2017, https://www.cgdev.org/publication/what-aiib-can-do-multilateral-system, accessed on October 24, 2021.

⑤ AIIB:《亚洲基础设施投资银行协定》, 2015 年 6 月 29 日, https://www.aiib.org/en/about-aiib/basic-documents/_download/articles-of-agreement/basic_document_chinese_bank_articles_of_agreement.pdf; NDB, "Agreement on the New Development Bank," Fortaleza, July 15, 2014, https://www.ndb.int/wp-content/themes/ndb/pdf/Agreement-on-the-New-Development-Bank.pdf; both accessed on October 11, 2021。

三　亚投行与新开发银行的制度灵活性设计

2008 年全球金融危机的爆发充分揭示了传统国际金融机构的制度僵化，特别是世界银行和国际货币基金组织的改革进程长期难以推进——无论是机构增资还是代表权或投票权分配改革。在改革困难的背后，是传统国际金融机构的制度僵化。相比之下，以亚投行和新开发银行为代表的新型金融机构在创设之初就将制度灵活性置于高度优先的地位。由于创设时代背景的差异，新型国际金融机构更加关注未来演变可能和与传统国际金融机构的开放性合作，进而对可持续金融体系的构建有着更加积极的意义。

一方面，相比传统国际金融机构的历史演进关切，新型国际金融机构因更加重视未来演进可能而具有更高的制度灵活性。

传统国际金融机构的设计有着深刻的历史演进关切。1929—1933 年的经济大萧条，事实上造成了两个严重的经济后果，即各国竞相提高关税及非关税壁垒，同时竞相贬值货币。到第二次世界大战趋于结束时，国际社会事实上面临三个发展挑战：一是各国政府对国家间贸易的高关税及其他壁垒设置；二是各国政府对本国币值的严重操纵；三是欧洲乃至更大范围的经济困难。为此，国际社会必须采取相应努力以改善全球经济：一是通过削减关税及消除关税壁垒而促进国际贸易；二是通过稳定各国币值而鼓励国际贸易；三是通过重建基础设施促进欧洲的经济发展与政治稳定。[①] 出于不同的利益考虑，英国与美国在二战后期分别提出了凯恩斯计划和怀特计划，尽管二者目的相同，但其运作方式分歧明显。最终，以美国实力为后盾的怀特计划得以胜出，世界银行和国际货币基金组织得以在 1944 年布雷顿森林会议的基础上建立。

相比之下，新型国际金融机构的创设环境更加复杂：一方面，历史演进的关切仍相当迫切，自 2008 年全球金融危机爆发以来，国际金融体系特别是世界银行和国际货币基金组织的失败及其改革困境，呼吁创设新型国际金融机构以缓解困难；另一方面，未来演进压力同样明显，其中既有可持续发展本身的重大不确定性，也有更加紧迫的国际权势转移的重大不确定性，更有诸如新冠疫情等不可抗力因素。例如，新开发银行的创设不只

---

① John W. Head, *Losing the Global Development War*: *A Contemporary Critique of the IMF*, *the World Bank*, *and the WTO*, Leiden, The Netherlans: Martinus Nijhoff Publishers, 2008, p.99.

是为了构建金砖国家共同的金融安全网，也有着重要的强化金砖国家团结的政治功能，因其内部的印度—巴西—南非论坛（India-Brazil-South Africa, IBSA）往往被认为是个潜在的分裂因素。[①] 又如，亚投行以历史演进——亚洲地区铁路、公路、桥梁、港口、机场和通信等基础设施严重不足对地区经济发展的重大限制——为基础，面向地区内可持续发展筹资的未来不确定性，以缓解地区内基础设施建设筹资困难为己任。正如国际货币基金组织所承认的，尽管也面临挑战，但亚投行、新开发银行等新型国际发展机构的确有助于全球基础设施建设的筹资和启动。[②]

另一方面，相对传统国际金融机构的较强封闭性，新型国际金融机构注重与传统国际金融机构的协作与合作，具有更高的制度灵活性。

随着第二次世界大战趋于结束，以美国为代表的战胜国在战争后期便开始设计战后国际体系的基本架构，以世界银行和国际货币基金为核心的国际金融机构是其重要组成部分之一。由于此前并无系统的制度基础，传统国际金融机构的创设具有两个相互强化的鲜明特征：一是理性设计色彩相当明显，二是其封闭性较强并逐渐形成一个纵横交错的国际金融机构复合体。例如，世界银行从1944年创建之初仅有国际复兴开发银行一个机构，到20世纪80年代扩展为5家机构。创建之初，世界银行的使命集中于重建毁于二战战火的国家，诸如大坝、电站、灌溉系统、道路等基础设施建设项目是其重点。随着马歇尔计划结束、欧洲逐渐复苏、国际发展视野转向发展中国家，世界银行于1956年创建国际金融公司，并于1960年创建国际开发协会；此后逐渐转向投资与发展，于1966年创建国际投资争端解决中

---

① 有关印度—巴西—南非对话机制对金砖国家的潜在分裂影响的讨论，可参见 Nivedita Ray, "IBSA vs. BRICS: India's Options," Policy Brief, Indian Council of World Affairs, July 9, 2015, http://icwa. in/pdfs/PB/2014/IBSAandBRICSPB09072015. pdf; "Keep BRICS and IBSA Separate-The Diplomat," Pakistan Defense, August 15, 2012, https://defence. pk/pdf/threads/keep-brics-and-ibsa-separate-the-diplomat. 202419/; Joseph Senona, "BRIC and IBSA Forums: Neo-liberals in Disguise or Champions of the South?" Policy Briefing, No. 24, South African Institute of International Affairs, September 2010, https://www. saiia. org. za/policy-briefings/209-bric-and-ibsa-forums-neo-liberals-in-disguise-or-champions-of-the-south/file; both accessed on October 24, 2021。

② Rabah Arezki, Patrick Bolton, Sanjay Peters, Frederic Samama, and Joseph Stiglitz, "From Global Savings Glut to Financing Infrastructure: The Advent of Investment Platforms," IMF Working Paper, WP/16/18, 2016, pp. 31, 37, https://www. imf. org/external/pubs/ft/wp/2016/wp1618. pdf, accessed on October 24, 2021.

心，1988 年创建多边投资担保机构。[①] 在内部机构复杂化的同时，国际金融机构的创设也逐渐向各地区延伸，到 20 世纪 70 年代就已实现对全球几乎所有地区的覆盖，形成了较为完整的多边发展银行家族，包括欧洲投资银行、美洲开发银行、非洲开发银行、亚洲开发银行、加勒比开发银行、拉丁美洲开发银行、伊斯兰开发银行等。

到 20 世纪 70 年代末，一个网状国际金融机构复合体事实上已经形成。由于这一时期国际体系结构相对稳定，国际金融机构复合体的封闭性日益强化，其制度灵活性不断削减，即便是类似 1929 年大萧条的 2008 年全球金融危机也难以推动其系统性改革。[②] 例如，国际货币基金组织内成员投票份额的任何变化必须经 85% 的总投票权批准，且任何成员的份额未经其同意不得改变。[③] 但由于仅美国就拥有超过 15% 的投票权，因此其对任何在其看来不利的改革方案均拥有否决权。除美国之外，日本、德国、法国、英国四国的投票权之和也超过 15%，整个经济合作与发展组织成员的总投票权高达 75%。因此，改革困难重重。以全球金融危机爆发后于 2010 年进行的改革为例：一方面是在除美国之外的所有成员均已批准的情况下，美国国会仍阻止该改革方案实施达 5 年之久——尽管美国行政部门事实上早已表示同意；另一方面是改革结果并未对美国的投票权产生实质性影响，而发展中国家除巴西、俄罗斯、印度和中国的投票权增加外，其他发展中国家的总投票权事实上减少了 3 个百分点。[④] 在世界银行系统，改革同样步履维艰：2008 年全球金融危机迫使世界银行作出重大改革姿态，但其改革步伐明显过小。表面上，发达国家和发展中国家的投票权变化为 4.59 个百分点，[⑤] 但由

---

① "History," The World Bank, http://www. worldbank. org/en/about/history, accessed on October 24, 2021.

② Rebecca M. Nelson and Martin A. Weiss, "IMF Reforms: Issues for Congress," CRS, April 9, 2015, pp. 8 – 9, 12 – 13, https://fas. org/sgp/crs/misc/R42844. pdf, accessed on October 24, 2021.

③ IMF, "IMF Members' Quotas and Voting Power, and IMF Board of Governors," October 23, 2021, https://www. imf. org/en/About/executive-board/members-quotas, accessed on October 24, 2021.

④ Mark Weisbrot and Jake Johnston, "Voting Share Reform at the IMF: Will it Make a Difference?" CEPR, April 2016, http://cepr. net/images/stories/reports/IMF-voting-shares – 2016 – 04. pdf, accessed on October 24, 2021.

⑤ 有关世界银行的改革方案，可参见 World Bank, "World Bank Reforms Voting Power, Gets $86 Billion Boost," Press Release, No. 2010/363/EXT, April 25, 2010, http://web. worldbank. org/archive/website01290/WEB/0__ – 3162. HTM, accessed on October 24, 2021。

于部分自称发展中国家的国家事实上属于发达国家，[①] 因此发展中国家所获新投票权仅为 3.71 个百分点。更为重要的是，在 187 个世界银行成员中，仅 22 个成员的投票权变化超过 0.1 个百分点（包括增加和减少），仅 8 个成员的变化超过 0.5 个百分点，超过 1 个百分点的仅中国和日本两国。[②]

相比之下，亚投行和新开发银行所面临的历史演变环境远为不同：一方面，新型国际金融机构的创设必须虑及已然存在的较为完整的传统国际金融机构复合体；另一方面，无论是整个国际社会的可持续发展，还是相对具体的国际权势转移，都充满重大不确定性。因此，新型国际金融机构的创设必须同时虑及历史和未来的演变，对制度灵活性的要求远较传统金融机构要高。在前述成员参与平等性的创新之外，新型国际金融机构最大的制度灵活性体现为与传统国际金融机构合作的高度开放性。无论是亚投行还是新开发银行都在宗旨中强调与其他多边和双边开发机构的紧密合作。[③] 从自启动运行至 2019 年 12 月 31 日期间的项目贷款占项目投资总额的比重看，亚投行和新开发银行分别为 35.2% 和 34.5%，而其国际合作伙伴分别为 34% 和 30.3%。比较而言，新开发银行的独立性相对较强——其独立投资的项目占总投资项目的 67.2%；但如果从合作项目的投资占比看，新开发银行仍对合作持高度开放态度，在合作项目中其投资只占合作伙伴的 35%。相比之下，亚投行与传统国际金融机构的合作更加多元，其合作伙伴包括世界银行、国际开发协会、国际金融公司、亚洲开发银行、欧洲投资银行、非洲开发银行、伊斯兰开发银行、欧洲发展银行等。从投资金额看，亚投行最大的合作伙伴是世界银行和亚洲开发银行；在绝大多数合作项目中，亚投行与世界银行、亚洲开发银行的投资额基本相等。截至

---

① 成员在加入国际开发协会和多边投资担保机构时，可依据加入时的状态自主选择为一类或二类国家。尽管当时总体上是准确的，但身份调整机制并不明确。因此有部分国家从发展中国家成长为发达国家后，仍保持发展中国家身份。

② Jakob Vestergaard and Robert H. Wade, "Out of the Woods: Gridlock in the IMF, and the World Bank Puts Multilateralism at Risk," DIIS Report, No. 6, Danish Institute for International Studies, 2014, pp. 12 - 13, https://www.diis.dk/files/media/publications/import/extra/rp2014 - 06_gridlock-imf-wb_jve_wade_web_2.pdf, accessed on October 24, 2021.

③ AIIB:《亚洲基础设施投资银行协定》，2015 年 6 月 29 日，https://www.aiib.org/en/about-aiib/basic-documents/_download/articles-of-agreement/basic_document_ chinese_bank_articles_of_agreement.pdf; NDB, "Agreement on the New Development Bank", Fortaleza, July 15, 2014, https://www.ndb.int/wp-content/themes/ndb/pdf/Agreement-on-the-New-Development-Bank.pdf, accessed on October 24, 2021。

2019 年 12 月 31 日，亚投行批准投资项目 64 个，总投资额达到 120 亿美元；但由亚投行独立投资的项目为 22 个，占投资项目总数的 34.4% ，仅相当于新开发银行的一半左右。① 可以认为，亚投行和新开发银行在与传统国际金融机构合作方面体现出较高的制度灵活性和开放性，实现了创新与继承的有效平衡。

四　亚投行与新开发银行的发展有效性设计

传统上，国际金融机构被认为具有重要的发展筹资功能，其使命是通过投资于那些盈利等于或接近市场盈利的私营部门公司，推动实现发展目标；或者说，发展筹资机构的核心使命是为推动经济发展提供长期性项目筹资。② 在发挥发展筹资功能时，国际金融机构往往通过扩大其活动可防止由于私人代理的去杠杆化和增加的风险规避而引起的严重信贷紧缩，发挥了重要的反周期作用。③ 这主要源于其所坚持的三项投资原则：额外性，即投资于其他投资者尚未进入或不愿进入的国家、部门、地区、资本工具或商业模式；孵化器，即涌入商业投资者特别是当地投资者中聚集的领域从而提升资本利益效率，有时也可能是通过其投资而带来其他投资者加入从而发展一种杠杆作用；可持续性，即确保其投资具有长期可行性，特别是要实现财务盈利。④ 需要强调的是，传统国际金融机构在实现上述使命方面并不令人满意，而可持续发展时代对"目标化治理"（governance through

---

① 以上数据系笔者根据亚投行和新开发银行的项目列表计算，数据截至 2019 年 12 月 31 日。AIIB, "Approved Projects," https://www. aiib. org/en/projects/approved/index. html; NDB, "Projects," https://www. ndb. int/projects/list-of-all-projects/, accessed on October 24, 2021.

② Dalberg Global Development Advisors, "The Growing Role of the Development Finance Institutions in International Development Policy," Copenhagen, 2010, p. iv, https://www. deginvest. de/DEG-Documents-in-English/Download-Center/EDFI _ The-growing-role-of-DFIs-in-International-Development-Policy_2010. pdf, accessed on October 24, 2021.

③ 有关 DFIs 的短期反周期作用和长期发展作用的讨论，可参见 E. Gutierrez, et al. , "Development Banks: Role and Mechanisms to Increase Their Efficiency," Policy Research Working Paper, No. 5729, Washington, D. C. : The World Bank, 2011, https://openknowledge. worldbank. org/bitstream/handle/10986/3493/WPS5729. pdf? sequence = 1&isAllowed = y, accessed on October 24, 2021。

④ Daniel Runde, Conor M. Savoy, Paddy Carter, and Alberto Lemma, "Development Finance Institutions Come of Age: Policy Impact, Engagement, and New Directions," Washington, D. C. : Center for Strategic and International Studies, October 2016, https://csis-prod. s3. amazonaws. com/s3fs-public/publication/161021_Savoy_DFI_Web_Rev. pdf, accessed on October 24, 2021.

goal setting)① 的强调,意味着对传统国际金融机构的有效性评估的重大挑战,同时也凸显了新型国际金融机构的重大创新。

第一,与传统国际金融机构相比,新型国际金融机构更为深入地贯彻额外性原则。

尽管额外性原则是传统国际金融机构声称的投资指导,但一方面因为可持续发展筹资需求增加,另一方面由于其余国际金融机构的资本与筹资能力上升,世界银行、国际货币基金组织等传统国际发展机构对发展筹资的主导地位日益难以维持。例如,早在 2010 年,四个主要地区性开发银行的总资产就超过了世界银行;尽管从认缴资本看,世界银行仅次于欧洲投资银行;但从实际贷款看,世界银行仅相当于欧洲投资银行、亚洲开发银行及美洲开发银行等的 30%。② 为确保自身居于国际金融机构复合体的顶端,世界银行将关注重点从发展筹资转向建设"知识银行"(knowledge bank)。③ 正如有美国专家所建议的,世界银行在这一方面的转型应当包括:支持跨部门(经济、卫生、农业)研究,为促进气候友好型能源投资提供更多的补贴,为应对难民等跨境挑战提供资金和技术支持,等等。④ 通过这一方法,世界银行不仅可实现理念引领,还可降低筹资负担,但这一举措很大程度上也会进一步降低世界银行对可持续发展的筹资贡献。

相比之下,亚投行和新开发银行自创设之日起,便高度重视发展筹资的额外性,并将重心放在传统国际金融机构曾高度重视但后来又放弃的基

---

① Norichika Kanie, Steven Bernstein, Frank Biermann, and Peter M. Haas, "Introduction: Global Governance through Goal Setting," in Norichika Kanie and Frank Biermann, eds., *Governing through Goals: Sustainable Development Goals as Governance Innovation*, London: The MIT Press, 2017, pp. 5 – 7.

② Raphaelle Faur, Annalisa Prizzon, and Andrew Rogerson, "Multilateral Development Banks: A Short Guide," ODI, December 2015, p. 8, https://www.odi.org/sites/odi.org.uk/files/resource-documents/10650.pdf, accessed on October 24, 2021.

③ Christopher L. Gilbert and David Vines, "The World Bank: An Overview of Some Major Issues," in Christopher L. Gilbert and David Vines, eds., *The World Bank: Structure and Policies*, Cambridge: Cambridge University Press, 2000, p. 29; Catherine Weaver, *Hypocrisy Trap: The World Bank and the Poverty of Reform*, Princeton: Princeton University Press, 2008, p. 150; Teresa Kramarz and Bessma Momani, "The World Bank as Knowledge Bank: Analyzing the Limits of a Legitimate Global Knowledge Actor," *Review of Policy Research*, Vol. 30, No. 4, 2013, p. 412.

④ Scott Morris, "What the AIIB Can Do for the Multilateral System," Center for Global Development, July 24, 2017, https://www.cgdev.org/publication/what-aiib-can-do-multilateral-system, accessed on October 24, 2021.

础设施建设上。无论是亚投行还是新开发银行，都旨在动员资源以支持相关国家的基础设施与可持续发展项目，与传统国际金融机构形成互补。[1] 从具体实践看，新型国际金融机构的确为全球基础设施建设筹资带来重大的额外性。一方面，以交通、能源、城市建设等为代表的"硬"基础设施建设在亚投行和新开发银行迄今为止的项目中所占比重高达95%以上。[2] 相比之下，传统国际金融机构对"硬"基础设施的投资比重要低得多，世界银行下属两大机构国际发展协会和国际复兴开发银行分别为27%和37%；在地区性国际金融机构中，美洲发展银行也仅有31%，亚洲开发银行相对较高也仅66%，最高的伊斯兰开发银行为74%。[3]

第二，相对传统国际金融机构，新型国际金融机构的孵化器功能发挥更为有效。

如前所述，传统国际金融机构的创设更多是为了巩固二战后的国际权势格局；它们不仅代表国际体系的主导方利益，其资金也事实上来自国际体系主导方。更有学者认为，出于历史原因，不少国际发展机构事实上是富国创建并用以保护甚至拓展其前殖民地的商业利益的工具。[4] 由此而来，传统国际金融机构的额外性和孵化器很大程度上可能是虚假的。一方面，它们未必能为当地提供额外资本，相反其资金涌入可能导致投资者过度拥挤，挤占发展中国家自身金融机构的生存空间；但传统国际金融机构对此并不关注，而是简单地以杠杆率假设所有筹资都是新的、额外的且为国际金融机构所动员的。这不仅无视其他资本进入的动机，更无视相应项目本身对资本的吸引力。例如，有评估报告指出，有关预期发展成果是否

① AIIB：《亚洲基础设施投资银行协定》，2015年6月29日，https://www.aiib.org/en/about-aiib/basic-documents/_download/articles-of-agreement/basic_document_chinese_bank_articles_of_agreement.pdf；NDB, Agreement on the New Development Bank-Fortaleza, BRICS, July 15, 2014, https://www.ndb.int/wp-content/themes/ndb/pdf/Agreement-on-the-New-Development-Bank.pdf; both , accessed on October 24, 2021。
② 以上数据系笔者根据亚投行和新开发银行的项目列表计算，数据截至2019年12月31日。AIIB, " Approved Projects," https://www.aiib.org/en/projects/approved/index.html; NDB, "Projects," https://www.ndb.int/projects/list-of-all-projects/, accessed on October 24, 2021。
③ Raphaelle Faur, Annalisa Prizzon, and Andrew Rogerson, "Multilateral Development Banks: A Short Guide," ODI, December 2015, p. 10, https://www.odi.org/sites/odi.org.uk/files/resource-documents/10650.pdf, accessed on October 24, 2021。
④ María José Romero, "A Private Affair: Shining ALight on the Shadowy Institutions Giving Public Supportto Private Companies and Taking over the Development Agenda," Eurodad, July 2014, p. 8。

实际推动投资决策的问题，并不能得出什么结论，"很少有信息或分析能证明发展影响或额外性"。① 另一方面，为掩饰其额外性和孵化器的虚假性，传统国际金融机构往往将其逐利性的投资——主要包括通过发展融资机构提供的技术援助资金、对发展融资机构的资本认购、利率补贴、保险等②——汇报成官方发展援助。

自亚投行和新开发银行创设以来，其孵化器功能发挥日渐明显。一方面，亚投行和新开发银行迄今为止的投资项目动员了大量的额外资金，尽管二者的路径并不相同。亚投行是从与传统国际金融机构合作开始并逐渐走向独立的，因此其投资资金与动员资金的比重呈上升趋势：2016 年，亚投行投资的资金总额占其动员的其他伙伴方及贷款方的投资总额的 22.6%；2017 年迅速上升至 43.3%，2018 年为 69.6%，2019 年达到 103.9%，首次超过其所动员的资金。而新开发银行的路径则完全相反：2016 年为 150.4%，2017 年为 160.7%，2018 年大幅下降为 23.7%，2019 年回升至 89.5%。③ 另一方面，尽管亚投行和新开发银行的总投资并不多，但激发了全球层面对基础设施投资的新兴趣，无论是唐纳德·特朗普在上台之初便承诺投入 1 万亿美元更新美国基础设施，还是日本和印度共同提出亚非增长走廊倡议，都体现出对国内和国际基础设施建设的新热情。据统计，在 2010 年 1 月至 2016 年 9 月间，全球新增基础设施投资金额高达 1.7 万亿美元。④

第三，尽管也高度关注可持续性，但新型国际金融机构并未发展出严苛的评估体系。

可持续性特别是财务可持续性是所有国际金融机构的核心关注点之一，

① Carnegie Consult and ODI, "Evaluation 'Nederlandse Financieringsmaatschappij voor Ontwikkelingslanden' (FMO‐A)," March, 2014, pp. 9–10, http://www.rijksoverheid.nl/bestanden/documenten-en-publicaties/rapporten/2014/04/25/evaluation-nederlandse-financieringsmaatschappij-voor-ontwikkelingslanden/evaluation-nederlandse-financieringsmaatschappij-voor-ontwikkelingslanden.pdf, accessed on October 24, 2021.

② María José Romero, "A Private Affair: Shining A Light on the Shadowy Institutions Giving Public Support to Private Companies and Taking over the Development Agenda," Eurodad, July 2014, p. 8.

③ 以上数据系笔者根据亚投行和新开发银行的项目列表计算，数据截至 2019 年 12 月 31 日。AIIB, "Approved Projects," https://www.aiib.org/en/projects/approved/index.html; NDB, "Projects," https://www.ndb.int/projects/list-of-all-projects/, accessed on October 24, 2021.

④ PwC and GIIA, Global Infrastructure Investment: The Role of Private Capital in the Delivery of Essential Assets and Services, March 22, 2017, p. 5, https://www.pwc.com/gx/en/industries/assets/pwc-giia-global-infrastructure-investment‐2017‐web.pdf, accessed on October 24, 2021.

亚投行和新开发银行也不例外，二者都有着与传统国际金融机构相似的完整的风险管理政策。但需要强调的是，无论是亚投行还是新开发银行，都没有致力于发展新的评估体系，而这在传统国际金融机构中似乎已经成为一项优势。例如，国际金融公司于 2005 年创设"发展成果跟踪系统"（Development Outcome Tracking System，DOTS）评估其投资结果，其衡量指标分为四类：财务绩效，如投资资本回报率（Return On Invested Capital，ROIC）、项目成本、净收入等；经济绩效，如就业创造、税收贡献、补贴接受等；环境和社会绩效，如职业伤害、水和能耗等；私营部门发展绩效，如对中小企业的帮助。[①] 又如，世界银行在一份评估报告中称，成本—收益评估曾帮助世界银行确立了作为知识银行的声誉，但在过去几十年里，项目层面的成本—收益评估呈下降态势。因此，世界银行强调，必须重新审视其成本—收益分析政策，既承认量化困难同时仍保持严格标准；必须确保成本—收益分析的高质量、严谨性和客观性。[②] 亚投行和新开发银行迄今尚未发展自身的系统评估体系，一方面可能是由于其运作时间仍相对较短，另一方面则可能是出于对传统国际金融机构所发展的评估体系背后的自私利益关切的警惕。由于主要由新兴大国所创设，新型国际金融机构对财务可持续性国际公共产品供应的相互平衡有着与传统国际金融机构不同的设想；尽管尚未形成系统评估体系，但新兴大国欢迎世界各国搭乘"顺风车"的气度仍是新型国际金融机构实现评估创新的重要支撑。

可以认为，以亚投行和新开发银行为代表的新型国际金融机构的创新性发展，可为共建"一带一路"框架下中国供应国际公共产品提供有效的制度保障，进而也能更大程度地贡献于共建"一带一路"高质量发展。但也应看到，无论是亚投行还是新开发银行，要全面发挥效能并贡献于共建"一带一路"高质量发展仍有很长的路要走。目前，亚投行和新开发银行的理念、制度、方法等仍处于创设与完善阶段，还需要相当长时间。尽管发展较快，特别是亚投行在 2016 年成立之初就有 57 个创始成员，到 2019 年 12 月已达到 100 个成员；而亚洲开发银行在 1966 年成立时仅 31 个成员，10 年之后达到 41 个，到 2019 年 12 月也仅有 68 个。但由于时间过短，无论是

---

①　Isabella Massa，"Impact of Multilateral Development Finance Institutions on Economic Growth，" ODI Working Paper，No. 7312，August 2011，p. 2.

②　IEG，"Executive Summary，" *Cost-Benefit Analysis in World Bank Projects*，Washington，D. C.：The World Bank，2010，p. ix.

亚投行还是新开发银行，其理念尚未完全体现在制度设计与政策落实之中；而成员数量的快速扩张极可能阻滞理念、制度与政策的完善进程，特别是决策平等与效率的平衡问题。新型国际金融机构的全面发展仍有待两个方面的持续推进：一方面，新型与传统国际金融机构应在塑造比较优势结构的基础上，发展出相互协作、共同推动全球发展的劳动分工模式，也即国际公共产品供应的基于比较优势的劳动分工体系；另一方面，新型国际金融机构的理念、制度与方法逐渐在全球发展治理体系中推广与效仿，形成某种规范扩散效应，推动新型国际金融机构真正进入全球发展治理体系的主流，推动国际公共产品供应机制的全面进化。尽管目前尚难以预言这一规范扩散进程以何种方式、何等速度在何时发生，但由于亚投行与世界银行、国际货币基金组织、亚洲开发银行等传统国际金融机构的成员重叠，特别是其 80 多个成员在世界银行中拥有超过 50% 的投票权，可能加快这一规范扩散的步伐——尽管也可能是阻滞作用；此外，全球范围内国际金融机构间的相互协作机制已经相当成熟，有超过 100 个跨行工作组，一旦前述第二阶段的相互协作机制得以建立，规范扩散进程的开启也是可以预期的。

第十一章 风险预警与危机管理

    无论是国际力量对比变化、全球发展困境还是新兴技术革命，都意味着共建"一带一路"高质量发展面临着潜在的体系性风险；而设施联通、贸易畅通、资金融通及与之相伴随的各种不平衡，也都意味着共建"一带一路"高质量发展还面临各种宏观、中观和微观风险。此外，在"一带一路"倡议从理念转化为行动、从愿景转化为现实、从倡议转化为国际公共产品的过程中，也曾遭遇过诸多干扰甚至挫折，既包括合作国家的政治、安全、经济、社会、法律等风险，也包括第三方的冷淡、阻挠甚至破坏，还包括国内机制协调不畅等。尽管如此，迄今为止有关共建"一带一路"高质量发展的风险讨论主要聚焦于微观层次，特别是与诸如投资①、贸易②、工程③、税务、金

---

① 吴亮、殷华方：《多重资源依赖及其对中国企业"一带一路"区位选择的影响：基于跨边界互动视角的分析》，《世界经济研究》2021 年第 8 期，第 120－134 页；张琼、庞宇：《"一带一路"沿线国家投资风险识别与优化策略》，《投资与合作》2021 年第 11 期，第 88－89 页；王会艳、杨俊、陈相颖：《中国对"一带一路"沿线国投资的贸易效应研究——东道国风险调节效应》，《河南社会科学》2021 年第 8 期，第 79－92 页；等等。

② 刘建、姚纹倩、陈妙莲：《贸易摩擦冲击下深化"一带一路"贸易合作研究》，《国际贸易》2021 年第 8 期，第 78－88 页；刘丹阳、黄志刚：《中美贸易摩擦影响"一带一路"倡议的出口效应吗？》，《经济与管理研究》2020 年第 41 期，第 19－35 页；杨达：《中国是否挤出了日本对"一带一路"国家的出口贸易——基于分类数据的实证分析》，《日本问题研究》2019 年第 2 期，第 64－71 页；孙楚仁、张楠、刘雅莹：《"一带一路"倡议与中国对沿线国家的贸易增长》，《国际贸易问题》2017 年第 2 期，第 83－96 页；齐鹏：《"一带一路"数字经济数据跨境风险的系统性应对逻辑》，《西安交通大学学报》（社会科学版）2021 年第 5 期，第 104－113 页；郭天宇：《"一带一路"背景下跨境电子商务的风险探讨及发展策略》，《财经界》2021 年第 23 期，第 47－48 页；等等。

③ 付玉成：《"一带一路"中国际工程企业风险初探》，《施工企业管理》2021 年第 10 期，第 114－116 页；徐景雷：《基于"一带一路"新战略的国际工程新模式研究》，《企业改革与管理》2017 年第 3 期，第 10－11 页；等等。

融、法律、舆论①等相联系的项目实施风险。尽管如此,仍需强调的是,宏观层次的体系性风险对共建"一带一路"高质量发展有着更为重要的影响;而微观层次的项目级风险更多属于商业性风险,完全可在企业甚或项目层次加以应对。就此而言,本书仍聚焦宏观性、体系性和政治性风险,如第一编所讨论的政治、安全、发展与技术风险,以及第二编涉及的更多与沿线未合作国家相伴随的政治风险,等等。但一个根本性的困难是,如何将宏观层次的风险与微观层次的风险实现有机结合?这事实上是既有研究中存在的一个普遍问题,即对宏观风险与微观风险的讨论往往是相互脱节的。因此,实现共建"一带一路"高质量发展,必须强化其风险预警和危机管理能力,核心是要认识到宏观风险与微观风险的重大联动性:如果一个合作国家认为与中国围绕共建"一带一路"展开合作存在重大宏观性风险,那么微观层面就可能出现各种障碍;而微观层面的障碍也会反馈到宏观层面,即如果具体合作难以推进,可能影响宏观层次的合作意愿,进而导致宏观的战略性合作面临重大风险。

当然,宏观与微观风险显然是可以实现有机整合的。正如习近平主席在 2021 年 11 月 19 日的第三次"一带一路"建设座谈会上所强调的,"要全面强化风险防控"。他同时强调了企业主体责任和主管部门管理责任;还强调要探索建立境外项目风险的全天候预警评估综合服务平台,及时预警、定期评估;要加强海外利益保护、国际反恐、安全保障等机制的协同协作;等等。② 本书认为,这一综合性的抑或全天候的预警评估体系,从宏观微观结合的角度,应落实到具体合作国家,同时将宏观政治、安全、发展、技术与微观营商、项目、法律、舆论等因素整合在一起,其中的关键是具体合作国家与中国的战略一致性,具体可用中国与具体合作国家的联合国大会投票一致性加以衡量。原因主要在于两个方面:一方面,由于没有法律约束力,联大投票受双边合作的直接影响相对较小,能更为准确地反映一国对体系性压

---

① 邹汶君等:《"一带一路"沿线国家涉华舆情风险感知与对策研究》,《情报科学》2021 年第 11 期,第 60 - 68 页;韩民春、江聪聪:《政治风险、文化距离和双边关系对中国对外直接投资的影响——基于"一带一路"沿线主要国家的研究》,《贵州财经大学学报》2017 年第 2 期,第 84 - 91 页;舒欢:《"一带一路"重大工程建设正面形象的舆论营造研究》,《南京社会科学》2016 年第 11 期,第 151 - 156 页;等等。

② 《习近平在第三次"一带一路"建设座谈会上强调 以高标准可持续惠民生为目标 继续推动共建"一带一路"高质量发展 韩正主持》,求是网,2021 年 11 月 19 日,http://www. qs-theory. cn/yaowen/2021 - 11/19/c_1128081519. htm,最后访问日期:2021 年 11 月 20 日。

力的认知，因此可衡量共建"一带一路"的体系性环境；另一方面，联大投票一致性高低，暗示了特定合作国家与中国在对具有战略重要性和系统性的问题上的认知接近水平，因此可衡量共建"一带一路"的可能性高低。通过考察共建"一带一路"是否对特定合作国家与中国在联大的一致性产生实质性变化，可以识别出加入或未加入倡议的影响及其中潜在的政治风险，特别是与中国的双边关系友好度的变化。这样，共建"一带一路"高质量发展的战略性风险管理机制，事实上就包括两个层次：一是以联大投票一致性为基础，完善共建"一带一路"高质量发展的早期预警机制，预判共建"一带一路"过程中的潜在机遇、风险和挑战；二是设计相对完善的危机管理和争端解决机制，为共建"一带一路"高质量发展保驾护航。

第一节　共建"一带一路"风险预警

联合国大会采取"一国一票"原则且决议无法律约束力，因此任何国家在联大针对特定议题的投票都不仅反映其国家利益，更反映其规范认知。[1] 这样，特定国家或国家集团之间的投票一致性越高，不仅说明其对体系性压力的认知更加接近，也说明其外交立场更加接近。例如，在中国恢复联合国合法席位后，由于同大多数亚非拉国家一样属于第三世界，因此在1971—1977年的联大决议中，中国的投票行为明确显示出支持第三世界国家、反对超级大国的倾向。[2] 不仅如此，如果一国推出一项对特定国家（群体）有利的政策，也极可能改变二者之间的投票一致性。例如，有研究考察了欧盟、美国、韩国等的对外援助对受援国的联大投票行为的影响，发现受援国往往会在援助国高度重视的议题上与援助国保持更高水平的一致性，显示援助是有积极回报的。[3]

---

[1]　Filippo Costa-Buranelli, "May We Have A Say? Central Asian States in UN General Assembly," *Journal of Eurasian Studies*, Vol. 5, No. 2, 2014, p. 131.

[2]　Trong R. Chai, "Chinese Policy toward the Third World and the Superpowers in the UN General Assembly 1971 –1977: A Voting Analysis," *International Organization*, Vol. 33, No. 3, 1979, pp. 391 –403.

[3]　Axel Dreher and Jan-Egbert Sturm, "Do the IMF and the World Bank Influence Voting in the UN General Assembly?" *Public Choice*, Vol. 151, No. 1, 2012, pp. 363 – 397; T. Y. Wang, "U. S. Foreign Aid and UN Voting: An Analysis of Important Issues," *International Studies Quarterly*, Vol. 43, No. 1, 1999, pp. 199 – 210; Changkuk Jung, Wonbin Cho, and Wonjae Hwang, "Does Official Development Assistance Promote Foreign Policy Cooperation from its Recipients? The Case of South Korea," *Pacific Focus*, Vol. 33, No. 1, 2018, pp. 83 – 110; Leah Mandler and Carmela Lutmar, "Israel's Foreign Assistance and UN Voting—Does it Pay?" *Israel Studies*, Vol. 25, No. 1, 2020, pp. 99 – 121; etc.

由于共建“一带一路”是中国为世界各国提供的最大国际公共产品，因此有理由假设其可能推动相关国家特别是合作国家、潜在合作国家与中国的联大投票一致性的提升。因此，本书以联大投票一致性作为衡量共建“一带一路”政策沟通、行为趋同的指标，并依据相应指标的变化识别是否存在潜在的战略性风险。

一 联大投票一致性的描述性分析

为衡量共建“一带一路”对中国与其他国家的联大投票一致性的潜在影响，本书整理了 2008—2019 年的联合国大会投票记录，采取国家/年方式计量。选取 2008—2019 年这一时段，根本上是为了保持与前文有关贸易畅通、资金融通等的衡量相同的时间范畴，即便于实现两项比较：一是 2008—2013 年与 2014—2019 年两个时段的比较，二是合作国家与未合作国家的比较。由于部分国家存在数据缺失，尤其是下文模型分析时需要虑及诸如与中国的双边贸易量、投资量、经济增长率、人均国民生产总值等中间变量，为确保前后分析一致，对存在数据缺失的国家作了相应技术处理。最终，本书得出除中国外的 157 个国家在 2008—2019 年的国家/年数据；同样依据前文对各国与共建“一带一路”关系的分类，这 157 个国家中包含 56 个共建“一带一路”沿线合作国家，66 个非沿线合作国家，7 个沿线未合作国家，及 28 个其他未合作国家。从统计数据所展示的表面信息看，“一带一路”倡议似乎并未对中国与相关国家的联大投票一致性产生积极影响。

第一，整体看，在 2008—2019 年，所有国家与中国的联大投票一致性均呈下降态势。2008 年，所有国家与中国的联大投票一致性为 75.89%，事实上也是 2008—2019 年的次高纪录——最高纪录出现在 2010 年，达到 77%。此后逐渐下降，最低年份是 2016 年，为 64.3%，到 2017 年曾重新回到 72% 以上，到 2019 年又降至 67.54%，相比 2008 年下降了 8.35 个百分点。

第二，与整体态势基本一致，四类国家在 2008—2019 年与中国的联大投票一致性也有所降低。其中，沿线合作国家降幅最大，达到 11.23%，超过平均水平（-8.35%）。2008 年，沿线合作国家与中国的联大投票一致性达到 75.47%，到 2019 年降至 67%。需要强调的是，非沿线合作国家始终是与中国的联大投票一致性最高的群体，但起伏也相对较大。2008 年时，非沿线合作国家与中国的联大投票一致性达到 81.27%，同时 2008—2010 年连续三年超过 80%，此后除 2015 年、2016 年和 2018 年三个年份低于

70%——但均高于 69%——以外，其余 6 个年份均为 70%—80%，2019 年为 73.62%，相比 2008 年下降了 7.65 个百分点，降幅最小。所有未合作国家——包括沿线未合作国家和其他未合作国家——与中国的联大投票一致性都相对较低，且也有较明显降幅。但沿线未合作国家仍明显高于其他未合作国家。尽管如此，沿线未合作国家的最高纪录（69.78%）也仅比非沿线合作国家的最低纪录（69.14%）略高（见图 11—1）。

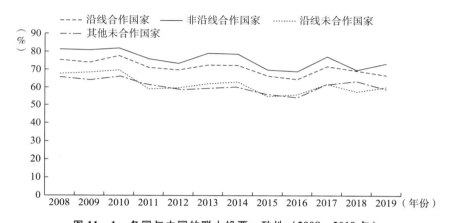

图 11—1　各国与中国的联大投票一致性（2008—2019 年）

资料来源：笔者根据联合国大会投票记录数据库（https://digitallibrary.un.org）数据整理制作，最后访问日期：2021 年 10 月 11 日。

　　第三，从年度振幅看，四类国家中最不稳定的是沿线未合作国家，但就年均振幅而言最大的是沿线合作国家，而最稳定的却是其他未合作国家——无论是从整体振幅还是从年均振幅的角度看。如图 11—2 所示，沿线未合作国家的整体振幅区间达到 26 个百分点，其次是非沿线合作国家为 23 个百分点，其他未合作国家接近 22 个百分点，沿线合作国家最小，略低于 20 个百分点。但就年均振幅而言，沿线合作国家达到 -1.15%，而其他三类国家均低于平均水平（-0.97%）；在另外三类国家均呈负增长的同时，其他未合作国家罕见地呈正态发展（0.18%），这一方面可能在于其他未合作国家与中国的联大投票一致性相对较低，另一方面也可能由于共建"一带一路"或整体的中国外交立场正获得其他未合作国家的更大认可——尽管与合作国家相比这一认可程度仍是最低的。当然，也应看到的是，在 2008—2019 年，各国与中国的联大投票一致性存在明显的起伏，其中 2010 年、2013 年和 2017 年三个年份出现明显反弹，而 2011 年、2015 年和 2018 年则出现明显下降。如果说 2010 年与世界各国齐心协力共同应对 2008 年全球金融危机密切相关，2017 年与特朗普上台后的一系列逆全球化举措密切相关，那么 2013 年的动因可能与“一带一路”倡议的提出有关——尽管未必那么确定。因为共建“一带一路”倡议的提出时间恰好是联合国每年一度的大会持续期间，大量决议投票发生在这一时期，因此共建“一带一路”倡议的提出极可能刺激各国的联大投票行为。但随着 2014 年全球性大宗商品价格下跌、2015 年中国收紧对外投资管理等使相关国家对共建“一带一路”的感知未必积极，因此极可能对投票一致性产生消极影响。2017 年 1 月，习近平主席在日内瓦有关人类命运共同体的演讲，加上特朗普的一系列“退群”，推高了各国与中国的联大投票一致性。但 2018 年中美关系持续走低，中美贸易摩擦爆发并持续，可能使国际社会对中国的信心有所下降；但这一趋势在 2019 年得到了明显扭转（见图 11—2）。

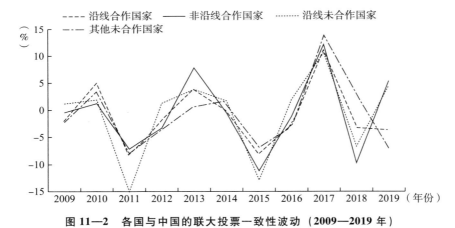

图 11—2　各国与中国的联大投票一致性波动（2009—2019 年）

资料来源：笔者根据联合国大会投票记录数据库（https://digitallibrary.un.org）数据整理制作，最后访问日期：2021 年 10 月 11 日。

　　第四，如果比较 2008—2013 年和 2014—2019 年的变化，可以发现“一带一路”倡议并未对各国与中国的联大投票一致性产生积极影响。四类国家均呈下降态势，但沿线未合作国家下降最为明显，而其他未合作国家下降幅度最小。比较 2008—2013 年和 2014—2019 年两个时段的年均投票一致性，沿线未合作国家降幅最大，为 8.4 个百分点，其次是非沿线合作国家，沿线合作国家的降幅也达到 6.46 个百分点，而其他未合作国家仅为 5.37 个百分点；但需要强调的是，一致性最高的仍是非沿线合作国家，其次是沿线合作国家，然后是沿线未合作国家及其他未合作国家。[①]

第五，从重点国家特别是大国看，各国与中国的联大投票一致性更多受国际体系层次因素的影响，而非双边关系乃至更微观的合作项目的影响。在所有国家中，与中国的联大投票一致性最为稳定的是巴基斯坦，尽管并不是最高的。在2008—2019年，巴基斯坦与中国的联大投票一致性平均为86.36%，最高年份为2013年（90.48%），最低年份为2018年（82.18%），振幅区间仅为约8个百分点；2014—2019年的平均值（87.47%）仅比2008—2013年（85.26%）下降2.2个百分点。纵观所有国家，与中国的联大投票一致性的最高纪录是阿曼、埃及、马来西亚和印度尼西亚于2010年所创下的95.83%的纪录。而就单个国家而言，津巴布韦在2008—2019年间与中国的联大投票一致性平均为87.08%，居于首位；但2014—2019年（83.58%）相比2008—2013年（90.59%）下降了7个百分点。因"一带一路"倡议而受益良多的印度尼西亚的平均值也达到84.23%，但2014—2019年时段比2008—2013年时段下降了7.5个百分点。如果说上述国家与中国的关系相对稳定的话，那么部分与中国存在各类纠纷的国家的联大投票一致性事实上也呈相似发展。例如，菲律宾在2008—2019年与中国的联大投票相似度平均为81.72%，其中2008—2013年为85.28%，而2014—2019年为78.16%，也下降约7个百分点；尽管印度对"一带一路"倡议高度担忧，与中国的联大投票一致性却很高，在2008—2019年平均为79.31%，其中2008—2013年为84.62%，2014—2019年为78.57%，下降幅度只有约6个百分点（见表11—1）。这充分说明，共建"一带一路"及至双边关系等对各国与中国的联大投票一致性影响并不大。

表11—1　部分国家与中国的联大投票一致性（2008—2019年）

单位：%

年份	巴基斯坦	俄罗斯	菲律宾	津巴布韦	印度	印度尼西亚
2008	86.30	81.08	85.92	91.67	78.08	90.54
2009	88.41	75.36	89.39	92.54	84.06	91.30
2010	88.89	77.78	87.32	94.20	83.33	95.83

---

① 笔者根据联合国大会投票记录数据库（https://digitallibrary.un.org）数据计算得出，最后访问日期：2021年10月11日。

续表

年份	巴基斯坦	俄罗斯	菲律宾	津巴布韦	印度	印度尼西亚
2011	83.82	81.43	85.07	89.39	82.86	81.43
2012	86.96	72.86	78.26	89.06	81.43	82.86
2013	90.48	71.88	85.71	86.67	84.38	85.94
2014	89.87	70.13	84.42	89.74	83.33	88.61
2015	82.61	72.46	75.36	78.26	75.36	75.36
2016	82.72	69.14	73.17	77.92	75.31	76.83
2017	88.17	78.95	84.21	86.36	84.21	83.16
2018	82.18	53.92	73.47	81.00	56.86	77.45
2019	86.02	80.65	78.35	88.17	82.47	81.44

资料来源：笔者根据联合国大会投票记录数据库（https://digitallibrary.un.org）数据整理制作，最后访问日期：2021 年 10 月 11 日。

第六，如果比较各国与中国、美国的联大投票一致性的变化，可以发现，答案或许在美国作为国际体系最为重要的行为体的角色身上。一方面，尽管共建"一带一路"似乎并未推动其余国家特别是合作国家与中国的联大投票一致性的提升，但同时也要看到的是，中国与其余国家特别是合作国家的联大投票一致性始终保持在较高水平。另一方面，比较中美与世界各国的投票一致性可以发现，中美之间存在明显的负相关性，"此起彼伏"态势相当明显。事实上，在 2008—2019 年，世界各国与中国的联大投票一致性始终远高于美国：最高的年份是 2008 年，中国（76%）超出美国（25%）51 个百分点，是美国的约 3 倍；最低的年份是 2016 年，也高出 23 个百分点（64% 对 41%），相当于美国的 1.56 倍。平均而言，在 2008—2019 年，中国与世界各国的联大投票一致性平均高出美国 36.5 个百分点，但 2014—2019 年比 2008—2013 年低 6 个百分点，两个时段内中国分别比美国高出 33.3 和 39.6 个百分点。这一差距与前述的两个时段的整体性差距基本一致（见图 11—3）。因此可以认为，各国与中国的联大投票一致性变化，很大程度上与体系性变化密切相关，特别是与美国的全球责任表现密切相关。

从描述性统计看，共建"一带一路"似乎并未积极推动中国与各国在联合国大会的投票一致性的上升。但从整体联大投票一致性看，中美似乎存在一种负相关性；而作为国际体系中两个大国，中美之间的联动所涉甚广，涵盖国际体系层次的几乎所有战略议题，也包括共建"一带一路"。因

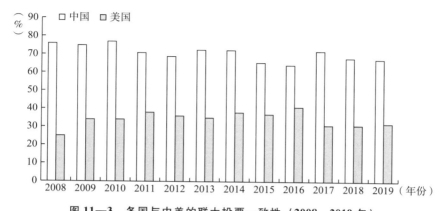

图 11—3　各国与中美的联大投票一致性（2008—2019 年）

资料来源：笔者根据联合国大会投票记录数据库（https://digitallibrary.un.org）数据整理制作，最后访问日期：2021 年 10 月 11 日。

此，共建"一带一路"高质量发展的战略性风险早期预警，很大程度上是要将各类体系性议题与中美关系发展大势相结合，从而加以有效识别。当然，共建"一带一路"的设施联通、贸易畅通及资金融通等效应是否会对相应国家与中国的联大投票一致性产生影响，仍需要更进一步的模型分析，以便更为精准地加以识别。

二　联大投票一致性的固定效应模型分析

对统计数据的描述性分析可考察直观的数据结果，但对一些深层次的相关因素的影响仍需借助分析框架加以考察。因此，在描述性分析之后，本书利用固定效应模型考察共建"一带一路"对具体合作国家与中国的联大投票一致性的潜在影响。这里的因变量是各国与中国在特定年份的投票一致性，自变量是 2014 年后各国与中国签署共建"一带一路"合作文件的情况，即前文所讨论的沿线合作国家、非沿线合作国家、沿线未合作国家及其他未合作国家。在检验前需要做三点说明：第一，尽管模型分析事实上涵盖其他未合作国家，但由于此类国家与共建"一带一路"没有直接关联，因此其与中国的联大投票一致性变化与共建"一带一路"关联不大，因此在进行固定效应模型检验时，仅考察其他三类与共建"一带一路"有关联的国家。第二，排除其他未合作国家而将沿线未合作国家纳入的原因在于，尽管沿线未合作国家并未与中国签署共建"一带一路"合作文件，但被中国列入沿线国家清单也意味着中国对与该国合作的重视水平较高，因此"一带一路"倡议也应对该国产生某种影响，尽管因该国可能抵制、反感而未必是积极的。这样，因变量属于连续性变量即投票一致性的年度变化，而自变量则是分类变量，即上述三类与共建"一带一路"直接关联的国家。第三，为更好地观察潜在的干预变量，模型分析时还考察了具体国家与中国、美国的双边贸易额的年度变化，中国投资流量与存量，具体国家的 GDP 总量及人均 GDP 等。根据固定效应模型的特点，本书还分别使用了个体效应控制和时点效应控制两种模型加以检验。个体效应模型的作用是控制国别性差异，而时点效应模型则旨在控制时间差异。具体的检验结果如下。

表 11—2 涵盖 4 个模型，模型 1 和模型 2 考察加入或不加入共建"一带一路"对沿线合作国家、非沿线合作国家和沿线未合作国家与中国的联大投票一致性的影响，也即在控制国别差异后，考察"一带一路"倡议提出前后该国与中国的联大一致性变化。模型 1 是未加入控制变量的结果，而模型 2 则是加入控制变量后的结果。由于部分国家存在部分数据缺失，未加入控制变量的国家/年观测值为 1541 个，而加入控制变量后的观测值减少了，为 1111 个。尽管存在观测值的变化，但无论是拟合度还是修正拟合度都表明，检验结果仍是可信的。

表 11—2　共建"一带一路"对联大投票一致性的整体影响

	模型 1	模型 2	模型 3	模型 4
沿线合作国家	− 0. 04 *** (0. 01)	− 0. 03 *** (0. 01)	0. 09 *** (0. 02)	0. 04 * (0. 02)
非沿线合作国家	− 0. 07 *** (0. 01)	− 0. 05 *** (0. 01)	0. 13 *** (0. 02)	0. 04 * (0. 02)
沿线未合作国家	− 0. 03 (0. 02)	− 0. 01 (0. 02)	− 0. 01 (0. 04)	− 0. 07 (0. 04)
对美进出口		− 0. 01 (0. 01)		0. 02 *** (0. 00)
对华进出口		− 0. 00 (0. 01)		0. 02 *** (0. 01)
中国投资流量		− 0. 00 (0. 00)		− 0. 00 (0. 00)
中国投资存量		0. 00 (0. 00)		0. 00 (0. 00)

续表

	模型 1	模型 2	模型 3	模型 4
GDP 总量		− 0. 15 **		− 0. 05 ***
		(0. 05)		(0. 01)
人均 GDP		0. 13 *		− 0. 05 ***
		(0. 05)		(0. 00)
GDP 增长率		0. 00		0. 02 ***
		(0. 00)		(0. 00)
拟合度（R^2）	0. 15	0. 17	0. 04	0. 35
修正拟合度（Adj. R^2）	0. 05	0. 03	0. 03	0. 34
观测值	1541	1111	1541	1111

注：*** 表示 $p < 0.001$，** 表示 $p < 0.01$，* 表示 $p < 0.05$。
资料来源：笔者自制。

　　尽管固定效应模型本身仅提供相关性检验而非因果关系检验，但结合前述描述性分析仍可看出，模型 1 检验结果与前述描述性分析基本一致，即无论是否加入共建"一带一路"倡议，所有三类国家在 2014 年后与中国的联大投票一致性都出现了下降，其中非沿线合作国家负相关系数最大，达到 − 0.07，沿线合作国家和沿线未合作国家差异不大，分别为 − 0.04 和 − 0.03。但如果加入控制变量，可以发现，尽管仍呈下降态势，但负相关系数明显缩小了。非沿线合作国家仍是负相关系数最大的，但已降至 − 0.05；而沿线合作国家下降到 − 0.03，沿线未合作国家为 − 0.01。需要强调的是，对沿线合作国家和非沿线合作国家，无论是否加入控制变量，共建"一带一路"对联大投票一致性的影响均具有统计显著性；但对沿线未合作国家而言，则不具备统计显著性。

　　模型 3 和模型 4 使用时点控制，考察不同类型国家在参与共建"一带一路"后与中国的联大投票一致性变化。其中，模型 3 未加入控制变量，而模型 4 则是加入控制变量后的结果。如表 11—2 所示，无论是否加入控制变量，参与共建"一带一路"对相应国家与中国的联大投票一致性均有显著积极影响。在未加入控制变量时，共建"一带一路"对沿线合作国家和非沿线合作国家的联大投票一致性均具有统计显著性，且正相关性较强，分别为 0.09 和 0.13；即使加入控制变量后正相关性有所下降——均为 0.04，但仍具有统计显著性。相比之下，沿线未合作国家的表现明显不佳，这意味着，不参与共建"一带一路"的国家在联大投票一致性上明显更低。

对共建"一带一路"的联大投票一致性的整体分析可以得到如下两个初步结论。

第一,共建"一带一路"并不具备明显的地缘政治意义,但的确有助于合作国家与中国政治关系的发展。一方面,模型 1 和模型 2 表明,共建"一带一路"合作与联大投票一致性的提高呈负相关关系,且具有统计显著性,暗示共建"一带一路"合作并不具备地缘政治效果,尽管模型 3 和模型 4 的结果表明,加入仍意味着更积极的投票一致性效果。另一方面,从控制变量尤其是中国投资流量与存量、相应国家经济表现等角度看,共建"一带一路"与联大投票一致性的关联度均不够明显,而具体国家的 GDP 总量与联大投票一致性之间呈明显的负相关性,也说明共建"一带一路"难以影响经济总量相对更大的国家的联大投票行为。

第二,共建"一带一路"具有较强的开放性和包容性。一方面,根据模型 1 和模型 2,从加入控制变量后的负相关系数下降幅度看,由于沿线未合作国家最初的负相关系数最低,因此尽管与非沿线合作国家同样下降 0.02,但其实际降幅更大。这意味着,尽管主要由于国际体系变动,世界各国与中国的联大投票一致性均呈下降态势,但共建"一带一路"合作为沿线合作国家、沿线未合作国家所带来的抵消效应,仍不如为沿线未合作国家所带来的抵消效应明显,尽管后者迄今尚未与中国签署共建"一带一路"合作文件。换句话说,尽管沿线未合作国家对共建"一带一路"仍心有疑虑,但共建"一带一路"的开放性、包容性并未因此而降低,沿线未合作国家仍从共建"一带一路"中获得了重大实惠。当然,这里也可能存在一个统计问题,即沿线未合作国家数量较少(共 7 个),且存在印度和以色列等国家,可能导致大国在模型中的强杠杆效应,并导致回归系数的反常。但如前几章所讨论的,印度和以色列从共建"一带一路"中的受益的确相当多,因此这种强杠杆效应本身可能未必很强,这一系数仍很大程度上能说明,中国的单方面重视也有积极意义。另一方面,从控制变量角度看,共建"一带一路"并未导致相应国家在与中国和美国开展贸易合作时"厚此薄彼";模型检验结果显示,贸易变量在共建"一带一路"与联大投票一致性中的作用,对中国和美国几乎是完全一致的。这很大程度上也印证了前述有关贸易畅通的讨论,即共建"一带一路"本身具有明显的共向发展、共同发展效应。

为进一步强化对以上讨论稳健性的检验,本书进一步细化分析,将上述数据分解为三个子数据库加以检验。这三个子数据库分别为：子数据库一仅涵盖 2014 年后的数据，因此仅讨论"一带一路"倡议提出后的变化情况，有助于直接对比签署和未签署共建"一带一路"合作文件的国家与中国的联大投票一致性变化（模型 5）；子数据库二仅考察共建"一带一路"沿线合作国家，子数据库三仅考察共建"一带一路"非沿线合作国家，分别比较这两类国家在签署共建"一带一路"合作文件前后与中国的联大投票一致性的变化（模型 6、模型 7）。同样采取国家—年结构，这三个子数据库的观测值分别为 553 个、361 个和 503 个。具体的检验结果如表 11—3 所示。

模型 5 显示，参与共建"一带一路"对相应国家与中国的联大投票一致性有积极的促进作用；沿线合作国家和非沿线合作国家与中国的投票一致性都呈正态增长，均具有统计显著性且正相关系数均为 0.06。但沿线未合作国家呈负相关，且不具备统计显著性。这说明未签署共建"一带一路"合作协议也未必影响相关国家与中国的联大投票一致性；这某种程度上与前述的沿线未合作国家事实上同样从开放包容的共建"一带一路"中受益是相互印证的。由于未参与仍受益，其与中国的联大投票一致性就可能不受参与或不参与共建"一带一路"的影响；甚至可能出现模型 1 和模型 2 所示的积极抵消效应。模型 5 还显示出与前述模型 1—模型 4 相同的态势，即贸易、投资等控制变量的检验结果展示的更多是共建"一带一路"的开放性和包容性，或者说其对共生发展的促进。这对驳斥美欧国家对共建"一带一路"的抹黑有积极意义。

模型 6 和模型 7 分别展示了沿线合作国家和非沿线合作国家在参与共建"一带一路"前后的比较。整体而言，这两类国家与中国的联大投票一致性在加入共建"一带一路"倡议后均有所下降，或者说，共建"一带一路"与投票一致性的提升呈负相关关系，且均具有统计显著性。其中，非沿线合作国家的负相关系数更高，说明被认定为沿线国家本身具有某种显著性，无论是与模型 6 的沿线合作国家相比，还是和模型 1、模型 2 的沿线未合作国家相比。对模型 6 和模型 7 进行比较还可发现，无论是沿线合作国家还是非沿线合作国家，共建"一带一路"对各国与中国的联大投票一致性的影响，与相应国家的整体经济规模呈反比，换句话说，经济规模越大的国家，其与中国的联大投票一致性越不受共建"一带一路"的影响。与此相应的是，模型 6 和模型 7 均显示，人均 GDP 与联大投票一致性之间呈正相关关系，在沿线合作国家达到 0.17，而非沿线合作国家为 0.05。这意味着，共建"一带一路"对于中小国家的经济贡献可能更容易使其转换为政治影响力，或联大投票一致性的提高。结合上述两个方面可以认为，共建"一带一路"合作更易促进中小国家的经济发展，尤其明显地表现为促进相应国家的人均 GDP 增长；但对经济规模相对较大的国家，共建"一带一路"合作的整体经济影响可能就不够明显，甚至可能因为大国所特有的民族自豪感或权势关切而对共建"一带一路"产生消极认知，因此与联大投票一致性的负相关性就容易理解了。

表 11—3　共建"一带一路"影响联大投票一致性的稳健性检验

	模型 5 （2014 年后）	模型 6 （沿线合作国家）	模型 7 （非沿线合作国家）
沿线合作国家	0.06 *** （0.02）	− 0.03 ** （0.01）	
非沿线合作国家	0.06 *** （0.02）		− 0.07 *** （0.01）
沿线未合作国家	− 0.05 （0.03）		
对美进出口	0.02 *** （0.01）	0.00 （0.01）	− 0.01 （0.01）
对华进出口	0.02 ** （0.01）	0.02 （0.01）	− 0.01 （0.01）
中国投资流量	− 0.00 （0.00）	− 0.00 （0.00）	0.00 （0.00）
中国投资存量	0.00 （0.00）	0.00 （0.00）	0.00 （0.00）
GDP 总量	− 0.05 *** （0.01）	− 0.26 *** （0.06）	− 0.04 （0.07）
人均 GDP	− 0.05 *** （0.00）	0.17 ** （0.06）	0.05 （0.08）
GDP 增长率	− 0.01 （0.01）	0.01 （0.00）	− 0.00 （0.00）
拟合度（R^2）	0.36	0.21	0.26
修正拟合度（Adj. R^2）	0.34	0.06	0.13
观测值	553	361	503

注：*** 表示 $p < 0.001$，** 表示 $p < 0.01$，* 表示 $p < 0.05$。
资料来源：笔者自制。

三 共建"一带一路"高质量发展的风险识别

需要强调的是，本书重点展示的并非项目层次或企业层次的风险，而是就管理而言的宏观中观风险；因为项目或企业层次的风险更多由企业层次负责，即企业应发挥主体作用。对共建"一带一路"高质量发展的管理而言，核心是要识别出各种潜在的风险并加以整体上的战略规划、政策对接及至对企业和项目的引导和规避等，主要涵盖如下方面。

第一，美国拒绝承担国际责任即来的国际公共产品供应权竞争风险。如同前述围绕各国与中国、美国的联大投票一致性起伏所暗示的，在美国奉行"美国优先"原则而"甩包袱"时，共建"一带一路"的推进有着更大机遇；但如果美国表现出更强烈的供应国际公共产品意愿时，其他国家仍更倾向于支持美国，进而意味着共建"一带一路"面临更大的政策乃至营商风险。究其原因，很大程度上仍是由于很多国家对美国与中国的未来预期存在差异：中国仍处于复兴进程之中，其未来行为仍存在不确定性或难以预期；相比之下，美国自二战结束后一直是国际体系中最为强大的国家，各国对美国继续充任霸主的行为模式可以明确预期，哪怕其行为模式是不值得欢迎的。因此，共建"一带一路"高质量发展必须进一步强化政策沟通和民心相通，或者说，在提升硬联通、软联通水平的同时，更要进一步强化"心联通"基础。①

第二，与国际力量对比变化、国家权势周期等密切相关的大国战略竞争所导致的抹黑乃至安全化共建"一带一路"的风险。这事实上是一种对微观层次的问题的宏观操作的结果，其逻辑是将共建"一带一路"建设进程中的微观问题，如债务问题、环境问题、劳工问题等，上升为宏观层次的战略性问题，其根本动机是其他大国对中华民族伟大复兴的战略警觉。这些大国主要包括两类，一类是美国及其核心盟友如英国、澳大利亚、日本等，其战略关切是中华民族的伟大复兴对其既有体系地位的冲击，或者说是"威胁"；二是以印度为代表的新兴大国，其战略关切是在国际体系转型进程中的地位竞争。针对此类风险，最为主要的应对手段是在做实三方

---

① 《习近平在第三次"一带一路"建设座谈会上强调 以高标准可持续惠民生为目标 继续推动共建"一带一路"高质量发展 韩正主持》，求是网，2021 年 11 月 19 日，http://www.qs-theory.cn/yaowen/2021-11/19/c_1128081519.htm，最后访问日期：2021 年 11 月 20 日。

合作、第三方市场合作从而全面展现共建"一带一路"的开放性、包容性的同时,从理论和舆论两个角度,反驳相应的抹黑和安全化行为,并有效利用去安全化逻辑将此类抹黑行为置于道德不可接受地位;这就需要进一步构建和完善共建"一带一路"高质量发展的宏观理论体系和微观评估体系。

第三,与全球发展密切相关的贸易、投资等风险,这些也与国际力量对比变化紧密相联。需要强调的是,这类风险主要与两类国家相联系:一是沿线未合作国家,尽管数量较少(7个),但中外双方的战略认知存在差异,尤其是中国与印度之间,导致中国在这些沿线未合作国家仍对共建"一带一路"高度疑虑的背景下仍有巨大投入,尽管可能产生了联大投票一致性改善的积极效果,却难以上升为战略层次的合作,进而呈现大起大落态势;如果未及时加以改善,可能对整个共建"一带一路"高质量发展产生消极影响。二是非沿线合作国家,主要集中在非洲,无论是贸易还是投资都存在大起大落现象;这从另一个侧面说明,在中方将特定国家列入沿线国家清单,与未列入清单但积极参与共建"一带一路"合作这两者之间,存在某种政治重视水平的差异。这一潜在的政治重视水平差异,如果长时间持续并被非沿线合作国家认识到的话,可能产生重大的政治、外交抱怨,进而对企业、项目等层次合作产生严重的消极影响。因此,中国需要从战略层次意识到不同类型国家的重要性差异,尤其是要高度重视并有效回报非沿线合作国家特别是非洲国家,同时应合理调整对沿线未合作国家的政治期待及相应的共建举措。

第四,全球技术革命潜在的不确定性,导致共建"一带一路"设施联通的既有不平衡可能被放大。尤其重要的是,当前共建"一带一路"设施联通面临质量参差不齐的问题,少数铁路、港口等设施联通项目质量不高,实现及时和全面的技术升级难度较大;在全球技术革命仍持续探索的情况下,这的确可发挥有效的托底功能,但如果全球技术革命取得明显和有效突破,其及时升级的能力就可能面临重大挑战。相对而言,公路、电力设施的升级能力相对更强。因此,要在坚持公路、电力设施等联通项目建设的同时,大力提升铁路、港口的可持续发展能力;与此同时,应在更高水平上将上述设施联通项目与境外经贸合作区建设相结合,实现点线面的有机整合,从而更好地迎接全球技术革命的到来,为共建"一带一路"高质量发展奠定基础。

第五，同样与全球发展相关却更加中观乃至微观的风险是，共建"一带一路"项目融入合作国家当地经济社会可持续发展的能力和潜力问题。就既有发展而言，共建"一带一路"的经济效应相对直接和明显，但其对政治、社会等的影响仍有待转化。这很大程度上也与第一项风险密切相关，即由于共建"一带一路"并未很好地融入当地政治和社会发展，一旦美国表现出更强的公共产品供应意愿——尽管极可能是"口惠而实不至"，相应合作国家就可能表现出明显的"经济上靠中国，政治安全上靠美国"的二元选择态势。这很大程度上也是共建"一带一路"并未对合作国家与中国的联大投票一致性产生正向影响的根本原因。就此而言，在共建"一带一路"高质量发展要求项目设计过程中，应首先基于冲突敏感性，然后着眼复原力建设和可持续发展能力培育，真正融入当地经济、社会和政治发展；而实现这一战略目标的切入点，应该是全面扭转境外经贸合作区的经济效益与政治关切之间的负向弥补模式，建立经济利益与政治收益同向发展的正向模式，从而为更大范围内的共建"一带一路"项目融入当地发展提供经验参照。

第六，与前一点密切相关的是，共建"一带一路"高质量发展对中国自身的能力建设要求，其核心是改变国内国际双循环的既有模式，从而实现发展动力、动能传导机制等的有效切换的能力。这一能力挑战或风险，既涵盖横向的各级政府部门的协调能力，也涵盖纵向的中央—地方—民间的配合能力，还涵盖立体的政府—民间、国家—市场、实务—研究等多个维度的官产学研商的统合能力。尤其重要的是，当前突破既有条块分割实现综合协作的能力是所有行为体都欠缺的；其中相当关键的是地方政府作为共建"一带一路"高质量发展的国内国际战略连接中心的能力培养问题。

第七，与全球安全转型密切相关的，非结构性暴力增生对共建"一带一路"高质量发展的难以预判的冲击或干扰风险。需要强调的是，从全球安全的角度，往往被强调更多的诸如国家间战争、内战及政治动荡等往往具有较高的可预测性，因此其规避难度并不高。相反，以非政府或非国家行为体为主体的、社会草根性的非结构性暴力，往往通过微观层次的积累而产生宏观层次的冲击，而其预警与处理都相对困难。也正是在这一意义上，习近平主席要求探索建立境外项目风险的全天候预警评估综合服务平台。当然，强化企业主体责任，教育引导企业和公民自觉遵守当地法律和风俗习惯,坚持"心想通"的基础性作用,是所有企业和项目都必须高度关注的。①

第二节 全天候的危机管理机制建设

尽管面临大量宏观体系性和微观操作性风险,但如上节所讨论的,"一带一路"倡议所面临的更为重要的战略性风险事实仍在于中国与相关国家的政治外交关系。换句话说,"一带一路"倡议的风险管理,应首先注重政治外交风险,这事实上正是倡议将政策沟通置于"五通"首位的原因。政治沟通不仅有助于缓解甚至消除政治外交风险,从而为设施联通、贸易畅通和资金融通创造有利条件,也可有效促进民心相通,消除各种误知误解。需要强调的是,双边政治外交关系的风险有时并不直接,而可实际感知时往往已濒临危机,因此联大投票一致性指标是一个相对有效的早期预警工具,可较早识别双多边的战略性风险及其走向;相对而言,诸如营商环境、法律风险、语言障碍乃至签证与人员流通等风险,都过于微观进而更多应由企业处理,国家更多是通过早期预警创造更为有利的环境。但由于宏观与微观的结合并非易事,也经常存在微观矛盾上升为宏观摩擦甚至冲突,诱发各类危机事态的情况。在此情况下,危机管理机制建设便是共建"一带一路"高质量发展的"看门人";由于涉及中外多元行为体和多元利益,共建"一带一路"高质量发展的危机管理机制建设的核心是外交危机管理机制。在借鉴其他国家经验的基础上,中国应大力完善自身的外交危机管理机制,推动共建"一带一路""工笔画"为新型国际关系和人类命运共同体建构绘出新天地。

一 外交危机管理机制建设的国际经验

对共建"一带一路"高质量发展而言,只有企业层次无法应对的危机,才是真正的危机,才需要国家动用外交力量加以解决。换句话说,共建"一带一路"高质量发展的危机管理机制建设,核心是外交危机管理机制建设。事实上,国际社会早就围绕外交危机管理机制建设作出了重大努力,

---

① 《习近平在第三次"一带一路"建设座谈会上强调 以高标准可持续惠民生为目标 继续推动共建"一带一路"高质量发展 韩正主持》,求是网,2021 年 11 月 19 日,http://www. qs-theory. cn/yaowen/2021 – 11/19/c_1128081519. htm,最后访问日期:2021 年 11 月 20 日。

尽管不同国家有着不同的实践。因此，对共建"一带一路"高质量发展的危机管理机制建设而言，需要首先全面观察并借鉴其他国家的经验特别是其理念、机制及运行等，其中最为主要的来自美国、英国、法国、德国、俄罗斯及欧盟等。

第一，应全面借鉴国际社会外交危机管理的先进理念。

尽管可能存在具体表现形式和内涵上的差异，但外交危机爆发频度上升、管理难度增加，是一个全球性现象。因此，国际上特别是大国外交危机管理的理念发展，对中国外交危机管理机制体制的完善仍有着重要的启示意义。比较主要大国的外交危机管理理念，可以识别出当前国际上外交危机管理理念的如下发展趋势。

首先，实用主义的国家利益观。人们往往倾向于认为，美欧国家的外交政策对人权、良治等价值观强调较多，进而假设其外交危机管理也会倾向于从这些方面入手。但事实上，美欧在外交危机管理中的国家利益把握更多是从实用主义角度出发，首先强调现有国家利益的保护，其次在可能的情况下会关注如何扩张，最后才可能涉及价值观推广。例如，英国和德国都对危机发生地的局势"稳定化"（Stabilisation）高度重视，英国于2003年起就成立了跨政府部门的稳定处（Stablisation Unit），并将"建设稳定"（Building Stability）当作重要指导原则。稳定处的基本责任包括：为海外稳定提供民事、军事和警察支持，促进在规划和响应冲突时的跨政府工作与教训吸取式学习，掌握和分享稳定努力中最佳案例的经验和教训，响应英国政府部门、使馆和外派官员的要求以支持脆弱国家和受冲突影响的国家。[①] 类似地，德国外交部也设了人道主义援助、危机预防、稳定与冲突后重建司（Directorate-General for Humanitarian Assistance，Crisis Prevention，Stabilisation and Post-Conflict Reconstruction），该司的核心使命涵盖政策与预算制定，危机预防、稳定与冲突后重建和早期危机监测、前瞻战略、冲突分析，人道主义援助，等等。[②] 由此可见，无论是英国还是德国，尽管都强调人权、公正等概念，但实务中基本不考虑此类问题，稳定高度优先。而美

---

① "About Us," Stablisation Unit, UK Government, https://www.gov.uk/government/organisations/stabilisation-unit/about, accessed on October 11, 2021.

② "Directorate-General for Humanitarian Assistance, Crisis Prevention, Stabilisation and Post-Conflict Reconstruction," Federal Foreign Office, Germany, https://www.auswaertiges-amt.de/en/about-us/ - /232022, accessed on October 11, 2021.

国的海外危机管理行动更加务实,即使是打着人道主义或人权、公正等旗号,其实质也是"美国优先"。印度、俄罗斯等的外交危机管理更是将国家利益保护放在首位。

其次,系统全面的战略大局观。全球主要大国的外交危机管理都从相当宏观的角度出发,对整个国际体系发展态势、国家利益方向等有很好的把握。英国、德国、欧盟的外交危机管理都有相应的战略文件统筹。例如,英国外交危机管理"建设稳定"理念的提出,是基于对 2003 年伊拉克战争、2011 年"阿拉伯之春"等紧急事态中英国海外利益保护的整体评估做出的。经过大范围的评估,英国于 2011 年提出"海外稳定建设战略"(Building Sta-bility Overseas Strategy,BSOS)。这一战略将"稳定"或"稳定建设"当作英国外交、安全和发展政策(3Ds,Diplomacy,Defense,Development,即外交、安全、发展三大政策的整合)的战略支柱。[1] 2015 年,海外稳定建设被进一步整合到英国的《战略防务与安全评估》(Strategic Defence and Security Review)报告中,英国的对外战略进一步升级为 4Ds(Diplomacy,Defense,Development,Domestic,外交、安全、发展、国内),海外稳定建设是其中的战略支柱。[2] 而在预期其所面临的外交危机管理任务将大幅增加的情况下,德国联邦政府于 2017 年出台了新的预防危机、管理冲突与建设和平政策指南,取代 2004 年的《民事危机预防、冲突解决与冲突后和平建设》(Civil-ian Crisis Prevention,Conflict Resolution and Post-Conflict Peace-Building)行动计划,对德国外交危机管理的理念、使命、机制安排等有较大更新。[3] 而美国、俄罗斯等均持续出台国家安全战略,不断更新外交危机管理理念。同时,几乎所有大国的外交危机管理都坚持"全政府"(whole governemnt)原则,强调综合战略(comprehensive approach),要求政府内部各部门高度协作、相互配合,尽管外交部可能居于核心地位。

再次,可持续发展的后续影响观。随着 2015 年联合国 2030 年可持续发展议程通过,不少国家开始强调外交危机管理的可持续性。德国政府直接

---

[1] Department for International Development, Foreign and Commonwealth Office and Ministry of Defence, UK, *Building Stability Overseas Strategy*, London: July 2011.

[2] HM Government, *National Security Strategy and Strategic Defence and Security Review 2015: A Secure and Prosperous United Kingdom*, London: November 2015.

[3] The Federal Government, *Federal Government of Germany Guidelines onPreventing Crises, Resolving-Conflicts, Building Peace*, Berlin: September 2017.

将外交危机管理与 2030 年议程相联系；而美国、英国、欧盟等都高度强调危机管理的后续影响，因此强调在危机后和平建设或稳定建设中，将可持续性要求考虑在内。需要承认的是，尽管美欧经常采取双重标准，但其在对后续影响的关注中，人道主义关切往往被嵌入其中。几乎所有大国的外交危机管理都将领事保护作为重要支柱，同时对发生在国内的涉及外交的各种危机特别是涉恐危机也高度关注。法国直接将"以人为本"当作其外交危机管理的指导理念之一。

最后，全程覆盖的早期预警观。大多数国家的外交危机管理实现了从危机预防、响应、管理到危机后稳定或建设和平的全程覆盖。但越来越多的国家强调，早期预警是远比危机响应、危机管理、危机后稳定或建设和平更加经济的方法，而且可以少给国家和人民带来实际伤害。例如，法国于 2008 年在外交部下设立危机与支持中心（Crisis and Support Center），在其内部设立了预防及合作中心负责分析并预测危机，战情室负责全天候跟踪海外安全态势、分析威胁和危机、同驻外使领馆共同制定危机应对方案。德国的危机管理也更多强调危机预防，其 2017 年新政策指南认为，可持续地实现不稳定国家的稳定，符合德国国家利益与传统和平政策。因此，德国外交危机管理的重心应当前移，争取在危机发生前识别、消除冲突隐患，而不是等危机发生后再采取措施。危机预防现在已经成为德国外交危机管理的核心聚焦。①

第二，应合理参照国际社会外交危机管理的机制安排。

由于各国政治制度存在明显差异，各国外交危机管理的机制安排也存在较为明显的差异。可依据两个标准对主要国家的外交危机管理机制加以区分。第一个标准是外交危机管理机制的覆盖范围，可分为全流程覆盖型和狭义的危机应对/管理型。美国、英国、法国、德国、欧盟、日本等的外交危机管理机制属于全流程覆盖型，其中美国、英国、德国、欧盟等对早期预警更加重视。而印度、俄罗斯等总体上属于危机应对/管理型，即在危机发生后启动，对危机的早期预警相对不够重视，尽管其情报收集、分析能力未必差。第二个标准是主导机构的差异，可分为领导人主导型和外交部主导型。美国、俄罗斯、印度、日本等都可被认为是领导人主导型。在

---

① The Federal Government, *Federal Government of Germany Guidelines on Preventing Crises, Resolving Conflicts, Building Peace*, Berlin: September 2017.

美国，尽管国务院发挥着重要作用，但白宫战情室在危机早期预警、危机应对与管理等方面作用更加突出。在日本，内阁官房始终是外交危机管理的核心领导部门。俄罗斯和印度则都由国家最高领导人直接负责外交危机管理。而英国、法国、德国、欧盟则将危机管理的主责赋予外交部。尽管英国有稳定处，但其核心功能是执行而非全流程，外交部危机管理处才真正负责全流程危机管理的机构。德国外交部、欧盟对外行动署都直接负责外交危机管理。

尽管可作上述分类，但全球主要大国外交危机管理机制的安排总体上具有如下特征。

其一，法律支撑完备。西方体制的美国、英国、法国、德国及欧盟等，都有大量法律及议会条款支持其外交危机管理体系，包括理念、功能、授权等。这使其外交危机管理机制在实际运作中具有更高合法性和权威性。

其二，政策协调顺畅。一方面，无论是领导人主导型还是外交部主导型的外交危机管理机制，因为其授权来源，政策协调能力都比较强；另一方面，大多数国家的外交危机管理机制整合了各个部门的人员，如德国联邦政府各部门中均设有民事危机预防（Civilian Crisis Prevention）部门，而在外交部危机管理部门里也设有其他政策领域的部门如特种部队、和平行动等。这种机制相互嵌套，也进一步强化了其政策协调能力。

其三，核心部门明确。尽管存在差异，但大国外交危机管理机制的核心部门往往比较容易识别，如英国外交部危机管理处、美国白宫战情室、法国外交部危机与支持中心等。这些核心部门不仅全流程监管外交危机管理，而且对领事保护、军事冲突、恐怖主义袭击等各类事件实现全覆盖。

其四，财政相对独立。外交危机管理涉及对财政资源的紧急调动，因此如果有独立或相对独立的财政支持，危机管理的运转会较为顺畅。尽管有的国家外交危机管理的财政较为分散，但集中统一管理正成为一种趋势。例如，英国危机管理的财政机制是一项名为冲突、稳定与安全基金（Conflict, Stability and Security Fund）的政府基金。其前身是2001年创建、2008年改组的冲突基金（Conflict Pool）。冲突基金由各政府部门独立使用，由此而来的问题是每个部门的资金量都比较小，且各部门难以统筹协调。因此，英国政府决定于2015年创建冲突、稳定与安全基金，形成单一的财政资助体系。冲突、稳定与安全基金的资本量远超其前身冲突基金，其创始资金就达到冲突基金的100倍左右并逐年增长；2019/2020财年的实际支出达到

12.3亿英镑，相比2015/2016财年（10.08亿英镑）增长约22%。[1] 必须强调的是，冲突、稳定与安全基金是为冲突或不稳定国家提供发展和安全支持的基金，是全球唯一结合官方发展援助和非官方发展援助，为安全、防务、维和、稳定行动等提供支持的政府基金，其目的是降低英国有重要利益的国家的安全风险。

其五，评估技术和评估体系完善。西方国家外交危机管理机制往往将最先进的技术应用于实践，并与私营部门、社会组织等实现了较好的技术性对接，进而在部分领域实现了从政府追踪危机到公民报告危机的转变，重大地降低了外交危机管理的成本。例如，法国危机与支持中心与法国内政部、国防部以及经济财政部合作，对拥有法国外交使团的163个国家进行不稳定因素评估，并预测短、中、长期危机。该评估使用全面分析法，除定位政治、安全两个维度以外，同时考虑经济、社会、宗教、环境等变量。该评估自2014年起就发展出一套成熟的预警系统SYAl，在前方使领馆提供的数据基础之上进行多维分析，从而锁定世界上每个国家的不稳定因素，并结合法国的外交利益综合施策。[2] 在先进的技术支持下，西方国家及其组织的外交危机管理机制一般拥有较为完善的评估体系，且往往是定期性评估，以便及时发现问题，并及时调整、优化其外交危机管理机制体制。

第三，应大力学习国际社会外交危机管理的运行方式。

从国际上外交危机管理的运行方式看，外交危机管理的机制设置与其运行之间仍存在较大差异。具体可分为两类。一类是机制即运行，这主要体现在领导人主导型的外交危机管理机制中。由于是领导人全面负责，几乎所有机制都更多是执行部门，因此从机制安排本身便能看出其运行方式。二是机制与运行存在差异，运行体系的临时性和全面性特征明显，固定机制更多负责日常运转，二者的区别是临时机制与常设机制的差异，临时机制更类似于某种委员会机制，而常设机制则更多是其秘书处。这一特征在德国、欧盟表现最为明显，英国和法国也更多属于这一类型。需要指出的是，机制与运行的差异化安排，对于提高运转效率、加强监管等有重要意义，特别是可有效避免运动员与裁判员身份相同、机构与人员闲置等问题。

---

① HM Government, *Conflict, Stability and Security Fund: Annual Report 2019/20*, London: Foreign and Commonwealth Office, *2021*, pp. *26 - 29*.

② "The Crisis and Support Center: Emergency Diplomacy," French Ministry of Foreign Affairs and International Development, 2015, p. 10.

就共性而言，全球主要大国和组织的外交危机管理机制的运行具有如下特征。

首先，流程化管理。为更好地管理各类危机，大多数国家的外交危机管理机制在运行中都对危机实行流程化管理，一般按照危机发生的时间流确定流程，大致可分为危机潜伏期、危机爆发期、危机稳定期、危机后时期。根据流程差异，不同阶段外交危机管理的任务和重心各不相同。危机潜伏期的任务重点是早期预警，识别出潜在危机并准备应对预案；危机爆发期注重迅速决策并启动危机管理，避免危机升级；危机稳定期的核心任务是实现稳定化的可持续并回归危机前状态；危机后时期重点是重建和平与稳定，实现可持续的稳定与和平。

其次，指标化管理。随着统计技术的发展，各国对外交危机的管理日益朝数据化、指标化方向发展。一方面，大量国家和国际组织发展出冲突早期预警模型，以观察、监测危机的动向，发出预警信号并提出应对方案等。另一方面，不少国家都定期评估其外交危机管理的运作情况，但当前的评估正逐渐从绩效评估转向影响评估，即不再那么重视数量，而更多重视质量。

再次，军事化管理。尽管外交危机管理更多属于民事领域，但大多数国家的外交危机管理倾向于"军事化"或至少是"安全化"，特别是在危机发生地的危机管理活动中。但也有部分例外，如德国就高度强调非军事化的危机管理，并应用和推广"民事危机管理"理念。目前，民事危机管理理念得到了欧盟体系的认可，并正逐渐深化，未来可能会在更大范围推广。

最后，全社会参与。尽管具体组织方式可能存在差异，但大多数国家的外交危机管理都实现了全社会参与。更多国家的全社会参与是在具体的外交危机管理活动中，而如英国、德国、美国、法国、欧盟等的外交危机管理中往往将非政府组织、社会团体的参与制度化。例如，英国稳定处拥有一个外部团队即民事稳定小组（Civilian Stabilisation Group），主要提供危机管理所需专业人员，总数超过1000人，其中有约800人是退役特种兵。又如，德国联邦政府于2005年创设了一个民事危机预防顾问委员会（Advisory Board for Civilian Crisis Prevention），负责向部际指导小组提出建议。该委员会共计有19名成员，由来自学术界、安全、发展、人权、人道主义事务、环境、都会、工业、政党基金会及在危机预防方面有特殊专长的专家组成。

二　共建"一带一路"高质量发展的外交危机管理机制建设

共建"一带一路"高质量发展必须将战略性、政治性危机置于首要关注地位，也即重大地强化中国的外交危机管理机制建设。建立健全中国外交危机管理机制，贡献于共建"一带一路"高质量发展，必须从理念、机制、运行及支撑等四个方面着手。

第一，应积极借鉴国际外交危机管理理念，优化中国外交危机管理的理念体系，可以"和平为主、预防为主、民事为主、发展为主"等理念作为指导。

首先，"和平为主"指以和平共处五项原则为指导。外交危机管理的核心目标是实现和平与稳定，从而为中国海外利益保护营造有利的环境。"和平为主"理念与国际上的"稳定优先"理念是相匹配的。如前所述，西方国家尽管强调人权、公正、人道主义等价值观，但其外交危机管理仍以稳定为首要目标。例如，德国外交人道主义援助、危机预防、稳定与冲突后重建司的机构设置中，稳定部门占绝对主导地位。该司共设立 8 个处，分别为危机管理与国际稳定化政策议题、联邦政府指导方针、沟通—战略与协调处，预算与司长政治沟通处，危机预防、稳定、和平建设处，早期预警与情景策划处，战略观念、冲突分析、国际和平行动中心处，特种部队处，人道主义援助多边政策处，人道主义援助执行处。中国的外交危机管理首先应倡导和凸显"和平共处"五项原则，注重和平与稳定，从根源上解决危机。

其次，"预防为主"指重点发展早期预警和危机预防能力，尽量减少被动应对，推动中国外交从"被动应对型"向"主动塑造型"的中长期转变。事实上，任何危机在爆发前都有迹可循；换句话说，有效的早期预警机制是预防甚至避免危机的最好和最经济的方式。事实上，预防为主也是国际社会最为流行的方法。例如，俄罗斯联邦安全会议是设于总统办公厅的宪法性机构，依据《俄罗斯联邦宪法》及《安全法》成立，宗旨是维护俄罗斯国家、社会、公民的核心安全利益不受来自内部与外部的威胁。它事实上是俄罗斯的战略评估、战略规划中心，其工作包括制定不同的战略与危机决策。其涉及外交危机管理方面的职能包括两个方面：一是危机管理的全流程监管：危机发生前，安全会议审议和评估有关国家安全状况、安全威胁的情报信息；危机发生后，负责评估危机形势，依据国家外交战略与安全战略，为总统提供相应的危机解决对策，并建议实施、延长或取消紧急状态。二是危机管理过程中的部门协调，安全会议下设包括独联体问题、军事安全、社会安全、社会经济安全、信息安全、生态安全、战略规划 7 个跨部门委员会。总体上看，大多数国家的外交危机管理实现了从危机预防、响应、管理到危机后稳定或建设和平的全程覆盖。但越来越多的国家强调，早期预警是远比危机响应、危机管理、危机后稳定或建设和平更加经济的方法，而且可以少给国家和人民带来实际伤害。

再次，"民事为主"指外交危机管理应尽量避免军事化、安全化倾向，更多采取政治对话的非军事化手段，引入更多民间力量参与外交危机管理。例如，为鼓励法国企业、非政府组织、公立部门形成"法国战队"，协力应对危机，法国危机与支持中心同法国商务投资署以及法国企业家协会合作，以实现更好地保护法国企业利益的目标。又如，德国外交危机管理的运行采用的是所谓"民事危机预防"（civilian crisis prevention）原则，其主要聚焦于促进国家建构（建立法治与警察力量，进行安全部门改革），强化多边与地区机构（特别是非洲）及和平调解。可持续的危机预防只有在采取综合方法的情况下才能实现，将所有政策领域特别是外交、安全、经济、发展和环境政策等纳入其中，并将其整合到内在逻辑一致的政策中（即网络化的安全概念）。在共建"一带一路"过程中，也有大量类似呼吁，即吸纳更多民间力量，推动官民结合的外交危机预警和管理机制建设。

最后，"发展为主"指外交危机管理的长期目标是推动可持续发展，主动将外交危机管理与"一带一路"倡议、联合国 2030 年可持续发展议程、合作国国家发展战略等相结合，这很大程度上也可被视作政策沟通的重要环节。通过将外交危机管理与可持续发展，特别是联合国 2030 年可持续发展议程相联系，不仅可强化外交危机管理促进发展的功能，更体现出其对可持续发展议程、东道国发展议程的支持，从而提升其道德重要性，更好地塑造中国国家形象。

第二，应积极参考国际上外交危机管理的机制安排设置，改进中国外交危机管理机制体制，遵循"单一决策、单一行动、单一预算"等原则。

首先，"单一决策"指中国外交危机管理的领导体系应实现集中统一领导和决策，提高信息收集、分析、预警、决策等功能的集中度和权威度，可考虑在外交部内设立副部级专员和独立司级机构，负责统合应急处理、领事保护、信息收集与分析等。在国际上，无论是领导人主导还是外交部主导，其决策机制都是相对单一的，即相关负责机构相对明确，尽管也需要其他部门的参与和支持。例如，尽管英国有稳定处，英国外交危机管理的信息收集、处理与决策机制由英国外交部多边政策司（Multilateral Policy Directorate）下属的冲突管理处（Conflict Management Department）负责。为实现多部门配合，危机管理处并不直接对英国外交部负责，而是与内阁办公室配合，把来自外交部和其他部门的情报信息与外交报告、公开资源、大数据信息等整合在一起，结合专家分析，形成其产品。

其次，"单一行动"指中国外交危机管理的执行机构应相对集中，并与决策机构相互独立、相互配合，这样既能提高行动效率，又能相互支持、相互督促。同时，为进一步提高协调效率，决策与行动部门、外交危机管理体系与相关部门之间的功能互嵌也应强化，如外交部危机管理部门内应有来自军队、警察、国安等各相关部门的代表，同时军事、警察、国安等也应设立相应的外交危机管理单元。例如，英国外交危机管理机制的运行分为三个步骤，即启动、部署和实现。在危机管理启动阶段，核心任务是形成国家战略目标、组建核心行动团队；在力量部署阶段则应要求派出各种形式的执行力量，其中最重要的是保护英国海外公民，落实撤侨行动；在实现海外稳定阶段，核心是组建过渡团队帮助当地实现稳定，在稳定实现后退出行动（见图11—4）。类似地，德国外交危机管理将危机分为三个阶段加以管理：一是危机潜伏时期，外交危机管理的核心任务是实现危机预防，通过强调危机的结构性政治、社会根源问题的解决来初步实现长期的和平与稳定。为强化危机预防能力，德国建立了一个指标体系，将存在潜在危机的国家分为脆弱国家、面临挑战的国家及合法性丧失的国家三类，从而采取不同等级的危机预防措施。二是冲突爆发期，指爆发新的冲突或既有冲突升级。德国外交危机管理在冲突爆发期的举措包括两类：在冲突占据主导的时期采取冲突解决办法，即在提供人道主义援助之外，探索暴力的政治解决办法，通过积极的危机外交、调解、支持谈判进程等实现可持续的和平解决办法；在冲突稳定下来但仍在持续时期采用稳定化策略，即培育必要的政治进程以使当地人收获某种"和平红利"，这一时期的重点是利用过渡期发展援助以奠定长期发展的基础。三是冲突后时期，指武装冲突已经结束，达成停火协议，启动了长期的重建与和解进程。这一时期的重点是建设和平，但在很多方面与危机预防相似，如强调消除冲突的根源和动因。在建设和平过程中，最重要的是提高当地政治体系、社会和人民的复原力，确保危机不会再次发生。

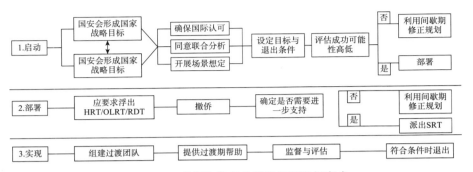

图 11—4　英国海外危机管理机制运行方式

资料来源：Department for International Development, Foreign and Commonwealth Office and Ministry of Defence, UK, *Building Stability Overseas Strategy*, London, July 2011。

最后，"单一预算"指应为外交危机管理单列基金账户，并规定何种情况可动用何等规模的资金。外交危机管理涉及对财政资源的紧急调动，因此如果有独立或相对独立的财政支持，危机管理的运转会较为顺畅。尽管有的国家外交危机管理的财政较为分散，但集中统一管理正成为一种趋势。英国已经建立独立的冲突、稳定与安全基金，美国每年的财政预算中都有外交危机管理专项。

第三，应积极关注国际上外交危机管理运行方式的发展，优化中国外交危机管理的具体运行方式，遵循"临常结合、军民结合、内外结合、行评结合"等原则。

首先，"临常结合"是指在危机发生的全流程均存在各种临时性机制，根据需要临时启动以研判形势、讨论选项、评估落实、进行战略分析等，确保固定机制能够不被各种危机事态分散精力，既有利于分工协作，也有利于提高效率。国际社会的外交危机管理机制往往有常设机制，同时辅以临时性安排。例如，在法国危机与支持中心下设有两个处理紧急情况的中心，一是主要提供紧急情况支持的紧急行动中心，二是负责关照海外丧生人员或下落不明人员的家庭及亲属的个案中心。又如，德国外交部下设有危机管理专员（Crisis Management Commissioner），在其下又设有危机响应中心（Crisis Response Centre）。危机响应中心全年无休，以确保随时向外交部长和高级官员通报事态发展情况。

其次，"军民结合"指尽管应避免危机管理的军事化与安全化，但仍需有扎实的军事、警察行动能力作为后盾，但优先民事行动能力，以凸显中国外交的和平特色，并可有效节约成本。如法国危机与支持中心同国际企业保持全天候沟通，尤其是一些专业机构诸如外派企业间中心（CINDEX）、企业安全官俱乐部（CDSE）、法国旅行经理协会（AFTM）、出差企业工会（SETO）等。又如，日本的外交危机管理机制也实现了军事、警察、文官乃至民间社会的协同。为随时对发生的紧急事态有所掌控，日本内阁官房和首相官邸内分别设有24小时待命的内阁情报收集中心和危机管理中心等机制。一旦发生紧急事态，立即启动初期应对，第一时间把握事态，防止事态扩大，并提出相关对策等。在此基础上，由负责安全保障和危机管理的内阁官房副长官领导危机管理审议官等将相关信息进行汇总，并与内阁危机管理监或国家安全保障局长等一起向首相、内阁官房长官、内阁官房副长官进行汇报并接受指示，最后设置官邸对策室和政府对策本部。

最后，"行评结合"是指在危机管理全流程，随时结合行动开展评估，确保危机管理的灵活性并在必要时及时调整和优化。随着统计技术的发展，各国对外交危机的管理日益朝数据化、指标化方向发展。一方面，大量国家和国际组织发展出冲突早期预警模型，以观察、监测危机动向，发出预警信号并提出应对方案等。另一方面，不少国家都定期评估其外交危机管理的运转情况，但当前的评估正逐渐从绩效评估转向影响评估，即不再那么重视数量，而更重视质量。

第四，应积极学习国际上外交危机管理的支撑体系建设，完善中国外交危机管理的支撑机制，遵循"宣传适度，讨论开放，研究深入"等要求。

首先，"宣传适度"指对中国外交危机管理的理念、机制、运行等的宣传不能过头，尤其应注意不能"引火烧身"，要使国际社会对中国参与危机管理的期待维持在合理区间。西方国家及其组织的外交危机管理机制一般拥有较为完善的评估体系，且往往是定期性评估，以便及时发现问题，及时调整、优化外交危机管理机制体制。正是得益于完善的评估，西方在宣传其外交危机管理时相对应对得当，不易引发不必要的问题。

其次，"讨论开放"指对中国外交危机管理的社会舆论不宜过度控制，应允许民间积极参与相关讨论甚至贡献智慧，并尽可能向公众开放中国危机管理的具体实践，提高公众外交危机管理参与积极性与主动性。尽管具体组织方式可能存在差异，但大多数国家的外交危机管理都实现了全社会参与。更多国家的全社会参与体现在具体的外交危机管理活动中，而如英国、德国、美国、法国、欧盟等在外交危机管理中往往将非政府组织、社会团体的参与制度化,如英国的民事稳定小组(Civilian Stabilisation Group)、欧盟的危机平台、德国的民事危机预防顾问委员会(Advisory Board for Civilian Crisis Prevention)等。全社会参与可形成积极的集思广益良性循环,对提升外交危机管理效果有重要助益。

最后,"研究深入"指强化对中国外交危机管理的智力支撑,特别是引入智库和危机管理专业人员参与危机管理理念、机制、运行方式、早期预警模型、后期影响评估模型等的设计与运作,提升中国外交危机管理的能力与效率。在国际上,外交危机管理往往有强大的法律支撑、技术支撑和学术支撑。例如,西方体制的美国、英国、法国、德国及欧盟,都有大量法律及议会条款支持其外交危机管理体系,包括理念、功能、授权等。这使其外交危机管理机制在实际运作中具有更高的合法性和权威性。又如,西方国家外交危机管理机制往往将最先进的技术应用于实践,并与私营部门、社会团体等实现了较好的技术性对接,进而在部分领域实现了从政府追踪危机到公民报告危机的转变,极大地降低了外交危机管理成本。因此,研究对于外交危机管理的效果、效率、成本等均有重要意义。

第十二章　国内国际双循环机制建设

如前所述，共建"一带一路"是一项内向性与外向性有机结合的发展议程；换句话说，共建"一带一路"实现了对国内国际两个市场、两种机制的统筹与协调。如同习近平主席所说，共建"一带一路"不仅为世界各国发展提供了新机遇，也为中国开放发展开辟了新天地。[①] 在 2020 年 5 月 14 日召开的中共中央政治局常务委员会会议上，习近平总书记首次提出，"要深化供给侧结构性改革，充分发挥我国超大规模市场优势和内需潜力，构建国内国际双循环相互促进的新发展格局"。[②] 此后，"推动形成以国内大循环为主体、国内国际双循环相互促进的新发展格局"理论论述日益完善，并在 10 月底通过的《中共中央关于制定国民经济和社会发展第十四个五年规划和二〇三五年远景目标的建议》（以下简称"'十四五'规划建议"）中确立为下一阶段中国发展的战略指导思想。[③] 在 2021 年 3 月 15 日的第十三届全国人民代表大会第四次会议上，李克强总理作《政府工作报告》时特别强调，要"立足国内大循环，协同推进强大国内市场和贸易强国建设，依托国内经济循环体系形成对全球要素资源的强大引力场，促进国内国际双循环"。[④] 需

[①] 习近平：《习近平在第二届"一带一路"国际合作高峰论坛开幕式上的主旨演讲（全文）》，第二届"一带一路"国际合作高峰论坛官方网站，2019 年 4 月 26 日，http://www.beltandroadforum. org/n100/2019/0426/c26 - 1261. html，最后访问日期：2021 年 10 月 11 日。

[②] 《中共中央政治局常务委员会召开会议 习近平主持》，新华网，2020 年 5 月 14 日，http://www. xinhuanet. com/politics/leaders/2020 - 05/14/c_1125986000. htm，最后访问日期：2021 年 10 月 11 日。

[③] 《中共中央关于制定国民经济和社会发展第十四个五年规划和二〇三五年远景目标的建议》，2020 年 10 月 29 日中国共产党第十九届中央委员会第五次全体会议通过。

[④] 李克强：《政府工作报告——2021 年 3 月 5 日在第十三届全国人民代表大会第四次会议上》，中国政府网，2021 年 3 月 12 日，http://www. gov. cn/premier/2021 - 03/12/content_5592671. htm，最后访问日期：2021 年 10 月 11 日。

要强调的是，共建"一带一路"倡议对构建新发展格局、实现从此前的以国际循环为主体向国内大循环为主体的转变有着关键意义。从中国与世界的关系角度看，改革开放40余年来中国的快速发展，很大程度上是以融入国际体系为前提的，但这在带来中国快速发展的同时，也使中国的对外依赖程度日渐上升，某种程度上达到了危及国家经济乃至政治自主性的水平，因此迫切需要掌握全球化时代的相互依赖的主动性；而从中华民族伟大复兴的角度看，中国发展已经进入一个关键时期，既有发展路径的边际效应正持续降低，迫切需要创新发展模式、改变国内国际互动模式，从而获得新的发展动力，为中华民族伟大复兴提供持续动力。正是在这一背景下，国内大循环与国际循环的基本互动关系正发生逆转，即从改革开放头40余年的融入以国际循环为主体转向以国内大循环为主体、国内国际双循环相互促进的新模式。在这一历史性的发展道路切换过程中，"一带一路"倡议因其始终将国内发展与国际发展有机结合，进而具有重要的战略意义；反过来，实现国内国际循环的重心切换与模式转换，也是共建"一带一路"实现高质量发展的基本保障，从机制建设的角度则是建设完善的国内国际双循环机制，核心是开发共建"一带一路"的地方化发展模式，加强共建"一带一路"与国内京津冀协同发展、长江经济带发展、粤港澳大湾区建设等国家战略对接，促进西部地区、东北地区在更大范围、更高层次上开放，助推内陆沿边地区成为开放前沿，带动形成陆海内外联动、东西双向互济的开放格局。如果从供应链、产业链、价值链及经济网络的角度看，共建"一带一路"的国内国际双循环机制建设的关键在于，使地方成为共建"一带一路"国内国际发展链接的中心节点，既立足国内大循环，又以国内大循环吸引全球资源要素，充分利用国内国际两个市场两种资源。①

第一节　国内国际双循环新发展格局建构

"推动形成以国内大循环为主体、国内国际双循环相互促进的新发展格局"是在中华民族伟大复兴进入新的历史阶段的必然产物。尽管从提出到确立耗时相对较短，但"以国内大循环为主体、国内国际双循环相互促进

---

① 《中共中央关于制定国民经济和社会发展第十四个五年规划和二〇三五年远景目标的建议》，2020年10月29日中国共产党第十九届中央委员会第五次全体会议通过。

的新发展格局"理论仍有着重要的历史和现实基础，它是中华民族伟大复兴步入新的历史阶段的必然产物，对引领中华民族伟大复兴进程有着至关重要的战略意义。随着中国国家发展战略的历史性调整，包括共建"一带一路"在内的各大倡议和规划均需及时转换思维、明确定位，最大化自身在中华民族伟大复兴进程中的历史角色和历史作用。共建"一带一路"倡议自提出以来就坚持将国内发展与国际发展有机整合，在国内国际双循环新发展格局的建设中占据了先机。

一　中华民族伟大复兴的战略转型需求

2020 年对中国来说有着相当特殊的历史意义：它既是全面建成小康社会和"十三五"规划收官之年，也是谋划"十四五"规划的关键之年，更是中国共产党迈入第二个百年之前的最后一年；从更广的历史视野看，它还是中华民族伟大复兴的战略机遇期转型的关键年份。正如习近平主席在 2020 年反复强调的，当前和今后一个时期，我国发展仍然处于重要战略机遇期，但机遇和挑战都有新的发展变化。① 回顾而言，党的十六大报告"二十一世纪头二十年，对我国来说，是一个必须紧紧抓住并且可以大有作为的重要战略机遇期"② 的判断相当准确。进入 21 世纪第二个十年后，中华民族伟大复兴的战略机遇期呈现快速变化的特点，无论是从时间逻辑，③ 还是从战略环境看均是如此。自 2016 年特朗普当选美国总统后，有关重要战略机遇期的变化、维护等成为重要话题；④ 党的十九大报告指出，"当前，国内外形势正在发生深刻复杂变化，我国发展仍处于重要战略机遇期"。⑤ 自此，对战略机遇期的思考进入了新的阶段，有关新时代战略机遇期的思考成为主流。⑥ 随着习近平主席有关"世界百年未有之大变局"论断的提

---

① 《从"两个大局"把握重要战略机遇期新变化新特征》，新华网，2020 年 10 月 30 日，ht-tp://www.xinhuanet.com/politics/2020 – 10/30/c_1126675607.htm，最后访问日期：2021 年 10 月 11 日。
② 《十六大以来重要文献选编》（上），中央文献出版社，2005，第 14 页。
③ 颜玫琳：《重要战略机遇期的时间逻辑》，《当代世界与社会主义》2014 年第 5 期，第 131 – 134 页。
④ 王帆：《战略机遇期的判断与维护》，《国际问题研究》2018 年第 5 期，第 32 – 43 页。
⑤ 习近平：《决胜全面建成小康社会 夺取新时代中国特色社会主义伟大胜利——在中国共产党第十九次全国代表大会上的报告》，人民出版社，2017，第 2 页。
⑥ 李慎明：《新时代战略机遇期的相关思考》，《马克思主义研究》2019 年第 10 期，第 44 – 55 页。

出，和中国改革开放进入第二个四十年，如何结合新的国内国际环境、识别中华民族伟大复兴的机遇和挑战，[①] 并推动复兴战略转型，已成为一个迫切任务，而这正是新发展格局战略得以提出的基本背景。

中华民族伟大复兴的战略转型需求，根本上源于中华民族伟大复兴进入了一个新的阶段。尽管 1949 年新中国成立奠定了中华民族伟大复兴的政治和社会基础，但仍是 1978 年改革开放的启动，才真正触发了中华民族的经济复兴进程。经过 40 年改革开放之后，中国已积累了相当国力，并具备朝下一阶段转变的基础。换句话说，进入 21 世纪第二个、第三个十年之际，中华民族伟大复兴正迈入一个新的阶段，复兴进程正发生全方位的转变。

第一，从复兴速度上看，中国已跨过大国复兴或权势周期的第一个拐点，正从快速复兴转向中速复兴。如前所述，鉴于各国经济增长既非线性的也非等速的，权势周期理论认为单个国家的经济增长有四个可识别的拐点，即底部拐点、顶部拐点、崛起拐点和衰退拐点。[②] 考察自改革开放以来的中国经济增长可以发现，中国经济发展正从改革开放头 30 年的快速增长转向自 2012 年起的中速增长。1979 年，中国 GDP 增长率为 7.59%；随着改革开放的启动，中国经济增长迅速进入快车道，除少数年份外，中国经济直到 2010 年均保持高速增长。平均而言，在 1980—2009 年的改革开放头 30 年里，中国 GDP 年均增长率达到 10.7%。但从 2012 年起，中国经济增长速度持续放缓，从 2010 年的 10.64% 降至 2019 年的 6.11%。这样，1980—2019 年的 40 年里，中国 GDP 年均增长率降至 9.44%，相比头 30 年下降了 1.3 个百分点。如果仅计算 2010—2019 年这十年，中国经济年均增长率只有 7.7%；相比之下，自改革开放以来，1980—1989 年、1990—1999 年及 2000—2009 年这 3 个十年里，中国经济年均增长率分别为 9.7%、10% 和 10.3%。[③]

---

① 参见罗建波《在世界百年未有大变局中把握战略机遇期》，《科学社会主义》2019 年第 3 期，第 14 – 22 页；门洪华《百年变局与中国战略机遇期的塑造》，《同济大学学报》（社会科学版）2020 年第 2 期，第 30 – 38 页。

② Charles F. Doran, "Economics, Philosophy of History, and the Single Dynamic of Power Cycle Theory: Expectations, Competition, and Statecraft," *International Political Science Review*, Vol. 24, No. 1, 2003, pp. 13 – 49; Charles F. Doran, "Power Cycle Theory and the Ascendance of China: Peaceful or Stormy? *SAIS Review*, Vol. 32, 2012, pp. 73 – 87; Charles F. Doran, "Power Cycle Theory, the Shifting Tides of History, and Statecraft: Interpreting China's Rise," *The Bologna Center Journal of International Affairs*, Vol. 15, No. 1, 2012, pp. 10 – 21.

③ 笔者根据世界银行数据库（https://data.worldbank.org）数据计算得出，最后访问日期：2021 年 10 月 11 日。

第二，从复兴效率上看，中国正从改革开放头 40 年的粗放型复兴转向高质量发展。必须承认的是，中国改革开放头 40 年的快速发展付出了较大的环境成本。以中国生态环境状况的数据作简单分析即可看出这一态势。尽管不同时期所使用的衡量标准并不一致，但仍可大致比较一些核心指标。以大气环境为例，1989 年时，超标城市比重由 14% 上升至 16%，其中北方城市超标为 11%，而南方城市超标为 21%；这某种程度上暗示了经济增长速度越快的地方，空气质量恶化速度也越快。尽管出现酸雨的地区无明显变化，但酸雨区面积扩大。[①] 到 1999 年，纳入空气质量统计的 338 个城市中，33.1% 的城市达到国家空气质量二级标准，66.9% 未达到，其中超过三级标准的城市有 137 个，占统计城市的 40.5%；尽管酸雨污染范围大体未变，但污染程度居高不下。[②] 又一个十年之后的 2009 年，在开展了环境空气质量监测的 612 个城市中，达到一级标准的仅 26 个（占 4.2%），达到二级标准的 479 个（占 78.3%），达到三级标准的 99 个，劣于三级标准的 8 个。尽管这一指标似乎有所改善，但出现酸雨的城市仍占监测总量（488 个）的 52.9%（258 个），酸雨发生频率为 25% 的城市多达 164 个。[③] 到 2019 年，中国空气质量标准进一步细化，但如果从 $PM_{2.5}$ 和 PM_{10} 的指标看，中国尚未摆脱粗放型发展：在 337 个监测城市中，达到 $PM_{2.5}$ 一级标准的城市仅占 4.5%，达到 $PM_{2.5}$ 二级标准的城市占 48.4%，达到 $PM_{2.5}$ 超二级标准的城市占 32.0%；达到 PM_{10} 一级标准的城市占 15.7%，达到 PM_{10} 二级标准的城市占 52.2%，达到 PM_{10} 超二级标准的城市占 32.0%。[④] 正是由于发展粗放导致了严重的环境和生态后果，进入 21 世纪特别是自党的十八大以来，国家对发展质量高度重视。在 2016 年中央经济工作会议上，习近平总书记指出，必须"坚持以提高发展质量和效益为中心"；此后，习近平总书记反复强调，高质量发展就是从"有没有"转向"好不好"；推动高质量发展，要重视量的发展，更要重视解决质的问题，在质的大幅提升中实现量的有

---

① 《1989 年中国环境状况公报》，生态环境部网站，http://www.mee.gov.cn/hjzl/sthjzk/zghjzkgb/201605/P020160526546215849168.pdf，最后访问日期：2021 年 10 月 11 日。

② 《中国环境状况公报 1999》，生态环境部网站，http://www.mee.gov.cn/hjzl/sthjzk/zghjzkgb/201605/P020160526551374320882.pdf，最后访问日期：2021 年 10 月 11 日。

③ 《中国环境状况公报 2009》，生态环境部网站，http://www.mee.gov.cn/hjzl/sthjzk/zghjzkgb/201605/P020160526561125391815.pdf，最后访问日期：2021 年 10 月 11 日。

④ 《2019 中国生态环境状况公报》，生态环境部网站，http://www.mee.gov.cn/hjzl/sthjzk/zghjzkgb/202006/P020200602509464172096.pdf，最后访问日期：2021 年 10 月 11 日。

效增长。① 在 2020 年 8 月 24 日的经济社会领域专家座谈会上,习近平总书记指出,"我国已进入高质量发展阶段,社会主要矛盾已经转化为人民日益增长的美好生活需要和不平衡不充分的发展之间的矛盾,人均国内生产总值达到 1 万美元,城镇化率超过 60%,中等收入群体超过 4 亿人,人民对美好生活的要求不断提高"。② 可以认为,高质量发展既是中国复兴超越粗放发展的有效手段,也是中国在粗放型复兴后的新发展阶段。

第三,从复兴手段上看,中国正从"效仿型复兴"向"创新型复兴"转变。改革开放对中国复兴的重要意义之一,是推动整个社会打开眼界,积极借鉴人类社会发展优秀成果,从而推动中国持续复兴。的确,改革开放 40 余年来,中国坚持敞开胸襟、拥抱世界,积极借鉴人类社会发展的一切优秀成果,成功实现从封闭半封闭到全方位开放的伟大转折。中国充分利用后发优势,大力引进国外资金和先进技术,积极学习西方各国先进管理经验,推动中国发展从低水平低层次向较高水平较高层次迈进。③ 但随着中国日益复兴,既有的可供中国继续学习和效仿的榜样事实上持续减少。正如习近平主席所强调的,"一个国家、一个民族要振兴,就必须在历史前进的逻辑中前进、在时代发展的潮流中发展",④ 因此,随着中国日益复兴,中国必须加大创新力度,实现从"效仿型复兴"向"创新型复兴"的转变。前文所讨论的中国申请国际专利的发展态势,是中国复兴正转向新的历史阶段的强有力证明。

第四,从复兴途径上看,中国正从外生型复兴转向内生型复兴。与"效仿型复兴"相对应,中国在改革开放头 40 年的发展很大程度上是外生型的,但在进入 21 世纪第二个十年后逐渐启动向内生驱动型复兴转变。以对外贸易依存度——进出口贸易总额在 GDP 中所占比重——为例,在改革开放头 30 年里,中国的外贸依存度持续上升:1979 年时仅为 11.09%,到 1989 年时升至

① 《中央经济工作会议举行 习近平李克强作重要讲话》,央广网,2016 年 12 月 17 日,http://china. cnr. cn/news/20161217/t20161217_523351914. shtml,最后访问日期:2021 年 10 月 11 日。
② 《习近平:在经济社会领域专家座谈会上的讲话》,求是网,2020 年 8 月 25 日,http://www. qstheory. cn/yaowen/2020 – 08/25/c_1126408718. htm,最后访问日期:2021 年 10 月 11 日。
③ 《中国对外开放的宝贵经验》,人民网,2018 年 9 月 25 日,http://opinion. people. com. cn/n1/2018/0925/c1003 – 30312771. html,最后访问日期:2021 年 10 月 11 日。
④ 《开放共创繁荣 创新引领未来——在博鳌亚洲论坛 2018 年年会开幕式上的主旨演讲》,中国青年网,2018 年 4 月 10 日,http://news. youth. cn/sz/201804/t20180411_1159 6168. htm,最后访问日期:2021 年 10 月 11 日。

25.11%，到1999年时已经升到33.52%，中国外贸依存度的峰值是在2006年，达到64.48%。此后，由于2008年全球金融危机的冲击，中国外贸依存度降到50%甚至更低；到2015年，进一步降到30%—40%的区间。尽管就全球水平而言，外贸依存度持续上升，但从大国崛起角度看，能够为世界提供稳定的公共产品的大国不能过于依赖外部。美国的外贸依存度在1979—2020年仅增长不到8个百分点，而同期全球和中国的外贸依存度均增长了24个百分点——中国的增速仍明显高于全球平均水平。当然，2020年新冠疫情对全球贸易冲击明显，全球平均外贸依存度下降了7个百分点以上，但中国和美国下降并不明显，分别为1个百分点和3个百分点（见图12—1）。

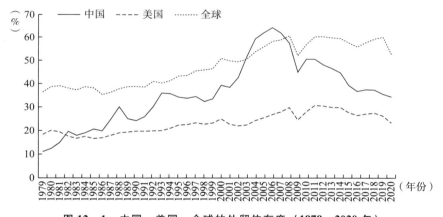

图12—1 中国、美国、全球的外贸依存度（1979—2020年）

资料来源：笔者根据世界银行数据库（https://data.worldbank.org）数据制作，最后访问日期：2021年10月11日。

又如，从外资依存度——外国直接投资净流入占GDP的比重——角度看，中国复兴也呈现从外生型向内生型转化的态势。1979年，中国的外资依存度仅为0.000045%，低到可以忽略；而全球平均水平为0.45%，相当于中国的10000倍，而美国为0.31%，相当于中国的6889倍；到1988年，中国外资依存度首次突破1%，超过全球平均水平（0.9%）；中国外资依存度的峰值是在1993年，达到6.19%，此后长期在3%—5%的区间浮动；同样是在2008年全球金融危机之后，中国外资依存度降至3%以下，其后虽有回升，但2014年后再次降至3%以下，2017年起至今一直低于2%（见图12—2）。可以认为，随着中国持续发展，中国对外部的依赖某种程度上正在降低，但同期中国的发展仍维持较快速度——尽管相对此前已经大大放缓。这意味着,中国复兴的动力正在转换,从此前更多依赖外部市场转向更多由国内需求驱动。

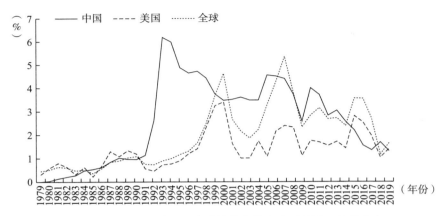

图 12—2 中国、美国、全球的外资依存度(1979—2019 年)

资料来源:笔者根据世界银行数据库(https://data.worldbank.org)数据制作,最后访问日期:2021 年 10 月 11 日。

第五,从复兴影响看,中国正从搭车型复兴转向反哺型复兴。外生型复兴很大程度上是依赖国际社会为中国所提供的各种机会实现的,而内生型复兴则可为国际社会提供回报。需要强调的是,中国的外生型复兴总体上是在搭国际社会的便车;除相对稳定和有利的政治安全环境之外,中国搭车型复兴的核心是利用外国直接投资。尽管如上文所述,中国的外资依存度并不高,但就中国发展所需资本而言仍是极其重要的。但更重要的是,随着自身经济发展,中国开始反哺国际社会,尤其明显地体现在中国对外直接投资数额快速持续增长上。在 1981 年前,中国几乎没有对外直接投资。1982 年是世界银行有中国对外直接投资统计数据的第一年,仅 4400 万美元,而美国则为 77.74 亿美元,全球总额则达到 3.7 万亿美元。冷战结束后,中国对外直接投资迅速增加,1992 年达到 40 亿美元,是 1991 年的 4 倍多,在全球对外直接投资总额中所占比重也直接从 1991 年的 0.4% 跃升至 0.7%;2005 年,中国对外直接投资额突破 100 亿美元;2014 年突破 1000 亿美元大关。自 2008 年全球金融危机以来,中国对外直接投资占全球比重持续上升,2018 年创下迄今为止的最高纪录(18.62%)(见图 12—3)。当然,这很大程度上与"一带一路"倡议的持续落实与重大进展密切相关。此外,中国正日益从搭车型复兴转向反哺型复兴,还有大量其他定量和定性指标；或者说，中国正日益积极地参与国际公共产品供应。例如，根据习近平主席 2015 年提出的倡议，中国与联合国于 2016 年共同设立了联合国和平与发展信托基金，该基金下设两个子基金，其中秘书长和平与安全子基金旨在为与维持国际和平与安全有关的项目和活动提供资金。2030 年可持续发展议程子基金目的是提供活动资金，支持落实会员国于 2015 年 9 月通过的 2030 年议程和可持续发展目标。自成立以来，和平与发展信托基金在全球范围内支持开展了多个项目和活动，所涉领域包括维和安保、快速反应系统、预防和调解、反恐、加强联合国与区域组织的伙伴关系、扶贫、科学技术、中小型企业、教育、医疗保健等。① 又如，中国通过多个发展中地区的整体外交平台，为推动发展中国家的发展作出了重大贡献。②

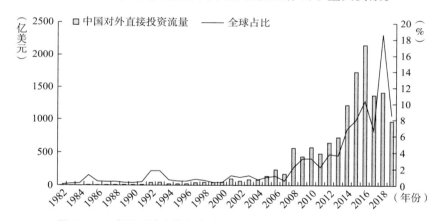

图 12—3　中国对外直接投资流量及全球占比（1982—2019 年）

资料来源：笔者根据世界银行数据库（https://data.worldbank.org）数据制作，最后访问日期：2021 年 10 月 11 日。

　　在中华民族伟大复兴进入新阶段的同时，国际体系的加速转型使调整中国复兴战略的紧迫性和重要性进一步凸显。在 2017 年 5 月 14 日举行的"一带一路"国际合作高峰论坛上，习近平主席在开幕式主旨演讲中指出，"和平赤字、发展赤字、治理赤字，是摆在全人类面前的严峻挑战"；③ 在

---

① 《联合国和平与发展信托基金》，联合国网站，https://www.un.org/zh/unpdf/，最后访问日期：2021 年 10 月 11 日。

② 张春：《中国对发展中地区整体外交研究》，《国际展望》2018 年第 5 期，第 18 – 35 页。

③ 习近平：《习近平在"一带一路"国际合作高峰论坛开幕式上的演讲》，新华网，2017 年 5 月 14 日，http://www.xinhuanet.com//politics/2017 – 05/14/c_1120969677.htm，最后访问日期：2021 年 10 月 11 日。

2019 年 3 月 26 日的中法全球治理论坛闭幕式上，习近平主席进一步指出，当前人类发展正处于何去何从的十字路口，面临治理赤字、信任赤字、和平赤字、发展赤字等"四大赤字"。[①] 整体而言，自 2008 年全球金融危机爆发之后，体系性转型加速、发展失速，对中国而言则是复兴战略迫切需要调整。例如，在 1979—2008 年，全球平均 GDP 增长率达到 3.03%；而 2009—2019 年则降至 2.54%。尽管这一下降似乎并不明显，但如果仅考察国际发展的引领国家即美欧发达国家，情况就完全不一样：美国在 1979—2008 年的 GDP 年均增长率为 2.94%，但在 2009—2019 年仅为 1.83%；德国在这两个时期的 GDP 年均增长率分别为 1.96% 和 1.23%；英国分别为 2.51% 和 1.31%；法国分别为 2.16% 和 0.99%。[②] 又如，全球范围的对外直接投资尽管金额始终保持增长——这很大程度上与汇率变化有关，增长速度却明显放缓：在 1992—2008 年，全球对外直接投资流量年均增长 17.39%，但在 2009—2019 年，这一数字降为 0.59%；更重要的是，在这 11 年里，全球对外直接投资流量有多达 5 个年份呈负增长，而 1979—2008 年的 30 年里仅有 8 个年份呈负增长。[③] 与经济增长速度放缓、投资不足等密切相关的是，全球范围内的经济民族主义、贸易保护主义乃至地缘政治等各种消极态势获得动力，使国际体系转型面临更为复杂的局面。

二 新发展格局与中华民族伟大复兴的战略调整

面临自身复兴和国际体系转型均进入新阶段的新形势，或者说是两个大局——中华民族伟大复兴的战略全局和世界百年未有之大变局——相互交织的态势，中国必须在 2020 年这个时间节点认真思考未来几十年的复兴战略和推动国际体系转型的战略。只有将这两个方面有机结合起来的战略，才是真正结合两个大局的高远战略。2019 年 5 月，习近平总书记在江西考察时指出："领导干部要胸怀两个大局，一个是中华民族伟大复兴的战略全

---

① 习近平：《为建设更加美好的地球家园贡献智慧和力量——在中法全球治理论坛闭幕式上的讲话》，新华网，2019 年 3 月 26 日，http://www.xinhuanet.com/mrdx/2019 - 03/27/c_ 137926996.htm，最后访问日期：2021 年 10 月 11 日。
② 笔者根据世界银行数据库（https://data.worldbank.org）数据计算得出，最后访问日期：2021 年 10 月 11 日。
③ 笔者根据世界银行数据库（https://data.worldbank.org）数据计算得出，最后访问日期：2021 年 10 月 11 日。

局，一个是世界百年未有之大变局，这是我们谋划工作的基本出发点。"①
正是基于这样的基本出发点，以习近平同志为核心的党中央在 2020 年的较
短时间内提出并完善了"以国内大循环为主体、国内国际双循环相互促进
的新发展格局"的理论论述，启动了中华民族伟大复兴的新征程。

　　国内国际双循环新发展格局理念在 2020 年 5 月首次提出时并不完整，
原因根本上在于，当时正值中国和其他国家的新冠疫情控制此上彼下的转
换时期，对后来很快出现的国际社会发展明显失速且短时间内难以恢复的
态势尚难以准确预判，同时中国自身也未真正走向疫情常态化防控，不可
能完整地提出"以国内大循环为主体"的论述，只能强调进一步发挥我国
自身的优势。随着时间的推移，中国疫情防控实现常态化，而很多国家的
疫情防控却朝恶化方向发展。表现在经济上则是，中国全面复工复产，经
济复苏启动；而多国开始严防严控疫情扩散——尽管效果明显不佳，其经
济也陷入停滞甚至开始倒退。例如，国际货币基金组织于 2020 年 6 月 20 日
公布的《世界经济展望》以"前所未有的危机，不确定的复苏"为副标题，
预期 2020 年全球经济增长率为 -4.9%，比 4 月的预测还要低 1.9 个百分
点。新冠疫情的经济影响远比预期的更为严重，而复苏则可能比早期预测
的更为缓慢。②

　　事实上，以习近平同志为核心的党中央对形势的判断更加前瞻、更加
准确。在 2020 年 5 月 23 日看望参加政协会议的经济界委员时，习近平主席
发表重要讲话指出，一方面是我国经济面临结构性、体制性、周期性问题
相互交织所带来的困难和挑战，加上新冠疫情冲击；另一方面则是世界经
济深度衰退、国际贸易和投资大幅萎缩、国际金融市场动荡、国际交往受
限、经济全球化遭遇逆流、一些国家保护主义和单边主义盛行、地缘政治
风险上升等不利局面，因此，必须在一个更加不稳定不确定的世界中谋求
我国发展。但我国有自身的重要相对优势，"面向未来，我们要把满足国内
需求作为发展的出发点和落脚点……逐步形成以国内大循环为主体、国内

---

① 《革命理想高于天，习近平赴江西考察这些话深入人心》，人民网，2019 年 5 月 23 日，ht-
　tp://jhsjk.people.cn/article/31099791。

② IMF, *World Economic Outlook Update*, *June 2020: A Crisis Like No Other, An Uncertain Recovery*,
　June 20, 2020, https://www.imf.org/en/Publications/WEO/Issues/2020/06/24/WEOUpdateJune
　2020, accessed on October 11, 2021.

国际双循环相互促进的新发展格局"。① 可以看出，以习近平同志为核心的党中央面对瞬息万变的国内国际形势，前瞻且准确地作出判断，在相当短的时间内基本完善了新发展格局的重要理论论述。但也需要指出的是，此时的论述仍使用"逐步"形成，这意味着国内国际形势的变化仍有待进一步观察，相关战略设想仍需保持谨慎和灵活。

随着疫情防控、经济恢复及更大的国际体系转型突破常规路径加速转型等态势日渐明显，习近平总书记和党中央对形势的判断及中国的战略机遇、战略调整等认知更加深入全面，并总体确立了今后一段时间中华民族伟大复兴的新型战略。2020 年 8 月 22 日，在扎实推进长三角一体化发展座谈会上，习近平总书记强调，"在当前全球市场萎缩的外部环境下，我们必须集中力量办好自己的事，发挥国内超大规模市场优势，加快形成以国内大循环为主体、国内国际双循环相互促进的新发展格局"。② 正如习近平总书记在两天后即 8 月 24 日在经济社会领域专家座谈会上的讲话中所指出的，"要推动形成以国内大循环为主体、国内国际双循环相互促进的新发展格局。这个新发展格局是根据我国发展阶段、环境、条件变化提出来的，是重塑我国国际合作和竞争新优势的战略抉择"。③ 可以认为，自首次提出时的"逐渐形成"，到总体确立时的"加快形成"和"推动形成"，新发展格局是中国共产党治国理政历史上确立过程最短最快（仅用了 3 个月时间）的国家战略，根本原因在于既有的国内国际态势在新冠疫情冲击下形势突变，提出了相当紧迫的调整、更新国家发展战略的需求；而以习近平同志为主要代表的中国共产党人也没有辜负人民的重托，成功地提出了可指引下一阶段中国可持续发展从而实现中华民族伟大复兴的新型战略。

正如习近平总书记在 2020 年 9 月 1 日召开的中央全面深化改革委员会第十五次会议上所强调的，"加快形成以国内大循环为主体、国内国际双循环相互促进的新发展格局，是根据我国发展阶段、环境、条件变化作出的

---

① 《习近平看望参加政协会议的经济界委员》，新华网，2020 年 5 月 23 日，http://www.xinhuanet.com/politics/2020lh/2020 – 05/23/c_1126023987.htm，最后访问日期：2021 年 10 月 11 日。

② 《习近平主持召开扎实推进长三角一体化发展座谈会并发表重要讲话》，人民网，2020 年 8 月 22 日，http://jhsjk.people.cn/article/31832893，最后访问日期：2021 年 10 月 11 日。

③ 《习近平：在经济社会领域专家座谈会上的讲话》，新华网，2020 年 8 月 24 日，http://www.xinhuanet.com/politics/leaders/2020 – 08/24/c_1126407772.htm，最后访问日期：2021 年 10 月 11 日。

战略决策，是事关全局的系统性深层次变革"。^① 这一事关全局的系统性深层次变革，根本上是适应中华民族伟大复兴进入新阶段、国际体系加速转型的内外局势的中国复兴战略的根本创新，旨在巩固中国既有复兴成果、推动中国复兴的加速转型，从而确保中华民族伟大复兴的战略目标得以如期实现。

第一，新发展格局为进一步巩固和夯实中国复兴前期成果提供了基本保障。如前所述，中国复兴自进入 21 世纪第二个十年以来就启动了中速崛起进程。但与历史上任何大国崛起都不同的是，由于信息技术日益发达，中国自改革开放以来的复兴进程早早被国际社会放在显微镜下加以观察。换句话说，历史上的大国崛起往往有着较为宽松的国际环境，特别是由于信息技术不够发达，国际警觉度相对较低。例如，美国在 1898 年成为就制造业甚至整个 GDP 而言的世界第一，但并未引起国际社会的高度警觉。事实证明，美国崛起至少拥有近半个世纪的战略适应期或战略机遇期，即从 1898 年至 1947 年 "杜鲁门主义" 出台。反观中国，冷战结束后不久，美国便出现了一波 "中国威胁论"，此后几乎每位总统上任前期都会将中国视作某种 "威胁"，甚至形成 "新总统上任初期中美关系总会动荡" 的周期性波动；^② 到特朗普政府时期，美国社会对中国 "威胁" 的认知达到了冷战结束以来的最高水平。在这种背景下，中国崛起如何突破守成大国的 "提前管理"？中速复兴极可能导致中国长期被限制在难以全面复兴的境地，长时期的复兴 "相对停滞" 可能引发更多的战略和策略挑战。因此，新发展格局的重要意义在于，它可能为上述挑战带来重要机遇，特别是推动中国复兴的相对速度大幅提升。

回顾改革开放 40 年，中国的经济增长速度明显高于美国；如果观察相对速度，即中美经济增长率的比值，改革开放后的头 30 年即 1980—2009 年，中国经济增长率平均为美国的 9 倍多，但 2010—2019 年的这个十年里只有 3.5 倍。^③ 根据权势转移理论，崛起国与守成国的国力比值在 40%—

---

① 《习近平主持召开中央全面深化改革委员会第十五次会议强调：推动更深层次改革 实行更高水平开放 为构建新发展格局提供强大动力》，新华网，2020 年 9 月 1 日，http://www.gov.cn/xinwen/2020-09/01/content_5539118.htm，最后访问日期：2021 年 10 月 11 日。

② 潘亚玲：《冷战后美国对华战略转变的根本逻辑与手段——兼论奥巴马政府的对华政策》，《当代亚太》2010 年第 3 期，第 6-21 页。

③ 笔者根据世界银行数据库（https://data.worldbank.org）数据计算得出，最后访问日期：2021 年 10 月 11 日。

80% 区间是崛起的关键时期，因为崛起国的国力一旦超过守成国的 80%，崛起多半会取得成功。2019 年，中国 GDP 相当于美国的 66.9%，距离 80% 尚有较大距离；加上特朗普政府所唤醒的美国对中国的"全社会遏制"及中国自身进入中速崛起，超过美国 GDP 80% 的难度明显加大。但新冠疫情及其有效治理为中国崛起提供了难得的战略机遇：由于疫情应对差异，2020 年中国 GDP 占美国 GDP 的比重达到 69.7%，在 2019 年的基础上增长了 3 个百分点。到 2021 年，中国 GDP 更是增至美国的 76.4%，首次超过 70%。① 可以认为，疫情为中国提供了复兴的另一个重要战略机遇，但这极可能是稍纵即逝的，必须采取有效的战略举措加以夯实。这正是新发展格局的重要意义所在。

第二，新发展格局高度重视创新发展和高质量发展，推动新时期的中国复兴实现动力机制的有效转换。随着中华民族伟大复兴进入新的发展阶段，既有的粗放型复兴和"效仿型复兴"将难以持续。创新始终是中华民族伟大复兴的重要内涵，但在新的发展战略中，创新的地位更高。在 2020 年 5 月 14 日首次围绕新发展格局展开论述时，习近平主席就强调，"要发挥新型举国体制优势，加强科技创新和技术攻关，强化关键环节、关键领域、关键产品保障能力"。② 在 5 月 23 日看望参加政协会议的经济界委员时，习近平主席进一步指出科技创新应重点推进数字经济、智能制造、生命健康、新材料等战略性新兴产业，形成更多新的增长点、增长极。③ 而在 8 月 24 日的经济社会领域专家座谈会上，习近平总书记更加明确，科技创新要催生新发展动能："实现高质量发展，必须实现依靠创新驱动的内涵型增长。我们更要大力提升自主创新能力，尽快突破关键核心技术。""我们要充分发挥我国社会主义制度能够集中力量办大事的显著优势，打好关键核心技术攻坚战。要依托我国超大规模市场和完备产业体系，创造有利于新技术快速大规模应用和迭代升级的独特优势，加速科技成果向现实生产力

---

① 笔者根据世界银行数据库（https://data. worldbank. org）数据计算得出，最后访问日期：2023 年 10 月 5 日。

② 《中共中央政治局常务委员会召开会议 习近平主持》，新华网，2020 年 5 月 14 日，http://www. xinhuanet. com/politics/leaders/2020 – 05/14/c_1125986000. htm，最后访问日期：2021 年 10 月 11 日。

③ 《习近平看望参加政协会议的经济界委员》，新华网，2020 年 5 月 23 日，http://www. xin-huanet. com/politics/2020lh/2020 – 05/23/c_1126023987. htm，最后访问日期：2021 年 10 月 11 日。

转化，提升产业链水平，维护产业链安全。要发挥企业在技术创新中的主体作用，使企业成为创新要素集成、科技成果转化的生力军，打造科技、教育、产业、金融紧密融合的创新体系。基础研究是创新的源头活水，我们要加大投入，鼓励长期坚持和大胆探索，为建设科技强国夯实基础。"①

根据新发展格局构建要求，到 2035 年，"我国经济实力、科技实力、综合国力将大幅跃升，经济总量和城乡居民人均收入将再迈上新的大台阶，关键核心技术实现重大突破，进入创新型国家前列"；更具体地，在"十四五"期间，要"制定科技强国行动纲要，健全社会主义市场经济条件下新型举国体制，打好关键核心技术攻坚战，提高创新链整体效能。加强基础研究、注重原始创新，优化学科布局和研发布局，推进学科交叉融合，完善共性基础技术供给体系。瞄准人工智能、量子信息、集成电路、生命健康、脑科学、生物育种、空天科技、深地深海等前沿领域，实施一批具有前瞻性、战略性的国家重大科技项目"。②

第三，新发展格局强调以国内大循环为主体进而带动国内国际双循环互动，将推动中华民族伟大复兴的动能传导机制有效转换。如前所述，中国自改革开放以来的发展整体上是以国际大循环带动国内大循环，很多情况下是以对外开放倒逼国内改革。但一方面是国际动能不足，另一方面是国内动能有明显提升，从而使以国内大循环为主体得以可能。正如习近平主席所指出的，"我国经济潜力足、韧性强、回旋空间大、政策工具多的基本特点没有变。我国具有全球最完整、规模最大的工业体系、强大的生产能力、完善的配套能力，拥有 1 亿多市场主体和 1.7 亿多受过高等教育或拥有各类专业技能的人才，还有包括 4 亿多中等收入群体在内的 14 亿人口所形成的超大规模内需市场，正处于新型工业化、信息化、城镇化、农业现代化快速发展阶段，投资需求潜力巨大"。③ 在 8 月 24 日与经济社会领域专家座谈时，习近平总书记又补充了当前及今后以国内大循环为主体的基础。

---

① 《习近平：在经济社会领域专家座谈会上的讲话》，新华网，2020 年 8 月 24 日，http://www.xinhuanet.com/politics/leaders/2020－08/24/c_1126407772.htm，最后访问日期：2021 年 10 月 11 日。

② 《中共中央关于制定国民经济和社会发展第十四个五年规划和二〇三五年远景目标的建议》，2020 年 10 月 29 日中国共产党第十九届中央委员会第五次全体会议通过。

③ 《习近平看望参加政协会议的经济界委员》，新华网，2020 年 5 月 23 日，http://www.xin-huanet.com/politics/2020lh/2020－05/23/c_1126023987.htm，最后访问日期：2021 年 10 月 11 日。

他指出,"随着外部环境和我国发展所具有的要素禀赋的变化,市场和资源两头在外的国际大循环动能明显减弱,而我国内需潜力不断释放,国内大循环活力日益强劲,客观上有着此消彼长的态势","自 2008 年国际金融危机以来,我国经济已经在向以国内大循环为主体转变,经常项目顺差同国内生产总值的比率由 2007 年的 9.9% 降至现在的不到 1%,国内需求对经济增长的贡献率有 7 个年份超过 100%。未来一个时期,国内市场主导国民经济循环特征会更加明显,经济增长的内需潜力会不断释放"。① 正是由于国际动力明显减弱,同时国内动能不仅潜力巨大且已得到部分开发,下一阶段的中华民族伟大复兴不仅有切换到国内动能的必要性,而且具备了切换的可能性。新发展格局战略将为中国从外生型复兴转向内生型复兴提供有力保障。

第四,通过重塑中国与世界的关系,新发展格局将极大地避免中国陷入单向依赖,建立合理且平衡的相互依赖关系。自改革开放以来,中国发展强调以欧美日等发达国家核心主导产业为中心,中国出口加工业和其他劳动密集型产业为外围,跨国公司为关系纽带而形成的"中心—外围"分工模式。这一模式在初始阶段带来显著的分工效率提升,但随着依附关系的持续深入,中国经济体量的持续扩张打破了外围和中心分配关系的平衡。当前,发达国家力图通过核心技术和产业领域的控制实现新型分工关系,以维系既有"中心—外围"分工关系带来的利润。为此,以技术竞争和技术民族主义为代表的大国博弈成为中西方之间依附关系博弈的重要体现。发达国家为维系"中心—外围"分工格局,进一步加大产业和关键技术领域的垄断力度,通过核心技术和产业环节的垄断和对下游供应环节"卡脖子"以继续获得既有分工模式下的垄断收益。对大型经济体而言,产业链效率与分工稳定性之间存在显著的发展悖论。增强对产业链的主导权和控制权是兼顾产业链效率和产业链安全的重要政策逻辑。正是在这一意义上,新发展格局强调以国内大循环为主体,事实上是强调中国经济的独立性、降低其外部依赖性,从而从根本上突破前期发展所形成的依附状态。

第五,新发展格局也为中国提供更大国际公共产品提供了战略和制度保障。在论述新发展格局战略的过程中,习近平总书记反复强调,"以国内

---

① 《习近平:在经济社会领域专家座谈会上的讲话》,新华网,2020 年 8 月 24 日,http:// www.xinhuanet.com/politics/leaders/2020 - 08/24/c_1126407772.htm,最后访问日期:2021 年 10 月 11 日。

大循环为主体，绝不是关起门来封闭运行，而是通过发挥内需潜力，使国内市场和国际市场更好联通，更好利用国际国内两个市场、两种资源，实现更加强劲可持续的发展。从长远看，经济全球化仍是历史潮流，各国分工合作、互利共赢是长期趋势。我们要站在历史正确的一边，坚持深化改革、扩大开放，加强科技领域开放合作，推动建设开放型世界经济，推动构建人类命运共同体"。① 在与经济社会领域专家座谈时，习近平总书记也强调，"新发展格局决不是封闭的国内循环，而是开放的国内国际双循环。我国在世界经济中的地位将持续上升，同世界经济的联系会更加紧密，为其他国家提供的市场机会将更加广阔，成为吸引国际商品和要素资源的巨大引力场"。②

需要强调的是，习近平总书记所论述的重点不仅是国内与国际两个循环不是"非此即彼"的关系，而且从根本上论述了国内国际两个循环对中国下一阶段持续复兴的意义，及其与改革开放头40年里对中国复兴影响的根本区别。如前所述，中华民族伟大复兴的头40年里，搭国际社会便车明显更为重要，一方面是中国自身尚难以为国际社会提供重大的国际公共产品，另一方面则是国际社会的确可为中国提供更多公共产品。但随着国内国际动能转换，国际公共产品供应方的供应能力、意愿等发生了变化，中国需要承担更多国际公共产品的供应；而这正是小约瑟夫·奈提出所谓"金德尔伯格陷阱"的重要背景。③ 就国内国际双循环而言，这事实上涉及三层意涵。首先是集中力量办好自己的事，就是对国际社会的最大贡献。这一点在中华民族伟大复兴进入新阶段仍是适用的，其根本逻辑便是中国自身的体量及由此而来的体系重要性。当然，在新发展格局战略下，其侧重点更多从稳定增长，转向培育新形势下中国参与国际合作和竞争的新优势。其次是确保中华民族伟大复兴仍是在体制内实现。一方面国际社会担心中国倡导以国内大循环为主意味着与国际社会的"主动脱钩"，另一方面

---

① 《习近平：在企业家座谈会上的讲话》，新华网，2020 年 7 月 21 日，http://www.xinhuanet. com/politics/leaders/2020 – 07/21/c_1126267575. htm，最后访问日期：2021 年 10 月 11 日。

② 《习近平：在经济社会领域专家座谈会上的讲话》，新华网，2020 年 8 月 24 日，http:// www. xinhuanet. com/politics/leaders/2020 – 08/24/c_1126407772. htm，最后访问日期：2021 年 10 月 11 日。

③ Joseph S. Nye, "The Kindleberger Trap," *Project Syndicate*, January 9, 2017, https://www. pro-ject-syndicate. org/commentary/trump-china-kindleberger-trap-by-joseph-s—nye – 2017 – 01？ bar-rier = accesspaylog, accessed on October 11, 2021.

则是以美国为首的部分西方力量试图推动中国与国际社会的"被动脱钩",因此新发展格局对国际团结、体系稳定、全球治理等的强调和推动,对于国际体系、国际产业链供应链安全稳定等都有着根本重要性。最后是中国更加积极地供应国际公共产品,特别是在疫情背景下,"必须充分发挥国内超大规模市场优势,通过繁荣国内经济、畅通国内大循环为我国经济发展增添动力,带动世界经济复苏"。①

综上所述,国内国际双循环新发展格局的核心事实上仍在于国内大循环与国际循环的相互关系,即从此前的以国际循环为主体转向新格局下以国内大循环为主体。就此而言,连接国内大循环与国际循环的"节点"就具有前所未有的重要性:在改革开放前40余年里,由于以国际循环为主体,因此这一"节点"的功能更多是单一的,即如何确保对中国改革开放和持续发展有利的外部环境。但在新发展格局时期,这一"节点"的功能至少是双重的:一是从以国际循环为主体向国内大循环为主体转变的过渡时期的节点灵活性;二是在转型完成或新发展格局形成之后,确保国际循环服务于国内大循环、国内大循环反哺国际循环的节点有效性。鉴于共建"一带一路"倡议始终坚持国内国际两个市场、两种机制的有机衔接,共建"一带一路"的国内国际双循环机制建设,对新发展格局的形成至关重要。

第二节　基于地方性战略节点的共建
"一带一路"双循环机制

新冠疫情的持续与国际体系的复杂转型相交织,使以国内大循环为主体、国内国际循环相互促进的新发展格局的建设面临前所未有的复杂局面;"一带一路"倡议有效连接国内国际双循环的基本属性,使其无可避免地成为推动新发展格局形成的关键力量。不仅如此,建立新型的国内国际双循环机制,对共建"一带一路"高质量发展同样意义重大。虑及疫情所带来的封锁效应及由此产生的产业链、供应链、价值链等的区域化发展态势,共建"一带一路"高质量发展应进一步强化既有的点—线—面逻辑,特别

---

① 《习近平:在企业家座谈会上的讲话》,新华网,2020年7月21日,http://www.xinhuanet.com/politics/leaders/2020-07/21/c_1126267575.htm,最后访问日期:2021年10月11日。

是适度下沉，从区域性产业链、供应链、价值链布局着手，推动新型国内国际双循环从逐个试点到全面推广，最终塑造全新的共建"一带一路"布局。就此而言，共建"一带一路"高质量发展的国内国际双循环机制建设，核心在于建设地方性的战略节点，提供地方政府在共建"一带一路"中的"网络中心性"（network centrality）。换句话说，共建"一带一路"高质量发展的国内国际双循环机制建设，应当以地方性战略节点为核心展开，遵循一种"自下而上"而非"自上而下"的建构路径。

一　共建"一带一路"的区域化布局

如前所述，随着 2016 年起逆全球化浪潮的高涨，以大型自由贸易区为代表的区域化发展逐渐兴起；但 2020 年新冠疫情的暴发，很大程度上也使更加小型、更加局部的区域化得以发展，其根本原因在于疫情所凸显的产业链、供应链、价值链的安全关切。尽管仍存在重大不确定性，疫情导致的全球性生产阻断可能成为中长期发展趋势。随着失业群体规模的扩大，跨国企业将受到政策和社会多重压力的影响，不断收缩产业链，重新调整产业布局。例如，美国拜登政府就在 2021 年 2 月 24 日签署行政命令，全面评估美国半导体芯片、电动汽车大容量电池、稀土矿产品和药品等四种产品的供应链风险，并向国会申请拨付 370 亿美元用于推动芯片本土化生产。[①] 欧洲对于产业链本土化和分散化的追求更为迫切，力图避免供应渠道单一化带来的产业安全问题。新冠疫情的蔓延和持续进一步激发了技术和市场双重保护机制的开启，并愈益得到国内社会层面的有力支撑。随着政治因素的复杂化，技术民族主义将因此超越世界主义经济学传统范式，技术民族主义与市场保护主义推动世界经济朝更加保守和保护主义的方向迈进，世界生产关系因此将经历重大变革。[②] 就此而言，在可预见的未来，全球化进程的结构和动力机制都将出现重大变革，跨国公司全球范围内生产布局驱动的全球化模式将受到显著抑制，制度合作导向的区域一体化和多

[①] "Remarks by President Biden at Signing of an Executive Order on Supply Chains," White House Briefing Room, February 24, 2021, https://www.whitehouse.gov/briefing-room/speeches-remarks/2021/02/24/remarks-by-president-biden-at-signing-of-an-executive-order-on-supply-chains/, accessed on October 11, 2021.

[②] 王玉柱：《发展阶段、技术民族主义与全球化格局调整——兼论大国政治驱动的新区域主义》，《世界经济与政治》2020 年第 11 期，第 136 – 155 页。

边机制将成为全球化进程的重要潮流。西方跨国公司倾向于缩短产业链长度和实现产业链"本土化"以实现核心技术安全和对重点生产环节的垄断。世界主要大国纷纷通过国际规制塑造开启主导市场空间的争夺。就共建"一带一路"高质量发展而言,区域化布局将成为下一阶段发展的重心。

第一,应借助供应链区域化夯实并拓展共建"一带一路"的功能空间。

借助区域市场重构产业体系和降低对发达国家的依附是摆脱"外围—中心"发展困局的重要路径。诸多区域一体化进程与相关经济体力图摆脱依附发展密切相关,以南方共同市场(MERCOSUR)和石油输出国组织(OPEC)为典型。虽然既有案例难以有效证实通过区域一体化方式可以降低对"中心"国家的发展依附,但区域一体化可以扩大市场规模,提升分工效率,通过区域化组织机制建设提升区域内生产要素流通便利性,降低不同生产环节的制度型交易成本,更好地发挥地理空间经济性。自 20 世纪60 年代以来,拉美自由贸易协会(LAFTA)的设立即受到劳尔·普雷维什(Raul Prebisch)和拉美经济委员会(ECLA)相关发展理念的影响,旨在通过扩大的市场空间,更好地助力进口替代战略的实施,以降低拉美地区对外贸易条件恶化的风险。

从全球经济发展规律看,内陆地区将成为下一阶段全球化进程的潜力所在,共建"一带一路"因此将被赋予更为重要的区域化发展内涵和新型全球化驱动功能。海洋时代的全球化具有固有的发展局限性:一方面,新航路的开辟带动了欧洲与美洲及亚洲之间的跨洋贸易,促进了地中海、波罗的海、大西洋沿岸等区域之间的往来;另一方面,既有世界经济体系下,大部分生产需要围绕海港或距离海洋较近的区域进行布局。自殖民主义时代以来,国际产业革命和资本主义世界市场的形成主要以海洋城市的崛起为发展载体,而内陆地区则长期处于全球化的边缘地带。世界经济的发展失衡诱发了相关地区政治或社会动荡频发。当前,越来越多的传统全球化边缘国家融入新一轮全球化进程的期待日益上升。

在新发展格局下,区域发展失衡问题对中国经济安全的紧迫性愈发突出。新阶段开放型经济政策的设计需要充分考虑推动塑造稳定和可持续的开放型经济空间,新一轮发展改革需要有效回应国内发展的区域失衡问题。改革开放后,我国在区域发展格局上遵循"从沿海到内陆"的模式,如首先在沿海地区设立了 5 个经济特区和 14 个沿海开放城市,而内陆地区由于缺乏便捷的运输通道,开放进程相对滞后。这一差别化区域发展战略使得东南沿海地区成为最先的受益者，中西部内陆地区则长期扮演"追随者"角色，尤其是先发地区对后发地区具有资源虹吸效应，区域发展失衡问题更加严峻。2000年，国务院西部地区开发领导小组召开西部地区开发会议，研究加快西部地区发展的基本思路和战略任务，部署实施西部大开发的重点工作。"一带一路"倡议提出之初的重要目的在于通过广阔内陆纵深地区的开放，实现国内大市场发展潜能的有效激发。经济发展的地理空间或市场空间塑造是"一带一路"建设初期政策实践的重要初心。

面对疫情后产业链条缩短化、碎片化，价值链区域化的趋势，后疫情时代"一带一路"高质量发展将更加注重区域导向，重点地区和重点产业领域将成为"工笔画"的重要落脚点。中国与东南亚、亚欧内陆和具有基础设施联通便利的发达国家间的合作将进一步深化。东南亚地区将成为中国国内市场产业链拓展的重要外延区域。借助日益健全的交通运输网络和电子商务渠道带来的成本优势，中国与东南亚地区将形成多元复合的产业体系。东南亚地区以中小规模经济体为主，经济合作的政治敏锐性相对较低。在中美贸易摩擦加剧背景下，借助便捷的交通物流和地理经济性，中国企业的区域贸易投资显著增长。疫情危机下，东盟已成为中国第一大贸易伙伴。亚欧区域作为"一带一路"建设的重要区域将在后疫情时代被赋予更重要的发展内涵。随着亚欧区域的基础设施网络不断完善，尤其是铁路网络的健全，区域内运输的成本优势逐步体现。中欧班列的持续开行已显示其在联结中国与亚欧大陆腹地物流体系方面的成本优势。目前，越来越多的中资企业开始在中东欧国家布局，班列的时间和经济成本优势日益显现。既有基础设施和物流网络的不断完善能够持续激发生产成本优势，中国与欧洲和日本等发达经济体之间的泛区域化合作前景广阔。继与东盟十国、日本、韩国、澳大利亚和新西兰达成《区域全面经济伙伴关系协定》（RCEP）后，11月20日，在APEC第二十七次领导人非正式会议上，习近平主席表示，中方将积极考虑加入《全面与进步跨太平洋伙伴关系协定》（CPTPP）。

第二，应借助产业链主导权突破"中心—外围"依附关系对共建"一带一路"的限制。

重塑产业链主导权需要改变传统"中心—外围"的分工依附关系，改造包括市场机制、市场主体及政府行为体在内的生产关系结构。① 通过改造分配关系，为需求侧和技术创新提供资本积累。以需求侧改革驱动供给侧改革，塑造产业主导权的核心技术和产业支持；创新市场主体功能，推动"链主"和龙头企业在关键行业和领域发挥产业链整合功能；改造市场空间关系，借力区域化组织机制建设，从地理经济学视角，塑造有助于产业链主导权建立的市场空间。

推动形成以国内大循环为主体，意味着需要构建一个需求驱动的全新内需体系，通过有效的需求侧管理驱动高质量供给变革。2020 年 12 月中央政治局会议首提需求侧改革，当前的需求侧改革与 2008 年金融危机后强调扩大内需存在本质性差异，更倾向于从国内大循环角度，激发国内消费潜能，更好地推动以国内大循环为主体的产业发展格局，推动基于产业链主导权的产业体系建设。经过 2008 年全球金融危机以来近十年的高速消费增长后，当前国内正迎来消费经济增速拐点，单纯强调消费经济增长的后续动力不足。因此，需求侧改革的重点在于基于国内大循环的产业体系重构和产业链主导权的建立。从系统论角度理解和改造既有需求管理体系，通过需求结构改造，引导有效供给，重塑生产、分配、流通和消费的新循环体系，是需求侧改革塑造产业链主导权的重要制度基础。

当前需要从发展型国家功能转型角度进行相应的制度建设。发展型国家作为东亚地区特有的发展现象，能够解释相关国家和地区特定时期的高速经济增长过程。② 中国改革开放以来的快速增长进程体现了发展型国家的若干特点，表现为通过强化国家权力主导经济和产业政策，最终实现高速增长的发展过程。实践表明，一个国家进入后高速增长时代，国家职能需要相应的功能变革。在新发展阶段，中国制度变革的发展方向是如何重新定位政府介入经济发展的过程和方式；如何在发挥市场配置资源决定性作用的前提下，实现政府职能重大转变。推动政府功能主体实现从生产促进型向社会积累再配置的角色转化。③ 强化政府对社会积累再分配的功能角色

① 〔阿根廷〕劳尔·普雷维什：《外围资本主义》，苏振兴、袁兴昌译，商务印书馆，2015，第 379 - 380 页。

② 陈玮、耿曙：《发展型国家的兴与衰：国家能力、产业政策与发展阶段》，《经济社会体制比较》2017 年第 2 期，第 1 - 13 页。

③ 有关"生产型经济"与"分配型经济"可参考王玉柱《强智能时代市场仍将发挥主导性作用吗——兼论市场、企业与政府资源配置互补关系研究》，《经济学家》2018 年第 6 期，第 71 页。

转型，推动实现资源的有效配置，是激发国内消费潜能的重要制度基础。

当前社会积累再配置主要通过国际和国内两个层面得以实现。国际层面，传统"中心—外围"分工模式形成了两种财富分配失衡关系，使得资本无法有效用于外围国家产业竞争力的提升，导致中心国家与外围国家之间的财富分配进一步失衡。依靠原材料和大宗商品出口换取中心国家的工业制成品的生产交易模式使得处于依附地位的外围经济体长期处于贸易条件恶化境地。即便认为外围国家通过出口导向型产业的建立也实现统计学意义的增长，这种增长薄弱不同于发展，不具有可持续性。① 由于相关发展中经济体在分工关系上高度依赖处于中心地位的发达国家，即便它们通过出口积累了大量外汇剩余，但由于国内产业基础薄弱无法吸纳过剩资本，这些资本将重新流回中心国家，进一步增强了对中心国家的发展依附、深化了受剥削程度。国内层面，"中心—外围"关系反向强化外围国家内部财富失衡问题。研究表明外围国家国内阶层分化产生国际联动效应，外围国家的精英阶层与中心国家形成一种阶层链接（class linkage），进一步固化了这一依附发展格局。② 解决外围经济体内部社会积累低效配置问题需要推动外围国家从发展型政府向资源再配置型政府的功能转变。首先完善政府配置社会剩余的法律基础建设，推动存量资产再配置的税收制度建设，强化资源再配置力度，通过存量资产再配置，优化社会资源产业部门流向。

需求侧管理和体系改造的另一个维度是强化对需求的主动管理。对于社会积累或剩余的再配置需要系统性需求侧改革设计。相比供给学派提出的"供给创造需求"理念，通过需求管理引导供给侧改革，塑造产业链主导权是发挥政府作用的重要功能创新。发展型政府的功能升级并非要完全舍弃政府干预经济的做法，而是进行相应的治理功能升级。面向未来产业发展，建立和优化需求推动的供给体系。立足国际产业竞争新形势，对标国际先进产业发展，设立国家主体需求代替市场个体需求，引导供给侧结构性改革。在重点行业领域建立相应的需求标准和采购体系，持续优化供给侧结构性改革的实施领域与路径。比如，以重点行业和产业领域竞争力提升为导向，在集成电路、高性能计算机、新材料等关键领域建立面向未

---

① 程同顺：《依附论的理论构成、比较优势和未来》，《世界经济与政治》1997 年第 8 期，第 18 – 21 页。

② Cal Clark and Donna Bahry，"Dependent Development：A Socialist Variant，" *International Studies Quarterly*，Vol. 27，No. 3，1983，pp. 271 – 293.

来的国家需求标准体系。同时，面向未来转型发展需求，通过制定消费端"双碳"标准倒逼供给端变革。

第三，应借助运输方式革命和中欧班列塑造共建"一带一路"的产业链网络。

受到运输革命的影响，铁路运输的通达性、可达性和便利性正改变全球供应链发生形态。在后疫情时代，产业链区域化正成为重要发展趋势，跨国公司通过内部化生产推动产业链整合的案例显著增多。尤其得益于科学技术的发展，通过数字化或者智能化控制，产业链长度与生产经济性之间的关联性在降低，供应环节的时效性和稳定性正成为跨国公司生产布局的重要考量因素。中欧班列作为共建"一带一路"设施联通的重要实践载体和制度创新，是一种基于物流方式变革的重要区域化范式革命，且愈发成为共建"一带一路"供应链整合的新动力和新机制。铁路运输具有较好的可达性，能实现内陆地区的广泛覆盖，并且随着物流网络的持续优化，运费成本显著降低，从最初的每公里 1 美元，下降至每公里 0.4 美元，这对于诸多生产企业而言愈发具有成本经济性。中欧班列借助复杂的运输网络，将核心生产环节广泛地渗透到欧亚大陆内陆地区。这一从中心到外围的供应链整合模式与大航海时代以来的国际贸易和跨国公司对外投资大发展存在显著差异。新冠疫情暴发后，全球范围内航空和海运业务受到巨大冲击，但中欧班列开行甚至呈逆势上涨之势，对特定时期全球供应链稳定发挥了不可低估的作用。《抗击新冠疫情的中国行动》白皮书显示，2020 年 1 月至 4 月，中欧班列开行数量和发送货物量同比分别增长 24% 和 27%，累计运送抗疫物资 66 万件。[①] 不停运的中欧班列发挥了"一带一路"供应链甚至全球供应链上下游环节的重要桥接功能。

相比一般贸易品或终端消费品，借助铁路运输网络实现不同生产环节的工序连接是区域供应链整合的重要路径。借助中欧班列，可以将我国或其他地区工厂生产的半成品或中间品运送至欧亚大陆腹地的生产环节，继续完成生产和组装工序。目前开行的中欧班列中，作为供应链解决方案的比重持续上升。比如，戴尔公司将成都的笔记本零部件经中欧班列运送至戴尔位于波兰罗兹的生产基地。当前，成都作为供应链中心的地位在不断突出，已成为全球平板电脑和笔记本芯片的重要制造基地。除了戴尔外，

---

① 国务院新闻办公室：《抗击新冠疫情的中国行动》，2020 年 6 月。

TCL 亦在波兰设立生产厂，将四川生产或经四川集散的电视机零部件经过中欧班列运输到波兰。[①] 此外，格力集团、神龙汽车、一汽大众、宝马都开始尝试借助中欧班列实现供应链的区域化整合。

在中欧班列运输便利性和经济性的影响下，诸多国内甚至日韩企业将位于日韩的生产企业与位于欧亚大陆内陆地区的生产基地相连接，借助中欧班列向位于欧亚内陆地区的生产厂运送中间品和零部件。比如，从日照出发的"照蓉欧"国际班列主要运送来自韩国的出口货物，韩国 LG 集团开行的"LG 专列"将韩国生产的液晶显示面板、电极、铝箔等半成品经青岛港运送至 LG 位于波兰的工厂；成都国际铁路港正与日本丰田等车企商谈，研究转运来自日本的整车和零部件。当前，越来越多的国际物流巨头开始将目光瞄准中欧班列开行所带来的运输方式革命，以及因此带来的全球供应链布局调整，纷纷进军企业供应链的系统解决方案。第三届进博会上，包括中国远洋运输、马士基物流都开始借助中欧班列为客户提供供应链整合方案。

中欧班列的开行正推动欧亚大陆内部的产业演化轨迹发生调整，通过改变相应地区的生产优势，重新优化产业分工关系。甚至部分老工业基地借助铁路网络带来的供应链整合革命，开始重新恢复生机。德国鲁尔区的纺织业在现有世界分工体系下，尤其在亚洲纺织业的冲击下，近乎完全消失。作为一种区域化供应链解决方案，中欧班列的开行改变了该区域的比较优势。随着东亚地区生产成本的持续上升，以及德国自身数字化工业技术的使用，纺织业的智能化有效克服了传统粗放产业的成本困境问题。借助中欧班列的运输便利和成本经济性，亚根堡股份开始重新迁回德国鲁尔区，将中亚地区生产的纺织原料运送至德国鲁尔区的纺织工厂，重新组织生产。[②]

二　共建"一带一路"的地方战略连接

区域化布局的确有助于共建"一带一路"实现国内国际双循环的相互促进，但仍需关键的连接点。虑及"一带一路"倡议的战略性、全局性和

---

① 《中欧班列（成都）助力电视"大亨"TCL 布局欧洲》，中国（四川）自由贸易试验区，2019 年 9 月 17 日，http://www.scftz.gov.cn/pqfc/-/articles/4486437.shtml，最后访问日期：2021 年 10 月 11 日。

② 单靖、张乔楠：《中欧班列——全球供应链变革的试验场》，中信出版社，2019，第 131–133 页。

长期性，承接其区域化布局、国内国际双循环相互促进的战略连接既不会是整个国家，也不应是规模过小的地理或行政单元。就此而言，地方政府是最为恰当的战略连接单元，不仅因其规模适中，更因其强烈的政府色彩和地方动机。无论是国内所强调的地方外事理论，[①] 还是西方学术界更重视的次政府外交理论[②]或平行外交（paradiplomacy）理论[③]及多层次外交（multi-layered diplomacy）理论，[④] 事实上都强调地方参与国际交往时的局限性与能力性，特别是地方经济社会发展动力的重要作用。[⑤] 地方战略连接点的核心功能，是为国内大循环与国际循环提供有效转换机制，从而确保国内国际循环的相互促进，推动共建"一带一路"高质量发展。

地方作为共建"一带一路"的战略连接点，事实上通过国内大循环和国际循环在地方层面的对接，使地方成为国内国际双循环的中间点甚至中心点。借用网络分析理论，可将这称作地方在共建"一带一路"高质量发展中的中心性培育。根据网络分析理论，中心性包括四个方面，即度中心性（degree centrality）、间接中心性（betweenness centrality）、紧密中心性（closeness centrality）、特征向量中心性（eigenvector centrality）。度中心性最为简单，现实中的任何节点都与大量节点存在直接联系，这一联系的总和便是其度中心性的衡量指标；间接中心性指特定节点出现在其他节点之间的最短路径的总数，衡量的是该节点对其他节点联系的控制能力；紧密中心性反映特定节点与其他节点之间的接近程度，以其和其他节点的平均距离来加以衡量；特征向量中心性衡量与特定节点相邻的节点的数量和质量，即一个节点的重要性不仅取决于与其相邻节点的数量，也取决于其相邻节

---

① 金太军、赵晖：《政府职能梳理与重构》，广东人民出版社，2002，第371页；王福春：《外事管理学概论》，北京大学出版社，2004，第121页。

② Ivo D. Duchacek, *The Territorial Dimension of Politics*: *With*, *Among and Across Nations*, Boulder and London：Westview Press, 1986, pp. 290, 219.

③ Panayotis Soldatos, "An Explanatory Framework for the Study of Federated States as Foreign-Policy Actors," in Hans J. Michelmann and Panayotis Sodatos, eds., *Federalism and International Relations*: *The Role of Subnational Units*, Oxford：Clarendon Press, 1990, p. 35.

④ Brian Hocking, *Localizing Foreign Policy*: *Non-central Governments and Multilayered Diplomacy*, London：The Macmillan Press, 1993, pp. 34 – 35.

⑤ HansMichelmann, "Comparative Reflections on Foreign Relations in Federal Countries," in Raoul-Blindenbacher and Chandra Pasma, eds., *A Global Dialogue onFederalism*: *Dialogues on Foreign Relations in Federal Countries*, Vol. 5, Forum of Federations, International Association of centers for federal studies, Quebec：McGill Queens University Press, 2007, p. 6.

点的重要性。[①]

中国不同省区市情况多样，因此其中心性培育或战略连接功能培育必须因地制宜。因此，必须发展出各省区市参与共建"一带一路"高质量发展的类型学，考察其连接作用的差异。这一类型学的建构主要依赖两个标准。其一，是否具备陆上临边的区位优势，因为这意味着该省区市对外交往的国别优先可能已经因地理位置而决定；沿海省区市不被认为具备陆上临边优势，因为海洋是开放的，即使隔海相望也未必意味着相应省区市的对外交往国别优先被注定。其二，对外经济交往的经济基础强弱，因为这意味着该省对外交往时对资源、利益等的追求偏好差异和自由度差异，经济相对落后的省区市对高精尖科技类产业的需求极可能不大，同时其开展对外经济交往的自由度也不可能太高，而沿海发达省区市则可能积极追求高精尖科技产业且自由度较大。由此而来，可以将中国各省区市分为三类（见表12—1）。从经济发展水平看，中国较为发达的省区市都集中在东部沿海地区，这些省区市并不具备陆上临边的区位优势，因此其参与国际交往时更多是从全球布局考虑，可将其称作全球导向型省区市。而在经济发展水平相对较低的中西部省区市，又可依据其是否具备陆上临边的区位优势，将其分为临边辐射型和议题导向型。临边辐射型省区市往往优先发展与相邻国家的关系，同时以此为基点或踏板向更远的国家和地区辐射，如云南、广西或黑龙江、内蒙古等省区。议题导向型省区市由于并无直接相邻国家，同时其对外经济交往基础相对较薄弱，因此必须围绕特定议题展开国际交往，最大化自身的比较优势，如宁夏往往强调与阿拉伯世界的关系，而湖南、江西等都对非洲高度重视。

表12—1 地方参与共建"一带一路"的类型学

		陆上临边区位优势	
		有	无
对外经济交往基础	强	/	全球导向型
	弱	临边辐射型	议题导向型

资料来源：笔者自制。

[①] Stephen P. Borgattiand and Martin G Everett, "Network Analysis of 2-Mode Data," *Social Networks*, Vol. 19, No. 3, 1997, pp. 243 – 269; James H. Fowler, "Connecting the Congress: A Study of Co-sponsorship Networks," *Political Analysis*, Vol. 14, No. 4, 2006, pp. 456 – 487.

结合前文对共建"一带一路"设施联通、贸易畅通和资金融通的绩效评估和影响评估，可大致得出中国各省区市参与共建"一带一路"的现状和基本特征。从整体上看，各省区市参与共建"一带一路"具备三个特征。一是各省区市均高度重视"两个服从和服务"，即服从于国家总体外交，服务于地方经济社会发展。各省区市在诸如对非医疗队派遣、对外援建项目承担等方面都高度积极；同时，各省区市又以自身地方经济社会发展需求为导向，以不同方式、各具特色地参与共建"一带一路"。二是"一带一路"倡议在各省区市的对外交往中的重要性整体不够，这很大程度上与共建"一带一路"合作国家的经济发展水平相对较低、基础设施不够完善、政治安全形势相对不稳等密切相关。三是各省区市参与共建"一带一路"时的各类政策举措的相互配合不够紧密，特别是那些参与国家整体外交的政策举措，与各省区市参与共建"一带一路"的经贸举措特别是投资之间。就中国各省区市参与国家整体外交而言，主要包括医疗队派遣、缔结友城关系、参与对外援建项目等，这些参与国家整体外交的举措很大程度上可成为相应省区市与东道国交往的重要政治资产。但如果考察各省区市医疗队派遣、友城结对、贸易合作乃至投资关系等的匹配度可以发现，关联度较低。例如，在向非洲派遣医疗队的 23 个省区市中，仅有 7 个省区市的友城与医疗队派遣国家有关联，即山西、上海、江苏、河南、甘肃、青海和宁夏，而其中与非洲关系相对更加密切、投资更多的省份就更少。

当然，不同类型的省区市在参与共建"一带一路"时仍存在较为明显的差异，整体上体现为两个极端。一方面，全球导向型和临边辐射型省区市，即东部沿海发达省区市、有陆上邻国省区市对参与共建"一带一路"的重视程度普遍不够。对全球导向型省区市而言，由于其经济发展水平相对更高，其目光往往聚焦欧美发达国家，而共建"一带一路"合作国家中，以亚非发展中国家为主，对东部沿海发达省区市或全球导向型省区市而言，这些国家并非其对外经济交往的优先对象。例如，尽管如广东、浙江、山东、江苏等省区市与非洲的共建"一带一路"合作国家的经贸合作就绝对量而言仍处于全国领先地位，其相对比重却比较低；这些省区市在与非洲发展友城关系、政治合作等方面的意愿也相对较低。对临边辐射型省区市而言，由于地理临近的便利，周边国家是其对外交往的优先，因此其参与共建"一带一路"的有效对象其实相对有限，地理距离上更为遥远、经济相对不够发达的非洲共建"一带一路"合作国家也往往在其对外经贸合作优先次序中排序较靠后。另一方面，处于中西部的议题导向型省区市，或中西部非临边省区市对全面参与共建"一带一路"更加重视，利用国家政策也更加积极。原因根本在于，中西部非临边省区市一方面缺乏地理区位优势，另一方面缺乏对外经济交往优势，因此只能紧紧抓住国家总体战略拓展自身的对外经济交往。同样以非洲的共建"一带一路"合作国家的经贸合作为例，湖南、河南、四川、安徽、江西等省区市都处于最前沿。从对非贸易的增长速度看，议题导向型省区市往往大幅领先；同时，对非贸易在这些省区市的整个对外贸易中所占比重的上升速度也更快。①

结合网络中心性理论和地方省区市的类型学，共建"一带一路"高质量发展的地方战略连接机制建设，应区分不同类型的省区市的中心性重心差异，进而形成一种整体上的既分工又合作的格局，推动共建"一带一路"高质量发展的国内国际双循环机制建设。

第一，就全球导向型省区市而言，应围绕国内大循环的中心节点、国内国际双循环战略连接的双重使命展开，重点面向共建"一带一路"的高端发展，开发共建"一带一路"合作国家中的发达国家及拓展三方合作和第三方市场合作。由于全球导向型省区市是中国经济上高度发达的省区市，因此就国内大循环中心节点建设而言，特征向量中心性并不适用，因为其他省区市从参与共建"一带一路"的质量而言是难以超越的。因此，全球导向型省区市打造国内大循环中心节点应主要围绕三个方面展开：一是通过地理中心节点建设提升间接中心性，使自身能更加便捷地联系国内其他省区市；二是通过功能中心节点建设提升紧密中心性，使自身在全国省区市中拥有最短的相互接近路径；三是通过网络中心节点建设提升度中心性，使自身与国内其他地区的直接联系总量进一步增加。以上海为例。上海的地理中心节点或间接中心性提升，重点在长江三角洲区域一体化发展和长江经济带建设上；其功能中心节点建设或紧密中心性提升，重点在上海的"五大中心"——国际经济、金融、贸易、航运和科技创新中心——建设方面，使自身成为国内其他省区市距离最近的功能节点；其网络中心节点建设或度中心性提升，重点在巩固和创新各类全国性网络，从而为打通上海与其他各省区市的内循环创造更有利条件。类似地，无论是从历史基础还是现实发展看，全球导向型省区市都已经是中国连接世界的前沿阵地。从

---

① 张春：《地方参与中非合作研究》，上海人民出版社，2015。

新发展格局的战略要求看,全球导向型省区市在中华民族伟大复兴的新型战略中,应以其既有优势为基础,大力提升国内国际双循环战略连接的质量而非数量。换句话说,全球导向型省区市建设国内国际双循环战略连接的重点是,在进一步提升其间接中心性和紧密中心性的基础上,大力提升其特征向量中心性。同样以上海为例。与其他省区市相比,上海自改革开放以来始终处于中华民族伟大复兴的前沿,积累了大量与欧美先进国家交流合作的经验。因此,上海建设国内国际双循环战略连接不仅有着坚实的前期基础,更具有优先质量建设的特殊性。一方面,从上海自身能力建设看,上海从硬基础设施和软基础设施两个方面提升自身的间接中心性和紧密中心性,努力使自身成为国内其他省区市连接全球的最短节点。另一方面,从战略连接的质量看,上海重点强调创新性与前瞻性,对标国际最高标准,提升自身的特征向量中心性。上海站在中华民族伟大复兴的战略高度,为国际社会提供优质的国际公共产品,其核心平台是中国(上海)国际进口博览会。进博会作为中国政府坚持改革开放、主动向世界开放市场的务实举措,连续两届成功举办后,国际采购、投资促进、人文交流、开放合作等四大平台作用日益凸显,为各国提供了更多市场机遇、投资机遇和增长机遇,得到国内外广泛赞誉。

第二,就临边辐射型省区市而言,应围绕临边辐射和自身内在特殊优势,以周边邻国为基础重点提升紧密中心性和特征向量中心性,在此基础上有选择地发展间接中心性和度中心性,即围绕"辐射"提升自身参与共建"一带一路"的整体水平。随着共建"一带一路"的推进,中西部临边省区市被推到了国际交往的前沿;换句话说,由于将国内发展与国际发展有机结合起来,共建"一带一路"倡议事实上使临边省区市从"末梢变前沿、边陲变窗口、盲点变节点"。以云南省为例。自党的十八大以来特别是"一带一路"倡议提出以来,云南省将参与共建"一带一路"、服务国家整体外交和服务云南地方经济社会发展有机结合,实现了对外交往的重大转型:一是以"面向南亚东南亚辐射中心"建设为引领,使云南成为对外开放的前哨;二是以周边命运共同体的层次性为抓手,使云南成为人类命运共同体构建的排头兵;三是以周边互联互通为中心,使云南成为共建"一带一路"的先锋队。正是这一转型,使云南省的紧密中心性和特征向量中心性都有了明显提升。例如,云南省形成了重点开发开放试验区、边境经济合作区、跃增经济合作区、综合保税区等各类开放平台全面推进的格局。

随着云南省的"辐射中心"建设的推进，瑞丽、磨憨2个国家级重点开发开放试验区，河口、瑞丽、畹町、临沧4个国家级边境经济合作区，中老、中缅、中越3个跨境经济合作区，昆明、红河2个综合保税区等各类开放平台的引领和带动作用明显增强。同时，作为与南亚东南亚国家对接的最前沿，云南省拥有国家级口岸10个，省级口岸12个，地方口岸49个。又如，在推动共建"一带一路"过程中，云南省始终将推动与南亚东南亚国家在铁路、公路、航空、能源、通信等基础设施方面实现互联互通作为辐射中心建设的优先方向，大力建设"五出境"铁路、"五出境"公路和"三出境"水路通道。在夯实与周边国家的关系紧密度、提升关系质量的同时，云南省也围绕"辐射"提升自身参与共建"一带一路"的水平，特别是面向印度洋及更远的非洲地区。

第三，就中西部议题导向型省区市而言，由于缺乏地理区位和经济发展水平优势，度中心性和紧密中心性都相对难以实现，因此间接中心性和特征向量中心性便是其关注重点。换句话说，议题导向型省区市需要结合自身比较优势，识别和发掘可最大限度发挥自身比较优势的相关议题领域，并展开系统努力、争取国家政策支持，从而提升自身参与共建"一带一路"的水平。在这一方面，湖南省重点围绕与非洲关系做文章，有效提升了自身的间接中心性和特征向量中心性。湖南省是议题导向型省区市积极参与中非合作的典型。以对非贸易为例，湖南省2018年的对非贸易额比2017年增长了29.2%，2019年又比2018年增长了29%，2020年即使遭受新冠疫情冲击仍同比增长18.3%。[①] 最重要的是，以其前期对非合作为基础，湖南省成功地使中国—非洲经贸博览会永久落户湖南长沙；这是习近平主席在2018年中非合作论坛北京峰会上宣布的重要举措。自2019年首届中国—非洲经贸博览会成功举办以来，湖南围绕对非合作取得了突破性进展。自2019年首届中非经贸博览会以来特别是中国（湖南）自由贸易试验区于2020年获批成立后，湖南省加快了对非合作步伐。2020年，湖南省积极落实习近平主席为首届中国—非洲经贸博览会所发贺信的精神，提出"打造一个品牌、当好两个东道主、构建四个中心、建设八大机制"的对非合作新路径，出台了《关于落实中非合作八大行动打造中非地方经贸合作新高地的若干意见》，着力建设对非经贸合作长效机制，探索形成地方对非经贸

---

① 《2020年湖南对非贸易增长18.3%》，《湖南日报》2021年1月26日，第21版。

合作的"湖南模式"。在湖南自贸区获批成立后,湖南将中非经贸深度合作先行区当作自贸区建设三大任务之一,着力在八个方面创新,具体包括:建设中非经贸促进创新示范园,打造非洲非资源性产品集散交易加工中心,建设中非跨境人民币中心,组建中非经贸合作研究会,组建中非经贸合作研究院,深化地方对非经贸合作机制,设立中非驻地服务中心,成立中非经贸合作职业教育产教联盟。① 在这些举措中,尤其值得强调的是如下三个方面:建设实体性的中非经贸促进创新示范园,这使湖南省拥有了全国首个有地有资源的对非合作平台,其意义远远超过简单的博览会本身;打造非洲非资源性产品集散交易加工中心,这有助于打破外界有关中国更多试图从中非合作中获取各类能源资源的误解;建设中非跨境人民币中心,意味着人民币国际化进程可能率先在非洲开花结果,具有重大的可复制可推广意义。

---

① 郭宁:《湖南对非经贸合作:久久为功未来可期》,《国际商报》2020 年 9 月 24 日。

参考文献

一　中文文献

（一）著作类

〔美〕P. V. 辛格：《企业武士：私营军事产业的兴起》，刘波、张爱华译，中国人民大学出版社，2012。

〔美〕爱德华·勒特韦克：《罗马帝国的大战略：从公元一世纪到三世纪》，时殷弘、惠黎文译，商务印书馆，2008。

〔英〕安东尼·吉登斯：《现代性的后果》，田禾译，译林出版社，2000。

〔英〕巴瑞·布赞、〔丹麦〕奥利·维夫、迪·怀尔德：《新安全论》，朱宁译，浙江人民出版社，2003。

〔美〕保罗·肯尼迪：《大国的兴衰——1500-2000年的经济变迁与军事冲突》，王保存等译，朱贵生校，求实出版社，1988。

畅征、刘青建：《发展中国家政治经济概论》，中国人民大学出版社，2001。

陈志敏：《次国家政府与对外事务》，长征出版社，2001。

〔美〕黛博拉·布罗蒂加姆：《龙的礼物：中国在非洲的真实故事》，沈晓雷、高明秀译，社会科学文献出版社，2012。

〔赞比亚〕丹比萨·莫约：《援助的死亡》，王涛、杨惠等译，刘鸿武审校，世界知识出版社，2010。

电子工业出版社、中国电子学会、中国工业互联网研究院：《"一带一路"数字贸易指数发展报告（2020）》（简版），2020年8月。

顾佳峰：《减少不平等与可持续发展》，社会科学文献出版社，2016。

〔美〕汉斯·摩根索：《国际纵横策论——求强权，争和平》，卢明华等译，上海译文出版社，1995。

郝雨凡、林甦主编《中国外交决策——开放与多元的社会因素分析》,社会科学文献出版社,2007。

〔美〕亨利·基辛格:《大外交》,顾淑馨、林添贵译,海南出版社,1998。

黄梅波、徐秀丽、毛小菁主编《南南合作与中国的对外援助:案例研究》,中国社会科学出版社,2017。

〔美〕霍华德·威亚尔达:《非西方发展理论——地区模式与全球趋势》,董正华、昝涛、郑振清译,北京大学出版社,2006。

〔美〕霍华德·威亚尔达:《新兴国家的政治发展——第三世界还存在吗?》,刘青、牛可译,牛可校,北京大学出版社,2005。

〔瑞士〕吉尔贝·李斯特:《发展的迷思:一个西方信仰的历史》,陆象淦译,社会科学文献出版社,2011。

〔美〕英吉·考尔:《全球化之道——全球公共产品的提供与管理》,张春波、高静译,人民出版社,2006。

金太军、赵晖:《政府职能梳理与重构》,广东人民出版社,2002。

〔美〕康威·汉得森:《国际关系:世纪之交的冲突与合作》,金帆译,海南出版社,2004。

〔德〕克劳斯·施瓦布:《第四次工业革命:转型的力量》,李菁译,中信出版社,2016。

〔阿根廷〕劳尔·普雷维什:《外围资本主义》,苏振兴、袁兴昌译,商务印书馆,2015。

〔法〕雷米·热内维、〔印〕拉金德拉·K. 帕乔里、〔法〕苏伦斯·图比娅娜主编《减少不平等:可持续发展的挑战》,潘革平译,社会科学文献出版社,2014。

李树茁、尚子娟、杨博主编《性别平等与社会可持续发展》,社会科学文献出版社,2012。

李小云、齐顾波、徐秀丽编著《普通发展学》,社会科学文献出版社,2012。

李小云、唐丽霞、武晋编著《国际发展援助概论》,社会科学文献出版社,2009。

李小云、王妍蕾、唐丽霞编著《国际发展援助:援助有效性和全球发展框架》,世界知识出版社,2015。

李小云、王伊欢、唐丽霞编著《国际发展援助:中国的对外援助》,世界知识出版社,2015。

李小云、王伊欢、唐丽霞等编著《国际发展援助：发达国家的对外援助》，世界知识出版社，2013。

李小云、徐秀丽、王伊欢编著《国际发展援助：非发达国家的对外援助》，世界知识出版社，2013。

李小云、左停、张兰英主编《权利为基础的发展途径》，中国农业大学出版社，2007。

李永峰等主编《可持续发展概论》，哈尔滨工业大学出版社，2013。

林毅夫：《新结构经济学》，北京大学出版社，2016。

刘鸿武、黄梅波等：《中国对外援助与国际责任的战略研究》，中国社会科学出版社，2013。

刘鸿武、罗建波：《中非发展合作：理论、战略与政策研究》，中国社会科学出版社，2011。

卢中原主编《面向世界新变化的可持续发展战略》，中国发展出版社，2016。

鲁新：《全球卫生时代中非卫生合作与国家形象》，世界知识出版社，2012。

〔美〕罗伯特·基欧汉：《霸权之后——世界政治经济中的合作与纷争》，苏长和等译，上海人民出版社，2006。

〔美〕罗伯特·基欧汉、海伦·米尔纳主编《国际化与国内政治》，姜鹏、董素华译，门洪华校，北京大学出版社，2003。

《马克思恩格斯全集》（第19卷），人民出版社，1963。

〔美〕玛莎·芬尼莫尔：《干涉的目的：武力使用信念的变化》，袁正清、李欣译，上海人民出版社，2009。

〔西班牙〕曼纽尔·卡斯特：《网络社会的崛起》，夏铸九、王志弘等译，社会科学文献出版社，2001。

〔美〕莫伊塞斯·纳伊姆：《权力的终结》，王吉美、牛晓萌译，中信出版社，2013。

〔法〕让-雅克·加巴：《南北合作困局》，李洪峰译，社会科学文献出版社，2010。

单靖、张乔楠：《中欧班列——全球供应链变革的试验场》，中信出版社，2019。

商务部：《2020年度中国对外承包工程统计公报》，中国商务出版社，2021。

施从美、沈承诚：《区域生态治理中的府际关系研究》，广东人民出版社，2011。

石林:《当代中国的对外经济合作》,中国社会科学出版社,1989。

时殷弘:《新趋势·新格局·新规范》,法律出版社,2000。

〔英〕苏珊·斯特兰奇:《权力流散:世界经济中的国家与非国家权威》,肖宏宇、耿协峰译,北京大学出版社,2005。

〔加〕唐·塔普斯科特、亚力克斯·塔普斯科特:《区块链革命》,凯尔等译,中信出版社,2016。

涂子沛:《数据之巅:大数据革命,历史、现实与未来》,中信出版社,2014。

王福春:《外事管理学概论》,北京大学出版社,2004。

王金波:《一带一路经济走廊与区域经济一体化:形成机理与功能演进》,社会科学文献出版社,2015。

〔英〕维克托·迈尔-舍恩伯格、〔英〕肯尼思·库克耶:《大数据时代:生活、工作与思维的大变革》,盛杨燕、周涛译,浙江人民出版社,2013。

夏继果、〔美〕杰里·H. 本特利主编《全球史读本》,北京大学出版社,2010。

肖巍:《可持续发展进行时:基于马克思主义的探讨》,复旦大学出版社,2013。

〔古希腊〕修昔底德:《伯罗奔尼撒战争史》,谢德风译,商务印书馆,1960。

杨宝荣:《债务与发展:国际关系中的非洲债务问题》,社会科学文献出版社,2011。

杨洁勉等:《体系改组与规范重建:中国参与解决全球性问题对策研究》,上海人民出版社,2012。

〔美〕伊恩·莫里斯:《西方将主宰多久:从历史的发展模式看世界的未来》,钱峰译,中信出版社,2011。

〔美〕约翰·博德利:《发展的受害者》,何小荣、谢胜利、李旺旺译,北京大学出版社,2011。

〔美〕约翰·罗尔斯:《万民法》,张晓辉等译,吉林人民出版社,2001。

〔美〕约瑟夫·奈:《权力大未来》,王吉美译,中信出版社,2012。

张春:《地方参与中非合作研究》,上海人民出版社,2015。

张春:《新型全球发展伙伴关系研究》,上海人民出版社,2019。

张春:《中非关系国际贡献论》,上海人民出版社,2013。

张宏明主编《非洲发展报告 No.18（2015—2016）:中国企业在非洲:成效、

问题与对策》，社会科学文献出版社，2016。

郑永年：《中国的"行为联邦制"：中央—地方关系的变革与动力》，东方出版社，2013。

郑宇主编《国际发展合作新方向》，上海人民出版社，2016。

中共中央文献研究室：《十六大以来重要文献选编》（上），中央文献出版社，2005。

中国社会科学院：《"一带一路"与亚洲一体化模式的重构》，2015 年 6 月。

钟飞腾：《"一带一路"建设中的产业转移：对象国和产业的甄别》，社会科学文献出版社，2016。

〔美〕兹比格纽·布热津斯基：《第二次机遇：三位总统与超级大国美国的危机》，陈东晓等译，上海人民出版社，2008。

（二）报刊类

《阿拉伯世界》

《北方经济》

《渤海大学学报》（哲学社会科学版）

《参考消息》

《参考资料》

《产业与科技论坛》

《城市中国》

《当代美国评论》

《当代世界》

《当代世界与社会主义》

《当代亚太》

《地理科学进展》

《东北亚论坛》

《东南亚研究》

《甘肃金融》

《甘肃理论学刊》

《广东社会科学》

《广西民族大学学报》（哲学社会科学版）

《国际安全研究》

《国际工程与劳务》

《国际关系研究》

《国际观察》

《国际经济评论》

《国际论坛》

《国际贸易》

《国际商报》

《国际问题论坛》

《国际问题研究》

《国际先驱导报》

《国际展望》

《国际政治研究》

《国际资料信息》

《国家安全通讯》

《海外投资与出口信贷》

《海峡导报》

《和平与发展》

《宏观经济研究》

《湖南日报》

《华东师范大学学报》

《环球时报》

《教学与研究》

《金融理论与教学》

《金融研究》

《经济观察报》

《经济社会体制比较》

《经济学家》

《经济研究导刊》

《科学决策》

《科学社会主义》

《拉丁美洲研究》

《兰州学刊》

《理论前沿》

《理论月刊》

《历史教学》

《历史研究》

《联合国研究》

《联合早报》

《领导文萃》

《马克思主义研究》

《美国问题研究》

《美国研究》

《牡丹江大学学报》

《南方周末》

《南京大学学报》

《南亚研究》

《南亚研究季刊》

《欧亚经济》

《欧洲研究》

《求是》

《全球化》

《人民论坛·学术前沿》

《人民日报》

《人民日报》（海外版）

《上海行政学院学报》

《社会科学》

《社会主义研究》

《施工企业管理》

《世界博览》

《世界经济与政治》

《世界经济与政治论坛》

《世界民族》

《太平洋学报》

《同济大学学报》（社会科学版）

《外交评论》

《文化纵横》

《文汇报》

《西亚非洲》

《现代管理科学》

《现代国际关系》

《信息安全与通信保密》

《亚太安全与海洋研究》

《亚太经济》

《印度洋经济体研究》

《云大地区研究》

《政治学研究》

《中国标准化》

《中国工程咨询》

《中国经济时报》

《中国科学数据》

《中国青年报》

《中国社会科学》

《中国远洋海运》

（三）文件类

《标准联通共建"一带一路"行动计划（2018－2020年）》，2018年。

《落实2030年可持续发展议程中方立场文件》，2016年。

《中共中央关于制定国民经济和社会发展第十四个五年规划和二○三五年远
　　景目标的建议》，2020年10月29日中国共产党第十九届中央委员会第
　　五次全体会议通过，2020年。

《中国对非洲政策文件》，2015年。

《中国落实2030年可持续发展议程国别方案》，2016年。

《中华人民共和国政府和法兰西共和国政府关于第三方市场合作的联合声
　　明》，2015年。

国家发展改革委：《第三方市场合作指南和案例》，2019年。

国家发展改革委、交通运输部：《关于进一步降低物流成本的实施意见》，
　　2020年。

国家发展改革委、外交部、商务部：《推动共建丝绸之路经济带和21世纪

海上丝绸之路的愿景与行动》，2015 年。

环境保护部、外交部、国家发展改革委、商务部：《关于推进绿色"一带一路"建设的指导意见》，2017 年。

联合国：《2019 年执行大会关于联合国系统发展方面业务活动四年度全面政策审查的第 71/243 号决议的情况：秘书长的报告》，2019 年。

联合国：《变革我们的世界：2030 年可持续发展议程》，2015 年。

联合国：《大会关于联合国系统发展方面业务活动四年度全面政策审查的第 67/226 号决议的执行情况：秘书长的报告》，2017 年。

联合国：《大会可持续发展目标开放工作组的报告》，2014 年。

联合国：《发展纲领》，1997 年。

联合国：《将联合国发展系统重新定位以实现〈2030 年议程〉：确保人人享有一个更美好的未来》，2017 年。

联合国：《联合国系统发展方面业务活动四年度全面政策审查》，2016 年。

联合国：《蒙特雷共识》，2002 年。

联合国：《在联合国系统发展方面业务活动四年度全面政策审查背景下重新定位联合国发展系统》，2018 年。

联合国经济及社会理事会：《发展协调办公室：联合国可持续发展集团主席的报告》，2019 年。

联合国秘书长报告：《重新定位联合国发展系统以实现〈2030 年议程〉：我们对实现健康地球的尊严、繁荣与和平的承诺》，2017 年。

商务部：《"十四五"对外贸易高质量发展规划》，2021 年。

商务部：《对外投资合作国别（地区）指南：东盟（2020 年版）》，2020 年。

商务部：《境外经贸合作区服务指南范本》，2015 年。

商务部、财政部：《境外经贸合作区确认、考核暂行办法》，2015 年。

商务部、工业和信息化部、财政部、海关总署：《中共中央 国务院关于推进贸易高质量发展的指导意见》，2022 年。

商务部、生态环境部：《对外投资合作绿色发展工作指引》，2021 年。

商务部、外交部、国家发展改革委、教育部、工业和信息化部、公安部、财政部、住房城乡建设部、交通运输部、人民银行、国资委、海关总署、税务总局、市场监管总局、国际发展合作署、银保监会、证监会、外汇局、全国工商联：《关于促进对外承包工程高质量发展的指导意见》，2019 年。

推进"一带一路"建设工作领导小组办公室:《共建"一带一路":理念、实践与中国的贡献》,2017年。

推进"一带一路"建设工作领导小组办公室:《中欧班列建设发展规划(2016—2020年)》,2016年。

亚洲基础设施投资银行:《亚洲基础设施投资银行协定》,2015年。

中国标准化协会:《自愿性可持续性标准编制指南》(T/CAS 4.1—2021),2021年。

中国财政部与阿根廷、白俄罗斯、柬埔寨、智利、捷克、埃塞俄比亚、斐济、格鲁吉亚、希腊、匈牙利、印度尼西亚、伊朗、肯尼亚、老挝、马来西亚、蒙古、缅甸、巴基斯坦、卡塔尔、俄罗斯、塞尔维亚、苏丹、瑞士、泰国、土耳其、英等26国财政部:《"一带一路"融资指导原则》,2017年。

（四）网络资源

凤凰网,http://news.ifeng.com

国家发展改革委,https://www.ndrc.gov.cn

国务院发展研究中心,http://www.drc.gov.cn/

国务院新闻办公室,http://www.scio.gov.cn

求是网,http://www.qstheory.cn

人民网,http://www.people.com.cn

商务部,http://www.mofcom.gov.cn

生态环境部,http://www.mee.gov.cn

外交部,https://www.fmprc.gov.cn

新华网,http://www.xinhuanet.com

新浪网,http://sina.com.cn

央广网,http://china.cnr.cn

"一带一路大数据综合服务门户"网站,http://www.bigdataobor.com

"一带一路"矿业界数据库,http://www.oborr.com

"一带一路"研究与决策支撑平台,http://ydyl.drcnet.com.cn

中非合作论坛,http://www.focac.org

中国工商银行,http://www.icbc.com.cn

中国共产党新闻网,http://cpc.people.com.cn

中国网,http://www.china.com.cn

中国新闻网，http://www.chinanews.com.cn

中国一带一路网，https://www.yidaiyilu.gov.cn

中国政府网，http://www.gov.cn

中国驻法国大使馆，http://www.amb-chine.fr

中国驻美国大使馆，http://www.china-embassy.org

中国驻英国大使馆，http://www.chinese-embassy.org.uk

二 英文文献

（一）著作类

Abram Chayes and Antonia Handler Chayes, *The New Sovereignty*: *Compliance with International Regulatory Agreements*, Cambridge: Harvard University Press, 1995.

A. F. K. Organski, *World Politics*, New York: Alfred A. Knopf, 1958.

A. F. K. Organski and Jacek Kugler, *The War Ledger*, Chicago: University of Chicago Press, 1980.

African Union, *Africa Data Consensus*, Addis Ababa, Ethiopia, March 29, 2015.

African Union, *Agenda 2063*: *The Africa We Want*, *Popular Version*, 3rd edition, Addis Ababa, Ethiopia, January 2015.

African Union, *Constitutive Act of the African Union*, Lome, Togo, July 11, 2000.

African Union, *The Digital Transformation Strategy for Africa* (*2020 – 2030*), Addis Ababa: African Union, May 2020.

Alan Bryden & Marina Caparini, eds., *Private Actors and Security Governance*, Vienna & Berlin: LIT Verlag, 2006.

Alexander L. George and William E. Simons, eds., *The Limits of Coercive Diplomacy*, Boulder, Colorado: Westview Press, 1994.

Anne Marie Slaughter, *A New World Order*, Princeton: Princeton University Press, 2004.

Anthony McIvor, ed., *Rethinking the Principles of War*: *The Future of Warfare*, Annapolis: Naval Institute Press, 2005.

Antonio R. Damasio, *Looking for Spinoza*: *Joy*, *Sorrow*, *and the Feeling Brain*, Orlando: Harcourt, 2003.

ASEAN, *ASEAN Agreement on Electronic Commerce*, Jakarta: ASEAN Secretariat, 2018.

ASEAN, *ASEAN Community Vision 2025: Forging Ahead Together*, Jakarta: ASEAN Secretariat, 2015.

ASEAN, *ASEAN Digital Integration Framework Action Plan (DIFAP) 2019 – 2025*, Jakarta: ASEAN Secretariat, 2019.

ASEAN, *ASEAN Digital Masterplan 2025*, Jakarta: ASEAN Secretariat, 2021.

ASEAN, *Master Plan on ASEAN Connectivity 2025*, Jakarta: ASEAN Secretariat, 2016.

Asian Development Bank, *Asian Development Outlook 2020: What Drives Innovation in Asia?* Manila: ADB, 2020.

Barbara Koremenos, Charles Lipson, and Duncan Snidal, eds. , *The Rational Design of International Institutions*, Cambridge, UK: Cambridge University Press, 2003.

Barrett Hazeltine and Christopher Bull, *Field Guide to Appropriate Technology*, San Diego: Academic Press, 1999.

Barry Buzan, *People, States and Fear: An Agenda for International Security Studies in the Post Cold War Era*, London: Harvester Wheatsheaf, 1991.

Benson Ochieng, *Trade, Aid and Conflict in the Horn of Africa: The Role of the EU-ACP Cotonou Partnership Agreement*, London: African Peace Forum, InterAfrica Group and Saferworld, October 2005.

Beth A. Simmons, *Mobilizing for Human Rights: International Law in Domestic Politics*, New York: Cambridge University Press, 2009.

Bitange Ndemo and Time Weiss, eds. , *Palgrave Studies of Entrepreneurship in Africa*, London: Palgrave Macmillan, 2017.

Bleddyn E. Bowen, *War in Space: Strategy, Spacepower, Geopolitics*, Edinburgh: Edinburgh University Press, 2020.

Brian Hocking, *Localizing Foreign Policy: Non-central Governments and Multilayered Diplomacy*, London: The Macmillan Press, 1993.

Bruce Jones, Carols Pascual, and Stephen John Stedman, *Power and Responsibility: Building International Order in an Era of Transitional Threat*, Washington, D. C. : Brookings Institution Press, 2009.

B. Boutros-Ghali, *An Agenda for Peace*: *Preventive Diplomacy*, *Peacemaking and Peacekeeping*, New York: United Nations, 2000.

Catherine Weaver, *Hypocrisy Trap*: *The World Bank and the Poverty of Reform*, Princeton: Princeton University Press, 2008.

Chalmers Johnson, *MITI and the Japanese Miracle*: *The Growth of Industrial Policy*, *1925 – 1975*, Chicago: Stanford University Press, 1982.

Charles F. Doran, *Systems in Crisis*: *New Imperatives of High Politics at Century's End*, Cambridge: Cambridge University Press, 1991.

Charles P. Kindleberger, *The World in Depression*, *1929 – 1939*, Volume Rev. and enl. , Berkeley: University of California Press, 1986.

Christopher Kinsey, *Corporate Soldiers and International Security*: *The Rise of Private MilitaryCompanies*, London: Routledge, 2006.

Christopher K. Chase-Dunn, *Global Formation*: *Structures of the World-Economy*, 2nd, updated edition, Cambridge: Blackwell, 1998.

Christopher L. Gilbert and David Vines, eds. , *The World Bank*: *Structure and Policies*, Cambridge: Cambridge University Press, 2000.

Daniel Chirot, *How Societies Change*, Thousand Oaks, CA: Pine Forge Press, 1994.

Daniel Lerner, *The Passing of Traditional Society*: *Modernizing the Middle East*, Glencoe, IL: Free Press, 1958.

David Cortright, George A. Lopez, *The Sanctions Decade*: *Assessing UN Strategies in the 1990s*, Boulder, CO: Lynne Rienner Publishers, 2000.

David Crowther, Shahla Seifi, and Abdul Moyeen, eds. , *The Goals of Sustainable Development*: *Responsibility and Governance*, Singapore: Springer, 2018.

David Isenberg, *A Fistful of Contractors*: *The Case for a Pragmatic Assessment of Private Military Companies in Iraq*, London: British American Security Information Council, 2004.

David Malone, ed. , *The UN Security Council*: *From the Cold War to the 21st Century*, Boulder: Lynne Rienner Publishers, 2004.

Deborah Avant, *The Market for Force*: *The Consequences of Privatizing Security*, Cambridge: Cambridge University Press, 2005.

Deborah Brautigam and Jyhjong Hwang, *China-Africa Loan Database Research Guidebook*, Washington, D. C. : China-Africa Research Initiative, Johns Hopkins University, 2016.

Deborah D. Avant, Martha Finnemore, and Susan K. Sell, eds. , *Who Governs the Globe?* Cambridge: Cambridge University Press, 2010.

Deborah Sole and Daniel Gray Wilson, *Storytelling in Organizations: The Power and Traps of Using Stories to Share Knowledge in Organizations*, LILA Harvard University, 2002.

Dirk-Jan Koch, *Aid from International NGOs: Blind Spots on the Aid Allocation Map*, London and New York: Routledge, 2009.

Division of Longshore and Harbor Workers' Compensation, *Defense Base Act Case Summary by Nation*, Washington, D. C. : US Department of Labor, 2012.

Donald Dustman Evans and Laurie Nogg Adler, eds. , *Appropriate Technology for Development: A Discussion and Case Histories*, Boulder: Westview Press, 1979.

Donette Murray and David Brown, eds. , *Multipolarity in the 21st Century: A New World Order*, London: Routledge, 2012.

Dries Lesage and Thijs Van de Graaf, eds. , *Rising Powers and Multilateral Institutions*, New York: Palgrave Macmillan, 2015.

Edward P. Stringham, *Private Governance: Creating Order in Economic and Social Life*, Oxford: Oxford University Press, 2015.

Elizabeth R. DeSombre, *Flagging Standards: Globalization and Environmental, Safety, and Labor Regulations at Sea*, Cambridge: MIT Press, 2006.

Elke Krahmann, *States, Citizens and the Privatization of Security*, Cambridge: CambridgeUniversity Press, 2010.

Ernst Friedrich Schumacher, *Small Is Beautiful: A Study of Economics as if People Mattered*, London: Abacus, Sphere Books, 1973.

European Commission, *The European Union and the United Nations: The Choice of Multilateralism*, Brussels: EU, 2003.

European Council, *EU-UN Cooperation in Conflict Prevention and Crisis Management*, Gothenburg: European Council, 2001.

Florian Hoppe, Tony May, and Jessie Lin, *Advancing towards ASEAN Digital Integration: Empowering SMEs to Build ASEAN's Digital Future*, Washington, D. C. : Bain & Company, 2018.

Food and Agriculture Organization, *Forest Resources and Assessment 2005: Global Synthesis*, Rome: FAO, 2005.

Francis G. Hoffman, *Decisive Force: The New American Way of War*, Westport: Praeger Publishers, 1996.

George E. Mitchell, Hans Peter Schmitz, and Tosca Bruno-van Vijfeijken, *Between Power and Irrelevance: The Future of Transnational NGOs*, Oxford: Oxford University Press, 2020.

George Modelski, *Long Cycles in World Politics*, London: Macmillan, 1987.

Global Affairs Canada, *Results-Based Management for International Assistance Programming at Global Affairs Canada: A How-to Guide*, 2nd edition, Quebec: CIDA , 2016.

Hal Brands, *Making the Unipolar Moment: U. S. Foreign Policy and the Rise of the Post-Cold War Order*, Ithaca, NY: Cornell University Press, 2016.

Hans J. Michelmann and Panayotis Sodatos, eds. , *Federalism and International Relations: The Role of Subnational Units*, Oxford: Clarendon Press, 1990.

Hans J. Morgenthau and Kenneth W. Thompson, *Politics among Nations: The Struggle for Power and Peace*, 6th edition, New York: Alfred A. Knopf, 1985.

Hubert L. Dreyfus, *What Computers Still Can't Do: A Critique of Artificial Reason*, Cambridge: The MIT Press, 1992.

Ian Smillie, *Mastering the Machine Revisited: Poverty, Aid and Technology*, Warwickshire: Practical Action Publishing, 2000.

IEG, *Cost-Benefit Analysis in World Bank Projects*, Washington, D. C. : The World Bank, 2010.

IEO, *IMF Response to the Financial and Economic Crisis*, Evaluation Report, Washington, D. C. : Independent Evaluation Office, IMF, 2014.

Inge Kaul et al. , eds. , *Providing Global Public Goods: Managing Globalization*, Oxford: Oxford University Press, 2003.

International Trade Center (ITC), *Business and Policy Insights: Mapping E-marketplaces in Africa*, Geneva: WTO ITC, 2020.

Ivo D. Duchacek, *The Territorial Dimension of Politics: With, among and across Nations*, Boulder and London: Westview Press, 1986.

James C. Scott, *Like a State: How Certain Schemes to Improve the Human Condition Failed*, Yale: Yale University Press, 1998.

James Mahoney and Kathleen Thelen, eds., *Advances in Comparative-Historical Analysis*, Cambridge: Cambridge University Press, 2015.

James N. Rosenau and Ernst-Otto Czempiel, eds., *Governance without Government: Order and Change in World Politics*, Cambridge: Cambridge University Press, 1992.

Joachim Monkelbaan, *Governance for the Sustainable Development Goals: Exploring an Integrative Framework of Theories, Tools, and Competencies*, Singapore: Springer, 2019.

Joanne Gowa, *Allies, Adversaries, and International Trade*, Princeton: Princeton University Press, 1994.

John A. Vasquez, ed., *Classics of International Relations*, 3rd edition, New Jersey: Prentice-Hall, Inc., 1986.

John Gerard Ruggie, ed., *Multilateralism Matters: The Theory and Praxis of an Institutional Form*, Columbia: Columbia University Press, 1993.

John G. Ikenberry, Michael Mastanduno, and William C. Wohlforth, eds., *International Relations Theory and the Consequences of Unipolarity*, Cambridge: Cambridge University Press, 2011.

John Hemmings, ed., *Infrastructure, Ideas, and Strategy in the Indo-Pacific*, London: Henry Jackson Society, 2019.

John W. Head, *Losing the Global Development War: A Contemporary Critique of the IMF, the World Bank, and the WTO*, Leiden, The Netherlands: Martinus Nijhoff Publishers, 2008.

Jonathan Woetzel et. al., *Southeast Asia at the Crossroads: Three Paths to Prosperity*, McKinsey Global Institute, November 2014.

Jose Antonio Ocampo, ed., *Global Governance and Development*, Oxford: Oxford University Press, 2016.

Joshua S. Goldstein, *Long Cycles*: *Prosperity and War in the Modern Age*, New Haven: Yale University Press, 1988.

Justin Massie and Jonathan Paquin, eds. , *America's Allies and the Decline of US Hegemony*, London: Routledge, 2020.

Karisa Cloward, *When Norms Collide*: *Local Responses to Activism against Female Genital Mutilation and Early Marriage*, Oxford: Oxford University Press, 2016.

Ken Darrow and Mike Saxenian, *Appropriate Technology Sourcebook*: *A Guide to Practical Books for Village and Small Community Technology*, Stanford: Volunteers in Asia, 1986.

Kenneth N. Waltz, *Theory of International Politics*, New York: McGraw-Hill, 1979.

Laura Levick and Carsten-Andreas Schulz, *Soft Balancing*, *Binding or Bandwagoning? Understanding Institutional Responses to Power Disparities in the Americas*, Cambridge: Cambridge University Press, 2020.

Lawrence J. Friedman and Mark D. McGarvie, eds. , *Charity*, *Philanthropy*, *and Civility in American History*, Cambridge: Cambridge University Press, 2003.

Mark Duffield, *Global Governance and the New Wars*: *The Merging of Development and Security*, London and New York: Zedbooks, 2001.

Mark Langan, ed. , *Neo-Colomialism and the Poverty of "Development" in Africa*, London and New York: Palgrave Macmillan, 2018.

Martin Wight, *Systems of States*, ed. , Hedley Bull, Leicester: Leicester University Press, 1977.

Mary B. Anderson, *Do No Harm*: *How Aid can Support Peace-Or War*, Boulder: Lynne Rienner Publishers, 1999.

Mary Kaldor and Basker Vashee, eds. , *Restructuring the Global Military Sector*, *Volume 1*: *New Wars*, London & Washington: Pinter, 1997.

Mary Kaldor, *Global Civil Society*: *An Answer to War*, Cambridge: Polity Press, 2002.

Matt McDonald, *Security*, *the Environment and Emancipation*: *Contestation over Environmental Change*, London: Routledge, 2012.

Matteo Dian and Silvia Menegazzi, eds., *New Regional Initiatives in China's Foreign Policy*, London and New York: Palgrave Macmillan, 2018.

Max Lerner, *America as a Civilization*, New York: Simon and Schuster, 1957.

Max Singer and Aaron Wildawsky, *The Real World Order: Zones of Peace, Zones of Turmoil*, Chatham, NJ: Chatham House Publishers, 1993.

Michael Brzoska, ed., *Conversion Survey 2004: Global Disarmament, Demilitarization and Demobilization*, Baden-Baden: Nomos, 2004.

Michael Edwards and John Gaventa, eds., *Global Citizen Action*, London: Earthscan, 2001.

Mikkel V. Rasmussen, *The Military's Business: Designing Military Power for the Future*, Cambridge: Cambridge University Press, 2015.

Myron Weiner, *Modernization: The Dynamics of Growth*, New York: Basic, 1966.

M. Ayhan Kose et. al., *Global Waves of Debt: Causes and Consequences*, Washington, D. C.: World Bank, 2020.

Nancy L. Rose, ed., *Economic Regulation and Its Reform: What have We Learned?* Chicago: University of Chicago Press, 2014.

Nebojša Nakić enović and Arnulf Grübler, eds., *Diffusion of Technologies and Social Behavior*, Berlin, Heidelberg: Springer, 1991.

Nicolas Jéquier and Gérard Blanc, *Appropriate Technology Directory*, Paris: Development Centre, OECD, 1979.

Norichika Kanie and Frank Biermann, eds., *Governing through Goals: Sustainable Development Goals as Governance Innovation*, London: The MIT Press, 2017.

Nuno P. Monteiro, *Theory of Unipolar Politics*, Cambridge: Cambridge University Press, 2014.

OECD, *Making Blended Finance Work for the Sustainable Development Goals*, Paris: OECD, 2018.

Orfeo Fioretos, Tulia G. Falleti, and Adam Sheingate, eds., *The Oxford Handbook of Historical Institutionalism*, Oxford: Oxford University Press, 2016.

Paul Collier et. al., *Breaking the Conflict Trap: Civil War and Development Policy*, Washington, D. C.: The World Bank and Oxford University Press, 2003.

Paul Polak and Mal Warwick, *The Business Solution to Poverty: Designing Products and Services for Three Billion New Customers*, San Francisco: Berrett-Koehler PublishersPolak and Warwick, 2013.

Paul Polak, *Out of Poverty: What Works When Traditional Methods Fail*, San Francisco: Berrett-Koehler Publishers, 2009.

Peter A. Gourevitch, David A. Lake, and Janice G. Stein, eds., *The Credibility of Transnational NGOs: When Virtue Is Not Enough*, Cambridge: Cambridge University Press, 2012.

Peter Viggo Jakobsen, *Western Use of Coercive Diplomacy after the Cold War: A Challenge for Theory and Practice*, New York: St. Martins Press, Inc., 1998.

Peter D. Dunn, *Appropriate Technology: Technology with a Human Face*, London: Macmillan, 1978.

Phil Williams et al., eds., *Classic Readings on International Relations*, Belmont, California: Wadsworth Publishing, 1994.

Pradip K. Ghosh, ed., *Appropriate Technology in Third World Development*, Westport: Greenwood Press, 1984.

PwC and GIIA, *Global Infrastructure Investment: The Role of Private Capital in the Delivery of Essential Assets and Services*, March 22, 2017.

Quincy Wright, *A Study of War*, Chicago: University of Chicago Press, 1942.

Raffaele Marchetti, ed., *Partnerships in International Policymaking: Civil Society and Public Institutions in European and Global Affairs*, Basingstoke and New York: Palgrave Macmillan, 2017.

Randall L. Schweller, *Maxwell's Demon and the Golden Apple: Global Disorder in the New Millennium*, Baltimore: Johns Hopkins University Press, 2014.

Raoul Blindenbacher and Chandra Pasma, eds., *A Global Dialogue onFederalism: Dialogues on Foreign Relations in Federal Countries*, Vol. 5, Forum of Federations, International Association of Centers for Federal Studies, Quebec: McGill Queens University Press, 2007.

Ray Allen Billington and Martin Ridge, *Westward Expansion: A History of the American Frontier*, 6th ed., abridged, Albuquerque: University of New Mexico Press, 2001.

Raymond F. Hopkins and Richard Mansbach, *Structure and Process in International Politics*, New York: Harper and Row, 1973.

Richard Silberglitt et al., *Global Technology Revolution 2020: Technology Trends and Cross-Country Variation*, Santa Monica, California: RAND Corporation, 2006.

Robert D. Pahre, *Leading Questions: How Hegemony Affects the International Political Economy*, Ann Arbor: University of Michigan Press, 1999.

Robert Gilpin and Jean M. Gilpin, *Global Political Economy: Understanding the International Economic Order*, Princeton: Princeton University Press, 2001.

Robert Gilpin and Jean M. Gilpin, *The Political Economy of International Relations*, Princeton: Princeton University Press, 1987.

Robert Gilpin, *War and Change in World Politics*, New York: Cambridge University Press, 1981.

Robert O. Keohan, *After Hegemony: Cooperation and Discord in World Politics*, Princeton: Princeton University Press, 1984.

Roger Cliff et al., *Entering the Dragon's Lair: Chinese Antiaccess Strategies and Their Implications for the United States*, Santa Monica, California: RAND Corporation, 2007.

Ron Eglash, ed., *Appropriating Technology: Vernacular Science and Social Power*, Minneapolis: University of Minnesota Press, 2004.

Ronald L. Tammen et al., eds., *Power Transitions: Strategies for the 21st Century*, New York: Seven Bridges Press, 2000.

Rosemary Foot et al., eds., *US Hegemony and International Organizations: The United States and Multilateral Institutions*, Oxford: Oxford University Press, 2003.

Roy Culpeper and Caroline Pestieau, eds., *Development and Global Governance*, Ottawa: International Development Research Centre and The North-South Institute, 1996.

Russell Hardin, *Collective Action*, Baltimore: Johns Hopkins University Press, 1982.

Sam J. Tangedi, *Anti-Access Warfare Countering A2/AD Strategies*, Annapolis: Naval Institute Press, 2013.

Sarah S. Stroup and Wendy H. Wong, *The Authority Trap. Strategic Choices of International NGOs*, Cornell: Cornell University Press, 2017.

SDSN, *Data for Development: A Needs Assessment for SDGs Monitoring and Statistical Capacity Development*, New York: UN SDSN, 2015.

Sebastian Seung, *Connectome: How the Brain's Wiring Makes Us Who We Are*, Boston: Mariner Book, 2013.

Simeon Djankov and Sean Miner, eds. , *China's Belt and Road Initiative: Motives, Scope, and Challenges*, Washington, D. C. : Peterson Institute for International Economics, 2016.

Stefano Guzzini & Dietrich Jung, eds. , *Copenhagen Peace Research: Conceptual Innovations and Contemporary Security Analysis*, London & New York: Routledge, 2004.

Steffen Soulejman Janus, *Becoming A Knowledge-Sharing Organization: A Handbook for Scaling up Solutions through Knowledge Capturing and Sharing*, Washington, D. C. : World Bank Group, 2016.

Stephan Klingebiel, ed. , *New Interfaces between Security and Development: Changing Concepts and Approaches*, Bonn: German Development Institute Publication, 2006.

Stephen G. Brooks and William C. Wohlforth, *America Abroad: Why the Sole Superpower Should Not Pull Back from the World*, Oxford: Oxford University Press, 2018.

Stephen Hopgood, *Keepers of the Flame: Understanding Amnesty International*, Ithaca: Cornell University Press, 2006.

Susan Strange, *The Retreat of the State: The Diffusion of Power in the World Economy*, Cambridge: Cambridge University Press, 1996.

S. D. Muni and Rahul Mishra, *India's Eastward Engagement: From Antiquity to Act East Policy*, New Delhi: Sage, 2019.

Tanvi Madan, *Fateful Triangle: How China Shaped US-India Relations during the Cold War*, Washington, D. C. : Brookings Institution Press, 2020.

Thomas C. Schelling, *Arms and Influence*, New Haven, Connecticut: Yale University Press, 1966.

Thomas Davies, ed. , *Routledge Handbook of NGOs and International Relations*, London and New York: Routledge, 2019.

Thomas D. Clark, *Frontier America: The Story of the Westward Movement*, New York: Charles Scribner's Sons, 1959.

Thomas J. Christensen, *The China Challenge: Shaping the Choices of a Rising Power*, New York: W. W. Norton & Company, 2015.

Thomas P. M. Barnett, *The Pentagon's New Map*, New York: Putnam and Sons, 2004.

Thomas Walker, Stéfanie D. Kibsey, and Rohan Crichton, eds. , *Designing a Sustainable Financial System: Development Goals and Socio-Ecological Responsibility*, London: Palgrave Macmillan, 2018.

Todd Sandler, *Global Collective Action*, Cambridge: Cambridge University Press, 2004.

Trevor Dupuy and R. Ernest Dupuy, *Military Heritage of America*, New York: McGraw, 1956.

Uchenna R. Efobi and Simplice Asongu, eds. , *Financing Sustainable Development in Africa*, London: Palgrave Macmillan, 2018.

UN, *Buenos Aires Plan of Action for Promoting and Implementing Technical Co-operation among Developing Countries*, the United Nations Conference on Technical Co-operation among Developing Countries, Special Unit for Technical Co-operation among Developing Countries, New York: UNDP, September 12, 1978.

UN, *Financing for Development in the Era of COVID – 19 and Beyond: Menu of Options for the Consideration of Heads of State and Government*, Part II, September 2020.

UN, *The Partnership Between the UN and the EU: The United Nations and the European Commission Working Together in Development and Humanitarian Co-operation*, Brussels: United Nations Office, 2006.

UNCTAD, *Framework for Voluntary Sustainability Standards Assessment Toolkit*, New York: UNCTAD, 2020.

UNCTAD, *Global Action Menu for Investment Facilitation*, New York: UNCTAD, September 2016.

UNCTAD, *World Investment Report 2014*, *Investing in the SDGS: An Action Plan*, New York and Geneva: UN, 2014.

UNCTAD, *World Investment Report 2019: Special Economic Zones*, New York: UNCTAD, 2019.

UNDG, *Theory of Change: UNDAF Campanion Guidance*, New York: UNDG, 2017.

UNDP, *COVID – 19 and Human Development: Assessing the Crisis*, *Envisioning the Recovery*, New York: UNDP, 2020.

UNDP, *Evaluation of Results-Based Management at UNDP*, New York: UNDP Evaluation Office, 2007.

UNDP, *Human Development Report 2014: Sustaining Human Progress: Reducing Vulnerabilities and Building Resilience*, New York: UNDP, 2014.

UNECA, *Economic Report on Africa 2019: Fiscal Policy for Financing Sustainable Development in Africa*, Addis Ababa, Ethiopia: United Nations Economic Commission for Africa, 2019.

UNECA, *MDGs Report 2014: Assessing Progress in Africa toward the Millennium Development Goals*, Addis Ababa: United Nations Economic Commission for Africa, October 2014.

UNESCAP, *Economic and Social Survey of Asia and the Pacific 2019: Ambitions beyond Growth*, Bangkok: UNESCAP, 2019.

UNESCO, *UNESCO Science Report: Towards 2030*, Paris: UNESCO, 2015.

United Nations, *The Sustainable Development Goals Report 2021*, New York: The United Nations, 2021.

UNSDSN, *SDG Costing & Financing for Low-Income Developing Countries*, New York: UNSDSN, 2019.

U. S. Department of Defense, *Annual Report to Congress: Military and Security Developments Involving the People's Republic of China 2020*, Washington, D. C. : U. S. Department of Defense, 2020.

Walter Mattli and Thomas Dietz, eds. , *International Arbitration and Global Governance: Contending Theories and Evidence*, Oxford: Oxford University Press, 2014.

W. G. Chase, ed., *Visual Information Processing*, New York: Academic Press, 1973.

Wendy H. Wong, *Internal Affairs: How the Structure of NGOs Transforms Human Rights*, Ithaca: Cornell University Press, 2012.

White House, *Interim National Security Strategic Guidance*, Washington, D. C.: White House, 2021.

White House, *National Security Strategy of the United States of America*, December 2017.

Wilco de Jonge, Brianne McGonigle Leyh, Anja Mihr, and Lars van Troost, eds., *50 Years of Amnesty International: Reflections and Perspectives*, Utrecht: Universiteit Utrecht, 2011.

William Loehr and Todd Sandler, *Public Goods and Public Policy*, Sage Publications, 1978.

William R. Thomson, ed., *Evolutionary Interpretations of World Politics*, New York: Routledge, 2001.

Williamson Murray, MacGregor Knox, and Alvin Berstein, eds., *The Making of Strategy*, Cambridge: Cambridge University Press, 1994.

Wolfgang Buchholz and Dirk Rubbelke, eds., *The Theory of Externalities and Public Goods: Essays in Memory of Richard C. Cornes*, Switzerland: Springer, 2017.

World Bank, *International Debt Statistics 2021*, Washington, D. C.: World Bank Group, 2020.

World Bank, *International Debt Statistics 2020*, Washington, D. C.: World Bank Group, 2019.

World Bank, *The African Continental Free Trade Area: Economic and Distributional Effects*, Washington, D. C.: World Bank Group, 2020.

World Commission on Environment and Development, *Report of the World Commission on Environment and Development: Our Common Future*, Oxford: Oxford University Press, 1987.

World Economic Forum, *Global Technology Governance Report 2021: Harnessing Fourth Industrial Revolution Technologies in a COVID – 19 World*, Insight Report, Geneva: WEF in Collaboration with Deloitte, December 2020.

York W. Bradshawand and Michael Wallace, *Global Inequalities*, Thousand Oaks, CA: Pine Forge Press, 1996.

Zygmunt Bauman, *Globalization: The Human Consequences*, New York: Columbia University Press, 1998.

（二）报刊类

Africa Economic Brief

Alternatives

American Behavioral Scientist

American Economic Review

American Journal of Political Science

American Political Science Review

Annual Review of Law and Social Science

Area Development and Policy

ASAN Forum

Asian Economic Papers

Asian Journal

Asian Journal of Political Science

Asian Survey

Asia Pacific Bulletin

Asia-Pacific Review

Asia Policy

British Journal of Social Psychology

British Medical Journal

Brookings Review

Business Strategy and the Environment

Business Week

Chicago Journal of International Law

Chicago Tribune

China and the World

China Economic Review

China Quarterly

China Quarterly of International Strategic Studies

China Strategic Perspectives

Chinese Journal of International Politics

Chinese Journal of Urban and Environmental Studies

Chinese Political Science Review

Christian Science MonitorCivil Wars

Contemporary Security Policy

Cooperation and Conflict

CQ Weekly

CRS Report

Current Anthropology

Current Issues Brief

Daedalus

Democracy and Society

Development and Change

Dialogues in Human Geography

Diplomat

Diplomatic History

Dissent

Eastern Economic Journal

Economic Journal

Economics Letters

Economic Times

Economist

Emory International Law Review

Environmental Policy and Governance

European Economic Review

European Journal of Communication

European Journal of Development Research

European Journal of East Asian Studies

European Journal of International Law

European Journal of International Relations

Far East Economic Review

Financial Times

Fiscal Studies

Focus Asia：*Perspective & Analysis*

Foreign Affairs

Foreign Policy

Global Environmental Change

Global Environmental Politics

Global Governance

Globalizations

Global Policy

Global Policy Watch

Guardian

Harper's Magazine

Heritage Lectures

Human Rights Quarterly

Huntington Post

Immigration Daily

Innovation and Development

International Affairs

International Economic Journal

International Finance

International Herald Tribune

International Migration Review

International Negotiation

International Organization

International Organizations Law Review

International Political Science Review

International Review of the Red Cross

International Security

International Social Movement Research

International Spectator

International Studies Quarterly

International Studies Review

International Theory

Issues & Studies

Jakarta Post

Joint Force Quarterly

Journal of Agricultural Ethics

Journal of Artificial General Intelligence

Journal of Asian American Studies

Journal of Chinese Political Science

Journal of Communication

Journal of Contemporary China

Journal of Development Economics

Journal of Humanitarian Affairs

Journal of Humanitarian Engineering

Journal of International Business Policy

Journal of International Development

Journal of International Economic Law

Journal of International Economics

Journal of International Political Theory

Journal of International Relations and Development

Journal of Peace Research

Journal of Public Economics

Journal of Theoretical Politics

Journal of World-Systems Research

Lancet

Latin American PerspectivesLos Angles Times

Mediterranean Journal of Social Sciences

Mershon International Studies Review

Michigan Journal of International Law

Military Psychology

Millennium：*Journal of International Studies*

Multinational Monitor

Nation

National Interest

National Review

New Perspectives in Foreign Policy

New York Times

Nikkei Asian Review

Orbis

Oxford Political Review

Pacific Affairs

Pacific Historical Review

Pacific Review

Peace and Conflict Studies

Perspective

Policy Note

Policy Review

Policy Studies Review

Political Analysis

Political Psychology

Political Science Quarterly

Political Studies

Politics and Society

Polity

Progressive

Public Administration and Development

Public Relations Review

Review of Economics and Statistics

Review of International Organizations

Review of International Political Economy

Review of International Studies

Review of Policy Research

SAIS Review

Social Networks

Socio-Economic Review

Sociological Perspectives

Source Intelligence

South China Morning Post

Standard Digital

Stanford Law Review

Strategic Analysis

Strategy + Business

Survival

Swiss Political Science Review

Third World Quarterly

The Bologna Center Journal of International Affairs

Wall Street Journal

Washington Post

Wilson Quarterly

World Development

World Politics

（三）网络资源

ACLED，https://acleddata. com

Africa Center for Strategic Studies，https://africacenter. org

Africa News，https://www. africanews. com

African Union（AU），http://www. au. int

Aid Data，https://www. aiddata. org

AIIB，https://www. aiib. org

AllAfrica，http://allafrica. com

American Enterprise Institute，http://www. aei. org

ASEANstats Database，https://data. aseanstats. org

Asian Development Bank（ADB），https://www. adb. org

Asia Society，http://www. asiasociety. org

Asia Times，https://asiatimes. com

Aspen Institute，http://www. aspeninst. org/

Atlantic Council of the United States，http://www. acus. org/

Bloomberg, https://www. bloomberg

Brookings Institute, https://www. brookings. edu

Carnegie Endowment of International Peace, https://carnegieendowment. org

Center for Economic Policy and Research, https://www. cepr. net

Center for Global Development (CGD), http://www. cgdev. org

Center for Maritime Law and Security, http://www. cemlawsafrica. com

Center for Nonproliferation Studies, http://www. nti. org

Center for Strategic and International Studies (CSIS), http://www. csis. org

Chatham House, http://www. chathamhouse. org

China Africa Project, https://chinaafricaproject. com

China-Africa Research Initiative, http://www. sais-cari. org

China US Focus, https://www. chinausfocus. com

CNN, https://www. cnn. com

Congress. gov, https://www. congress. gov

Council on Foreign Relations (CFR), http://www. cfr. org/

Crisis Group, https://www. crisisgroup. org

Danish Institute for International Studies (DIIS), http://www. diis. dk

Defense One, https://www. defenseone. com

Development Horizons, http://www. developmenthorizons. com

EastAsia Forum, http://www. eastasiaforum. org

Economist Intelligence, https://www. eiu. com/n/

Electronic Frontier Foundation, https://www. eff. org

Equator Principles, https://equator-principles. com

Eurodad, https://www. eurodad. org

European Commission, https://ec. europa. eu

European Institute for Asian Studies, https://www. eias. org/

Euobserver, http://www. euobserver. com

Fair Planet, https://www. fairplanet. org

FAO, http://www. fao. org

Foreign Policy, http://foreignpolicy. com

Foreign Policy Research Institute (FPRI), http://www. fpri. org/

G20, http://www. g20. org

Gallup, http://www.gallup.com

German Development Institute (DIE), https://www.die-gdi.de

Global Citizen, https://www.globalcitizen.org

Global Development Policy Center, https://www.bu.edu/gdp

Global Policy Forum, http://www.globalpolicy.org

Global Reporting Initiative (GRI), http://www.globalreporting.org

Global Times, http://www.globaltimes.cn

GSMA, https://www.gsma.com

Heritage Foundation, http://www.heritage.org/

Hudson Institute, http://www.hudson.org/

IISD, http://sdg.iisd.org

ILO, https://www.ilo.org

Institute for Foreign Policy Analysis, http://www.ifpa.org/

Institute for Security Studies (ISS), https://issafrica.org

Institute of Development Studies (IDS), http://www.ids.ac.uk/

International Food Policy Research Institute (IFPRI), http://www.ifpri.org/

International Monetary Fund (IMF), https://www.imf.org

International Telecommunication Union (ITU), https://www.itu.int

International Trade Centre, https://www.intracen.org

Jakarta Globe, https://jakartaglobe.id

Jubilee Debt Campaign, https://jubileedebt.org.uk

Korea Development Institute (KDI), http://www.kdi.re.kr

Lowy Institute, https://www.lowyinstitute.org

Maplecroft, http://www.maplecroft.com

Maritime Executive, https://maritime-executive.com

Marketforces Africa, https://dmarketforces.com

NBER, https://www.nber.org

NBR, http://www.nbr.org

NDB, https://www.ndb.int

New Eastern Outlook, https://journal-neo.org

OECD, http://www.oecd.org

ODI, https://www.odi.org

Open Data Institute (ODI), http://theodi. org

Overseas Development Institute (ODI), http://www. odi. org

Pakistan Defense, https://defence. pk

Pew Research Center, http://www. pewglobal. org

Project Syndicate, https://www. project-syndicate. org

Russia Briefing, https://www. russia-briefing. com

Securitg Magazine, https://www. securitg magazine. com

Social Watch, https://www. globalpolicywatch. org

Sunday Times, http://www. sundaytimes. lk

Sustainable Development Knowledge Platform, https://sustainabledevelopment. un. org

Sustainable Development Policy & Practice, http://sd. iisd. org

SWP, https://www. swp-berlin. org

The Africa Report, https://www. the africa report. com

UN Comtrade, https://comtrade. un. org

UN Peacekeeping, https://peacekeeping. un. org/en

UNCTAD, https://unctad. org

UNDP, https://www. undp. org

UNFSS, https://unfss. org

UN, https://www. un. org

UNSDG, https://unsdg. un. org

U. S. Department of State, https://www. state. gov/

U. S. Institute of Peace, http://www. usip. org/

White House, https://www. whitehouse. gov/

Woodrow Wilson International Center for Scholars, http://wwics. si. edu/

World Bank, https://www. worldbank. org

World Economic Forum, https://www. weforum. org

WTO, https://www. wto. org

后　记

　　尽管写过一些理论性文章，但我始终侧重政策研究。然而，我其实对政策"反应迟钝"。尽管"一带一路"倡议早在 2013 年就已提出，本书却是我第一次对其系统探讨的结果。

　　我多次公开承认，无论是理论研究还是政策研究，我都是个"土八路"；这不只是意味着"路子野"，还意味着"胆子大"。我不是"一带一路"倡议研究专家，尽管承担过一些相关研究课题；我不会"科学地"研究，尽管一直在尝试创新。2019 年，我正式加盟云南大学，在学校各级领导的鼓励下，才尝试做点更为系统和深入的研究。获批国家社科基金重大专项研究任务，可谓"赶鸭子上架"的临门一脚。

　　任务很大程度上完成了，但显然不是我个人的功劳。对于鼓励、帮助研究人员敢想敢闯敢干而言，云南大学在我的经历中可谓最佳；上自时任副校长李晨阳研究员，社会科学处处长杨绍军研究员、副处长陈小华研究员，国际关系研究院院长卢光盛教授、书记张永宏研究员，下至学校各行政部门、国际关系研究院各机构的同事们，都为我的研究提供了重大帮助，真的难以"感谢"一言以蔽之。

　　课题组所有成员的大力支持是本书得以完成的最大保障。四位子课题负责人，即中国前驻厄立特里亚和卢旺达大使舒展、上海国际问题研究院王玉柱研究员、卢光盛教授及张永宏研究员，为课题研究和组织作出了重要贡献。我在上海国际问题研究院的 5 位老同事（王玉柱研究员、周玉渊研究员、曹嘉涵副研究员、封帅副研究员、周亦奇副研究员）直接参与了部分章节的撰写，他们共计提供了约 12 万字的内容，但被我改得面目全非，重新组织后大概余下 6 万字。当然，改动不当的责任全部在我，这也是本书代署我一个人名字的原因，并非出于揽功，更多是为了担责。因此，要特别感谢老同事们的支持和理解。此外，课题组其他成员也为课题申请和研究提供了重要帮助，部分成员围绕课题发表学术论文（上海外国语大学上海全球治理与区域国别研究院周瑾艳博士、中国社会科学院西亚非洲研究所赵雅婷博士等），部分成员直接或间接为课题研究提供了各类帮助、意见和建议，均让我感动不已。

本书完成过程中还得到过大量同行朋友的支持和帮助。尽管课题研究期间疫情干扰严重，但仍有来自国内知名高校、研究机构及政府和企业的200余人次参加了我所组织的7次线下学术会议和2次线上学术会议，当然还有大量与我进行了各类交流的同行，也都为课题研究作出了重要贡献。尽管人数众多难以具名，但感激之情铭记在心。社会科学文献出版社特别是国别区域分社总编辑高明秀老师及许玉燕老师、宋祺老师的严谨态度和专业精神，是本书质量再次得到提升的重要保障。

本书的出版也是我们全家"气候避难"至昆明的重要见证。失去了上海的便利，换来的是昆明的甜美空气和缓适生活。尽管女儿仍心念故乡，但家之所在何处不是故乡；感谢太太和女儿的坚定支持。

本书仍介于理论与政策之间，但理论复杂、现实纷繁，故疏误之处必多，请各位读者与方家海涵指正。

张　春

2022 年 1 月 10 日

云南大学东陆苑

图书在版编目（CIP）数据

共建"一带一路"高质量发展的实现路径研究／张
春著. -- 北京：社会科学文献出版社，2023.12
　　ISBN 978 - 7 - 5228 - 1810 - 8

　　Ⅰ.①共…　Ⅱ.①张…　Ⅲ.①"一带一路" - 国际合
作 - 经济发展 - 研究　Ⅳ.①F125

　　中国国家版本馆 CIP 数据核字（2023）第 085956 号

共建"一带一路"高质量发展的实现路径研究

著　　者／张　春

出 版 人／冀祥德
组稿编辑／高明秀
责任编辑／许玉燕　宋　祺
责任印制／王京美

出　　版／社会科学文献出版社·国别区域分社（010）59367078
　　　　　地址：北京市北三环中路甲 29 号院华龙大厦　邮编：100029
　　　　　网址：www.ssap.com.cn
发　　行／社会科学文献出版社（010）59367028
印　　装／三河市尚艺印装有限公司

规　　格／开本：787mm × 1092mm　1/16
　　　　　印　张：33.75　字　数：570 千字
版　　次／2023 年 12 月第 1 版　2023 年 12 月第 1 次印刷
书　　号／ISBN 978 - 7 - 5228 - 1810 - 8
定　　价／168.00 元

读者服务电话：4008918866